O caso Altamira

O caso Altamira

As investigações dos meninos emasculados

Ivan Mizanzuk

Rio de Janeiro, 2024

Copyright © 2024 por Ivan Mizanzuk. Todos os direitos reservados.

Todos os direitos desta publicação são reservados à Casa dos Livros Editora LTDA. Nenhuma parte desta obra pode ser apropriada e estocada em sistema de banco de dados ou processo similar, em qualquer forma ou meio, seja eletrônico, de fotocópia, gravação etc., sem a permissão dos detentores do copyright.

Edição	Laura Folgueira
Copidesque	Vanessa Nagayoshi
Revisão	Elisabete Franczak Branco
	e Vivian Miwa Matsushita
Design de capa	Amanda Pinho
Imagens de capa	Retrato falado do Wandicley; Aldenor Ferreira Cardoso em fotos de suspeitos mostradas para Wandicley e Vandivaldo; recorte do jornal *O Liberal* de 25 de setembro de 1993; imagem do Laudo de Exame nº 02/2003; foto encontrada no resultado de busca e apreensão na casa de Amailton
Diagramação	Abreu's System

Dados Internacionais de Catalogação na Publicação (CIP)
(Câmara Brasileira do Livro, SP, Brasil)

Mizanzuk, Ivan
 O caso Altamira: as investigações dos meninos emasculados / Ivan Mizanzuk. – Rio de Janeiro: HarperCollins Brasil, 2024.

 ISBN 978-65-5511-619-9

 1. Assassinatos – Investigação – Estudo de casos 2. Assassinatos em série 3. Crimes 4. Jornalismo – Brasil 5. Rituais I. Título.

24-230813   CDD-364.15232

Índice para catálogo sistemático:
1. Assassinatos em série: Criminologia:
Estudo de casos   364.15232
Bibliotecária responsável: Eliane de Freitas Leite – CRB 8/8415

Fizemos todos os esforços para identificar os autores das fotos da capa. Caso você seja o autor de uma das imagens, entre em contato e daremos o devido crédito.

HarperCollins Brasil é uma marca licenciada à Casa dos Livros Editora LTDA. Todos os direitos reservados à Casa dos Livros Editora LTDA.

Rua da Quitanda, 86, sala 601A – Centro
Rio de Janeiro/RJ – CEP 20091-005
Tel.: (21) 3175-1030
www.harpercollins.com.br

NOTA

Este livro narra cenas fortes sobre casos que envolvem violência infantil extrema e não é recomendado para pessoas sensíveis. Também há relatos de violência sexual.

Todas as pessoas citadas tiveram seus nomes retirados de arquivos públicos, autos de processos, julgamentos e matérias publicadas na imprensa, respeitando a vontade daqueles que se recusaram a conceder entrevistas quando os contatamos.

Para deixar tudo mais claro, fácil e didático, há uma lista no final deste livro com informações sobre todos os personagens. Essas informações também estão no site projetohumanos.com.br/altamira.

Algumas citações foram corrigidas, sem que seus teores fossem alterados.

Caso algum dos citados se sinta desconfortável, favor enviar uma mensagem para: faleconosco@harpercollins.com.br. Eventuais correções podem ser feitas nas próximas edições deste livro.

Sumário

Algumas palavras antes de começar   9
Prólogo   13

1. Os meninos de Altamira   17
2. Os poderosos   28
3. O suspeito   40
4. A nova vítima   52
5. Testemunhas   67
6. O menino Flávio   79
7. Os cortes   84
8. Os médicos   98
9. A seita   118
10. A testemunha   131
11. A reconstituição   143
12. A acusação   150
13. A justiça: parte 1   160
14. A justiça: parte 2   171
15. A justiça: parte 3   187
16. A decisão   199
17. O julgamento   207
18. Os primeiros réus   219
19. Julgando Césio   234
20. A defesa de Valentina se prepara   241
21. As novas provas   253
22. O julgamento de Valentina de Andrade   267
23. A quebra   287
Interlúdio – A profetisa   299
24. Os meninos do Maranhão   320
25. A nova investigação   342
26. As provas?   359

27. O ex-bate pau e o jornalista 385
28. Revelando o oculto 409
29. O sobrevivente 449
30. O fim 475
Epílogo 481

Personagens 482
Agradecimentos 493
Anexos 495

Algumas palavras antes de começar

Este livro é o resultado de mais de três anos de pesquisas de minha parte, mas também de anos de pesquisas de outras pessoas que merecem ser mencionadas logo aqui na abertura.

Por causa de minhas investigações sobre o caso Evandro, tive necessidade de entender melhor o caso dos meninos emasculados de Altamira. Os motivos para isso ficarão claros nas páginas seguintes.

Porém, sempre que eu pesquisava essa história em livros ou em páginas da internet, tinha a sensação de estar lendo apenas trechos dela. Para meus interesses, eu precisava da história completa, focada especificamente no processo criminal. Ao não encontrar tal material disponível com a profundidade que necessitava, decidi fazer isso por conta própria.

O resultado foi "Altamira", a quinta temporada do podcast *Projeto Humanos*. O primeiro episódio foi ao ar em 7 de abril de 2022. O último, em 16 de fevereiro de 2023. Foram 32 episódios lançados semanalmente, com um breve hiato no meio da temporada. Alguns episódios tiveram mais de três horas de duração, e a temporada como um todo gerou 55 horas de conteúdo sonoro.

Esse número já é impressionante em qualquer parâmetro, e a meu ver era o necessário para a história ser contada — mas mais impressionante ainda é a quantidade de material bruto que juntei durante minha pesquisa. Apenas de matérias de TV e vídeos de júri, reuni, estudei e analisei mais de 168 horas de material. As entrevistas brutas que realizei com mais de 80 pessoas totalizam cerca de 153 horas.

De materiais impressos, só de matérias de jornais e revistas conseguimos coletar mais de 700. Não sei dizer quantos livros li que mencionavam o assunto, mas os mais importantes estão citados ao longo do livro.

E daí entramos na fonte principal da minha pesquisa: os autos do processo. Só no caso dos meninos de Altamira, foram mais de setenta volumes (alguns com 200 folhas, outros com 500). Na última folha consta que são 26.119 só no processo principal — mas no meio há também folhas não numeradas e alguns anexos. Há também processos paralelos que foram analisados, entre eles o do caso Evandro. Casos em Goiás, Maranhão, Paraná — e até alguns materiais de fora do Brasil, especialmente dos Estados Unidos e da Argentina. Não seria exagero dizer que, para essa história ser contada, precisei estudar mais de cinquenta mil folhas de processos diversos e documentos oficiais.

Eu não estive sozinho nesse trabalho colossal. Tive a sorte de contar com uma equipe maravilhosa, e todos são citados um por um no final deste livro, na seção de Agradecimentos. Porém, há duas pessoas a quem não cansarei de agradecer em todas as partes do livro que eu sentir necessidade.

A primeira é Rubens José Garcia Pena Júnior, a quem vou me referir ao longo do livro como Rubens Pena Júnior, advogado e pesquisador do Pará que leu folha por folha do processo comigo. Sem Rubens, este trabalho não existiria — ele literalmente escaneou cada uma das páginas dos arquivos para que pudéssemos estudá-las juntos.

A segunda pessoa é Paula Mendes Lacerda, que aqui vou chamar apenas de Paula Lacerda, professora e pesquisadora da Universidade do Estado do Rio de Janeiro. Doutora em antropologia, escreveu sua tese sobre o caso dos meninos emasculados. Seu trabalho foi o primeiro de maior fôlego, com fundamentação e método de pesquisa impecáveis, com que tive contato ao pesquisar essa história. Apesar de muito importante, o trabalho de Paula não era exatamente o que eu procurava, pois buscava entender o caso criminal em si. Já Paula, com sua sensibilidade e enorme habilidade acadêmica, dedicou-se a olhar para as famílias das vítimas e seus esforços em se mobilizar socialmente em busca de justiça.

Sabendo disso, este livro também aborda a força das famílias das vítimas de Altamira (não há como contar essa história sem levar em conta parte de suas vidas e dores), mas jamais terá a profundidade do trabalho de Paula. Quero acreditar que, de alguma forma, nossos trabalhos se completam. Por isso, para aqueles que desejam entender melhor esse lado da história, tanto em aspectos emocionais quanto em suas movimentações políticas, recomendo fortemente que confiram o trabalho de Paula Lacerda.

Por fim, para os leitores do meu livro sobre o caso Evandro: nesta obra há atualizações a respeito dele, contando algumas das consequências do meu trabalho no mundo jurídico. Em outras palavras, a primeira edição daquele livro está desatualizada, e uma nova edição está sendo planejada. Enquanto não é publicada, este livro cumpre sua função, mesmo que resumidamente.

Todos os casos e histórias em que já trabalhei nesses anos sempre me marcaram de forma única. Emocionalmente, não há como explicar em palavras como o caso de Altamira mexeu comigo. Mas, em termos práticos, é de longe a história mais complexa que já estudei e organizei com o intuito de contá-la da maneira mais compreensível possível. Se às vezes o caso parecer muito confuso, é porque é assim mesmo. Não há como escapar.

Como sempre digo nas aulas que ministro: a vida só faz sentido na ficção. No dia a dia, é contraditória, confusa, muitas vezes injusta e frustrante. Infelizmente, esta história é um exemplo disso.

Prólogo

Não sei dizer exatamente quando ouvi falar pela primeira vez do caso dos meninos de Altamira, mas isso começou a virar uma obsessão para mim no fim de 2018, quando eu já havia lançado alguns episódios do podcast *O caso Evandro* — que deu origem ao livro homônimo, lançado em 2021. A história das mortes de meninos em Altamira, um município no centro-oeste do Pará, me chamava a atenção, primeiro, pela brutalidade; depois, porque em algum momento se cruzava com a do caso Evandro — o que me fez mencionar Altamira lá no episódio 35 do podcast, quando falei sobre uma mulher chamada Valentina de Andrade. (O caso Evandro aparecerá algumas vezes aqui, mas, se você não ouviu o podcast, não leu o livro baseado nele ou simplesmente não se lembra dos detalhes, não se preocupe: vou sempre relembrar os pontos relevantes.)

O caso Evandro falava sobre o assassinato de Evandro Ramos Caetano, de 6 anos, ocorrido no início de abril de 1992, na cidade de Guaratuba, litoral do Paraná. Cinco dias após o garoto ter desaparecido, seu corpo foi encontrado todo mutilado, e surgiu a suspeita de que ele teria sido morto num ritual de magia. Pessoas foram investigadas e presas, e confessaram o crime. Mas, entre outras estranhezas, suas confissões não condiziam exatamente com o estado em que o corpo foi encontrado. Graças à nossa investigação no podcast, conseguimos provas inéditas de que aquelas pessoas haviam sido torturadas para confessar um crime que não cometeram.

O assassinato de Evandro permanece sem explicação, mas durante todos os anos em que investiguei aquele crime, depositei minhas esperanças de respostas num caso muito parecido. Dois meses antes de Evandro ser assassinado, um menino de 7 anos, muito parecido com ele, desapareceu na mesma cidade: Leandro Bossi.

Havia um grupo de suspeitos. De acordo com reportagens de julho de 1992, Valentina de Andrade e seu marido, o argentino José Teruggi, seriam líderes de uma suposta seita chamada Lineamento Universal Superior (LUS), com seguidores principalmente da Argentina. Na época do desaparecimento de Leandro, em fevereiro de 1992, ela, Teruggi e um grupo de argentinos filiados à seita estavam hospedados no hotel de Guaratuba em que a mãe de Leandro, Paulina Bossi, trabalhava.

Essa linha de investigação surgiu pouco tempo após as prisões dos inocentes acusados de terem imolado o garoto Evandro num ritual de sacrifício humano. A lógica da Polícia Civil do Paraná se baseava em três linhas de pensamento: primeiro, de que Leandro poderia ter sido vítima dos mesmos assassinos de Evandro. Segundo, tendo em vista o desaparecimento de outras crianças no Paraná naquela época, o grupo poderia estar envolvido em mais casos, em outras cidades. Por fim, de que o grupo poderia ser maior do que as sete pessoas que foram presas no início de julho pelo assassinato de Evandro. É nesse contexto que Valentina aparece: ela e seu marido poderiam ser líderes de uma seita satânica que sacrificava crianças.

A principal pista para se acreditar no envolvimento de Valentina estava em uma fita VHS encontrada em sua casa pela Polícia Civil do Paraná. Nela, Valentina aparecia abraçada com seu marido Teruggi, que aparentava estar incorporado com alguma entidade. O diálogo entre os dois se dá num portunhol um pouco difícil de entender, no qual ele fala com uma voz estridente e levemente distorcida. Em certo momento, ele parece dizer algo como "matem as criancinhas que eu te pedi". No vídeo há a data de gravação: 11 de fevereiro de 1992. Leandro desapareceu no dia 15, quatro dias depois.

Valentina foi investigada e alvo de um pedido de prisão preventiva, assim como seu marido e outros membros do LUS, mas a polícia do Paraná nunca conseguiu provas contra ninguém. Uma perícia posterior da fita VHS revelou que Teruggi não havia feito nenhum pedido para que crianças fossem mortas. Na verdade, ele dizia "mas tem criancinhas que são experientes". Por conta desse e de outros fatores, Valentina nunca foi formalmente acusada de nada no caso Evandro nem no de Leandro Bossi — muito menos em qualquer outro caso envolvendo desaparecimento ou morte de crianças no Paraná.

No período em que foi suspeita desse crime, em 1992, o nome de Valentina aparecia na imprensa do país todo associado a seitas satânicas que supostamente operavam em todo o território nacional. Uma reportagem veiculada pelo *Jornal Nacional*, por exemplo, menciona que cinco crianças entre 10 e 13 anos haviam sido sacrificadas em São Luís do Maranhão entre novembro de 1991 e fevereiro de 1992 em rituais de magia, e diz que os meninos "foram encontrados nus em matagais, deitados de bruços, com os braços esticados para trás e sem os órgãos genitais". Pela brutalidade dos crimes, e pela existência das violentas mutilações (que eram diferentes do caso Evandro, mas ainda assim tão chocantes quanto), a polícia do Maranhão acreditava que poderiam ser casos similares ao de Evandro. Em outras reportagens, são citadas ocorrências em Goiás, Mato Grosso do Sul e Pará — mais especificamente na cidade de Altamira.

No período em que eu pesquisava o processo do caso Evandro, já sabia dessa relação aventada na época. Afinal, nos próprios autos havia trechos de alguns dos casos. Tudo isso circulava em torno de Valentina de Andrade — que pairava por aqueles autos como um espectro sem uma definição clara. Em conversas de bastidores com pessoas que trabalharam no caso Evandro, tanto da acusação quanto da defesa, era comum lançarem suspeitas sobre Valentina.

Concluí o caso Evandro comprovando a inocência dos acusados. E, se por um lado isso nos ajudou a jogar alguma luz nas trevas, eu continuava sem ter a resposta principal: quem matou Evandro?

Assim como a polícia do Paraná em 1992, eu também suspeitava de que talvez a resposta estivesse no caso de Leandro Bossi, o menino que desapareceu dois meses antes de Evandro em Guaratuba. E nele, Valentina foi a principal suspeita por um período. Logo depois, ela seria suspeita no Norte do país. Essa era uma trilha que eu precisava seguir.

Alguns dos meus ouvintes sabiam dessa suposta relação e me mandavam e-mails. De todos os que recebi, um me chamou a atenção e me ajudou a mergulhar de vez no caso de Altamira: o de Rubens Pena Júnior, advogado e pesquisador, mestrando em antropologia sobre o caso dos meninos de Altamira. Ele conheceu o podcast através de uma amiga, a professora e antropóloga Paula Lacerda.

Paula é professora de antropologia da Universidade do Estado do Rio de Janeiro (UERJ). Entre 2008 e 2012, fez seu doutorado sobre o caso dos meninos emasculados de Altamira no Museu Nacional da Universidade Federal do Rio de Janeiro (UFRJ). Depois disso, seguiu pesquisando questões relacionadas a direitos humanos, movimentos sociais e todas as transformações que ocorreram em Altamira após a implantação da usina hidrelétrica de Belo Monte, sempre em contato com movimentos sociais, especialmente aqueles formados por mulheres.

Os trabalhos de Rubens e de Paula, bem como os diálogos que tive com ambos, foram essenciais para o desenvolvimento da quinta temporada do *Projeto Humanos*, que agora dá origem a este livro. Além dos estudos de ambos, a investigação se apoiou em reportagens da época e nos autos de processos obtidos e digitalizados por Rubens.

1. Os meninos de Altamira

1º de outubro de 1992

O caso dos meninos emasculados de Altamira tem vários inícios. E esses inícios formam peças na memória daqueles que viveram esse terror, e, para cada pessoa com quem conversei, o ponto de partida variava. Esse é um dos maiores desafios de se contar essa história: qual é o início que devemos adotar? Para fins didáticos, após muitas conversas com Rubens, optei por entender e explicar a gênese de seu processo. Esse não é exatamente o começo dos fatos, mas é a lógica que estrutura todo o caso. Nesse sentido, devemos começar no dia 1º de outubro de 1992.

Era quinta-feira, e os setenta mil habitantes de Altamira se preparavam para as eleições municipais que ocorreriam no sábado, dia 3. Jaenes da Silva Pessoa, de 13 anos, por sua vez, seguia a rotina de sempre. Por volta das 10 horas, foi ajudar o pai a prender e a soltar o gado e, à tarde, seguiria para a escola, onde cursava a terceira série do antigo primeiro grau.

Juarez, pai de Jaenes, era do Ceará, tinha 38 anos e havia chegado a Altamira na década de 1970. Era casado com a professora Rosa Maria Pessoa, com quem tinha quatro filhos, sendo Jaenes o mais velho. Semianalfabeto e de origem muito humilde, trabalhava na fazenda de seu primo José Amadeu Gomes, que tinha se radicado ali anos antes e enriquecido. Além de fazendeiro, Amadeu era conhecido por ser dono do posto de gasolina Gomes. Juarez usava a fazenda do primo para criar o próprio gado.

Naquele dia, Juarez passou parte da manhã na cidade. Quando chegou em casa, ao meio-dia, o filho não estava lá. Juarez tirou um cochilo e acordou por volta das 13h30, quando seus outros filhos estavam saindo para procurar o irmão, que já devia ter voltado àquela hora.

Como os irmãos não encontraram Jaenes, outros familiares e amigos iniciaram buscas no mesmo dia. Amadeu foi até a polícia acompanhado de seu irmão Arnaldo Gomes, advogado e candidato a vereador em Altamira, comunicar o desaparecimento. A cidade vivia um clima de pânico devido a crimes anteriores e todo cuidado era pouco.

As buscas duraram o dia inteiro e foram retomadas no dia seguinte, com mais pessoas. Era sábado, dia de eleições. Naquela ocasião, a polícia alegou que não poderia ajudar, já que a única viatura estava sendo usada para fazer a segurança das urnas eleitorais.

Quase 48 horas haviam se passado sem sinal de Jaenes. Familiares, amigos, autoridades, todos estavam preocupados e nervosos, imaginando que o pior pudesse ter acontecido. No primeiro depoimento que prestou, datado de 15 de outubro de 1992, Juarez contou ter falado com José, seu vizinho, que disse que "mais ou menos meio-dia do dia 1º, ouviu três gritos de Jaenes, mas [...] pensou que ele estivesse tocando os gados".

Esse depoimento foi realizado duas semanas após o desaparecimento de Jaenes. E é nesse relato que descobrimos que, naquele dia das eleições, o mutirão de buscas estava bastante volumoso. Mesmo sem viaturas, a polícia participou com policiais destacados. Alguns militares também foram cedidos para buscas no mato. No meio daquelas movimentações, Juarez ouviu um tiro e gritos: Jaenes havia sido encontrado morto. Segundo Juarez, "deitado meio curvado, os pés cruzados e as mãos meio espalmadas e um pouco levantadas".

O corpo do garoto estava bastante machucado. No depoimento, Juarez descreveu: "O cadáver de Jaenes [...] apresentava um corte no pulso esquerdo, o pescoço bastante inchado, sem o globo ocular esquerdo e um corte no 'pente[1]'" — ou seja, no pênis. Não estamos falando aqui de um simples corte superficial no pênis, mas de emasculação, que é a retirada total do órgão reprodutor.

---

[1] A palavra "pente" aqui pode gerar um pouco de estranhamento. Em minhas conversas com Rubens, acreditamos que isso poderia ter sido um erro de datilografia do escrivão. Contudo, depois de o podcast ter ido ao ar, recebi várias mensagens de pessoas dizendo que, a depender da região do corpo, algumas pessoas poderiam chamá-la de "pente" mesmo.

Logo após o cadáver de Jaenes ter sido encontrado, a própria família se encarregou de levar um caixão ao local e transportá-lo para casa, por volta das 9h30 do dia 3 de outubro. Depois disso, o corpo do garoto foi enviado ao Hospital da Fundação Nacional de Saúde para ser examinado.

Ainda de acordo com o primeiro depoimento de Juarez, foi seu primo Perilo Gomes, outro irmão de Amadeu, quem levou o corpo do menino ao hospital para ser examinado por um médico. Por volta das 11 da manhã, Perilo retornou à casa de Juarez com o corpo de Jaenes para que pudesse ser velado. Nesse ínterim, Juarez saiu para votar em seu primo, o advogado Arnaldo Gomes, irmão de Perilo e Amadeu Gomes, que concorria às eleições para vereador. O velório de Jaenes ocorreu naquele mesmo sábado, 3 de outubro, e contou com a presença do prefeito atual e do eleito, além do vice-governador, Carlos Santos.

> Durante o velório, havia muita gente. De repente, veio um conhecido do declarante [...] lhe disse: "O assassino desta criança está aqui no meio de nós, pois o cadáver está sangrando". [...] o declarante foi olhar e efetivamente viu que estava saindo sangue, que pingava no chão; o declarante achou muito estranho, porque, quando o corpo foi encontrado não tinha um pingo de sangue, nem mesmo na roupa.

Ainda durante o velório, o vice-governador assegurou a Juarez que enviaria uma comissão ao governador Jader Barbalho para que o caso de Jaenes fosse analisado. E havia um motivo para o vice-governador fazer uma declaração tão contundente: Jaenes não era o primeiro garoto que havia sido morto e emasculado ali.

A movimentação de uma cidade com medo

Nos autos do processo, há anexado um impresso de outubro de 1992 intitulado *Carta aberta à comunidade altamirense*. Esse documento não é datado, mas é seguro dizer que foi produzido poucos dias após a morte de Jaenes. Nele, podemos ler o seguinte:

> Nos últimos anos, Altamira vem sendo palco de bárbaras violências cometidas contra crianças e adolescentes. Requintes de perversidade (emasculação, sevícias, estupro...) se repetem nos diferentes casos, sugerindo

que a autoria de todos eles deve ser atribuída à mesma pessoa — ou às mesmas pessoas. Recordamos:

1. José Sidney foi encontrado morto próximo ao Aeroporto Velho, em julho de 1989;
2. [Segundo Sobrevivente],[2] 8 anos de idade; no dia 11 de novembro de 1990, foi emasculado[3]. Sobreviveu;
3. Ailton Fonseca do Nascimento, 8 anos de idade; desaparecido em julho de 1991, sendo encontrada só a ossada;[4]
4. Wandicley Oliveira Pinheiro, no dia 23 de setembro de 1990, foi sequestrado por três pessoas que o amarraram a uma árvore, o emascularam, seviciaram e estupraram; sobreviveu; está fazendo tratamento médico;[5]
5. Judirley da Cunha Chipaia, 13 anos de idade, emasculado e morto no dia 1º de janeiro deste ano [1992];
6. Jaenes da Silva Pessoa, 13 anos, desaparecido no dia 1º de outubro de 1992 e encontrado morto dois dias depois, emasculado e seviciado.

Quem assinava o texto, chamando a população para uma passeata que aconteceria a fim de "repudiar o tratamento do Estado" e pedir justiça aos meninos que vinham sendo mortos havia anos, era o Movimento Contra a Violência e a Favor da Vida, o qual mais tarde levaria à criação do Comitê em Defesa da Vida das Crianças Altamirenses, existente até hoje, que viria a ser encabeçado por Rosa Pessoa, mãe de Jaenes, e receber apoio de grandes órgãos, como o Fundo das Nações Unidas para a Infância (Unicef).[6]

---

2 Uma das vítimas pediu para que seu nome não aparecesse, por isso, vamos sempre nos referir a ela como "O Segundo Sobrevivente" (SS).

3 Na verdade, ele tinha 10 anos, e o crime aconteceu um ano antes, em 16 de novembro de 1989.

4 Apesar de no folheto original estar assim, essa informação está errada. Como veremos no Capítulo 3, Ailton na verdade desapareceu em maio de 1991 e sua ossada foi encontrada 46 dias depois, em junho. Esse equívoco é um exemplo (dentre tantos) da precariedade de informações que as famílias das vítimas vivenciavam.

5 Assim como no caso de Ailton, o caso de Wandicley também é marcado por uma série de incongruências em seus detalhes, que serão melhor explicadas nos capítulos seguintes. Por ora, basta dizer que, em alguns de seus depoimentos, Wandicley falou que teriam sido quatro agressores, e não três. O fato de seu relato dar conta de que teria sido atacado por um grupo é fundamental para entender a dinâmica de como esse caso se desenrola.

6 Formalmente, o Comitê não é desdobramento direto do Movimento, já que inclui apenas familiares de vítimas. A professora e antropóloga Paula Lacerda, porém, explica que, politicamente, é possível fazer essa afirmação.

Em 1992, a nova Constituição brasileira, datada de 1988, ainda engatinhava. Apenas em 13 de julho de 1990 tinha sido promulgado o Estatuto da Criança e do Adolescente (ECA), um marco importante da redemocratização do país em vigor até hoje. Ao menos no papel, o ECA garante a proteção igualitária de todas as crianças, e era especialmente com base nessa nova lei que o Movimento pedia proteção para os menores de Altamira.

O Movimento, além de lideranças de base e familiares das vítimas, contava com líderes religiosos, um arranjo comum de se ver naquele período e naquela região, especialmente entre missionários adeptos da Teologia da Libertação — corrente de pensamento nascida na América Latina na década de 1960 e que, resumidamente, defende o envolvimento da Igreja em lutas sociais, sobretudo em prol dos mais pobres.

Não era a primeira vez que a população saía às ruas pedindo justiça e proteção para as crianças de Altamira. Desde a emasculação do Segundo Sobrevivente, em 1989, a cidade se movimentava, e, aos poucos, formava-se uma articulação social em torno dos casos. Em janeiro de 1992, após a morte do garoto Judirley da Cunha Chipaia, também houve uma manifestação.

O garoto, a quinta vítima listada na carta, morto e emasculado meses antes de Jaenes, era membro da importante etnia indígena chipaia. De acordo com o pai, José Marialves Chipaia, sua morte chamou atenção de órgãos como a Funai (atual Fundação Nacional dos Povos Indígenas), o que ajudou a dar visibilidade ao caso. Apesar disso, Antônia Melo, ativista de direitos humanos da região, contou em entrevista a Paula Lacerda que a primeira passeata que aconteceu em Altamira teria reunido apenas cem pessoas, a maioria conhecidas, que já estavam de alguma maneira mobilizadas pela situação. A população tinha medo de comparecer a uma manifestação "em defesa de vítimas". Medo de quem? Não se sabia — mas já se podia imaginar que talvez fosse de pessoas poderosas. Afinal, estamos falando de Altamira, no coração da região amazônica, uma área de históricas disputas por terras e violências contra pessoas menos favorecidas. Se crimes tão violentos assim estavam acontecendo havia tanto tempo, a explicação mais lógica para a população era de que a impunidade seria resultado de ações de pessoas com recursos para não serem presas.

Mesmo assim, a passeata realizada após a morte de Jaenes, em 9 de outubro de 1992, em frente à escola onde o garoto estudava, teria contado com cerca de dez mil pessoas, segundo Paula Lacerda. A população, desamparada pela Justiça, soltava um grito de indignação contido havia muito tempo.

Se olharmos com atenção para a *Carta aberta à comunidade altamirense*, ela demonstra bem o início de tudo. O nível de abandono e negligência das autoridades de segurança na cidade era tão grande que nem sequer havia a noção do número exato de vítimas até aquele momento. As seis crianças citadas na carta eram as vítimas das quais se tinha conhecimento até então, mas o documento traz alguns erros de dados.

Por exemplo, sabia-se que existiam meninos que haviam sido emasculados, mas sobrevivido. O texto informa que um deles, SS, foi atacado em 1990, mas o crime na verdade ocorreu um ano antes. Outro equívoco envolve a primeira vítima, José Sidney, dado como morto. Em reportagem de 10 de abril de 1993 da TV Liberal, afiliada da Rede Globo no Pará, o jornalista Emanuel Villaça descobriu que o garoto estava vivo. A notícia foi ao ar no *Jornal Nacional*:

> REPÓRTER: Com razão, estas crianças pouco falam e desconfiam de todo mundo. Um deles, o primeiro a ser atacado, era dado como morto, mas era a família que escondia o garoto com medo, medo de tudo. A senhora está pensando em sair de Altamira?
>
> MÃE DE JOSÉ SIDNEY: Eu tô, porque tô com medo do que tá acontecendo, né? Porque eu tenho outros filhos, e eu tenho medo.

O sentimento vivenciado pela mãe de José dá a tônica da insegurança que regia o dia a dia de Altamira. Para alguns, a maior chance de preservar a vida de um filho era mantê-lo "invisível". Por anos, foi o que aconteceu, não apenas com José, mas também com outras crianças vítimas de crimes. Algumas, tristemente, seguiram nessa condição mesmo depois de mortas.

Número de vítimas

Numa publicação do Comitê datada de 1996, quatro anos após a morte de Jaenes, o número de vítimas catalogadas subia assustadoramente para 26 crianças. De acordo com o Comitê, elas se dividiam em quatro grupos principais: nove sofreram tentativas de sequestro; cinco desapareceram; oito foram assassinadas — algumas emasculadas, outras cujos corpos só foram encontrados em estado avançado de putrefação ou restando apenas as ossadas; e quatro sobreviveram às emasculações. Esse relatório também mencionava que um dos sobreviventes, de Anapu, município vizinho, não pôde ser identificado, pois, como José Sidney, era mantido escondido pela família. Não é nem possível ter certeza se esse quarto sobrevivente realmente existia ou se era um boato encontrado pelo Comitê. Sendo assim, o número de sobreviventes oficial acaba sendo três: José Sidney, SS e Wandicley.

Isso reforça a dificuldade de saber ao certo quantas crianças foram alvo de ataques não só em Altamira, mas também no entorno. Quando entendemos que os dados oficiais não computavam os nomes dos desaparecidos, fica mesmo difícil calcular. É possível inclusive que existam vítimas mais antigas, que tiveram medo ou vergonha de falar sobre os traumas que passaram naqueles anos.

De acordo com a pesquisa de Paula Lacerda, que se dedicou especialmente em entender as dinâmicas e origens dos movimentos sociais das famílias de Altamira, desses 26 casos que ocorreram entre 1989 e 1993, apenas doze foram registrados ou estimularam a abertura de inquérito policial. Ou seja, catorze não existem oficialmente, seja por descaso das autoridades, seja por falta de iniciativa das famílias em denunciar — por medo, por serem analfabetas e não terem acesso à burocracia formal ou por pura descrença no sistema. Era cada um por si, e, se o filho voltasse para casa vivo após uma tentativa de sequestro, só restava agradecer. Esses eram os sortudos. E esse era o clima de abandono que a cidade vivenciava.

E é também por isso que os autos dos processos, tão técnicos, às vezes nos contam uma história, enquanto as lembranças das famílias, tão cheias de dor, narram outra. É impossível não pensar que, por trás de cada número e nome dado, há um coração. A pergunta que fica é: como é possível que tantas crianças tenham sido atacadas e, em alguns casos, mortas de forma tão violenta, às vezes ficado desaparecidas por anos a fio, e isso não tenha se tornado um escândalo nacional? Como uma cidade chegou a tal ponto de negligência das autoridades? Tudo nesse caso e na forma como os altamirenses viviam (por exemplo, andando armados sem ter porte e convivendo com pistoleiros havia décadas) me parece sintoma do mesmo problema: a falta de estrutura governamental.

A história de Altamira e a ausência do Estado

As diferenças profundas do Norte em relação a outras partes do país estão na raiz de diversas das dificuldades que atravancaram o caso dos meninos de Altamira. Para entendê-las, precisamos voltar um pouco no tempo e explicar a história de Altamira.

A 830 quilômetros de Belém, Altamira é cortada pelo rio Xingu, um símbolo do local. Aliás, o Norte do Brasil todo é entrecortado por rios, o que obriga as estradas que interligam cidades a fazerem longos desvios. Desde o século XVI, com a colonização europeia, o Pará foi visto como um local para extração de diversas matérias-primas e, no século XIX, se tornou foco de interesse pelo potencial de extração do látex dos seringais para a produção de borracha, no que ficou conhecido como Ciclo da Borracha. Após um declínio, houve novo ciclo na década de 1940, por conta da Segunda Guerra Mundial. Com o fim do conflito, outras matérias-primas da região passaram a chamar atenção. Para transportá-las, eram necessárias estradas que conectassem o Norte ao restante do país.

Por isso, na década de 1970, no auge da ditadura militar, Altamira virou palco de um projeto nacional dos mais ambiciosos: a construção da rodovia Transamazônica, até pouco tempo atrás (e ainda hoje em alguns trechos), uma enorme estrada de terra no meio da floresta.

De acordo com dados do Instituto Brasileiro de Geografia e Estatística (IBGE), em 1970, Altamira contava com 15 mil habitantes, entre os quais indígenas de diversas etnias, tais como a chipaia (à qual pertencia Judirley, menino morto e emasculado no início do ano de 1992, meses antes de Jaenes). A população era composta de descendentes dos colonizadores europeus e de negros e quilombolas. Havia ainda migrantes de diversas regiões do país, como colonos do Sul e de Minas Gerais, mas principalmente do Nordeste, a maioria do Rio Grande do Norte e Ceará, que haviam chegado à região em busca de trabalho: primeiro no Ciclo da Borracha e mais tarde na construção da grande estrada. Após o início das obras da Transamazônica, em 1980, Altamira já contava 46 mil habitantes.

O tamanho de Altamira é impressionante: quase 160 mil km² de área, o que a torna o município mais extenso do Brasil. Pequenos países, como Portugal, caberiam inteiros dentro dela. Mas, como uma terra cheia de contrastes, ela conta com "apenas" cerca de 126 mil habitantes, e seu centro urbano fica bem no meio do estado do Pará, no nordeste da cidade, quase no limite do município. Em outras palavras, é como se 99% da população vivesse no canto superior direito. Boa parte do município para o interior é composta de distritos espalhados pela Floresta Amazônica, nos quais moram agrupamentos menores de pessoas — na maioria indígenas.

Nos últimos cinquenta anos, Altamira não teve um crescimento populacional gradual. Seu inchaço foi sempre à base de saltos descontrolados, sem planejamento algum, resultado de grandes obras governamentais. A cada governo que chega com um ideal desenvolvimentista, resiste a sina tão frequente no Norte do país: a região é sempre vendida como um oásis, um eldorado brasileiro a ser conquistado, ignorando as populações que lá habitam e que são soterradas por projetos faraônicos. O mais recente, que tornou a cidade cenário de inúmeras reportagens de TV, foi a construção da barragem de Belo Monte, a partir de 2010. O projeto, porém, já vinha do período dos governos militares. O empreendimento foi um fracasso e impulsionou um novo boom populacional. Hoje, Altamira figura na lista de municípios mais violentos do Brasil.

Na visão de Paula Lacerda, a "ausência" de autoridade é estratégica, seletiva: é o que permite justamente "escolher" quais inquéritos são abertos, quais ficam parados, quem é investigado. Abandonos, como o fato de haver uma única delegacia com uma única viatura, frequentemente desabastecida, justificam, por exemplo, projetos de um suposto "desenvolvimento", como Belo Monte.

Em muitos casos — inclusive de assassinatos de liderança —, a polícia age não para investigar, mas para proteger aqueles que seriam os mandantes. Assim, dá para entender por que várias possibilidades de desenvolvimento de processos, denúncias e inquéritos não foram para a frente: não havia interesse político ou talvez eles mexessem com pessoas que causariam problemas depois.

Para alguns, essa visão sobre a falta intencional de estrutura na cidade pode parecer conspiratória, mas explica bem o sentimento da população de Altamira, especialmente em relação aos casos do início da década de 1990. Isso fica evidente numa fala de Rosa Pessoa, mãe do garoto Jaenes, ao programa *Repórter Record* que foi ao ar em 2004.

> [...]
> ROSA PESSOA: Quinze delegados passaram na época dos crimes. Trocavam de delegado como se trocasse de... De roupa, né?
> REPÓRTER: Por quê?
> ROSA PESSOA: É uma pergunta, né? Por que esses delegados [que começavam a investigar] não ficavam...? [...] E você chega na delegacia e você não encontra uma ocorrência.
> REPÓRTER: Desapareceram as ocorrências?
> ROSA PESSOA: Desapareceram as ocorrências... Os inquéritos foram feitos só de cinco [...] devido à nossa grande luta. E a gente conseguiu de cinco, enquanto foram 26 casos que aconteceram aqui no município [...]

Para as famílias, era isso o que causava mais estranheza. Entre os 26 casos coletados pelo Comitê nos anos que se seguiram, com parentes tentando entender o que teria acontecido com seus entes queridos desde 1989, muitos envolviam relatos de famílias que teriam procurado a polícia, mas se espantado, algum tempo depois, com o sumiço de boletins de ocorrência e a paralização das investigações. A invisibilidade dos casos faz com que atualmente seja até difícil estabelecer qual era a raça ou a etnia das vítimas. Diversas crianças não tinham certidão de nascimento nem qualquer outro documento, e não temos fotos delas. Mas é possível afirmar que muitas hoje em dia não seriam identificadas como brancas e que ao menos uma, Judirley, era indígena.

De minha parte, após tanto tempo lendo os autos do processo, posso afirmar: as vítimas *oficiais* são apenas cinco — e essa conta será explicada melhor no decorrer do livro. O que teria acontecido com as outras investigações? Se não temos resposta a tantas ausências, no meio do processo criminal dos meninos emasculados de Altamira, há uma presença que chama a atenção: dos 71 volumes que compõem o processo, os autos do caso Evandro aparecem em nada menos do que 24 — quase um em cada três.

Como comentei antes, os dois casos se relacionam de forma profunda, mas ao mesmo tempo não tão evidente quanto a imprensa e as autoridades davam a entender à época. Dados os casos aparentemente similares em várias regiões do Brasil, havia quem acreditasse que as respostas para as muitas perguntas que ficaram em aberto em Guaratuba estariam em Altamira.

E, depois de dois anos mergulhado no caso Altamira, sinto que finalmente tenho uma resposta sobre como essas histórias estão conectadas. Mas há um longo caminho para chegar até lá. O que posso dizer é que, por trás da ligação entre os dois casos, existe a tese de que havia um grupo poderoso interessado em que esses crimes jamais fossem devidamente esclarecidos, e ele ocupava o coração do poder de Altamira. Para entendermos isso, precisamos compreender um pouco mais a história da cidade e os rumos que as investigações tomaram a partir da morte de Jaenes.

2. Os poderosos

O consórcio da morte

Historicamente, a região Norte do país é marcada por disputas de terras que envolvem sérios riscos de violações de direitos humanos, em especial de pessoas mais vulneráveis. Em Altamira, isso não é diferente, e essa apreensão social é sentida por todos os habitantes, de uma forma ou de outra.

Durante nossas pesquisas para o podcast, sentimos que era importante conversar com pessoas que conhecessem bem essa dinâmica das disputas de poderes e terrenos nos bastidores — afinal, precisávamos entender melhor como esse medo de grupos poderosos se materializava de forma mais clara naquele contexto. Foi nesse esforço que pudemos ouvir a professora Kátia Maria dos Santos Melo,[7] da Universidade do Estado do Pará, que nos falou sobre "o consórcio da morte".

> O consórcio da morte era um consórcio organizado pelos donos de terras, pelos donos de garimpo... Essas pessoas que se viam incomodadas, por exemplo, com os indígenas, com os pescadores, com os quilombolas etc., e com os movimentos sociais, que lutam pelo quê? Pelo direito no território. E aí eles estabeleceram o consórcio da morte. Como é esse consórcio? Você tá incomodando fazendo essas entrevistas que tá fazendo, esses podcasts, tá criando muito alarde? Tá expondo? Aí eles fazem uma lista. E eles faziam com que essa lista vazasse, então tu até sabia antes, só que quem podia sair fora do território saía, quem não podia,

---

[7] Kátia Maria dos Santos Melo é graduada em Serviço Social pela Universidade da Amazônia e mestre e doutora em Política Social pela Universidade de Brasília. Filha de indígenas e trabalhadores da Amazônia, é conhecida na academia e nos movimentos sociais da região. Durante a produção do podcast, ela foi entrevistada pela jornalista Isabela Cabral, que fazia parte da equipe.

não saía, morria. Aí eles matavam, como mataram a Dorothy,[8] o Dema e muitos outros.

Então é um consórcio, um consórcio quer dizer que eu pago o preço pra que tu sejas assassinada. E aí tem os caras que matam, os profissionais, os jagunços, os caras matam mesmo. Eles são profissionais disso.

E eles mandam muitos recados. O grupo com a Antônia Melo,[9] elas te falam com riqueza de detalhes. Porque elas vêm desse movimento da Transamazônica da década de 70, 80, elas estão nesse chão. E aí elas vão te contando, o que que passam as mulheres, como que as crianças estão nesse contexto. Elas vão te trazendo tudo isso, depois elas trazem Belo Monte, elas trazem a relação com os indígenas, e elas estão lá, são mulheres incansáveis, já foram ameaçadas várias vezes porque incomodam.

E hoje os conflitos continuam, né. A finalização da obra deixou um ativo, um passivo socioambiental sem precedentes. Nessa geração, Altamira e a região lá, não se recuperam, não se recuperam. Os piores índices, considerando o número de pessoas, de habitantes, estão concentrados em Altamira. Assassinato contra a mulher, aí você vai entrar de novo, a violência contra crianças e adolescentes... Tá tudo lá, são os piores índices.

De um lado então temos obras de estruturas milionárias, grande impacto social e forte interesse econômico nas mãos de uma minoria. De outro, a população local que sofre todas as consequências sem ter qualquer controle. Foi nesse contexto que os movimentos sociais em Altamira se tornaram essenciais para a busca por direitos fundamentais. E se alguma dessas lideranças passava a incomodar demais, tornava-se alvo do consórcio da morte. Essa é a ameaça constante que marca a região por décadas.

Então, quando suas crianças começaram a ser mortas de forma violenta, as famílias das vítimas já tinham vivência de uma violência

---

8 Uma das vítimas do consórcio da morte é Dorothy Stang, uma missionária norte-americana naturalizada brasileira que, desde os anos 1970, militava com a pastoral da terra e os trabalhadores no Xingu — comum aliança presente em Altamira em que as lideranças católicas se somavam aos movimentos de base. Dorothy, assim como a professora Netinha, a ativista Antônia Melo e Rosa Maria Pessoa, mãe de Jaenes, foi uma das mulheres que venceram o medo para lutar por justiça. E, por isso, incomodava. Ela foi assassinada em 2005 com seis tiros por pistoleiros a mando de um poderoso fazendeiro em Anapu, município vizinho de Altamira — o mesmo do "anônimo de Anapu", criança vítima do caso dos emasculados e até hoje desconhecida.

9 Antônia Melo foi uma das ativistas que auxiliaram nas manifestações de famílias de Altamira após os casos das crianças mortas e emasculadas, e é conhecida como uma dos maiores figuras de movimentos sociais da cidade. Durante a década de 1990, assumiu o cargo de Conselheira Tutelar em Altamira e, em 2008, fundou o Movimento Xingu Vivo para Sempre, como forma de resistência à construção da hidrelétrica de Belo Monte na cidade.

muito específica. Não seria um absurdo acreditar que os mesmos autores pudessem estar envolvidos. Mas algo precisava ser feito, e as pessoas passaram a reivindicar justiça.

O novo delegado

Com a população tomando as ruas de Altamira, tornou-se impossível para o poder público continuar a ignorar os casos. Assim, a Secretaria de Segurança do Pará designou um renomado delegado de Belém para conduzir as investigações: Brivaldo Pinto Soares Filho — falecido em 2017, será sempre um personagem-chave cheio de mistérios. Sua chegada a Altamira significou um ponto de virada para as famílias das vítimas, peças essenciais durante toda a investigação conduzida pelo delegado. Pela primeira vez após mais de três anos de crimes, alguém parecia disposto a fazer alguma coisa; mas, claro, enfrentaria resistência.

Ao chegar, o delegado tinha, entre as poucas informações disponíveis, as menções na mídia ao Segundo Sobrevivente — o que, para Maria Ivonete Coutinho da Silva, conhecida na região como "professora Netinha" e importante ativista dos direitos humanos e da educação, marca o começo dos casos. Isso porque o caso da primeira vítima, José Sidney, não fora divulgado na imprensa. SS, por sua vez, era filho de um homem chamado Amadeu, que trabalhava como caseiro na Associação Atlética Banco do Brasil, frequentada pela sociedade de Altamira.

"Começou a criar corpo, uma notícia. Porque não era o cara que estava lá na periferia, ele estava dentro de um espaço de comunicação, um espaço em que as coisas são mais formalizadas", contou Netinha. "É muito importante [notar] que o caso se desencadeou, a movimentação, a organização, a busca, a partir do Segundo Sobrevivente. E é estratégico. É o Banco do Brasil, ali estavam os empresários, estava a juíza. O filho do caseiro foi emasculado. E o menino volta com vida para contar a história."

O caso foi noticiado no *Diário do Pará* no dia 18 de novembro de 1989, quando já havia diversas vítimas (é importante notar que nem todas são listadas na carta do movimento que apresentamos no Capítulo 1 ou aparecerão na investigação):

TARADO ATACA E MATA TRÊS CRIANÇAS EM ALTAMIRA

A quarta vítima sobreviveu e está internada em Belém

Um maníaco sexual está atacando crianças na cidade de Altamira, em geral, meninos na faixa etária de 8 a 12 anos. Três crianças por ele atacadas morreram, e outra encontra-se internada no Hospital São Paulo, onde ontem foi submetida a uma delicada cirurgia. A população está apavorada com os últimos acontecimentos.

Na tarde de anteontem, por volta das 15h30, o maníaco sexual, em uma bicicleta, agarrou o menor de 8 anos, [SS], filho do mineiro Amadeu, casado, de 38 anos, residente na rodovia Eneias Acioli, mais precisamente na AABB — Associação Atlética dos Funcionários do Banco do Brasil, onde ele trabalha como caseiro. O tarado segurava uma navalha, pôs o garoto na garupa da bicicleta e rumou para fora da cidade. No mato, estuprou a criança e, em seguida, usando a navalha, fez a emasculação total, ou seja, retirou a bolsa escrotal, os testículos e a uretra da vítima.

Pensando que o garoto estava morto, a exemplo do que foi feito com as outras três crianças, o tarado fugiu. Contudo, [SS] sobreviveu ao ponto de ainda poder contar tudo o que lhe foi feito pela besta fera.

Pode parecer estranho o fato de a matéria falar de vítimas mortas que não aparecem, por exemplo, nas investigações e na carta. Mas Netinha explicou: "Tinha outros aqui, que vinham para a reunião [do movimento das mulheres de Altamira], não falavam direito. Mas tem outros que foram perseguidos, teve outros que foram sumidos. Então, tem o sumiço daqueles que nunca apareceram. E que a família se desesperava. E o movimento começa aqui com o Segundo Sobrevivente". Mais uma vez, é o movimento da sociedade civil que chama a atenção: "Quando nós começamos a pressionar e ir para cima, chamar a imprensa e fazer documento, os casos se intensificam. A partir do Judirley e do Jaenes,[10] esses meninos já eram encontrados com sevícias sexuais, com muita violência, arrancada a unha, furados os olhos... há uma intensificação do ritual macabro, diferente dos outros".

---

10 De acordo com os dados oficiais, José Sidney, 8 anos, o primeiro sobrevivente, foi atacado em agosto de 1989. Seu caso nunca foi investigado, então não há um inquérito em seu nome. O Segundo Sobrevivente, 8 anos, foi atacado em novembro de 1989. Wandicley, 9 anos, o terceiro sobrevivente, foi atacado em setembro de 1990. A quarta vítima seria Ailton Fonseca do Nascimento, 10 anos, desaparecido em maio de 1991 e cuja ossada foi encontrada, junto com seus pertences, no mês seguinte. O menino indígena Judirley da Cunha Chipaia, 13 anos, foi morto em janeiro de 1992. Após ele, Jaenes da Silva Pessoa, 13 anos, foi assassinado em outubro de 1992. Ou seja, dos três assassinados até então, apenas foi possível ver as marcas de violência nos corpos de Judirley e Jaenes.

Ainda segundo Netinha, um caso que chama atenção antes do de Jaenes é o de Ailton Fonseca do Nascimento, a terceira vítima listada na carta do movimento e primeira dada como morta, em 1991. Isso porque sua ossada foi enviada para análise em Belém, mas o laudo jamais foi emitido pelo Instituto Médico Legal (IML), e o corpo nunca foi devolvido para que a família pudesse enterrá-lo. A ossada é atualmente dada como perdida. Ou seja, o descaso do Estado com as crianças não acabava no momento em que elas morriam.

Autópsia do corpo de Jaenes

O inquérito sobre Jaenes foi aberto em 4 de outubro de 1992, um dia depois de seu corpo ter sido encontrado e velado. Existe nos autos um ofício do delegado Brivaldo, datado de 14 de outubro, requisitando que o corpo fosse exumado para um novo exame mais detalhado.

A resposta veio logo no dia seguinte, 15 de outubro, assinada pelo médico-legista Armando Aragão. As fotos da exumação já indicavam que o corpo havia se deteriorado bastante. Por conta disso, o dr. Aragão não pôde responder com precisão a tudo. O prontuário escrito à mão pelo médico responde às perguntas do delegado Brivaldo:

> Ao Delegado Brivaldo Pinto,
> 1) Se o corpo apresenta lesão?
> Resposta: ferida incisa com amputação parcial do pênis (a 1 cm da base de implantação) e amputação total da bolsa escrotal.
> 2) Se houve ato libidinoso anal?
> Resposta: prejudicada em virtude do avançado estado de decomposição do cadáver, impedindo avaliação precisa.
> 3) Se foi encontrada alguma substância tóxica?
> Resposta: idem acima.
> 4) Se o corte efetuado na vítima tem características de profissional?
> Resposta: Não.
> 5) Qual o instrumento cortante que poderia ter sido utilizado?
> Resposta: Navalha, faca bem afiada etc.
> 6) Se o órgão retirado pode servir para ser implantado em outra pessoa e qual o tempo necessário para isso?
> Resposta: Não.
> Comentário final: Possivelmente, a causa da morte não decorreu da emasculação (indeterminada, devido ao adiantado estado de putrefação).

Dificuldades como essa, de obter respostas precisas, estavam longe de ser as únicas enfrentadas por Brivaldo. Em entrevista a Paula Lacerda em 2010, o delegado relatou que seria muito difícil obter informações na cidade naquela época, pois as pessoas tinham medo de falar. Além disso, pontuou que haveria um problema de infraestrutura, numa cidade muito fechada em si: "Em Altamira, como em qualquer cidade do interior, você não tem nenhuma estrutura para quem chega lá. Ou você bota a tua rede em cima da mesa e dorme, ou você aceita a oferta do prefeito de dormir no hotel da cidade com a prefeitura pagando".

Assim, ia-se criando uma profunda conexão não só entre as autoridades locais (prefeitura, juiz, delegado etc.), como também com os poderosos, que são pessoas que não têm necessariamente cargos políticos, mas talvez sejam, por exemplo, o dono do único hotel ou posto de gasolina.

Paula Lacerda definiu isso como uma "configuração de poder" econômico e político, o que ajuda muito a entender o medo da população e o abafamento dos casos. "O prefeito não queria que esses casos fossem conhecidos, que saíssem de Altamira, para não sujar a reputação da cidade. O governador, por sua vez, não queria que tivessem repercussão para que isso não se voltasse contra seu governo", afirmou.

Ela ainda disse que também havia um sentimento de que pessoas poderosas que não eram conhecidas estivessem por trás desses crimes ou associadas a essas autoridades. Afinal, se aqueles crimes ocorriam por tantos anos numa cidade tão pequena, sem ninguém fazer nada, os criminosos só podiam ser gente importante. Haveria provavelmente pistoleiros, policiais, juízes e promotores em sua folha de pagamento não oficial. Qualquer movimento em falso poderia ativar uma rede de inimigos invisível.

Com o histórico dos casos, Brivaldo passou a desenhar o perfil de um maníaco sexual que agiria na cidade e teria prazer em abusar de meninos com requintes de crueldade. Ele não atuaria sozinho e, provavelmente, gozaria de algum prestígio social. Passou, então, a ouvir testemunhas — e uma delas começaria enfim a dar contorno para os casos.

Josivaldo Aranha

No mesmo dia em que Juarez Gomes Pessoa prestou seu primeiro depoimento, o delegado Brivaldo ouviu também Josivaldo Aranha da Silva, de 22 anos. Josivaldo narrou uma estranha situação pela qual teria passado enquanto catava lenha numa estrada localizada na área rural de Altamira, em 3 de janeiro de 1992, dia em que o corpo de Judirley foi encontrado.

> Então o declarante observou que havia um carro tipo picape, carroceria de madeira, [de] cuja cor não se lembra bem, cuja placa não anotou, parado debaixo das árvores; que havia dois elementos dentro do carro e um do lado de fora encostado na porta; quando o declarante passava próximo ao carro, esse que estava do lado de fora, alto, magro, cabelos meio lisos e meio aloirado, apontou uma arma para o declarante e disse: "Olha, se tu contares que nos viste aqui, ou que viste alguma coisa, vamos te matar onde quer que tu te escondas, em qualquer estado do Brasil"; que o declarante respondeu: "Descobrir o quê?"; ele retrucou: "Cala a boca"; quando o declarante se afastou um pouco do local, um deles gritou: "Olha o que eu falei pra você".
>
> Que o declarante prosseguiu sua caminhada com a lenha para sua mãe de criação. Quando chegou lá, ela lhe perguntou se ele já sabia de um crime que tinha acontecido e que o corpo de um garoto havia sido achado lá para o lado que o declarante havia ido buscar lenha, tendo [ele] respondido que estava sabendo naquela hora, mas também não comentou nada do que tinha se passado.
>
> Que no mês de março de 1992, data que não se recorda, por volta das 18 horas, passando a entrada da Betânia, os mesmos elementos se encontraram com o declarante que vinha de bicicleta e o fizeram parar. Um deles mostrou-lhe uma arma e disse: "Estás lembrado daquele dia, que nós dissemos se tu falasse alguma coisa nós te matava [sic]". E logo soltou a bicicleta do declarante e disse: "Some, some, some".
>
> Que, de outra feita, um elemento baixo, gordo, moreno, cabelos lisos, sem barba, encontrou-se com o declarante lá no Porto da Vitória, fê-lo parar e disse: "Tu és aquele que tiramos uma brincadeira contigo lá na entrada da Betânia, quando tu vinhas de bicicleta", tendo o declarante respondido afirmativamente. Então esse gordo lhe disse: "Aquele loiro tem uma granja e uma horta lá perto do Posto Gomes".

Esse relato de Josivaldo Aranha era relevante para o delegado Brivaldo por uma série de motivos. O primeiro: as pessoas que viram os corpos de meninos emasculados nos locais em que foram encontrados sempre afirmavam que eles pareciam ter sido deixados no local, visto que nunca era possível identificar sangue no solo. (Apesar de, em nenhum dos casos, existir um laudo de exame do lugar onde o corpo foi achado, apenas fotos de algumas vítimas nos locais em que foram encontradas.)

O segundo: temos aqui alguém afirmando que, no mesmo dia e em local próximo àquele onde o corpo de Judirley foi encontrado, foi ameaçado com arma por três pessoas. Uma delas, que aparentava ser o líder do grupo, seria um jovem magro e loiro que teria uma propriedade perto do Posto Gomes, cujo dono era Amadeu, primo do pai de Jaenes. Então, o suspeito principal era loiro, tinha uma picape, podia morar próximo ao posto da família Gomes e não agia sozinho.

Oficialmente, Brivaldo estava investigando o caso do garoto Jaenes, morto em outubro de 1992. Mas, ao notar que conseguira uma informação valiosa em outro caso, o do garoto Judirley, morto em janeiro de 1992, o delegado suspeitou de que teria mais respostas se olhasse para outros crimes e que todos os crimes teriam o mesmo algoz. Apesar dessa crença, por motivos desconhecidos, ele não incluiu nos autos os inquéritos referentes às vítimas anteriores, embora se suponha que tenha ao menos os olhado. Essa juntada só veio a acontecer muito tempo depois. Ainda assim, não havia nada mais certeiro do que mirar aqueles que foram emasculados e sobreviveram para contar suas histórias — e foi o que Brivaldo fez.

O terceiro sobrevivente

Enquanto Brivaldo fazia suas investigações, Cezário Loiola Pinheiro, de 65 anos, e seu filho Wandicley, na época com 11, se encontravam em Belém. Wandicley era conhecido como o terceiro sobrevivente emasculado. Havia sido atacado em 23 de setembro de 1990. Assim como SS, teve o pênis e a bolsa escrotal totalmente cortados.

Por causa da violência que sofreram, ambos passaram anos sendo atendidos gratuitamente na capital por um renomado médico cirurgião, dr. Lourival Barbalho, irmão do então governador Jader Barbalho. Lourival buscou usar próteses para realizar uma reconstrução peniana em ambas as vítimas. SS morava em Altamira e ia para Belém a fim de ser atendido quando necessário. Já Wandicley passou a morar em Belém após o ataque, de forma que pudesse ficar mais próximo do médico.

Por esse motivo, os depoimentos de Wandicley e seu pai, nos dias 20 e 21 de outubro de 1992, foram tomados na capital pela delegada Nilma Nazaré de Almeida Alves. Cezário, o pai, foi o primeiro a falar. Narrou brevemente como teria sido o ataque que o filho sofreu, além de fornecer outras informações. Wandicley prestou depoimento no dia seguinte e narrou o que lembrava. Alguns pequenos detalhes divergiram de um depoimento para o outro — e o da vítima, claro, era tido como o de maior importância. O garoto começou contando que, enquanto brincava com o primo, Jailson, foi agarrado por um desconhecido armado com uma faca, "de cor branca, estatura média, cabelos lisos (pretos), penteados para trás, sobrancelhas fartas e rosto cheio e forte", que o levou a uma bicicleta e o amarrou na garupa. Após um trajeto que não reconhecia, numa clareira, ele encontrou mais um homem "de olhos escuros, cabelos pretos e ondulados, sobrancelhas fartas, com bigode, de rosto fino, estatura média". Apesar de ter sido então vendado, ele conseguiu perceber que depois disso vieram ainda mais dois homens — e aí começaram as agressões.

> [...] recebeu uma pancada em sua cabeça aplicada pelo homem que o havia conduzido na bicicleta; que tal homem usou para isso um pedaço de pau; que o informante, após o golpe em sua cabeça, caiu ao chão. Foi neste momento que o desconhecido moreno de bigode o segurou no braço, ocasião em que o desconhecido de cor branca retirou o short do informante e com a faca [...] cortou-lhe os órgãos genitais; que nesse momento, devido à dor, o informante perdeu os sentidos; que somente veio recobrar os sentidos algum tempo depois, sendo que ao retornar encontrava-se sozinho e todo ensanguentado; que, apesar da dor que sentia, levantou-se e passou a caminhar dentro do mato em busca de ajuda; [...] conseguiu chegar em uma casa onde pediu ajuda, sendo então levado a um hospital.

Anexado a esse depoimento de Wandicley, há um retrato falado que aparenta ter sido feito com fotografias de partes de rostos de várias pessoas, como um quebra-cabeça facial. Ao que tudo indica, foi produzido pela polícia com base nos relatos do garoto. No depoimento prestado no dia anterior, o pai comentara ter mostrado o retrato falado a seu outro filho, José Jacinto de Oliveiro Pinheiro, que teria dito conhecer alguém parecido: "Luiz Capricho [sic], que mora no mesmo bairro do declarante [...] que [...], diante de tal informação, passou a investigar tal homem, tendo na ocasião descoberto que se tratava de um pistoleiro que morava sozinho".

Luiz Kapiche e os Gomes

"Luiz Capricho" era, na verdade, Luiz Kapiche Neto, um empresário em Altamira, mas sempre lembrado como radialista e advogado — profissão que exercia sem formação. Isso não era exatamente incomum para a época, especialmente em cidades mais isoladas e sem estrutura como Altamira. Apesar de não ter formação em direito, era conhecido por seu domínio das leis, o que lhe garantia um reconhecimento local como advogado. E ele frequentemente resolvia problemas para uma família em especial: os Gomes.

Foi na investigação do menino indígena Judirley da Cunha Chipaia que o nome de Luiz Kapiche apareceu pela primeira vez. Ele havia sido chamado para depor no caso em 8 de janeiro de 1992, cinco dias após o corpo do garoto ter sido encontrado. O motivo é incerto, mas é provável que tenha a ver com uma suspeita em torno de um carro que poderia ser dele e que teria sido visto por algumas testemunhas no local em que Judirley desapareceu e, posteriormente, foi encontrado morto.

Em certo ponto do depoimento, ao ser perguntado se já havia tido problemas com a Justiça no estado do Pará, Luiz Kapiche Neto afirmou ter tido prisão decretada junto a Amadeu Gomes e Araquém Gomes, por "terem sido supostamente acusados de ameaçarem de morte a então juíza desta comarca".

Amadeu, como já falamos, era um rico fazendeiro e empresário da cidade, dono do posto de gasolina que levava seu sobrenome. Era irmão de Araquém, e também de Geraldo Gomes, do advogado Arnaldo Gomes, que tinha concorrido a vereador nas eleições municipais de 1992, e de Perilo Gomes. Foi Perilo quem levara Juarez de carro para votar no dia 3 de outubro, dia em que seu filho Jaenes foi encontrado morto e emasculado na fazenda dos Gomes.

O delegado Brivaldo achou que havia algo de estranho na família Gomes, especialmente no núcleo do poderoso Amadeu. Luiz Kapiche poderia ser um pistoleiro a mando de Amadeu, fazendo pose de advogado mesmo sem ter formação, alguém dotado de coragem suficiente para ameaçar de morte a juíza da cidade. Amadeu era primo de Juarez, pai da vítima Jaenes. Seria possível ele estar por trás da morte de um parente?

Envolver o nome dos poderosos Gomes era arriscado — e a população de Altamira sabia bem disso. Enquanto essa suspeita começava a correr pela cidade, a professora Netinha participava de uma reunião com movimentos sociais para que os casos das crianças mortas e emasculadas ganhasse maior atenção das autoridades. Na entrevista que me concedeu, ela me contou sobre uma ocasião em que o medo de talvez se estar lidando com gente poderosa tornou-se bastante real.

> Uma vez, em 1992, planejávamos ir para uma audiência pública na Câmara denunciar o caso e, no outro dia, seguiríamos para Belém [...], fazer a denúncia. Então, eu fiquei com o padre Sávio[11] na pastoral terminando os documentos. Quando finalizamos, ele foi tomar banho. De repente, a luz se apagou. Eu fiquei apavorada. Havia uma escada do centro pastoral que dava para a rua, onde ficava exatamente a delegacia, [e a casa] dos Gomes, tudo. Na hora que apagou a luz, o telefone tocou. Começaram as ameaças: "Não pense que eu não tô te vendo", "Vagabunda", "Vamos te pegar", "E, quando tu tiver um filho, tu vai ver...". Eu fiquei tão apavorada, tão apavorada. "Eu sempre te acompanho, eu te vejo indo para Brasília." Aquele foi o dia que eu tive mais medo, porque [...] o tom da voz, o jeito de falar, as palavras... foi realmente de muita ameaça.

Poderia aquela ligação ser de alguém ligado à família Gomes? Essa ligação nunca foi investigada, não sabemos a data exata em que ela ocorreu e tudo o que temos sobre esse episódio é o relato da professora. E essa memória é uma marca importante de como era o clima de apreensão da época, de medo dos poderosos — fossem eles os Gomes ou quaisquer outros.

---

11 Padre italiano que imigrou para Altamira em 1973, no começo da construção da Transamazônica. Era coordenador da Pastoral no município na época em que Jaenes da Silva Pessoa foi morto. Desde então, participou das mobilizações com os familiares das vítimas e se empenhou para levar os casos às autoridades. Assim como Dom Erwin Kräutler, era adepto da Teologia da Libertação, corrente de pensamento que defende o envolvimento da Igreja em lutas sociais. Foi uma importante liderança religiosa em Altamira, especialmente nos movimentos envolvendo busca por justiça nos casos dos meninos emasculados.

O fato é que, enquanto a população e o delegado Brivaldo procuravam o Monstro de Altamira, pareciam sempre se deparar com um mesmo sobrenome: Gomes. Mas estariam eles por trás de um consórcio da morte, responsável por aterrorizar a população e matar crianças? E, se estivessem, quem era o homem loiro mencionado por Josivaldo Aranha?

3. O suspeito

O sumiço da ossada de Ailton

Em novembro de 2021, passei duas semanas em Altamira com Rubens tentando conversar com familiares das vítimas e entender mais profundamente a história que seria contada. Nessa oportunidade, pudemos visitar locais, conversar com pessoas e entender melhor o desafio que estava diante de nós.

Altamira havia mudado muito nesses trinta anos. A cidade tinha crescido consideravelmente depois de Belo Monte, mas ainda era marcada por extensas regiões com casas simples e ruas de terra.

E foi em uma dessas ruas que pude conhecer dona Irene, irmã do menino Ailton, desaparecido em 5 de maio de 1991, cuja ossada fora encontrada com seus pertences 46 dias depois. Irene era criança naquela época. Ela nos recebeu com a filha para contar a história do garoto. Após passarmos por algumas galinhas que elas criavam, dona Irene nos contou que a ossada do irmão foi reconhecida pela mãe devido ao traje e aos pertences. Infelizmente, o descaso das autoridades também se revelou após essa descoberta. "Levaram [a ossada] para Belém para fazer uma análise, o reconhecimento. Mas disseram que acabou misturando com a ossada de outras pessoas, de outras crianças, e aí ficou lá. Não teve reconhecimento porque misturou, e eles não sabiam", contou dona Irene. "[Meus pais] pediram várias vezes [...], a minha mãe queria muito ter enterrado a ossada dele. [...] Ela ficou muito triste. Vivia muito abalada."

Esse sumiço revelava um dos aspectos mais cruéis que podem existir para uma mãe que perde um filho: a impossibilidade de enterrá-lo. Foi só quando entrei na casa de pessoas como dona Irene que compreendi que, por mais que estivesse olhando para casos do passado, eu tinha em mãos uma história ainda em curso, de famílias que seguiam vivas e sofrendo até hoje as mortes dessas crianças.

A história dos casos era, também, parte constituinte e triste de suas histórias pessoais — e as memórias que emergiram das conversas foram reveladoras.

Dava para confiar na polícia?

Com a desconfiança generalizada das famílias em relação à polícia, Brivaldo enfrentou dificuldades. Alguns familiares, porém, aceitaram dar depoimento a ele — e foram fundamentais para o andamento do caso. Uma delas foi Lúcia da Cunha Chipaia, irmã do menino indígena Judirley, assassinado em janeiro de 1992. Ela falou com o dr. Brivaldo em 20 de outubro de 1992 — ou seja, dezessete dias depois de Jaenes ter sido encontrado morto e emasculado, assim como seu irmão havia sido achado meses antes. No dia do desaparecimento, em janeiro daquele ano, ela estava na companhia do garoto, indo à chácara Santa Rita para uma festa de confraternização.

Segundo ela, o desaparecimento teria acontecido depois de ele ter ido com outras pessoas tomar banho num igarapé, em torno de 13h30. Judirley teria saído da água quinze minutos após as outras crianças, mas nunca chegou à chácara — sua ausência foi percebida por volta das 17 horas. Foi feita uma busca nos arredores, mas sem grande preocupação: acreditava-se que ele tinha ido à fazenda vizinha. Só quando, voltando à casa às 18h30, viram que ele também não estava lá é que foi desencadeada uma busca que duraria alguns dias, envolvendo a polícia local, a Polícia Militar e, por fim, o Exército (ainda que a família de Judirley tenha tido que providenciar transporte aos soldados). No terceiro dia,

> [...] por volta das 13h30, os soldados encarregados de dar buscas chegaram à ponte sobre o igarapé Cupiúba e lá se dividiram, seguindo metade do grupo para o lado esquerdo e outro grupo para o lado direito da estrada, sendo que, por volta das 14h30, o grupo que seguiu para o lado esquerdo conseguiu localizar o corpo de Judirley [...]

Um cunhado de Lúcia, Jorge Ricardo, filho do proprietário da chácara Santa Rita, estava junto e informou que o cadáver estava em estado de decomposição, com sinais de violência e lesões aparentemente de bala. Lúcia seguiu contando que

> [...] já encontrou o corpo do irmão mais tarde, no Hospital da Fundação Sesp, onde pôde comprovar os diversos ferimentos que o cadáver apresentava, tais como um profundo golpe no ânus, sinais de golpe de faca por diversas partes do corpo e, principalmente, que haviam sido extraídos o pênis e a bolsa escrotal da vítima; [...] foi informada por seu cunhado de que a vítima foi encontrada totalmente nua, porém ainda estava ao lado do corpo o mesmo calção que a vítima vestia quando de seu desaparecimento; que, após o sepultamento da vítima e quando foram chamados à Delegacia de Polícia local para prestar os primeiros esclarecimentos sobre os fatos, surgiu a informação de que a irmã da declarante, [...] Lizandra, [tinha] visto uma camionete tipo Pampa ou Saveiro, cor de vinho, estacionada às proximidades de um campinho de futebol existente perto do igarapé, por volta das 13 horas do dia em que o jovem desapareceu; [...] o delegado [...] comentou com a irmã da declarante que aquele veículo perteceria ao senhor Amadeu Gomes, mas [era] utilizado frequentemente pelo filho deste, [...] Amarildo Gomes.

Ao saber disso, Lúcia logo reconheceu esse veículo: uma outra irmã deles, Lucilene, contara que, cerca de dois meses antes da morte de Judirley, um vizinho de cujo nome ela não se lembrava fora abordado justamente por Amarildo, que estava no carro e perguntou onde ficava uma praça. Foi a partir daí que a família passou a considerá-lo o maior suspeito da morte de Judirley — o que se reflete no depoimento.

> [...] diante da insistência de Amarildo, o rapaz resolveu levá-lo até o local pretendido e, quando lá chegou, [Amarildo] tentou apalpar o rapaz, tendo este aí percebido que Amarildo Gomes é homossexual, motivo pelo qual solicitou que parasse o veículo, pois caso contrário desceria de qualquer forma; [...] a desconfiança em torno de Amarildo aumentou a partir do momento em que a declarante veio a tomar conhecimento de que, poucos dias após a morte de Judirley, Amarildo saiu da cidade, viajando para a cidade de Fortaleza, onde permaneceu por cerca de quatro meses [...]

Reforçava as suspeitas da família o fato de que um funcionário de uma chácara próxima ao local do desaparecimento de Judirley confirmou a presença do veículo identificado como de Amarildo por ali no dia, entre 13h e 13h30.

Ao fim do depoimento de Lúcia, portanto, o delegado Brivaldo tinha um suspeito: o filho do poderoso Amadeu Gomes, a quem ela chamava de Amarildo, mas que, na verdade, chama-se Amailton: Amailton Madeira Gomes, à época com 23 anos.

Amailton Gomes

Nas análises que eu e Rubens conduzimos dos autos, o que se extrai é que Amailton era visto na cidade como playboy e que a descrição deixa claro que ele era meio "doidão", usuário de drogas. Inclusive, há fotos anexadas ao processo que o mostram fumando maconha. Um conhecido de Rubens que conviveu com Amailton, porém, contava que ele era uma pessoa como qualquer outra, mas gostava de beber, fumar e ouvir rock — coisas que a população em geral considerava estranhas. Ao conversar com outras pessoas que conheceram Amailton, eu também ouvi as mesmas descrições.

Independentemente do comportamento real dele, o que fica claro nos autos é que, se num primeiro momento a família Gomes parecia suspeita, agora havia um nome específico se destacando. Afinal, o clã tinha mesmo uma picape cor de vinho, o que parecia corresponder com o relato de Lúcia e de Josivaldo Aranha, que disse ter sido ameaçado por três homens que estavam num carro desse tipo, no dia e local em que o corpo de Judirley foi encontrado. Um desses homens teria posteriormente dito a Josivaldo que "o loiro" daquele grupo, o aparente líder, tinha uma propriedade perto do posto de gasolina da família Gomes — local bastante frequentado por Amailton e do qual inclusive era sócio, ao lado do pai.

Havia um detalhe que não se encaixava: Amailton não era loiro. Apesar disso, os relatos que o delegado recebia sobre ele ficavam cada vez mais suspeitos. Isso se reforçou em 23 de outubro, quando um homem chamado José Luiz Sobrinho, de 31 anos, prestou depoimento a Brivaldo. Ele disse ter se mudado para Altamira em 1974 e, pouco tempo depois, feito amizade com Amadeu Gomes e sua esposa à época, Zaila Madeira Gomes, mãe de Amailton.

José Luiz Sobrinho é mais uma testemunha que chama Amailton de Amarildo, um erro que se repete bastante em depoimentos posteriores. Para facilitar, a partir de agora, a menção ao nome dele será corrigida. O relato continua assim:

> Que o declarante tomou conhecimento através de pessoas, cujo nome agora diz não recordar, de que por volta do mês de julho de 1991, um dos filhos do sr. Amadeu Gomes, de nome Amailton, saiu com uma pessoa do sexo masculino com destino à fazenda Barretense, que fica no quilômetro 6 da Transamazônica, e que, no meio do caminho, Amailton parou o veículo e começou a acariciar o órgão sexual de seu acompanhante [...] e, como o rapaz recusou-se a submeter-se àquela situação, sacou uma arma, um revólver, provavelmente calibre 38, obrigou o rapaz a abrir sua calça e passou a praticar com ele sexo oral [...].

Todos os primeiros depoimentos comentam a sexualidade de Amailton, dizendo que ele teria interesse por homens, mas também já havia namorado mulheres. É notório que existe aqui uma estigmatização: o homossexual maníaco que teria alguma satisfação em castrar e abusar de garotos. Estamos falando de uma pequena cidade do interior do Pará na década de 1990, então não é difícil supor que esses comentários fossem em boa parte oriundos de boatos e que houvesse muito preconceito em relação a Amailton.

Por outro lado, são vários os relatos de que Amailton teria forçado homens a terem relações com ele. Um deles inclusive é de uma suposta vítima: Adijael Silva Feitosa, de 22 anos, que prestou depoimento no dia 13 de novembro de 1992, afirmando que, certa vez, quando servia no 51º Batalhão de Infantaria da Selva, o 51 BIS, teria dado carona para um homem que dizia se chamar Marcos. Logo no início da viagem, Marcos teria ameaçado Adijael, deitado em seu colo e começado a "chupar o pênis do declarante". Depois, teria dito que não era para Adijael falar nada, pois do contrário o mataria. Ainda de acordo com ele, outros soldados do quartel teriam relatado que passaram pelo mesmo tipo de abuso e ameaça. Após ter sido dispensado do Exército, Adijael contou que passou a trabalhar como agente da Polícia Civil em Altamira e, certa vez, foi ao Posto Gomes para abastecer um carro da delegacia. Lá, teria visto o tal Marcos, mas não foi falar com ele. Em vez disso, procurou se informar com pessoas por ali sobre quem seria aquele homem. Descobriu que na verdade se chamava Amailton.

Eu conversei com o Rubens diversas vezes sobre isso, se ele acreditava que haveria alguma estigmatização em torno de Amailton ser provavelmente homossexual. Em nossas leituras do inquérito, ficava evidente que a polícia partia dessa suposição para direcionar suas investigações: um homossexual (portanto, "pervertido", como seria afirmado futuramente no inquérito) seria o autor dos crimes bárbaros. Também para Paula Lacerda, a tese de Brivaldo sobre Amailton estava assentada sobre a homofobia. Em várias passagens, o delegado afirmou que a prática que mais despertava desejo sexual em Amailton era a felação e, inclusive, associa a homossexualidade ao uso de drogas. Ao que parece, na lógica do delegado Brivaldo, esse suposto desejo de Amailton pelo órgão sexual masculino seria uma maneira de se tentar explicar o interesse do assassino em emascular as crianças.

Na entrevista de 2010 para a produção da tese de doutorado de Paula, Brivaldo contou a ela que buscou compor uma equipe de investigadores muito *diversa*, chamando um investigador homossexual para que pudesse penetrar no "submundo" de Altamira. Afinal, os crimes sexuais — como Brivaldo interpretava o caso — tinham a ver com um agente, um criminoso homossexual. Além disso, em vários momentos do processo, há uma conexão entre Amailton e Luiz Kapiche, que também seria homossexual, de acordo com algumas fontes que ele ouviu no decorrer das investigações. Esse fato sobre Kapiche nunca foi comprovado, mas permeava todo o seu trabalho. Na interpretação da pesquisadora, para além de todas as suposições que giravam em torno de sexualidades, o delegado parecia ter considerado como uma "confissão de culpa" justamente o fato de Amailton ter saído da cidade depois de um crime contra um parente, Jaenes, alegando — para despistar — que não tinha uma boa relação com a família.

Mas não era apenas o delegado que desconfiava de Amailton. O nome do jovem membro da família Gomes circulava por toda a cidade como o possível autor dos assassinatos. Ao longo do processo, diversas testemunhas relataram comportamentos suspeitos por parte dele, e era difícil ignorar alguns desses relatos. José Luiz Sobrinho, por exemplo, contou, no depoimento já citado:

> Que o declarante, algum tempo depois, veio a saber através de seu amigo Bené de outro acontecimento envolvendo Amailton, desta feita de que, no dia seguinte ao desaparecimento do adolescente Judirley da Cunha, ou seja, no dia 2 de janeiro de 1992, Amailton chegou [em casa] com a camisa toda manchada de sangue; que a empregada, ao ver aquela cena, tomou

um susto por considerar tudo muito estranho, mas não teve coragem de perguntar o que tinha ocorrido com Amailton, pois já conhece a fama dele e de seus familiares, todos considerados na cidade como pessoas violentas; que a empregada associou a camisa manchada de sangue ao desaparecimento do garoto procurado por toda a cidade; que o declarante, como morador desta cidade já há bastante tempo, todas as vezes que ocorrem crimes de homicídio contra garotos, ouve repetidos comentários a respeito do envolvimento de Amailton nesses crimes, o que vem se tornando praticamente voz corrente em toda a cidade de Altamira.

O amigo Gilberto da Costa

Alguns dias depois, Benedito Roberto de Oliveira, o "Bené" citado por José Luiz Sobrinho, confirmou em depoimento ter ouvido a história da empregada. De acordo com ele, a história lhe teria sido repassada por uma senhora que trabalhava numa lanchonete da cidade, e a empregada teria o nome de Fátima. Além disso, Benedito repetiu uma informação que já havia sido passada por Lúcia da Cunha Chipaia, irmã do garoto Judirley: a de que toda vez que aparecia uma nova vítima, Amailton fugia da cidade.

Brivaldo passou, então, a buscar por Fátima. Mas, antes que pudesse avançar nisso, um delegado de Altamira, Roberto Carlos Macedo Lima, de 30 anos, prestou depoimento. Ele tinha participado do início das investigações sobre Jaenes, pouco antes de o novo delegado chegar à cidade, e contou que, no local onde o corpo do menino foi achado, estava ali um senhor chamado Gilberto Solano, que logo depois o procurou na delegacia, dizendo: "Eu sei quem foi o autor desse crime".

> [...] em seguida, Gilberto Solano passou a narrar que, até o ano de 1988, morava na cidade de Belém, em companhia de Amailton Gomes, e que este é homossexual, viciado em tóxicos e propenso a ataques de sadismo, e que os crimes que vêm ocorrendo, tendo como vítimas jovens na faixa etária de 13 anos, os quais são invariavelmente emasculados, passaram a acontecer depois de Amailton Gomes ter se mudado de Belém para Altamira, em caráter definitivo, no final do ano de 1988.
>
> Acrescenta ainda que, todas as vezes que acontecia um crime desse tipo aqui em Altamira, surpreendentemente Amailton Gomes deixava a cidade às pressas para [um] lugar ignorado, e que geralmente passava dois a três meses fora, e que desta vez não havia sido diferente.

E, conforme o que Gilberto contou a Roberto, às 23h30 do dia em que Jaenes desapareceu, Amailton teria lhe dito que iria para a Argentina, "porque a barra estava pesada" — e ele o teria visto de fato saindo da cidade no dia seguinte, de moto, em direção a Marabá. Ele terminou sugerindo que procurassem vestígios de drogas no lugar, já que Amailton teria "se utilizado de droga chamada 'mesclado' antes de seviciar a vítima".

Gilberto Solano era na verdade Gilberto Denis da Costa, 22 anos, amigo de infância de Amailton. Ele morava em Belém e estava em Altamira naquela época por conta das eleições, já que seu título de eleitor era de lá. Seu depoimento só foi colhido por Brivaldo no dia 4 de novembro, já na capital, num momento em que Brivaldo, como veremos, já estava mais do que convencido da culpa de Amailton. Nesse testemunho, Gilberto corrigiu alguns detalhes que haviam sido passados pelo delegado Roberto Carlos Macedo Lima, mas no geral o teor era o mesmo.

Para além de todos os comentários acerca de Amailton ser homossexual, o que chama atenção no depoimento de Gilberto são quatro coisas. A primeira: no início de 1992, época da morte de Judirley Chipaia, Gilberto teria ouvido falar em Belém que Amailton fora preso com Luiz Kapiche. Essa informação, como sabemos, é falsa, apesar de Kapiche ter sido de fato um suspeito naquele caso da morte do menino indígena.

A segunda: Gilberto teria realmente se encontrado com Amailton em 2 de outubro, dia seguinte ao desaparecimento de Jaenes, em Altamira, pouco antes de ele sair da cidade para uma longa viagem de moto até o Sul e, em seguida, para a Argentina. Além disso, Amailton também teria pedido a Gilberto que não comentasse com ninguém sobre sua viagem.

A terceira: Amailton teria problemas com a família, especialmente o pai. Além disso, seria uma pessoa violenta que não gostava de crianças.

Por fim, a quarta: Gilberto disse ter comentado com seu irmão e alguns amigos que achava estranho Amailton sair da cidade logo após Jaenes ter desaparecido. Afinal, o garoto era seu parente e todos estavam ajudando nas buscas: familiares, vizinhos, amigos, desconhecidos, policiais. Além disso, ele contou a Brivaldo que tinha ficado sabendo "através de uma pessoa chamada Itamar, que por coincidência é irmão da atual mulher de Amadeu Gomes, que Amailton fora visto momentos antes do desaparecimento da vítima passando rumo ao bairro Brasília, justamente na direção em que o garoto desapareceu".

Esse Itamar citado por Gilberto nunca foi chamado a depor para confirmar a história. É uma precariedade comum nos inquéritos de Altamira: testemunhas afirmam que ouviram fulano dizer alguma coisa, mas não há grandes esforços para se verificar o fundamento de tais declarações. Há exceções, claro, como a que vem a seguir.

No momento em que Gilberto Denis da Costa prestou seu depoimento ao delegado, Brivaldo já havia requerido mandado de prisão contra duas pessoas: Amailton Madeira Gomes e Josivaldo Aranha — o homem que afirmava ter sido ameaçado por três desconhecidos, um deles loiro, perto da data e do local em que o corpo de Judirley foi encontrado, em janeiro de 1992.

Suspeito loiro

Os relatos pessoais de Brivaldo no inquérito são praticamente nulos, mas é possível afirmar com certa segurança que a questão do suspeito loiro o estava incomodando. Todos os indícios apontavam para Amailton, mas seu cabelo era escuro.

Por isso, Brivaldo decidiu averiguar melhor. No dia 23 de outubro de 1992, um homem chamado Estanislau Juscelino Nunes Leão, de 38 anos, prestou depoimento dizendo que Josivaldo nunca havia dito nada a ele sobre ter sido ameaçado por homens. Estanislau o conhecia desde a infância, já que Josivaldo tinha sido criado por sua mãe desde os 2 anos.

Brivaldo, então, acreditou que Josivaldo havia mentido ao mencionar um homem loiro e pediu sua prisão temporária. Foi aí que, num momento em que estava tentando espairecer, o delegado se deparou com uma informação que o fez mudar de ideia e causou uma reviravolta no caso. Enquanto ele passeava de lancha no Xingu, encontrou uma mulher que lhe deu a entender que Amailton estava com o cabelo pintado de loiro em janeiro de 1992. Brivaldo então voltou à delegacia onde Josivaldo estava preso e disse: "Você realmente não estava mentindo".

Nada disso consta no relatório de Brivaldo sobre as investigações, apenas em sua entrevista à professora Paula Lacerda. A questão do homem loiro aparece nos depoimentos, mas não segue muito a fundo oficialmente. Se a história for verdade, é provável que a mulher que relatou a Brivaldo que Amailton tinha o cabelo pintado em janeiro não tenha aceitado prestar depoimento, talvez por medo de ter seu nome registrado. Por isso, a fala dela não podia entrar em nenhum relatório, não existe oficialmente, mesmo que tenha sido determinante no andamento do caso.

Esse é um exemplo de algo recorrente no caso de Altamira: os autos dizem uma coisa, mas as conversas na cidade dizem outras, maiores. "Nem tudo pôde entrar nos autos" é uma frase que ouvi com frequência nas dezenas de entrevistas que conduzi.

A professora Paula Lacerda afirmou que a narrativa do delegado Brivaldo é "fabulosa" nesse sentido. Levando em consideração que o pai de Amailton era dono do posto de gasolina e eles eram poderosos locais, o indiciamento dele justifica muitas coisas: o silêncio das pessoas, a falta de combustível para abastecer a viatura da polícia, a omissão dos próprios familiares das vítimas, principalmente daqueles que tinham relação de parentesco com Amailton (como era o caso de Juarez, pai de Jaenes), e o medo que essas pessoas tinham de se envolver nas investigações.

O depoimento de Amadeu Gomes

Convencido, Brivaldo pediu a prisão preventiva de Amailton no dia 26 de outubro — 25 dias após o desaparecimento de Jaenes, em 1º de outubro. Foi também nesse dia que seu pai, Amadeu Gomes, prestou depoimento ao delegado.

Amadeu estava acompanhado do irmão, o advogado Arnaldo Gomes. Disse que ficou sabendo do envolvimento do filho somente no dia 23, através de seu advogado, e confirmou algumas coisas que já se sabia sobre Amailton: que ele dirigia uma picape Saveiro da família, cor de vinho, e que estava de posse desse veículo no início de janeiro de 1992.

No depoimento, Amadeu demonstrou estar disposto a colaborar em tudo com as autoridades:

[...] Quando as notícias são boas, são bem recebidas, mas, quando as notícias são ruins, eu procuro primeiro me inteirar e, se for o caso, até ajudar as autoridades policiais que investigam o caso.

[...] Deus ajude que não tenha sido ele, mas, se tiver sido ele, que seja desvendado, que ele seja punido, para que se termine com essa onda de crimes.

[...] [Mas] caso não seja ele o autor desses crimes, que a polícia investigue para se chegar a um resultado, encontrando-se o verdadeiro culpado.

Foram duas as coisas que mais chamaram atenção de Brivaldo nesse depoimento. Primeiro: quando perguntou a Amadeu se poderia falar alguma coisa sobre o perfil psicológico do filho, o homem respondeu que "embora conviva com ele há 23 anos, para mim, é um estranho". Segundo: Amadeu contou aquilo que sabia sobre a última viagem de Amailton, dizendo não só que ele gostava de viajar de moto sem dia e hora para chegar ao destino, mas que havia feito isso no dia 29 ou 30 de setembro daquele ano.

Essas datas eram anteriores ao desaparecimento de Jaenes, o que soou estranho para Brivaldo, pois desmontaria toda a sua linha de investigação. Mas, quando Gilberto Denis depôs, em 4 de novembro, afirmando, como já contamos, que vira Amailton saindo de Altamira não no dia 29 ou 30 de setembro, mas sim em 2 de outubro, o dia seguinte ao desaparecimento de Jaenes, Brivaldo não teve dúvidas: na melhor das hipóteses, Amadeu Gomes teria se confundido. Na pior, estaria mentindo.

No documento em que pedia a prisão preventiva de Amailton, Brivaldo citou como testemunhas principais José Luiz Sobrinho e Benedito de Oliveira (muito embora ainda não tivesse de fato encontrado a empregada Fátima). Além deles, também citou Gilberto Denis Costa, por intermédio do relato feito pelo delegado Roberto Carlos Macedo. Por fim, argumentou:

> Por tratar-se de pessoa com relativa influência e poder econômico no meio social, continuando o indiciado em liberdade seria totalmente inconveniente à instrução criminal, na medida em que poderia coagir ou tentar subornar testemunhas.

No dia 27, a juíza Vera Araújo de Souza, da Comarca de Altamira, expediu o mandado — mas Amailton não estava na cidade. De acordo com o próprio Amadeu:

Quando deixou esta cidade, Amailton não tinha destino certo, pois tratava-se de uma viagem com caráter de aventura, consequentemente, sem previsão de retorno; que, alguns dias atrás, o declarante recebeu o primeiro telefonema de seu filho, que àquela altura encontrava-se na cidade de Goiânia, hospedado na casa de uma pessoa amiga; posteriormente, veio a receber outro telefonema, este feito do estado de Santa Catarina, e o mais recente quando Amailton já encontrava-se na cidade de Santa Vitória dos Palmares, no estado do Rio Grande do Sul, fronteira com o Uruguai, e que esses contatos são mantidos apenas para que o declarante remeta dinheiro para que seu filho possa manter-se durante a viagem.

Há nos autos uma intimação datada de 10 de novembro para que Amailton comparecesse à delegacia para prestar depoimento no dia seguinte. No verso dela, lê-se que ele havia saído de casa havia um mês com destino incerto. De acordo com declarações posteriores, Amadeu conversava ao telefone com Amailton, pedindo a ele que retornasse a Altamira e esclarecesse tudo.

Mas eis que, no dia 13 de novembro, mais uma criança desapareceu. Esse novo episódio mudaria ainda mais o rumo das investigações e reforçaria alguns dos temores mais profundos do delegado Brivaldo.

4. A nova vítima

No dia 13 de novembro de 1992, o delegado Brivaldo já estava havia um mês em Altamira investigando o caso do assassinato do menino Jaenes da Silva Pessoa. A família de seu principal suspeito, Amailton Madeira Gomes, afirmava que ele estava fora da cidade. E então, nesse dia, sumiu Klebson Ferreira Caldas, de 12 anos. Familiares foram à delegacia registrar seu desaparecimento.

Quem se destacou nesse esforço foi a mãe do menino, Maria Ferreira Caldas Sobrinho, de 50 anos. Klebson era um de seus dez filhos. Quem a acompanhava e auxiliava mais ativamente era sua filha Maria Esther Ferreira Queiroz. Foi ela que depôs e deu informações sobre o sumiço, explicando que a mãe teria chegado em casa em torno de 19h30 falando que Klebson tinha saído perto 14 horas, dizendo que ia pegar manga com colegas — com tantos casos de desaparecimento na cidade, Maria Esther ficou preocupada e logo foi à polícia, às 21 horas. As buscas foram iniciadas, mas sem sucesso.

Três dias depois, em 16 de novembro, Brivaldo recebeu um ofício do delegado Otávio Torres Filho, da delegacia do porto de Vitória do Xingu,[12] a cerca de 50 quilômetros de Altamira. No documento, Otávio afirmava:

> [...] informo que o indivíduo Amailton Madeira Gomes, [...] em um domingo, dia 25 de outubro de 1992, esteve nesta cidade em companhia de outra pessoa que não cheguei a identificar. [...] Depois que fizeram uma ligação telefônica, entraram no carro e seguiram rumo à cidade de Altamira.

Se aquilo fosse verdade, Amailton não estava fazendo uma longa viagem de moto para o Sul do Brasil e a Argentina, como a família Gomes afirmava. No dia 19 de novembro de 1992, os advogados

---

[12] O nome da localidade aparece com diversas variações nos depoimentos: Porto de Vitória do Xingu, Porto Vitória, Vitória, Vitória do Xingu, Porto Vitória do Xingu.

contratados pela família Gomes para fazer a defesa de Amailton — Octacílio Lino e um respeitado advogado da cidade, Hercílio Pinto de Carvalho — juntaram uma série de documentos.

Em certo trecho dessa juntada, lemos o seguinte:

> Em razão de comentários de que estaria ocultando o indiciado dificuldade a Ação da Justiça, vem esclarecer que volta a reafirmar estar o mesmo viajando, tendo deixado Altamira no dia 2 de outubro de 1992, com destino a Buenos Aires na Argentina, permanecendo naquele país até o dia 15 de novembro de 1992, quando partiu de retorno para Altamira, estando ainda em viagem.
> Afim [sic] de comprovar tal afirmativa, junta-se nesta oportunidade os seguintes documentos.

Em seguida, uma série de materiais foi anexada — contas de telefone, ordens de pagamento para transferência bancária em outras cidades, cartas e cartões-postais. Além disso, foram reunidas também notas fiscais assinadas por Amailton ainda em Altamira, antes de ele viajar, como forma de comprovar sua assinatura.

Com esses documentos, a defesa tentava comprovar todo o trajeto que Amailton fez desde o dia 2 de outubro até meados de novembro, montando uma linha do tempo de sua viagem. Através dessa linha do tempo, descobrimos que, em 7 de outubro, Amailton estava em Goiânia, Goiás; em 14 de outubro, estava em Itajaí, Santa Catarina; em 23 de outubro, em Chuí, Rio Grande do Sul; em 26 de outubro, em Santa Vitória dos Palmares, também no Rio Grande do Sul; e que chegou à Argentina no dia 29 de outubro, ficando lá até dia 15 de novembro.

Mas o ofício do delegado de Vitória do Xingu, afirmando que Amailton teria sido visto na cidade em 25 de outubro, colocou tudo isso em dúvida para Brivaldo, especialmente após o desaparecimento de Klebson, em 13 de novembro. Brivaldo já havia pedido a prisão de Amailton desde o dia 27 de novembro, e essa nova vítima indicava para o delegado duas possibilidades: ou que Amailton poderia ainda estar em Altamira (ou em alguma cidade próxima), provavelmente sendo protegido pela família (que poderia estar falsificando toda aquela documentação anexada pelos advogados), podendo ser o autor do crime contra Klebson; ou que Amailton não agia sozinho. Pior: alguém poderia estar tentando confundir as investigações, matando as crianças com Amailton ou a mando dele. Em outras palavras, seria um grupo maior envolvido nos crimes das crianças de Altamira.

Eis que, no dia 17 de novembro, uma diligência de policiais militares encontrou o corpo de Klebson perto da rodovia Transamazônica; uma equipe de jornalistas do SBT os acompanhava. Já era de conhecimento público que Amailton, filho do poderoso Amadeu Gomes, era procurado pela polícia como o principal suspeito por trás dos crimes dos meninos emasculados de Altamira — e, talvez por isso, ao chegar ao local onde o corpo de Klebson se encontrava, o repórter tenha feito alguns comentários:

> REPÓRTER: Aqui está o garoto, aí a situação em que ele foi encontrado. Tá jogado dentro do mato, num local de difícil acesso. Também foi emasculado, conforme você vê nas imagens. E este local aqui é um local de difícil acesso. Fica próximo aqui ao posto do Amadeu, próximo ao parque de exposição. Foi raspada também a cabeça do garoto. [...] A cabeça dele foi raspada, cortada, totalmente cortada. Olha só a situação. Cobriram com umas folhas e jogaram ele dentro de um massapê, de um matagal. Foi num ritual satânico. Podemos dizer que foi aí um ritual satânico, um ritual macabro, uma barbaridade.

A ideia de ritual satânico, afirmada pelo repórter, era uma das hipóteses levantadas não exatamente por Brivaldo, mas pelo contexto todo. E é possível entendê-la melhor num documento de 9 de junho de 1994: o relatório final da Comissão Parlamentar de Inquérito (CPI) destinada a apurar responsabilidades pela exploração e prostituição infantojuvenil. Essa CPI se iniciou no Congresso em maio de 1993 e concluiu seus trabalhos em junho de 1994. Seu objetivo era apurar e investigar abusos de menores de idade por todo o país. A certa altura, depois de o colegiado ouvir relatos sobre os ataques sofridos por crianças havia anos em Altamira, decidiu-se enviar até lá uma delegação.

O grupo foi para lá em 9 de novembro de 1993 e concluiu:

> De início, acreditaram os altamirenses estar diante de caso de serial killer, algum anormal que seria o responsável por todos os casos. Porém, essa ideia foi afastada pelas evidências de participação de mais de uma pessoa nos crimes. A existência de dois sobreviventes confirma essa hipótese. A ideia seguinte da população foi a de que haveria utilização médica

dos órgãos extirpados. Quando a situação foi esclarecida, de que não é possível transplante que utilize órgãos sexuais de crianças, cristalizou-se a ideia de que os órgãos são usados em algum ritual satânico.

Como se vê, essa sensação popular é sempre muito fundamentada na hipótese de que haveria mais pessoas envolvidas nos crimes, ideia baseada principalmente no relato de Wandicley, o terceiro sobrevivente, que afirmava ter percebido quatro homens na cena de seu ataque. Muitos acreditavam que o único motivo plausível para pessoas se reunirem a fim de atacar meninos e os emascular seria um ritual satânico.

Na mesma matéria do SBT, é possível ouvir o desespero de Maria Esther, irmã de Klebson, que não media esforços para localizá-lo, no exato momento em que isso acontece: "O meu irmão, meu Deus... Ele sumiu faz cinco dias hoje. [...] Ainda teve pessoa que disse que ele não existia, porque ele não tinha um registro. Ai, meu Deus, por quê, meu Deus?".

Na tese de Paula Lacerda, esse desabafo desesperado de Maria Esther é explicado melhor. Pelos autos, sabemos que seu primeiro depoimento oficial é datado do dia seguinte à descoberta do corpo de seu irmão, 18 de novembro. De início, ela afirmou ter sido atendida imediatamente pelas autoridades, mas pouco depois o relato mudou.

De acordo com o trabalho da professora Paula Lacerda, assim que Brivaldo ficou sabendo do desaparecimento do garoto, tratou de ligar, na frente de Maria Esther, para Amadeu Gomes, pai de Amailton, perguntando se ele estava com alguma criança — e recebeu resposta negativa. Sem a certidão do menino e sem seu principal suspeito na cidade, o delegado teria começado a achar que ela e a mãe estavam mentindo. Isso teria ocorrido no dia que Klebson desapareceu e, segundo Esther, Brivaldo duvidava até que o garoto fosse real. Por isso, pediu à família que desse alguma prova, como uma certidão de nascimento. Esse documento não existia — algo comum naquela época e lugar, em que crianças raramente eram registradas após o nascimento. Com isso, Brivaldo não registrou nenhum boletim de ocorrência do desaparecimento do garoto. Cinco dias depois, seu corpo foi encontrado. Brivaldo nunca deu qualquer explicação quanto a realmente ter duvidado da existência de Klebson, mas o fato de não haver nenhum inquérito aberto sobre seu desaparecimento parece ser um forte indício de que a família foi de fato negligenciada pelas autoridades.

No mesmo dia em que Esther prestou seu primeiro depoimento oficial, duas testemunhas também foram ouvidas: Maria de Nazaré e Jeferson Cícero dos Santos, residentes de Vitória do Xingu. Eles confirmaram a informação do delegado Otávio Torres Filho de que Amailton tinha estado com a mãe naquele município em 25 de outubro. Brivaldo chegou a enviar uma equipe de policiais para lá, na esperança de encontrar o suspeito, mas sem sucesso. Para o delegado, esse dado era mais um indicativo de que a família Gomes estava tramando algo.

Busca e apreensão na casa de Amailton

O local onde o corpo de Klebson foi encontrado, em 17 de novembro, era próximo ao Posto Gomes e a uma madeireira. Naquele mesmo dia, vários funcionários prestaram depoimentos a Brivaldo, mas nenhum pôde dar mais informações.

O delegado se viu obrigado a tomar outras medidas. Pediu então à juíza da cidade, Maria Filomena Buarque Camacho, que fosse realizada uma busca e apreensão na casa de alguns membros da família Gomes: Amailton, Amadeu e seus irmãos Geraldo e Arnaldo, o advogado. O promotor da época, Synval de Castro, concordou com o pedido, mas citou apenas Amailton como suspeito. Logo, apenas sua casa foi alvo da operação.

Por conta disso, no dia seguinte, 18 de novembro, a juíza autorizou a busca e apreensão na casa de Amailton, que morava com o pai, e a ação ocorreu naquela mesma data. O material apreendido continha:

- quinze fotos pessoais de Amailton;
- cinco cartões comemorativos de festejos natalinos com características infantis;
- uma carteira porta-cédulas com o brasão da República, com os dizeres *Infantaria do Exército*;
- oito fotos de crianças na faixa etária de 8 a 12 anos;
- dez livros: *A terceira visão*, *Holocausto*, *A senhora da magia* (da série As brumas de Avalon), *Aids: a epidemia*, *A fúria*,

A erva do diabo, *Perfume: história de um assassino*, *O satanista: uma história de magia negra*, *Êxtase em quadrinhos* e *Os amantes* (estes dois últimos o delegado chama de pornográficos);
- uma fita cassete, na qual consta o nome "César" seguido da data de 13 de outubro de 1992;
- três fitas VHS dos filmes *Querelle*, *My Beautiful Laundrette* e *The Alchemist*.

No processo, também estão anexadas fotos do quarto de Amailton, tiradas pela polícia. Há pilhas de livros, discos de vinil, uma colagem com ícones pop, nada de muito diferente do que se esperaria de um jovem de 22 anos em 1992. Mas obras com títulos como *A erva do diabo* ou *O satanista* serviram para alimentar o imaginário de que Amailton talvez integrasse uma seita satânica.

No entanto o que provavelmente chamou a atenção de Brivaldo, que parecia acreditar mais na hipótese de que a poderosa família Gomes encobria os assassinatos de Amailton, foi o teto do quarto do jovem, que estava cheio de pingos de tinta, como se tivesse sido recém-pintado, assim como uma mancha de tinta vermelha que escorria em uma das paredes. Esses detalhes nunca foram muito explorados na fase de inquérito. Mais adiante, o delegado chegou a dizer que havia achado que o quarto de Amailton tinha um aspecto sombrio.

As fotos pessoais apreendidas mostram Amailton tocando violão, falando ao telefone, posando em frente a paisagens naturais. Nas mais exóticas, ele está brincando com uma cobra, fumando algo que parece um baseado, posando nu com o rosto pintado de branco, no meio de pedras.

Existe também uma única foto que aparece várias vezes. Oito, para ser mais específico. Nela, há várias crianças com o rosto pintado, como se fossem pequenos palhaços. Em frente a elas, uma mulher toca acordeão. É provável que seja uma apresentação infantil. As crianças não estão identificadas. No auto de busca e apreensão, esses registros são descritos apenas como "Oito fotos com crianças na faixa de 8 a 12 anos".

Olhando os autos de Altamira, há uma coisa curiosa ao final da juntada das fotos de Amailton. Assim que acabam as fotos (as últimas são as das crianças, repetidas), aparecem as fotos do corpo de Klebson, com suas mutilações bem evidentes. Seu corpo é visto de cima nu, emasculado, com a pele da cabeça já ausente, aparecendo apenas seu crânio, e com putrefação avançada. São três fotos do corpo do garoto nesse estado. Após a última, aparecem as fotos tiradas pela polícia do quarto de Amailton. Não há distinção alguma de quais são as fotos encontradas no quarto de Amailton e quais são as fotos tiradas pela polícia. Num olhar mais desatento, seria fácil supor que as fotos do corpo de Klebson estariam no quarto de Amailton, como se ele as tivesse guardado para si em seus pertences pessoais. Mas sequer faria sentido essas fotos estarem entre as coisas dele, já que em uma delas vemos policiais militares e o médico-legista — ou seja, num segundo olhar mais cuidadoso, já conseguimos entender que essas fotos foram inseridas naquele lugar de forma displicente pela autoridade policial.

Anos antes de começar a pesquisar o caso dos meninos de Altamira para seu mestrado e me ajudar na produção do podcast, Rubens estagiou na promotoria de Belém e teve contato com pessoas que participaram da investigação do início dos anos 1990. Numa dessas conversas, ele me relatou ter ficado sabendo que as fotos do cadáver de Klebson tiradas logo que ele foi encontrado foram colocadas junto com as do quarto de Amailton para que quem pegasse o processo fosse levado a pensar que essas fotos estariam no quarto dele. Inclusive, em vários momentos em que são citadas as fotos apreendidas de Amailton, não se diz exatamente quais eram. Assim, de acordo com o que ele ouviu, essa estranheza não seria mera displicência: seria intencional, para tornar Amailton ainda mais suspeito.

Independentemente disso, é notável pelas fotos como as lesões no corpo de Klebson parecem muito mais agressivas do que as de outras vítimas. O que mais se destaca é a ausência de couro cabeludo e máscara facial, o que levava à dúvida: teria o assassino (ou assassinos) ficado mais violento, fazendo uma lesão que não existia nas outras vítimas? Ou seria outra coisa?

Sobre isso, o médico-legista Francisco Armando Alvino de Aragão deu uma entrevista ao SBT falando sobre o cadáver do garoto. Um trecho de sua fala sobre o que houve com o corpo foi anexado aos autos do processo:

> ARAGÃO: O que acontece é que, após algum tempo decorrido da morte, acima de 72 horas, o corpo, as partes moles, o couro cabeludo, os olhos começam a soltar devido ao fenômeno de decomposição cadavérica. Então, não

houve ali traumatismo no couro cabeludo. Ele foi devido ao fenômeno de decomposição pós-morte.
REPÓRTER: Quer dizer que não houve possibilidade de corte?
ARAGÃO: Não. Não tinha fratura na calota craniana. Não havia sinais de corte na cabeça.
REPÓRTER: O que eles usaram para assassinar o garoto?
ARAGÃO: Foi um instrumento bem afiado, né? Uma navalha, uma faca... Alguma coisa, algum instrumento bem afiado. Porque a incisão tem limites bem precisos.
REPÓRTER: Doutor, todos esses casos apresentam as mesmas características. A gente praticamente não vê sangue no local onde acontece o crime. A que o senhor atribui isso?
ARAGÃO: Nas outras vezes, não se observa muito sangue porque era retirado [sic] apenas o pênis e a bolsa escrotal. E, com isso, uma incisão pequena, há uma retração dos tecidos e [...] o sangramento diminui, é pequeno. Nesse caso agora, não. Foi retirada uma boa parte de pele da área genital, incluindo o pênis e a bolsa escrotal. E, com isso, o sangramento é muito maior.
REPÓRTER: O senhor acredita que esses crimes vêm sendo feitos pelas mesmas pessoas?
ARAGÃO: Provavelmente sim, porque a maneira de agir, o modus operandi, como se chama, a maneira como acontece o crime, guarda muita semelhança entre si.

Ou seja, ao que tudo indica, a ausência de couro cabeludo e máscara facial teria sido resultado de decomposição do corpo naquele local. Ainda assim, havia indícios de uma escalada na violência empregada. O laudo da análise do cadáver de Klebson no IML de Altamira foi concluído no dia 23 de novembro, seis dias após o corpo ter sido encontrado. Nele, o dr. Aragão revelou que, apesar de algumas semelhanças com os casos anteriores, as lesões pareciam mais agressivas, como se o assassino estivesse ficando mais violento. Já o delegado Brivaldo levantou outra hipótese: talvez outra pessoa estivesse tentando emular o assassino original.

Se nos primeiros casos a emasculação dos meninos era feita com instrumento cortante, dessa vez havia sido diferente. A marca na pele de Klebson sugeria que, após o corte, o pênis e a bolsa escrotal haviam sido arrancados à força. Prova disso também era o ânus, que parecia ter sido cortado e arrancado. Por fim, o laudo concluía da seguinte forma: "*Causa mortis* indeterminada, em virtude do estado de decomposição cadavérica (três a quatro dias da morte)". Infelizmente, após esse período, informações importantes sobre a causa da morte são perdidas pela própria deterioração do corpo.

A mãe de Klebson teve seu depoimento colhido apenas no dia 24 de novembro, quando basicamente repetiu as informações já dadas por sua filha. Segundo o Comitê em Defesa da Vida das Crianças Altamirenses, cerca de dois meses após a morte de Klebson, Maria teve um derrame e morreu. Não aguentou a dor da perda do filho. O pai do garoto também faleceu pouco tempo depois. Os irmãos se separaram e não quiseram mais lidar com o assunto. Restou para Esther assumir a luta por justiça pelo irmão. Nos anos seguintes, ao lado de dona Rosa, mãe de Jaenes, ela viria a se tornar mais um símbolo de força no Comitê.

Prisão de Amailton

Além do depoimento da mãe de Klebson, o dia 24 de novembro de 1992 foi marcado por outro evento importante: Amailton Madeira Gomes foi preso no estado do Mato Grosso do Sul. Em 2 de dezembro, foi levado a Belém para finalmente ser interrogado pelo delegado Brivaldo.

O interrogatório é longo, estende-se por cerca de sete páginas. Amailton estava acompanhado por um renomado advogado de defesa do Pará, Américo Leal, figura bastante respeitada nos tribunais do júri daquele estado até hoje. Amailton negou qualquer participação nos crimes e deu mais detalhes sobre sua vida. Explicou que estava acostumado a fazer muitas viagens, especialmente para Fortaleza, cidade de onde vinha sua família. Também afirmou já ter tido namoradas, assim como relações sexuais com homens. Ao ser questionado sobre ser homossexual, ele negou.

Em outro momento, admitiu que os livros encontrados em sua casa eram dele, que não tinha o hábito de tirar fotos nu e que as fotografias de crianças tinham sido enviadas por pessoas diversas — não lembrava exatamente o que seriam. Sobre seu quarto, Amailton alegou que a mancha vermelha na parede era líquido antisséptico derramado após ter quebrado o frasco de vidro.

Sobre as viagens, Amailton afirmou que não tinha qualquer relação com os casos dos meninos. A certa altura, Brivaldo o questionou a respeito de uma viagem que tinha feito perto da data da eleição, quando um de seus tios, Arnaldo, era candidato a vereador, mesmo sabendo que um parente, Jaenes, havia desaparecido. Amailton respondeu que não votava em Altamira, já tinha planejado a viagem e ninguém nem imaginava que o menino tivesse sido pego "por esse bandido".

Ainda nessa linha, há também uma passagem em que Amailton falou sobre suas viagens e o fato de estarem procurando um suspeito que seria homossexual. Esse trecho começa com o delegado Brivaldo perguntando por que, quando aconteciam os crimes em Altamira, Amailton viajava e seu nome sempre era ventilado como autor ou participante:

> [...] respondeu que não é sempre que seu nome é citado. Que, quando viajou para Fortaleza [em janeiro de 1992], seu nome foi citado. Que foram presos vários homossexuais suspeitos, entre eles LUIS CAPICHE [LUIZ KAPICHE], e, nas duas vezes em que viajou, não foi foragido, pois tem seu nome limpo, e que a polícia, quando acontecem esses crimes, sempre suspeita dos homossexuais e, nas conversas com seus amigos, esses comentários sempre surgem; entretanto, seus amigos acham que o indiciado não é capaz de cometer tais crimes.

Esse trecho traz duas informações relevantes. A primeira é que, de acordo com Amailton, a suspeita pelos crimes de Altamira sempre recaía sobre homens supostamente gays. A segunda é que Luiz Kapiche seria um deles. Nenhuma dessas afirmações é totalmente atestada pelos documentos que temos em mãos. Pelo menos de acordo com os autos, Amailton era o primeiro homem não heterossexual a ser tratado como suspeito no caso e preso. De seu lado, em depoimento posterior, Luiz Kapiche negou ser homossexual. Entretanto, várias passagens nos autos dão a entender que Kapiche era, sim, gay; talvez por isso ele tenha sido apontado como suspeito no caso do garoto indígena Judirley, assassinado em janeiro de 1992.

Em outro momento do interrogatório de Amailton, o delegado perguntou sobre as empregadas que já haviam trabalhado na casa de sua família. Ele citou alguns nomes, mas não mencionou o de Fátima. Também negou ter chegado em casa com a camisa manchada de sangue e diz que, se alguma das ex-empregadas falara isso, estava mentindo. Apesar disso, Amailton confirmou que dirigia, no início de 1992, uma caminhonete Pampa vinho — a mesma citada pela irmã de Judirley em depoimento.

O suspeito também descreveu seu álibi para o dia 1º de outubro de 1992, quando Jaenes desapareceu: uma jornada de preparo para a longa viagem de moto que começaria no dia seguinte. Em resumo, ele afirmava ter ido pela manhã a um estúdio para gravar fitas cassetes de música; em seguida, disse ter ido encontrar o pai a fim de pegar dinheiro para a viagem — o pneu da moto precisava ser trocado. Ele então teria voltado ao estúdio para gravar mais fitas com o funcionário que o tinha atendido pela manhã. No fim da tarde, teria trocado o pneu da moto, como planejado.

Jaenes desapareceu antes do almoço naquele dia, o que poderia coincidir com o horário em que o suspeito dizia estar no estúdio gravando as tais fitas. Amailton disse desconhecer o nome do funcionário, mas que ele era paraplégico, o que deveria facilitar sua identificação. Ainda assim, por algum motivo, o funcionário não aparece nos autos prestando depoimento que possa confirmar o álibi.

Em outra passagem, o delegado pede a Amailton que imagine o perfil do assassino das crianças. Ele respondeu assim: "O criminoso é um animal, não é um ser humano, talvez de Altamira ou talvez vindo de outro lugar, tem uma personalidade de maníaco sexual, o qual precisa matar para poder ter prazer na vida".

Ao questionar os hábitos sexuais do depoente, o delegado Brivaldo perguntou se ele tinha o costume de praticar "felação", ao que Amailton respondeu afirmativamente — o delegado pareceu ver nisso confirmação de depravação. Por mais que Amailton negasse, estava claro para Brivaldo que, ao conjecturar sobre o assassino, ele estaria descrevendo a si mesmo: um pervertido que tinha prazer sexual em matar garotos e abusar deles.

Em outras passagens, Amailton negou ter estado no município de Vitória do Xingu. Quando perguntado sobre o motivo de não ter retornado antes a Altamira, afirmou que só tinha começado a se preocupar com a situação após saber que havia um mandado de prisão em seu nome. Descreveu então todas as cidades por onde tinha passado, do Norte ao Sul do país, chegando finalmente ao Uruguai e, por fim, à capital argentina, Buenos Aires, onde teria passado doze dias. Amailton também afirmou que tinha chegado a pensar em voltar de avião, mas que seu pai não tinha aceitado bancar a passagem — já que se tratava de um voo internacional e, portanto, muito caro. Em seu retorno, foi preso no Mato Grosso do Sul.

No mesmo dia em que Amailton foi interrogado, seus novos advogados de defesa, Américo Leal e Luciel Caxiado, requisitaram que ele passasse por um exame de lesões corporais, pois teria sido "exaustivamente espancado na prisão". É desse dia, também, uma matéria na imprensa local que o associa a um demônio:

JORNAL *A PROVÍNCIA DO PARÁ* — 2 DE DEZEMBRO DE 1992
MONSTRO DE ALTAMIRA É AMANTE DO DEMÔNIO

Apontado pela polícia como sendo o Monstro de Altamira, matador de crianças, Amailton Madeira Gomes, de 23 anos, foi interrogado ontem durante 7 [sete] horas pelo delegado Brivaldo Soares, da Divisão de Interior, negando todas as acusações.

[...]

Brivaldo Soares disse ter Amailton, no auto de perguntas e respostas, afirmado que não estava em Altamira quando a última vítima da sequência de crimes foi encontrada com o corpo dilacerado, e sim encontrava-se na Argentina desde o dia 2 de novembro [...]. Para comprovar o álibi, Amailton apresentou passaporte, tíquetes de passagens de ônibus e postais tirados na capital argentina, constando no verso o período citado.

Para Brivaldo Soares, o álibi se compara a outros apresentados pelo acusado sempre que inquirido sobre a morte de outros garotos, não sendo, portanto, crível. Entre os pertences de Amailton, foram apreendidas literaturas de cunho satânico, fitas cassetes contendo filmes eróticos e de violência encimados por Silvester [sic] Stallone e uma agenda em cujas páginas está anotado: "Passaporte falso; Cartão de Crédito Vencido; em caso de acidente, avisar o demônio; Tipo de sangue: HIV".

Na denúncia, não havia magia negra; nas investigações do delegado Brivaldo, porém, ela aparece. Nos autos do processo, não há qualquer menção a Amailton ter realizado teste de HIV. É fato, contudo, que ele usava uma agenda como diário de viagem e que, na página reservada às informações pessoais do detentor, havia escrito as letras H-I-V no espaço destinado ao tipo sanguíneo. Para muitos, isso poderia ser visto como uma brincadeira questionável de um jovem no início da década de 1990. Não foi assim, no entanto, que Brivaldo e parte da imprensa da época assimilaram a informação.

A magia negra e o relatório de Brivaldo

Naquele momento, o delegado Brivaldo não tinha provas, apenas indícios, depoimentos de várias pessoas dizendo que Amailton poderia estar envolvido. Foi isso que construiu sua argumentação no relatório final da investigação, que tem dezessete páginas e é datado de 7 de dezembro de 1992. Ele afirmou:

> ficou caracterizado que Amailton, ora indiciado como suspeito, é homossexual, viciado em drogas, pervertido sexualmente e o que lhe desperta mais prazer é a prática da felação. O indiciado não tem nenhuma afinidade afetiva com seus familiares, principalmente com seu genitor, Amadeu Gomes, não gosta de crianças, sua leitura e vídeo [aquilo a que assiste] são sempre voltados para a prática do mal, sexo com sadismo ou magia negra. Não é de causar estranheza o indiciado ter negado os crimes. Entretanto, nada concorre para provar a sua não participação.

Na abertura, Brivaldo já apontou Amailton como autor de pelo menos sete ataques a crianças na cidade:

- José Sidney, o primeiro sobrevivente, que ele acreditava ter sido morto em julho de 1989, mas que na verdade ainda estava vivo e era escondido pela família;
- SS, em novembro de 1989;
- Wandicley, o terceiro sobrevivente, em setembro de 1990;
- Ailton, morto em julho de 1991;
- Judirley, morto em janeiro de 1992;
- Jaenes, morto em outubro de 1992;
- Klebson, morto em novembro de 1992.

No fim do relatório, o delegado alertou sobre a necessidade de que cada caso leve à abertura de um inquérito próprio. Alguns dos crimes não tinham sido alvo de qualquer investigação policial; outros estavam na raiz de inquéritos paupérrimos em valor informativo. Brivaldo acreditava que a prisão de Amailton poderia jogar luz sobre esses casos antigos, e por isso recomendou que novas investigações fossem feitas. Seu inquérito principal, vale lembrar, era acerca do assassinato de Jaenes, que ele acreditava ter solucionado.

A recomendação de Brivaldo nunca foi seguida. Uma das juízas de Altamira na época, Maria Filomena, chegou a pedir, entre os dias 15 e 17 de dezembro de 1992, que os inquéritos fossem abertos, mas a ordem parece não ter sido cumprida. De todos os casos, o mais desolador é, sem dúvida, o de Klebson Ferreira Caldas, morto em novembro de 1992. Nunca foi aberto inquérito próprio para apurar as circunstâncias de sua morte e não há nos autos do processo qualquer diligência de busca de testemunhas. Tudo o que sabemos sobre sua história é o que está no inquérito de Jaenes.

Após dar o caso de Jaenes por encerrado, o delegado Brivaldo retornou a Belém e nunca mais atuou no caso de Altamira.

Amailton vira réu

Depois de Brivaldo entregar ao Ministério Público seu relatório sobre o caso Jaenes, a promotora Ociralva de Souza Farias Tabosa apresentou para o juízo de Altamira o pedido de abertura de ação penal pública contra Amailton. A juíza Maria Filomena aceitou a denúncia no mesmo dia, 15 de dezembro de 1992.

Iniciava-se, assim, a chamada fase de instrução, que sucede a investigação policial. É a etapa mais relevante para o processo, em que o acusado vira réu e presta depoimento acompanhado pelo advogado de defesa e diante do Ministério Público. Todo depoimento prestado nessa fase pelo réu é considerado feito "em juízo", significando que, em tese, ele teria garantido o direito de defesa — já que está acompanhado de seu defensor. Por isso, os depoimentos prestados em juízo têm maior peso processual do que aqueles feitos em fase de inquérito. É também nessa fase que entram com maior relevância as testemunhas, tanto de defesa quanto de acusação.

Nessa denúncia do MP, a promotora citava quatro testemunhas que gostaria de ouvir: Gilberto Denis Costa, o amigo de infância que relatou ter certeza de que Amailton era o responsável pelos crimes em Altamira; Bené, o homem que disse ter ouvido a história sobre Amailton chegar em casa com a roupa suja de sangue; Irene, funcionária da lanchonete que teria contado a Bené essa história; e, por fim, Fátima, a ex-empregada que teria testemunhado essa cena.

No inquérito da morte de Jaenes, nota-se que Brivaldo tentou localizar Fátima, mas nunca conseguiu. Estaria com medo? Teria fugido? Agora, cabia ao MP tentar encontrá-la para ouvir sua história.

5. Testemunhas

A testemunha Irene

Quem era Fátima, a empregada que dizia ter visto Amailton chegar em casa com a camisa suja de sangue no dia da morte de Jaenes? Em seu relatório sobre o assassinato do garoto, Brivaldo fez um resumo das testemunhas que haviam prestado depoimento. No trecho em que fala de Benedito Roberto Oliveira, conhecido como "Bené", disse o seguinte:

> [...] no mês de janeiro deste ano, soube por uma funcionária da sorveteria San Sheik, em Altamira, que uma doméstica da residência de Amailton, chamada Fátima, a qual agora reside em Uruará, presenciou quando Amailton chegou em sua casa com a camisa suja de sangue, coincidentemente no mesmo dia em que o menor Judirley desapareceu, fato ocorrido em 1º de janeiro de 1992.

No inquérito de Brivaldo, Benedito era a segunda testemunha que fazia referência a Fátima. A primeira havia sido José Luiz Sobrinho, que afirmou ter ouvido a história por Bené.

No pedido de abertura de ação penal contra Amailton, a promotora Ociralva de Souza Farias Tabosa relacionou a funcionária da lanchonete como testemunha de acusação a ser ouvida. Irene Oliveira Pereira prestou depoimento em 27 de janeiro de 1993 e, no início, afirmou nada saber sobre os crimes. Contudo, narrou uma história estranha: certa vez, provavelmente em 1990, um homem a teria visto em companhia de seus sobrinhos, enquanto ela lavava roupas num igarapé. O homem era alto, magro e de cabelos encaracolados; além disso, dizia ser de Minas Gerais. Ele teria perguntado a Irene quem eram aquelas crianças, se eram filhos dela. Ela respondera que eram seus sobrinhos. Então, o homem teria dito que queria que Irene lhe desse um de seus filhos, caso tivesse.

Diante da óbvia recusa, ele teria dito então que queria levar um de seus sobrinhos; a Irene caberia dizer à mãe deles que o garoto havia sumido. Ela novamente recusou a oferta, e o homem foi embora.

A juíza então lhe mostrou o retrato falado feito a partir do relato de Wandicley, o terceiro sobrevivente. Irene afirmou que sim, o homem que a abordara se parecia com o do retrato falado. A título de lembrete: de acordo com o pai de Wandicley, aquele desenho seria parecido com Luiz Kapiche. Por fim, Irene disse também que o homem dirigia uma picape de cor vermelha (remetendo à cor vinho relatada por outras testemunhas). Mais adiante, a juíza perguntou se ela conhecia Kapiche e a funcionária disse que sim, que eram vizinhos. Porém, quando questionada sobre sua semelhança com o retrato falado, Irene negou enxergá-la. Em seguida, foi-lhe perguntado se o homem do desenho era parecido com Amailton. Dessa vez, ela respondeu que sim.

Mas Irene disse que o conhecia só de vista, já que era uma figura célebre na cidade. Com isso em mente, afirmou que as três pessoas — Amailton, o homem do igarapé e o do retrato falado — eram parecidas, mas que não fora Amailton que a abordara, porque "o homem que estava no igarapé é mais ou menos da altura de Luiz Kapiche".

Neste ponto, se você está confuso, não está sozinho. Eu não sou policial, mas venho conversando há anos com vários, e uma coisa ficou clara: esqueça todas as temporadas de *csi*; no dia a dia de investigadores do mundo inteiro, 99% do trabalho é feito com base em relatos e depoimentos tomados de testemunhas, porque é muito mais rápido e barato do que ficar fazendo análises de DNA e busca por impressões digitais, por exemplo. Portanto, vai do investigador "filtrar" cada relato com um misto de ceticismo e verificação própria.

O problema aqui é a credibilidade muitas vezes atribuída a retratos falados. Por um minuto, vamos pensar especificamente nesse ao qual Irene foi apresentada. Lembrando: o desenho foi feito com base no relato de Wandicley, que foi atacado em 23 de setembro de 1990, mas o depoimento que lhe serviu de base só foi tomado em 17 de julho de 1991, quase dez meses depois. Além disso, estamos falando de uma criança que, quando foi violentada, tinha apenas 9 anos. Quando prestou o depoimento, estava praticamente morando no hospital havia meses, sem nenhum acompanhamento de psicólogo ou assistente social adequado para aquela situação. Até que ponto é possível acreditar piamente nessa imagem? De acordo com o pai do menino, o retrato falado seria parecido com Luiz Kapiche Neto. Já para Irene, o esboço remetia ao homem misterioso que a abordara no igarapé, mas também a Amailton. É claro, há pessoas com mais facilidade para guardar rostos. Mas como se avalia isso? A memória humana não é um HD em que lembranças são acessadas como arquivos. Está sujeita às falhas que podem resultar na condenação de inocentes. De acordo com um levantamento da ONG Innocence Project [Projeto Inocência], 70% dos casos de condenação injusta no mundo acontecem por erros de reconhecimento. A meu ver, a história do homem que pediu crianças a Irene é apenas mais um dos vários ruídos desse processo, e serve aqui para ilustrar duas coisas: que a ameaça de violências diversas contra menores era constante e que não há como saber o que é relevante ou não para uma investigação complexa e precária como essa.

Irene, enfim, foi questionada sobre a história da empregada Fátima e explicou: certa vez estava na lanchonete, onde trabalhava com a sobrinha, conversando com pessoas em volta a respeito do caso de SS, filho do caseiro da AABB, atacado em 1989. Entre essas pessoas, de acordo com Irene, estava Bené, que, em certo ponto da conversa, lhe perguntou:

> "Irene, foste tu que me contasse a história da empregada do Amadeu?" Que a testemunha respondeu que não. Que o Seu Bené completou falando que a roupa do filho do sr. Amadeu (o acusado Amailton) estava suja de sangue. Esclarece a testemunha [para a juíza] que este fato ocorreu em novembro, logo depois que a testemunha Bené depôs na delegacia de polícia, e que o sr. Bené disse que tinha sabido da notícia na sorveteria e que estava atrás de quem tinha falado para o fato. Que perguntada [pela juíza], a testemunha respondeu que não conhece a empregada do sr. Amadeu e que não conhece a senhora de nome Fátima. Que a testemunha não sabe informar nada sobre esses fatos.

Fátima existe ou não?

Na fase judicial, houve intimações e tentativas de encontrar Fátima, mas ela nunca foi localizada. Fato é que todo mundo comentava que a empregada de Amailton havia dito alguma coisa, e, se aquilo era verdade ou não, faz sentido também que ela não quisesse se expor por temer represálias.

Em seu depoimento, o próprio Amailton disse ter duas empregadas: Conceição, que morava em Altamira com a mãe dele, e Vera, "que saiu da casa por conta própria há quatro meses". Como já contei, ele negou veementemente a história da camisa.

Em nenhum momento o delegado Brilvado perguntou a Amailton especificamente sobre Fátima, e podemos pensar aqui em uma hipótese para isso: Amailton afirma que Vera saíra da casa havia quatro meses; se o depoimento aconteceu em dezembro, queria dizer que ela tinha saído em agosto, e não em janeiro; pode ser que Fátima tivesse outro nome — e não necessariamente que ela tenha mudado. Poderia ser Vera, Maria Conceição, Vanda, Madalena, infinitas possibilidades. Segundo alguns relatos que obtive, não é incomum pessoas da região serem conhecidas por um nome, mas, na verdade, serem registradas com outro. Some-se isso ao fato de que estamos falando de uma região em que o trânsito de pessoas é muito intenso e há uma dificuldade extra de encontrar qualquer um.

É aqui que Rubens e eu entramos em uma de nossas discordâncias durante nosso trabalho. Diante de todas essas confusões, já me parecia claro que Fátima era uma lenda urbana, que não existia de fato e que foi crescendo na boca do povo. Já Rubens acredita que Fátima pode existir e que ela poderia não se expor por medo — o que não implica necessariamente que a história da camisa suja de sangue fosse verdadeira. Ela poderia existir e negar a história. Mas o fato é que ela nunca foi encontrada, então só nos resta a dúvida sobre sua existência. Apesar dessa nossa discordância, tanto eu quanto Rubens também acreditamos que o Ministério Público deveria ter sido mais diligente, já que essa testemunha era tão importante. O processo pela sua busca deveria ter sido mais bem documentado. Então, no fim, Fátima nunca aparece no processo. Se existe, nunca foi localizada. Se foi localizada, não quis falar e não há registro disso. Os Gomes, por sua vez, sempre afirmaram que ela não existia.

A tese de Paula Lacerda traz outra possível hipótese ao relatar uma conversa com Rosa Pessoa, líder do Comitê em Defesa da Vida das Crianças Altamirenses e mãe de Jaenes. Rosa contou a Paula:

> Seu irmão, caminhoneiro, passando por uma pequena cidade do Maranhão, parou para almoçar em uma pensão. Conversando com a cozinheira, ele disse morar em Altamira, e ela respondeu que conhecia muito bem

a cidade, mas trazia muitos traumas de lá, pois tinha trabalhado em casa de gente "muito rica" e "poderosa" e que tinha envolvimento com "muita coisa que estava errada". Contou a cozinheira que trabalhava como empregada para um advogado chamado Araquém (tio de Amailton) e que um dia, já de madrugada, um sobrinho teria chegado à casa com a roupa muito suja e chorando copiosamente. Ela teria ouvido quando o jovem disse ao seu tio que "tinha feito uma besteira, pois tinha pegado um parente". Sabendo dos casos de violência contra crianças que aconteciam no município e com medo de que alguma coisa ocorresse contra ela, a cozinheira logo saiu da cidade, mas jamais esqueceu a história.

Ainda na mesma conversa, Rosa disse que contou essa história aos policiais federais, mas nem se cogitou procurar a cozinheira. Seria ela a empregada Fátima? Mesmo que fosse e que aparecesse, seria possível cravar que seu relato era confiável? Se por um lado a verificação é difícil, por outro, são histórias assim que povoam o imaginário da cidade sobre o caso, especialmente entre moradores mais antigos.

Mas, em termos de fatos, é importante reforçar: ao menos no processo, Fátima não existe e essa história pode ser apenas uma invenção. O que não significa que o caso estivesse encerrado, tampouco que essa história não pudesse ficar mais confusa. Longe disso.

Testemunhas mudam seus depoimentos

Além de Fátima, Bené e Irene, o Ministério Público do Pará pediu para ouvir Gilberto Denis da Costa, que já havia prestado dois depoimentos a Brivaldo: em 4 de novembro e 3 de dezembro de 1992. Nessa fase de instrução, era importante que falasse na frente da juíza designada. Contudo, Gilberto não compareceu da primeira vez que foi chamado. Em vez disso, enviou ao juízo de Altamira uma escritura pública, de 2 de fevereiro de 1993, na qual fez algumas declarações:

> Declaro a quem possa interessar que o depoimento que prestei no dia 4 de novembro do ano de 1992, na Coordenadoria da Polícia Civil, em Belém, perante o delegado Brivaldo Soares, onde acusei o sr. Amailton Madeira Gomes, residente na cidade de Altamira, de estar envolvido em mortes de menores do sexo masculino ocorridos naquele município, não traduz verdade, pois conheço Amailton desde criança e tudo o que consta naquele

depoimento acima referido não é verdade. Só disse aquelas palavras porque fui induzido pelo referido delegado. Declaro ainda que o delegado não deixou eu [sic] ler o que ali estava datilografado. É o que tenho a declarar.

Gilberto só viria a depor em juízo em 6 de maio de 1993, para reforçar que nada tinha a dizer contra Amailton. Ele não foi o único que mudou o depoimento nessa fase. Jeferson Cícero dos Santos, de 21 anos, era uma das testemunhas que haviam dito a Brivaldo, em 18 de novembro de 1992, ter visto Amailton na cidade de Vitória do Xingu no final de outubro, o que supostamente derrubaria a história de que ele estaria viajando de moto rumo ao Sul do Brasil. Menos de três meses depois, porém, afirmou à juíza de Altamira:

> Que não viu Amailton em Vitória no mês de outubro do ano passado, que não conhece ninguém da família de Amailton, que nunca viu ninguém; que o declarante não leu o depoimento que assinou na delegacia; que houve confusão sobre as suas declarações; que foi o irmão de Amailton que esteve em Porto Vitória em companhia do filho de seu Romildo, que foram buscar um carro Bugre vermelho e que não sabe informar em que carro foram para lá. [...] Que não conhece o delegado Brivaldo e que nunca prestou declaração em sua presença.

A outra testemunha da cidade de Vitória que prestou depoimento similar no mesmo dia foi Maria de Nazaré Vieira da Costa, de 38 anos. Ela era dona de um restaurante, e seu relato na fase de inquérito data de 18 de novembro de 1992. Ela afirmou ter visto um carro Voyage e um Bugre vermelho por volta do fim do mês de outubro — e que deles teriam saído duas mulheres e dois homens. Ela disse que teria reconhecido Amailton e a mãe dele, dona Zaila. Contudo, Maria prestou novo depoimento perante a juíza no dia 10 de fevereiro de 1993, logo após Jeferson, e afirmou:

> Que não conhece o acusado, nunca o viu; que conhece os pais, o Seu Amadeu e a [dona] Zaila; que não viu o acusado em Vitória no final do mês de outubro; que é dona do restaurante Tabosão; que nesse período quem ela viu no seu restaurante foi a mãe de Amailton e mais duas senhoras e um rapaz alto e forte e claro; que não sabe informar se era parente da [dona] Zaila, mas se ver [sic] o rapaz o reconhece; que reconhece a assinatura do depoimento prestado às folhas 126 como sendo sua; que a declarante

encontrava-se em seu estabelecimento [...] quando entraram dois senhores e [...] perguntaram se ela conhecia alguém da família de Amadeu, tendo a declarante respondido que conhecia o seu Amadeu e a esposa dele, a qual tinha estado lá quinze dias atrás em companhia de duas senhoras e um rapaz alto e claro; que a declarante procurou saber o porquê que eles estavam perguntando [...], tendo os dois senhores se identificado como delegado Orion e outro como agente de polícia; [...] no mesmo dia, a declarante estava fazendo suas unhas na manicure e foi procurada pelo senhor Tavico [delegado], o qual estava com pressa e pediu que a mesma assinasse o documento dizendo-lhe que era apenas para confirmar a presença de [dona] Zaila em Vitória e não deixou a declarante ler o documento e disse-lhe que nada lhe comprometia se assinasse o referido documento; que não conhece o delegado Brivaldo e que nunca o viu, nunca esteve na delegacia prestando depoimento.

Tavico era o apelido de Otávio Torres Filho, que atuou em Altamira e era delegado em Vitória do Xingu. Foi ele que, em 16 de novembro de 1992, três dias após o desaparecimento do garoto Klebson, afirmou via ofício para Brivaldo que teria visto Amailton na cidade vizinha de Altamira.

No dia 15 de fevereiro de 1993, cinco dias após os depoimentos de Maria de Nazaré e Jeferson, Tavico entregou uma declaração depois anexada aos autos:

> Declaro para os devidos fins que a pessoa que vi em Vitória no dia 25 de outubro de 1992 não era o sr. Amailton Madeira Gomes, e sim o seu irmão, Márcio Madeira Gomes. Outrossim, tenho a declarar que não conhecia à época o sr. Amailton Madeira Gomes e, quando surgiu em Vitória a notícia de que o filho do sr. Amadeu por lá estava, pensei tratar-se do sr. Amailton.

Temos então duas testemunhas afirmando que tiveram depoimentos manipulados por um policial e esse policial apontando um equívoco de sua parte. Ao menos de acordo com os autos, a história se encerra por aí. Aceitou-se que Amailton estava bem longe de Altamira quando o assassinato de Klebson ocorreu, em novembro.

Outras testemunhas de defesa e acusação foram ouvidas nessa fase de instrução, sem maior impacto no processo. Mas uma declaração anexada merece ser citada: a de Juarez, pai de Jaenes. Em 8 de fevereiro de 1993, ele declarou que conhecia Amailton, seu sobrinho, desde criança, que o tinha "em bom conceito" e que não acreditava "em hipótese alguma [...] ser ele o autor de crimes contra menores do sexo masculino em Altamira".

Pouco mais de dez anos depois, em depoimento ao tribunal do júri no dia 28 de agosto de 2003, Juarez confirmava ter dado essa declaração. Mas ponderava: "Hoje em dia, jamais daria" tal testemunho.

Olhando para essa linha do tempo de depoimentos e declarações, é notável que havia algo incomum em curso. Podia ser que as pessoas estivessem se arrependendo, percebendo que estavam sendo enganadas por investigações malfeitas — ou por algum outro motivo ainda obscuro.

O perfil de Amailton

De todos esses depoentes que voltaram atrás, o que chama mais atenção é mesmo Gilberto, que na fase de inquérito não só reforçou ao delegado Brivaldo a culpa de Amailton como esmiuçou os motivos pelos quais acreditava que o antigo amigo era suspeito em potencial. Tudo o que eu queria saber era o que o teria motivado a dar aquele primeiro depoimento e, principalmente, por quais motivos acabou voltando atrás.

Eu consegui localizá-lo. Conversamos por telefone algumas vezes, e então pude entender o que havia ocorrido. De acordo com ele, quando foi falar com os delegados em Altamira, aceitou prestar depoimento com a promessa de que seu nome não apareceria. Logo em seguida, porém, Amadeu, pai de Amailton, foi procurar a mãe dele, que era conhecida em Altamira. Ela relatou ao filho o assédio que estava sofrendo e pediu a Gilberto que mudasse seu depoimento. Foi o que ele fez.

Perguntei a Gilberto se Amadeu podia ter tentado convencer outras testemunhas a mudarem os depoimentos. Ele respondeu: "Pode ser. Estaria fazendo papel de pai. Não está errado. Se fosse eu, faria a mesma coisa".

Por fim, questionei se ele ainda achava que Amailton poderia ser o autor dos crimes. Sua resposta foi a seguinte: Amailton era uma pessoa estranha, de perfil "meio psicótico". Logo, ele não afirmava com tanta certeza que o antigo amigo poderia ser o assassino, mas também não descartava a possibilidade.

Ele não foi o primeiro a falar algo do tipo. Apesar de muitas testemunhas alegarem que desconheciam qualquer fato que depreciasse a reputação de Amailton, havia também muitas pessoas descrevendo-o como estranho. Mas só podemos especular sobre o que isso significava de fato.

No processo contra Amailton, os depoimentos da fase de instrução judicial começaram a ser tomados no fim de janeiro de 1993. Foi também nessa época que ele passou por um exame psiquiátrico forense. Esse exame era importante, pois poderia dissipar dúvidas que pairavam sobre seu perfil psicológico. A mais importante era: seria Amailton um psicopata capaz de cometer crimes tão violentos?

Quem examinou Amailton foi o dr. Guido Palomba, um dos maiores nomes da psiquiatria forense no Brasil, que atuou posteriormente em casos como o do Maníaco do Parque (1998) e o do menino Pesseghini (2013). Em entrevista concedida em 2022, ele me contou como foi trabalhar no caso.[13]

> GUIDO PALOMBA: Sempre é assim: você não afirma que o indivíduo praticou determinado delito, mas você pode perfeitamente, na elaboração de um perfil psicológico, dizer que aquele indivíduo não faz parte daquele crime. Não se atribui delito no perfil psicológico, mas se exclui [eventualmente]. No caso dele, não foi excluído, de forma alguma. Num determinado momento do exame, unindo o que é como se fosse um quebra-cabeça, levava-se a uma suspeita, digamos assim, de que os órgãos sexuais dos meninos poderiam ser utilizados em magia negra. Fui fazer uma pesquisa profunda nas magias negras e, de fato, existem poções nesses rituais em que se usa, por exemplo, olho de gata no cio. E a minha conclusão é que os órgãos sexuais das crianças, dos adolescentes, não discrepavam desses, vamos chamar assim, elementos ou substâncias que entravam nesses rituais de magia negra. Lembro bem que, quando eu o examinei, o suspeito era muito arredio, não queria conversar. Quando existe um suspeito inocente, existe aquilo que se chama em psiquiatria forense de "a garra do inocente". Quando você acusa, ele fica indignado, não aceita aquela acusação. Amailton não tinha a garra do inocente. Claro que isso aí não condena ninguém, mas é, volto a insistir, como se fosse um quebra-cabeça que você vai encaixando as peças. E também um outro detalhe que me ficou na cabeça. Perguntei para a guarda que o trouxe para São Paulo para ser examinado como é que ele era na cidade. Ela disse que ele tinha

---

13 Algumas respostas foram editadas aqui por questão de espaço, mas podem ser ouvidas no podcast. [N. E.]

uma má fama de gostar da felação, de que ele respondia a um processo ou algo nesse sentido, de que uma vez ele intimou ou coagiu um determinado indivíduo com o revólver para ter a felação. Então, tudo se encaixava: os órgãos sexuais das crianças não apareciam [desapareceram], a falta de garra do inocente... e assim eu fui encaixando. E depois fiquei sabendo também, sempre nessa linha de estudo psiquiátrico forense, que ele tinha na casa dele dois livros que não teriam nenhum problema se fosse numa biblioteca grande, mas eram os únicos que ele tinha no quarto dele [na verdade, eram dez livros, como citamos anteriormente]. Um era *O perfume*, de um mago que fazia poções com perfume etc.; e o outro era do Castañeda, que era aquele que usa alucinógenos, também tem uns rituais. Depois do exame detalhado e das esferas mentais, acabei concluindo obviamente não que ele era culpado ou algo nesse sentido, mas que não dava para tirá-lo da lista de possíveis suspeitos.

O dr. Guido também contou que não percebeu marcas de espancamento em Amailton e que, apesar de não se lembrar precisamente de por quanto tempo o examinou, acreditava ter sido por uma manhã inteira. Segundo especialistas da área com quem conversei, de fato, esses exames raramente duram mais do que um dia.

Sabemos que o laudo foi elaborado no fim de janeiro de 1993. Mas, a pedido da defesa de Amailton, esse documento foi posteriormente retirado dos autos porque o pedido de que fosse elaborado não partiu da juíza, como deve ser, mas da Polícia Civil do Pará.

Na entrevista que concedeu para a tese de Paula Lacerda, Brivaldo comentou a atuação do dr. Guido:

> Quando o laudo ficou pronto, o dr. Guido Palomba teria lhe dito que não viu o Amailton cometer os crimes, mas "que foi ele, foi!". Uma mãe lésbica e uma infância solitária teriam sido salientadas no laudo que, depois de incluído nos autos, foi "desentranhado" [removido do processo] por determinação da juíza, que alegou não ter solicitado qualquer tipo de perícia. Mesmo achando que o laudo só contribuía para o esclarecimento do caso, o delegado não se importou com sua exclusão. Ao contrário, afirmou que "aquilo não era pra justiça, aquilo era pra mim. Aquilo ratificava toda a minha investigação".

Em julho de 1993, Amailton passou por mais uma perícia psiquiátrica, ordenada pela juíza Vera Araújo e feita pelo setor de psiquiatria da Coordenadoria de Polícia Científica da Secretaria de Segurança do Pará. O laudo anexado aos autos é assinado por dois psiquiatras: dra. Elizabeth Maria Pereira Ferreira e dr. Samuel Gueiros Pessoa Júnior. Em sua tese, Paula Lacerda comentou o laudo: "[Amailton seria] capaz de entender o caráter delituoso dos fatos, mas não inteiramente capaz de se determinar de acordo com esse entendimento". O diagnóstico: transtorno esquizoide de personalidade.

Primeiramente, é registrado que ele afirmava ter tido experiências homossexuais, mas não queria falar sobre isso para não expor sua intimidade. Mais adiante, nas argumentações legais, os especialistas discorriam sobre os indicadores de periculosidade de uma pessoa, segundo a bibliografia científica da época:

> O estudo do caso mostra que o periciando apresenta alguns desses indicadores, quais sejam, inadaptação escolar e profissional, comportamento homossexual, envolvimento com drogas e um distúrbio de personalidade, este último já identificado em exames psicodiagnósticos apensos ao processo. Além disso, embora o periciando tenha aludido a que essas experiências com drogas e homossexuais sejam do passado, não se pode asseverar se a prática continua ou não. As personalidades psicopáticas e esquizoides, embora tenham as funções mentais íntegras, não apresentam testemunho fidedigno, visto que possuem um código moral próprio, diferente da comunidade onde vivem e, por ele, julgam os seus atos e os de outros. O próprio periciando, durante a entrevista psiquiátrica, declarou sentir-se um ser superior em relação aos demais.

Os especialistas concluíam que o laudo não bastava para determinar se ele era o autor dos crimes. Caso fosse, teria noção dos delitos, mas não seria dotado de autocontrole para evitá-los.

Há aqui uma pergunta que podemos fazer acerca de todas essas considerações sobre a orientação sexual do suspeito: será que seriam feitas por um perito hoje em dia? Segundo os especialistas que consultamos para a produção do podcast, dificilmente. Ao menos não deveriam, já que não condizem nem com a literatura médica vigente, nem com as diretrizes da Organização Mundial da Saúde. No início da década de 1990, a epidemia da aids era um grande desafio da saúde pública global, e a doença era muito vinculada a homens gays. É claro que o preconceito contra a comunidade LGBTQIA+ tem raízes muito mais profundas e segue bastante presente, mas podemos dizer que aquele era um momento especialmente delicado.

Além disso, os especialistas que ouvi disseram sentir falta de mais atenção aos fatos criminosos em si — o foco da avaliação está sobremaneira no perfil do suspeito. Também viram com desconfiança o diagnóstico de transtorno esquizoide de personalidade diante do comportamento de Amailton descrito pelo próprio e por seus familiares, e observado pelos autores do documento. De toda forma, ponderaram que o transtorno tomado isoladamente nunca pode ser evidência de conduta criminosa. Como frisa o dr. Daniel Barros,[14] um dos especialistas que consultamos,[15] "transtorno mental não é sinônimo de violência, e violência não é sinônimo de transtorno mental".

---

14 Especialista consultado para o podcast. Psiquiatra forense e coordenador da parte médica do Núcleo de Psiquiatria Forense do Hospital das Clínicas da Universidade de São Paulo.

15 Aproveitamos aqui para citar e agradecer a todos os especialistas que foram consultados por nós nessa pesquisa: dra. Thatiane Fernandes, psiquiatra forense e colaboradora do Núcleo de Psiquiatria Forense do Hospital das Clínicas da Universidade de São Paulo; e dr. Talvane de Moraes, psiquiatra forense do Rio de Janeiro e um dos fundadores da Associação Brasileira de Psiquiatria, em 1965.

6. O menino Flávio

No dia 27 de março de 1993, o caso dos meninos de Altamira mudaria para sempre. Para as autoridades, o caso estava solucionado com a prisão de Amailton. Mas, enquanto ele seguia detido em Belém, mais um garoto desapareceu em Altamira: Flávio Lopes da Silva, de 10 anos.

O inquérito de Flávio está anexado nos autos do processo, mas não existe o boletim de ocorrência de seu desaparecimento. Tudo o que sabemos sobre o dia em que sumiu vem de depoimentos posteriores de parentes. Os depoimentos são um pouco confusos e demandam certo esforço para entender os detalhes de como o garoto sumiu. Parte dessa dificuldade se dá pelo fato de duas mulheres importantes para a história terem o mesmo nome: "Maria Luiza" era tanto o nome da dona da barraca de espetinhos onde Flávio trabalhava quanto o de sua mãe.

Em sua tese, Paula Lacerda fez um importante e competente resumo sobre o início do caso:

> De acordo com o termo de declarações prestadas pelo pai da vítima à polícia, com menos de um mês de vida, uma senhora de nome Helena entregou seu filho para que Maria Luiza Lopes da Silva, sua mulher, o criasse. Maria Luiza, então com 23 anos de idade e uma filha, registrou o menino como Flávio, dando-lhe seu sobrenome e o de seu marido, o lavrador Moacir Silva. Até os 10 anos de idade, Flávio vivia com seu pai na comunidade rural conhecida como Arroz Cru, ajudando na roça e estudando na Colônia Agrícola. Algumas vezes, durante a semana, ia até Altamira levar alimentos para sua mãe. Quinze dias antes de seu desaparecimento, Flávio tinha ido viver na cidade, longe da zona rural. Poucos dias depois de chegar, o menino começou a trabalhar com uma senhora que vendia milho e espetinhos em uma barraca em frente ao ponto de táxi do bairro da Brasília. A patroa tinha o mesmo nome de sua mãe e era ajudada por uma moça de nome Marinalva.
>
> Nos primeiros dias, Maria Luiza, a patroa, apanhou Flávio na casa de sua mãe para que ele a ajudasse a transportar os alimentos, acender o fogo,

vigiar a barraca etc. No dia 27 de março de 1993, o menino, pela primeira vez, fez sozinho o trajeto entre a casa de sua mãe e a casa da patroa, onde chegou às 7 horas da manhã. Trabalharam juntos durante a manhã e a tarde de sábado. Por volta das 19 horas, retornou para jantar e banhar-se na casa da patroa. Marinalva foi encarregada de ir até a casa de Flávio buscar uma muda de roupa para ele trocar. Entre a saída da banca de espetinhos e a chegada na casa da patroa, Flávio desapareceu. Uma senhora de nome Alice, comerciante local, teria visto o menino quando ele entrou em sua lanchonete para assistir televisão. Conforme declaração na polícia, Alice afirmou ter dado um pedaço de bolo para Flávio e o orientou a ir para casa.

Marinalva foi até a casa da mãe de Flávio, mas esta lhe disse que a outra única peça de roupa do menino estava molhada. Ao retornar à casa da patroa, notou que Flávio ainda não havia chegado. Dirigiu-se à banca de espetinhos, onde ele também não estava. A patroa começou a procurar o menino nas redondezas e verificou que ele não tinha voltado para a casa da mãe. A mãe do menino então tomou conhecimento de que seu filho estava desaparecido. Começaram a procura, que se estendeu madrugada adentro. No dia seguinte, elas foram à delegacia registrar o caso e noticiaram o desaparecimento na rádio da cidade. Moacir, o pai do menino, escutou a notícia na rádio e imediatamente seguiu para a casa de sua esposa.

O corpo de Flávio foi encontrado na manhã do dia 29 de março de 1993 por um vigia chamado Luiz Arcanjo de Morais, que passava ali na região. Segundo matérias de imprensa da época, esse vigia chegou a ser suspeito do crime e teria sofrido agressões de policiais. Nada disso está nos autos de forma oficial.

De todas as fotos e vídeos de vítimas que estão anexadas ao processo, por algum motivo, as que mais me causam angústia são as imagens do corpinho de Flávio. Ele, um menino de 10 anos, está deitado de lado, curvado, usando apenas um calção preto. Seu rosto apresenta lesões e marcas de putrefação — mas ainda é discernível o rosto de criança.

Para além da comoção que essas imagens causam, o que chama a atenção no caso de Flávio é uma constatação que aparece numa reportagem do SBT, datada de 29 de março de 1993 — dois dias após o desaparecimento — e que menciona uma delegada de Altamira, sem citar nome:

> REPÓRTER: Nós vamos aqui agora mostrar onde foi encontrada a criança, o corpo da criança. Vocês vejam que a situação realmente não tem nada a ver com aqueles outros crimes que vinham acontecendo em Altamira.

Completamente diferente o caso do corpo que foi encontrado. Não há emasculação nenhuma, e o corpo aparentemente parece-me que foi morto à paulada... A criança foi morta à paulada, segundo o que nós presenciamos aqui justamente com a Polícia Civil de Altamira.
REPÓRTER: Onde a senhora averiguou que pode haver a pancada que foi dada nessa criança? O ato do crime?
DELEGADA: No rosto e... Tá assim, parece que [foi] tipo um tiro [...] a impressão que dá é que ele não foi morto aí. Isso aí mudaram de local. [Aqui] é de difícil acesso, dificilmente alguém matou essa criança aí. [...] Nós só vamos saber se realmente é igual aos outros crimes depois que o médico averiguar. Por enquanto, aparentemente, não é igual.

De fato, o estado de seu corpo parecia muito diferente do dos garotos dos casos anteriores. As diferenças estão anotadas no relatório de conclusão da investigação sobre sua morte, assinado por Evando Guimarães Martins, então delegado titular de Altamira, datado do dia 28 de abril de 1993 — ou seja, um mês após a morte de Flávio. São elas: o garoto vestia short, diferente das vítimas anteriores, sempre encontradas nuas, e não estava totalmente emasculado.

O laudo definitivo de seu corpo não estava pronto na época da conclusão do relatório, mas depois viria a confirmar algumas das informações, como a de que o pênis havia sido retirado, mas a bolsa escrotal, não. Por causa disso, tecnicamente, não se trataria de um caso de emasculação. Contudo, a bolsa escrotal apresentava um corte no testículo esquerdo. Além disso, as bordas da lesão no pênis não eram regulares como nos casos anteriores. Bordas regulares são indicativos de uso de instrumento cortante. No caso de Flávio, a lesão tinha "bordas de aparência imprecisa em todo o contorno".

A terceira diferença principal para os casos anteriores, de acordo com o relatório, é o fato de que a criança teria morrido após uma forte pancada na cabeça. O texto chegava a falar em um crime "radicalmente diferente" dos que descrevemos até aqui. Analisando o processo todo, porém, é possível constatar que essa qualificação é equivocada. Não há um *modus operandi* específico ou repetido para a morte das vítimas. Se olharmos só para os laudos dos três casos ocorridos em 1992, notaremos que Judirley morreu de "choque hipovolêmico devido à hemorragia aguda por lesão de vasos sanguíneos no pescoço" e que o avançado estado de decomposição de Jaenes e Klebson impediu a determinação exata da causa da morte. Vale dizer que os três laudos que acabei de citar tiveram a participação do mesmo médico-legista, Francisco Armando Aragão. No caso de Flávio, o legista foi o dr. Luiz Loureiro.

Apesar disso, o pensamento predominante na Polícia Civil de Altamira era que se estava diante de um crime bastante diferente dos outros. Isso fica claro em alguns trechos do relatório assinado pelo delegado Evando Guimarães Martins:

> Comparando esses aspectos com os referentes aos casos anteriores de emasculação, é possível constatar que nenhuma semelhança há no modo de agir dos autores, tanto de um como do outro. O autor dos casos de emasculações sempre agiu de forma mais requintada e revestida de profissionalismo. Enquanto que, no caso do menor Flávio, notam-se indícios de amadorismo, nos levando a crer que há alguém agindo com o intuito de desvirtuar a atenção sobre Amailton Madeira Gomes, que se encontra preso, com o fito [propósito] de fazer-se entender que ele não é o responsável pelos casos anteriores.
> [...]
> Diante do que foi exposto acima, é fácil concluir que, neste caso, na realidade ocorreu o crime de homicídio com requinte de perversidade contra um menor. E o autor deste homicídio tentou usar o álibi de retirar o pênis do menor objetivando causar confusão do raciocínio à polícia, ao judiciário e à sociedade em geral; porém, os indícios deixados eliminam qualquer dúvida [de] que não se trata de caso de emasculação.

A afirmação de que o assassino era profissional não condiz com os laudos anteriores. Pelo contrário: no de Jaenes, o médico-legista responsável afirmou que o corte não tinha características de profissional. Já no caso da morte de Klebson, em entrevista, o legista Aragão afirmou que qualquer pessoa em posse de um instrumento cortante bem afiado poderia efetuar uma lesão daquele tipo. Apesar disso, é nesse momento, após a morte de Flávio, cujos cortes não demonstravam precisão, que começou a circular pela cidade essa hipótese de que Amailton não cometia os crimes sozinho e alguém estava tentando confundir a polícia, além de que os cortes nas vítimas anteriores demonstravam, sim, destreza e deviam ter sido realizados por pessoas com habilidades cirúrgicas.

As suspeitas não eram novas, mas a morte de Flávio as renovou. Se Amailton era realmente culpado, como a imprensa, a polícia e o Ministério Público afirmavam, era necessário ir atrás de seus comparsas.

As características dos cortes se tornaram o ponto-chave. Aí estava a pista pela qual a população se guiava para descobrir o responsável — ou os responsáveis. Dela, deduzia-se o seguinte: se estamos falando de poderosos e os cortes têm precisão cirúrgica, é muito provável que houvesse médicos no esquema.

Ponta solta no relatório de Brivaldo

Antes de avançar neste ponto, é preciso voltar um pouco, para o início das investigações de Brivaldo no caso de Jaenes. Lá está uma ponta solta que voltará a ser olhada com mais atenção depois.

Consta nos autos que há um pedido do delegado, datado do dia 15 de outubro, para a companhia aérea VASP, interessado em saber todos os deslocamentos de certo dr. Anísio Ferreira de Souza, 51 anos. Essa informação chamou a atenção do meu colega Rubens pelo fato de que, nos primeiros depoimentos, Amailton era tido como suspeito, mas em nenhum momento Anísio é citado. Inclusive, em uma das páginas do processo, há uma foto de Anísio dentro de um terreiro, que parece ser de umbanda ou candomblé. Essa imagem aparece bem no início da investigação de Brivaldo, como se fosse uma hipótese que apareceu nos primeiros dias, mas que ele decidiu não seguir adiante. Não sabemos os motivos exatos para Brivaldo abandonar essa linha, mas os registros do inquérito mostram que ela foi levantada em algum momento. Em sua tese, Paula Lacerda afirma que, quando conversou com o próprio Brivaldo, ele disse que não via Anísio nos crimes, tanto que não o indiciou, embora escutasse coisas que mostrassem o contrário.

O assassinato de Flávio e a lembrança da figura do dr. Anísio no início das investigações sobre a morte de Jaenes inauguraram uma nova fase das investigações do caso dos meninos de Altamira — e é essa a fase que a tornaria mais conhecida para o resto do Brasil.

7. Os cortes

A partir deste capítulo, o caso dos meninos de Altamira mudará radicalmente. É preciso dar alguns avisos. O primeiro é que, por mais importante que seja esta parte, falta clareza. Ela é extremamente complexa, e o que temos são pistas dadas por reportagens da época e uma fonte muito importante: os registros do Comitê em Defesa da Vida das Crianças Altamirenses. O segundo aviso é que muitos nomes novos aparecerão. Vale a pena consultar a lista de personagens no fim do livro, se necessário.

O desaparecimento e a morte de Flávio aconteceram no fim de março de 1993, época em que o contexto em Altamira era bem intrincado. Isso pela seguinte razão: Amailton havia sido preso em 2 de dezembro de 1992. No período entre sua prisão e o assassinato de Flávio, outras duas crianças, Maurício Farias de Souza e Renan Santos de Souza, também haviam desaparecido da cidade. É um dado frequentemente ignorado quando se lê sobre os casos — nem mesmo nos autos os casos das crianças que desapareceram tiveram a devida atenção. No processo, há registros das ocorrências policiais, mas não há inquéritos.

De acordo com os autos, o primeiro caso de criança desaparecida após a prisão de Amailton é o de Maurício, de 13 anos, que sumiu em 27 de dezembro de 1992, ou seja, 25 dias depois de o suspeito ter sido preso. Já o segundo é referente ao garoto Renan, de 8 anos, desaparecido em 24 de janeiro de 1993. De acordo com o Comitê, ambos permanecem sem respostas até hoje. Flávio seria o terceiro desaparecido em Altamira após a prisão de Amailton. A diferença é que seu corpo apareceu.

Mesmo com Amailton preso, os casos continuaram e pareciam ficar mais frequentes. E não era só isso. Nos registros oficiais sobre as duas últimas vítimas fatais, Klebson, em novembro de 1992, e Flávio, em março de 1993, o apontamento era de que as emasculações supostamente eram diferentes das dos casos anteriores.

A situação fica ainda mais bizarra quando observamos os registros que o Comitê coletou. De acordo com suas investigações, entre outubro de 1992, mês da morte de Jaenes, e março de 1993, quando Flávio foi assassinado, há ao menos cinco relatos de garotos que sofreram tentativas de sequestro. A respeito deles, não há nada nos autos do processo produzido por autoridades, restando apenas os relatos de parentes nos materiais do Comitê. Um está transcrito em um documento de 28 páginas datado de 6 de outubro de 1996, em que uma vítima de tentativa de sequestro é nomeada apenas pelas iniciais do nome: SFS.

> No dia 22 de novembro de 1992, pelas 16h30, SFS, 13 anos, retornava da escola. Caminhava para casa sozinho, quando um Fusca branco parou ao seu lado, e um dos ocupantes apontou uma arma de fogo para ele, mandando que entrasse no carro e não gritasse, senão ele atiraria. No carro estavam três pessoas, todas encapuzadas. Ele ficou no banco de trás junto com um dos homens. Os dois que vinham na frente conversavam, mas ele não conseguiu escutar nada.
>
> O carro deu muitas voltas pela cidade. Quando já tinha anoitecido, o veículo enveredou pela rodovia Ernesto Acioly. Uns metros após a sede da AABB, logo depois da entrada do Bairro da Colina, o carro parou embaixo de uma mangueira. Os dois homens que iam na frente, o motorista e o vestido de soldado, saíram e distanciaram-se, ficando fora do alcance visual. Transcorrido algum tempo, alguém chamou: "Negão, vem cá!". O homem que tinha ficado com SFS saiu do carro, indo ao encontro de seus companheiros. O garoto aproveitou o momento para experimentar a maçaneta da porta do lado oposto do motorista. Para seu espanto, estava aberta.
>
> [...] Nessa época, estavam em Altamira, em missão especial relacionada com a matança das crianças, os delegados Brivaldo Soares e Orion Klautau. SFS e sua mãe informaram o que ocorreu. Três policiais foram juntamente com o adolescente ao local [de] onde ele conseguira fugir. No outro dia, o mesmo acompanhou novamente a polícia até o local.
>
> No transcorrer do seu depoimento na delegacia de polícia, os policiais acusavam SFS e o pressionavam constantemente para que contasse a verdade.

A ausência desses casos nos autos pode soar como negligência, mas há alguns fatores que precisamos levar em consideração. Primeiro: de acordo com o levantamento de Paula Lacerda, nenhuma dessas tentativas de sequestro levou à abertura de um inquérito policial. Acaba valendo então a lógica: se o garoto voltou para casa vivo e inteiro e se a polícia não é confiável, é melhor deixar para lá.

Segundo: não há como ter certeza de que esses casos tinham realmente algo a ver com os dos meninos emasculados. Afinal, não apenas estamos falando de uma região em que crianças passavam por perigos de forma constante, mas também de uma época em que, segundo relatos, não era incomum em Altamira e cidades próximas alguém ser sequestrado para realizar trabalhos forçados na condição de escravizado em uma fazenda distante — embora isso seja difícil de verificar e mapear.

O crime de trabalho análogo à escravidão, como o conhecemos hoje em dia — submissão a trabalhos forçados ou a jornadas exaustivas, sujeição a condições degradantes e restrição de locomoção —, só passou a existir em 1995. Então, em resumo, pode ser que esses casos de tentativa de sequestro tivessem alguma relação com os casos dos emasculados? Sim. Pode ser que alguém tenha tentado sequestrar esses garotos para outros fins? Também. Jamais teremos uma resposta totalmente satisfatória.

Mas o fato é que o pânico estava disseminado em Altamira. E, já que as autoridades não estavam agindo (afinal, os casos continuavam), as famílias tiveram que novamente se unir e lutar por seus direitos.

O envolvimento do Conanda e da Polícia Federal

Em abril de 1993, o Comitê conseguiu que o Ministério da Justiça enviasse uma comissão do Conselho Nacional dos Direitos da Criança e do Adolescente (Conanda) para averiguar a situação. De acordo com o relatório de 1996 do Comitê, "os representantes do ministério ficaram estarrecidos ao constatar o desaparelhamento da polícia, a falta de vontade política para elucidar os casos, o desamparo da população, o desespero das famílias, e prometeram a ajuda de Brasília".

Foi um marco importante para o processo. A partir disso, foi elaborado um relatório, assinado por Augustino Pedro Veit, conselheiro da instituição por conta da atuação no Movimento Nacional de Meninos e Meninas de Rua. Veit buscava entender melhor o que passavam as famílias das vítimas e se alguma medida estava sendo tomada. Acerca das investigações existentes, um dos trechos do relatório, ainda segundo o documento do Comitê, é bem revelador sobre o que se falava na época:

> Em relação às motivações dos crimes praticados, as informações e indícios levam a formular duas hipóteses: a primeira, que os autores sejam portadores de anomalias psíquicas e mentais ou psicopatas. A segunda hipótese é a de que os criminosos tenham ligações com grupos de magia negra ou seitas. Neste caso, é bem provável que tais grupos ou seitas sejam de fora do município.

Os parentes das vítimas em Altamira já não confiavam na polícia local, e a passagem de Brivaldo acabou por destruir de vez qualquer confiança que a população tinha na Polícia Civil do Pará — visto não apenas que os casos continuaram após a prisão de Amailton, mas também pelo descaso sentido por Maria Esther, irmã do menino Klebson, morto em novembro de 1992. Por isso, havia uma demanda pela intervenção da Polícia Federal, aparentemente pela crença de que policiais federais não estariam suscetíveis à influência dos poderosos locais.

De acordo com o Comitê, o relatório de Veit iniciou algum movimento no Ministério da Justiça, em Brasília, comandado pelo então ministro da Justiça Maurício Correa, que determinou de fato a intervenção da PF.

Operação Monstro de Altamira

Sabemos que a Polícia Federal atuou em Altamira naquele período pela análise de documentos produzidos pelo Comitê, matérias de jornal da época e um ou outro material produzido em Brasília no período. Contudo, estranhamente não há nenhum documento oficial produzido pela PF incluído nos autos nesse período. A presença de policiais federais é percebida no processo por meio da menção de um ou outro agente em documentos produzidos por alguma entidade estadual do Pará (seja o Ministério Público, a Polícia Civil ou até o judiciário), mas da instituição em si não há nada. Isso, certamente, chamou atenção durante minha pesquisa, e era importante que tentássemos entender o motivo. Independentemente disso, essa ausência de documentação dava um recado claro: a Polícia Federal não queria deixar rastros das investigações que conduziu. Ainda assim, por meio do pouco material a que temos acesso sobre esse período, sabemos o nome da operação que a PF empreendeu em Altamira: Monstro de Altamira.

De acordo com o Comitê, a intervenção da PF ocorreu da seguinte forma:

> Uma primeira missão, sigilosa, de um agente da Polícia Federal, aconteceu de 17 a 21 de abril de 1993. Na base do relatório desta primeira missão, o Ministro da Justiça, em data de 7 de maio de 1993, determinou a intervenção da Polícia Federal.
>
> De 25 de maio a 26 de junho de 1993, uma equipe de sete agentes da Polícia Federal esteve em Altamira para a primeira fase da Operação: as denúncias do Conselho Municipal dos Direitos das Crianças Altamirenses se revelaram tímidas. A Polícia Federal teve que investigar delitos praticados meses e anos antes, sem laudos periciais sobre os corpos das vítimas e os locais em que foram encontrados, com exames cadavéricos incompletos, superficiais, omitindo dados importantes para o processo investigativo...
>
> Mesmo assim, pela primeira vez, a comunidade altamirense soube o que é uma investigação séria e competente. E deu seu voto de confiança aos agentes que aqui vieram, dispondo-se a colaborar com uma cordialidade que nunca polícia alguma tinha conseguido.

O agente que fez a primeira missão sigilosa em abril de 1993 chamava-se José Carlos de Souza Machado, e seu nome é um dos mais importantes durante esse período. Porém, tendo em vista o caráter sigiloso de tudo o que a PF realizou naquele período, ele também acabou atuando como um personagem mais escondido do que gostaríamos.

Apesar de todos os nossos esforços, não conseguimos resgatar o primeiro relatório que o agente Machado fez após sua passagem de abril, o que nos leva a crer que esse documento já não existe mais. Ainda assim, era um documento preliminar, provavelmente curto, apenas com um breve parecer sobre a situação — algo bem diferente da operação realizada entre maio e junho de 1993, que marca a primeira fase da chamada Operação Monstro de Altamira.

Dessa etapa, fazendo parte de uma equipe de sete policiais federais que trabalhavam à paisana em Altamira, o agente José Carlos de Souza Machado redigiu um relatório final com mais de oitenta páginas, datado de 24 de setembro de 1993. Sabemos da existência desse material por conta de matérias de imprensa da época. Em teoria, ele deveria ter sido anexado e mantido nos autos do processo. Várias fontes com quem conversei me asseguraram que o relatório chegou a fazer parte dele em algum momento, e que se não estava mais lá é porque foi tirado posteriormente. Não sabemos exatamente seu conteúdo, mas sabemos que foi a base para tudo o que ocorreu no caso após a morte do garoto Flávio.

O motivo de o relatório não estar anexado aos autos é um mistério, mas eu tenho uma hipótese. Em teoria, na época, a Polícia Federal não podia atuar em casos de homicídio que ocorressem em apenas um estado. A lei que disciplinou a atuação da PF em crimes com essas características só viria a surgir em 2002. Suponho que alguém deva ter tomado a decisão de deixar a Polícia Federal fazer uma investigação mais profunda, mais livre, oferecendo proteções a testemunhas, algo que a Polícia Civil não teria condições de fazer — as conclusões seriam então repassadas de uma corporação para a outra.

Em uma matéria do jornal *O Globo*, de 10 de junho de 1993, nota-se que, apesar de muitos não saberem o que fazer com as informações que os agentes federais estavam coletando, suas hipóteses eram fortes demais para serem ignoradas na época:

MAGIA NEGRA PODE TER MATADO MENINOS EM SACRIFÍCIO NO PARÁ
Quatro deputados estaduais do Pará pediram ontem ao ministro da Justiça, Maurício Corrêa, que acione a Polícia Federal para investigar bárbaros assassinatos de crianças em Altamira. A principal suspeita é que os crimes estejam associados à prática de magia negra. Já foram atacados outros meninos, entre 8 e 13 anos. As crianças foram violentadas, castradas, tiveram os olhos arrancados e, em seguida, foram mortas. Três delas conseguiram fugir e sobreviveram, sem os órgãos genitais.

Os crimes estão acontecendo desde 1989, mas a polícia de Altamira ainda não identificou os culpados. A deputada Aida Maria (do Partido dos Trabalhadores) informou que a população teme dar qualquer informação à polícia desde que o vigia Luiz Arcanjo de Moraes, de 49 anos, foi torturado após ter descoberto o cadáver de um dos meninos.

Um dos suspeitos presos pela polícia, Rotílio Rosário, foi torturado e morto no quartel da Polícia Militar, segundo a deputada, o que aumenta o terror da população. Outro suspeito, Amailton Madeira Gomes, está preso em Belém. Mas, depois da prisão, houve outros crimes.

O deputado Aldir Viana, do PSDB, informou que as circunstâncias em que os assassinatos foram cometidos levam a crer que os crimes são praticados por mais de uma pessoa. O número de mortos também deve ser maior do que o de cadáveres já encontrados. Aida disse que os órgãos genitais e os olhos são arrancados dos corpos com bisturi, com uma técnica muito apurada, o que a leva a acreditar que é um trabalho profissional, executado por um médico ou veterinário.

Como já citamos anteriormente, nos autos, não há menção alguma ao episódio de tortura do vigia Luiz Arcanjo, mencionado na matéria, que se tornou suspeito depois de ter descoberto o corpo de Flávio. Existe um depoimento de Luiz Arcanjo, mas não fala nada sobre torturas. Foi por meio da imprensa e de materiais do Comitê que sabemos que isso teria acontecido — e não só com ele — no fim de março de 1993.

O outro homem citado na reportagem, Rotílio Rosário, foi o primeiro suspeito do crime, antes mesmo de Amailton. Andarilho, ele foi preso em 8 de janeiro de 1992, uma semana após o desaparecimento de Judirley Chipaia. Rotílio virou suspeito porque, em 7 de janeiro, estuprou uma garota de 19 anos em local próximo àquele em que o corpo do garoto foi encontrado — ou seja, um crime de natureza sexual e justamente no mesmo lugar. A vítima foi à delegacia e fez a denúncia, e no dia seguinte Rotílio foi preso. Nos depoimentos, Rotílio confessava o estupro da garota, mas negava os crimes contra os meninos.

Para as famílias das vítimas, o caso de Rotílio é mais um capítulo no longo rol de ações desastrosas da Polícia Civil — e atesta como a morte de Judirley, no início de 1992, era um ponto importante da história. Até ali, havia ao menos quatro casos que se destacavam (José Sidney, SS, Wandicley e Ailton Fonseca do Nascimento), mas Judirley fora o primeiro encontrado morto e emasculado.

Judirley desapareceu em 1º de janeiro de 1992. Seu corpo emasculado foi encontrado dois dias depois. No dia 6, uma equipe de policiais de Belém, composta de pelo menos quatro agentes, sendo um deles o delegado Bertolino Neto, chegou para auxiliar nas investigações. No dia 7, a garota foi estuprada por Rotílio. No dia 8, a equipe de Belém o prendeu. As matérias de imprensa da época trazem declarações do delegado Bertolino Neto dizendo ter certeza de que haviam prendido o Monstro de Altamira — Rotílio.

Se pegarmos todas as descrições feitas por jornalistas sobre esse homem, o que aprendemos é o seguinte: era um homem de 47 anos que vivia em condições extremas; mancava de uma perna; não tinha o dedão do pé esquerdo; estava sempre bêbado e acompanhado de uma garrafa de cachaça; tinha uma cicatriz no rosto produzida por um facão; alimentava-se de ratos e insetos; provavelmente comia os órgãos genitais de suas vítimas; e tinha hanseníase. Em outras palavras, a imprensa descrevia um monstro. Então, em 14 de janeiro de 1992, Rotílio morreu no quartel da Polícia Militar de Altamira. Quem o encontrou sem vida foi uma enfermeira que estava levando seus remédios.

O corpo de Rotílio foi examinado pelo dr. Aragão, o mesmo médico-legista que fez os laudos de várias vítimas em Altamira. No dia seguinte, 15 de janeiro, os jornais estampavam manchetes do tipo "Morre o Monstro de Altamira", afirmando que a causa seria "edema pulmonar agudo e cirrose hepática". Mas, em todas as conversas que eu tive sobre o caso dos meninos de Altamira, tanto com pesquisadores quanto com pessoas que vivenciaram aqueles anos, ninguém acreditava que Rotílio tivesse morrido de cirrose.

Tudo isso criava mais uma camada de desconfiança em relação à polícia: afinal, um suspeito fora preso e morrera em circunstâncias estranhas, sem que isso interrompesse a sequência de crimes. A população também acreditava ter motivos para desconfiar do principal médico-legista da cidade, o dr. Aragão. Se ele estivesse inventando uma história para livrar a polícia da suspeita de abusos contra um preso, não seria capaz também de esconder detalhes sobre poderosos envolvidos nos crimes?

Ao lermos o laudo de necropsia de Rotílio, não há nenhum trecho em que o dr. Aragão afirme que a causa da morte tenha sido cirrose ou coisa parecida, tal como a imprensa noticiou. No documento, o legista aponta que Rotílio tinha várias feridas e dá detalhes sobre como alguns órgãos estavam bastante comprometidos, mas conclui que não havia elementos suficientes para esclarecer a causa da morte.

Habilidades cirúrgicas

No caso de Judirley, tão importante, apareceu pela primeira vez a narrativa de que os cortes nos meninos seriam cirúrgicos. Poucos dias após a morte de Rotílio, no jornal *A Província do Pará*, de 24 de janeiro de 1992, José Marialves Chipaia, pai da vítima, disse não acreditar que o andarilho fosse o assassino. Entre vários motivos, ele destacou o fato de o próprio suspeito ter confessado o estupro que havia cometido contra uma garota, mas não a morte do menino. Em certo trecho da matéria, lê-se o seguinte:

> E quem, afinal, matou Judirley? Ou quem é o verdadeiro Monstro de Altamira? José Marialves diz que cabe à polícia, através de novas investigações, responder a essas indagações. Mas tanto ele como o administrador regional da Funai em Altamira, Júlio Cesar de Moraes, e grande parte da população do município compartilham da opinião de que as mortes de crianças que vêm ocorrendo nos últimos anos não têm um só autor e são praticadas por entendidos em anatomia humana.
>
> "Os cortes nas genitais das crianças não são coisa de bandido com baixo nível intelectual, mas de peritos, tal a precisão com que são feitos. Por isso é que a opinião pública acredita que haja uma verdadeira máfia assassinando crianças para, supostamente, exportar seus órgãos geniais para laboratórios no exterior", afirma o administrador regional da Funai.

Se havia pessoas dizendo que os cortes eram cirúrgicos já na época de Judirley, no início de 1992, isso teria que ser com base nos casos do segundo e do terceiro sobreviventes, além do menino indígena, é claro. (Lembremos que o primeiro sobrevivente, José Sidney, não chegou a ser completamente emasculado.) Contudo, os primeiros exames de sanidade física feitos nesses garotos de que se tem registro datam de 13 de janeiro de 1992 — ou seja, alguns anos após os ataques, quando já haviam passado por cirurgias reparadoras, e exatamente no momento em que Rotílio estava preso como suspeito.

Nos autos, há uma carta de agosto de 2003 escrita à mão pelo dr. Lourival Barbalho, o cirurgião que realizou as primeiras cirurgias nos sobreviventes, ou seja, mais de dez anos após ele começar a atender os garotos. Ele afirma que a lesão que provocou a emasculação tinha sido feita por alguém "com habilidade suficiente para produzir uma lesão linear, e não contusa". Isso, claro, não é o mesmo que "habilidade cirúrgica" — um açougueiro ou um caçador, por exemplo, teriam a mesma destreza.

O exame de necropsia de Judirley, por sua vez, foi feito apenas em 8 de janeiro, após a exumação do cadáver, o que significa que o corpo já estava em estado avançado de decomposição. Talvez por isso não haja no laudo detalhes das características do corte, apenas uma menção à "amputação completa de pênis e bolsa escrotal".

Os parentes do garoto sempre afirmaram que ele tinha marcas profundas de tiro no corpo. O legista, porém, apontou três marcas arredondadas que não chegaram a perfurar a pele na coxa esquerda, acima do supercílio esquerdo e no lado esquerdo da mandíbula. Além dessas três feridas mais superficiais, havia duas perfurantes: uma no lado esquerdo do pescoço e outra nas costas, mas o dr. Aragão afirmou não ter sido encontrado projétil de arma de fogo.

Em entrevistas, o médico-legista sempre dizia que os cortes não tinham necessariamente qualidades "cirúrgicas", mas que haviam sido feitos com um instrumento muito afiado, gerando bordas regulares. Para leigos, é possível que isso passasse a impressão de que eram precisos a ponto de serem cirúrgicos.

Após as mortes de Jaenes e de Klebson, a prisão de Amailton, os desaparecimentos de Maurício e de Renan e a morte de Flávio, a população já não confiava em Aragão. Seria também uma explicação plausível sobre o motivo pelo qual as autoridades não conseguiam resolver os casos: se havia médicos encobrindo, era provável que houvesse gente poderosa envolvida. E Rotílio não só não teria essa precisão de corte como era apenas um morador de rua, que aparece na memória dos familiares como mais uma vítima das primeiras investigações, um discurso que é amparado por nomes como Rosa Pessoa, mãe de Jaenes, e Amadeu, pai de SS. Em entrevista, Amadeu foi taxativo: "O Rotílio... Aquilo ali foi queima de arquivo".

Nova pista: uma carta

Após o assassinato de Flávio, não houve nada de novo no processo por um bom tempo, com exceção do depoimento em juízo de Gilberto Denis Costa, que já mencionamos, em 6 de maio, voltando atrás na incriminação de Amailton. Uma semana depois, a defesa de Amailton anexou aos autos mais de cem declarações de cidadãos de Altamira dando conta da idoneidade do acusado.

Essa fase coincidiu com a presença dos agentes da Polícia Federal na cidade. É quando uma pista aparece: uma carta endereçada ao padre Bruno Sechi e datada de 2 de junho de 1993, escrita à mão por uma conselheira tutelar chamada Sueli de Oliveira Matos, de Macapá, a cerca de 400 quilômetros ao norte de Altamira. Com sete páginas, a carta é uma peça fundamental para entender o que acontece a partir daí no processo. Aqui, ela aparece resumida, mas, no episódio 7 do podcast, é possível ouvi-la na íntegra. Nela, Sueli narrou seu encontro e conversa com um ex-policial militar chamado Carlos Alberto dos Santos. O conteúdo da carta é pesado em termos de abuso sexual contra menores, então creio ser necessário que seja dado o aviso de gatilho aqui. Ao mesmo tempo, tendo em vista sua importância para o caso, precisamos mostrar o que consta nela.

> Macapá, 2 de junho de 1993
> Hoje atendi um caso de um rapaz de 25 anos que veio solicitar a guarda de seu filho, [e] que mora em Altamira com sua ex-esposa Maria [nome fictício], de 13 anos. Conheceu Maria quando a mesma tinha 11 anos e ele era da Polícia Militar. Numa batida, pegou Maria na estrada em companhia de alguns "marginais". Levou para a delegacia e lá manteve relação sexual com Maria. Ela não era mais moça e, depois que transaram, ele achou que deveria morar com ela. Ele disse que começou a amar Maria, mas ela não se comportava como esposa e sempre ficava dando bola para os outros rapazes. [...] Um certo dia, ele chegou em casa e [...] deu uma revista para Maria ler, sendo que enquanto ela iria ler a revista, ele iria limpar a casa. Na verdade, ele queria pegar Maria namorando com o rapaz que morava próximo de sua casa. Uma hora, ele saiu de dentro de casa e pegou Maria olhando para o rapaz. Nesse momento, ele sacou de uma arma, apontou para o rapaz e fez Maria entrar para dentro de casa. Bateu nela e deixou-a trancada.
> Em Altamira, ele era conhecido como justiceiro onde [sic] chegava. [...] Por volta de 1991, já aproximadamente era mês de junho, ele saiu e foi transferido para a cidade de Santarém, próxima de Altamira, pois havia cometido um homicídio no qual repercutiu. [...] Maria foi com ele. No entanto, a menina estava grávida, e o policial Carlos achou por bem ir para a cidade de Monte Alegre onde mora [sic] seus pais. Lá, a Maria teve um filho chamado ****. Após o parto, retornaram para Santarém, pois Maria não conseguiu viver longe dos pais. Até então, as confusões em Altamira se acalmaram. De Santarém, retornaram para Altamira e lá Maria ficou com seus pais juntamente com Carlos e o menino ****. Carlos retornou suas atividades [...].
> Maria desistiu de conviver com Carlos, porém, sua vontade não foi respeitada, pois Carlos invadia a casa dos pais de Maria e buscava ela na marra. Chegou a adoecer de tanta raiva. Carlos disse que todos os seus

problemas eram resolvidos com o revólver. Ele é apaixonado por arma e gosta de atirar. [...]

Quando ele estava relatando sua vida para mim, ele lembrou que em Monte Alegre pegou malária e foi internado no hospital de lá. Maria foi visitá-lo, só que na passagem para o hospital, encontrou um amigo de Carlos e ficou de prosa com o outro PM. Nesse momento, passa uma irmã de Carlos e diz que ia contar para o irmão. De fato, contou. Isso deixou Carlos irado e [ele] se levantou já com a arma na mão, porém, desmaiou. Quando saiu do hospital, foi se entender com Maria e o soldado. No entanto, o soldado afrouxou e disse que a culpa era de Maria. [Carlos] chegou em casa e torturou Maria.

Eu comecei a aprofundar a questão do amor e da atração sexual. Ele disse que amava a Maria e que fazia de tudo com ela. Sexo oral, anal, e que adorava ver ela gozar. Nunca usou violência na hora do sexo. Sempre conseguiu convencer ela a transar.

Voltei os assuntos para Altamira e ele voltou a falar da Maria. Disse que ele tinha atração sexual pela irmã de Maria e me mostrou uma fotografia da menina. Em 1992, a irmã de Maria estava com 11 anos. Num certo dia, ele foi tomar banho em sua casa e, quando saiu do banheiro, a irmã de Maria tinha chegado, mas Maria não estava em casa. Aí a menina ia saindo quando ele chamou para conversar. Nesse momento, começou a alisar os seios da menina. Disse que eles eram gostosinhos. A menina gostou, foram se deitar e ele começou a chupar os órgãos genitais da menina até ela gozar. Passaram a se alisar e a menina mesmo sem querer chupou o Carlos. Ele disse que não forçou, apenas tinha um revólver na cabeceira da cama. [...]

Ele disse que gostava de colocar ordens e me mostrou umas cinco fotografias onde estava apontando uma arma para meninos. Sempre nas fotos observei grades de cela, com excessão [sic] de uma que era no mato. Sempre ele estava de uniforme, o que me levou a entender que a fotografia foi tirada por outro soldado. Em todas as fotos, os meninos estavam [ilegível] uns com os olhos vendados.

Carlos me disse que hoje estava preocupado com seu filho, pois disse que em Altamira ele era segurança do Tadeu, dono de posto de gasolina, propriamente numa localidade chamada Mutirão, e que o Tadeu era o mandante de tirar os "piu-piu" dos meninos. Ele me perguntou se eu já sabia dessas coisas. Eu disse que não. Aí ele continuou e disse que em Altamira algumas pessoas achavam que o mandante era um médico. Só que ele disse que ninguém desconfiava do Tadeu, pois ele apenas mandava o médico tirar os piu-piu dos meninos. Falou que o médico usava éter e que amarrava os meninos para tirar os órgãos. Aí eu perguntei o porquê se tirava os órgãos dos meninos. Ele disse: você está perguntando demais. Aí eu me calei.

[...]

Já próximo de ele ir embora, perguntei por que ele tinha se afastado de Altamira para Macapá. Ele olhou para um lado e para outro e falou numa tonalidade baixa: "Eu estuprei uma menina, e aí meus outros amigos também estupraram. Aí descobriram e quiseram linchar a gente. Aí tivemos que fugir. Eu não posso voltar para Altamira porque querem me pegar".

[...]

Nome: Carlos Alberto dos Santos Lima. 25 anos.

Carlos apresenta um desequilíbrio grande. Na mesma hora que sorri muito, tem a facilidade de falar sério. [...] Sempre preocupado com as horas. É um rapaz moreno, ainda usa o cabelo com o corte de soldado e gesticulava muito com as mãos. Sempre que falava do seu revólver, ele fazia o gesto e o som do tiro. Não confia em ninguém. E, quando eu perguntava alguma coisa, ele fixava dentro dos meus olhos para responder. Na hora de nos despedirmos, pediu permissão para falar-me uma única frase. "A senhora é muito gostosa." E saiu dando risada.

OBS: O Conselho Tutelar não tomou conhecimento deste caso, pois não houve registro de ocorrência e o Carlos só foi ouvido por mim. Eu quis, no momento que ele relatava, escrever tudo o que ele falava, só que ele não permitiu. Aí eu apenas rabisquei alguns desenhos e algumas palavras. Segue o papel que eu escrevi no momento em que ele relatava.

Sueli de Oliveira Matos
Conselheira Tutelar

O relato de Sueli sobre a conversa que teve com esse ex-policial militar é chocante em todos os detalhes. No processo, ele é chamado tanto de Carlos Alberto como pela alcunha da época de policial militar: A. Santos. Junto às cartas, encontramos os desenhos que Sueli rabiscou, como se estivesse fazendo um grande mapa mental à medida que ouvia o ex-PM, já que ele não permitiu que ela fizesse anotações durante a conversa. Esse foi o modo que ela encontrou de registrar a conversa de forma mais escondida. Após a conversa, ela olhou seus desenhos e pôde escrever o texto da carta logo em seguida.

Para o caso, o que importava era o trecho em que Carlos Alberto citava suas atividades em Altamira. Especificamente, o fato de que fazia bicos como segurança e que teria trabalhado para um homem chamado Tadeu, dono de um posto de gasolina que, de acordo com ele, seria o mandante das mortes das crianças emasculadas em Altamira. Segundo a polícia e o Ministério Público, Tadeu era, na verdade, Amadeu Gomes, pai de Amailton.

No decorrer do processo, Sueli prestou alguns depoimentos, todos sempre bastante consistentes com o conteúdo da carta. Ela conhecia os casos dos meninos de Altamira por ser muito amiga do padre Bruno, de Belém, importante liderança religiosa e ativista social. Em 2 de junho de 1993, após conversar com Carlos Alberto e escrever sua carta, ela entrou em contato com o padre Bruno e lhe enviou o texto. O padre Bruno, por sua vez, estava em contato com as lideranças de Altamira, especialmente com o padre Sávio, que lá atuava. Como a delegação da PF ainda se encontrava na cidade no período, o primeiro depoimento oficial dela, concedido um mês depois, em 2 de julho de 1993, ocorreu justamente diante de um delegado da PF, Fábio Caetano — ainda que em Belém, uma vez que a corporação já tinha encerrado suas diligências em Altamira em 26 de junho.

Nesses primeiros dias de julho, porém, a Polícia Civil já estava de volta ao caso e com um novo delegado: Éder Mauro Cardoso Barra. Desde 2015, ele é deputado federal pelo Pará.

8. Os médicos

O depoimento de Wandicley e Vandivaldo

Nos autos do processo, não há registro de quando exatamente Éder Mauro foi designado para atuar no caso dos meninos de Altamira. Mas sabemos que, em 30 de junho de 1993, ou seja, quatro dias após a saída da Polícia Federal, ele já estava conduzindo diligências. Foi também nessa data que um novo promotor de Belém foi designado para o caso, Sérgio Tibúrcio dos Santos Silva.

Os primeiros atos de Éder Mauro foram duas coletas de testemunhos: os de Wandicley Oliveira Pinheiro, terceiro sobrevivente, e seu irmão Vandivaldo Oliveira Pinheiro. Ambos depuseram em 30 de junho, em Belém. Ou seja, nem o delegado, nem o novo promotor estavam em Altamira nesse dia.

Em seu depoimento, Vandivaldo afirmou que estava com Wandicley quando este foi sequestrado, em 23 de setembro de 1990. Na época do depoimento a Éder Mauro, ele tinha 9 anos — o que significa que, no ano do crime, tinha por volta de 6 ou 7. Vandivaldo relatou que teria visto um homem levar Wandicley em uma bicicleta vermelha. Tanto Wandicley quanto o irmão afirmaram ao delegado que, se vissem o sequestrador ou alguma foto dele, seriam capazes de identificá-lo.

Logo após prestarem seus depoimentos, os garotos foram apresentados a seis fotografias, todas aparentemente de policiais militares ou soldados. Não há nos autos qualquer informação sobre a procedência daquelas fotografias, a pessoa que as selecionou e as razões daquele recorte. Ambos afirmaram reconhecer naquele conjunto o homem que os teria sequestrado primeiro: Aldenor Ferreira Cardoso.

Esse homem, porém, é um mistério. Os autos dão a entender que ele seria um ex-policial militar, assim como Carlos Alberto. Contudo, Aldenor nunca foi encontrado, e a única vez que aparece no processo é nesse reconhecimento feito pelos irmãos.

Vamos recapitular em que altura andavam as investigações naquele ponto. Primeiro, havia por parte dos policiais e do Ministério Público a certeza de que Amailton era responsável por vários casos de mortes de garotos em Altamira e não teria agido sozinho. Após sua prisão, os casos continuaram acontecendo, mas as autoridades acreditavam que eles teriam características diferentes, levando a polícia a crer que os responsáveis estariam tentando confundir a apuração. Amailton era filho do poderoso Amadeu Gomes, que, conforme acreditava Brivaldo, estava, no mínimo, acobertando o filho.

Então, no início de junho de 1993, a carta de Sueli informou que Carlos Alberto, ex-policial militar de Altamira, dizia ter trabalhado como segurança para Amadeu Gomes e saber que ele estaria por trás dos casos de meninos emasculados. Ele teria dito também que havia médicos atuando nos crimes.

O desenho que se formava era que o grupo criminoso na origem dos crimes em Altamira seria de fato comandado pela família Gomes, com participação direta de Amailton, já preso, e de seu pai, Amadeu. Eles teriam a ajuda de médicos, que seriam os responsáveis pelos cortes nos corpos dos meninos, e de ex-policiais militares, a cargo da segurança do coletivo.

No fim de junho de 1993, o delegado Éder Mauro já tinha pelo menos quatro nomes em vista: Amailton, Amadeu e os ex-policiais militares Aldenor e Carlos Alberto. Restava identificar os médicos que teriam feito os cortes. Foi nesse ponto que o trabalho da Polícia Federal em Altamira passou a ter efeito direto no caso.

O lavrador Agostinho

No dia seguinte ao depoimento de Wandicley e Vandivaldo, 1º de julho de 1993, Éder Mauro e o novo promotor ouviram em Belém uma testemunha que abriu novos horizontes para a investigação: um lavrador de 70 anos chamado Agostinho José da Costa. Para muitos, o depoimento dele, de três páginas, é a peça mais importante do processo.

> [...] o declarante reside a cerca de 6 quilômetros da cidade de Altamira, onde possui uma pequena chácara, e [...] esclarece que a única coisa que pode informar e que acredita que possa ter vinculação com esses fatos é

que, numa quinta-feira do mês de outubro de 1992, não sabendo recordar-se o dia, mas que no sábado seguinte foi a eleição para prefeito municipal, o declarante vinha na rodovia Transamazônica, empurrando seu carrinho de mão, com suas frutas, de sua chácara, para serem revendidas na cidade de Altamira. E no caminho, em determinado ponto, o declarante deparou, por volta das 11h30 da manhã e meio-dia, com uma pessoa saindo do mato, passando entre o arame, com uma bicicleta, e nas mãos trazia um facão sujo de sangue e um saco plástico com alguma coisa dentro embrulhada, de pequeno volume. Que o declarante ficou assustado com o que estava vendo, mas o maior espanto teve a pessoa que o viu, pois desviou o caminho, atravessando para o outro lado da estrada e passou a bater com o facão em alguns galhos, o que causou mais estranheza ao declarante, dando a entender de que o mesmo estava disfarçando [...]. Que, quando passara cerca de 1 quilômetro do local onde tinha visto aquela pessoa, o declarante deparou novamente com outra pessoa, que se encontrava segurando um cavalo, na beira da estrada, e sabe que esta pessoa chama-se Amailton, filho do seu Amadeu, pois o conhece. Inclusive, foi o que veio a tranquilizar o declarante, haja visto ter avistado uma pessoa conhecida, que pudesse até socorrer de alguma situação. Foi então que o declarante continuou sua viagem, chegando até a cidade, onde passou a vender suas frutas. Que, na ocasião em que encontrava-se vendendo as frutas, ouviu comentários do desaparecimento de uma criança naquele dia, e que era o filho do sr. Juarez. Que, terminada a venda, o declarante retornou para sua chácara, e no dia seguinte, sexta-feira, chegaram em sua chácara o cabo Delmiro e dois soldados, pertencentes ao Exército, os quais indagaram ao declarante se tinha visto alguma coisa, como que urubus nas redondezas ou qualquer outra coisa relacionada ao desaparecimento da criança. Foi aí que o declarante veio atinar pelo fato que vira no dia anterior, e disse ao cabo Delmiro que sobre o desaparecimento da criança não sabia de nada, mas lembra o fato ocorrido no dia anterior, muito importante, e que naquele momento até, acredita, possa ajudar em muito, qual seja, o acima mencionado. Que, naquele momento, o cabo Delmiro então convidou o declarante para subir em sua motocicleta e levá-lo até o local onde vira a pessoa acima saindo do mato, e cortando os galhos, o que realmente fez, e no local o cabo Delmiro conferiu que realmente a pessoa havia cortado galhos, como também o declarante mostrou-lhe o rumo que a pessoa havia saído, e após isso, retornou para sua chácara. Que, já no dia seguinte, sábado, dia da eleição, o declarante veio tomar conhecimento que fora encontrada a criança, inclusive pelo advogado dr. Arnaldo, tio de Amailton [...], morta no mesmo local de onde o declarante avistou a pessoa na quinta-feira saindo com o facão. Que foi perguntado ao declarante se ele conhece de nome ou de vista a pessoa que naquela quinta-feira vinha saindo do mato, com a bicicleta, o facão ensanguentado e um saquinho plástico nas mãos. Que o declarante respondeu que não sabe o nome da pessoa, mas sabe com certeza absoluta que é um médico da cidade de Altamira, e que se o vir novamente, pessoalmente ou através de fotografias ou outro meio, poderá reconhecê-lo.

Dr. Anísio Ferreira de Souza

As suspeitas de participações de médicos nos crimes de Altamira começaram após a morte de Judirley e continuaram logo no início da investigação de Brivaldo. Aqui, é importante lembrar que o nome do médico Anísio Ferreira de Souza foi citado nas primeiras oitivas de Brivaldo após a descoberta do corpo de Jaenes, na véspera da eleição municipal. Anísio era então candidato a vereador. Durante essas oitivas, algumas pessoas começaram a comentar que a prática da medicina de Anísio era um tanto estranha para a época.

No inquérito de Jaenes, existe o depoimento de Geraldo Gomes, irmão de Amadeu. Na ocasião, Geraldo prestou declaração para Brivaldo e relatou algumas informações:

- Geraldo acredita que o cadáver de Jaenes havia sido jogado no local onde o corpo foi encontrado, pois havia passado ali dias antes e não vira nada;
- ele comenta o clima eleitoral em Altamira e conta que o advogado Arnaldo, irmão de Amadeu, era também candidato a vereador, concorrendo com Anísio;
- Arnaldo havia recebido um pedido de ajuda do filho de um homem chamado Zamo, preso na época da votação. Arnaldo não pôde atendê-lo, porque estava envolvido com as eleições;
- Zamo era amigo de Anísio;
- um certo sr. "Raimundo Eletricista" contou que Anísio seria um dos suspeitos dos casos que estavam acontecendo em Altamira. Raimundo fazia parte do grupo de buscas por Jaenes e teria dito isso para Geraldo durante as caminhadas;
- Dr. Anísio também esteve presente no velório do Jaenes, acompanhado pelo prefeito de Altamira.

Lembram-se da história de Juarez, o pai do garoto Jaenes, falando que o corpo de seu filho começou a sangrar no meio do velório e que alguém então lhe disse que o assassino estaria presente? Sabemos que Amailton não estava na cidade, pois estava viajando. Na ocasião, após narrar o episódio do corpo sangrando, Juarez continuou contando:

> [...] chegou um elemento trajando todo branco, colocou a mão no ombro do declarante e disse: "Ô, ô, meu amigo, é isso mesmo, tenha fé em deus que outros casos já aconteceram com outras pessoas". [...] quando ele saiu dali, foi comentado que aquele senhor era o dr. Anísio, médico, proprietário de uma clínica nesta cidade. Um caso interessante que o declarante achou foi que, depois da saída do dr. Anísio de sua casa, o corpo de seu filho deixou de sangrar, assim como também saíram outras pessoas. [...] Que o declarante acrescenta, do local onde foi encontrado o corpo de seu filho, a poucos metros sai na rodovia Transamazônica, e nessa rodovia, se dobrar para a esquerda, seguindo em frente [por] alguns quilômetros, está localizada a clínica médica do dr. Anísio. [...] Que quer acrescentar que existem comentários na cidade, até pelos lugares mais longínquos, de que o dr. Anísio tem participação nesses casos que vêm acontecendo na cidade.

É entendendo essa sequência de eventos e depoimentos do início das investigações do caso Jaenes que entendemos como é que o dr. Anísio acabou sendo considerado um suspeito inicial naquele inquérito, mas que logo foi deixado de lado, depois de Brivaldo convencer-se da culpa de Amailton.

Mais adiante no inquérito, uma testemunha chamada Domingos de Moraes diz que Anísio contou para ele que havia integrado as Forças Armadas brasileiras na operação contra grupos subversivos da Guerrilha do Araguaia durante a ditadura militar. Além disso, ouviu dele que colaborou na tortura de guerrilheiros com pau-de-arara e introdução de ferro quente na vagina — e, inclusive, que teve participação na morte da guerrilheira Dina (Dinalva Oliveira Teixeira) e na de uma criança por aplicação de soro na barriga. Até onde sabemos, porém, Anísio nunca foi questionado se isso era verdade. E pelo que pudemos levantar em pesquisas sobre seu histórico, essas coisas dificilmente aconteceram. Porém, tal verificação não parece ter sido feita na época da investigação.

Como vemos, portanto, Amailton não foi o primeiro suspeito no inquérito sobre a morte de Jaenes. A primazia é do dr. Anísio Ferreira de Souza, de 51 anos, dono de uma pequena clínica particular que, pelos relatos que temos, fazia um pouco de tudo: partos naturais, cesáreas, clínica geral, ginecologia, pediatria, entre outros. Seu foco era o atendimento a pessoas de baixa renda, e ele era, no mínimo, um médico polêmico. Alguns dizem que se tratava de uma pessoa muito caridosa, que aceitava até galinhas como pagamento para atender os mais necessitados. Outros, que seria um médico negligente. Vamos analisar esses detalhes mais adiante.

Por ora, o que importa é que Anísio era uma pessoa conhecida na cidade. Por causa disso, naquelas eleições de outubro de 1992, concorreu ao cargo de vereador, mas não foi eleito. Após ter perdido a disputa, viajou para seu estado de origem, o Maranhão, a fim de lidar com assuntos familiares, e ficou meses fora de Altamira, portanto, nunca chegou a depor no inquérito de Brivaldo.

São várias as testemunhas que relataram a Brivaldo coisas estranhas acerca de Anísio. Talvez por isso o delegado tenha anexado ao inquérito de Jaenes uma foto do médico — conveniente, uma foto dele ao lado de mães de santo, em alguma celebração. Não há muitas informações sobre data e local em que essa foto foi tirada, tampouco sobre como foi obtida. Nela, vemos oito mulheres vestidas de branco, lado a lado; na frente, estão sentadas algumas crianças; no meio das mulheres, um homem de camisa escura. Uma seta desenhada a caneta aponta para esse homem, ao lado da inscrição: *Anísio Ferreira de Souza*. Há também outra inscrição, mais curta, em cima da foto: *Mãezinha*.

Em uma de nossas conversas, Rubens me explicou que eles relacionaram a figura de Anísio a uma mãe de santo famosa em Altamira, conhecida como Mãezinha. Ela era praticamente amiga de Anísio e o ajudava com trabalhos que ele fazia em sua chácara. Não temos certeza de que ela é a mulher que aparece na foto, mas provavelmente seja o mesmo terreiro.

O pesquisador acredita que Anísio nunca tenha de fato confirmado que Mãezinha fazia trabalhos em sua chácara, dado que ele jamais afirmou ser praticante da umbanda ou do candomblé. Na verdade, sempre se denominou espírita kardecista. Mãezinha também nunca foi interrogada sobre isso. Não era incomum na época uma aproximação e afinidade entre praticantes de religiões de matriz africana com linhas espíritas.

Na entrevista que nos concedeu, o dr. José Carlos Melém, advogado de Anísio na época, afirmou que o médico era mesmo kardecista e acredita que ele tenha sido alvo de perseguição religiosa, já que em Altamira não havia espiritismo. Ele conta que Anísio era uma das pessoas que queriam implantar a religião na cidade, chegando a dar palestras públicas sobre Allan Kardec.

Independentemente das motivações, o fato é que Anísio era citado como suspeito potencial no início das primeiras investigações da Polícia Civil em Altamira, em outubro de 1992. Desde janeiro daquele ano, após a morte do menino indígena Judirley, já é possível notar pela imprensa da época a crença de muitas pessoas de que os cortes que o garoto apresentava pareciam ser precisos demais para terem sido feitos por uma pessoa qualquer.[16] Nos dez meses que separam os casos, essa suspeita certamente cresceu, e o polêmico dr. Anísio tornou-se assim um suspeito em potencial. Afinal, se procuravam um médico, poderia ser ele.

Então, quando o lavrador Agostinho deu seu depoimento afirmando que, ao passar pelo local onde o corpo de Jaenes foi encontrado posteriormente, chegou a ver a pessoa saindo do mato com um facão ensanguentado, e que essa pessoa seria um médico que ele poderia reconhecer, seria natural voltar a olhar o inquérito de Jaenes e ver a suspeita sobre o dr. Anísio. Mas, para a surpresa de todos, a história que se montaria seria ainda mais complicada.

Dr. Césio Flávio Caldas Brandão

A parte do depoimento em que o lavrador Agostinho dizia ter visto um homem saindo do mato com um facão ensanguentado, uma bicicleta e um saquinho plástico com um pequeno volume embrulhado chamou

---
16 Aqui, é importante reforçar que isso é uma crença popular dos que acompanharam o caso na época. Não há laudo ou comprovação alguma de que esse tenha sido o caso. Abordaremos essa questão futuramente.

a atenção do delegado Éder Mauro porque sempre houve dúvida sobre o que era feito com os pênis dos garotos emasculados. Seria possível que o assassino tivesse usado o tal saco plástico para embrulhar o membro da criança? Parecia uma hipótese.

Então, Éder Mauro, acompanhado do promotor Sérgio, mostrou para Agostinho alguns vídeos gravados em fitas VHS pela Polícia Federal entre maio e junho de 1993. Talvez você, como eu, esteja imaginando que o médico visto por Agostinho fosse o dr. Anísio. Em seu auto de reconhecimento, porém, ele identificou "com absoluta certeza" Césio Flávio Caldas Brandão como a pessoa que tinha saído do mato.

Césio era diretor-presidente do Hospital da Funasa, antigo Serviço Especial de Saúde Pública (Sesp). Em uma conversa com Rubens, Césio contou que, antes de receber a visita do delegado Éder, a Polícia Federal foi ao hospital, pedindo para dar uma olhada nos documentos dos pacientes da fundação, o que ele autorizou sem relutar. Os agentes passaram a tarde fazendo levantamentos, recolhendo papéis e tirando cópias. Somente alguns dias depois, Éder apareceu no hospital, já para prendê-lo.

Há dois elementos interessantes nesse processo de reconhecimento, segundo Rubens. O primeiro é que, das três fitas de vídeo apresentadas, Césio estava presente em duas, e Agostinho o apontou como a pessoa que ele tinha visto saindo do mato com o facão. A segunda é que essas fitas foram filmadas pela Polícia Federal, às vezes às escondidas, às vezes em tom de brincadeira, como se estivessem fazendo piadas com os médicos. Césio contou que, nas imagens, ele aparecia rindo, descontraído e conversando com outras pessoas, sem saber que estava sendo investigado.

Nos autos dos processos, há um vídeo que mostra Césio em sua sala conversando com pessoas diversas. As que estão por trás da câmera nunca aparecem totalmente, e só sabemos que há mais pessoas na sala pelas vozes que ouvimos. É possível ver apenas uma delas de relance: José Carlos de Souza Machado, o agente da Polícia Federal que comandava a Operação Monstro de Altamira — e que aparentemente era quem segurava a câmera. No vídeo, é ele quem geralmente está falando com Césio.

Em seu depoimento, o lavrador Agostinho diz que a PF apresentou para ele três fitas VHS com vários médicos do hospital. Nos autos do processo, há apenas uma fita anexada que foi produzida pela PF — justamente essa em que o agente José Carlos aparece. As outras fitas que foram apresentadas para Agostinho não foram anexadas ao processo. Temos apenas essa, que mostra ele conversando com esses policiais. Não sabemos o que existia nelas exatamente, mas é provável que sejam imagens de outros médicos do hospital.

Por meio do próprio Césio, sabemos que ele pensava que aquela era uma conversa informal. Ele não sabia que era suspeito, tampouco que estava sendo investigado no momento da gravação. Inclusive, pelo tom da conversa, dá pra ver que ele parece estar querendo ajudar os policiais nas investigações, explicando como funciona a questão de anestésicos.

Mas por que filmar Césio? Na hipótese de Rubens, para que a testemunha fizesse o reconhecimento de um médico, era preciso que ele aparecesse rodeado por outros colegas de profissão. Anísio não aparece em nenhuma dessas três fitas.

Como já dito, tudo o que envolve a investigação da Polícia Federal em Altamira entre maio e junho de 1993 é um mistério, portanto, não sabemos como os agentes da Polícia Federal chegaram ao nome dele. Se eu tivesse que apostar, diria que a PF deve ter conversado com Agostinho antes de Éder Mauro, colhido com ele algumas informações e então chegado à figura de Césio. Mas, reforço, não temos como afirmar isso com certeza, dada a falta de documentação. O fato é que, com a sua entrada em cena, subiu para dois o número de médicos suspeitos dos crimes de Altamira.

Agostinho prestou seu primeiro depoimento ao delegado Éder Mauro, da Polícia Civil, no dia 1º de julho de 1993. Nesse mesmo dia, fez também o reconhecimento de Césio através das fitas que lhe foram ali exibidas — fitas essas gravadas semanas antes pela PF. E aqui fica mais claro o movimento que acontecia: a Polícia Federal fez toda a investigação e não deixou nada de registro oficial nos autos do processo. Apenas repassaram todas as informações para a nova equipe da Polícia Civil que tinha entrado em cena, comandada pelo dr. Éder Mauro, que então tratou de oficializar todos os seus esforços.

Novos desenvolvimentos

Para a Polícia Civil, o círculo parecia estar se fechando. O grupo responsável pelas mortes e emasculações de garotos em Altamira teria a participação de pelo menos seis pessoas:

1. Amailton Madeira Gomes
2. José Amadeu Gomes (pai de Amailton)
3. Carlos Alberto dos Santos Lima (ex-policial militar)
4. Aldenor Ferreira Cardoso (ex-policial militar)
5. Anísio Ferreira de Souza (médico)
6. Césio Flávio Caldas Brandão (médico)

Éder Mauro precisava pedir as prisões dessas pessoas, coisa que fez apenas em 5 de julho de 1993, quatro dias após o reconhecimento de Agostinho, solicitando a prisão temporária de Anísio, Césio e Aldenor.

Por que demorou tanto tempo? A resposta é provavelmente porque foi também nesse dia 5 de julho que o Tribunal de Justiça do Pará designou uma nova juíza para Altamira. Seu nome era Elisabete Pereira de Lima e ela deveria se deslocar do município de Tucuruí, a 400 quilômetros de Altamira, para atuar exclusivamente nos "processos de crime de homicídio e emasculação de crianças e adolescentes ocorridos na comarca de Altamira".

Após um mês de investigação da Polícia Federal, em questão de alguns poucos dias, o caso dos meninos emasculados de Altamira ganhou um novo delegado, um novo promotor e uma nova juíza, todos vindos de outras cidades. Isso não é nada comum, mas era necessário, por causa da suspeita de envolvimento de poderosos locais nos crimes e da falta de confiança da população nas autoridades.

Além de solicitar as prisões, Éder Mauro também pediu busca e apreensão na residência dos três e também na de José Amadeu Gomes. No dia seguinte, 6 de julho, o delegado pediu também a prisão temporária de Carlos Alberto. No dia 7, a juíza aceitou todos os pedidos.

Na casa de Anísio, foi encontrado um cartão-postal com uma foto de várias crianças — a mesma achada no quarto de Amailton.

Perguntaram para Anísio por que ambos tinham essa foto. A seguir está o exato momento do interrogatório de Anísio sobre isso:

> Perguntando ao depoente sobre a fotografia apreendida entre seus pertences, em forma de cartão-postal, na qual tem como imagem inúmeras crianças, homens e mulheres, inclusive também foram apreendidas oito fotos idênticas em poder de AMAILTON MADEIRA GOMES? Respondeu que não sabe explicar pois esta é a primeira vez que está vendo a mesma.

Vale lembrar aqui que, no quarto de Amailton, durante a busca e apreensão que havia ocorrido meses antes, havia oito cópias dessa foto de crianças. Quando interrogado, Amailton afirmou não se recordar de onde elas tinham vindo. Logo, quando os policiais encontraram a mesma foto na casa de Anísio, os investigadores acreditaram ter descoberto uma conexão relevante entre os dois.

Anísio foi preso no dia 7 de julho de 1993, e seu interrogatório, que contém o trecho reproduzido acima, foi feito no dia 14. As explicações para essas fotos — que na verdade eram cartões-postais — viriam nos dias seguintes, de forma espaçada.

A primeira explicação foi dada em 21 de julho de 1993, em um dos depoimentos do pai de Amailton, José Amadeu Gomes:

> Os postais encontrados em poder de AMAILTON onde constam algumas crianças foram distribuídos pela Igreja Metodista que fica às proximidades de sua casa, para diversas pessoas naquela cidade, e pelo fato de AMAILTON ter ligação e ser amigo do filho do Pastor daquela Igreja, lhe foram entregues alguns desses postais. Mas essa situação vai ser devidamente esclarecida, de vez que o Pastor daquela Igreja vai mandar um expediente comprovando tais fatos.

A segunda explicação foi dada quando os advogados de Amailton (Hercílio Pinto de Carvalho e Américo Lins Leal) pedem a revogação da prisão preventiva de Amailton, no dia 19 de outubro de 1993. Lá, eles explicam:

> A fotografia onde aparecem várias crianças com o rosto pintado e uma senhora com um acordeom corresponde a um postal, reprodução de uma fotografia tirada de uma festa de aniversário do IMEA (INSTITUTO METODISTA DE ALTAMIRA) no dia 27 de março de 1987.
> As crianças na dita fotografia estão com as faces pintadas como palhacinhos por estarem também comemorando o dia Internacional do circo.

Tal postal fora distribuído em Altamira pelo IMEA, como forma de divulgação do referido Instituto Educacional, tudo devidamente comprovado pelos documentos números 16, 17 e 18. anexos.

Esses anexos são:

16 — carta de declaração do instituto explicando o postal;
17 — reprodução em preto e branco da foto;
18 — envelope da Igreja Metodista endereçado ao dr. Hercílio Pinto de Carvalho (advogado de Amailton).

O texto do documento 16 é o seguinte:

DECLARAMOS, para os devidos fins, que o postal em anexo responde à reprodução de uma fotografia tirada de uma festa de aniversário do IMEA, no dia 27 de março de 1987.

DECLARAMOS, também, que naquela data era comemorado o Dia Internacional do Circo, razão pela qual as crianças estavam com as faces pintadas como "palhacinhos".

DECLARAMOS, também, que este postal foi doado ao IMEA como forma de divulgação do mesmo. Todos os alunos o receberam, bem como os seus familiares. Foram distribuídos na cidade e fora dela, usados para correspondência/bilhete no IMEA e distribuídos a todos quanto o solicitaram.

Juiz de Fora, 31 de agosto de 1993.

Assinaturas de:
SILAS NEVES
RACKEL GOMES NEVES

Cópias: Revmo. Bispo
Adriel de Souza Maia — Presidente do Colégio Episcopal da Igreja Metodista no Brasil
Arquivo Pessoal

No anexo 18, vemos que o endereço da Igreja é o seguinte:

IGREJA METODISTA DO BAIRRO DE SÃO MATEUS
Avenida Independência, 1757
Juiz de Fora-MG

Como vemos, havia uma explicação razoável não apenas para a origem dos cartões-postais, mas também dos motivos pelos quais eles estavam nas casas de Amailton e Anísio. Como Rubens certa vez me disse, é bem provável que muita gente em Altamira tivesse aqueles postais guardados em uma gaveta em casa, visto que foram distribuídos para toda a cidade. Porém, essas explicações demoraram muito para chegar. Nesse meio-tempo, qualquer mínima estranheza em torno dos suspeitos só aumentava a convicção de que havia uma seita satânica operando na região para o sacrifício de crianças.

Na casa de Anísio também foram encontrados um livro intitulado *O homem violento*, de autoria de A. E. van Vogt, e um envelope contendo alguns papéis com pontas sujas de sangue, que seria periciado posteriormente.

Rubens revela que era de fato sangue humano, mas que Anísio depois alegou que alguém teria se cortado quando estava manipulando o grampeador e algumas gotas acabaram pingando no envelope. Trata-se de uma nota promissória, e a prova acabou refutada. Desse material apreendido, foram utilizados para fundamentar a acusação apenas a foto de Anísio com as mães de santo e o livro, que, inclusive, é citado diversas vezes no processo — embora minha impressão seja de que o que chamou a atenção foi mesmo o título, como se o fato de Anísio ter um livro intitulado *O homem violento* o fizesse aspirar a ser um. A obra em si é um romance policial de baixa qualidade envolvendo teorias conspiratórias da Guerra Fria, como notamos em sua sinopse:

> [Publicado originalmente em 1962, o livro] tem a China Comunista como cenário e conta a história de Seal Ruxton, um inteligentíssimo e hábil homem de ação americano, forçado a enfrentar um dilema peculiar ao século XX: tornar-se comunista ou morrer. Depois de capturado na China, Ruxton é condenado à morte. Então, sua sentença é suspensa por dois anos, para que "aprenda" a se tornar comunista. Com 22 outros prisioneiros, entre eles um padre francês e um piloto americano, Ruxton aprende o que realmente significa ter de escolher a morte ou a morte-em-vida.

Nesse mesmo contexto, houve uma busca e apreensão também na residência de Césio, com a presença dele, da filha, então bebê, e da esposa. Apreenderam os seguintes itens:

- dois espéculos vaginais;
- um cabo de bisturi;
- duas lâminas de bisturi;
- uma pinça dente de rato;
- uma pinça anatômica;
- pontas de agulha;
- um jogo de agulhas para cirurgia;
- duas agulhas de anestesia raquidiana e uma agulha de anestesia peridural;
- uma baioneta e seis caixas contendo três drágeas do remédio Valmane, que é um calmante natural.

Durante a formação da acusação, a promotoria deu especial atenção para as agulhas de anestesia raquidiana, que servem para anestesiar o corpo da cintura para baixo. Isso porque, em algum momento nesse período, surgiu a crença de que os sobreviventes teriam relatado que não sentiram dor quando despertaram dos ataques, o que levava alguns investigadores a acreditar que os agressores poderiam estar usando algum tipo de anestésico. Essa crença era também reforçada pelos depoimentos dos sobreviventes ao dizerem que desmaiaram pouco antes de serem emasculados. Afinal, mesmo desmaiada, uma vítima poderia acordar durante um processo de emasculação, tamanha a dor que sentiria. Mas os sobreviventes acordavam já emasculados, horas após os ataques. Para os responsáveis pela investigação, o uso de anestésicos poderia ser uma explicação razoável para esse tempo passado.[17]

Por ora, o importante aqui é estabelecer que, nesse momento da investigação, após as prisões dos médicos Césio e Anísio, reforçava-se para a acusação a hipótese de que os cortes das vítimas tinham características cirúrgicas e que o possível uso de anestésicos seria outro fator que comprovava a atuação deles. E os materiais apreendidos na casa de Césio seriam provas materiais desse cenário.

---

17 Há uma série de questões aqui sobre como essas crenças surgiram, e entraremos nelas no devido tempo.

Interrogatórios

Os suspeitos foram interrogados apenas alguns dias depois, começando em 12 de julho, em Belém, por Amailton e Césio. Ambos também foram postos diante de Agostinho, que reafirmou serem eles os homens que tinha visto em 1º de outubro de 1992.

Em seu novo interrogatório, na presença do advogado de defesa Américo Leal e de Éder Mauro, Amailton disse que seria impossível, pois, na data em questão, estava totalmente concentrado em deixar sua moto pronta para a viagem que faria no dia seguinte. Disse que Agostinho podia estar louco e negou conhecer Anísio, Césio e Carlos Alberto.

Por fim, ele afirmou que era católico, nunca tinha participado de qualquer tipo de culto ou seita e que tinha apenas pegado emprestado de uma amiga, por curiosidade, o livro de literatura apreendido na casa dele, chamado *O satanista: uma história de magia negra*, de Dennis Wheatley. É um romance policial misturado com terror, sexo, aventura, mistério e suspense, e o enredo gira em torno do tema satanismo. Assim como no caso do livro apreendido na casa de Anísio, para os investigadores esse tipo de material poderia ser um indício de alguma característica diabólica de Amailton.

O interrogatório de Césio é mais extenso. Na ocasião, ele estava acompanhado de seu advogado, Dino Raul Cavet. O médico negou sua participação em todos os crimes dos quais estava sendo acusado, pontuando que, quando os desaparecimentos começaram, ele residia no distrito de Brasil Novo, a cerca de quarenta minutos de carro de Altamira, para onde tinha se mudado apenas em janeiro de 1990.

Césio confrontou o relato de Agostinho, afirmando que, no dia do desaparecimento de Jaenes, seguiu sua rotina de sempre: entrou às 7h30 no hospital, saiu às 11h30 para buscar o filho na escola, voltou ao trabalho às 13h30 e retornou para casa às 17h30. Ele afirmou que nunca teve contato com nenhum dos corpos dos garotos, tampouco curiosidade, e que, apesar de ser médico, não gostava de lidar com cadáveres.

Contou ainda que era evangélico presbiteriano e que jamais participara de qualquer outro tipo de culto. Explicou que conhecia José

Amadeu Gomes porque, em 1991, tivera que tratar do abastecimento de viaturas da Fundação Sesp, e que conhecia Amailton apenas de vista, sem qualquer contato mais próximo.

Sobre os outros suspeitos, Césio dizia conhecer Anísio, porque, certa vez, ele aparecera em seu gabinete na fundação pedindo apoio para sua candidatura a vereador, e negava conhecer o ex-policial militar Carlos Alberto. Já sobre as agulhas e os bisturis encontrados em sua casa, Césio respondeu que tinha os materiais em casa para o caso de o local em que fosse trabalhar não os ter — mas não foram necessários.

Curiosamente, também perguntaram a ele do que se tratava um anestésico chamado halotano, que não foi encontrado em sua casa. Césio explicou que era "uma substância utilizada como anestésico e que induz ao sono, mas que, para efeito de anestesia, teria que ser utilizado com outras drogas, mas que essa substância se ensopa diretamente com um lenço, e, levada à narina de uma pessoa, não causa efeito imediato, levaria cerca de dez minutos". O motivo da pergunta talvez esteja bem no fim de um vídeo gravado pela Polícia Federal e anexado aos autos do processo. O áudio é meio ruim, mas é possível ouvir o agente federal José Carlos de Souza Machado, o chefe da missão, mencionando halotano em conversa com Césio — tentando convencê-lo de que entender sobre a substância ajudaria na investigação, já que o segundo e terceiro sobreviventes afirmavam terem desmaiado ao serem sequestrados.

Neste ponto, há uma coisa importante a perguntar: qual era o motivo dos crimes? Por que eles vinham ocorrendo? É um ponto tão central que, mesmo após negar a autoria dos assassinatos, Césio foi perguntado sobre isso e sobre sua opinião em relação às emasculações das vítimas. Ele fez duas conjecturas: poderiam ser fruto da ação de um psicopata com fantasias sexuais extremas ou obra de uma seita ou culto satânico.

Três novos nomes

Como vimos em outros momentos, a hipótese de que era apenas uma pessoa cometendo os crimes já tinha sido descartada havia meses. A tese mais forte era a de uma atuação em grupo: com ajuda de médicos e ex-policiais militares, um coletivo comandado por poderosos locais praticava cultos satânicos.

Por mais que, nas casas de Amailton e Anísio, houvesse livros com títulos chamativos, isso não parecia se encaixar no perfil de nenhum deles: Anísio era espírita, Amailton se dizia católico não praticante; já Césio era evangélico e frequentador da igreja. Nesse sentido, o pai de Amailton, Amadeu, talvez fosse o que despertasse mais suspeitas em alguns habitantes de Altamira: era maçom. Embora a maçonaria tenha elementos ritualísticos e simbólicos que podem se assemelhar a práticas religiosas, não é considerada uma religião. Mas, por ser uma sociedade discreta, a maçonaria é polêmica e rodeada de mistérios. A associação dela, no imaginário popular, com ritos satânicos não é novidade, e não é difícil de imaginar que isso tenha contribuído na construção deste caso.

Mais uma vez, porém, não há nisso nada de concreto. Só que uma passagem no depoimento de Césio chama bastante a atenção por trazer três nomes que nunca haviam sido citados antes no processo: Valentina de Andrade, José Alfredo Teruggi e Duílio Nolasco Pereira. Césio nega conhecê-los.

Agora, precisamos nos deslocar no tempo e no espaço. Como já mencionei, o que me interessou inicialmente no caso dos meninos de Altamira foi o suposto envolvimento de Valentina de Andrade.

Eu já conhecia Valentina por conta do caso Evandro. Em resumo, dois meses antes de Evandro desaparecer, aos 6 anos de idade, em abril de 1992, na cidade de Guaratuba, no litoral do Paraná, outra criança havia desaparecido: Leandro Bossi, um garoto muito parecido fisicamente com ele. Em julho de 1992, sete pessoas foram presas, acusadas de fazer parte de uma seita satânica que teria sacrificado Evandro. Duas delas eram Celina e Beatriz Abagge, esposa e filha do prefeito de Guaratuba.

Outros desses acusados confessaram o crime. Há inclusive uma fita de confissão das Abagge. Mas, como demonstramos na temporada do *Projeto Humanos* dedicada àquele crime e no livro que a seguiu, *O caso Evandro: sete acusados, duas polícias, o corpo e uma trama diabólica*, todas as confissões foram feitas sob tortura e coação — e mesmo assim não condiziam plenamente com os fatos do caso, sendo recheadas de contradições. Em 2023, com base nas novas provas que descobri, o Tribunal de Justiça do Paraná reconheceu as falhas no processo do caso Evandro, e aceitou a revisão criminal de todos os condenados que ainda estavam vivos: Osvaldo Marceneiro, Davi dos Santos Soares e Beatriz Abagge. Esse reconhecimento do Estado pela sua falha ocorreu mais de 31 anos depois de todos terem sido presos e acusados no estado do Paraná. Mas ainda não estamos lá.

O fato é que, nos primeiros dias em que estiveram presos, alguns dos suspeitos do caso Evandro confessaram (em uma gravação que havia sido perdida e que consegui recuperar após anos de investigações — e que também reforçam todas as ilegalidades e distorções feitas pela polícia da época) ter sequestrado e matado Leandro Bossi num suposto ritual para Iemanjá. Essa, pelo menos, era a primeira versão, que nem ao menos foi registrada no inquérito policial. Só sabíamos da sua existência pela imprensa local. Depois, aos autos, quando perguntados oficialmente, mudaram a versão: falaram que Leandro teria sido na verdade sequestrado por eles e vendido para uma mulher estrangeira, loira e gorda. E foi aí que Valentina entrou na história: ao tentar descobrir quem poderia ser essa "mulher gringa, loira e gorda", que estaria em Guaratuba na época dos casos Leandro e Evandro, e que pudesse ter qualquer relação com "seita satânica", o delegado Luiz Carlos de Oliveira, responsável pela investigação do caso Leandro, descobriu que Valentina estava em Guaratuba com um grupo de quarenta argentinos justamente nos meses de fevereiro e abril de 1992.

Ainda em julho de 1992, pouco após a prisão dos acusados do caso Evandro, Valentina virou suspeita, ao lado de alguns membros de seu grupo, e seu nome passou a circular na imprensa. Mas, além de as confissões dos acusados pelo caso Evandro terem sido obtidas sob tortura, havia outro problema, mais básico: Valentina não se encaixava na descrição dada pelos acusados. Apesar de estar sempre acompanhada de argentinos, ela não era gringa, mas sim brasileira, não era loira nem gorda.

Após alguns meses de matérias sensacionalistas, a juíza de Guaratuba acabou derrubando o mandado de prisão contra Valentina e alguns de seus seguidores, chegando a dizer que a situação toda teria sido um grande equívoco, fruto de um questionável trabalho policial. Anos depois, em entrevistas e depoimentos que concedeu, o dr. Luiz Carlos de Oliveira, delegado do caso Leandro na época, reconheceu publicamente seu equívoco em torno da figura de Valentina e pediu desculpas.

Valentina nunca foi acusada formalmente de nada em Guaratuba, nem no caso Evandro, nem na morte de Leandro Bossi. O mesmo ocorreu com José Alfredo Teruggi, seu marido na época. Pouco mais de um ano depois, porém, seu nome voltou a circular no Pará em conexão com novos casos de assassinatos de crianças.

Quando Jaenes foi assassinado, em outubro de 1992, Amailton estava fora de Altamira, fazendo uma longa viagem até o Sul do Brasil, e de fato chegou a ir a dois países vizinhos: Uruguai e Argentina. Isso não passou despercebido pelo Ministério Público, que, em argumentações posteriores, afirmou que Amailton teria ido para a Argentina não por conta de uma simples aventura de moto, mas sim para se encontrar com Valentina.

Os advogados de Amailton, por sua vez, anexaram aos autos declarações de amigos dele que moravam na Argentina e que afirmavam tê-lo hospedado. Nem promotores, nem nenhuma polícia conseguiram colher provas desse vínculo de Amailton com Valentina na Argentina.

Rubens comenta que as especulações da época, sobre a magia negra ter surgido somente nas investigações de Éder Mauro, não são verdadeiras. Já se desconfiava desde Brivaldo de que os crimes estariam relacionados a rituais. Inclusive, o antigo delegado havia dado uma entrevista para o *Diário do Pará*, cuja reportagem diz que ele mostrou vários livros sobre sexo e magia negra encontrados no quarto de Amailton. De acordo com a reportagem, Brivaldo não descartou a possibilidade de Amailton estar ligado a alguma seita satânica que fizesse uso, em seus cultos, de sacrifício humano.

Em seu trabalho, Rubens elabora uma hipótese: Leandro sumiu em fevereiro de 1992; Evandro, em abril; as Abagge foram presas em julho. Se analisarmos os casos de Altamira antes de fevereiro de 1992, antes do sumiço de Leandro Bossi e do indiciamento de Valentina de Andrade, não se falava em magia em Altamira. Ou seja, é a partir do que acontece no Sul que esse assunto começa a ser aventado em Altamira. Portanto, quando Brivaldo chegou à cidade, olhou aqueles livros e fitas VHS que Amaiton tinha em seu quarto e entendeu que eles seriam de "cunho satânico", talvez tenha associado uma coisa à outra.

Mas por que Éder Mauro estava perguntando a Césio se ele conhecia Valentina de Andrade e seu marido José Alfredo Teruggi? Quem é Duílio Nolasco, o terceiro nome citado pelo delegado naquele trecho do interrogatório? Enquanto essas perguntas não são respondidas, em 16 de julho de 1993, algo de mais "substancial" ocorreria em torno do nome de Valentina em Altamira.

9. A seita

O segurança dos Gomes

Em 13 de julho de 1993, foi a vez de Éder Mauro interrogar Carlos Alberto, à época com 26 anos. Como ele não tinha advogado, foi acompanhado pelo promotor Sérgio Tibúrcio. De acordo com o interrogado, ele havia servido como soldado da Polícia Militar em Altamira entre 1987 e 1989, ano em que saíra do município, só voltando em outubro de 1992, por apenas um mês, antes de se mudar novamente.

Foi nesse período, entre outubro e novembro, que Carlos Alberto trabalhou como segurança na casa da família Gomes. Nesse primeiro depoimento, ele diz que a casa é de Amadeu, o que é tecnicamente verdade. Contudo, no decorrer do processo, foi descoberto que Amadeu não estava mais morando ali, por ter se separado da esposa, Zaila, exatamente no período em que Amailton estava sendo procurado pela polícia e se encontrava fora de Altamira.

De acordo com diversos depoimentos, Zaila sentiu a necessidade de contratar um segurança. Carlos Alberto, que tinha regressado ao município havia pouco tempo, foi apresentado a ela por um conhecido em comum, um PM chamado A. Soares. É difícil saber exatamente por quanto tempo Carlos Alberto trabalhou na casa de Zaila: seis dias, talvez dez ou mesmo duas semanas.

O motivo de sua demissão também não é ponto pacífico: no depoimento que prestou dias depois, Zaila disse que teria demitido Carlos Alberto depois de ter ficado sabendo que ele cortara o cabelo de sua então esposa, menor de idade, com uma faca. Já Carlos Alberto, em um segundo depoimento, disse que foi demitido porque teria levado uma mulher para dormir com ele enquanto morava na casa.

O fato é que o depoimento do ex-policial foi centrado nesse curto período. Segundo ele, havia uma ordem expressa que proibia a entrada de qualquer pessoa na casa; por isso, ele fazia guarda armada e tinha permissão para atirar. Carlos Alberto descreveu Zaila como uma mulher "misteriosa", que, por exemplo, não deixava ninguém passar da cozinha para o quintal.

Três elementos no depoimento de Carlos Alberto chamam atenção. O primeiro se refere à fama de perigosa e poderosa da família Gomes: o depoente afirmou que haveria no forro da casa armamento pesado. Em outra passagem, disse que um dos filhos de Amadeu e Zaila lhe propôs matar alguém, mas ele recusou. Por fim, acrescentou que, certa vez, ouviu Zaila dizer o seguinte a visitas: "Vão tranquilos que, por mais que Amailton esteja envolvido nesses casos, a coisa não vai ficar assim, ele vai se sair [sic] e nada vai lhe acontecer".

Conforme o trecho mais revelador, Carlos Alberto acreditava que a família Gomes estivesse envolvida em alguma espécie de culto macabro, e descreveu uma foto que teria visto na casa de Zaila: um grupo de dez a quinze pessoas em círculo, vestidas totalmente de branco e encapuzadas (então não dava para ver o rosto), de mãos dadas. Diz o depoimento: "No meio do círculo, ao chão, tinha um pano vermelho e sobre o pano vermelho tinha um caixão de mais ou menos um metro e meio [...] ao lado do caixão tinha um pequeno altar, onde estava um Buda, um Preto Velho, uma imagem de São Jorge e uma imagem de Satanás". Ele cita ainda, dentro do círculo, velas acesas, garrafas verdes com líquido escuro, etiquetadas, além de charutos e, dentro do caixão, "algum volume em toda sua extensão coberto por um pano branco" e afirma que "do lado externo ao círculo, [...] pôde perceber que tinha algo parecido com [um] curral, dando a entender que era uma fazenda".

Ao contrário do que tinha dito para a conselheira tutelar Sueli, Carlos Alberto não falou explicitamente que Amadeu era o mandante dos crimes e que quem os executava eram médicos, mas afirmou que algumas pessoas na cidade comentavam que era o médico Anísio um dos que emasculavam as crianças. E também que ele frequentava a casa de Zaila, e que o reconheceria caso o visse. Esse era um vínculo que parecia importante. Por isso, em 14 de julho, dia seguinte ao do interrogatório do ex-policial militar, foi a vez de Anísio dar sua versão da história.

Primeiro depoimento de Anísio

Em 14 de julho de 1993, o dr. Anísio prestou seu depoimento acompanhado de uma advogada, a dra. Carla Nazaré da Gama Jorge Melém. Anísio Ferreira de Souza tinha 52 anos e afirmava ser médico havia pelo menos vinte, dos quais passara os últimos onze trabalhando em Altamira. Sua especialidade era obstetrícia e ginecologia, mas, no interior, ele acabava fazendo de tudo um pouco.

Entre as já mencionadas visões opostas sobre Anísio que corriam na cidade, um relato remontou à fase de inquérito da investigação de Brivaldo: uma mulher chamada Raimunda Gomes da Silva, na época com 34 anos, contou que Anísio a teria operado sem anestesia e retirado um órgão sem sua permissão. Raimunda não é muito específica, mas, ao que tudo indica, teria sido esterilizada sem seu consentimento, em uma histerectomia (retirada do útero). Em um ofício do Conselho Regional de Medicina do Pará, datado do dia em que Anísio prestou seu depoimento e anexado aos autos, o órgão afirmou que o médico respondia a inquérito ético profissional aberto após uma denúncia feita pelo Movimento de Mulheres de Altamira. Apesar disso, o teor da denúncia não foi explicitado.

As políticas de esterilização de mulheres pobres no Brasil eram um assunto tão relevante na época que, em 1991, criou-se uma CPI sobre o tema. Em Altamira, de acordo com relatos de fontes que preferiram não se identificar, aplicava-se de fato uma espécie de diretriz nacional de esterilização de mulheres que já eram mães. Uma dessas fontes me relatou sua experiência pessoal: foi esterilizada após um parto sem nunca ter solicitado o procedimento.

Não seria improvável que a miniclínica de Anísio fosse um dos lugares que realizavam esse procedimento. Anísio era obstetra, atendia grávidas, muitas das quais pobres, e há relatos, além do de Raimunda, de mulheres que teriam sofrido algum tipo de violência nas mãos dele. Dito isso, vale deixar claro que Anísio sempre negou que fizesse qualquer tipo de cirurgia sem o consentimento de pacientes.

Mesmo assim, uma das mulheres que afirmam ter sofrido abuso nas mãos de Anísio está nos autos: Alexandrina Silva dos Santos depôs na fase de inquérito para Éder Mauro, em 29 de julho de 1993, quinze dias depois de Anísio.

Em seu depoimento, Alexandrina contou que estava grávida de nove meses, com dor de parto, quando foi até a clínica de Anísio. Na época, ela tinha 43 anos. O médico deu uma anestesia geral e a operou. Depois, disse que ela não estava grávida, mas com um quisto (tumor), e lhe deu um pequeno frasco de vidro com um caroço branco, dizendo que havia tirado aquilo de dentro dela. Segundo ela, a cirurgia ocorreu de manhã e Anísio abriu sua barriga em forma de cruz — o que talvez ela quisesse evidenciar como sendo uma ligação com um ritual. Além disso, haveria mais seis pessoas com ele na sala, incluindo a esposa, Lucimar (enfermeira), e um outro médico, que ela chama de Zé.

O delegado Éder Mauro pediu uma perícia tanto em Alexandrina quanto no pré-natal que ela havia feito em sua cidade, Medicilândia, próxima a Altamira. Nela, o IML afirma que não tinha como saber se ela realmente estava grávida, porque não haviam sido feitos os exames de escuta do coração, de ultrassonografia, de sangue ou de urina. A única coisa que havia no seu pré-natal era uma anotação à mão dos médicos. Eles faziam apenas exames de percepção visual, informando o tamanho da barriga, tempo de gestação etc.

Éder Mauro perguntou a Anísio sobre Alexandrina — provavelmente o relato de Alexandrina já havia sido coletado pela PF e repassado ao delegado. O médico negou que a conhecia e disse que seria impossível lembrar-se da paciente, já que, na carreira, teria feito mais de cinquenta mil cirurgias. Contou, porém, que existem casos de pseudociese, em que a mulher acredita estar grávida e a barriga cresce, mas reafirma que não se recorda de Alexandrina.

Isso tudo mostra uma hipótese bastante macabra em torno da figura de Anísio: ele seria um médico capaz de retirar o bebê de uma mulher grávida de nove meses para quaisquer fins e depois dizer que ela não estava grávida de verdade. A implicação era de que Anísio e o grupo todo de suspeitos usavam corpos de crianças em rituais macabros. Talvez isso explique também as perguntas feitas a Anísio sobre sua religião. Nesse tópico, ele afirmou ser espírita kardecista e ter mesmo visitado o terreiro da Mãezinha, mas negou ser umbandista.

Sobre as suspeitas de envolvimento nos crimes contra meninos em Altamira, Anísio negou tudo. Disse que não conhecia Carlos Alberto, Amailton e Césio. O único suspeito que ele afirmou conhecer era Amadeu Gomes, mas apenas de vista, assim como sua ex-esposa Zaila, quando o ex-casal foi visitar um paciente em sua clínica. Contudo, o médico negou ter frequentado a casa de Zaila, contrariando o relato do ex-policial militar Carlos Alberto.

Vale lembrar que Césio afirmou que conhecia Anísio porque certa vez recebera uma visita dele em seu gabinete na fundação, ocasião em que Anísio teria pedido apoio à sua candidatura como vereador. Em seu depoimento, no entanto, Anísio afirmou que não conhecia Césio. A contradição chamou atenção do delegado. Para ele, os suspeitos tentavam esconder suas relações.

Jeanes da Silva

Também quinze dias após o depoimento de Anísio, outra testemunha denunciou o médico para Éder Mauro: o garoto Jeanes da Silva, de 13 anos, que dizia ter sido ameaçado por ele. Em seu relato, Jeanes lembrou a vez que precisou ser internado na miniclínica de Anísio por conta de um pedaço de pau alojado em seu braço havia quase um mês — em decorrência de um acidente ocorrido na colônia onde morava com o pai, José da Silva, que também prestou depoimento no mesmo dia.

De acordo com pai e filho, José conhecia Anísio havia quase vinte anos. Eles tinham começado a ter contato ainda no Maranhão, onde Anísio residira e praticara medicina por muito tempo. Em setembro de 1992, no meio de sua campanha política, Anísio passou pela colônia onde pai e filho moravam e reconheceu José. Foi aí que José perguntou ao médico se ele poderia ajudar a resolver o problema no braço do filho. Anísio respondeu prontamente, levando o garoto para sua clínica.

Segundo eles, o menino ficou cerca de duas semanas internado no estabelecimento:

> Só foi feito um serviço em seu braço, dez dias após ele chegar àquela clínica. Inclusive, foi retirado um pedaço de pau, mas até hoje o informante sente que ainda tem pedaço de pau dentro, até porque seu pai já retirou dois outros pedaços. [...] Mas o que pode informar é que, durante o tempo em que esteve na clínica, dr. Anísio constantemente chegava para o informante perguntando se esse queria virar mulherzinha, inclusive complementando que queria capá-lo. [...] O informante reafirma que Anísio se dirigia a sua pessoa e dizia constantemente se não queria virar mulherzinha, e que ele arrancaria seus dois "ovos", e que o informante sentiu

que todas essas vezes que falava nesse assunto, Anísio falava sério, e que ficava o informante calado, pois tinha muito medo. [...] o informante somente contou para seu pai o que tinha ocorrido na clínica quando chegou a sua casa.

Em seu depoimento, José da Silva, o pai do garoto, contou que o motivo que o levou a retirar o filho da clínica foi a informação passada por Zeca, amigo da família, de que Anísio era suspeito de envolvimento nos casos de mortes e emasculações de crianças em Altamira.

O delegado Éder Mauro também questionou Anísio sobre o caso de Jeanes. O médico contou que havia, sim, tirado o "estrepe de madeira acapu" do braço do menino e que depois ele foi levado embora pelo pai. Disse ainda que, "em relação ao fato de que teria dito ao garoto que iria capá-lo e transformá-lo em uma mulher, não é verdade".

Eu conversei com algumas pessoas que conheceram Anísio nessa época em Altamira. De acordo com elas, não seria impossível que o médico tivesse feito comentários desse tipo a alguns dos garotos que eram seus pacientes. Uma das versões que ouvi é que essa era uma piada para "quebrar o gelo".

Outro assunto que apareceu no depoimento foi a fotografia de crianças com o rosto pintado de palhaço, encontrada em sua casa, mas Anísio respondeu que não sabia explicar nada sobre ela, pois era a primeira vez que a via.

Zamo

Havia, portanto, várias acusações contra Anísio, principalmente por suas práticas médicas, mas também suspeitas infundadas, como a ligada ao cartão-postal ou quanto às suas práticas religiosas como espírita. Em seu depoimento, Anísio creditou a disseminação das suspeitas a um desentendimento com um cabo eleitoral, um homem chamado por ele de Zamo, que foi preso no dia das eleições na cidade. Segundo ele, Zamo saiu da prisão no mesmo dia e passou a disseminar a ideia de que ele era responsável pela morte e emasculação das crianças. Para ele, a pessoa responsável pela soltura de Zamo saberia quem era o assassino, já que seria uma jogada política para Anísio perder as eleições.

Anísio continua dizendo que, ao saber que tal boato estava se espalhando, buscou as autoridades para se explicar, mas temia que falar sobre isso publicamente pudesse comprometer sua campanha. Zamo nunca prestou depoimento no processo e tudo o que temos é essa versão que o médico registrou em seus relatos.

Em um segundo depoimento, já em fase de juízo, Anísio explicou que, logo depois das eleições, teve que sair de Altamira para tratar de assuntos familiares em Manaus e só retornou à cidade quatro ou seis dias depois. Ao regressar, foi informado por sua esposa, Lucimar, de que boatos davam conta de que ele teria fugido de Altamira logo após a morte de Jaenes e levado o pênis do garoto. Anísio teria então pedido orientação a um amigo, o deputado Domingos Juvenil, e recorrido às autoridades. Mas ninguém o aconselhou.

Nesse mesmo depoimento, Anísio afirmou ter ido à casa da família de Jaenes para o velório quando o garoto foi encontrado, mas que o corpo já havia sido levado de lá, contrariando o relato de Juarez, pai de Jaenes, que disse que, quando Anísio deixou o velório, o corpo do menino parou de sangrar.

Anísio também disse que, em dezembro de 1992, saíra de Altamira para trabalhar no garimpo na cidade paraense de Creporizão, pois precisava de dinheiro, já que havia gastado suas economias na campanha política. Em seguida, voltara a Altamira por uma semana em janeiro ou fevereiro e, em maio, fora a Manaus, só retornando em definitivo a Altamira em julho de 1993, pouco antes do primeiro depoimento. Em outras palavras, ele afirmou que não estava na cidade em março de 1993, quando Flávio foi assassinado.

Mais um indício

No mesmo dia de seu depoimento, Anísio passou por uma acareação com Carlos Alberto, e ambos mantiveram suas versões em relação à presença dele na casa de Zaila: Carlos Alberto continuava afirmando que isso teria acontecido, enquanto Anísio negava. Mas o primeiro indício comprometedor contra Anísio viria a despontar no dia seguinte, 15 de julho de 1993. Foi quando ocorreu o auto de reconhecimento de uma testemunha importante: Agostinho José da Costa, o lavrador que afirmava ter visto Césio saindo com um facão do mato em que o corpo de Jaenes viria a ser encontrado dias depois.

Esse auto de reconhecimento era importante porque, em 12 de julho, quando Césio foi interrogado e Agostinho o reconheceu, os dois passaram por uma acareação em que o médico negou tudo.

No auto de reconhecimento do dia 15, o lavrador confirmou ter sido atendido por Anísio em seu consultório e visto Césio por lá. Em seguida, Agostinho e Anísio passaram por uma acareação. Ele afirmou que teria sido tratado pelo médico para um problema nas pernas, no fim de 1990 e início de 1991.

O dr. Anísio, por sua vez, dizia que se lembrava do procedimento realizado em Agostinho, mas seguia afirmando que Césio nunca fora à clínica. Em suma: apesar dos indícios de que eles se conheciam, ainda faltavam elementos que fundamentassem a suspeita de envolvimento da dupla de médicos nas mortes de crianças. E foi nesse contexto que duas novas testemunhas apareceram.

Orlandina e Loidenne

Orlandina Silva de Souza, de 30 anos, depôs ao delegado Éder Mauro em 27 de julho de 1993, afirmando que teria visto os corpos de todas as crianças mortas, por pura curiosidade, pois a casa de sua mãe era bem perto do hospital da Fundação Sesp. Além disso, dizia que teve contato com José Sidney, o primeiro sobrevivente, logo após ele ter sido atacado.

Sobre os suspeitos, ela afirmou que conhecia Césio e que o considerava bastante antipático, e que sabia quem era Amadeu Gomes, a quem descreveu como "todo-poderoso nesta cidade". Mas o suspeito mais citado foi Anísio, que ela afirmou conhecer de longa data, desde 1978, quando tinha 15 anos e trabalhava em sua clínica.

Em certa passagem, Orlandina dá detalhes sobre práticas de Anísio que considerava estranhas:

> À época em que trabalhou na clínica do dr. Anísio, este possuía na clínica um quarto que descreve como sendo secreto, e que sempre que tinha operações, Anísio entrava no quarto, saindo todo de branco, mas com seu semblante mudado, pois sentia os olhos do mesmo bastante vermelhos e

a voz totalmente diferente [...] a declarante disse que o dr. Anísio era um médico muito estranho, até porque dava a seus pacientes, após as operações, carne suína.

Mas a parte mais importante do depoimento foi quando Orlandina mencionou uma mulher chamada Ana Paula. Esse trecho foi citado em praticamente todas as manifestações produzidas pelo Ministério Público no decorrer do processo, tendo assim grande importância para a montagem da tese acusatória:

> O importante que a declarante quer esclarecer é o fato de que conheceu uma senhorita chamada Ana Paula, que descreve como sendo uma moça de mais ou menos 25 anos, morena, cabelos cacheados e pretos, de mais ou menos 1,65 de altura, olhos castanhos, e que referida pessoa trabalhava na clínica do dr. Anísio, isso por volta do mês de setembro de 1992, ocorrendo que, certo dia naquele mês, a declarante encontrou-se com Ana Paula e percebeu que a mesma estava muito nervosa, perguntando-lhe então o que tinha. Então Ana Paula confidenciou à declarante que estava limpando o consultório do dr. Anísio e que este tinha chegado com um isopor e colocado em cima de uma mesa ou balcão. E como Ana Paula por curiosidade, na ocasião da limpeza, resolveu abrir o isopor para ver o que lá continha, foi então que avistou dentro do isopor um órgão sexual masculino infantil, com o pênis e a bolsa escrotal, o que a deixou apavorada, principalmente porque Anísio pôde perceber que Ana Paula havia aberto o isopor. Inclusive Anísio indagou o que ela tinha visto, e esta negou ter visto alguma coisa e na mesma ocasião pediu as contas, dizendo que não mais queria trabalhar na clínica. Porém, Anísio não quis lhe dar as contas, mas mesmo assim Ana Paula disse que não iria mais trabalhar. Que a declarante então vendo a situação disse para Ana Paula dirigir-se até a delegacia para denunciar, inclusive insistindo por várias vezes. Porém, Ana Paula disse chorando que não ia fazer nada, de vez que tinha medo de morrer. Que somente veio ver Ana Paula novamente no dia 3 de outubro de 1993, no dia das eleições, por ocasião da votação, pois as duas estavam votando no mesmo lugar, tendo cumprimentado Ana Paula, indagando a mesma se tinha ido à delegacia de polícia, a qual disse que não.
> Que esta foi a última vez que viu Ana Paula, inclusive chegando a procurar ela no quartinho onde morava alugado, todavia a mesma não estava mais, e que o quarto pertencia ao sr. Eldoro.
> Que [...] no final do mês de outubro de 1992 viu, no mato, um braço separado do corpo, encontrado por um garoto, e que, por curiosidade, a declarante foi até aquele local, ali podendo perceber que o braço era de mulher, morena, e que as unhas eram grandes e pintadas de esmalte na

cor de beterraba, coincidentemente a cor da pele de Ana Paula, como também o mesmo tamanho de unhas e cor de esmalte que Ana Paula tinha, não podendo entretanto afirmar que aquele braço era de Ana Paula, embora tivesse o braço "fresquinho", não tendo comunicado este detalhe à polícia, até porque a polícia estava no local, mas no seu íntimo acredita que aquele braço era de Ana Paula.

O relato de Orlandina é chocante, mas não há nos autos qualquer outra pessoa que tenha confirmado a existência de Ana Paula. Também não há menção a nenhum boletim de ocorrência, muito menos a qualquer inquérito policial que ateste haver sido encontrado um braço de mulher com aquelas características. Anísio, quando interrogado em juízo, afirmou nunca ter tido nenhuma funcionária de nome Ana Paula. Mais adiante no processo, Orlandina deu um novo depoimento reforçando tudo o que havia dito a Éder Mauro, mas, depois disso, desapareceu. Não falou em nenhum dos júris, apesar de ter sido convocada.

A segunda testemunha de grande importância na acusação contra Anísio deu depoimento no dia seguinte, 28 de julho de 1993. Loidenne Sabino de Jesus disse que tinha trabalhado como doméstica na chácara do médico, cuidando dos filhos dele.

Loidenne tinha então 16 anos, mas não estava acompanhada de nenhum representante legal, parente ou advogado, nem mesmo de um assistente social. Mesmo assim, seu depoimento consta nos autos:

> A depoente trabalhou como doméstica do mês de julho até o mês de dezembro de 1992, na chácara do dr. Anísio, e o que pode afirmar [...] é que na chácara eram feitos cultos em um dos compartimentos, e que o referido compartimento era totalmente fechado. Que não pode dizer de que forma os cultos eram realizados no interior daquele quarto, porém, diversas pessoas participavam, recordando o nome apenas de uma mãe de santo conhecida por "Mãezinha"; que também outro fato que pode acrescentar é que os filhos de Anísio costumavam amedrontar a depoente utilizando-se de umas capas pretas grandes, com mangas compridas, e que também usavam alguns capuzes vermelhos [...] que pertenciam a Anísio. [...] Que a depoente não conhece Amailton, apenas o dr. Césio Flávio e que não viu nenhuma vez este ir até a chácara. Porém, o viu por uma vez na clínica do dr. Anísio, inclusive fazendo procuração pelo referido médico, o qual não estava na ocasião, e que este fato ocorreu logo antes das eleições, já que, logo depois, o dr. Anísio viajou; que [...] Anísio, quando ia pra chácara,

algumas das vezes ia com um isopor debaixo do braço, e que entrava e saía com o isopor, não sabendo [ela] precisar o conteúdo [...]

Que [...], no mês de novembro de 1992, dois homens de língua estrangeira ficaram por um mês na chácara de Anísio, como também na clínica e maternidade do mesmo [...]

Que Zamo frequentava a casa de Anísio e algumas vezes também participava dos cultos, chegando a entrar no quarto onde fazia os rituais, e que Zamo era uma espécie de segurança, pois apanhava as pessoas, como também ia deixá-las após o término dos cultos. Que Zamo certa vez levou uns tiros, chegando quase morto na clínica, e que Anísio e Mãezinha o curaram [...]

Que na chácara de Anísio tinha um livro de tamanho médio, fino, e que na capa cor vermelha estava escrito "magia negra", e que este livro a depoente via quando a filha de Anísio de 13 anos se encapava toda com as vestes já mencionadas e colocava o livro na mão e passava a correr atrás da depoente, que ficava com muito medo, quase chorando.

O que mais me chama atenção no depoimento da garota é que ela cita um monte de nomes e coisas que poderiam ter sido investigadas, mas não foram. Mãezinha nunca foi ouvida no processo, tampouco o homem chamado de Zamo. São personagens importantes, constantemente citados em depoimentos que tratam de Anísio, mas nunca falam por si próprios. Para além disso, temos aqui mais uma pessoa que afirma ter existido alguma relação entre Césio e Anísio.

O relato de Loidenne é citado em várias peças produzidas pelo Ministério Público na construção das argumentações de acusação contra Anísio. Contudo, depois de seu depoimento ao delegado Éder Mauro, a jovem some. Chegou a ser convocada para a fase de juízo no final de 1993, mas não foi localizada.

Outra coisa que salta aos olhos é o fato de nunca ter sido perguntado a Anísio se ele conhecia Loidenne. Some-se a isso o fato de não ter havido qualquer operação de busca e apreensão na chácara do médico — nem ao menos para verificar a existência do tal compartimento fechado —, e o depoimento da adolescente parece perder todo o peso que poderia ter no desenrolar do processo.

Mas isso não significa que não tenha tido importância, sobretudo por fazer eco a outra fala, aquela que ajudaria a fechar a investigação do delegado Éder Mauro.

Testemunha-chave

Essa testemunha, tão incontornável quanto o lavrador Agostinho, era Edmilson da Silva Frazão, um jovem de 20 anos que prestou seu primeiro depoimento em 16 de julho de 1993, ou seja, dois dias depois de Anísio.

Em seu relato, disse que, em 1991, havia sido convidado pelo dr. Anísio para participar de um culto em sua chácara. Lá chegando, viu-se numa sala iluminada por velas, com algumas pessoas que vestiam robes pretos e capuzes. Segundo o rapaz, quem comandava a missa negra[18] era uma mulher de sotaque paranaense.

Edmilson não a conhecia à época, mas, num segundo depoimento, em 28 de julho de 1993, ele a reconheceu em uma edição da revista *Veja* datada de julho de 1992: era Valentina de Andrade. A reportagem era sobre os casos envolvendo crianças em Guaratuba, no litoral do Paraná, nos quais havia a suspeita de uso de magia negra.

Isso, por si só, já seria surpreendente. Como seria possível que Valentina estivesse em Altamira? O que ela estaria fazendo por lá? Parecia aleatório, para dizer o mínimo. Mas, no mesmo 28 de julho de 1993, outro homem também prestou depoimento. Seu nome era Duílio Nolasco, um senhor de 61 anos que morava em Altamira desde 1970.

Em seu testemunho, Duílio afirmava que tinha sido casado com Valentina de Andrade entre 1953 e 1973, e que sua mudança para Altamira no ano de 1970 teria sido o estopim para a separação do casal. Durante três anos, Valentina o visitava esporadicamente, até que se separaram. Contudo, segundo ele, Valentina retornara a Altamira em 1987 em uma passagem rápida, de apenas alguns dias. Só que, dessa vez, estava diferente: chegara acompanhada de alguns argentinos que pareciam venerá-la como se fosse uma grande autoridade.

Os casos de emasculação de garotos em Altamira haviam começado em 1989. Assim, a conclusão dos agentes de acusação foi rápida. Tudo parecia estar se encaixando: os casos começaram depois de

---

18 O termo "missa negra" é carregado de conotações equivocadas e problemáticas, especialmente da forma pejorativa que a palavra "negra" é aqui utilizada. Para fins de rigor documental, preferi manter aqui o termo exato utilizado pelos personagens dessa história. No decorrer do processo, tal conceito nunca é explicado devidamente. No entanto, pelo contexto, fica implícito que se entende uma espécie de ritual que emula o rito católico, mas que celebra Satanás.

Valentina ter passado pela cidade. Segundo Edmilson Frazão, ela esteve na chácara de Anísio em 1991 para um ritual de uma religião em que se adorava o Senhor das Trevas. Anísio, por sua vez, parecia ter vínculos com Césio, visto por Agostinho saindo do mato com um facão. Logo à frente, na mesma estrada, no mesmo dia, estaria Amailton, o principal suspeito dos casos em 1992. Amadeu, seu pai, seria o mandante dos crimes, conforme o relato da conselheira tutelar sobre o ex-policial militar Carlos Alberto. Por fim, Carlos Alberto responderia pela segurança do grupo ao lado do também ex-policial militar Aldenor Ferreira Cardoso. E todos teriam como líder espiritual Valentina de Andrade, a cabeça da organização criminosa.

Mas quem era Edmilson Frazão? E por que ele tinha sido convidado para um culto satânico na chácara de Anísio?

10. A testemunha

Edmilson da Silva Frazão é uma das testemunhas mais importantes no processo dos meninos emasculados de Altamira. É por meio de seu depoimento que Valentina de Andrade entra no caso em definitivo e que a tese de atuação de uma seita satânica em Altamira se torna uma certeza para os agentes de acusação.

A data do primeiro depoimento dele, 16 de julho de 1993, era próxima à do encerramento do período de prisão temporária de Carlos Alberto, Césio e Anísio — o limite é de dez dias, considerando a prorrogação. Amailton, por sua vez, estava preso preventivamente desde novembro de 1992, aguardando julgamento pelo assassinato do menino Jaenes em outubro de 1992. No dia 17 de julho de 1993, a juíza Elisabete Pereira de Lima emitiu prisões preventivas para os três primeiros, entendendo que, a partir dos depoimentos coletados na fase de investigação, já havia indícios suficientes para manter todos presos indefinidamente.

A partir do depoimento de Edmilson, subia para sete o total de suspeitos (recapitulando: além dos acima citados, a lista incluía Aldenor Ferreira Cardoso, nunca encontrado; Amadeu Gomes, pai de Amailton; e Valentina de Andrade). Amadeu Gomes nunca foi preso. Já Valentina teve sua prisão preventiva decretada apenas em setembro. Como não estava no Pará na época, nunca chegou a se apresentar.

Esse primeiro depoimento de Edmilson foi dado ao dr. Jefferson José Gualberto, delegado titular de Altamira na época[19]. É um depoimento longo e confuso, começando por um episódio ocorrido em

---

19 O dr. Jefferson era o delegado titular da Polícia Civil de Altamira, por isso foi o primeiro a tomar o depoimento de Edmilson. O delegado Éder Mauro era de Belém, mas foi designado especialmente para cuidar do caso dos emasculados. Ou seja, só estava lá em caráter especial para cuidar desse caso. Isso é relativamente comum em casos mais complexos e de repercussão no interior, sobretudo quando a população não confia muito na polícia local. O delegado local cuida de toda a cidade, enquanto o designado cuida apenas do caso que lhe é passado.

novembro de 1990, envolvendo seu pai, Porfírio Frazão Filho, e seu irmão, Josadarc da Silva Frazão. Segundo Edmilson, os dois estavam andando por uma estrada quando avistaram um homem sentado, mexendo numa faca. Ao ver aquilo, Porfírio perguntou ao homem o que ele estava fazendo, e recebeu em resposta uma grosseria do tipo "não te interessa". Eles ficaram com medo e decidiram se afastar. Alguns casos de emasculação já haviam ocorrido na cidade, e eles teriam temido que aquela figura pudesse ter ligação com os crimes.

Edmilson ficou sabendo dessa história pelo pai e, dois dias depois, foi conversar com o delegado da época, Francisco Edyr Silva, conhecido apenas como Edyr. Ao ouvir o relato, o investigador teria perguntado se Edmilson não gostaria de entrar para a polícia e ajudar na apuração daquele caso. O jovem não estava sendo convidado a ser um policial de carreira, mas sim uma figura chamada na época de "bate-pau", uma espécie de investigador policial informal que tenta coletar nas ruas informações que possam contribuir para investigações policiais em curso. A primeira missão seria tentar localizar o homem suspeito que seu pai vira na beira da estrada. A ordem do delegado Edyr era: se o vir, chame a polícia imediatamente.

Edmilson contou que uma de suas primeiras providências foi ir à casa do que ele chama de primeira vítima. Ele não cita o nome desse garoto, mas, pela lógica, deveria estar se referindo a José Sidney ou a SS, já que, naquele momento, acreditava-se que José Sidney estava morto. De toda forma, ele disse que teria conversado com parentes do garoto e colheu uma descrição física de quem o atacou. A fisionomia coincidia com a do homem que seu pai vira na beira da estrada: moreno, "barba falsa"[20], cerca de 1,70 de altura.

Dias depois dessa conversa, Edmilson disse que teria visto numa estrada um homem com as mesmas características. Era um policial militar que ele já conhecia, chamado A. Santos — o nome de guerra de Carlos Alberto. Edmilson então foi a um bar próximo, pegou o telefone e chamou a polícia, que chegou pouco depois, mas não localizou o homem.

O jovem, porém, teria visto Carlos Alberto novamente quatro dias depois, agora perto da miniclínica de Anísio, numa pose de quem esperava por alguém. Edmilson teria então pegado uma carona até

---

20 Este é o termo exato que consta no depoimento. Edmilson não explica o que queria dizer com isso, tampouco isso lhe foi perguntado.

a delegacia e avisado os policiais e o delegado, que foram até o local. Mais uma vez, o suspeito já não se encontrava ali.

No dia seguinte, Edmilson teria ido a um posto de gasolina chamado Serra Dourada para falar com a esposa, que trabalhava como doméstica nas proximidades, e teria novamente visto o suspeito, dessa vez agachado na beira da estrada, com um revólver em mãos. Edmilson então teria pegado uma bicicleta emprestada e acelerado até a delegacia. Na sequência, teria entrado numa viatura com quatro policiais, que foram até o local e, finalmente, conseguiram abordar o homem. Os policiais pediram a Edmilson que ficasse no carro para não ser reconhecido.

Edmilson notou que os quatro policiais não pareciam estar questionando o PM. Pelo contrário, pareciam até ser amigos dele. Então, um dos agentes teria apontado para o carro. Logo, Carlos Alberto passou a olhar para Edmilson, tentando reconhecê-lo. A conversa foi longa; ao final, os policiais voltaram para a viatura sem o suspeito.

No retorno para a delegacia, Edmilson teria perguntado por que não haviam conduzido o suspeito para um interrogatório. Um dos policiais então teria respondido que não iam prendê-lo porque eles eram amigos; além disso, não fariam mais diligências relativas ao caso porque não ganhavam o suficiente para justificar o esforço. No dia seguinte, Edmilson teria sido informado pelo delegado Edyr de que não deveria mais chamar a polícia se visse o suspeito. Em vez disso, era para agarrá-lo e levá-lo à delegacia.

Para Edmilson, o grupo responsável pelas emasculações seria poderoso a ponto de ter boa parte da polícia nas mãos — e por isso Carlos Alberto não fora preso naquele final de 1990. Depois disso, Edmilson teria passado a ser vigiado por um dos policiais, chamado Santana, que passava lentamente de viatura na frente da marcenaria do pai, onde ele trabalhava.

Mudança de Altamira

Ainda de acordo com seu primeiro depoimento, no dia 9 de novembro de 1991, Edmilson e sua esposa pegaram o primeiro ônibus em direção a Santarém, de mudança, onde o rapaz pretendia ingressar no Exército. Esse ônibus parava na cidade de Uruará, onde o casal deveria pegar outro veículo para seguir viagem. Chegaram lá por volta de 0h30. Por causa do horário, decidiram dormir nas proximidades de um posto de gasolina. No dia seguinte, seguiriam para Santarém, mas o segundo ônibus não passou.

Por volta das 19h30, viram uma viatura policial de Altamira se aproximar. Dentro dela estavam Santana e mais três pessoas. Com medo, Edmilson e a esposa deixaram seus pertences perto do posto de gasolina e buscaram abrigo. Os policiais teriam ido a várias casas atrás dele e, quando Edmilson voltou ao posto, os viu revirando sua bagagem e a colocando no porta-malas da viatura (inclusive seus documentos e dinheiro). Ele voltou a seu abrigo.

> [...] ao acordarem, por volta de 7h15, o declarante percebeu a presença dos referidos policiais e, com medo da perseguição, por saber de muita coisa, resolveu fugir pelos fundos, onde havia um campo (fazenda), pelo qual correu com sua esposa, sendo perseguido pelos referidos policiais [...] disparando vários tiros de arma de fogo, tendo o casal se embrenhado no mato, o que resultou na desistência de seus perseguidores; que o casal permaneceu nas matas de Uruará por exatos três dias, quando encontraram a estrada em um trecho localizado a 6 quilômetros de Uruará, local onde havia uma casa onde residia um casal de anciãos, os quais deram atendimento e alimentação, pois nos três dias em que estavam perdidos na mata alimentaram-se de água e uma fruta conhecida por uxi; que, em conversa com a anciã, o declarante contou sua aventura, tendo esta lhe dito que conversou com um dos policiais, o qual tratava-se de Santana, e que lhe disse que caso encontrasse o declarante este nem sequer chegaria em Altamira, pois tinham como objetivo "sabrecar"[21] no meio da estrada". Que diante disso o casal resolveu seguir viagem para Santarém através de caronas, cuja odisseia durou aproximadamente seis dias [...].

Edmilson contou que trabalhou como roçador em fazendas de Santarém por cerca de três meses. Depois, segundo conta, foi até Marabá, a cerca de 900 quilômetros de Santarém, perto da divisa com Tocantins. Lá permaneceu por cerca de um ano, quando decidiu retornar a Altamira. No meio da viagem, porém, sua esposa deu à luz, o que forçou o casal a se estabelecer na cidade de Tucuruí, a 400 quilômetros

---

21 Regionalismo amazônico que significa "chamuscar", "queimar levemente" — o que, tudo indica, seria aqui um eufemismo para matar.

de Altamira, por cerca de três meses. Assim, Edmilson, a esposa e o filho recém-nascido conseguiram retornar apenas por volta de março ou abril de 1993 — três meses antes de seu primeiro depoimento.

O culto na chácara

Quando o delegado Jefferson José Gualberto lhe perguntou sobre Anísio, o depoimento tomou outra direção. Ele começou explicando que seu irmão mais velho, Damião da Silva Frazão, trabalhava como pedreiro e pintor na clínica e que, em 1991, foi convidado pelo médico para o tal "culto de espiritismo". Ele foi, e descreve:

> [...] do culto, participaram Anísio, a esposa de Anísio, uma mulher de naturalidade paranaense e o sr. Antônio Paraná, entre outros, num total de aproximadamente oito pessoas, contando com o declarante; que soube o declarante que a tal mulher paranaense era a líder do grupo, a qual juntamente com Anísio, a esposa de Anísio, Antônio Paraná e um outro homem trajavam uma espécie de bata, de cor preta, com mangas compridas, toda fechada sem botões e cujo comprimento estendia-se até os joelhos;
>
> [...] no início da reunião, a mulher (líder) disse que estava ali para fundar uma nova religião dentro de Altamira, que as pessoas ali presentes que pertencessem a outras religiões ouvissem com atenção o que iria ser dito, pois precisavam de pessoas de confiança para tocar a religião, tendo em seguida passado o comando para Anísio, o qual passou a declamar naquele âmbito, convidando todos a orar para o deus das trevas, momento em que Anísio, juntamente com os demais componentes, começou a proferir uma oração pedindo benefício a tal deus, oportunidade em que o declarante retirou-se do recinto, juntamente com mais uma pessoa que desconhece, tendo os demais permanecido; que o declarante veio a saber através de um amigo de nome Carlos que todas as vezes em que se registrava um desaparecimento de criança, consequentemente realizava-se um culto no mesmo dia pela parte da noite, cuja reunião dava-se em uma residência localizada na avenida João Pessoa, próximo ao cais;
>
> Que, em meados do ano passado [1992], o irmão do declarante de nome Ely da Silva Frazão sofreu uma pequena lesão na perna, vista por Anísio, o qual recomendou que o menor fosse internado em sua clínica, o que foi feito; que, passados três dias do internamento, o irmão do declarante em nada melhorou e, em um dado momento, Anísio, ao consultar o menor, falou-lhe: "Rapaz, tu estás bom de ser capado para engordar", ao mesmo tempo segurando nos testículos de Ely; que o irmão do declarante ficou

assustado e tentou correr, tendo Anísio o segurado e o convencido a ali permanecer; que, em dado momento, aproveitando-se da desatenção de Anísio, o menor Ely levantou-se e saiu correndo [...];

Que uma senhora conhecida por Creuza marcou uma consulta com Anísio e, lá chegando, foi convidada a entrar na sala do consultório, entretanto, ao adentrar, percebeu sobre a mesa de Anísio a presença de um vidro de aproximadamente 30 centímetros, transparente, no interior do qual havia testículos em meio a um líquido, possivelmente conservante, o que a deixou estarrecida, desistindo de imediato da consulta [...];

Que, em relação a Antônio Paraná, declara que este sempre esteve envolvido com tráfico de drogas e que sempre mantinha bom relacionamento com os policiais da delegacia local [...];

Que sabe ainda o declarante da existência de uma grande amizade entre Anísio e o médico Césio, pois este frequentava constantemente a clínica daquele, fato que veio a saber através de seu irmão mais velho, que trabalha na construção da clínica daquele; diz ainda o declarante que tem conhecimento da existência de amizade entre o elemento Amailton e Anísio, pois várias vezes chegou a vê-los juntos pelas vias públicas;

Que o declarante conhece uma mulher que era secretária de Anísio, não sabendo precisar o nome, mas afirma que já a viu na cidade trajando roupa de enfermagem; que, por uma certa oportunidade, o declarante viu Anísio, reunido em um bar à beira do cais com alguns policiais de então, quais sejam Santana, Polaco, Gilberto e Magaiver, pois todos tinham uma ligação bastante forte (intimidade) com Anísio.

Aqui, vale dizer que Creuza e Ely nunca foram chamados a depor. Algo importante é que, neste primeiro depoimento, Edmilson não cita Valentina de Andrade. Isso só viria a acontecer no segundo testemunho, dessa vez para Éder Mauro, em 28 de julho de 1993, consideravelmente mais curto e focado no culto na chácara de Anísio. Como dito anteriormente, foi nesse momento que ele reconheceu Valentina em uma reportagem da *Veja*, como a "mulher do Paraná".

O jovem reforça como teria sido o rito, segundo descreveu no primeiro depoimento, e adiciona que Anísio disse que Carlos Alberto "estava faltando" por estar fazendo um serviço não especificado. Também reiterava o fato de que Antônio Paraná era uma espécie de contrabandista e traficante conhecido na região.

Os depoimentos de Edmilson parecem um relato perfeito para a acusação — talvez, perfeito demais. E é por isso que, em minha investigação jornalística, achei necessário buscar no processo outros depoimentos para entender se havia alguém que confirmasse pelo menos parte do que ele falava. Entendo que, se havia uma seita secreta atuando em Altamira com o intuito de matar crianças de forma ritualística, isso não seria a coisa mais simples do mundo de verificar. Ao mesmo tempo, permito-me ser um pouco cético aqui: a cena toda do convite de Anísio a Edmilson parece pouco crível.

Anísio não tinha nenhum vínculo de confiança com Edmilson. Segundo seu relato, o médico teria lhe convidado em público. Edmilson pensava tratar-se de um culto protestante, que era a religião dele, mas na cidade era bastante conhecido que Anísio era espírita. Por que alguém que faz parte de uma seita secreta que comete crimes tão horríveis chamaria um desconhecido para fazer parte do ritual?

O relato de Edmilson não dá conta de nenhum crime, por mais soturna que seja sua descrição do suposto culto. Nessa cena, ele diz ter reconhecido Valentina de Andrade, que não prestou depoimento na fase de inquérito; Anísio, que sempre negou a autoria dos crimes; e Antônio Paraná.

A esposa de Antônio Paraná

O caminho lógico, a partir daí, seria tomar um depoimento de Antônio Paraná. Contudo, em julho de 1993, época em que Edmilson depôs, ele já estava morto. Quem fala no inquérito de Éder Mauro é a viúva, Vanda Lúcia de Silva Melo, em 28 de julho de 1993.

Quando li o depoimento dela, tinha esperança de encontrar respostas esclarecedoras a perguntas do tipo: "Seu marido conhecia o dr. Anísio? Seu marido foi a algum culto na chácara de Anísio? Ele alguma vez citou o nome de Valentina de Andrade?". Mas apenas uma dessas perguntas foi feita. Eis como Vanda reagiu ao ser indagada sobre Antônio Paraná ter ou não alguma relação com o Anísio: "[...] Antônio Paraná, que era comerciante nesta cidade, conhecia, assim como a depoente, o dr. Anísio, porém nunca viu o marido ir à casa daquele médico".

Vanda contou que chegou a trabalhar por um mês na miniclínica, período do qual guardava péssimas lembranças — desde o fato de não ter sido paga até supostos maus-tratos e abusos de Anísio. De certa forma, ela repete o que outras testemunhas já haviam dito: que ele tentava agarrar meninas à força, que as comidas que dava para os pacientes não eram adequadas e que se ouviam comentários na cidade dando conta de que Anísio não era médico, e sim cirurgião espírita.

O pai de Edmilson fala

No mesmo dia do depoimento de Vanda, Porfírio Frazão Filho, pai de Edmilson, também prestou o seu, e contou uma história um pouco diferente da do filho. Primeiro, confirmava que tinha visto e abordado um homem com uma faca grande na beira da estrada. Também atestava que Edmilson trabalhara para o delegado Edyr em algumas investigações e que teria sido perseguido por policiais, inclusive sofrendo atentado por parte de Antônio Paraná (algo que ele reforçou em um segundo depoimento em 30 de novembro, na fase de juízo). Contudo, Porfírio não mencionou especificamente a participação de Edmilson nas investigações dos meninos emasculados.

Em seu primeiro depoimento, Edmilson disse que tinha saído de Altamira para tentar carreira no Exército em Santarém. Contudo, seu pai afirmou que ele saiu da cidade porque estaria com medo de Antônio Paraná. No decorrer do segundo depoimento de Porfírio, a história de Edmilson ficou ainda mais estranha — por exemplo, o jovem dizia que, no dia em que teriam visto um homem segurando uma faca à beira da estrada, seu pai estava com seu irmão Josadarc. Contudo, Porfírio afirmou que era o próprio Edmilson que estava com ele e que, posteriormente, o filho lhe contou que aquele homem era o soldado A. Santos, ou seja, Carlos Alberto. Josadarc nunca prestou depoimento no processo, então a situação final que temos é esta: pai e filho narrando versões diferentes do mesmo evento. São detalhes e contradições assim que, a meu ver, tornam Edmilson uma testemunha não totalmente confiável. Mas, para os investigadores e o Ministério Público, esses relatos eram importantes demais na formação da tese acusatória. Logo, tais contradições foram ignoradas.

Por fim, Porfírio também confirmou a história de que Anísio teria dito que castraria seu outro filho, Ely, mas complementou que não sabia "informar entretanto se foi uma brincadeira do dr. Anísio".

Contradições

Edmilson viria ainda a dar um terceiro depoimento, na fase de juízo, em 17 de maio de 1994, ou seja, quase um ano após o primeiro. Nele, modificou alguns detalhes de seus testemunhos anteriores, como as datas.

Ele passou a dizer que o episódio em que o pai teria visto Carlos Alberto ocorreu em março de 1990, não mais em novembro. Além disso, ao ser questionado sobre o que o tinha motivado a ir falar com o delegado Edyr após esse fato, afirmou: "O fato principal é que, dias antes, havia ocorrido mais uma tentativa de homicídio, cuja vítima no momento não se recorda, que sobreviveu, porém emasculada". Isso não faz sentido algum na história dos casos. O primeiro sobrevivente foi atacado em julho de 1989; o segundo, em novembro de 1989; e o terceiro, em setembro de 1990. Nenhuma vítima que sobreviveu foi atacada perto de março de 1990. Edmilson também mudou a data em que teria ocorrido o culto na chácara de Anísio. Em vez de 1991, ele dizia agora que teria sido em 1989 ou 1990.

O depoente foi confrontado pelos advogados de defesa sobre o fato de seu pai ter dito que tinha sido ele, Edmilson, que estaria junto quando viram Carlos Alberto à beira da estrada com uma faca. Contudo, Edmilson reforçou sua versão de que quem estaria com seu pai naquele momento era seu irmão Josadarc.

Pela transcrição de seu depoimento, fica bem claro o esforço dos advogados de defesa em mostrar que a história de Edmilson tinha furos demais. Há um momento, por exemplo, em que eles fazem uma pergunta bastante pertinente referente ao atentado que teria sofrido: se ele havia se sentido coagido a ponto de fugir dos policiais, por que não denunciou? Edmilson respondeu apenas que não achara necessário, mas que tinha contado a Edyr.

Uma coisa que verificamos nesse terceiro depoimento é que Edmilson teve contato com os policiais federais que estiveram em Altamira entre maio e junho de 1993. Descobrimos isso em trechos nos quais ele menciona que reconheceu Valentina: "Que inclusive [...] chegou a ver uma reprodução em xerox da sra. Valentina de Andrade, também denunciada, que lhe fora mostrada por policiais federais".

Notando que essa história estava estranha, os defensores fazem uma pergunta a Edmilson:

> [...] perguntado por que não ofereceu às autoridades policiais as características de d. Valentina de Andrade, o que só aconteceu após mostrada foto da mesma na revista *Veja*, respondeu que, perante as autoridades federais, chegou a dar características físicas de d. Valentina, as mesmas aqui descritas, porém acredita não ter sido consignada. E quanto às fotografias referidas pelo doutor advogado [...] tem a esclarecer que foram mostradas xerox de várias pessoas, entre homens e mulheres, e a testemunha identificou apenas uma como sendo Valentina.

Outra pergunta que poderia ter sido feita: se ele já tinha visto fotos de Valentina de Andrade mostradas pela Polícia Federal antes mesmo de falar com a Polícia Civil, por que não citou o nome dela logo no primeiro depoimento?

Outra contradição significativa é que, nesse relato, ele disse que desconhecia qualquer relação entre Césio e Anísio. No primeiro depoimento, porém, afirmou que seu irmão Damião teria trabalhado numa reforma na miniclínica de Anísio e lhe dito que vira Césio lá algumas vezes. Edmilson agora afirmava que Damião chegou a mencionar a existência de um túnel secreto na clínica de Anísio.

Essa informação foi tão impactante que a promotora presente na ocasião, Eliete de Almeida de Souza, pediu ao juiz que fosse feita uma perícia na clínica de Anísio, a fim de localizar tal passagem. Essa verificação foi realizada no dia 1º de junho de 1994. Contudo, antes disso, em 31 de maio de 1994, Damião da Silva Frazão também prestou depoimento ao juiz José Orlando de Paula Arrifano e disse que o túnel existia, mas, na verdade, era parte da rede de esgoto — e foi exatamente isso o que a perícia constatou. Infelizmente, seguindo o padrão de displicência que parece pautar todo esse caso, jamais perguntaram a Damião Frazão se ele de fato alguma vez viu Césio visitar Anísio em sua miniclínica, conforme relatado por Edmilson.

O advogado de Anísio, Osvaldo Serrão, preferiu fazer outro tipo de pergunta a Damião:

> Que perguntado à testemunha se, pelo fato de ser irmão de Edmilson da Silva Frazão e ter convivido com o mesmo, se pode informar se Edmilson apresenta ou apresentou algum distúrbio emocional, respondeu que sim,

pois inclusive foi aconselhado pelo médico a seu pai que evitasse bater em Edmilson, pois o mesmo apresentava distúrbios mentais, ou seja, ele não é muito certo mesmo.

Apesar de Edmilson nunca ter sido avaliado por nenhum psiquiatra, esse trecho do depoimento de seu irmão passou a ser bastante usado pelas defesas dos acusados nos anos seguintes.

Tive que avançar um pouco na linha do tempo do processo até a fase de juízo para explicar melhor essa parte dos relatos de Edmilson, dada a grande importância que ele tem, especialmente na acusação. Contudo, já adianto aqui que boa parte das incoerências que apontei jamais foram levadas em consideração por promotores ou pelo delegado Éder Mauro na época de seu inquérito.

Eu tentei contato com Éder Mauro, agora deputado federal, assim como com o promotor Sérgio Tibúrcio dos Santos Silva. Também localizei alguns policiais federais que participaram da operação Monstro de Altamira em 1993. Tinha interesse em conversar com todos eles para entender melhor o contexto das investigações e tentar conseguir alguma resposta sobre o porquê de eles terem permitido tantos furos na história de Edmilson.

Por que não foram atrás de Creuza? Por que não colheram um depoimento da mãe de Edmilson? Por que nunca coletaram testemunhos de Ely e Josadarc, irmãos de Edmilson? Por que não interrogaram os policiais civis que Edmilson denunciava como criminosos? Por que não foram atrás do tal Carlos, o amigo a quem Edmilson atribuía a afirmação de que, toda vez que sumia uma criança, havia um culto na casa de um integrante da seita? Por que nunca fizeram busca e apreensão na chácara de Anísio? Por que nunca perguntaram à viúva de Antônio Paraná qual era a relação de seu falecido marido com Edmilson? Por que nunca buscaram passagens aéreas emitidas em nome de Valentina de Andrade entre os anos de 1989 e 1991, assim como Brivaldo tentou fazer em relação a Anísio quando o investigou em outubro de 1992? E o mais importante: o que aconteceu com o relatório da Polícia Federal? Por que não está nos autos? Por que os agentes federais só aparecem nas entrelinhas? Por que mal conseguimos ver nos autos os nomes exatos de todos aqueles que participaram da operação?

Eu queria fazer essas perguntas, além de algumas outras. Ninguém aceitou me conceder uma entrevista. Mas isso não significa que eu desisti de achar essas respostas.

Antes de avançar, preciso voltar um pouco no tempo, novamente para a fase de inquérito. É nela que o lavrador Agostinho participa de uma reconstituição da cena e relatava que teria visto Césio saindo do mato com um facão coberto de sangue. E é também nela que, finalmente, começam a aparecer algumas testemunhas de defesa muito importantes.

11. A reconstituição

Coisas estranhas em Altamira

A reconstituição feita por Agostinho ocorreu em 27 de julho de 1993 — ou seja, 26 dias após ele ter prestado o primeiro depoimento. Antes de entrar nisso, é importante mencionar algo que estava acontecendo em Altamira alguns dias antes.

Os mandados de prisão temporária contra Césio, Anísio e Carlos Alberto haviam sido emitidos em 7 de julho de 1993. Presos poucos dias depois e levados a Belém, eles foram interrogados, acareados e reconhecidos por testemunhas. Tudo isso já foi explicado anteriormente, mas é bom relembrar as datas dos interrogatórios: Césio foi interrogado no dia 12 de julho, Carlos Alberto, no dia 13, e Anísio, no dia 14.

A imprensa do Pará dava destaque a todos esses procedimentos, mas havia algo estranho na divulgação dessas notícias, especificamente em Altamira. Segundo uma matéria do jornal *A Província do Pará*, de 15 de julho de 1993, uma única pessoa comprava todos os exemplares dos jornais que abordavam o assunto e os destruía. Além disso, aparentemente, era comum as redes de televisão saírem do ar quando entrava uma notícia relacionada ao caso. Éder Mauro disse ao jornal que "a impressão que se tem é que alguém muito poderoso está tentando esconder a notícia".

A juíza Elisabete Pereira, que chegou a ter uma correspondência do Tribunal de Justiça do Pará relativa a um *habeas corpus* de Amailton violada, concordava que havia algo estranho, e se manifestou no processo dizendo que "o tráfico de influência do acusado e de seus comparsas é grande, o que impõe rigor na justiça para que esta, enfim, seja distribuída". Em nossas conversas quando estudávamos o processo, Rubens comentou que a juíza na verdade estaria dizendo que a família de Amadeu estava por trás de tudo isso. Ela não falava com essas palavras, mas seria a única família que teria poder para, por exemplo, comprar todas as edições do jornal *O Liberal*.

Segundo José Carlos Melém, advogado que ainda atua em Altamira e que defendeu Anísio assim que ele foi preso, a pessoa que "violou" a correspondência da juíza era sua cliente, uma secretária da procuradora fiscal de Altamira, e fez isso por acreditar que era para a procuradora, que tinha o mesmo nome. Ela virou suspeita de intermediar informações, mas Melém conseguiu uma liminar suspendendo a investigação, apresentando documentos que comprovavam a autorização para abrir a correspondência e esclarecendo o equívoco de destinatário homônimo. O juiz, após análise, determinou o arquivamento do caso. Se de fato houve esse procedimento da juíza Elisabete contra a servidora pública, isso não consta nos autos.

De toda forma, analisando os jornais e documentos da época, uma coisa fica clara: havia rumores de que alguém ou um grupo muito poderoso estaria manipulando informações em Altamira. As defesas nunca se preocuparam em contra-argumentar nada disso, também não há registros de investigações sobre essas alegações. E, com isso, como em tantas outras passagens desse processo, a diferença entre boato e fato se torna muitas vezes irrelevante.

Agostinho em cena

É nesse clima de paranoia e perseguição que Agostinho participa da reconstituição de seu relato e entendemos um pouco mais como teria sido seu encontro com o homem saindo do mato com um facão coberto de sangue.

As fotos da reconstituição feitas pela perícia mostram que Agostinho teria passado muito perto do homem, algo como menos de 2 metros de distância. Nas imagens, Agostinho usa uma balaclava, tapando todo o rosto, por questão de proteção.

Na foto número nove, vemos Agostinho com seu carrinho de mão, após ter virado a esquina, passando perto de um homem sentado, que segura um cavalo — essa figura seria Amailton. A distância entre os dois não é especificada no laudo, mas é possível notar que não estavam longe um do outro — ainda que certamente não tão próximos quanto Agostinho e o homem com o facão, que ele afirmava ser Césio.

Na décima e última foto, vemos Juarez, pai de Jaenes. Ele aponta para uma pessoa que está deitada no chão, de camisa branca e calça preta, provavelmente um policial que ajudava na reconstituição. Aquele seria o local onde seu filho fora encontrado morto.

Depois das fotos, há uma espécie de mapa da área e guia das etapas da reconstituição de Agostinho. Esse desenho, porém, não tem escala, ou seja, não há como dizer quais as distâncias reais entre os pontos sinalizados. Fica a impressão de que tudo ocorreu muito perto e que a área toda seria correspondente a um quarteirão.

Porém, em seu primeiro depoimento, Agostinho dizia que, após ter visto o homem sair do mato com o facão, ele só teria enxergado Amailton segurando um cavalo cerca de 1 quilômetro adiante. Ainda assim, seu relato foi muito convincente para as autoridades e o perito Raimundo Nonato Silva Pinto chegou a assinalar que ele sempre fora muito preciso nas informações.

Mais à frente, os peritos concluem que, com base no relato de Agostinho, era seguro afirmar que ele tinha visto Césio e Amailton nos locais próximos de onde o corpo de Jaenes foi encontrado.

O cabo Delmiro

No dia seguinte à reconstituição, 28 de julho de 1993, uma nova testemunha prestou depoimento a Éder Mauro: Antônio Delmiro Silva, um cabo do Exército. Ele participou das buscas por Jaenes e estava bem próximo do local em que o corpo foi encontrado. No trecho em que fala sobre sua participação nas buscas, o cabo afirma ter passado por Agostinho e conversado com ele, que contou ter visto um homem saindo do mato e o levou até o local — foi lá que, depois, de fato encontraram o corpo de Jaenes.

O cabo Delmiro afirmou que já conhecia Agostinho havia mais de dez anos e que o considerava uma pessoa lúcida e normal, o que viria a ser relevante para o processo porque, futuramente, boa parte das tentativas das defesas de desqualificar Agostinho se apoiaram em sua idade. Ele tinha 70 anos; por isso, os advogados diziam que sua visão não era confiável e que era de conhecimento público que ele tivera pelo menos dois episódios de AVC, o que, em tese, comprometeria sua percepção.

Ainda assim, como já mencionei, Agostinho é a testemunha mais forte do processo todo. Em apenas um relato, ele coloca Amailton e Césio na mesma cena, perto do corpo de uma vítima, e depois ainda afirma que conhecia Césio por já tê-lo visto na miniclínica de Anísio. O judiciário usa extensivamente seu relato.

Por isso, é muito estranha a demora dele em aparecer no caso. Agostinho já faleceu, então não tive como entrevistá-lo. Procurei Delmiro, mas ele não retornou.

Álibis

No início de agosto de 1993, a investigação de Éder Mauro se encaminhava para o fim. Em paralelo, aparecem três escrituras públicas de declarações de pessoas que nunca haviam se manifestado. São cinco testemunhas novas. E o que elas trazem são álibis bastante fortes para Césio.

Essas declarações foram dadas em cartório no dia 6 de agosto de 1993, mas só juntadas aos autos no dia 18 de outubro. Isso significa que, pelo menos de acordo com os autos, o delegado Éder Mauro nunca se interessou em ouvir qualquer testemunha que pudesse apresentar álibis aos suspeitos, especialmente a Césio. No máximo, tomou depoimentos dos pais de Amailton, mas motivado sobretudo por suspeitas que tinha contra eles após o relato do ex-policial militar Carlos Alberto.

Um dos termos de declaração é assinado por três funcionárias do Centro Educacional Anchieta, em que Marcelo, de 5 anos, um dos filhos de Césio, estudava: Rita Evangelina Anchieta Pereira, Maria Suany Silva de Souza e Francinelia de Paula. As funcionárias afirmam que Césio seria amigo de um homem chamado Paulo Eduardo Feitosa Pereira, pai da menina Magda, de 9 anos, que estudava na mesma escola. As duas crianças, Marcelo e Magda, tinham horários parecidos e saíam às 11h30. Agostinho disse que teria visto Césio saindo do mato numa quinta-feira, dia 1º de outubro de 1992, entre 11h30 e 12 horas. Mas o relato das funcionárias era o seguinte:

> Os menores eram trazidos e levados da escola pelos seus pais, seguindo um revezamento na seguinte ordem: segundas, quartas e sextas, pelo dr. Paulo Eduardo Feitosa Pereira. Nas terças e quintas-feiras, pelo dr. Césio

Flávio Caldas Brandão, em cumprimento ao acordo feito com a direção do estabelecimento de ensino. Que, na semana letiva que antecedeu as eleições de 3 de outubro de 1992, quem ficou encarregado de levar e trazer os menores foi o dr. Césio Flávio Caldas Brandão, devido aos afazeres políticos do dr. Paulo Eduardo Feitosa Pereira, fato comunicado na época à direção do estabelecimento.

Que o horário normal para a entrega destes menores aos seus ocorria invariavelmente entre 11h40 e 11h50 da manhã. Que os alunos são entregues somente aos pais ou responsáveis e, no caso em epígrafe, pela autorização mútua, perante a direção, na forma declarada, neste instrumento.

A outra pessoa que dá declaração em cartório a favor de Césio é o próprio Paulo Eduardo Feitosa Pereira. Ele afirma que, naquela eleição, estava concorrendo ao cargo de vereador, para o qual acabou sendo eleito, e confirma a história contada pelas funcionárias da escola.

A quinta testemunha viria a esclarecer o que Césio fazia antes do horário de buscar as crianças na escola, ou seja, na manhã do dia 1º de outubro, período em que o garoto Jaenes desapareceu. Seu nome é Gracinda Lima Magalhães, uma das figuras mais respeitadas do Movimento de Mulheres de Altamira, e também uma das testemunhas de defesa mais significativas de Césio.

Nas eleições de 1992, Gracinda trabalhava na campanha para prefeito do candidato Domingos Juvenil Nunes de Souza, que saiu derrotado. Na quarta-feira, 30 de setembro, ela teve um mal-estar no ventre e fadiga e diz que, por isso, não pôde comparecer ao comício de encerramento da campanha. Na noite daquele mesmo dia, estava na casa do candidato quando, após o horário eleitoral gratuito, percebeu que estava com hemorragia uterina. Pediu que a levassem para casa, tomou remédios e fez compressas com a ajuda de vizinhas.

Na manhã do dia seguinte, 1º de outubro, ela continuava se sentindo fraca e indisposta. Então, às 9 horas, foi levada até o hospital da Fundação Nacional de Saúde — do qual Césio era diretor. Chegando lá, pediu para ser atendida por uma médica com quem tinha amizade, mas ela não estava. Então, solicitou que Césio a atendesse, mas ele estava conduzindo uma cirurgia. Ele apareceu vinte minutos depois e, por volta de 9h40, iniciou o atendimento dela. Gracinda presenciou enquanto ele atendia outra paciente e depois voltou a ela; por volta de 11h30, disse que era seu horário de sair e receitou medicamentos. Ela aceitou uma carona dele até a Secretaria de Estado da Saúde (Sespa), onde ela trabalhava e pegaria os remédios — Gracinda chegou lá pouco antes de 11h45.

Como era uma importante testemunha de defesa de Césio, Gracinda deu outros depoimentos no processo. Em um deles, durante a fase de juízo, em 13 de dezembro de 1993, fez um comentário sobre Anísio e as acusações de esterilização forçada:

> Respondeu que, quanto à conduta profissional do dr. Anísio, na condição de membro do Movimento das Mulheres Trabalhadoras de Altamira, muito tem lutado contra o fato da esterilização feminina neste município, onde um dos médicos que assim atuam é o dr. Anísio.

Nesse mesmo depoimento, há um trecho em que um dos advogados de defesa perguntou se Gracinda teria feito os registros do atendimento que recebeu de Césio na manhã de 1º de outubro. Ela respondeu que não. Mais adiante, o promotor presente questionou se o atendimento teria sido então registrado ao menos no Centro Regional de Saúde, ela disse que também não. Segundo Gracinda, não houve registro porque se tratava de seu local de trabalho, para onde ela se dirigiu a fim de receber uma caixa do medicamento ministrado pelo dr. Césio.

Aditamento

A investigação do delegado Éder Mauro foi encerrada no início de agosto de 1993. Dos suspeitos apontados, Amailton estava preso desde novembro de 1992. Já Carlos Alberto, Anísio e Césio encontravam-se na cadeia desde julho de 1993. José Amadeu Gomes permanecia em liberdade, assim como Valentina de Andrade, que sequer havia aparecido em Altamira para prestar esclarecimentos. O ex-policial militar Aldenor, como já mencionado, nunca foi encontrado.

Até ali, existia apenas uma denúncia contra Amailton, datada de dezembro de 1992. Após as investigações da Polícia Federal e da Polícia Civil (por meio de Éder Mauro), além dos depoimentos colhidos durante o mês de julho de 1993, o Ministério Público fez um aditamento, uma espécie de complemento à denúncia original, entendendo que havia conseguido mais informações para torná-la mais robusta.

Com esse aditamento, no dia 6 de setembro de 1993, iniciava-se uma nova fase para todos os novos acusados: a de juízo. Os relatos dados nesse período são considerados mais importantes, visto que são colhidos na presença dos advogados de defesa. Após essa etapa, e tendo em mente que todos os acusados em teoria tiveram amplo direito de defesa, o juiz decide se os acusados vão ou não a júri popular.

E foi nessa fase de juízo que o ex-policial militar Carlos Alberto mudou seu depoimento, gerando novas dúvidas sobre todo o caso.

12. A acusação

Antes de prosseguirmos, é bom relembrar como funciona um processo criminal quando alguém é acusado de ter matado uma pessoa intencionalmente — o tal homicídio doloso.

Se não houver flagrante, ou seja, se ninguém tiver pegado o assassino no ato, um delegado inicia a investigação pela Polícia Civil. Durante o inquérito policial, ele realiza uma série de diligências, toma depoimentos de possíveis testemunhas, determina a realização de perícias e conduz interrogatórios com suspeitos. Se necessário, pode pedir a prisão de alguém no meio desse procedimento; quem emite o mandado de prisão é um juiz.

Depois de encerrar sua investigação, o delegado elabora um relatório final, que é encaminhado ao Ministério Público. Um promotor avalia se há indícios suficientes de crime. Caso entenda que sim, oferece uma denúncia ao juiz responsável. Se o juiz entender que a denúncia do Ministério Público tem fundamento, os suspeitos passam a ser réus. É nesse momento de transição do protagonismo do delegado para o do promotor e do juiz que se encerra a fase de inquérito policial e tem início a fase de instrução, também chamada de fase de juízo.

Aqui, mesmo que a testemunha que está depondo não tenha advogado constituído (e geralmente não tem, visto que ela não é uma suspeita), sempre estarão presentes o promotor responsável pela acusação e os advogados de defesa dos réus. Todos eles podem fazer perguntas. Na fase de inquérito, as partes envolvidas não têm oportunidade de se confrontarem; já durante a fase de juízo, elas têm um espaço só para apresentar argumentos, evidências e contestações. Não raro, os familiares de vítimas querem ajudar de alguma forma o Ministério Público na montagem da acusação, então contratam um advogado particular para auxiliar o promotor designado. Esse advogado é então chamado de assistente de acusação.

Em teoria, os depoimentos prestados na fase de inquérito não têm tanta validade no processo quanto aqueles dados na fase de juízo, pois nessa nova etapa as garantias legais e proteções a quem está falando são mais vigorosas. O problema é que, às vezes, testemunhas prestam depoimento na fase de inquérito, mas não na de juízo, por qualquer motivo que seja. Também há casos em que o depoimento da fase de inquérito é um, e o da de juízo, outro.

De qualquer forma, após ouvir todas as testemunhas de defesa e de acusação, o juiz responsável deve tomar uma decisão no fim dessa fase de instrução judicial. A pergunta que ele se faz é: tenho elementos suficientes para mandar essas pessoas a júri popular pelos crimes dos quais estão sendo acusadas? Essa decisão se dá a partir de dois movimentos: de um lado, os advogados de defesa dos réus fazem suas argumentações sobre os motivos pelos quais acreditam que seus clientes não devem ser levados a júri. De outro lado, o promotor elenca os motivos pelos quais acredita que eles devem ser levados a júri. Às vezes, o próprio promotor pode chegar à conclusão de que não há elementos suficientes, recomendando assim ao juiz responsável que os réus não sejam levados a júri. No fim, mesmo com todos esses argumentos a favor ou contra (e não raramente os próprios assistentes de acusação também elaboram suas razões), essa é uma decisão que cabe apenas ao juiz.

Esse é o momento que se chama de decisão de pronúncia. O juiz pode optar por pronunciar os acusados, o que significa que eles serão julgados por um júri popular, ou por impronunciá-los, o que significa que a acusação contra aquelas pessoas se encerra ali. Em tese, o crime voltaria à fase de inquérito, com novas investigações sendo abertas pela polícia judiciária.[22]

No júri popular, os acusados são levados a um tribunal cuja sessão é presidida por um juiz. Só que a função dele ali é apenas mediar e fazer o julgamento ocorrer com alguma ordem, pois quem decidirá se os acusados serão condenados ou não será o corpo de jurados. No Brasil, os júris são compostos de sete pessoas, que estão ali para representar a sociedade civil e decidir o destino daqueles réus.

---

22 Em linhas gerais, a polícia judiciária é aquela que investiga — sendo assim diferente da Polícia Militar, que é responsável por policiamento ostensivo. No Brasil são consideradas polícias judiciárias a Civil (que é gerida de forma independente em cada estado) e a Federal (que lida com crimes que ultrapassam fronteiras estaduais).

Portanto, o que o delegado Éder Mauro deveria fazer após concluir sua investigação no início de agosto de 1993? Se você pensou em "relatório", acertou. Contudo, esse relatório não existe. Se existiu, não está anexado ao processo.

Como já mencionei, sabemos pela imprensa que a Polícia Federal fez um relatório intitulado Operação Monstro de Altamira, datado de setembro de 1993. Mas esse relatório também não está nos autos do processo e, ao que tudo indica, não existe mais nos arquivos da Polícia Federal.

E, como mencionamos anteriormente, as pessoas que poderiam dar uma justificativa para essas ausências se recusaram a conceder entrevistas. Enfim, o fato é que, nos autos, não há nenhum relatório final de investigação nem da Polícia Federal, nem do delegado Éder Mauro, da Polícia Civil.

Novo promotor e poucos indícios

Estranhamente, a próxima peça importante que aparece no processo, após o inquérito de Éder Mauro, é o aditamento à denúncia do Ministério Público, de 6 de setembro de 1993. Nele, nota-se uma nova mudança de promotor. Na fase de investigações de Éder Mauro, era Sérgio Tibúrcio dos Santos Silva; agora, passava a ser Frederico Antônio Lima de Oliveira.

No documento de 21 páginas, o dr. Frederico tece uma longa explicação dizendo que, a partir de novos depoimentos coletados, haveria indícios fortes de que os crimes de Altamira não estavam sendo cometidos apenas por Amailton, mas sim por um grupo de pessoas poderosas.

Em uma peça como essa, espera-se que o promotor cite os crimes que aconteceram e especifique o papel de cada pessoa que ele está denunciando. Dr. Frederico cita cinco vítimas: SS, Wandicley Oliveira Pinheiro e os três garotos que foram encontrados mortos e emasculados: Judirley da Cunha Chipaia, Jaenes da Silva Pessoa e Flávio Lopes da Silva. Por que só essas cinco vítimas? Por que não citar José Sidney, o primeiro sobrevivente, de 1989? Ou Ailton Fonseca do Nascimento, o garoto cuja ossada desapareceu em 1991? Ou ainda Klebson Ferreira

Caldas, morto em novembro de 1992, enquanto a polícia procurava Amailton?

O promotor não explica, mas é possível que tenha se baseado em dois critérios: primeiro, o crime deve ter uma emasculação confirmada — o que de cara já eliminaria o caso de Ailton, visto que somente sua ossada foi encontrada, e todos os casos de crianças desaparecidas e vítimas de tentativa de sequestro listadas pelo comitê. E o segundo critério seria haver um inquérito aberto no nome da vítima. Não há inquérito próprio para José Sidney nem para Klebson; foram vítimas esquecidas pelo sistema. Assim, esse aditamento acaba reforçando o apagamento dessas crianças.

O dr. Frederico também diz pouca coisa sobre a participação de cada um dos denunciados nos crimes contra essas cinco vítimas. O caso com mais elementos, sem dúvida, é o de Jaenes, com seus indícios contra Amailton. Para isso, cita as testemunhas Agostinho e Gilberto Denis Costa (o amigo de infância de Amailton).

O promotor busca incriminar Amailton no caso de Judirley citando a irmã do garoto, Lúcia, que falava sobre a camionete Pampa cor de vinho perto do local onde ele tinha desaparecido. Incrivelmente, menciona também toda a história da empregada Fátima e da tal camisa suja de sangue. Já adianto: nas diversas peças que produziu, o Ministério Público sempre ignorou o fato de ninguém saber onde essa história surgiu. Os relatos da fase de inquérito de Brivaldo nunca foram problematizados.

Contra Césio, o aditamento cita novamente Agostinho, que teria relação com o caso de Jaenes. Contra o ex-policial militar Aldenor Ferreira Cardoso, aponta o reconhecimento por fotos feito por Wandicley, o terceiro sobrevivente, e Vandivaldo, seu irmão. Contra Carlos Alberto, lista o depoimento de Sueli, a conselheira tutelar do Amapá. Contra José Amadeu, elenca os depoimentos de Sueli e de Carlos Alberto. Contra Valentina, remete ao depoimento de Edmilson Frazão. E, contra Anísio, cita praticamente todas as histórias estranhas que os delegados Éder Mauro e Brivaldo ouviram sobre ele — além, é claro, do relato de Edmilson.

Se olharmos com atenção, uma coisa salta aos olhos. Só há de fato alguma consistência no caso de três das vítimas: Wandicley, Judirley e Jaenes. Contudo, não há nenhuma acusação específica referente aos de SS e Flávio.

Mesmo se olharmos os indícios considerados mais fortes, como os relatos de Gilberto, amigo de infância de Amailton, ou das pessoas que denunciavam maus-tratos médicos na prática de Anísio, ou mesmo a história de que ele faria rituais em sua chácara, inclusive o relato de Edmilson Frazão, não há nada específico sobre a atuação direta de cada suspeito nos crimes dos emasculados. Por exemplo: qual teria sido a participação de Anísio na morte de Jaenes? A nova denúncia não diz. Qual foi a atuação de Amailton no ataque a SS ou Wandicley? Não diz. Quem sequestrou e matou Flávio? Tampouco. Mesmo no caso de Jaenes, que foi mais investigado, o que existe de indício forte contra Amailton? O fato de ele ter saído da cidade? Quem exatamente confirma que ele sempre saía da cidade quando um crime acontecia?

Quando leio esse aditamento, o que vejo é uma construção de relações muito soltas que são forçadas para fundamentar a suspeita de rituais satânicos ocorrendo em Altamira. Quando descobriram que Valentina de fato esteve naquela cidade nas décadas de 1970 e 1980, e isso vem à tona justamente após ela ter virado suspeita de casos de mortes de crianças no Paraná, foi como se tudo fizesse sentido. Entendo essa sensação, mas não posso dizer que isso seja suficiente. Não deveria ser, pelo menos.

Carlos Alberto muda seu depoimento

Após o aditamento, a juíza Elisabete Pereira de Lima aceitou a nova denúncia no dia 13 de setembro de 1993. Iniciava-se assim uma nova fase de instrução judicial, dessa vez nas mãos de um novo juiz: José Orlando de Paula Arrifano, hoje falecido.

As audiências dessa fase começaram no dia 13 de outubro de 1993, com o interrogatório de Carlos Alberto. Perante um juiz e com um advogado de defesa a tiracolo, ele mudou seu depoimento. Por quê? Antes de mais nada, lembremos que Carlos Alberto entra no processo com a carta da conselheira tutelar Sueli, detalhando a história chocante do ex-policial com Maria, sua esposa de 13 anos. Essa história, claro, não tem relação com os casos dos meninos emasculados. Mas os abusos contra Maria (que ele inclusive confirmou ao delegado

Éder Mauro) causam tanta revolta que parece que todo o julgamento sobre ele fica nebuloso.

O trecho da carta de Sueli que tornou Carlos Alberto um suspeito no caso dos meninos é quando afirma que ele lhe teria dito que trabalhou como segurança para Amadeu Gomes e que seria ele o mandante dos crimes contra os meninos em Altamira.

Para o processo, é isso o que importa. Para Éder Mauro, porém, Carlos Alberto nunca disse isso. O que ele relatou foi que trabalhou por um tempo para Zaila Gomes, a ex-esposa de Amadeu, e que em sua residência havia armas e uma foto estranha que parecia ser de algum ritual, que ela era um tanto misteriosa e que ele já havia testemunhado uma visita de Anísio à casa dela.

No testemunho ao juiz Arrifano, Carlos Alberto novamente confirmou boa parte dos abusos contra Maria. Pior: afirmou que, no passado, chegara a ser preso várias vezes por tê-la espancado. Só que, quando falou sobre os casos dos meninos em específico, a história mudou completamente. Primeiro, ele aparentou nem ao menos se lembrar do nome de Zaila. Em seguida, passou a afirmar que sempre tivera acesso a toda a casa dela e que não havia nada de anormal por lá. Disse, ainda, que só afirmou que haveria um tal álbum de fotos de pessoas encapuzadas praticando um ritual porque sentiu que poderia ser preso e acusado pelos crimes. Disse a mesma coisa em relação a ter visto Anísio: não era verdade e só declarou tal coisa por ter se sentido coagido. E completa:

> [...] perguntado por que afirma em seu depoimento perante a autoridade policial que era o dr. Anísio quem cortava as crianças, respondeu que nunca fez tal afirmação, entretanto ouviu comentários que os autores desses crimes só poderiam ser médico ou advogado.

É importante notar que Carlos Alberto nunca teve de fato um advogado particular, mas sim defensores designados pelo juízo, que não fizeram um trabalho adequado. Ele foi preso em julho de 1993. Em outubro, perante um juiz, passou a afirmar com todas as letras que fora coagido pelo delegado a inventar histórias que relacionavam a família Gomes ao caso dos meninos emasculados. É uma denúncia grave, mas que nunca foi adiante. Não há, por exemplo, qualquer pedido para que se abra uma investigação sobre as torturas que ele teria sofrido, sendo que, em uma matéria do jornal *O Liberal*, de 24 de julho de 1993 (ou seja, poucos dias após ter sido preso e interrogado), ele já afirmava ter sido torturado e coagido:

> EX-PM ACUSA DELEGADO DE FORJAR PROVAS
>
> [...] Carlos Alberto garante que o delegado da Divisão de Ordem Política e Social lhe mostrou uma foto de Anísio para que reconhecesse o médico e depois o identificasse nos autos de reconhecimento. "O médico é esse aqui", teria dito Éder Mauro ao ex-PM. "Ele me mandou afirmar muita coisa que eu nem sabia", acusa Carlos Alberto.
>
> Segundo o ex-PM, a principal ameaça que recebeu de Éder Mauro para que desse um falso depoimento foi a de ser colocado junto com os outros presos, "para que, por ser um ex-PM, me matassem". [...]
>
> Carlos Alberto disse também que foi torturado no prédio da Polícia Federal de Macapá: "Me deram choque elétrico, me espancaram de perna-manca e depois me mandaram correr para fora do prédio, quando todos os policiais estavam com suas armas nas mãos", acrescentou. [...]
>
> Há cerca de cinco anos, Carlos Alberto foi expulso da PM por envolvimento com bebidas e mulheres em Monte Alegre, quando estava acompanhado dos soldados Leal e Neimar. "O delegado me acusou de ter cometido estupro contra uma das mulheres e usou isso para me forçar a dizer inverdades no depoimento", disse Alberto.
>
> [...]

Nos autos, há uma clara crença das autoridades de que Carlos Alberto fazia parte da seita e que teria alguma função de segurança ou coisa do tipo. Quem falava que ele tinha esse ofício na organização criminosa era Edmilson Frazão, que contou toda uma história de Carlos Alberto e do suposto envolvimento dele com outros policiais corruptos de Altamira. E, estranhamente, o juiz Arrifano jamais o questionou sobre se ele conhecia ou não Edmilson ou esses policiais. A impressão que se tem é que não houve interesse das autoridades em verificar com segurança se estavam no caminho correto, queriam apenas reforçar o que os investigadores anteriores afirmavam.

Então, por tudo o que aparece sobre Carlos Alberto até aqui, parece seguro dizer que, sim, ele era um adulto casado com uma menor de idade, abusava dela constantemente e deveria ter sido criminalmente responsabilizado por essa situação. Fora isso, não há nada de sólido sobre ele fazer parte de uma seita que emasculava garotos. Aliás, podemos até dar um passo para trás e nos perguntar: neste ponto do processo, quais são os indícios de que existiria uma seita?

Uma nova testemunha de defesa para Césio

Como contei no capítulo anterior, pouco tempo depois de ter sido preso, Césio já havia conseguido algumas declarações de testemunhas de defesa que confirmavam onde ele estava no dia 1º de outubro de 1992 na hora do almoço, contrariando a versão de Agostinho. Além de Gracinda Lima Magalhães, nesta fase, depôs uma nova testemunha de defesa: a médica Liliane Tabosa Arraes.

Em seu relato, a dra. Liliane afirmou que era colega de trabalho de Césio no hospital e que estava lá na manhã do dia 1º. Ela confirmou que às 7h30 ele já estava no hospital, que fez uma cirurgia por volta das 9 horas, que atendeu Gracinda em seguida e, depois, foi buscar as crianças na escola.

Para além desse reforço, chama atenção o fato de ela afirmar ter sido uma das primeiras médicas a receber no hospital o corpo de Judirley Chipaia, já que estava de plantão no dia. Explicou que não era especialista em exames em mortos, mas que atestou já naquele primeiro momento a emasculação e a morte por hemorragia. Dias depois, o médico-legista Armando Aragão foi chamado para reavaliar o corpo e conversou com ela sobre suas impressões. É um fato curioso porque, nos autos do processo, não há nenhum laudo de exame do corpo de Judirley com assinatura de Liliane. De qualquer forma, o que ela informou em depoimento é o mesmo que consta no laudo de Aragão.

Em seu relato, Liliane também afirmou não ter atendido qualquer um dos sobreviventes, assim como Césio, que só chegara a Altamira depois dos ataques que os sobreviventes sofreram. Porém, em certo momento, a médica disse que Césio teria visto o corpo de um dos meninos mortos. Isso contrastava com os depoimentos dele, que sempre negou tê-los visto, tanto a Éder Mauro quanto em juízo.

Anexado ao processo, temos um laudo de verificação de uma das vítimas — assinado pelo dr. Césio. A vítima em questão era Ailton Fonseca do Nascimento, desaparecido em maio de 1991 e cuja ossada foi encontrada no mês seguinte. Ou seja: realmente, Césio não viu um corpo. Ele analisou uma ossada e assinou com outro médico um laudo, em que afirma: "Procedemos à verificação da ossada humana desmontada, sendo impossível estabelecer a *causa mortis* e [a] identificação da mesma". Após esse procedimento, a ossada de Ailton foi levada pela polícia a Belém — em seguida, perdeu-se.

Nos autos não há nem mesmo registro no IML, tampouco foi apurada a responsabilidade de algum agente pelo sumiço. Mencionar que Césio examinou a ossada seria um indício de que ele estaria envolvido no caso, afinal, se uma pessoa comete um crime e o corpo é encontrado e levado para ser examinado por ela mesma, é óbvio que isso nunca chegaria ao IML.

São muitas pontas soltas, mas que serviram a um objetivo bem claro do Ministério Público: mostrar que Césio estava mentindo e que a seita poderosa tinha seus meios de sumir com evidências. Essa parece ser a lógica que permeia todo o caso.

Testemunhas de defesa de Amailton

Em sua defesa, Amailton sempre afirmou que não participara dos assassinatos e que, portanto, suas viagens nada tinham a ver com eles. Mas o que faltava eram testemunhas que pudessem afirmar que estavam com o suspeito na hora desses crimes. E essas testemunhas apareceram nessa nova fase de juízo.

Uma delas era uma mulher de 48 anos chamada Terezinha Martins Cavalheri. Em seu depoimento, ela afirmava que, em 1º de janeiro de 1992, dia em que Judirley Chipaia desapareceu, Amailton estava em sua chácara, com ela, e que passou a tarde inteira lá, das 12 horas às 17h30. De acordo com os relatos, Judirley havia desaparecido às 14 horas.

Outra testemunha a favor de Amailton era um homem de 45 anos chamado Antônio Gonçalves de Oliveira, que se dizia amigo da família Gomes havia décadas e trabalhava na empresa de transportes de que pai e filho eram donos. Ele afirmava ter sabido dos planos de Amailton de fazer uma longa viagem de moto ao Sul do Brasil — o que iria contra a acusação de que ele estaria fugindo da cidade às pressas por conta de algum crime que teria cometido.

Os depoimentos de Terezinha e Antônio Gonçalves datam do mesmo dia: 13 de dezembro de 1993. São as últimas testemunhas a serem ouvidas nessa fase de juízo.

Amailton já estava preso havia mais de um ano, mas era a primeira vez que essas testemunhas apareciam confirmando um álibi dele. Assim, o que mais causa estranhamento é: por que não falaram antes, por exemplo, em fevereiro de 1993, na primeira fase de juízo, quando apenas Amailton era réu?

Acusação mal fundamentada

Muita coisa ainda aconteceria nessa fase de juízo. Cerca de três meses depois, em março de 1994, uma pessoa se convenceu de que a acusação estava mal fundamentada. E essa pessoa era o próprio promotor do caso na época, o dr. Roberto Pereira Pinho.

Após réus, informantes, testemunhas de defesa e acusação serem ouvidos, era chegada a hora de o juiz Arrifano decidir se havia indícios para levar os réus a júri popular. As defesas, é claro, seguiram o protocolo e argumentaram que ninguém deveria ser julgado, que o caso todo era fundamentado em boatos.

O surpreendente e incomum foi que o promotor, pelo menos em parte, concordou com as defesas. Ao listar cada um dos réus e um resumo de tudo o que havia sido coletado contra cada um deles, Roberto Pereira Pinho repetiu a mesma conclusão de várias formas diferentes: "Por tudo o que foi coletado até aqui sobre essa pessoa, solicitamos a sua impronúncia — ou seja, que esse réu não deve ir a júri".

Apenas uma pessoa fugiu desse seu critério: Valentina de Andrade. Para o promotor, alguns fatos pesavam contra ela: Valentina não havia se apresentado para prestar depoimento; seu ex-marido Duílio, residente em Altamira desde a década de 1970, afirmara que ela tinha passado pela cidade na década de 1980 e que estava muito diferente da mulher que ele havia conhecido anos antes; e, por fim, ela tinha sido suspeita no caso Leandro Bossi. Valentina até ali era representada apenas por advogados designados pelo próprio juízo. O promotor argumentou que só ela deveria ir a júri — algo, em muitos sentidos, inesperado.

13. A justiça: parte 1

Essa recomendação do promotor aconteceu em 18 de março de 1994 — e deixou muitas pessoas da cidade chocadas.

O caso já havia ganhado notoriedade nacional, estampando páginas de jornais de grande circulação, além de ser tema de matérias de TV. Havia também pressão internacional. Durante a pesquisa, ouvi muitos comentarem sobre como alguns órgãos estrangeiros de defesa de menores exigiram do Estado do Pará — e do Brasil — uma resposta. Assim, o pedido de impronúncia para os outros réus era um golpe para as famílias de vítimas de Altamira. A mensagem parecia ser clara: os poderosos estavam saindo impunes novamente.

O "contra-ataque" viria em 28 de março de 1994, dez dias após as alegações finais do promotor, pelas mãos da assistência de acusação. Na época, essa função era do advogado Antônio César de Brito Ferreira, que representava os interesses da família de Jaenes e pediu a pronúncia de todos os sete réus.

Quase três meses depois, em 20 de junho de 1994, o juiz Arrifano decidiu que todos deveriam ir a júri. No dia seguinte, 21 de junho, o promotor Roberto Pereira anunciou que se afastaria do caso devido a essa sentença.

A decisão de Arrifano é uma longa peça de catorze páginas. Aqui, eu gostaria de destacar apenas um trecho bastante relevante:

> Uma coisa é certa. Após a ocorrência das decretações das prisões preventivas e recolhimento de alguns dos denunciados (Amailton Madeira Gomes, Césio Flávio Caldas Brandão, Anisio Ferreira de Souza e Carlos Alberto dos Santos Lima), os crimes deixaram de ocorrer [...].

É uma afirmação bastante comum em matérias que tratam do caso ou mesmo na fala de pessoas com algum conhecimento da história. Contudo, essa informação está errada. Os suspeitos foram presos em julho de 1993. De acordo com o relatório de 1996 do Comitê em Defesa da Vida das Crianças Altamirenses, ao menos dois outros garotos dizem ter sofrido tentativa de sequestro depois disso: George, em agosto de 1993, e Gilberto, em setembro de 1993.

O desaparecimento de Rosinaldo

Ainda mais notório do que essas duas tentativas de sequestro, porém, é um desaparecimento até hoje não solucionado. O nome do garoto é Rosinaldo, mas ele é conhecido pelo apelido de Baixinho. Tinha 11 anos quando sumiu, em 9 de setembro de 1993.

A história é bastante estranha. Nos autos do processo de Altamira, o inquérito de seu desaparecimento está anexado a um pedido da defesa de Césio. Eis um trecho do depoimento que a mãe do menino, Angelita Pinheiro de Farias, deu em 13 de setembro de 1993:

> [...] numa terça-feira que a declarante não sabe a data, sabendo apenas que foi antes do dia 7 de setembro, um senhor, de nome Vantuil, que a declarante afirma ser esposo da dra. Vera, a juíza desta comarca, chegou em sua residência por volta das 14 horas e pediu ao esposo da declarante que deixasse seu filho de nome Rosinaldo ir para sua fazenda; que o esposo da declarante permitiu, onde o menor passou oito dias, retornando para casa na quarta-feira após o dia 7 de setembro; que a declarante afirma que seu filho Rosinaldo, na manhã de quinta-feira, dia 9 de setembro do corrente ano, saiu de casa pela manhã cedo para engraxar sapatos [atividade que exercia normalmente], quando, já por volta das 18 horas, a declarante mandou irem atrás de Rosinaldo, não o encontrando. Que a declarante afirma que somente encontrou sua caixa de graxa no supermercado Alvorada, não tendo mais informações; que a declarante afirma ter procurado Vantuil em busca de seu filho, mas não obteve êxito, tendo procurado bastante no dia seguinte, mas não o encontrou. Que, perguntado à declarante se percebeu alguma anormalidade no menor quando de seu retorno da fazenda de Vantuil, respondeu negativamente, pois [ele] estava perfeito.

No inquérito de Rosinaldo, os relatos de testemunhas podem dar a entender várias coisas. Alguns afirmaram que viram um garoto muito parecido com ele andando por localidades próximas, pedindo ajuda para comer ou voltar para Altamira. Mas o mais estranho de tudo era o envolvimento de Vantuil Estevão de Souza, um fazendeiro que era casado com uma das juízas de Altamira, Vera Araújo de Souza.

O desaparecimento de Rosinaldo é importante porque marca um momento crucial dos casos de Altamira, em que os principais suspeitos estavam presos havia meses. E não só isso: ele sumiu dias depois de ter ido passar um tempo trabalhando para um poderoso fazendeiro local, casado com uma juíza da cidade. Para os familiares de Rosinaldo, Vantuil e sua esposa, Vera, se tornaram os principais suspeitos. Eles acreditavam que o casal seria parte da seita que matava e emasculava crianças.

Na já mencionada CPI de novembro de 1993, há um vídeo do padre Sávio Corinaldesi, importante liderança popular da época, que menciona Rosinaldo:

> Outro sinal muito triste da nossa situação é o fato [de] que, quando acontece um crime, ninguém liga. No dia 9 de setembro, desapareceu o Rosinaldo. E nós tivemos a impressão de que, depois de duas, três, quatro semanas, ainda nem tinha sido instaurado inquérito.

No relatório da CPI, finalizado alguns meses depois dessa audiência, ficam mais claras as desconfianças da população. Transcrevo aqui uma parte, mas corrigindo o nome de Rosinaldo, que é erroneamente chamado de Reginaldo:

> A população crê em envolvimento ou conivência da polícia local e acusa uma juíza, dra. Vera, e seu marido, o sr. Vantuil, de serem os verdadeiros responsáveis, como se expõe a seguir. Também se crê na participação de um médico.
>
> Em setembro do corrente, houve o desaparecimento do menino Rosinaldo, de 10 anos[23]. O jovem desapareceu após ter passado oito dias na fazenda da dra. Vera e do sr. Vantuil. [...]
>
> Também em setembro, o menino Gilberto F. Leite foi sequestrado e levado para bordo de um ônibus com destino a Itaituba. O menino conseguiu fugir no quilômetro 240 da estrada Altamira/Itaituba, enganando o raptor. A situação da família é de verdadeiro terror. Têm aparecido pessoas estranhas na região em que moram que fotografam as crianças, acredita-se, por estarem procurando Gilberto para "queima de arquivo". Apesar de o acontecido ter se dado em 27 de setembro, a polícia só foi

---

23 De acordo com o boletim de ocorrência sobre seu desaparecimento, a idade correta de Rosinaldo era 11 anos. Reproduzimos aqui exatamente como está no relatório da CPI, mesmo com esse erro.

interrogar a mãe em 2 de novembro e a intimidou pelos [sic] agentes estarem de máscara.

Além desses casos, há muitos outros casos de meninos desaparecidos sem solução, e, segundo afirma a Pastoral do Menor local, vários casos não noticiados por medo das famílias. Segundo a pastoral, esse medo advém da falta de crédito nas autoridades, porque muitos depoentes foram forçados a prestar declarações diante de pessoas que creem envolvidas. Esta CPI acredita tratar-se de nova acusação à juíza, dra. Vera.

Esse suposto envolvimento de autoridades em ações suspeitas no caso foi tema de uma carta enviada por uma pessoa de nome Cláudio Lopes Ferreira e anexada aos autos pela defesa. O documento, que não está datado, fala do suposto envolvimento da juíza Vera e de seu marido, Vantuil (que o homem grafa como Wantuil, mas aqui está corrigido), nos crimes:

> [...] tudo que diz respeito à JUSTIÇA DE ALTAMIRA é travado, enferrujado, emperrado, envergonhado, em virtude de a juíza dra. Vera Araújo de Souza ser incompetente, despreparada, corrupta e manter uma máfia com seu marido Vantuil. Homem altamente periculoso que manobra toda a justiça de Altamira. [...] as sentenças são dadas em favor de quem paga para o Vantuil [...], um dos maiores latifundiários da região. [...]
> As reuniões são feitas na casa da juíza, às vezes na casa da fazenda e outras, na casa da cidade — por sinal, são as melhores casas da região. Está também construindo em Altamira, em Belém, onde a casa é chamada de casa da Dinda. O mais grave é que este homem Vantuil está participando e dando cobertura aos matadores de crianças de Altamira. A última criança que sumiu, o único responsável é o Vantuil, marido da juíza. A criança foi vista pela última vez no carro do Vantuil, de onde desapareceu; toda a população de Altamira sabe, mas tem medo de falar, inclusive o Vantuil está envolvido na morte das crianças a partir da criança de nome Chipaia, ocorrida dia 1º de janeiro de 1992 na estrada da Serrinha, nas proximidades da fazenda do dito elemento. As outras crianças ele tem participação, e a última, é o único suspeito (envolvido, já foi ouvido na Polícia Civil, mas lá a polícia é governada por ele, Vantuil).
> Exa., mande fazer uma correção no Fórum de Altamira, tudo de absurdo existe, os cartórios do fórum estão do lado da juíza e não dão informação (têm medo do marido da juíza). A coisa aqui é tão vergonhosa que, dos oficiais de justiça, um é irmão da juíza (está no esquema de máfia), outra é irmã do dr. Sinval (promotor), outro é sobrinho do dr. Sinval (este só trabalha quando é no esquema da juíza e do Vantuil). A advogada para estes casos é a dra. Lindalva, defensora pública, mas que advoga também

particular, mas as transas são feitas mesmo como defensora. Para V. Exa. ter uma ideia do escândalo, passam pela Defensoria Pública liberações de grandes quantias em dinheiro, liberadas por alvará judicial. Dra. Lindalva pede, a juíza libera. [...]

Com base em todos esses relatos, os pesquisadores Rubens Pena Júnior e Paula Lacerda acreditam que havia uma desconfiança por parte da população de que existisse uma relação íntima entre os latifundiários da região, o Judiciário e a polícia. Em suas análises, nunca teria se tratado de pânico satânico.[24] Mas foi esse elemento que acabou sendo usado na definição dos suspeitos. E quem começou a levar essa questão ao processo foi a defesa dos próprios médicos. Isso fica claro na carta que acabamos de ver: ao anexar tal texto acusatório aos autos, com acusações sem comprovação alguma em outros documentos e investigações e que faz uma série de suposições a partir de aparentes relações entre algumas figuras poderosas de Altamira, a defesa parece querer apontar o absurdo do nível conspiratório com que o caso estava sendo levado. E, enquanto as autoridades buscavam supostos satanistas, as crianças de Altamira pareciam continuar vulneráveis.

O caso de Rosinaldo é mais um a entrar na lista de crianças desaparecidas em Altamira que foram esquecidas pelo sistema.

O caso vai ao STF

Nos meses seguintes ao desaparecimento de Rosinaldo, ocorreu a nova fase de juízo com o juiz Arrifano — em 21 de junho de 1994, ele decidiu que os sete réus deveriam ir a júri.

---

24 Expliquei melhor esse conceito no livro *O caso Evandro*. Com base em trabalhos como o do professor de sociologia Jeffrey S. Victor, especificamente no seu livro *Satanic Panic: the creation of a contemporary legend*, de 1993, considera-se o "pânico satânico" uma espécie de pânico moral que leva a uma histeria coletiva conspiratória: pessoas com grande influência e poder político seriam membros de uma seita satânica que estaria sacrificando crianças. Tal fenômeno cultural foi muito presente no imaginário dos Estados Unidos durante as décadas de 1980 e 1990 e, ao meu ver, manifestou-se no Brasil durante o período do caso Evandro. Por consequência, era uma hipótese minha de que ele poderia também estar presente no caso de Altamira — posição essa que, como expus no texto, não é compartilhada pela pesquisadora Paula Lacerda e pelo meu colega pesquisador Rubens Pena Júnior.

Foi nessa nova fase de juízo que outro advogado, Jânio Siqueira, entrou em cena, defendendo Césio. E ele foi o responsável por mudar totalmente o andamento do processo: Siqueira impetrou recursos no Superior Tribunal de Justiça (STJ) e no Supremo Tribunal Federal (STF) pedindo a nulidade da fase de instrução sob alegação de irregularidade no número de testemunhas ouvidas — o juiz Arrifano havia designado oito para todos os acusados, e não por pessoa. O dr. Siqueira pretendia que o STF anulasse tudo, até a pronúncia dos acusados.

Na corte, a relatoria do caso coube primeiro a Mauricio Corrêa, mas o ministro teve que se julgar impedido porque ele próprio havia pedido à Polícia Federal que investigasse os crimes quando era ministro da Justiça do governo Itamar Franco. O caso ficou então com o ministro Marco Aurélio Mello.

Em 31 de março de 1995, o ministro Marco Aurélio julgou que, de fato, havia irregularidades no processo, no quesito do número de testemunhas de defesa que foram ouvidas, e ordenou que retornasse à fase de instrução. Por consequência, também acabou concedendo *habeas corpus* a Césio, em agosto de 1995, e posteriormente a Amailton e a Anísio. Nessa época, já estavam presos havia cerca de dois anos. O processo demorava a andar por dois motivos: primeiro, pela dificuldade de entendê-lo. Segundo, sendo os autos todos em papel, era necessário que, a cada novo recurso que se tentasse, os autos fossem deslocados até a cidade destino. No caso do STJ e STF, isso envolvia que todos os autos fossem do Pará até Brasília. Esse deslocamento e a análise dos mesmos retardava o trabalho de maneira considerável.

E, enquanto o processo físico estava fora de Altamira, a história continuou acontecendo por lá. Assim que voltou, novas informações foram anexadas a ele, tornando o caso ainda mais complexo.

A garota Eudilene

Os autos retornaram a Altamira em setembro de 1995 para a nova fase de juízo. Havia também um novo juiz encarregado: Paulo Roberto Ferreira Vieira.

As novas peças demonstram o que estava acontecendo em Altamira enquanto os autos ficaram fora da cidade e adicionam camadas ainda mais estranhas à história. É nessa etapa que conhecemos a história da menina Eudilene Pereira da Costa, de 13 anos. Ela aparece apenas uma vez no processo dos meninos de Altamira, a partir de um termo de informação dado e assinado por ela, que estava acompanhada de Antônia Melo, que é até hoje uma importante liderança social em Altamira. Eudilene prestou depoimento perante dois promotores, com a presença adicional de quatro policiais federais — José Carlos de Souza Machado, Emanuel José de Jesus, Eulália Maria Tavares e José Maurício Conte Correa —, o que chama atenção.

O depoimento da garota tem três páginas e é datado de 7 de dezembro de 1994, com descrições de violência sexual e mutilações:

> [Eudilene Pereira da Costa declara que] [...] [no] dia 20 de maio de 1992, [...] foi levada para morar com seu tio, Raimundo Pereira da Costa. Que o seu tio Raimundo trabalhava na serraria Cruz Machado, localizada na rodovia Transamazônica, quilômetro 1 [...].
> Que, em meados de agosto de 1992, a sra. Socorro, companheira de seu tio, a levou para fazer consulta no posto de saúde da Travessa João Coelho, bairro da Brasília. Uma vez lá, foi levada para falar com o dr. Césio, o qual tirou sua roupa, deu-lhe uma injeção para dormir e, ainda acordada, pôde ver quando o dr. Césio tirou a roupa, abriu suas pernas, tirou seu pênis, colocando em sua vagina. Que, na hora da penetração, a informante verificou que começou a sangrar, e após isso, dormiu. Que, quando acordou, viu um negócio branco e sangue nas coxas. Então foi até o banheiro e viu que o seu seio estava roxo e não aguentava andar de pernas fechadas. Que suas costas doíam. Depois, vestiu as roupas e saiu do consultório onde Socorro estava lhe aguardando, deixando-a sentada num banco e entrando para conversar com o dr. Césio.
> Que a informante diz ter uma ficha médica com o nome de Samara para a consulta com o dr. Césio [...]. Que [...] das outras vezes que foi se consultar com o dr. Césio, Socorro a levava bem cedo, saindo de casa por volta das 5 horas da manhã, terminando sua sessão por volta das 6h30 da manhã, isso quase diariamente durante quase um mês. Que Socorro, após as consultas médicas, passou a levá-la para uma chácara situada na estrada da Betânia, onde morava um homem meio idoso, cor clara, cabelos curtos claros e grisalhos, que dizia chamar-se José, sendo amante de Socorro. [...] Que frequentavam a chácara, principalmente nos finais de semana, os médicos Luiz Antonio Teixeira e Césio Brandão, bem como um homem chamado Pedro Fim e uma quarta pessoa descrita pela informante como sendo um índio, apresentando cabelos lisos à altura dos ombros, franja, compleição forte, cor moreno escuro, apresentando duas pequenas tatuagens em formato de círculo abaixo dos olhos.

Que numa dessas idas à chácara, provavelmente no início do ano de 1993, viu dois garotos amarrados pelos punhos e tornozelos, dentro de uma casinha cercada de arame e pau, arame inclusive no teto, sendo que uma dessas crianças era meio clara, usava sandálias tipo Havaianas, cor amarela e um short parecendo de banho. E o outro menino, sendo bem maior, forte, de cor morena escura, cabelos encaracolados, aparentando ter aproximadamente 14 anos. Que, num desses dias, presenciou o dr. Luiz Antônio fazendo sexo com o garoto maior, percebendo ainda que o mesmo estava amarrado. Que em outro dia viu quando o Índio, Pedro Fim e o dr. Césio arrastaram pelos cabelos os dois garotos para o mato, e como estes estavam gritando ("Pelo amor de Deus, não me mate, preciso ver minha mãe, socorro"), viu que foi encostado um vidrinho no nariz dos meninos e estes caíram no chão.

Que retornaram algumas horas depois, estando Pedro Fim e o índio melados de sangue, arrastando o corpo do menino maior com os olhos furados, despido, percebendo que seus órgãos genitais estavam tirados, estando o dr. Césio de bata e luva, trazia em sua mão um facão e um saco, e Pedro Fim trazia em sua mão uma maleta. Que eles deixaram o corpo do menor dentro da casinha com a porta aberta. Que quando o sol já começava a sair, ouviu quando o sr. José disse para a Socorro: "Não aguento mais ouvir grito de criança, vou contar tudo e cair fora".

Ato contínuo, Socorro disse que ia embora e, aproveitando um descuido de José, esfaqueou-o às proximidades da nuca. Em seguida, cortou seu pescoço, cortando ainda por cima das vestes as virilhas. Que Socorro cavou uma cova rasa ao lado da casa, embaixo do girau, em frente a um pé de cacau, onde enterrou o referido sr. José, cobrindo com folhagem, plástico preto e também um pilão de madeira sobre a cova. Que, após isso, Socorro pegou a informante e foram se banhar em um igarapé do outro lado da estrada, pois Socorro tinha a sua saia suja de sangue. Que, segundo a informante, a mesma foi ameaçada por Socorro: se abrisse a boca, iria matá-la [...].

Que, depois do acontecido, regressaram algumas vezes à citada chácara para buscar frutas, estando o local abandonado. Que, depois do acontecido, Socorro chegou a enforcá-la por duas ocasiões, sendo em uma das vezes salva pelo Luiz, irmão da Socorro, que disse: "Socorro, não faz isso, essa menina não é tua filha e nem que fosse você poderia fazer isso". E Socorro respondeu: "Ela tem que morrer, ela sabe demais". Que diz a informante ter visto as pessoas acima nominadas fazerem uma espécie de oração, em uma língua que não entendia, onde liam trechos de um livro que tem na capa a inscrição "magia negra".

[...] Que ao final, tendo sido mostradas à informante algumas fotografias em recortes de jornal, esta reconheceu a fotografia do dr. Césio Flávio Caldas Brandão e aquele que se dizia chamar Pedro Fim, apontado como sendo da fotografia de Amailton Madeira Gomes, ressalvando que não foi apresentada a nenhuma fotografia do dr. Luiz Antônio Teixeira.

O depoimento de Eudilene é chocante, primeiro, óbvio, pela violência de seus relatos. Ela se coloca como testemunha ocular de uma série de crimes graves, além de dizer que foi vítima de estupro por parte de Césio. Tudo o que ela fala reforça as acusações feitas aos personagens de Altamira. Mais do que isso: ela aponta uma série de nomes, lugares e materiais que poderiam ser determinantes para o processo.

Em segundo lugar, esse depoimento é praticamente a única coisa que existe sobre o caso de Eudilene. Ela deu seu testemunho em 7 de dezembro de 1994. Dois dias depois, um juiz de Altamira chamado Roberto Gonçalves de Moura determinou, a pedido da Promotoria, que fossem feitas buscas e apreensões em dois lugares: na chácara que Eudilene descrevia, que seria de propriedade de um homem chamado Nivaldo, Anivaldo ou Ivaldo; e na casa de Socorro, a companheira do tio de Eudilene. Além disso, requisitou que dois médicos acompanhassem os oficiais de justiça até a chácara, de forma que pudessem exumar corpos que encontrassem enterrados por lá. Os oficiais relataram depois não ter encontrado nada. Já sobre a casa de Socorro, eles relataram: "[...] deixamos de dar cumprimento ao mandado de busca e apreensão, em virtude de não ter sido apreendido o objeto da demanda, ficando prejudicada a busca no endereço mencionado neste mandado". Não é possível entender se eles não encontraram a casa de Socorro ou se estavam buscando algum objeto em específico que não foi localizado — de repente, o tal livro com a inscrição *Magia negra* na capa.

Não há depoimento de mais ninguém: nem de Socorro, nem de Raimundo, nem do tal médico Luiz Antônio Teixeira, jamais identificado. Não existiu qualquer diligência no posto de saúde onde Eudilene dizia que tinha sido tratada para buscar a ficha médica em que constaria seu atendimento sob o nome de Samara.

Essa história é combustível para uma série de especulações. Por que nunca foi investigada? E o que pensar da presença dos policiais federais em seu depoimento? Eram os mesmos agentes que haviam conduzido a operação em maio e junho de 1993 — e é inclusive por meio do depoimento de Eudilene que conseguimos descobrir alguns de seus nomes. O que eles estavam fazendo em Altamira em dezembro de 1994? Quem os mandou para lá? E por quê? O que fizeram com o relato de Eudilene? Ninguém sabe. Eu tentei contato com todos os agentes, mas nenhum quis me conceder entrevista.

É na tese da professora Paula Lacerda que encontramos mais informações sobre Eudilene, obtidas por meio de entrevistas com pessoas envolvidas no caso na época. De acordo com a tese, Eudilene teria sido chamada para falar em um dos julgamentos, mas isso acabou não acontecendo porque ela assumira uma nova identidade, Lurdes, ao entrar no programa de proteção à testemunha.

Consultei com bastante atenção os autos do processo procurando qualquer esforço em tentar arrolar Eudilene para os julgamentos. Procurei também o nome de Lurdes. Se o Ministério Público queria que ela falasse nos julgamentos, deveria haver algum registro disso. Mas não existe nada. Logo, é pouco provável que ela tenha sido de fato considerada a prestar depoimento em algum dos julgamentos — mas, como sabemos pela tese de Paula Lacerda, é assim que algumas das famílias das vítimas de Altamira se recordam dessa história.

Talvez o mais relevante de sua história para nossa pesquisa seja o fato de que Eudilene marca a segunda passagem daquela equipe da Polícia Federal por Altamira.

Novo pedido para a Polícia Federal agir

Sabemos que a Polícia Federal foi a Altamira em 1993, para o que seria a fase 1 da operação Monstro de Altamira, e que, em dezembro de 1994, estava novamente lá, acompanhando o depoimento de Eudilene — no que seria a provável fase 2 da operação.

Em fevereiro de 1995, a ajuda da PF seria novamente requisitada a partir de uma carta de Rosa Pessoa, mãe de Jaenes e liderança do Comitê em Defesa da Vida das Crianças Altamirenses. Em 16 de fevereiro de 1995, Rosa faz ao juiz José de Paula Orlando Arrifano um pedido ligado a uma senhora chamada Valdete Rodrigues Barroso.

Para resumir, Valdete procurara o Comitê dizendo ter sido ameaçada por um cidadão desconhecido, que dizia que a estava vigiando, para ela contar em no máximo quinze dias tudo o que havia dito à PF sobre o caso dos meninos emasculados. Assustada, ela aceitou e disse que falaria tudo a ele no dia 15 de fevereiro. O Comitê, então, marcou um encontro com Valdete no dia 14, a fim de discutir medidas para sua proteção, mas ela não apareceu — segundo Rosa, "achou que não poderia confiar nem no Comitê nem na Polícia Federal e preferiu agir por conta própria, escondendo-se". A carta termina, então, pedindo uma ação da PF para garantir a segurança de Valdete e descobrir quem a estava ameaçando.

Enquanto isso, mais coisas estranhas aconteciam em Altamira, entre as quais dois novos depoimentos de Edmilson Frazão, a testemunha que afirmava ter presenciado um culto macabro na chácara do médico Anísio.

14. A justiça: parte 2

Em 23 de fevereiro de 1995, ocorreu mais um movimento que alteraria parte da tese acusatória e causaria indignação na família das vítimas: Amadeu Gomes, pai de Amailton, foi despronunciado por decisão de desembargadores no Tribunal de Justiça do Pará. Em outras palavras, ele deixou de ser um dos réus do processo.

A crença de que ele era o mandante dos crimes existe na cidade até os dias de hoje. Mas, ao menos nos autos, o único fragmento que aponta isso é o relato da conselheira tutelar Sueli de Oliveira Matos, segundo a qual Carlos Alberto lhe teria narrado isso em uma conversa em 1993.

Quase um mês depois de Amadeu ter sido despronunciado do caso, e enquanto em Brasília os autos ainda estavam sendo analisados no STF, um conhecido personagem reapareceu. No dia 24 de março de 1995, Edmilson Frazão prestou novo depoimento, dessa vez perante a promotora Ociralva de Souza Farias Tabosa. Esse termo de declaração só tem duas páginas e é de grande importância; por isso, está aqui na íntegra. O advogado Hercílio, citado em certo momento, é Hercílio Pinto de Carvalho, então conhecido advogado de Altamira, hoje falecido. Ele fazia as defesas, tanto como advogado particular quanto como defensor público, de quatro réus: Carlos Alberto, Aldenor, Valentina e Amailton. Edmilson declara:

> Que procurou o Ministério Público para desdizer o que havia dito aos agentes da Polícia Federal, quando foi procurado na sua residência, salvo engano em abril de 1993, com relação às pessoas que haviam sido presas pela Polícia Federal, sob a acusação de terem emasculado crianças. Que vem agora negar o que disse à Polícia Federal por não haver verdade nos fatos. Que só falou por ter sido pressionado pelos policiais. Que acredita ter sido procurado pela Polícia Federal através de um depoimento que havia feito junto à Polícia Civil. Que referido depoimento nada tinha a ver com o problema das emasculações, e o que havia, dentre outros assuntos,

foi um desentendimento que tivera com o policial militar Carlos Alberto, conhecido como A. Santos.

Que os policiais federais começaram a interrogá-lo sobre o dr. Anísio, o dr. Césio, o sr. Amailton e o A. Santos, incluindo a Valentina. Que o declarante falou que não conhecia o Amailton, a Valentina, o dr. Césio e que conhecia o dr. Anísio porque o irmão do declarante trabalhava com o mesmo. E o A. Santos, por ter trabalhado junto. Que foram-lhe mostradas fotografias. Que os policiais federais falaram que, se o declarante não abrisse o jogo, ele iria preso. E, sob forte pressão psicológica, o declarante começou a inventar fatos, e muitos dos acontecimentos que constam de seu depoimento foram criados pelos próprios policiais, que diziam que era dessa forma, e o declarante, pressionado, dizia que sim. Que não leu o depoimento no término deste, apenas assinou. Que não disse a verdade para o juiz do feito porque tinha certeza de que os policiais federais estavam no corredor.

Que, após ter prestado depoimento em juízo, teve que sair de Altamira, uma vez que tinha incriminado pessoas que nem sequer conhece, que só soube da existência porque os policiais federais lhe disseram os nomes e mostraram fotografias. Daí ter ficado com medo da reação dos familiares das pessoas que incriminou e que não sabe de nenhum envolvimento de qualquer pessoa com o crime conhecido por emasculação de menores.

Que quando chegou a Altamira do retorno da viagem que fez a Santarém, procurou o dr. Hercílio várias vezes no escritório, inclusive houve ocasião em que o dr. Hercílio recusava-se a falar com o declarante. Que a esposa do declarante sabe que o mesmo ia procurar o dr. Hercílio para contar que a declaração dada na Polícia Federal e em juízo era falsa, desprovida de verdade. Que achou melhor procurar o dr. Hercílio para contar a verdade. Que, se precisar, dirá o que está dizendo ao Ministério Público e ao juiz do feito.

Isso traria uma mudança drástica para todo o processo. Edmilson afirma que os fatos aconteceram por volta de abril de 1993, mas, como sabemos, a PF só foi a Altamira em maio e junho daquele ano. Teria ela ido antes do que as famílias das vítimas sabiam então?

De acordo com relatos que obtivemos e alguns poucos documentos da época, incluindo matérias de jornal, o agente da Polícia Federal responsável pelas investigações era um homem chamado José Carlos de Souza Machado, mais conhecido como Zé Carlos. É um nome-chave da passagem da PF pela cidade naqueles anos. Ele estava presente, por exemplo, durante o depoimento de Eudilene em dezembro de 1994, na segunda passagem da PF em Altamira. Também foi ele que assinou o primeiro relatório da PF de setembro de 1993[25]. Aos poucos, avaliando esses pequenos indícios, era possível percebermos que o papel de Zé Carlos nos bastidores parecia ser muito maior do que constava nos autos oficiais.

Frederick Wassef

Nesse período, início de 1995, Valentina de Andrade já tinha constituído advogados próprios para acompanhar o caso. Eles participariam mais ativamente da nova fase de juízo que se iniciaria em setembro daquele ano. E um deles era Frederick Wassef, que ficou conhecido mais tarde por ser o advogado do ex-presidente Jair Bolsonaro e de seus filhos Flávio e Jair Renan. No caso Leandro Bossi, ele havia sido apontado como suspeito junto a Valentina, que a conhecia por causa do livro *Deus, a grande farsa*, tendo-se tornado uma espécie de seguidor dela e da seita LUS, que ela liderava.

Conversei com o dr. Wassef para saber como começou sua relação com Valentina. Transcrevo aqui parte da conversa:

> IVAN: Preciso só confirmar alguns dados que o doutor deu em depoimentos ainda lá em Guaratuba em 1992, tá?
> WASSEF: Espera um pouquinho. A sua matéria é sobre o Pará, correto?
> IVAN: Correto.
> WASSEF: Guaratuba não tem nada a ver com o Pará.
> IVAN: [O Paraná é onde] O doutor aparece pela primeira vez na história com a Valentina oficialmente, de acordo com os autos.
> WASSEF: Não. Negativo. O caso do Pará nada tem a ver, nunca mencionaram o meu nome com isso, nem essa história que você está trazendo à baila. No Pará, desde o dia um, nunca ninguém mencionou isso, e só existe eu ali exercendo a advocacia, o regular exercício da advocacia. Portanto, isso não é objeto da entrevista nem da matéria que você diz estar fazendo. Desde o dia um, a minha relação sempre foi de um advogado. Portanto, a fraude que se iniciou em Guaratuba é uma fraude distinta, diversa da

---

25 Conforme já explicado anteriormente, nenhum dos relatórios produzidos pela PF nas fases da "Operação Monstro de Altamira" estão anexados aos autos do processo. Só sabemos da existência desse primeiro relatório de setembro de 1993 por conta de uma matéria de TV que foi ao ar pela Rede Bandeirantes entre 1994 e 1995, no antigo programa da jornalista Marília Gabriela. A matéria foi produzida pelo jornalista Valteno de Oliveira e está anexada aos autos. Em certo ponto da reportagem, vemos a última página do documento com a assinatura do agente José Carlos e a data: 24 de setembro de 1993.

fraude. Teve uma fraude no estado do Paraná e depois, apenas pelas sucessivas *fake news* e pelo massacre midiático promovido pela parte podre da imprensa brasileira, a mulher ficou exposta publicamente com a falsa acusação. Mas, lá no Paraná, a fraude, a farsa foi descoberta — tanto que ela jamais foi indiciada, não foi sequer investigada, não teve absolutamente nada. Ela saiu ilesa. [...] Ponto. É isso. E lá eu já era advogado dela. Aliás, muito antes da história de Guaratuba, eu já era advogado da Valentina de Andrade. [...] Nesse contexto, eu, espontaneamente, mesmo sem ser intimado, fui até a polícia no Paraná para narrar os fatos básicos. Ponto.

Seu receio em se aprofundar na história de sua relação com Valentina é compreensível. Tudo o que ele falou sobre o caso de Guaratuba é verdade: Valentina de Andrade só foi considerada suspeita por causa de confissões falsas, feitas sob tortura e que não faziam sentido algum.[26] Então, Wassef tem receio de que voltem a falar que ele era ligado a uma seita satânica. Na época, o delegado encarregado do caso de Guaratuba chegou a pedir que fosse emitido um mandado de prisão em seu nome — o que acabou não ocorrendo. No caso de Altamira, seu nome jamais apareceu como suspeito de nada. É preciso deixar isso bem claro, para que não haja especulação de qualquer tipo.

Respeitei o receio do advogado em falar sobre Guaratuba, mas ainda assim queria saber se ele concordava com uma hipótese que eu tinha.

IVAN: Eu queria saber a sua opinião neste sentido: que é a exposição da Valentina em julho de 1992 que vai levá-la depois a ser conhecida em Altamira. Inclusive o reconhecimento do Edmilson Frazão naquele depoimento que ele faz, reconhecendo-a pela revista *Veja*.
WASSEF: Exatamente isso. [...] Aí da fama que ela adquiriu nacionalmente por ter sido acusada de um crime que ela jamais cometeu, usaram dessa fama e repetiram o *modus operandi* criminoso pra tentar incriminá-la no Pará. [...]

Tanto que, para levarem a cabo essa fraude, pegaram a revista *Veja*, mostraram para o bandido mentiroso do Frazão, a testemunha plantada pelos criminosos da época, e mandaram ele dizer que viu aquela mulher num local em Altamira, o que é mentira e ficou provado que era mentira.
IVAN: O doutor sabe dizer quem instruiu o Edmilson a falar isso?
WASSEF: A polícia. Policiais fizeram isso.

---

26 Importante reforçar que, em 2023, o Tribunal de Justiça do Paraná reconheceu as torturas a que foram submetidos os acusados do caso Evandro, retirando assim todas as condenações que os réus sofreram.

Valentina foi formalmente acusada de envolvimento nos crimes de Altamira com o aditamento da denúncia do Ministério Público, em 6 de setembro de 1993. Wassef já era seu advogado, mas, como ele morava em São Paulo, Valentina contava com os serviços de dois advogados no Pará: Américo Leal e Luciel Caxiado, renomados profissionais de Belém, que também atuaram na defesa de Amailton na época das investigações de Brivaldo no fim de 1992.

No decorrer da segunda fase de juízo, a defesa de Valentina entrou em alguns conflitos com o juiz Arrifano, que culminaram na ausência de Valentina nas audiências. Eles buscavam dizer que não havia nada contra ela no processo, mas o juiz não aceitava as argumentações, alegando não ver fato novo que justificasse o relaxamento do mandado de prisão.

Leal e Caxiado saíram da defesa de Valentina oficialmente em 24 de janeiro de 1994, e foi nomeado no lugar deles o defensor público Hercílio Pinto de Carvalho, que, como falei, também atuava na defesa de Amailton, além de outros acusados. Foi ele quem acabou produzindo as alegações finais de defesa de Valentina, em março de 1994. Também era ele o advogado citado por Edmilson no novo depoimento ao Ministério Público. E, em março de 1995, ele telefonou para Wassef.

WASSEF: Certa feita, o meu telefone toca. Eu não me recordo o ano agora. Era o dr. Hercílio, de Altamira. E detalhe: pessoa essa que eu nunca vi na vida, não conhecia, não tinha amizade, não tinha nada, a não ser um ou dois encontros dentro do Fórum, em audiência. Ele me diz: "Doutor, eu preciso te contar uma coisa, e vocês têm que nos ajudar aí de São Paulo". "O que houve?", perguntei. Eu lembro como se fosse agora, é uma das coisas que me marcaram muito na vida. O dr. Hercílio me disse: "O Edmilson da Silva Frazão veio aqui no meu escritório desesperado, em pânico, batendo aqui, entrou na minha sala e me disse que tudo o que ele havia feito era mentira. Que policiais federais, que a Polícia Federal...". [...] O Edmilson disse ao Hercílio que o Zé Carlos fez parte desse grupo de policiais que mandaram ele mentir com essa história da tal reza no sítio. Que nunca Edmilson esteve em nenhum sítio e nunca existiram essas questões de mãos dadas, com capuzes, rezando... Que nunca ele viu a Valentina de Andrade lá e que o Edmilson afirmou ao dr. Hercílio que um grupo da Polícia Civil de Altamira, de Belém do Pará, e o José Carlos tinham obrigado, forçado ele a apontar o dedo para Valentina de Andrade na revista *Veja*, a mentir e a envolvê-la nesse processo. E tudo o que ele falou dos outros também era mentira. Ou seja, nunca existiu seita. Eu lembro que esse Edmilson, orientado até pelos seus familiares ou por não sei quem, foi até o Ministério Público do Pará e, diante de uma autoridade pública, retratou-se dizendo que tudo o que ele falou era mentira. [...] Eu vou dizer o que acontece, que eu apurei e depois o dr. Hercílio me falou. O dr. Hercílio estava grampeado ilegalmente. [...] As informações que chegaram a mim foram passadas para mim por várias pessoas que eu me reservo ao direito de não dizer agora. [...] E qual foi a orientação que o Frederick Wassef deu ao dr. Hercílio? E eu falo e repito, porque, se aparecer essa gravação, é o que vai aparecer. Eu disse: "Como o Pará está todo contaminado, dr. Hercílio, a minha orientação para o senhor é a seguinte: imediatamente pegue essa testemunha com os familiares, leve a mãe, o pai, pegue um ou dois jornalistas imediatamente, dirija-se a Brasília, vá à Procuradoria-Geral da República, e que esse cidadão diga o que ele tem a dizer perante o Ministério Público Federal de Brasília. Ato contínuo, antes, durante e depois, com a participação de jornalistas sérios". Essa foi a minha orientação.

Como se pode imaginar, a informação sobre Hercílio ter sido grampeado não pôde ser verificada. Contudo, já ouvi de mais de uma pessoa em Altamira, inclusive de familiares de vítimas, que muitos foram grampeados na época, inclusive advogados, já que seriam parte do chamado grupo de "poderosos suspeitos".

Edmilson Frazão volta a depor ao Ministério Público

O fato é que o depoimento de Edmilson desdizendo tudo o que havia dito ocorreu em 24 de março de 1995. Quatro dias depois, ele foi novamente ao Ministério Público dar um novo testemunho:

[...] Que no dia que não se lembra, há uns meses, o dr. Hercílio Pinto de Carvalho procurou o pai do declarante para saber onde este estava morando, pois era para o declarante assinar um depoimento desfazendo tudo o que havia dito em audiência perante o juiz de direito, então o dr. Orlando de Paula Arrifano. Que o pai do declarante nada informou ao dr. Hercílio. Que há quinze dias, quando o declarante retornou de Santarém, o pai do mesmo relatou-lhe o ocorrido. Que, num dia desses, o dr. Arnaldo [irmão e advogado de Amadeu] viu o declarante na rua e avisou o dr. Hercílio, fato que o próprio dr. Arnaldo disse-lhe. Que, no dia 24 de março de 1995, o declarante foi procurado em sua residência pelo dr. Hercílio, pelo dr. Arnaldo Gomes e pelo sr. Amadeu Gomes. Que o declarante foi levado para o escritório do dr. Hercílio numa D-20 preta, dirigida pelo próprio dr. Arnaldo.

[...]

Que, chegando, os dois disseram-lhe que queriam conversar no escritório, e lá, o declarante só foi por estar intimidado pela forma como agiam os senhores acima citados. Uma vez lá no escritório do dr. Hercílio, este falou para o declarante que era para o mesmo fazer tudo o que eles mandassem, do contrário eles "botavam bala na cabeça do mesmo". Que o declarante perguntou o que eles queriam com o mesmo, e estes disseram então, através do dr. Hercílio, que este viesse até o Ministério Público, para prestar um depoimento desmentindo todo o depoimento que havia prestado em juízo.

Que o declarante perguntou aos três se isso não ia prejudicá-lo, e estes disseram que não, que era para o declarante dizer que quem havia forçado o declarante a dar o depoimento era a Polícia Federal e, se o declarante dissesse isso, que o Ministério Público iria processar a Polícia Federal, e não iria pegar nada com o declarante. Que falaram também ao declarante que, após ter o declarante dado o depoimento na Promotoria de Justiça, teria que ir a São Paulo dar uma entrevista à imprensa para desfazer toda a acusação que tinha feito em juízo contra Valentina. Que o declarante perguntou aos três acima citados se tinha escolha no caso de recusar-se a fazer o que eles queriam. Que os mesmos disseram que não, e que se o declarante fizesse o que eles queriam, receberia 5 mil reais que seriam pagos pelo advogado da sra. Valentina. Que o declarante foi obrigado a fazer o que queriam.

Que, após, saíram do escritório do dr. Hercílio com destino à Promotoria de Justiça. Quando adentrou o declarante na D-20 de cor preta, o dr. Arnaldo Gomes ia dirigindo, e o dr. Hercílio seguia com o carro dele. Que, chegando no Ministério Público, foi ouvido pela dra. Ociralva de Souza Farias, só que o dr. Hercílio ficou do lado do declarante durante todo o depoimento e lá fora estava o dr. Arnaldo Gomes. Que, após saírem da Promotoria de Justiça, retornaram ao escritório do dr. Hercílio, que ligou imediatamente para o advogado da Valentina, o dr. Fred. Que o declarante conversou com o dr. Fred e este lhe disse que, se o mesmo fosse a São Paulo dar entrevista, lhe daria a importância acima citada em dinheiro. Que ia providenciar a passagem na terça-feira, que era justamente o dia de hoje. Que ontem, dia 27 do mês de março de 1995, o dr. Arnaldo Gomes foi apanhar o declarante na residência do mesmo e o levou no escritório do dr. Isaac, na rua 1º de Janeiro, quando o declarante prestou o mesmo depoimento que havia prestado na Promotoria de Justiça no dia 24 de março de 1995. Que após, retornaram ao escritório do dr. Hercílio.

Uma vez lá, o dr. Hercílio entrou no gabinete com o dr. Arnaldo, e o declarante ficou lá fora. Que o declarante pôde ouvir que eles falavam que, quando o declarante chegasse em São Paulo e desse o depoimento dele à imprensa, e após retornasse ao lugar onde havia sido preparado pelos dois, já havia uma pessoa pronta para matá-lo, e assim o declarante não retornaria à cidade do mesmo. E o dr. Arnaldo perguntou para o dr. Hercílio: "E a viúva, quanto nós vamos dar para ela?". E este disse que "o Fred vai dar para ele 5 mil reais. Nós pegamos esse dinheiro, entregamos 3 mil reais para a viúva e vamos dizer que o marido dela pegou um voo para Belém e irá passar uns dias em Belém".

Que, quando a família do declarante procurasse por ele, diriam que o declarante iria ficar por Belém uns dias. Que o declarante viu as passagens no escritório do dr. Hercílio, que uma moça entregou para ele. Que, após isso, o declarante desceu e foi arrumar as malas na casa dele, para a viagem, ainda sabendo do que podia acontecer com o mesmo. Que o declarante temia pelo que podia e pode acontecer. Que também teme pela esposa e pelos seus pais e irmãos.

Até onde sei, a entrevista que o dr. Wassef me deu sobre o caso é a única que ele já concedeu com tantos detalhes. E a versão que ele me narra é impossível de ser verificada:

> WASSEF: Agora eu vou dizer o que aconteceu e o que eu apurei. Como a conversa foi interceptada, o Edmilson foi, ato contínuo, cooptado novamente por esses policiais criminosos, foi ameaçado de morte, ele e a família dele, e forçaram ele a voltar ao Ministério Público e dizer que a retratação era falsa e que ele fez porque familiares do Amailton, não sei quem, teriam-no ameaçado. Mentira. A retratação da retratação ocorreu porque a polícia ameaçou Edmilson.

O fato é que, pelos autos do processo, temos esse momento em março de 1995 no qual Edmilson dá dois depoimentos ao Ministério Público num curto espaço de tempo: no primeiro, diz que sua história foi inventada por causa de ameaças de agentes da Polícia Federal. No segundo, diz que foi ameaçado por Hercílio e Arnaldo Gomes para desdizer tudo o que havia afirmado em juízo.

Este não é o fim da história de Edmilson, tampouco o das histórias que o dr. Wassef me contou. Mas, por ora, precisamos avançar ao que aconteceu em Altamira quando os autos retornaram à cidade, em setembro de 1995.

A terceira fase de juízo

No dia 25 de setembro de 1995, iniciava-se a terceira fase de juízo do processo, após determinação do ministro Marco Aurélio de Mello, do STF.

Nessa nova etapa, agora presidida pelo juiz Paulo Roberto Ferreira Vieira, apenas testemunhas de defesa foram ouvidas, já que era o que faltara na fase anterior. Não há nada de muito novo nos depoimentos, mas o que chama atenção são os réus que convocam pessoas para depor a seu favor: Amailton, Amadeu, Anísio e Césio. E isso é curioso porque Valentina de Andrade era uma das acusadas e poderia chamar testemunhas para depor a seu favor também. Porém, não o fez. O mesmo pode-se dizer do ex-PM Carlos Alberto, que também estava preso, mas não chamou nenhuma testemunha para depor a seu favor.

Cheguei a perguntar a Wassef sobre essa questão da falta de testemunhas de defesa de Valentina. Ele me falou que era difícil pensar em quem chamar, visto que a própria acusação era pouco clara. Ninguém estava sendo acusado de estar em Altamira no dia tal, na hora tal, cometendo um crime tal. Nem mesmo para o relato de Edmilson sobre o suposto culto macabro havia como se montar um álibi, visto que ele nunca forneceu uma data exata de quando aquilo teria ocorrido. Já no caso de Carlos Alberto, o provável motivo de ele não ter nenhuma testemunha de defesa só pode ser especulada por nós. É de se supor que não seria nada fácil encontrar alguém para falar em seu favor, visto que tinha muitos problemas em Altamira (vide toda a questão do seu envolvimento violento com a esposa menor de idade).

Já em outubro daquele ano, a história de Valdete, narrada pela carta de dona Rosa Pessoa oito meses antes, teria um novo desdobramento. No dia 18, a mulher prestou depoimento a um promotor de Altamira chamado Gessinaldo A. Santana. Eis a íntegra:

> Que em data aproximada de 28 de janeiro de 1995, um homem fez amizade com a mesma, e depois soube chamar-se Maurício. Que na data de 1º de fevereiro de 1995, ele a fez assinar num envelope *Eu, Valdete Rodrigues Barroso, encontro com você onde você quiser no dia 15 de fevereiro de 1995*, e assinou o documento (envelope). Que neste dia Maurício colocou sua arma sobre a mesa e, mostrando o tambor do revólver de recarregamento rápido, explicou à mesma que as balas eram do tipo "dum-dum", dando a entender que ele usaria aquelas balas contra a declarante.

Que nessa mesma ocasião, Maurício disse à declarante que, quando assumia um compromisso, ele ia até o fim do mundo para cumpri-lo; que ele insistiu com a declarante que ela procurasse a Polícia Federal para retirar o que havia dito; que ele estava se referindo à sua visita ao Conselho Tutelar, aonde a declarante fora para resolver problemas de seus filhos.

Que Maurício deduzia que a mesma houvesse falado para a Polícia Federal de um fato que presenciou, não sabendo precisar a data exata, porém, acredita ter sido entre os meses de fevereiro e março de 1988, época em que amamentava o seu último filho homem, onde viu quando se encontrava na calçada próximo ao Banco do Brasil, à espera de seu namorado Isaías, passar um carro de passeio tipo Gol ou Escort, de cor cinza, que conduzia no bagageiro traseiro uma criança do sexo masculino, que estava com as mãos e os pés amarrados; que quem dirigia o carro era Amailton, ao seu lado estava o seu namorado Isaías e no banco traseiro um homem que não sabe identificar; que, nessa ocasião, a declarante acenou com a mão, fazendo com que o carro parasse e, ao passar por detrás do carro para falar com Isaías, que estava sentado no banco do carona, viu o menino amarrado e morto com o olho estalado.

Que, ao deparar com tal cena, a declarante assustou-se dando um grito, oportunidade em que Isaías disse-lhe que depois conversaria com a mesma; que, em seguida, a declarante saiu andando em direção à rodoviária, sendo alcançada por Isaías e Amailton na esquina da rua do Fórum antigo com a rua de duas pistas que vai até a rodoviária e que termina na Transbrasiliana; que Isaías saltou do carro e a convidou para ir com ele até o cais, onde lhe explicaria o que a declarante havia presenciado há [havia] poucos minutos; que Isaías não explicou nada à declarante, só discorrendo sobre certas atitudes que um homem tem que fazer na vida e que a declarante nada falasse sobre o que presenciara, porque seria morta.

Que o fato que a fez sair de Altamira, além das ameaças de Maurício, foi que ele estava cobrando cheque com promissória de uma pessoa que morava nas proximidades de sua casa, perto da Oficina da Prefeitura, vindo essa pessoa a ser assassinada numa construção; que Maurício disse antes de a pessoa morrer que a declarante teria notícias da conta que ele ia receber. E, após a morte do homem, ele retornou à casa da declarante para dizer que havia recebido a dívida; que, com este acontecimento, a declarante tratou de sair imediatamente de Altamira, sendo perseguida em todo o trajeto até a cidade de Santarém e, posteriormente, no trajeto Santarém/Belém, quando pegou o barco; que a declarante foi encontrada em São Paulo pela Polícia Federal, que a trouxe até a presença do promotor.

Em suas pesquisas, Rubens encontrou nos autos um relatório da Polícia Federal sobre esse tal Maurício. Ele conta que Maurício foi encontrado numa ilha, a uma hora de barco de Santarém, cidade próxima a Altamira. Os agentes pressionaram o homem a explicar por que ameaçou Valdete, e ele negou tudo. Acabou sendo levado ao promotor de Justiça e ao juiz, que pediu a prorrogação de sua prisão. Depois, por meio das notas promissórias que foram encontradas em seu poder, descobriu-se que ele teria sido, durante certo período, um pistoleiro que cobrava dívidas para empresários de Altamira.

Maurício afirmava que trabalhava como cobrador de dívidas no seu tempo livre e citava uma série de nomes e empresas para quem prestava esse tipo de serviço. Um deles se destaca: um homem chamado Araquém, que tinha uma fazenda na estrada de Altamira-Vitória, e lhe fora apresentado por Geraldo, irmão de Araquém. Os sobrenomes de Araquém e Geraldo nunca são mencionados, mas há duas pessoas com esses nomes que são conhecidas nesta história: Araquém Gomes e Geraldo Gomes, tios de Amailton e irmãos de Amadeu.

Há aqui vários indícios de que Maurício seria realmente um pistoleiro, ou seja, poderia ter sido contratado pela família Gomes para silenciar uma testemunha em potencial contra Amailton. Ao menos é esse o teor que sua passagem no processo dá a entender.

Valdete aparece novamente no processo apenas próximo dos julgamentos, numa tentativa do Ministério Público de arrolá-la como testemunha de acusação, mas não é localizada. Rumores dão conta de que ela teria voltado para São Paulo, estaria num programa de proteção a testemunhas e teria mudado de nome.

Os quatro mistérios

Algo que me chama atenção aqui é novamente a presença da Polícia Federal, no que seria provavelmente a fase 3 da Operação Monstro de Altamira. E, daí, repito as perguntas que já fiz no caso de Eudilene: afinal, o que a PF foi fazer lá? Quem a mandou à cidade? E com que intuito? Por que essas investigações não avançaram, assim como no caso de Eudilene?

Como se vê, o caso dos meninos de Altamira é repleto de mistérios e de coisas mal explicadas. Mas existem passagens que eu particularmente chamo de "Os Quatro Mistérios": é onde encaixo as coisas que considero mais bizarras nesse processo.

O primeiro mistério seria o do braço de Ana Paula, a mulher que, de acordo com o depoimento da testemunha Orlandina, trabalhava com Anísio e teria relatado ter visto um vidro com testículos na mesa do médico e, depois, sido morta e reconhecida por Orlandina pelo seu braço. O segundo é o caso de Eudilene. O terceiro, de Valdete. De alguma forma, esses três mistérios têm relação com a atuação da Polícia Federal.

O quarto mistério é o único em que, até onde sabemos, não há envolvimento da PF. É uma investigação feita pela Polícia Civil em 1995 acerca de um suposto assassinato ocorrido três anos antes: a morte de uma senhora chamada Rosa Souza Coelho.

De acordo com as pesquisas de Rubens, o inquérito sobre esse assunto foi iniciado em 1995 pelo delegado dr. Raimundo Benassuly Maués Júnior,[27] a partir de um depoimento de dona Zuilda, que pertence ao movimento dos familiares e é mãe do menino Tito Mendes Vieira, que desapareceu em janeiro de 1991, na época das eleições. Ele tinha 13 anos quando saiu de casa para se banhar no igarapé e nunca mais voltou.

No ano seguinte, em 1992, dona Zuilda viu uma mulher que parecia estar embriagada conversando com seu outro filho, que estava no quintal. Já estava anoitecendo, e a mulher dizia para ele tomar cuidado e ficar dentro de casa. Ela estava desesperada e parecia estar fugindo de alguém. Logo depois, foi embora, rumo a um igarapé. No outro dia, foi encontrada morta. Era Rosa Souza Coelho.

Tanto a polícia quanto quem fez o exame no corpo de Rosa disse que ela morreu afogada. Mas algumas pessoas declararam que viram sinais de tiro; outras, que ouviram disparos para as bandas do igarapé. Há ainda aqueles que acreditam que eram os policiais dando tiros para o alto. Raimunda Coelho Adriano, irmã de Rosa, conta que seu corpo foi encontrado com "perfurações nas mãos semelhantes furadas de agulha, ferimento no cotovelo direito e um grande orifício pela parte de trás da cabeça, acima da nuca; [...] o tamanho do orifício cabia uma mão fechada".

Muitas testemunhas falavam sobre o "buraco" na cabeça, porém no laudo do inquérito consta apenas que Rosa morreu por afogamento e que há uma ferida contusa de 1 centímetro localizada na região occipital.

No fim de seu depoimento, Raimunda diz o seguinte:

---

27 Altamira tinha uma grande rotatividade de delegados da Polícia Civil. Dr. Raimundo é mais um deles.

Que a declarante recorda que Rosa fazia alguns comentários sobre o desaparecimento das crianças na época das emasculações. Que Rosa comentava que estava bastante revoltada com o que estava acontecendo. Inclusive Rosa comentou que não estava convencida do envolvimento do elemento conhecido por Luiz Kapiche nas emasculações. [...] Que Rosa não chegou a comentar quem seria o responsável pelas emasculações, bem como não teceu qualquer comentário a respeito do fato com a declarante.

Depois, Antônio Afonso da Silva Barros, irmão de duas conhecidas de Rosa chamadas Jaciara e Sara, relata o que aconteceu no dia de sua morte:

> o declarante recorda que Rosa, no dia da festa, comentou que estaria no carro de propriedade de Sara, irmã do declarante, sozinha em direção à exposição agropecuária que fica localizada na estrada Transamazônica, próximo a um posto de gasolina. Pela parte da noite, quando viu Amailton, dr. Anísio e mais dois homens encapuzados, assim Rosa parou o seu carro e observou o que estava acontecendo, quando viu os referidos elementos matando, digo, emasculando uma criança. Que os elementos estavam afastados da estrada uns 20 metros adentrando o mato quando viram o carro que Rosa dirigia. Que Rosa ainda comentou que Anísio e Amailton a reconheceram. Assim, Rosa retirou-se e foi para a rádio rural, a fim de relatar o fato, mas desistiu da ideia, não comentou nada. [...] Que Rosa somente comentou esse episódio com o declarante e ainda comentou que não falou nada para João Matogrosso, mas resolveu ir até a delegacia comunicar o fato. Que Rosa comentou ainda que registrou o fato e prestou depoimento ao delegado. Que Rosa pediu para o declarante não comentar o fato com ninguém. Que somente nesta data estava revelando o fato para esta autoridade.
>
> Que, na festa da vitória eleitoral de João Matogrosso, Rosa falou para o declarante que aquele seria o seu último dia de vida [o dela]. Inclusive dançou com todos os seus amigos, mas não revelou quem queria matá-la. Que informa ainda que Rosa nunca trabalhou para a família Amadeu.
>
> Que [Rosa] ouviu também Madalena, lavadeira de Amadeu, que havia visto Amailton com a camisa suja de sangue. Que, portanto, Madalena viu Amailton sujo de sangue dentro da casa de Amadeu. Que Madalena era empregada da família de Amadeu havia muitos anos e que, depois do episódio da camisa, foi ameaçada por Amadeu para não falar nada sobre o que tinha visto — em seguida, foi demitida. Que Madalena também comentou com o declarante que uma outra empregada de Amadeu entrara em um dos quartos da casa de Amadeu e nesse quarto tinha objetos tais como velas, sangue pelo chão, facas que eram usadas no ritual para

emascular crianças. Que essa empregada cujo nome não sabe desapareceu misteriosamente. Que o declarante não conhecia essa empregada e nada mais disse nem foi perguntado.

Madalena e Fátima[28] seriam a mesma pessoa? Não se sabe ao certo, mas Madalena, que não sabia ler, foi ouvida e negou toda a história da camisa suja de sangue e do quarto com objetos relacionados a emasculação na casa de Amadeu. Ela disse que trabalhou por quatro anos na residência, inicialmente como lavadeira e depois como cozinheira, indicada por Maria da Conceição, a quem chama de Lili, e que a outra empregada da casa se chamava Vera. (Amailton confirma o nome de todas elas no júri.) Ela contou que deixou o emprego na casa de Amadeu em 1992 ou 1993, sem precisar a data, por causa do cansaço da idade.

Rosa Souza Coelho morreu em outubro de 1992. O inquérito que investiga sua morte só foi aberto em 1995, provavelmente após tantas especulações em torno da sua causa. Como notamos no laudo necroscópico de 8 de outubro de 1992, feito assim que seu corpo foi encontrado, a conclusão foi que ela teria morrido em decorrência de um acidente por afogamento. Três anos depois, aparece uma série de relatos dando conta de um assassinato. Foram três anos de especulações e histórias circulando.

Como citei há pouco, Jaciara, a amiga de Rosa que sempre enfatizou sua descrença em um afogamento acidental, prestou dois depoimentos em seu inquérito. No segundo, em 21 de novembro de 1995, ela afirmou que Amadeu Gomes teria ido visitá-la após a morte de Rosa e dito que ela deveria ficar calada e parar de ficar comentando que a morte não tinha sido por afogamento. Segundo ela, era a primeira vez que conversava com Amadeu pessoalmente e não sabia por que ele a procurara. Isso teria ocorrido em 8 de outubro, pouco antes da chegada de Brivaldo à cidade para investigar a morte de Jaenes, ocorrida uma semana antes.

Seria importante que Amadeu fosse chamado para prestar depoimento no inquérito de Rosa a fim de explicar essa história. Isso, porém, nunca aconteceu.

---

28 Como mencionado no Capítulo 3, "Fátima" seria a suposta empregada da família Gomes que teria visto Amailton chegar em casa com a camisa suja de sangue após a morte do garoto Judirley, no início de 1992. Sua existência nunca foi confirmada por nenhuma autoridade.

Além disso, a informação dada por Antônio de que Rosa, depois de ter visto Amailton, Anísio e outros homens mutilando uma criança, teria ido à delegacia registrar a ocorrência foi desmentida por um dos delegados locais da época, Roberto Carlos Macedo Lima.

O problema aqui é que ninguém confiava na polícia. E não apenas não confiavam como acreditavam que a polícia — Civil ou Militar, ou ambas — estaria envolvida na morte de Rosa. Essa desconfiança se apoia nos depoimentos de duas mulheres: Margarida Bezerra e Ubelina Bezerra. De acordo com o relatório da polícia sobre o caso:

> Devemos ressaltar que Margarida e Ubelina estavam na manhã do dia 8 de outubro lavando roupa na segunda ponte do igarapé Ambé, quando encontraram o corpo de Rosa. Segundo essas senhoras, elas teriam conversado com um cidadão, cujo nome não sabem e nem o endereço, o qual alegou haver conversado com Rosa às proximidades da primeira ponte, quando Rosa falou que trabalhava para João Matogrosso e que não conseguia retornar para a entrada. Assim, o cidadão em questão teria ensinado o caminho para Rosa. Posteriormente, esse mesmo cidadão ouviu barulho na água e tiros dados pela polícia. No início da narrativa, o cidadão alegou que a polícia atirou em Rosa, mas depois, gaguejando, alegou que a polícia atirou para cima.
>
> Como podemos observar, esse cidadão é uma testemunha fundamental, mas, apesar de nosso empenho, não conseguimos encontrá-lo, mesmo com a ajuda do Conselho Tutelar e da Prelazia do Xingu.

Tendo que lidar com todas essas dificuldades, o delegado do inquérito de Rosa, Raimundo Benassuly Maués Junior, concluía seu relatório de 16 de fevereiro de 1996 com a seguinte afirmação:

> A suposição de que Rosa foi assassinada não pode ser abandonada, mas ainda não podemos fazer essa afirmação. Para que isso ocorra, devemos encontrar o cidadão que alega ter presenciado policiais atirando no igarapé Ambé, local onde Rosa foi encontrada morta. Caso se consiga localizá-lo, deve-se ouvir o seu depoimento e proceder [a]o reconhecimento dos policiais envolvidos. Localizar o cidadão em questão somente será possível com a colaboração da população.

Esse caso, quando analisado em conjunto com o do braço de Ana Paula, o de Eudilene e o de Valdete, pode nos mostrar duas coisas: algo muito estranho de grandes proporções estava ocorrendo em Altamira, com o envolvimento de pessoas muito poderosas que tinham a polícia em suas mãos, ou os habitantes de Altamira estavam com tanto medo que faziam conexões que não existiam.

Novas audiências com testemunhas de defesa

Enquanto tudo isso se desenrolava, ocorriam também em Altamira as novas audiências com testemunhas de defesa da terceira fase de juízo. Amadeu, Amailton, Anísio e Césio tiveram direito a apontar depoentes inéditos que poderiam inocentá-los. Não há nada de muito novo aqui. Aldenor, Carlos Alberto e Valentina não arrolaram ninguém para falar em seu favor.

Essa terceira fase de juízo se encerraria em outubro de 1996, mesmo mês em que as famílias das vítimas conseguiram ser ouvidas em Brasília, durante uma audiência na Comissão de Direitos Humanos do Congresso. O último depoimento de testemunha de defesa ocorreu em 22 de outubro. Quem falou foi Gracinda Lima Magalhães, que já havia testemunhado na etapa de juízo anterior e disse que teria sido atendida por Césio na manhã do dia em que Jaenes foi assassinado.

O mais surpreendente desse dia, contudo, foi o depoimento de alguém que até então se recusara a falar com a Justiça: nessa data, Valentina de Andrade finalmente se deslocou até Altamira para ser interrogada em juízo.

15. A justiça: parte 3

Outubro de 1996. Mais de três anos tinham se passado desde a morte de Flávio, o último garoto assassinado com emasculação confirmada em Altamira. Nesse tempo, as famílias das vítimas foram ouvidas por uma CPI, viram um promotor pedir impronúncia dos suspeitos, o caso voltar à fase de juízo por determinação do STF e acusados serem soltos, além de novas interferências da Polícia Federal e novos depoimentos não levarem a investigações mais aprofundadas. Em outras palavras: o caso não andava, ao passo que novas especulações surgiam numa frequência cada vez maior, aumentando a sensação de insegurança.

    O sentimento de impunidade era onipresente entre as famílias das vítimas, representadas pelo Comitê em Defesa da Vida das Crianças Altamirenses, liderado principalmente por Rosa Pessoa. O Comitê, então, se articulou em nível nacional, buscando uma audiência na Comissão de Direitos Humanos da Câmara dos Deputados, em Brasília. Em 15 de outubro de 1996, conseguiu ser ouvido, o que nos ajuda a ter uma dimensão do quanto esse caso se politizou.

    Infelizmente, o áudio dessa audiência não está nos arquivos da Comissão, mas a transcrição integral da audiência está anexada aos autos do processo. Após uma breve introdução do então presidente da comissão, o deputado Hélio Bicudo, do Partido dos Trabalhadores (PT) de São Paulo, Rosa Pessoa foi a primeira a falar.

    Ela contou sobre a morte do filho e como as famílias sofriam com a falta de justiça. Falou sobre a ajuda da Polícia Federal, e que a polícia local não era confiável. Relatou também como, com frequência, os pais eram responsabilizados pelas autoridades, que os acusavam de deixar os filhos sem supervisão. Um dos trechos mais impactantes é quando Rosa fala sobre a diferença de poderes que sentia no andamento do processo, já que as famílias eram pobres e os acusados, ricos.[29] Ela termina com uma súplica e um desabafo: "É triste sabermos que o sangue delas, que foi derramado e que ninguém sabe para onde foi, ainda clama por justiça. [...] Mas sabemos que a injustiça é o que está prevalecendo".

Ao ouvir as demandas de todos os envolvidos, os procuradores do Pará e a promotora do caso na época prestaram esclarecimentos sobre o andamento do processo, explicando os motivos da demora, mas que, apesar disso, estavam empenhados na busca por justiça.

Nessas falas há alguns trechos que chamam atenção. São intervenções de membros do Ministério Público sobre a atuação da Polícia Federal no caso e o tal relatório da Operação Monstro de Altamira — aquele que sempre lamento não estar anexado aos autos. Esses relatos revelam que nem mesmo os promotores e procuradores sabiam exatamente como a Polícia Federal teria atuado no caso.

A primeira pessoa a falar na audiência sobre a PF e o relatório da operação é o procurador-geral de Justiça do Pará na época, Manoel Santino Nascimento Júnior. Ele disse que tinha conhecimento de que a Polícia Federal havia atuado no caso, mas que só sabia da existência de um relatório por conta do noticiário da época. Esse relatório chegara às suas mãos apenas dois meses antes — ou seja, por volta de agosto de 1996.

Em seguida, José Augusto Torres Potiguar, na época procurador da República do Pará, completa:

> E aí lembro ao dr. Santino que realmente só há três meses [Manoel dizia que era havia dois][30] o relatório chegou às mãos dele porque só há três meses esse trabalho foi concluído. Foi um trabalho de investigação que teve que recomeçar da estaca zero, já que a polícia estadual foi completamente omissa no caso. [...] ficou entendido que não seria conveniente usar esses elementos de investigação na atual fase do processo, até por uma questão de segurança das duas testemunhas que a Polícia Federal tem condições

---

29 Importante aqui salientar que apenas Amailton Gomes e seu pai Amadeu tinham grandes condições financeiras. Os médicos (Anísio e Césio) tinham boas condições, mas não eram ricos. O ex-PM Carlos Alberto era pobre, assim como Aldenor (que nunca foi encontrado). Já Valentina, por sua vez, tinha também muitos recursos em Londrina, no norte do estado do Paraná, mas nunca foi provada sua influência na cidade de Altamira.

30 Dr. Potiguar cita três meses, enquanto dr. Santino falou em dois meses. É provavelmente uma aproximação feita de memória por ambos, com pouca certeza da data exata de quando os procuradores tiveram ciência desse relatório da PF. O fato é que apenas em 1996 tiveram acesso a um relatório da PF.

de apresentar, até porque, é de conhecimento público, neste país não se tem um programa de apoio a testemunhas. Então, elas estão, digamos assim, correndo riscos se as apresentarmos antes do plenário do júri. [...]
Por outro lado, essas investigações também apontam para a necessidade de novas diligências não em relação a réus que estão sendo denunciados, mas em relação a outras pessoas. [...] essas novas investigações iriam ser iniciadas tão logo houvesse o julgamento dos réus já denunciados.

Mas o relatório só ter chegado ao Ministério Público por volta de agosto de 1996, quando teria sido concluído, não faz sentido. Isso porque, de acordo com o próprio comitê, a operação da Polícia Federal que levou às prisões dos acusados ocorreu em maio e junho de 1993. O relatório chega a ser citado em uma matéria do programa *Domingo 10*, da TV Bandeirantes. Na matéria, conseguimos ver a data do relatório: 24 de setembro de 1993. Ou seja, cerca de três meses após as investigações da Polícia Federal em Altamira. E lá consta a assinatura de quem o produziu: o agente José Carlos de Souza Machado, intitulado "Chefe de equipe", mais conhecido como Zé Carlos.

Então, por que o procurador do Pará estava afirmando na Comissão de Direitos Humanos que o relatório teria sido concluído apenas por volta de agosto de 1996, sendo que temos imagens que mostram que ele já existia em setembro de 1993? Não há resposta para isso. Porém há pistas.

Sabemos que, após a operação de 1993, a Polícia Federal esteve em Altamira pelo menos mais duas outras vezes: em dezembro de 1994, ao lado de Eudilene, e em outubro de 1995, investigando o caso de Valdete. É bem provável, portanto, que em 1996 a PF estivesse redigindo uma nova versão do relatório da Operação Monstro de Altamira, talvez o atualizando com as coisas que apuraram nas visitas de 1994 e 1995, com os casos Eudilene e Valdete. Essa suposição é reforçada por uma matéria publicada em 10 de novembro de 1998 em *O Globo*.

A matéria tratava do fato de os acusados àquela altura ainda não terem sido julgados. Mas o mais interessante para nós é que o jornalista Amaury Ribeiro Jr., que assina a matéria, afirmava ter acessado o relatório da Polícia Federal. Segundo ele, constaria no relatório crimes contra 26 crianças em Altamira, entre 1989 e 1993, envolvendo suspeitas de uma seita de magia negra com apoio de políticos e autoridades. O documento também criticaria a precariedade das investigações feitas pela Polícia Civil, sugerindo uma ação coordenada para abafar o caso e impedir julgamentos, incluindo assassinato de acusados e testemunhas. Também diz que o fazendeiro Vantuil Estevão de Souza é apontado como suspeito em um desaparecimento.

Nessa matéria, o relatório tinha uma data diferente daquela que aparecia na da TV Bandeirantes. Em vez de 24 de setembro de 1993, o texto que Amaury consultou datava de 18 de abril de 1996 — data próxima à citada pelos procuradores do Pará, agosto de 1996.

Por meses, estive em contato com o Ministério da Justiça e com a Superintendência da Polícia Federal do Pará. As pessoas que trabalharam no caso naquela época já estão todas aposentadas, algumas já morreram, e, apesar de muito esforço, ninguém conseguiu me ajudar a localizar nada. O que ouvi foi que muito provavelmente esse relatório se perdeu para sempre.

Tentei também pedir via Lei de Acesso à Informação. Fiz o pedido para todo mundo: Advocacia-Geral da União (AGU), Ministério da Justiça, Polícia Federal, Procuradoria-Geral da República (PGR), e a resposta foi sempre algo como "em decorrência do tempo passado, não há nada nos nossos arquivos".

Da Polícia Federal em Brasília, recebi uma resposta negativa mais completa, dizendo que seria necessária a análise física de milhares de documentos em diversos arquivos e, mesmo com essa busca, a informação não seria fidedigna, pois alguns documentos poderiam estar ausentes. Além disso, a PF argumentava que atender ao pedido prejudicaria o interesse público, desviando recursos e atrasando demandas coletivas.

O melhor atendimento foi da Superintendência da Polícia Federal do Pará. Após meses de muita procura, recebi a seguinte resposta oficial sobre o relatório: "A Polícia Federal informa que os procedimentos existentes na época eram todos físicos (em papel), juntados manualmente aos autos. Não havia digitalização de documentos, o que prejudica sobremaneira qualquer comentário sobre situações da época".

É bastante provável que esses relatórios não existam mais. E isso é angustiante, pois as famílias de Altamira dão todo o crédito para o caso justamente por causa do trabalho da PF. A investigação do delegado Éder Mauro, ao que tudo indica, foi feita apenas para validar o que a PF fez.

Observamos um impasse: pelos autos, o que valeria seria o trabalho de Éder Mauro. Para as famílias, o que vale é o que a PF fez. E, se o processo não foi atrás de todo mundo envolvido nos crimes, é porque não teriam seguido o que a PF concluiu. Mas não temos como verificar o que a PF fez, então ficamos num limbo. Os documentos oficiais não dão conta do caso, as memórias são contraditórias, as suspeitas vão para todos os lados e fica difícil termos uma direção clara.

A história de Valentina

Poucos dias após a audiência na Comissão dos Direitos Humanos, em 22 de outubro de 1996, Valentina finalmente foi interrogada em Altamira. Era o último dia das audiências da nova fase de juízo, e todas as testemunhas de defesa já haviam sido ouvidas. Já haviam se passado mais de três anos desde que ela fora citada no caso pela primeira vez, então era um momento de grande expectativa.

Lembremos que Valentina havia sido identificada por Edmilson Frazão numa reportagem da revista *Veja* de 29 de julho de 1992 sobre os casos de Guaratuba. Essa matéria falava sobre um vídeo caseiro em que Valentina aparecia abraçada com o marido — o argentino José Teruggi. Incorporado por alguma entidade, de acordo com a matéria, ele dizia algo do tipo "mate a criancinha que eu te pedi. Ela é a riqueza energética".

Essa foi uma tradução equivocada, decorrente de um trabalho apressado da Polícia Civil do Paraná na época. Posteriormente, foi feita uma transcrição completa da conversa desse vídeo, com perícia e tradução juramentada. De acordo com a tradução oficial, a frase correta seria "mas tem criancinhas que são experientes. É a riqueza energética".

A *Veja* também cita outras histórias que circulavam sobre Valentina na época. Menciona-se por exemplo, uma busca e apreensão na casa dela: "[...] foram encontrados centenas de cartas enviadas por supostos adeptos, dois exemplares do livro *Deus, a grande farsa*, escrito por Valentina, o diário dela, fitas de vídeo e uma série de desenhos grotescos, com cabeças soltas, e símbolos do ocultismo". Em vários desses desenhos, havia seres que pareciam demônios — a explicação era que seriam estudos de capa para o livro dela.

A matéria cita um trecho do livro já utilizado em outras reportagens para sustentar que Valentina poderia liderar uma seita que assassinava crianças:

> Valentina, uma gaúcha nascida em família humilde, que nunca conheceu o pai, sonhava em ser bailarina clássica e acabou como líder pseudomística, dançarina de uma boate de segunda categoria em Londrina e apresentadora de um programa sobre UFOs na rádio Norte [...] Baseando-se em crenças existentes desde as seitas cismáticas dos primórdios do cristianismo — uma delas é que, diante dos sofrimentos da humanidade, só se pode concluir que Deus na verdade é um demônio disfarçado — e em "revelações" feitas por extraterrestres, ela elaborou uma teoria esotérica que, normalmente, seria atribuída apenas a mais uma das maluquices da Nova Era.
>
> "Mas EU afirmo porque SEI o que digo: você não é Deus, e sim o próprio Satanás", diz ela em seu livro. As maiúsculas constam do original. Com a descoberta do diálogo diabólico da fita de vídeo, fica aparente que o Lineamento Universal Superior, sua seita, é mais do que um bando de doidos. [...]
>
> "Tenham cuidado com as crianças. Elas são um instrumento inconsciente da grande farsa denominada Deus, e seus nefastos colaboradores", recita na página 129 do livro *Deus, a grande farsa*, uma rocambolesca mistura dos princípios da seita com a autobiografia da autora.

Eu li as duas versões do livro[31] e posso garantir que não há nada ali que incite alguém a cometer crimes — muito menos a matar crianças. O trecho sobre "tomar cuidado com as crianças" tem mais a ver com a visão pessimista do misticismo que Valentina demonstra. Tudo no mundo seria perigoso, e crianças estariam mais suscetíveis às influências de energias nefastas. Nessa óptica, não é que se deva temer as crianças, mas, sim, que elas precisam ser cuidadas.

Duílio, o ex-marido de Valentina que depôs para Éder Mauro, também falou brevemente sobre as crenças dela. Como já mencionamos no Capítulo 9, a mudança de Duílio para Altamira foi o motivo da separação do casal. Ela retornara a Altamira em 1987, agora com um novo companheiro, Roberto Olivera, argumentando que tinha ido à

---

[31] O livro *Deus, a grande farsa* tem duas edições, ambas impressas e vendidas pelo Lineamento Superior Universal na época. Na primeira edição, de 1985, consta o trecho citado na imprensa e nos autos de Altamira. Na segunda edição, de 1998, tal trecho foi revisado.

cidade para conversar com Duílio e dizer a ele que não havia nenhuma mágoa. Duílio ficou surpreso, pois já haviam se passado dez anos desde a separação.

Mas o que ele achou mais estranho é que, quando retornou a Altamira, Valentina estava bem diferente. Acompanhada de um grupo de pessoas que pareciam venerá-la, Valentina era agora uma espécie de profetisa de um conjunto de novos conhecimentos que ela trazia de entidades cósmicas. Duílio não fala nesses termos, mas frisa como estava diferente.

Esses conhecimentos são chamados por Valentina de "As Verdades". Aliás, vale dizer que Valentina chama as entidades com quem se comunicava de "individualidades". Então, a partir de agora, vou usar esse termo. Dessas individualidades, uma se destaca em sua obra. Seu nome é Zuita, e ela seria uma espécie de inteligência superior a todas as outras.

Vou me aprofundar nas ideias do Lineamento Universal Superior, o grupo de Valentina, mais adiante. Por ora, quero deixar claro que: tudo o que acabei de explicar era, aparentemente, ignorado tanto pela Polícia Federal quanto pelo Ministério Público do Pará. São informações que descobri após anos de pesquisa sobre Valentina. Só o que se sabia era o que estava na matéria cheia de equívocos da *Veja*.

Ao longo de meus anos de pesquisa, tentei várias vezes encontrar os materiais supostamente apreendidos na casa dela pela Polícia Civil do Paraná, mencionados pela revista. O advogado de Valentina nesse período, o dr. Arnaldo Faivro Busato Filho, garantia que nenhum desses pertences havia sido devolvido a ela. Então, supostamente, deveriam estar ou nos autos do caso Evandro ou no inquérito de Leandro Bossi. Apesar de meus esforços, nada encontrei. Dizia-se que, muito provavelmente, esse material teria se perdido.

Quando conversei com algumas pessoas que trabalharam no processo dos meninos de Altamira, uma informação que eu ouvia constantemente era que a apreensão na casa de Valentina teria sido conduzida pela Polícia Federal. Mas sei que não foi assim porque tenho o inquérito de Leandro Bossi com o auto da busca e apreensão feita pela Polícia Civil do Paraná. Aliás, na própria matéria da revista *Veja*, há uma foto dos policiais usando as vestes cerimoniais apreendidas, e no fundo é possível ver nitidamente o brasão da Polícia Civil.

Então, por que pessoas que trabalharam no caso de Altamira achavam que tinha sido a Polícia Federal que fizera a busca e apreensão na casa de Valentina? E o que teria acontecido com esses materiais? Por que não estavam em Guaratuba, onde deveriam, já que era lá que corria o inquérito de Leandro Bossi?

Um ofício da juíza Elisabete Pereira de Lima nos autos de Altamira, de 16 de setembro de 1993, dirigido ao então superintendente da Polícia Federal no Pará, Fábio Caetano, ajuda a entender. Ela requisita "todos os procedimentos investigatórios, dados, vestes etc. que por ventura se encontrem em poder dessa Polícia Federal". A palavra que chama a atenção é "vestes". No processo dos meninos de Altamira estavam as vestes que foram apreendidas em Guaratuba. Hoje, já não estão mais lá e se perderam.

Também há nos autos outro ofício da juíza Elisabete, dessa vez dirigido ao delegado Éder Mauro, de setembro de 1993, pedindo a ele que enviasse vários livros — um deles, o de Valentina. Ele respondeu que esse livro estava com a PF.

Se esse material foi transferido do Paraná para o Pará pela Polícia Federal, a corporação fez isso informalmente, o que é estranho. E ninguém sabe explicar o que aconteceu. As únicas pessoas que poderiam dar uma explicação são os agentes da PF da época, que se recusaram a me conceder entrevista.

Ou seja, quando Valentina finalmente presta seu depoimento no processo, tudo o que sabemos a seu respeito se encontra resumido em passagens como a transcrita a seguir, extraída da decisão de pronúncia do juiz Arrifano, em 20 de junho de 1994:

> Foi reconhecida pela testemunha Edmilson da Silva Frazão como uma das participantes de um culto ocorrido na chácara do denunciado Anísio. Consta que já esteve envolvida em processo de mesma natureza no Estado do Paraná, e até o presente momento, embora alegado, não ficou definitivamente comprovada a sua exclusão do processo.

O interrogatório de Valentina

Quando falou pela primeira vez em Altamira, Valentina tinha 65 anos — e, claro, negou as acusações:

Que em absoluto não são verdadeiras as acusações que lhe são feitas no aditamento da denúncia. Que conhece os fatos narrados pela denúncia através de seu advogado, e que não presenciou e não tem conhecimento de nenhum dos fatos. Que não conhece e não teve nenhum contato com os demais denunciados. Que também não conhece ou conheceu nenhuma das vítimas e que também não teve contato com elas e tampouco com os parentes.

Que em 1954 tornou-se mulher de Duílio. Que na euforia da década de 1970, o seu companheiro Duílio veio para a cidade de Altamira, e que a interroganda ficou em Londrina-PR, e lá ficou à espera da chamada de Duílio, que estava construindo um hotel em Altamira [...] Xingu Hotel. Nesta época, escrevia quase diariamente para o companheiro. Dois anos após, quando Duílio concluiu o hotel, foi que esteve a primeira vez em Altamira, passou alguns dias [...]. Que seu companheiro costumava voltar a Londrina de vez em quando, de maneira esparsa. Em paralelo ao hotel, seu companheiro construiu um posto de gasolina da ESSO. Quando vinha a Altamira, ficava no hotel de seu companheiro, e o único contato que tinha era com as funcionárias do hotel de nome Olinda e Francisca.

Que ficou nessa vida, ou seja, de vez em quando vinha a Altamira, até se separar de seu companheiro Duílio no final do ano de 1973 ou 1974.

Que após separar-se de Duílio uniu-se a um argentino de nome Roberto Olivera, que o próprio Duílio havia apresentado. Que, após a união com Roberto, veio a Altamira em companhia de seu tio, Nabor de Andrade. Que havia combinado com Duílio de voltar seis meses depois em Altamira. Que, depois do desenlace com o mesmo, ficaram algumas sequelas a serem curadas, e passou dois dias, e que inclusive ficou hospedada no hotel de Duílio. E, quando voltou para casa, Duílio a acompanhou [...] até o aeroporto.

Essa versão que Valentina dá sobre suas idas e retornos a Altamira parece contradizer o depoimento de Duílio Nolasco no processo. Ele nunca mencionou que tinha apresentado Valentina a Roberto Olivera, tampouco falou que a levou ao aeroporto. Aliás, pelo contrário: em seu depoimento para o delegado Éder, Duílio disse que Valentina nem se despediu dele e que ele teve que ir buscar no aeroporto um carro que havia emprestado para ela e seu grupo. Duílio também não falava nada sobre Valentina ter ido a Altamira na década de 1980 com seu tio Nabor. Tendo em vista que eles foram casados por vinte anos, ele provavelmente conheceria tal tio.

Além da fase de inquérito, Duílio também prestou depoimento na segunda fase de juízo. Nesse segundo testemunho, ele disse que a última visita de Valentina a Altamira teria ocorrido em 1986 ou 1987. Além disso, afirmou que ela era católica na época em que foram casados e que ficara surpreso ao saber que ela havia escrito um livro intitulado *Deus, a grande farsa*. Por fim, disse que não sabia de nenhuma passagem de Valentina por Altamira após aquele último encontro e não acreditava que ela teria qualquer relação com a morte dos garotos, tampouco qualquer vínculo com os outros acusados.

Valentina confirmou que tinha voltado a Altamira em 1986, "acompanhada mais ou menos de umas sete pessoas conhecidas e adultas com origens diversas".

> Que este grupo que veio para Altamira se reunia para discutir filosofia, universo, um pouco de religião e temas corriqueiros, comuns em geral. Que este grupo questionava o universo, a existência de vidas em outros planetas, o comportamento humano, e que dessas conversas e convencimentos chegaram a uma prática de vida que se resumia ao seguinte: não fazer mal a ninguém, não praticar a violência, não ter nenhum comportamento que fuja à dignidade. E, em relação a bens materiais, cada um possuía sua vida. Que também não estava e não se cogitava o acúmulo de riqueza e abusar do próximo. E que não existiria, para conseguir a iluminação, fazer oferendas ou sacrifícios.
>
> Que não é verdadeira [sic] os capuzes e roupões que estão na foto na folha 822 do Volume 2 [que constam na matéria da *Veja*]. Eles não pertenceram à interroganda, e que isso é uma fraude. Mas que foram encontrados na sua casa alguns capuzes e capas intactas, sem uso, inclusive sem orifícios para os olhos e nariz. Capas essas que seriam utilizadas para teatros que um grupo da Argentina costumava fazer. [...]
>
> Que escreveu um livro cujo título é *Deus, a grande farsa*. Que esse livro resumidamente trata-se das respostas pelas quais a humanidade sempre se debateu. Que este livro não se trata de magia negra. [...]
>
> Que nunca teve contato com o cidadão Edmilson da Silva Frazão. Que não é verdade que no ano de 1991 esteve na casa da chácara do dr. Anísio por volta das 19h30, participando de um culto religioso em que todos estavam com uma bata preta e pretendiam fundar uma religião. [...]
>
> Que não sabe por que foi acusada dos crimes lá no Paraná e aqui em Altamira. Que só queria fazer felizes as outras pessoas. Que o seu ex-companheiro Duílio pode dizer que a interroganda não estava em Altamira no ano de 1991 e não participou deste culto na casa do dr. Anísio.

Com o interrogatório de Valentina, terminava a terceira fase de juízo do processo. Agora, restava ver se o juiz Paulo Roberto Ferreira Vieira pronunciaria ou não os acusados.

A decisão do juiz

No dia 29 de outubro de 1996, uma semana após o interrogatório de Valentina, o Ministério Público, na figura da promotora Elaine Nuayed, pediu a pronúncia de todos os sete réus — inclusive de José Amadeu Gomes, que já deveria estar fora do processo por decisão do Tribunal de Justiça, mas os efeitos dessa decisão ainda não haviam sido sentidos oficialmente.

Em suas argumentações, a promotora explicava o motivo da acusação de cada réu:

- Contra Amailton Madeira Gomes: o depoimento do amigo Gilberto Denis da Costa; o laudo psiquiátrico que o classificava como portador de transtorno esquizoide de personalidade; e a história de que ele sempre saía da cidade após os crimes acontecerem.
- Contra Valentina de Andrade: o depoimento de Duílio falando sobre a mudança que ele afirmava que tinha visto nela no decorrer dos anos e o fato de que Valentina "não deu explicações satisfatórias sobre a seita que fundou".
- Contra Césio Flávio Caldas Brandão: o depoimento do lavrador Agostinho; também citou o cabo Delmiro, o militar com quem Agostinho conversou logo após o desaparecimento de Jaenes; e o fato de que Gracinda, testemunha de defesa de Césio, jamais conseguiu comprovar por documentos que foi realmente atendida por ele na manhã do dia 1º de outubro de 1992.
- Contra Anísio Ferreira de Souza: citava como testemunha apenas Jeanes da Silva, o garoto que foi atendido por Anísio em 1992 e para quem o médico teria perguntado se ele não queria virar "mulherzinha". Também dava uma ideia geral sobre o que se tinha contra Anísio usando frases do tipo: "O médico exercia ou ainda exerce a medicina envolvendo desde a prática de 'magia negra' à mercancia, ou seja, mercadorias. É o que se pode extrair dos vários depoimentos prestados nos autos". Anísio também nunca teria explicado a foto de crianças que foi apreendida em sua casa e essa

mesma imagem havia sido encontrada na casa de Amailton — portanto, eles poderiam ter algum vínculo.
- Contra Carlos Alberto dos Santos Lima: o relato de Sueli, a conselheira tutelar do Amapá.
- Contra Aldenor Ferreira Cardoso: o reconhecimento feito através de fotos por Wandicley, o terceiro sobrevivente, e Vandivaldo, seu irmão.
- Contra José Amadeu Gomes: novamente o relato de Sueli, a conselheira tutelar do Amapá, sobre o que teria ouvido de Carlos Alberto.

Para as famílias das vítimas, esse pedido de pronúncia já era uma vitória. Afinal, da vez anterior, o promotor responsável havia pedido a impronúncia dos acusados.

Alguns dias depois, em 4 de novembro de 1996, a assistência de acusação, agora formada por três advogados (Ana Celina Bentes Hamoy, Antônio César de Brito Ferreira e Rosa de Fátima de Souza Corrêa), também pedia a pronúncia dos acusados. Na peça de alegações finais, eles citaram mais testemunhas contra os acusados, compondo um documento mais robusto do que o da própria promotora responsável.

Bastava agora o juiz Paulo Roberto Ferreira Vieira decidir se os acusados iriam a júri ou não.

16. A decisão

A decisão de Paulo Roberto Ferreira Vieira saiu no dia 3 de dezembro de 1996, surpreendendo as famílias das vítimas. O magistrado não acreditava que no processo havia provas suficientes para que os acusados fossem a júri popular e decidiu impronunciar todos os réus. Em sua decisão, ele analisa os indícios de autoria de cada réu e explica os motivos para a impronúncia:

> Valentina de Andrade: Existe o depoimento de Edmilson da Silva Frazão, que diz ter visto a ré participando de um culto macabro, onde havia pessoas encapuzadas, realizado na chácara de Anísio, um dos acusados. A testemunha afirma em seu depoimento que estavam nesta chácara sua esposa, o sr. Antônio Paraná e mais uma mulher que aparentava ser paranaense, supondo ser a ré. Em seu interrogatório a acusada nega conhecer Anísio, quanto mais ter estado em sua chácara. Não existem no processo outras referências à participação da ré nos fatos narrados na denúncia e a sua ligação com os demais réus. Assim, sou pela impronúncia da ré, em virtude da fragilidade da prova colhida em seu desfavor.
>
> Anísio: A testemunha Orlandina Silva Souza, ex-empregada da clínica do acusado, diz que com Ana Paula, também ex-empregada do réu, esta relatou que certa vez, fazendo a limpeza, da clínica encontrou um isopor acima de um balcão e, por curiosidade, ao abri-lo viu no seu interior um pênis infantil com bolsa escrotal. Ana Paula nunca foi encontrada para confirmar a afirmação da testemunha supra referida. A testemunha Edmilson da Silva Frazão, que diz ter participado de um culto na casa do denunciado onde também estavam presentes, além de outras pessoas, uma mulher que aparentava ser paranaense, sem contudo afirmar se era Valentina de Andrade, diz também que na ocasião todos usavam uma bata preta. Entendo que contra o réu não existem provas suficientes para o decreto da pronúncia [...] A testemunha Orlandina nada viu, apenas repetiu o que Ana Paula lhe havia contado [...].
>
> Aldenor: O réu foi reconhecido pela vítima Wandicley de Oliveira Pinho através de uma fotografia (xerox) como sendo o homem que o levou na bicicleta vermelha para o mato e, ao acordar, estava emasculado. Reconhecimento que foi confirmado em juízo. O irmão da vítima, Vandivaldo

de O. Pinheiro, no mesmo sentido afirmou o acusado como sendo a pessoa que levou seu irmão na garupa da bicicleta vermelha para o mato, onde foi emasculado. Entretanto, este reconhecimento é isolado, não suficiente para que possa ser o réu levado ao Tribunal do Júri, pois está desprovido de outras provas que corroborem no sentido de incriminar o réu. Dessa forma, deve ser o réu impronunciado.

Carlos Alberto dos Santos Lima: Em relação ao réu, existe o depoimento prestado pela conselheira tutelar Suely de Oliveira Matos, que narra a entrevista que teve com o denunciado, onde o mesmo revela que trabalhou como segurança para a família de Tadeu [Amadeu, pai de Amailton] e que os crimes eram executados por médicos da cidade que usavam éter para procederem às emasculações das vítimas, sempre vigiados por seguranças e ex-policiais que os protegiam. Tais afirmações foram ratificadas quando do depoimento da encimada testemunha [...], a qual tece inclusive comentários quanto ao comportamento do denunciado. Afirma ter visto o denunciado Anísio Ferreira de Sousa por várias vezes na casa de Amailton. Não vejo neste depoimento indícios de autoria contra o réu, mas apenas relatos sobre a suposta autoria dos fatos narrados na denúncia, devendo ser o réu impronunciado.

Césio Flávio Caldas Brandão: Em desfavor do réu, temos o depoimento da testemunha Agostinho José da Silva, que diz ter visto o acusado no dia 1º de outubro de 1992, por volta das 11h30 às 12h, na rodovia Transamazônica, às proximidades do local onde dois dias após foi encontrado o corpo da vítima Jaenes da Silva Pessoa. Afirma a testemunha ter visto o denunciado saindo do mato trazendo nas mãos um saco plástico contendo um isopor e um facão sujo de sangue.[32] Feito o auto de reconhecimento perante a autoridade policial, a testemunha confirmou ser o réu a pessoa que teria visto naquela ocasião. O denunciado em sua defesa diz que no horário [...] estava no percurso entre o seu trabalho e o colégio de seus filhos. Fato confirmado em juízo por diversas testemunhas arroladas pela defesa. Como se vê, o depoimento de Agostinho é um depoimento isolado, o auto de reconhecimento feito perante a autoridade policial é falho para se dar [a ele] crédito e valor como prova que leve o réu a ser pronunciado. Não existem nos autos outras provas que incriminem o réu nem que façam a ligação do mesmo com os demais corréus. Dito isto, entendo que o réu deva ser impronunciado.

Amailton Madeira Gomes: a testemunha Luiz Sobrinho relatou perante a autoridade policial que o denunciado fora visto pela empregada de sua residência chegar em casa sujo de sangue um dia antes de a vítima Judirley da Cunha Chipaia ter desaparecido. O réu, todas as vezes que ocorriam

---

32 Em seu depoimento original, Agostinho falava apenas de um "saco de pequeno volume", não citando assim o "isopor" que o juiz descreve aqui. Porém, durante minhas pesquisas e conversas com envolvidos, várias vezes eu ouvi o termo "isopor", o que mostra que, de alguma forma, esse elemento passou a fazer parte do imaginário coletivo do caso.

desaparecimentos e mortes de crianças nesta cidade, viajava para outros estados da federação, relato da testemunha Benedito R. Oliveira. O pai do réu disse em depoimento que seu filho realmente dirigia a caminhonete cor vinho à época do desaparecimento e morte da vítima Judirley; veículo com as mesmas características fora visto às proximidades do local onde foi encontrado o corpo da pequena vítima. Em seu depoimento perante a polícia, a testemunha Gilberto Denis da Costa discorreu sobre a personalidade doentia do réu, revelando ter mesmo um comportamento sádico, disse ter grande amizade com o réu e afirmou ter tomado conhecimento da presença de Amailton às proximidades dos locais onde desapareceram as vítimas Jaenes e Judirley, mas depois recuou, desmentindo o que havia falado. A testemunha Lúcia da Cunha Chipaia afirma, que no dia do desaparecimento de Judirley, por volta das 13h, viu uma caminhonete tipo pampa ou saveiro de cor vinho, estacionada junto ao igarapé onde a vítima se banhava. Tal veículo pertencia à família de Amailton. Na data de 1º de outubro de 1992, o denunciado foi visto pela testemunha Agostinho José da Silva por volta das 11h30 ou 12h na rodovia Transamazônica, segurando a rédea de um cavalo como que à espera de alguém, às proximidades do local onde dois dias depois foi encontrado o corpo de Jaenes da Silva Pessoa, em estado de decomposição. No dia seguinte, viajara para um passeio no sul do Brasil, até a Argentina. O laudo de exame psiquiátrico procedido em Amailton Madeira Gomes, em sua alínea "f", conclui que o réu é portador de transtorno esquizoide de personalidade e que os portadores de Transtorno Esquizoide de Personalidade, quando associado a prática criminosa, são melhor trabalhados quando mantidos em regimes restritivos de liberdade, uma vez que fica limitada e contida a possibilidade de reincidência delituosa. [...] Não vislumbro nos depoimentos acima relatados um liame que envolva o réu e os demais corréus aos crimes. As provas manifestam-se por demais frágeis. São um amontoado de depoimentos sem nexo, sem ligação entre si, sem um mínimo de certeza que leve ao julgador a segurança necessária para pronunciar o réu. Portanto, deve o réu ser impronunciado.

Dado o clima político em torno do caso e o sentimento de impunidade, é claro que as famílias e o Ministério Público não aceitariam a decisão de braços cruzados. As histórias da época inclusive dão conta de que o juiz, temendo por sua segurança, fugiu de Altamira logo após sua decisão.

O primeiro movimento de reação partiu da promotora responsável pelo caso na época, Elaine Nuayed. Seu pedido de recurso contra a impronúncia foi feito no dia 20 de dezembro de 1996, duas semanas depois da decisão de Paulo Roberto. Claramente indignada, a promotora escreve que o juiz usou os mesmos argumentos de seu antecessor, Arrifano, que havia decidido *pronunciar* os réus: "Como pode o juiz do feito concluir pela impronúncia dos acusados com os mesmos argumentos que o juiz anterior pronunciou?".

Essa diferença entre as decisões talvez se deva a uma compreensão distinta entre eles de um argumento usado pela acusação em suas diversas peças. Você provavelmente já ouviu expressões do tipo "o ônus da prova é da acusação", "*in dubio pro reo*" (ou seja, "na dúvida, favorece-se o réu") ou até mesmo "inocente até que se prove o contrário". Acontece que, em vários momentos de sua argumentação, o Ministério Público e a assistência de acusação não seguiram esses conceitos, especialmente antes das fases de pronúncia. Vejamos, por exemplo, um trecho das alegações finais feitas pela assistência da acusação em março de 1994, na conclusão da segunda fase de juízo, na época do juiz Arrifano:

> Para que o juiz pronuncie o réu, é necessário, em primeiro lugar, que esteja convencido da existência do crime. Não se requer, portanto, prova incontroversa da existência do crime, mas que o juiz se convença da sua materialidade. [...]
> É necessário também para a pronúncia que existam "indícios suficientes" de autoria. A sentença de pronúncia, portanto, como decisão sobre a admissibilidade da acusação, constitui juízo fundado de suspeita, não o juízo de certeza que se exige para a condenação.

O recurso contra a impronúncia

Após o recurso contra a impronúncia, feita em segunda instância, ou seja, no Tribunal de Justiça do Pará (TJ-PA), o processo passou a andar bem lentamente.

No dia 27 de agosto de 1997, ou seja, oito meses depois, a Procuradoria de Justiça do Pará fez um longo pedido pela pronúncia dos réus. Esse documento de dezoito páginas é assinado pelo procurador Francisco Barbosa de Oliveira. É uma peça bastante peculiar, para dizer o mínimo. Com base nos depoimentos das testemunhas de acusação, o procurador faz um apanhado de todos os argumentos que existiriam contra os acusados. Ele parece inventar dados que não existem no processo, além de cometer alguns erros básicos. Por exemplo, citava o depoimento de Eudilene, mas este não poderia ser usado porque ela nunca depôs em juízo. Sobre Anísio, o procurador citou Jeanes da Silva, o garoto que ficou internado na miniclínica do médico, afirmando que seria irmão da vítima Jaenes. Essa informação é falsa.

Além de todos esses problemas, o procurador também fazia algumas ponderações próprias que deixavam bem explícitos seus preconceitos. Uma delas era afirmar que Césio dizia em depoimento que Anísio era "dado a frequentar e praticar rituais de umbanda". Para o procurador, isso era um indício de que Anísio seria um praticante de magia negra — um evidente caso de preconceito religioso.

De todos os trechos mais complicados dessa peça, o que mais me chama atenção é uma passagem em que ele traz argumentos contra Amailton. Em certo momento, lemos o seguinte:

> O próprio acusado Amailton admitiu, em juízo, já ter mantido relações homossexuais. Tal circunstância, induvidosamente, possui caráter relevante, pois demonstra um desvio de personalidade do réu bastante característico das pessoas emocional e psicologicamente perturbadas, o qual, muitas vezes, contribui para o desenvolvimento de índole delinquencial, principalmente, se se comparar aos crimes ora analisados, que, sem sombra de dúvidas, foram cometidos por pessoas totalmente pervertidas.

Quase dois meses depois, no dia 14 de outubro de 1997, o Tribunal de Justiça do Estado do Pará tomava sua decisão: os réus deveriam ser pronunciados. Eles iriam, portanto, a júri popular.

Os réus são pronunciados

Quando ocorrem as pronúncias dos réus pelo Tribunal de Justiça do Pará, o processo volta a Altamira e um novo juiz o assume: Luiz Ernane Ribeiro Malato. Ele era o quinto juiz (somente naquela comarca) que julgaria o caso dos meninos de Altamira. Em 2011, Malato publicou um livro intitulado *Direitos humanos: federalização da competência e a Amazônia*, no qual dedica onze páginas ao caso dos meninos emasculados.

De acordo com Rubens Pena Júnior, Luiz Ernane chega em novembro de 1998, quase um ano depois da decisão de pronúncia. Isso porque, quando essa decisão ocorre, os advogados de defesa começam a recorrer, paralisando o processo e permitindo que os acusados vivam normalmente, soltos por *habeas corpus*.

O processo físico é enviado de Belém para Brasília, passando por diferentes deslocamentos e entrando em uma pauta com recursos de todo o Brasil. De acordo com as pesquisas de Rubens, esse processo de tramitação, desde recursos até julgamento, levou anos, tanto que o juiz Malato só pede a prisão dos acusados em dezembro de 2000. Ele cita todos, mas exclui Amailton. Isso significa que Amailton ficaria solto por ora, mas o motivo disso é curioso: de acordo com os autos, as autoridades não conseguiram localizar seu endereço na época para poder emitir um mandado de prisão.

Sendo assim, mesmo o juiz afirmando que não prenderia Amailton naquele momento, acabou fazendo isso posteriormente, quando seu endereço foi localizado e confirmado.

No final das contas, dr. Malato viu-se na obrigação de fazer os pedidos de prisão para que o processo voltasse a andar, visto que já encontrava-se parado havia muito tempo após a decisão de pronúncia do Tribunal de Justiça do Pará. Os advogados de defesa de Amailton, Anísio, Césio e Valentina entraram com pedidos para revogação das prisões e foram atendidos. A situação do ex-PM Carlos Alberto era mais complexa: não apenas ele não tinha condições de ter um advogado que acompanhasse sua situação, como seu próprio paradeiro era um mistério para as autoridades.

De qualquer forma, o processo andava, e logo os acusados deveriam enfrentar um júri popular. De todos os lados, as tensões aumentavam consideravelmente à medida que os dias avançavam.

Rubens destaca uma peça na defesa de Valentina pelo advogado Marco Antônio Sadeck. As testemunhas escolhidas foram: Luiz Carlos de Oliveira, que era o delegado da Polícia Civil do Paraná que investigava o caso Leandro Bossi e que apontou Valentina como suspeita do caso; José Carlos de Souza Machado, agente da Polícia Federal que comandava as investigações da PF em Altamira antes da chegada de Éder; o jornalista de *O Liberal* Raul Thadeu, que chegou a escrever algumas matérias, ainda em 1993, questionando a qualidade das investigações feitas em Altamira; a professora Socorro Patello, que havia escrito um documento com uma profunda análise do livro *Deus, a grande farsa*, que foi anexado aos autos; o juiz Luiz Ernane Malato; o delegado Éder Mauro; e três argentinos seguidores de Valentina. Na peça, dr. Sadeck utiliza uma expressão polêmica, "testemunhas alienígenas", que provoca o juiz Ronaldo Valle — o qual depois vai puni-lo por isso. O uso dessa expressão gerou reações negativas, especialmente do próximo juiz em Belém. Essa lista de testemunhas é curiosa, porque, teoricamente, seriam testemunhas de defesa. Contudo, há ali três policiais que a tornaram suspeita.

O juiz Luiz Ernane Malato se justificaria avisando que não poderia depor por ainda estar em exercício de sua atividade.

Desaforamento

Os júris viriam a acontecer apenas em 2003, e não em Altamira, mas em Belém. Quando um caso muda de uma cidade para outra, isso é chamado de "desaforamento" — ou seja, saiu de um fórum e foi para outro. Esse pedido de desaforamento foi feito pela defesa de Valentina.

Sobre Carlos Alberto, há um pouco de confusão para se entender exatamente o que aconteceu desde a sua prisão em 1993 até a realização dos júris em 2003. Não existe nos autos nenhum alvará de soltura dele. Contudo, há uma matéria de jornal de 13 de setembro de 1995 na qual consta que ele teria deixado a prisão no mesmo período em que Césio, Anísio e Amailton saíram por *habeas corpus*. Reforço: não há como confirmar isso pelos autos.

Na decisão de pronúncia dos réus feita no dia 14 de outubro de 1997, a desembargadora determinava que todos seriam levados a júri e afirmava que não decretaria prisão preventiva dos réus, mas que isso poderia mudar a qualquer momento, se o novo juiz responsável assim quisesse.

Neste ponto, lembro que Amadeu não estava mais na lista de réus. Logo, os júris seriam feitos apenas para Amailton, Césio, Anísio, Carlos Alberto e Valentina. Havia ainda aquele outro réu, o ex-policial militar Aldenor, que nunca foi localizado — por isso, não houve júri para ele.

Pouco mais de três anos depois da decisão de pronúncia, em 19 de dezembro de 2000, o juiz Ernane Malato decretou a prisão preventiva de todos os acusados. A partir desse momento, ninguém conseguiu localizar Carlos Alberto.

Uma notícia de jornal anexada aos autos contou que ele teria sido finalmente encontrado e que estava preso em Belém, desde maio de 2002, respondendo a dois outros processos: um de latrocínio e outro de falsidade ideológica — e que teria sido detido em outubro de 2001. Ao contrário dos outros acusados, que aguardaram o julgamento em liberdade, Carlos Alberto foi o único que permaneceu preso, muito provavelmente por conta dessas outras acusações contra ele.

17. O julgamento

A fase de instrução do processo havia se encerrado em 1996, mas os júris só vieram a acontecer sete anos depois, em 27 de agosto de 2003. Por conta do tempo decorrido, o julgamento era visto pela imprensa quase como uma reparação histórica, uma chance de não deixar crimes tão horríveis saírem impunes. Todas as complexidades, todas as nuances, todos os furos e problemas foram deixados de lado. A princípio, todos os cinco acusados seriam julgados juntos: Valentina, Amailton, Carlos Alberto, Césio e Anísio.

Os preparativos começaram a se intensificar a partir de julho daquele ano, ou seja, dois meses antes. Tanto defesa quanto acusação juntavam no processo materiais que seriam utilizados no julgamento. Também havia um rearranjo constante nas equipes de defesa: na de Valentina, por exemplo, saíram Frederick Wassef, que continuou atuando nos bastidores, e Marco Sadeck, e ficou apenas Arnaldo Faivro Busato Filho, que havia sido responsável por sua defesa no caso Leandro Bossi. Mas Busato alegou que não poderia comparecer na data e, quando o juiz indeferiu um pedido de adiamento, ela trouxe de volta à cena Américo Leal, que já havia acompanhado o caso após a prisão de Amailton, ao lado de Arthemio Medeiros Lins Leal.

Do lado da acusação, alguns meses antes do julgamento, surgia Rosana Cordovil, uma jovem e promissora promotora de Belém que tinha agora em mãos o maior caso da sua vida — pelo menos até aquele momento. Ela contava também com os trabalhos de dois advogados de renome em Belém, que atuariam como assistentes de acusação no júri: Clodomir Araújo e seu filho, Clodomir Araújo Junior. Vieram deles as peças que de fato geraram impacto nessa fase do processo, logo antes do júri.

Seis dias antes do julgamento, a acusação juntou aos autos uma série de materiais apreendidos no consultório do cirurgião Lourival Barbalho, hoje já falecido. Em 1989 e 1990, ele tinha atendido o segundo e o terceiro sobreviventes, fazendo uma série de cirurgias reparadoras sem cobrar nada.

Ele nunca havia se pronunciado nos autos, e esses materiais são praticamente os únicos registros sobre o que ele tinha a dizer a respeito do caso. A intenção era esclarecer um ponto preciso: algumas testemunhas e matérias de jornais da época dos ataques afirmavam que as emasculações teriam características cirúrgicas, o que, para a acusação, era prova da participação de Anísio e Césio. A partir disso, as famílias afirmavam que os laudos dos exames dos corpos dos meninos, tanto sobreviventes quanto mortos, teriam sido muito mal elaborados, já que não havia menção alguma quanto à precisão dos cortes nem a serem do tipo cirúrgico. As famílias confiavam nessa acusação, que contestava o médico-legista da época, Armando Aragão, para quem o fato de os cortes serem mesmo lineares não implicava que tivessem sido feitos por cirurgiões.

Barbalho entregou duas declarações escritas à mão em prontuários médicos seus. Em um deles, de 21 de agosto de 2003, dava detalhes sobre os procedimentos que tinha realizado nos dois sobreviventes. No outro, do dia seguinte, descrevia mais detidamente os cortes e afirmava: "A lesão que provocou a emasculação total me pareceu ter sido feita por pessoas com habilidade suficiente para produzir uma lesão linear e não contusa". Ele nada dizia sobre corte cirúrgico: uma lesão linear não contusa pode ser feita por qualquer um que tenha alguma força e um instrumento bem afiado, capaz de fazer um corte em um só golpe. Mas essa não era a interpretação dos acusadores.

A tese da acusação

Apesar de Lourival Barbalho nada ter afirmado sobre cortes cirúrgicos, isso não impediu a Promotoria de continuar se valendo da ideia. Barbalho também forneceu à acusação fotos de um dos procedimentos cirúrgicos que realizou em SS e um trabalho de conclusão de curso feito por uma aluna orientada por ele no curso de Medicina da Universidade do Estado do Pará, em 1994, que relata as cirurgias feitas por Barbalho e sua equipe no fim de 1993. Há várias fotos de operações. O trabalho também narra com detalhes o estado psicológico do garoto, que na época tinha 14 anos, e suas condições físicas. Nas fotos, a precisão dos cortes fica de fato nítida.

Mas também fica claro no TCC que as fotos eram de 1993 e que Barbalho, àquela altura, já havia feito uma série de procedimentos reparadores no menino. Logo, é óbvio que os cortes vistos naquelas fotos seriam cirúrgicos, pois eram resultado do trabalho de anos de um renomado cirurgião.

No que diz respeito a Valentina, a única coisa que a relacionava ao processo, como sabemos, era o relato de Edmilson Frazão. Nos autos, não havia investigação alguma sobre a seita Lineamento Universal Superior. Com as ideias de "seita satânica" e "rituais de magia negra" em mente, a acusação começou a tecer uma série de suposições.

Em síntese, a Promotoria montava a seguinte proposição de acusação:

- Que havia uma seita em Altamira que emasculava e matava meninos com fins de realização de rituais de magia negra.
- Que essa seita era liderada por Valentina de Andrade.
- Que os cortes eram feitos por médicos participantes da seita, por isso tinham características cirúrgicas.
- Que os meninos eram anestesiados antes de serem atacados, outro indicativo da participação de médicos (tanto SS quanto Wandicley diziam ter desmaiado após terem um pano enfiado na boca).
- Que os rituais eram realizados na presença de várias pessoas. O relato de SS só dava conta de que ele desmaiara antes de ser atacado. Mas o de Wandicley insinuava que ele tinha visto vários pares de pernas por baixo da venda que tapava seus olhos.
- Que poderosos locais faziam parte da seita e que os rituais eram geralmente feitos sob seu comando. Amailton seria um deles. Seu pai, José Amadeu Gomes, outro, embora já tivesse sido retirado da lista de réus.
- Que a seita contava com a ajuda de policiais para sua segurança — e essas seriam as funções de Carlos Alberto e Aldenor.

As famílias se mobilizam

No dia anterior ao começo do júri, o *Jornal da Globo* mostrou que os pais das crianças assassinadas e desaparecidas haviam saído de Altamira, com escolta da Polícia Federal e ajudados por entidades, para acompanhar o julgamento em Belém. Nas imagens, vemos o árduo esforço das famílias de Altamira para estarem presentes em Belém durante o júri. Muita gente entrando num ônibus, que saiu lotado em direção à capital. Conforme relatos da época, os familiares, que eram pobres, contavam com a ajuda de movimentos sociais e outras entidades para se manter na cidade durante os dias do julgamento, já que eles não tinham condições de pagar estadia ou alimentação. O deslocamento e a permanência das famílias só foram possíveis graças a essas ajudas, o que exigia uma mobilização muito grande.

O processo foi focado em apenas cinco vítimas: SS, Wandicley Oliveira Pinheiro, Judirley da Cunha Chipaia, Jaenes da Silva Pessoa e Flávio Lopes da Silva. No entanto, a reportagem do *Jornal da Globo* falava em dezenove vítimas. Esse tipo de equívoco foi bastante comum no decorrer do caso. Mesmo o Comitê em Defesa da Vida das Crianças Altamirenses afirmava em um relatório de 1996 que havia 26 vítimas: quatro sobreviventes, oito assassinadas, cinco desaparecidas e nove que sofreram tentativas de sequestro. O fato é que, apesar de o júri considerar oficialmente apenas cinco vítimas, familiares das mais de 20 vítimas levantadas pelo Comitê se deslocaram até Belém, demonstrando um profundo sentido de coletividade pela dor que nunca cessou. Naquele momento, na mente e no coração, sentiam que alguma justiça poderia ser feita.

Antes do júri, todos os acusados, com exceção de Carlos Alberto, estavam em liberdade. Césio deu uma entrevista no escritório de seu advogado na época, Jânio Siqueira, dizendo que estava com colegas médicos no bloco cirúrgico do hospital. O repórter explicou que os advogados de defesa queriam que os médicos fossem julgados em separado e, para isso, pretendiam rejeitar alguns jurados.

No fim da mesma reportagem, há uma declaração do advogado Clodomir Araújo, assistente de acusação: "Esta senhora, Valentina de

Andrade, através da pregação da sua seita, conseguiu convencer médicos, filhos de empresários, pessoas de menores condições intelectuais a participarem de rituais para sacrificar essas crianças".

O cenário estava armado. De um lado, acusados se dizendo inocentes e perseguidos. De outro, a acusação afirmando que todos eram parte de uma seita satânica. No centro, as famílias das vítimas. Como programado, o julgamento começou em 27 de agosto de 2003.

O julgamento começa

Para cada crime a ser julgado, acusação e defesa podiam arrolar cinco testemunhas. Naquele momento, o processo contava com cinco réus presentes, acusados de ter atacado cinco vítimas. Logo, em tese, cada acusado poderia arrolar até 25 testemunhas de defesa. A acusação poderia fazer a mesma coisa. No fim das contas, mesmo que o número de testemunhas de defesa e acusação tenha sido alto, não chegou a uma centena: a lista de depoentes tinha um pouco mais de quarenta pessoas.

Nem todas estiveram presentes no primeiro dia. Mesmo assim, o número era grande: dezenove pessoas para depor, entre acusação e defesa. Tudo indicava que seria um julgamento muito extenso, embora júris dessa natureza geralmente não passem de dois ou três dias. Além disso, no momento das sustentações orais e debates, que é quando promotores e advogados de defesa expõem suas teses para os jurados, cada defensor teria que dividir seu tempo de fala, o que poderia prejudicar suas argumentações.

Por conta disso, as defesas haviam entrado com um pedido para fazer um julgamento separado para cada acusado, pela complexidade do processo. Isso foi revelado no programa *Barra Pesada* pelo advogado Jânio Siqueira, que defendia Césio. Segundo uma matéria do *Jornal Hoje*, que tem em destaque Américo Leal, advogado de Valentina havia apenas um dia, cercado pelos outros advogados de defesa, o juiz concordou — assim, dispensou os dois médicos e Valentina. Ficaram como réus a serem julgados naquele primeiro dia apenas Carlos Alberto e Amailton.

Amailton tinha como advogado Hercílio Pinto de Carvalho, que o acompanhava desde 1993. Após o desmembramento, Jânio Siqueira também foi designado como advogado de Amailton. Já Carlos Alberto estava com uma defensora pública, a dra. Marilda Cantal.

Processo desmembrado

Havia grande expectativa em relação ao que os dois sobreviventes falariam como testemunhas-chave de acusação. Antes disso, porém, o julgamento começava com os interrogatórios dos réus. Fora do tribunal do júri, havia muita discussão sobre o desmembramento em si. É interessante observar como a imprensa reportava o caso: havia bastante exposição das teses de acusação e quase nenhum aprofundamento no que as defesas diziam.

> REPÓRTER: O Ministério Público afirma que os crimes foram cometidos pelos integrantes da seita do Lineamento Universal Superior, que usavam os órgãos sexuais das vítimas em rituais de magia negra. Valentina de Andrade, 72 anos, segundo a Promotoria, é a chefe da seita.
> CLODOMIR ARAÚJO, ADVOGADO DE ACUSAÇÃO: A partir do momento em que eles se estabeleceram em Altamira, ficou um núcleo que comandou esse sistema. Ou seja, ela é a raiz de tudo.
> REPÓRTER: Ela nega envolvimento no caso, mas, nos anos 1990, também foi investigada pela polícia do Paraná, acusada do desaparecimento de crianças.
> REPÓRTER 2: D. Valentina, qual é a relação da seita com os crimes em Altamira? Existe?
> VALENTINA: Seita?
> REPÓRTER 2: A senhora não tem a seita LUS?
> [VALENTINA SAI SEM RESPONDER. EM SEGUIDA, HÁ UM CORTE NA REPORTAGEM PARA OUTRA CENA]
> REPÓRTER: O filho de um fazendeiro, um ex-policial militar, dois médicos e a chefe da seita sentaram no banco dos réus, mas o juiz concordou com o pedido dos advogados de defesa e dividiu o julgamento. Os dois médicos e Valentina de Andrade voltam na semana que vem. Amailton Madeira Gomes, que, segundo uma empregada, chegou em casa algumas vezes com a roupa suja de sangue, disse que é inocente, mas confirmou para o juiz que colecionava livros sobre magia negra.
> JUIZ: Ele quer saber se o senhor gostava de ler esses livros.
> AMAILTON: Eu gostava. Eu gosto de ler até hoje.

Valentina mal aparecia nos autos do processo, nos quais era quase uma coadjuvante, e nem a acusação de mortes por rituais de magia negra chegava a ter tanta força narrativa. Mas, no júri, ela era perfilada como a grande mente por trás dos crimes. E todos os boatos e indícios absurdos que havia contra Amailton, como seus livros, sua sexualidade ou histórias nunca confirmadas sobre uma roupa suja de sangue, de repente, apareceram no julgamento como fatos incontestáveis que reforçavam sua perversidade.

Foi nesse contexto que a religião virou um tema central do julgamento, com perguntas, por exemplo, sobre a crença dos acusados. O que estava sendo julgado não era se as provas coletadas contra os acusados seriam convincentes. Valentina, por negar a existência de Deus em seu livro, era considerada capaz de cometer crimes. E Amailton estava sendo acusado de fazer parte do seu grupo. O jornal da TV Liberal comentou:

> REPÓRTER: [...] Durante o depoimento do Amailton Madeira, ele chegou a declarar que reconhecia fotos de menores que foram encontradas na casa dele[33]. Também livros referentes a doutrinas satânicas, como *Perfume: a história de um assassino* e *O satanista*, foram encontrados e ainda outros livros com referências à homossexualidade [...]. Nós conversamos com o promotor, e ele acredita que o satanismo é a célula, é a base dessa acusação [...].

A participação do governo federal

Nesse primeiro dia do júri, em que Carlos Alberto e Amailton negaram participação nos crimes, houve a presença de membros do governo federal. Corria o primeiro ano do primeiro mandato do presidente Lula. Desde o início dos anos 1990, o Partido dos Trabalhadores no Pará havia sido um grande apoiador das lutas das famílias das vítimas. Antes da chegada do PT ao Executivo Federal, todas as questões de direitos

---

33 Em seu interrogatório, Amailton afirmou o seguinte acerca da foto das crianças vestidas de palhaço: "Que reconhece as fotos em que aparecem várias crianças, de fls. 135 a 137, do volume I, que estavam em seu poder; Que trouxe essas fotos da casa da Sra. RAQUEL, que aparece na foto". Amailton nunca explicou quem seria essa Raquel, e ela não é citada em nenhum momento dos autos. Porém, como explicado no Capítulo 8, essa foto era de um cartão-postal distribuído pelo Instituto Metodista de Altamira no ano de 1987. Ainda assim, a imprensa da época relatou apenas que ele reconhecia a foto, como se fosse uma espécie de confissão.

humanos eram ligadas ao Ministério da Justiça, através do Conselho de Defesa dos Direitos da Pessoa Humana (CDDPH). Agora, com o partido, havia sido criada a Secretaria de Direitos Humanos, que tinha status de ministério. Era a primeira vez que isso acontecia no Brasil.

Assim, foi designada uma equipe de Brasília ligada aos direitos humanos para acompanhar o júri: uma procuradora federal e um assessor do Ministério da Justiça. Uma matéria da TV Liberal traz uma fala da procuradora, Maria Eliane Menezes, dizendo que o CDDPH pediria a inclusão de mais duas vítimas: uma viva e uma morta.

Isso respondia a uma demanda antiga das famílias das vítimas, já que, como falei, o processo tratava de cinco garotos vitimados — dois sobreviventes e três assassinados —, mas havia outros. Como sempre, os números eram confusos: por vezes, falava-se de dois episódios, em outras, de cinco; na maioria das vezes, esse número chegava a catorze.

Douglas Martins, assessor do Ministério da Justiça, também deu entrevista à TV Liberal, dizendo que o julgamento seria importante para dar visibilidade a casos semelhantes que já existiam em outros lugares do país. Aqui, entra uma suspeita da imprensa da época de que o Lineamento Universal Superior seria responsável pela morte de crianças em vários estados: além do Pará, teria agido no Paraná, no Maranhão, em Goiás e no Tocantins. Nos autos, embora isso seja mencionado, nunca foi investigado devidamente.

Se a procuradora e o assessor já eram figuras intimidadoras, o caso ganhou mais peso com a presença do próprio secretário de Direitos Humanos da época, Nilmário Miranda, que também deu entrevista à TV Liberal ao vivo durante o julgamento, dizendo, entre outras coisas, que o governo federal estava dando proteção a testemunhas que se sentiam ameaçadas e teriam voltado atrás na decisão de não aparecer.

As testemunhas se pronunciam

No dia seguinte, 28 de agosto, começaram a falar as testemunhas. Nesse primeiro júri de Amailton e Carlos Alberto, foram ouvidas doze no total — sete de acusação e cinco de defesa, todas de Amailton. O primeiro depoente a favor dele foi Roberto Pereira Pinho, o promotor que recomendara a impronúncia de todos os réus (com exceção de Valentina) em 1993.

O depoimento foi bastante curto — assim como o de todas as testemunhas de Amailton. Em linhas gerais, ele reafirmou no plenário o que já era conhecido dos autos: que não via nada no processo contra os acusados e por isso recomendava a impronúncia.

A segunda testemunha de defesa foi Terezinha Martins Cavalheri, que havia prestado depoimento na terceira fase de juízo e afirmava que teria estado com Amailton na tarde do dia 1º de janeiro de 1992 — assim, não seria possível ele ter assassinado Judirley.

A terceira testemunha de defesa foi Wanderley Martins Gomes, também ouvido na terceira fase de juízo. Assim como naquela oportunidade, afirmou que teria estado com Amailton na chácara de Terezinha, sua tia, durante a tarde de 1º de janeiro de 1992, onde havia chegado graças a uma carona na Pampa cor de vinho de Amailton.

A quarta testemunha foi Raimundo Brígido Silveira Neto. Ele afirmou que teria presenciado o momento em que Amadeu Gomes informou o filho de que ele estava com prisão decretada e deveria voltar para casa a fim de prestar esclarecimentos à polícia. A defesa certamente o arrolou para demonstrar que Amailton e Amadeu sempre estiveram dispostos a colaborar para esclarecer tudo.

A quinta e última testemunha de defesa foi Antônio Gonçalves de Oliveira, que afirmou que teria conhecido Amailton em fevereiro de 1992, trabalhando na empresa que era dele e de Amadeu. Antônio afirmou que nunca soubera de nada contra Amailton e que o jovem teria lhe falado sobre seus planos de fazer uma longa viagem de moto meses antes de ela acontecer — o que era uma forma da defesa de mostrar que Amailton não seria do tipo que fugiria da cidade às pressas se cometesse um crime, como a acusação tentava demonstrar.

À primeira vista, parecia que a defesa estava bem fundamentada em álibis — mas tudo dependia de como as testemunhas de acusação se sairiam. Tendo em vista que o julgamento originalmente seria contra os cinco acusados, estavam presentes a adolescente Loidenne, que afirmava que teria trabalhado na chácara de Anísio, e Orlandina, ex-funcionária de Anísio que contara a história sobre o braço de Ana Paula. De acordo com a ata do primeiro julgamento, Orlandina compareceu ao primeiro dia do júri, mas não depôs, pois seu relato seria mais bem utilizado no julgamento de Anísio. Por motivos desconhecidos, porém, ela nunca mais apareceu no tribunal, nem mesmo quando foi a vez de Anísio ser julgado.

Edmilson Frazão, a testemunha que afirmava que teria participado de um ritual macabro com Valentina na chácara de Anísio, estava relacionado para depor naquele júri. Porém, ele consta como ausente naquele primeiro dia, visto que não foi encontrado por oficiais de justiça em tempo para participar. De qualquer forma, todas essas testemunhas citadas não seriam pertinentes no júri de Amailton e Carlos Alberto. Os depoimentos delas teriam mais sentido apenas no de outros réus.

Outras testemunhas também poderiam ser importantes para a acusação, como Valdete, que dizia que teria sido ameaçada por um pistoleiro a mando da família Gomes, ou Eudilene, que afirmava que teria sido violentada por Césio e depois levada para uma chácara, onde viu o médico arrastar dois meninos para a mata e trazê-los sem vida.

De acordo com Rubens, nos meses que antecederam o júri, o Ministério Público teve sérios problemas em localizá-las. Aliás, não apenas elas: várias testemunhas simplesmente sumiram. Mas a acusação conseguiu juntar um grupo que, apesar de não ser o ideal, era relevante também. Duas testemunhas eram consideradas as mais importantes: Edmilson Frazão e o lavrador Agostinho José da Costa. Edmilson não foi localizado para ser arrolado no júri, mas Agostinho, sim. Além dele, SS e Wandicley também foram convocados, além de dois parentes das crianças assassinadas: Juarez Gomes Pessoa, o pai de Jaenes, e Lúcia da Cunha Chipaia, irmã de Judirley.

A sexta testemunha era uma mulher chamada Maria Edith da Mota Chaves, cujo relato era bastante confuso e não parecia fazer muito sentido no plano geral da acusação. A impressão era de que ela só fora arrolada por conta da ausência de outras testemunhas mais relevantes.

Em seu relato, Maria Edith contou que teria visto Amadeu perseguindo uma criança e que Césio estava no carro com ele. Também afirmou que certa vez teria visto os dois e uma mulher loira, acompanhada pelo promotor de Justiça Synval de Castro, entrando juntos na casa de Amadeu. Parecia mais um depoimento para colocar Amadeu e Césio juntos.

Por fim, a sétima e última testemunha de acusação no júri de Amailton e Carlos Alberto foi a conselheira tutelar Sueli de Oliveira Matos. É o único júri em que ela fala, o que faz sentido, já que seu relato era focado no ex-policial. Todas as testemunhas estavam claramente com muito medo de falar. Sueli, por exemplo, prestou seu depoimento usando um véu e óculos escuros, como forma de esconder parte do rosto. Nas imagens de matérias da época, tanto ela quanto os dois sobreviventes e Agostinho estão sempre acompanhados de agentes da Polícia Federal, tendo suas imagens protegidas pelos policiais que os cercam.

Todas as testemunhas repetiram no júri o mesmo que haviam dito na fase de juízo. Juarez contou sobre o dia em que seu filho Jaenes foi morto e como havia suspeitas em torno de Anísio. Sueli narrou sua conversa com Carlos Alberto em junho de 1993. Lúcia Chipaia descreveu como a família suspeitava de Amailton. E Agostinho falou sobre o dia em que teria visto Césio e Amailton perto do local em que Jaenes fora assassinado.

A acusação prometia uma surpresa, e ela viria na fala do segundo sobrevivente, que foi bastante comentada no *Jornal Hoje*, da Rede Globo.

> REPÓRTER: [...] Um deles entrou protegido por policiais. O juiz pediu que os réus se retirassem da sala, para evitar constrangimento. A testemunha, que na época tinha 9 anos, contou como foi sequestrado e mutilado [sic] dentro da mata.
> SEGUNDO SOBREVIVENTE [com voz distorcida]: Quando ele me chamou para tirar manga, disse que lá onde a gente estava tirando não tinha manga madura, né? Que, mais em cima, possuía manga madura. Aí me seduziu e eu fui caminhando com ele. Onde que a gente entrou, mais ou menos, uns 1.500 metros, 2 mil metros, dentro dessa mata. Aí ele pegou esse pano e colocou no meu rosto, apertou fortemente, aí a partir deste momento eu apaguei, eu desmaiei.
> REPÓRTER: Depois, identificou o ex-policial militar Carlos Alberto dos Santos, um dos réus, como sendo a pessoa que o sequestrou.
> SEGUNDO SOBREVIVENTE: Eu tenho a plenitude, a certeza, a convicção, 100% que foi o Carlos Alberto.
> JUIZ: Qual é o Carlos Alberto?
> SEGUNDO SOBREVIVENTE: Este aqui.
> JUIZ: De camisa azul?
> SEGUNDO SOBREVIVENTE: Isso, com certeza.

Essa era a surpresa que a acusação prometia. Pela primeira vez no processo, um dos sobreviventes afirmava que reconhecia Carlos Alberto como a pessoa que o tinha sequestrado.

Essas afirmações foram tão fortes que geraram, em uma matéria do SBT, uma réplica contundente de Marilda Cantal, defensora pública responsável pela defesa de Carlos Alberto:

> REPÓRTER: A senhora usou o termo "depoimentos forjados". A senhora reafirma?
> MARILDA CANTAL: Com certeza. Eu reafirmo. Forjado da seguinte maneira: até então, durante onze anos, e até no libelo, a testemunha não tinha certeza disso. De que era o Carlos Alberto... Quando [a acusação] começou a espalhar que viria muita surpresa, me resguardei.

Ou seja, a dra. Marilda Cantal disse que estaria ocorrendo a fabricação de depoimentos. Apesar de se tratar de uma acusação grave, ela acreditava ter motivos para suspeitar disso. Afinal, não apenas o reconhecimento do agressor estava finalmente acontecendo: já era a terceira pessoa diferente reconhecida pelos sobreviventes, o que era estranho.

18. Os primeiros réus

Marilda tinha razão ao menos em estranhar esse reconhecimento. Usando uma linha do tempo, vou analisar essa identificação e o porquê de ela ser tão esquisita.

Por conta dos tratamentos médicos urgentes que precisava receber, SS demorou muito tempo para prestar um depoimento formal sobre o ataque que sofrera. Ainda assim, cerca de uma semana após o crime, em novembro de 1989, ele auxiliou a Polícia Civil do Pará a produzir um retrato falado de seu agressor. É um desenho bastante tosco, que deixa explícito que o autor não tinha domínio da técnica de retratos falados. Passa a impressão de ser um homem negro, e uma coisa se destaca: o suspeito teria uma verruga no pescoço.

Quase um ano depois, em setembro de 1990, ocorreu o ataque contra Wandicley. Assim como SS, que só depôs pela primeira vez em maio de 1991 (cerca de um ano e meio após ter sido atacado), Wandicley só falou quase um ano após o ocorrido, em junho de 1991, por conta do tratamento que precisava receber. Ele também ajudou na produção de um retrato falado feito com recortes de fotos, que é bastante diferente daquele produzido por SS. Nesse caso, o suposto agressor de Wandicley parece ser um homem branco de olhos claros.

A coisa toda fica ainda mais esquisita. Em janeiro de 1992, Judirley foi assassinado e emasculado; na esteira das investigações, o andarilho Rotílio foi preso e morreu na cadeia dias depois, sob fortes suspeitas de violência policial. O que não contei antes é que, logo após ter sido preso, Rotílio foi reconhecido pelos mesmos dois sobreviventes. No auto de reconhecimento feito por Wandicley, lemos o seguinte: "Colocado [sic] várias pessoas à sua frente, o menor vítima, sem titubear, apontou para Rotílio Francisco do Rosário [...] como sendo o [...] autor do crime do qual foi vítima".

O auto de reconhecimento elaborado a partir do reconhecimento de SS é ainda mais dramático:

Foram colocadas algumas pessoas à sua frente, como seja, à frente do menor vítima, que, sem titubear, apontou Rotílio Francisco do Rosário como sendo elemento que [...] lhe cortou os órgãos genitais. A vítima, ao se deparar com o referido elemento durante a lavratura do auto, entrou em estado de tensão elevada, chorando, tendo inclusive proferido palavras de baixo calão.

Além dos dois sobreviventes, Lucilene Chipaia, uma das irmãs de Judirley, também reconheceu Rotílio. Como ela não foi atacada, em seu auto de reconhecimento apenas teria afirmado que o tinha visto perto do local onde seu irmão desapareceu e, mais tarde, foi encontrado morto.

Visto que os crimes continuaram ocorrendo, Rotílio claramente não era o responsável por eles, mas foi reconhecido nos autos oficialmente por esses dois sobreviventes. Foi o primeiro reconhecimento feito no processo.

E a coisa se complica quando lembramos de outro homem que foi acusado de pertencer à seita satânica. Aldenor, o ex-policial militar que nunca foi encontrado, e então considerado foragido durante todo o processo, só foi apontado como acusado por conta de um reconhecimento feito por Wandicley e seu irmão Vandivaldo, no fim de junho de 1993, no início do inquérito de Éder Mauro, por meio de uma fotografia. É a única coisa contra ele em todo o processo.

A situação, então, é bizarra: há um acusado (Aldenor) que só se tornou réu porque foi reconhecido por um sobrevivente — Wandicley. No júri, porém, esse sobrevivente diz que quem o sequestrara não tinha sido aquela pessoa que ele reconheceu por uma foto em 1993, mas sim Carlos Alberto, que estava diante dele dez anos depois. Esse momento do seu depoimento no júri de Amailton e Carlos Alberto está descrito da seguinte forma nos autos:

> Que ao reconhecer um rapaz na Polícia, estava muito nervoso;[34] Que hoje, é capaz de reconhecer a pessoa que lhe convidou para caçar papagaio; Que reconhece, neste ato, o réu CARLOS ALBERTO, como sendo a pessoa que o convidou para caçar papagaio.
> [...]
> Que veio a conhecer os réus por meio de fotos; Que dentre essas fotos estava a de CARLOS ALBERTO; Que não apontou CARLOS ALBERTO, no

---

34 Não é possível saber se Wandicley aqui está falando de Rotílio ou de Aldenor.

reconhecimento, porque estava nervoso; Que lhe mostraram várias fotografias, na Polícia, e dentre elas reconheceu a de ALDENOR; Que hoje, pela primeira vez, foi que viu CARLOS ALBERTO fisicamente; Que antes só tinha visto pela televisão; Que hoje, não viu nenhuma característica peculiar em CARLOS ALBERTO, que lhe lembrasse; Que não teve medo em reconhecer ALDENOR como sendo a pessoa que lhe levou para o mato.

A acusação tinha consciência de que essa surpresa não passaria batida. Por isso, o próprio Clodomir Araújo, como assistente de acusação, questionou SS sobre ter reconhecido Rotílio no início de 1992. O jovem disse que, "no momento do reconhecimento, já se sentia ameaçado por Carlos Alberto, pois este já o tinha perseguido" e, portanto, fizera aquilo por medo. Segundo os autos, SS:

> [...] desmente o auto de reconhecimento feito perante a autoridade policial e declara que não foi Rotílio que efetuou o corte de seus órgãos genitais; que não sabe quem foi que lhe cortou os órgãos, mas tem a plena certeza que foi Carlos Alberto quem o levou ao local.

Em seguida, as defesas também o questionaram sobre esse novo reconhecimento feito no júri. SS reforçou o que havia dito, explicando ainda que, na época, sendo criança, reconheceu a marca que aparece em seu retrato falado como uma verruga, mas poderia ser outro sinal. Repete que foi perseguido por Carlos Alberto após o ataque e o reconheceu, só não denunciando à polícia por medo.

Wandicley, por sua vez, afirmou que, no dia em que foi sequestrado, estava com o primo Jailson e o irmão menor, Vandivaldo. Ele repetiu que foi raptado por um homem que andava numa bicicleta Monark vermelha e disse que agora ele o reconhecia como sendo Carlos Alberto:

> Que, após caminharem certa distância, de repente, o homem passou um pano na sua cara, apertando; que o pano tinha um cheiro muito forte; que a pessoa deitou o informante no chão; que a pessoa lhe colocou um pano nos olhos, mas notou que havia três pessoas presentes; que teve as mãos amarradas, tendo desmaiado; que, ao acordar, conseguiu desamarrar-se; que, ao acordar, notou que estava emasculado; [...].

Em seguida, a assistência da acusação lhe fez perguntas sobre o reconhecimento de Aldenor. Wandicley disse que estava nervoso e que ele era parecido com Carlos Alberto. Em certo momento, respondendo a uma pergunta dos defensores, afirmou que seu irmão Vandivaldo não fez o reconhecimento de Aldenor porque "era muito pequeno". Não é verdade: nos autos do processo, o reconhecimento é feito pelos dois. O terceiro sobrevivente não foi questionado sobre ter reconhecido Rotílio.

As novidades da acusação não paravam na questão dos reconhecimentos. No júri, os sobreviventes também falaram em uníssono sobre algo totalmente novo: uma sensação de dormência nas pernas após os ataques. Esta reportagem da TV Liberal mostra isso:

REPÓRTER JONAS CAMPOS: A revelação de como eles se sentiram horas depois das mutilações, segundo a Promotoria, é um indício de que os cortes foram feitos por médicos.
JUIZ: Barriga para baixo, estava tipo uma dormência?
WANDICLEY: Era, dormência.
[A REPORTAGEM CORTA PARA OUTRO MOMENTO DO JÚRI]
JUIZ: Estava dormente da cintura para baixo?
SEGUNDO SOBREVIVENTE: Isso. Eu pisava nos espinhos e não sentia nada. No momento que eu acordei, que eu acordei lá no mato, que estava acontecendo, eu não sentia também... Eu sentia dormente das minhas pernas, do meu umbigo até o pé.

Em uma das entrevistas que deu durante o júri, o assistente de acusação Clodomir Araújo comentava sobre essa questão da dormência:

CLODOMIR ARAÚJO JÚNIOR: Vejo o depoimento das vítimas sobreviventes, [SS] e Wandicley com destaque maior, em razão de que os garotos afirmam que, quando acordaram, sentiam a dormência das pernas, né? Inclusive, eles chegam a comparar essa dormência com a sensação que tiveram quando foram operados pelo dr. Lourival Barbalho. Então, é um grande indício de que houve aplicação de anestesia nessas emasculações. [...]
REPÓRTER: E quem faz, quem poderia fazer esse tipo de anestesia... Só um especialista?
CLODOMIR ARAÚJO JÚNIOR: Com certeza. Até porque não é qualquer anestesia, é uma anestesia raquidiana que tem um efeito apenas... [parcial].

Pela primeira vez no processo, os sobreviventes contavam uma história que dava sentido a algo que parecia estar latente no processo, mas que nunca havia sido dito com todas as letras: antes de serem emasculados, os meninos teriam sido anestesiados. Era por isso que não acordavam durante a emasculação — pelo menos, era a explicação da acusação.

Esses novos depoimentos dos sobreviventes são esquisitos em vários sentidos, mas se encaixavam como uma luva na tese da acusação. Reforçavam a crença sobre a presença de médicos especialistas na cena dos ataques e ainda apontavam um dos acusados, sentado naquele momento no banco dos réus, como a pessoa que teria sequestrado os garotos.

Sentenças de Amailton e Carlos Alberto

Por mais que Amailton tivesse boas testemunhas de defesa, o quadro geral não era nada favorável a ele. No dia 29 de agosto de 2003, o terceiro dia do júri dele e de Carlos Alberto, veio a sentença: os dois foram condenados. Amailton pegou 57 anos de prisão por coautoria de homicídio triplamente qualificado e Carlos Alberto, 35, por tentativa de homicídio.

O mais impressionante é que Amailton foi condenado pela morte de Flávio, que desapareceu em 27 de março de 1993, enquanto Amailton estava preso em Belém. É inacreditável a defesa não ter ficado indignada com isso. De acordo com Rubens, o advogado Jânio Siqueira contou que, depois desse julgamento, seu defensor, Hercílio, teve um infarto: morreu de desgosto.[35]

Os depoimentos dos sobreviventes foram o grande trunfo da acusação no julgamento de Amailton e Carlos Alberto, e ainda há muito mais a falar sobre eles. Farei isso mais à frente, quando analisar em detalhes toda a evolução de seus depoimentos no processo.

Novo julgamento

Neste ponto da história, muita coisa envolvendo a Polícia Federal fica cada vez mais difícil de entender. Agentes da PF estavam lá, no

---

35 Essa informação foi repassada a Rubens em conversa particular que teve com o dr. Jânio Siqueira.

tribunal do júri, fornecendo apoio às famílias das vítimas, fazendo proteção de testemunhas, garantindo sua segurança, com aval e apoio de membros do governo federal. De acordo com os autos, também sabemos que eles tinham enviado documentos para a promotora Rosana Cordovil pouco antes de o júri se iniciar. Ela, por sua vez, não os anexou aos autos. Fica impossível não perguntar: por que esse mistério todo? Por que a PF é tão escondida no processo? Haveria alguma coisa comprometedora a esconder? Ou omitia-se esses documentos por uma questão burocrática? Talvez as duas coisas?

Para além de conjecturas, o fato é que Amailton e Carlos Alberto foram condenados em 29 de agosto de 2003 e, já em 2 de setembro, tinha início o segundo julgamento, dos três réus restantes.

As famílias, enfrentando dificuldades financeiras, lutavam para se manter na capital, e era importante que estivessem lá, pois era o momento em que sentiam que a justiça finalmente estava sendo feita. Porém, novas surpresas ocorreram logo no primeiro dia do segundo júri: Valentina não apareceu. Seu advogado, Américo Leal, disse que ela havia ficado doente no meio da viagem e tivera que descer do avião. O juiz disse que, se ela não chegasse até o fim da sessão (o tempo do julgamento, provavelmente alguns dias), teria a prisão decretada.

É importante lembrar que Américo Leal havia pedido ao juiz que o julgamento de sua cliente fosse transferido para outro dia. Assim, essa era uma articulação de bastidores para que o júri fosse novamente desmembrado.

A TV Liberal explicou a manobra ao público:

REPÓRTER: [...] O julgamento foi desmembrado [...] mais uma vez em função de uma tentativa de manobra da defesa. Para que possamos tentar entender essa manobra, é preciso começar fazendo a seguinte conta: em cada tribunal do júri, compareçam 21 jurados, e apenas sete são sorteados para atuar. Assim aconteceu hoje: compareceram 21 jurados. Acontece que, desses 21, sete já haviam atuado no julgamento da semana passada, onde foram condenados o Amailton Gomes e o Carlos Alberto dos Santos. Portanto, por força de lei, esses sete não poderiam atuar hoje novamente. Sobraram catorze jurados, e foi aí que a defesa teve a oportunidade de tentar essa manobra. A defesa, que estava constituída por dois advogados, tentou constituir um terceiro advogado. Acontece que cada advogado, seja de defesa ou de acusação, tem o direito de recusar três jurados. Portanto, se a defesa constituísse três advogados, poderia recusar nove jurados. Então, aí que vai a conta: 14 − 9 = 5. O julgamento, então, não poderia acontecer com apenas cinco jurados. O juiz Ronaldo Valle, antes que essa manobra se concretizasse, resolveu, então, desmembrar o julgamento. Portanto, só está sendo julgado hoje aqui o médico Anísio Ferreira, que neste momento está sendo interrogado pelo juiz Ronaldo Valle, e o médico Césio Brandão só será julgado no dia 8 de setembro.

E foi o que de fato aconteceu. O juiz decidiu, também, que Valentina seria julgada apenas no dia 22 — mas reforçou que, mesmo assim, deveria ter estado na sessão e poderia ter prisão preventiva decretada. Havia uma tensão no ar: estaria Valentina tentando fugir? Por que ela não tinha aparecido? Para acalmar os ânimos, Douglas Martins assegurou à mesma reportagem que o Executivo estava atento a tudo o que acontecia nos bastidores.

Defesa e acusação

Inicialmente, o dr. Jânio Siqueira representava apenas Césio, mas, no júri anterior, acabou sendo integrado à defesa de Amailton, trabalhando ao lado do dr. Hercílio. Agora, entrava para a defesa de Anísio, juntando-se ao advogado Edilson Santiago. Em matéria exibida no SBT, sabemos um pouco mais sobre como estavam os preparativos da defesa e da acusação:

> REPÓRTER: A acusação diz que tem provas contundentes de que o dr. Anísio faz de fato parte da seita.
> EDILSON SANTIAGO: Isso não é verdade. Não tem prova contundente alguma, e o que vier nós vamos rebater... Todas as provas famosas, contundentes, tudo está montado em ufologia. E ufologia não é prova para um processo dessa envergadura.
> [CORTE NA MATÉRIA PARA ENTREVISTA COM A ACUSAÇÃO]
> REPÓRTER: Mas a Promotoria insiste que há provas suficientes para condená-lo.
> ROSANA CORDOVIL: As provas contra os dois médicos são ainda mais contundentes e mais numerosas do que contra os dois acusados já condenados.
> REPÓRTER: O que tem, por exemplo?
> REPÓRTER 2: Baseadas em testemunhas também?
> ROSANA CORDOVIL: Testemunhas também. Prova testemunhal... Também temos prova documental nos autos.

REPÓRTER: Mas provas de que eles participam da seita ou de que eles eram as pessoas que cometiam as emasculações?
ROSANA CORDOVIL: Nos dois sentidos. Não só de participação na seita, como também de participação direta nas emasculações.
[...]

Neste ponto, precisamos relembrar três testemunhas. A primeira é Orlandina, aquela que contou a história da amiga Ana Paula, a qual teria visto, na clínica de Anísio, um isopor contendo um órgão sexual masculino infantil. Orlandina também alegava ter visto um braço decepado que desconfiava ser de Ana Paula. Orlandina chegou a ser convocada, mas, por algum motivo desconhecido, não compareceu.[36]

A segunda testemunha é Loidenne Sabino de Jesus, a adolescente de 16 anos que trabalhava como doméstica na chácara de Anísio e que contou sobre coisas estranhas que teria visto na chácara: supostos rituais macabros, um compartimento fechado, roupas estranhas usadas pelos filhos de Anísio para assustá-la etc. Ela nunca mais prestou qualquer depoimento nem apareceu na fase de juízo, em que poderia ser confrontada pelos advogados dos acusados. A chácara de Anísio nunca foi vasculhada, nunca foram encontradas as tais roupas nem esse compartimento fechado que ela dizia existir.

Por fim, a terceira testemunha a ser lembrada é Edmilson Frazão, que dizia que teria presenciado um ritual macabro na chácara de Anísio. Além de suas histórias serem cheias de detalhes curiosos, havia também toda a questão de ter se retratado e, depois, voltado atrás mais uma vez. A acusação tentou localizar Edmilson para depor nos júris, mas não o encontrou. Por sinal, existe nos autos uma certidão emitida por um oficial de Justiça em 5 de agosto de 2003 — ou seja, antes dos júris. Ali, ele afirmava que, ao tentar localizar Edmilson, foi informado por outra testemunha que ele estaria "no presídio de Santana-Amapá, preso por estelionato e roubo".

Apesar de essas três testemunhas não estarem presentes nos júris, seus relatos eram considerados provas contundentes pela acusação. Era com base nelas que a imprensa da época explicava o que

---

36 Como citado anteriormente, consta nos autos que ela teria aparecido no primeiro dia do primeiro júri, quando o julgamento dos réus acabou sendo desmembrado, resultando no fato de que ela não falou no julgamento de Amailton e Carlos Alberto. Seria esperado que comparecesse ao júri de Anísio, visto que seu relato era referente a ele. Porém, ela não compareceu e não há maiores explicações do motivo disso.

havia contra Anísio, inclusive dizendo que Loidenne desaparecera e fora dada como morta. Esse clima conspiratório e perigoso era certamente benéfico para a acusação, provável fonte dessas reportagens.

Ou seja, a acusação estava fazendo seu trabalho de pegar tudo o que havia contra eles, por mais frágil que fosse, para montar um caso. Era o que se esperava da acusação. Afinal, olhando o histórico desse processo, outro promotor, Roberto Pereira Pinho, já achara aquilo tudo muito fraco. Tinha existido também um juiz que denunciara a fragilidade do processo, Paulo Roberto Ferreira Vieira. Se o processo chegou a ir ao tribunal do júri, foi porque houve intensa pressão para isso acontecer. Portanto, era um processo que demandava uma acusação que acreditasse em qualquer indício, por mais fraco que fosse.

Dito isso, é importante entender que existe uma lógica e um contexto por trás disso tudo. Meses após o início dos julgamentos, o assistente de acusação da época, Clodomir Araújo, deu uma entrevista ao programa *Sem censura*, da TV Cultura do Pará, e forneceu informações que ajudaram a entender o que se passava na mente da bancada de acusação.

Basicamente, Clodomir argumentou que, se os indícios estivessem materialmente ligados ao crime, deviam ser considerados provas válidas para condenação, conforme previsto na lei, já que, na cultura brasileira, os mandantes de crimes muitas vezes escapam da acusação direta, pois não se espera, por exemplo, que assinem documentos comprometedores.

Ou seja, por mais frágeis que alguns depoimentos fossem, a acusação partia do princípio de que já eram apontamentos que indicavam para algo maior. E esse algo maior seria a participação de Valentina, de médicos e de outras pessoas poderosas numa seita satânica. No fim das contas, a lógica é: pelo que estamos entendendo que casos são esses, pela dimensão e gravidade, e pelo perfil socioeconômico dos suspeitos naquela cidade, em que a maioria das pessoas possui condições de vida precária, o pouco que se tem nos autos já seria muita coisa.

Mas, se por um lado há essa ideia de que os mandantes raramente são pegos porque escondem bem seus rastros, há também uma falta de aprofundamento em coisas que poderiam ser mais bem verificadas. Restava agora à defesa de Anísio tentar convencer os jurados de que não havia nada contra ele.

O julgamento de Anísio

O primeiro dia do julgamento de Anísio foi marcado por seu interrogatório, que durou mais de uma hora, e por leituras de peças. A TV Liberal cobria o caso passo a passo.

> REPÓRTER: [...] [Ele] disse ser inocente e vítima de perseguição. Ele é acusado de coautoria na morte de três crianças e mutilação de outras duas sobreviventes. No processo, uma testemunha afirmou que o médico cedia a chácara para os rituais macabros da seita.
> ADVOGADO: Nesta chácara não havia cultos?
> ANÍSIO: Não, Excelência, nunca existiu isso, não.
> REPÓRTER: O juiz mostrou, então, para o réu, fotos de crianças apreendidas na casa dele.
> JUIZ: Essas fotografias que foram encontradas na sua casa, ou no seu consultório, também foram encontradas com o Amailton. O senhor confirma que foram encontradas na sua casa?
> ANÍSIO: Não, Excelência, eu não conhecia essas fotografias. Até porque na busca eu já estava aqui em Belém, preso.

É bem provável que Anísio nunca tenha se inteirado ou sido instruído por sua defesa para dar uma explicação sobre as fotos. Para além disso, porém, havia uma questão de saúde. Desde que fora preso, Anísio já havia tido pelo menos um AVC, que ele dizia ter afetado sua memória.

Como era esperado, Anísio negou tudo: ter matado alguém, participado de cultos em sua chácara ou conhecido a tal Ana Paula. Disse que sofreu perseguições de outros médicos de Altamira e de membros da Igreja Católica.[37] Afirmou que acreditava ter se tornado suspeito simplesmente porque era espírita.

No segundo dia, foram ouvidas as testemunhas de acusação e defesa. As de acusação foram as primeiras: eram seis, as mesmas do julgamento anterior — apenas a conselheira tutelar Sueli de Oliveira Matos foi dispensada, já que seu relato tinha mais relevância para o caso contra Carlos Alberto.

---

37 Pelo que pude apurar, essa suposta perseguição da Igreja Católica se daria por dois motivos: primeiramente, como foi citado, pelo fato de ele ser espírita. Em segundo lugar, por causa dos rumores na cidade de que ele fazia abortos clandestinos (há comentários de que ele fazia também procedimentos de esterilização feminina sem o consentimento das mulheres). Independentemente de isso ser verdade ou não, o fato é que a Igreja Católica em Altamira estava do lado das famílias das vítimas em sua busca por justiça.

No geral, os testemunhos foram os mesmos, mas com um direcionamento maior para questões que seriam mais pertinentes às acusações contra Anísio. Por exemplo, os sobreviventes davam mais detalhes sobre a dormência que sentiram depois de terem acordado, enquanto Agostinho lembrava que tinha sido atendido por Anísio na miniclínica, ocasião em que teria visto Césio — algo negado tanto por Anísio quanto por Césio.

Juarez, pai de Jaenes, citou a ida de Anísio ao velório do filho, um episódio que ele sempre mencionava, desde a época de Brivaldo. Isso acabou sendo importante para a acusação porque, no dia anterior, Anísio negara ter comparecido à vigília. Juarez também repetiu o que havia dito no primeiro depoimento: que, quando Anísio chegou ao velório, o corpo de seu filho teria começado a sangrar. De acordo com o repórter Dinan Laredo, que estava cobrindo o júri ao vivo para o programa *Barra pesada*, o juiz Ronaldo Valle teria ficado impressionado com esse relato, e pediu a Juarez que repetisse a informação aos jurados.

No depoimento original de Juarez, essa questão de o corpo ter sangrado parecia um detalhe curioso de alguma crença popular ou algo do tipo. Mas, no júri, parece ter exercido um efeito considerável no juiz e nos jurados.

Agostinho, por sua vez, repetiu o relato de ter visto Césio na mata levando um saco "com um volumezinho" e o fato de ele frequentar a clínica de Anísio.

Enquanto o relato de Juarez foi importante para mostrar o que as famílias sabiam e entendiam sobre indícios de culpa contra os acusados, o de Agostinho serviu para reforçar uma impressão que Juarez já havia deixado: Anísio estava mentindo.

No fundo, acabava sendo a palavra de um contra a do outro. Mas os depoimentos dos sobreviventes novamente fortaleceram a acusação com a ideia de que sentiram dormência nas pernas causada por anestesia.

Testemunhas de defesa

Na tarde do segundo dia do julgamento de Anísio, como esperado, foram ouvidas as testemunhas de defesa. Haviam sido arroladas três pessoas, que tentariam demonstrar que ele jamais se envolveria em casos dessa natureza. Porém, uma surpresa mudaria esses planos, como mostra a matéria da TV Liberal:

> REPÓRTER RONALDO PENNA: Carlota Martins Ribeiro foi a primeira a depor. Na época dos crimes, ela trabalhava como auxiliar de enfermagem nas duas clínicas do acusado, em Altamira e em Pacajá. Ela confirmou que Anísio Ferreira não conhecia Césio Brandão.
> JUIZ: A senhora nunca viu o dr. Anísio conversando com o dr. Césio?
> TESTEMUNHA CARLOTA: Nunca vi.
> REPÓRTER RONALDO PENNA: A testemunha disse ainda não ter conhecimento de que o réu usasse a chácara para rituais de magia negra. Mas caiu em algumas contradições. Em juízo, teria dito que Anísio é espírita. No depoimento, não soube dizer. Também havia dito que pessoas estranhas frequentavam a chácara. O discurso mudou.
> TESTEMUNHA CARLOTA: As pessoas que iam lá eram os taxistas, que trabalhavam com ele. Outras pessoas, por exemplo, meus amigos que iam comigo.
> REPÓRTER RONALDO PENNA: A segunda testemunha, Maria dos Passos Reis, foi paciente de Anísio. Aos 85 anos, ela se limitou a dizer que o réu era um bom médico.
> REPÓRTER JALÍLIA MESSIAS: Deveriam ser ouvidas três pessoas, mas, durante o depoimento da terceira testemunha de defesa, o juiz percebeu que ela se fazia passar por uma outra pessoa. Hildebrando Souza Reis estava no lugar do irmão, Ivan Souza Reis. Segundo ele, foi a esposa de Anísio, Dulcimar Ferreira, quem pediu que ele substituísse o irmão, que está doente.
> [...]

Isso, claro, foi a deixa perfeita para a acusação reforçar sua tese contra Anísio, como podemos notar na fala do assistente Clodomir Araújo, feita logo em seguida em uma entrevista para a TV Liberal: "Eu entendo que o ato praticado foi um ato que visou fraudar o processo, porque essa testemunha não estava arrolada. Consequentemente, poderia causar a anulabilidade do processo". Ou seja, na visão do assistente de acusação, a situação seria a seguinte: caso essa testemunha falsa fosse ouvida e houvesse uma condenação, a defesa poderia alegar que houve fraude no processo. Pediria então a anulação do júri, e ele teria que ser remarcado para data indeterminada. Em outras palavras, Anísio poderia sair impune.

A defesa obviamente negava que teria havido qualquer armação. Na mesma matéria da TV Liberal, o advogado Jânio Siqueira dava sua explicação para o que teria sido um grande mal-entendido: "Está demonstrada a boa-fé, a ingenuidade da testemunha. A grande pergunta que fica é: como é que um homem de má-fé vai exibir sua identidade, com a sua foto, com seu nome real, numa corte de Justiça?".

O juiz, por fim, reconheceu que não era caso de nulidade, pois a questão foi identificada a tempo, o depoimento não foi concluído e não seria aproveitado. No fim das contas, o caso foi dado como um grande mal-entendido, que não levou a nenhuma acusação formal.

No terceiro dia, após 31 horas, foi dada a sentença de Anísio pelo júri popular: ele foi condenado, pela mutilação e morte das crianças, a 77 anos de prisão — a maior condenação até ali. Ele chegou a passar mal três vezes no tribunal, segundo matérias.

Era surpreendente, pois não havia nada material contra Anísio. As pessoas que teriam algo a dizer não foram falar. Agostinho viu Césio e Amailton. Maria Edith viu Césio. Qual das testemunhas de acusação falou algo sobre Anísio? A impressão que se tem é que ele fora condenado por ser considerado um péssimo médico em Altamira.

Prisão de Valentina

Na manhã do último dia de julgamento de Anísio, 4 de setembro de 2003, Valentina finalmente apareceu em Belém. O juiz Ronaldo Valle havia avisado que, caso ela não comparecesse até o fim da sessão, teria sua prisão decretada. Com seu aparecimento, essa possibilidade, em princípio, estava afastada.

O julgamento de Anísio terminou apenas no fim da tarde, então a presença dela acabou aumentando as expectativas sobre o que poderia acontecer naquele dia. A TV Liberal entrava ao vivo para reportar o aparecimento da acusada — e a surpresa que ocorreu logo em seguida.

> ÂNCORA: Olá, bom dia. Acaba o mistério! Valentina de Andrade, a principal acusada dos crimes e emasculações dos meninos de Altamira, se apresentou hoje de manhã ao tribunal do júri. Ela estava ameaçada de ter a prisão decretada se não comparecesse ao TJE até o final da sessão. Cleide Pinheiro tem as informações ao vivo do Tribunal de Justiça do estado. Cleide.

REPÓRTER: Laíse, Valentina de Andrade está presa aqui no Tribunal de Justiça. A decisão do juiz Ronaldo Valle foi baseada em uma informação da Polícia Federal. É que no dia 2 de setembro, terça-feira, quando ela deveria estar aqui para o início dessa sessão, Valentina de Andrade tentava sair do país pelo aeroporto de Guarulhos, em São Paulo. Valentina foi descoberta pela Polícia Federal, conseguiu fugir e se hospedou com o nome falso na cidade de São Paulo. A Polícia Federal informou ao juiz, que hoje, quando ela entrou aqui, para ser comunicada oficialmente da data do julgamento, 22 de setembro, quando ela vai sentar no banco dos réus, na verdade o juiz aproveitou, comunicou, e depois decretou a prisão para garantir a presença dela no julgamento. Os advogados estão tentando revogar a prisão, Valentina está aguardando a decisão do juiz para informar para onde ela vai ser levada, mas Valentina está presa aqui no Tribunal do Júri.
ÂNCORA: Essa prisão então seria só para garantir a presença dela no tribunal, é isso?
REPÓRTER: Bom, essa prisão não teria acontecido se ela não tentasse fugir. [...]

Sendo assim, a manhã do dia 4 de setembro de 2003 foi marcada pela prisão de Valentina de Andrade, suspeita de tentar fugir do Brasil para não enfrentar o julgamento que se aproximava. O decreto de sua prisão, assinado pelo juiz Ronaldo Valle.

Segundo reportagem da TV Liberal, ela foi encaminhada diretamente para a penitenciária feminina após sair do Tribunal de Justiça. Na saída, enfrentou a reação de populares, que protestaram chamando-a de assassina. A subprocuradora-geral da República, Maria Elaine de Farias, ao ser questionada sobre como ficaria a situação dos advogados, visto que tentaram acobertar Valentina, dizendo que ela estaria internada em uma clínica em Londrina enquanto na verdade tentava fugir, explicou que a Justiça não podia interferir, já que os advogados têm imunidade em juízo para defender seus clientes. Segundo a subprocuradora, comprovada a tentativa de fuga de Valentina, não havia outra alternativa senão, pelo artigo 312, decretar sua prisão preventiva.

No momento de sua prisão, ao responder a perguntas da imprensa, Valentina tentou se defender. O trecho a seguir foi transmitido pela TV Liberal:

REPÓRTER: Ela foi levada no carro do sistema penal para o centro de reeducação feminino em Ananindeua. Valentina estava sem algemas e negou que tivesse tentado sair do país.

ENTREVISTADORA: Por que a senhora tentou fugir?
VALENTINA: Digo que não é verdade.
ENTREVISTADORA: A senhora ia para onde?
VALENTINA: Não é verdade.
ENTREVISTADORA: A senhora não estava em São Paulo no dia 2 de setembro?
VALENTINA: Estava vindo para cá.
ENTREVISTADORA: Mas por que o localizador indicava o destino Buenos Aires?

A seguir, vemos Valentina entrando no furgão que a levaria ao presídio. Ela ficaria presa até o dia de seu julgamento, 22 de setembro.

19. Julgando Césio

O dia 8 de setembro de 2003 marcava o início do julgamento de Césio, defendido por Jânio Siqueira. Como já era esperado, o médico repetiu tudo o que havia dito em depoimentos anteriores: que, no dia em que Jaenes tinha sido morto, ele estava de plantão no hospital, e que havia testemunhas para comprovar seu álibi.

No dia seguinte, 9 de setembro, foram ouvidas as testemunhas de acusação — as mesmas que falaram nos júris anteriores. Delas, as mais relevantes contra Césio eram os dois sobreviventes e Agostinho, que repetiram o que já haviam relatado nos júris anteriores.

No mesmo dia, foram ouvidas as testemunhas de defesa. Césio tinha um álibi forte, confirmado por quatro testemunhas, duas referentes à rotina de buscar o filho na escola: Rita Evangelina Anchieta Pereira, a professora, e Paulo Eduardo Feitosa Pereira, o pai da outra criança. Ambos reafirmaram que, naquele 1º de outubro, perto de 12 horas, Césio foi buscar as crianças no colégio. Eram o mesmo dia e horário em que Agostinho afirmava tê-lo visto saindo do mato com um facão e um saco.

As outras duas tinham relatos referentes ao período da manhã. Gracinda Lima afirmava que tinha sido atendida por ele numa cirurgia de emergência e Liliane Tabosa, que tinha trabalhado com Césio no hospital e o visto atender Gracinda.

Muita coisa aconteceu durante o depoimento da dra. Liliane, e esse foi um momento decisivo para o júri de Césio. Justamente por causa disso, entrei em contato com ela, pois tinha interesse em entender melhor os bastidores do que tinha acontecido naquele dia. Ela aceitou me conceder uma entrevista:

> LILIANE: Só que esse senhor [Agostinho] disse que isso aconteceu no mesmo dia em que eu estava de plantão no hospital, e o Césio estava lá junto comigo. [...] E eu chamei o Césio porque chegou uma paciente, a Gracinda

[...] E a Gracinda tinha um problema sério de saúde, [...] hemorragia uterina, e que nós tínhamos que agir de forma rápida. [...] E o Césio foi atender a Gracinda. Colocou a Gracinda no centro cirúrgico, numa sala específica para o que ela precisava, e foi e executou o serviço dela. [...] Nesse dia e nessa hora, esse senhor disse que viu o Césio no mato. Ué? Como você pode estar em dois lugares ao mesmo tempo?

IVAN: E, em algum momento, a doutora chegou a ser acusada de fazer parte da seita? [...] Algum incômodo nesse sentido?

LILIANE: Esse incômodo foi por parte da imprensa, que eu podia fazer parte da seita, ser cúmplice [...] Mas, por parte do Judiciário, não. [...] E, durante o meu testemunho [...], os promotores estavam batendo muito na tecla de que o ato tinha sido praticado pelos médicos. Eu sempre defendi que os médicos não tinham nada a ver com isso, não obrigatoriamente, né? Poderia ter sido por um médico, por um mecânico, [...] por um advogado, por um engenheiro. Por qualquer pessoa que fosse [...] um psicopata, um maluco da cabeça, e que poderia ter executado o ato porque isso tinha sido feito por uma lâmina grande. E que o médico não tinha nada a ver com isso. Eu senti que isso gerou uma antipatia por parte do promotor porque, Ivan, eu estava muito certa da minha verdade. [...]

IVAN: O assistente de acusação no caso, né? O dr. Clodomir.

LILIANE: Exatamente. O dr. Clodomir. Não conseguia me manipular. Não conseguia fazer com que eu tremesse, com que eu titubeasse. Eu estava muito firme, muito certa daquilo que eu estava dizendo. [...] Porque, preste atenção, eu e a Gracinda éramos testemunhas muito fortes, nós éramos um álibi muito forte. Se alguém diz que você está num determinado local cometendo um crime, e duas pessoas aparecem lá, idôneas, como eu e a Gracinda, dizendo que você estava comigo, olha o álibi que o cara tem. Então, nós éramos testemunhas muito importantes pra esse caso. Ele [dr. Clodomir] tinha que conseguir descaracterizar meu depoimento.

Autópsia das vítimas

Eu perguntei à dra. Liliane Tabosa se ela chegou a ser suspeita de pertencer à seita porque, durante o seu depoimento e nos próprios autos do processo, existe uma insinuação do Ministério Público de que ela teria realizado exames nos corpos de algumas vítimas, tanto sobreviventes quanto mortos. Tanto no caso de SS quanto no de Wandicley, a dra. Liliane tinha provas de que não estava atendendo. No de SS, estava de folga. Já no de Wandicley, estava ausente por licença-maternidade.

E há uma dúvida também sobre ela ter feito algum exame em um dos garotos assassinados. De acordo com os autos, a dra. Liliane teria assinado um laudo cadavérico de Jaenes com outro médico, Aroldo Rodrigues Alves. Da primeira vez que li, achei curioso, visto que nem Aroldo, nem Liliane eram médicos-legistas. O médico-legista, como já falei, era Francisco Armando Alvino de Aragão. Por que então não foi ele quem assinou esse laudo de Jaenes?

E não é só isso. De acordo com a dra. Liliane, ela também teria feito exames no corpo de Judirley Chipaia. Essa discussão não chega a ser determinante no júri. Conversando com Liliane, ela afirma não ter muitos detalhes sobre o corpo de Jaenes, pois Aroldo conduziu a maior parte do exame. Sobre a exumação de Judirley, ela explica que havia a suspeita de que a causa da morte tivesse sido traumatismo craniano, e foi preciso fazer a abertura do crânio durante a exumação para a confirmação. Também destaca a limitação de recursos e conhecimentos na época em relação às perícias e ressalta que, apesar das críticas feitas aos laudos da *causa mortis*, eles foram confirmados pela Justiça quando consideradas todas as outras evidências.

Sobre essas questões, a dra. Liliane explicou alguns detalhes importantes daquele contexto de Altamira:

> Eu cheguei em Altamira em 1987. Nessa época, a gente nem chamava ninguém de Belém, de fora, nenhum perito, inclusive nem o Armando pra fazer perícia. Nós mesmos fazíamos. Corpos eram encontrados, independente de qualquer *causa mortis* que não fosse natural... O corpo era encontrado e era levado pro nosso hospital, que na época era o Hospital do Sesp. Era o único hospital que fazia esse tipo de serviço. [...] Então ele ia pra um necrotério. [...] Que na verdade não era um local apropriado pra você fazer nenhum tipo de perícia mais aprofundada... E quando esse corpo chegava lá, por exemplo, e ele era nitidamente um afogado... Porque tinham todos os aspectos, todas as características de um corpo que foi e que morreu por afogamento... A gente dava o diagnóstico por afogamento. Se chegasse um outro corpo com bala, com faca, onde você via as lesões que tinham sido por bala e por faca, dependendo inclusive de onde tinha passado o projétil, por onde tinha passado a lâmina... Você dava o diagnóstico de que tinha sido assassinado por bala ou por faca. Se chegasse um outro, por exemplo, com características de enforcamento, você dava o diagnóstico de que tinha sido enforcamento, que tinha sido enforcamento. Ou que tinha sido... Que existe diferença entre

um enforcamento ou o estrangulamento. [...] Era uma coisa que a gente fazia de forma correta, mas não tínhamos as condições que deveríamos ter. Que hoje, por exemplo, o Instituto Médico Legal tem, que é abrir o corpo inteiro, entendeu? Fazer outras verificações pra confirmar outras coisas. [...] Eu não me lembro, naquela época, de termos tido problema com o Ministério Público, ou com a delegacia, ou o Judiciário, em relação à *causa mortis*. Os nossos laudos, que eu lembro em relação à *causa mortis*, sempre foram confirmados pela Justiça quando se juntavam todas as outras evidências.

[...] O Judirley foi exumado. [...] Então ele tinha o atestado de óbito com uma *causa mortis*, né? E um laudo, né? O laudo inicial. Você não pega uma pessoa que não é causa natural, ainda mais diante de uma situação dessa, de um crime hediondo desse... Você não pega simplesmente e enterra. Você passa por um laudo. Então, o Chipaia passou por um laudo anterior, que não está aí no processo, como você mesmo disse, e eu pedi, inclusive, né... Na dúvida, questionei a falta de condições de elucidar exatamente a *causa mortis*. Por causa disso ele foi exumado. [...] A única lesão encontrada no Chipaia não era de tiro. Pra mim não pareceu ser tiro, não. [...]

Na entrevista, Liliane também lembrou um momento-chave de seu depoimento no tribunal do júri, em 9 de setembro de 2003, quando o promotor perguntou por que não havia registro de Gracinda no hospital. Ela me relatou sobre esse momento na entrevista que me concedeu.

Eu disse: "Sim. Já aconteceu outras vezes. Quando você está diante de uma urgência ou de uma emergência, você corre para salvar a vida do paciente. Não importa se ele se chama João, Maria, o sobrenome dele, de onde ele vem. Eu tenho um foco ali, que é salvar a vida dele. [...] E aí a gente vai conversar essa questão administrativa depois. E se conversar, conversou. Senão, o importante é você salvar aquela vida". [...] Quando eu disse isso, o promotor, o Clodomir, fez novamente o teatro dele, dizendo o seguinte: "Ah, está vendo? Por isso então que o Ministério da Saúde investe no hospital, coloca dinheiro, vocês gastam como vocês querem". Os médicos eram os maus elementos, os bandidos. [...] Depois que ele terminou de fazer toda a atuação dele, eu pedi para falar, e o juiz me concedeu. Eu disse: "Excelência, se eu bem me lembro, o senhor me perguntou se era possível, o senhor não me perguntou se era o correto. Existe uma diferença muito grande entre o que é possível e o que é o correto. Eu não disse que isso era o correto. Eu disse que isso era possível [...] É claro que existem situações em que é obrigatório você registrar. Quando existe caso de violência, é obrigatório registrar, até por lei, porque a pessoa foi esfaqueada, baleada... Mas às vezes você faz depois. Agora, quando se trata de uma doença natural, como foi o caso da Gracinda...".

Contradição nos depoimentos de Césio e Liliane

É aqui que a história de Liliane ter supostamente atendido algum dos sobreviventes se torna relevante. No depoimento que prestou em juízo, em 14 de outubro de 1993, poucos meses após ser preso, Césio citava uma discussão que tivera com outros médicos sobre SS, atacado em novembro de 1989. O trecho é o seguinte:

> Inclusive a respeito [do ataque sofrido pelo garoto], chegou a discutir o fato clinicamente com os drs. Aroldo Rodrigues Alves e Liliane Tabosa Arrais, médicos da Fundação Sesp que estavam de plantão e atenderam a vítima, chegando inclusive a ser fotografada, e a fotografia, vista e analisada pelo denunciado.

Se o que Césio falou era verdade, sem dúvida seria suspeito, já que Liliane sempre negou ter atendido qualquer sobrevivente e disse que estava ausente na época do ataque. E não apenas isso: é bem provável que, nesse depoimento, Césio tenha confundido as vítimas; nos autos, temos aquele laudo genérico assinado pelos dois médicos citados por ele, mas trata-se do laudo do menino Jaenes. Mas o equívoco de Césio foi entendido por Clodomir Araújo como uma contradição entre o relato do réu Césio e o da testemunha de defesa Liliane.

> LILIANE: O Césio teria dito que nós, os médicos do hospital naquela época, teríamos numa reunião visto as fotos dos sobreviventes. Houve dois sobreviventes, certo? E que esses dois sobreviventes foram emasculados, mas sobreviveram. E que eu estava presente. [...] Mas o que acontece? Eu não vi essas fotos. Eu não participei dessa reunião. Eu estava, inclusive, uma época, de 1989, que aconteceu, até de férias. Estava fora de Altamira. Quando ele [Clodomir] me questionou isso, eu disse que não, que eu não tinha participado de nenhuma reunião, que eu não tinha visto fotos dos sobreviventes, que isso não tinha acontecido. Aí ele vai e diz que o Césio teria dito no depoimento dele que isso tinha acontecido. Aí eu disse: "Se ele disse isso no depoimento dele, não é verdade". Porque eu não participei de nada disso. Você acredita que, nesse momento, ele disse que eu estava

mentindo? [...] A testemunha está sob a obrigatoriedade da verdade. Eu não posso mentir. [...] Eu fui depois julgada no mesmo julgamento do Césio por falso testemunho.

Das quatro testemunhas de defesa de Césio, Liliane era a segunda a falar. Todos os testemunhos giravam em torno da mesma história: na manhã de 1º de outubro, ele estava no hospital, atendendo uma paciente de emergência, Gracinda, e, logo em seguida, fora à escola buscar seu filho e a filha do amigo. Era o álibi que confrontava o testemunho de Agostinho.

Mas, com a manobra da assistência de acusação, acusando Liliane de mentir, toda a tática da defesa foi colocada em xeque. Sob o efeito desse expediente e pressionados pelas condenações anteriores, os jurados votariam no dia seguinte, 10 de setembro.

A condenação

Césio Brandão foi condenado a 56 anos de prisão pela morte de três meninos e tentativa de homicídio de outros dois. A sentença foi comemorada pelos parentes das vítimas. Segundo Rubens, nas palavras da promotora Rosana Cordovil, o júri de Césio foi o mais difícil de todos.

Se o futuro de Césio estava definido, o de Liliane Tabosa seguia em aberto. Por decisão do júri, ela, que tinha testemunhado a favor do réu, seria responsabilizada por falso testemunho.

Ela me contou que foi encaminhada à delegacia por um oficial de Justiça sem receber nenhum documento do juiz explicando a situação. Quando chegou lá e se apresentou, o investigador informou verbalmente que o oficial a tinha encaminhado a pedido do juiz Ronaldo Valle, acusando-a de falso testemunho. O delegado que a recebeu argumentou que precisava de uma acusação formal para proceder com a prisão. Ele tentou entrar em contato com o juiz várias vezes, sem sucesso. Por fim, conseguiram contato com ele, que ordenou verbalmente a liberação de Liliane. Ela foi inocentada durante o inquérito policial e posteriormente pelo Tribunal de Justiça.

O saldo geral dos julgamentos até então era que todos os homens tinham sido condenados: Amailton, a 57 anos; Carlos Alberto, a 32 anos; Anísio, a 77 anos, a pena mais longa de todas; e Césio, que tinha o álibi mais sólido, a 56 anos. Estavam soltos desde 1995;[38] após as condenações, nenhum deles pôde responder em liberdade.

Naquele momento, Valentina estava presa. Seu júri aconteceria dali a doze dias. As famílias de Altamira, já em número bastante reduzido, faziam o que podiam e lutavam para se manter em Belém a fim de acompanhar os julgamentos.

---

38 A única exceção é Carlos Alberto, cujas idas e vindas da prisão são difíceis de precisar pelos autos do caso dos emasculados de Altamira. Por meio deles, dá-se a entender que entre 1995 e 2003 ele teria sido preso por outros crimes em momentos diferentes.

20. A defesa de Valentina se prepara

Valentina foi enviada a Belém em 17 de setembro, e no mesmo dia, cinco dias antes do seu júri, o Ministério Público pediu ao juiz que juntasse ao processo os materiais que lhe haviam sido enviados pela Polícia Federal. Eram coisas que estavam de posse da PF havia sabe-se lá quanto tempo. Boa parte eram fitas de vídeo que, de acordo com o MP, seriam bastante comprometedoras para Valentina. Uma matéria da GloboNews disse inclusive que as fitas mostravam como eram os rituais e teriam sido encontradas na casa de Amailton.

> REPÓRTER: Segundo a Polícia Federal, a situação da vidente Valentina de Andrade é cada vez mais complicada. Em duas fitas VHS gravadas em Altamira na época dos crimes, a líder da seita Lineamento Universal Superior aparece mostrando como são praticados os rituais. As fitas foram encontradas na casa do comerciante Amailton Gomes, condenado no julgamento, e que estão em poder do Ministério Público.

Você pode estar se perguntando: como assim, fitas de Valentina mostrando rituais de iniciação da seita, gravadas em Altamira, que foram encontradas na casa de Amailton? Seria bem surpreendente... se fosse verdade. O repórter cometeu alguns equívocos justificáveis porque, no fim das contas, ninguém sabia explicar exatamente de onde essas fitas tinham vindo. Como a Polícia Federal teve acesso a elas?

Muito provavelmente, faziam parte das fitas apreendidas na casa de Valentina em julho de 1992, pela Polícia Civil do Paraná, quando ela era suspeita do caso Leandro Bossi. Como vimos, de alguma forma, parte desse material, como vestes e livros, foi parar em Altamira em 1993. Então, é muito provável que a PF do Pará tenha pegado algumas dessas fitas. Quem não gostou nada da surpresa foi a defesa de Valentina.

O pedido do Ministério Público de juntada desses novos materiais era tudo o que a defesa tinha em mãos até então sobre o conteúdo das fitas e os outros itens. Esses outros itens eram tão instigantes quanto as fitas. Em um deles, havia um documentário argentino intitulado *Crimes e rituais*, visivelmente uma peça bastante sensacionalista que fala de vários crimes que ocorreram na Argentina e que, de acordo com os produtores do documentário, teriam motivações satânicas. Tem cerca de uma hora de duração, e tudo o que existe nele contra Valentina é a breve apresentação do caso da morte de Evandro, quando é dito que pessoas acusadas de terem matado o garoto em um ritual de magia negra foram presas e que a líder do Lineamento Universal Superior chegara a ser suspeita, mas que a polícia não conseguira encontrar nada contra ela. Esse trecho tem apenas um minuto e meio e é cheio de erros factuais, como a alegação de que o marido de Valentina, José Teruggi, tinha pedido que matassem criancinhas.

Outro item anexado foi um CD-ROM contendo matérias do jornal *O Liberal*, do Pará, e do jornal *Diário Catarinense*, de Santa Catarina, sobre Valentina. Estas últimas, no geral, falam de como Valentina se hospedava em Balneário Camboriú e parecem mais um compilado de boatos que corriam sobre ela na região. Já as de *O Liberal* são três: uma sobre a prisão dela e um relatório da Polícia Federal sobre a sua tentativa de fuga; outra sobre o STF ter negado seu pedido para sair da prisão; a terceira é uma entrevista com Carlos Calvo, argentino considerado o líder do Lineamento Universal Superior. Nela, ele diz que o LUS é uma entidade civil, que Valentina não tem cargo formal no grupo e que não são uma seita nem uma religião. Há também a menção a algumas partes de um inquérito que estava em andamento em Umuarama, no interior do Paraná, referente ao desaparecimento de um garoto chamado Leonardo de Mello Silva, de 3 anos, em 14 de outubro de 2001. Algumas partes desse inquérito foram anexadas aos autos porque Valentina era uma das suspeitas. Havia relatos de testemunhas que teriam supostamente visto o garoto na fronteira do Brasil com a Argentina, e daí a polícia do Paraná fez a associação direta com Valentina e o Lineamento Universal.

Nunca encontraram nada contra Valentina nesse que até hoje é considerado um caso sem solução. Em 2006, cinco anos após o desaparecimento de Leonardo, foi encontrada uma ossada num sítio na fronteira da cidade. Essa ossada demorou mais cinco anos para ser devidamente examinada, e, em 2011, confirmou-se que era de Leonardo. Ou seja, era falsa a informação de que ele teria sido visto na fronteira com a Argentina.

Na edição de 19 de setembro de 2003 do jornal *O Liberal*, foram noticiadas novas investigações. Uma agenda tinha sido encontrada no hospital em que Césio trabalhava, numa estranha busca e apreensão feita *depois* de sua condenação.

> AGENDA REFORÇA ACUSAÇÕES CONTRA CÉSIO
> Outro documento comprometedor encontrado pela Polícia Federal é uma agenda que pertenceria a Césio Brandão, já julgado e condenado por envolvimento nos crimes de Altamira. De acordo com o superintendente da PF, Néder Duarte, na agenda há anotações feitas à mão em que o médico usaria termos estranhos para se referir às vítimas. Duarte não quis entrar em detalhes, nem permitiu que a imprensa tivesse acesso às anotações, mas disse que os termos usados por Césio batem com o que foi apurado durante o inquérito, quando a Polícia descobriu que, para os integrantes da seita, as crianças eram tratadas como "ovelhas" ou "cabritos". "Tem coisas do tipo 'um cabrito foi sacrificado'", afirmou Néder.
> Os documentos encontrados pela PF vão juntar-se às provas já em poder da acusação e podem derrubar a tese de que o Lineamento Universal Superior (LUS) é uma entidade que estuda os astros, sem pregar o sacrifício de humanos. [...]
> "Essas são provas circunstanciais que, associadas às provas já existentes, podem ser a prova cabal para condenar a Valentina", afirmou o superintendente da Polícia Federal. [...]

Testemunhas contra Valentina

A defesa de Valentina ainda buscava entender o que havia naquelas duas fitas que o Ministério Público anexara em 17 de setembro de 2003 quando, no dia seguinte, 18 de setembro, o Ministério Público trouxe novas surpresas: dois termos de declarações que foram tomadas nesse mesmo dia em Altamira pelo seu então promotor, o dr. Edmilson Barbosa Leray.

O primeiro depoimento é de uma mulher chamada Francisca de Souza Oliveira, que na época tinha 45 anos e informava ser empregada doméstica e analfabeta:

> A declarante trabalhou para a Irmã Elza, no período de julho a setembro de 1993, fazendo faxina num dos cômodos da instituição Irmã Serafina, reservado aos religiosos e parentes, localizada no Bairro da Brasília, município Altamira; que, no mês de setembro de 1993, a declarante estava limpando o quarto da Irmã Elza quando abriu uma revista contendo na primeira página o desenho de um boneco deitado e uma mulher segurando nos seus órgãos genitais; que, na ocasião, surgiu a Irmã Elza pedindo-lhe que não mexesse nas coisas que estavam na mesa, porque pertenciam a Valentina; que, no término da faxina, a declarante tomou conhecimento de que a proprietária da revista estava no quarto por intermédio de uma mulher, que se encontrava no local; que a declarante viu Valentina dentro do quarto numa distância de aproximadamente 3 metros, por cerca de cinco minutos, descrevendo como uma senhora de idade; que, no mês de agosto, a declarante já tinha visto Valentina pegar uma bolsa no quarto da Irmã Elza; que a declarante lembra ter aberto a revista pertencente a Valentina em setembro de 1993, porque seu marido tinha falecido no início do referido mês; [...] que a declarante reconheceu pelos jornais e pela televisão o rosto de Valentina como o da mesma pessoa que tinha visto no quarto da Irmã Elza, há cerca de dez anos; que a declarante tinha ligado a morte das crianças castradas na cidade de Altamira à pessoa de Valentina, por causa da revista; [...] que a declarante não revelou à Justiça, porque tinha medo de morrer; que a declarante procurou espontaneamente o Comitê de Defesa das Crianças Altamirenses confidenciando à presidente Rosa Pessoa o que tinha visto na revista pertencente a Valentina na instituição; que a declarante não tem conhecimento de amizade entre Valentina e Irmã Elza, esclarecendo que várias pessoas frequentavam a Instituição de Caridade.

No processo, até então não havia essa testemunha nem qualquer referência à Irmã Elza ou à instituição Irmã Serafina. Outra coisa curiosa nesse depoimento é Francisca afirmar que viu Valentina em Altamira em setembro de 1993. Nessa época, todos os acusados já estavam presos, Valentina já era tida como suspeita procurada e nenhuma autoridade conseguia levá-la para a cidade a fim de ser interrogada e presa. Com tantos riscos assim, por que Valentina teria ido a Altamira?

Ainda mais curioso é o segundo depoimento, prestado por Maria da Conceição da Silva, também empregada doméstica e analfabeta, na época com 52 anos.

> A declarante trabalhou na clínica do dr. Anísio, localizada na rua Agrário Cavalcante, lavando as roupas dos pacientes no período de 1990 a 1992; que a declarante presenciou o médico Anísio receber a visita de Valentina

em sua clínica, em duas ocasiões, em 1992; que a declarante ficou a pouca distância de Valentina e do médico Anísio na clínica e na Santa Casa; que a declarante também presenciou o médico Anísio na companhia de Valentina na Santa Casa, localizada à avenida João Pessoa, às proximidades da Funai, em 1992; que a declarante reconheceu Valentina pela televisão como uma das pessoas que visitava o médico Anísio em sua clínica; que a declarante tomou conhecimento da participação de Valentina nos crimes das crianças de Altamira em função da tentativa de fuga da acusada noticiada pela televisão; que, certa vez, a declarante ouviu o médico Anísio perguntar à secretária da clínica se Valentina tinha ligado para ele, no ano de 1992; que Valentina tinha livre acesso à clínica do dr. Anísio.

Esse relato reforçaria o de Edmilson Frazão, afirmando que Valentina não apenas conhecia Anísio, como também o teria visitado na clínica, tudo justamente em 1992 — ano em que Judirley, Jaenes e Klebson foram assassinados.

De onde essas testemunhas tinham surgido? E por que apareciam agora, tão próximo do júri? A acusação até tentou fazer com que essas mulheres substituíssem outras duas testemunhas já selecionadas para o julgamento de Valentina, mas isso acabou não acontecendo.

De qualquer forma, para a defesa de Valentina uma coisa estava clara: o Ministério Público parecia ter cartas na manga que não estavam disponíveis antes e contava com a ajuda da Polícia Federal, inclusive para a produção de novas provas a poucos dias do júri.

A defesa de Valentina

A defesa, até então protagonizada especialmente por Américo Leal, precisava reagir. Uma das reações partiu dos advogados Clóvis Martins e Arthemio Leal, que trabalhavam no escritório dele. São eles que falam numa matéria veiculada pela TV Liberal sobre o estado da cliente na prisão:

> CLÓVIS MARTINS: Ela não está bem fisicamente, inclusive ela não está recebendo a medicação prescrita pelo próprio serviço médico do Sistema Penal. É uma medicação que controla as convulsões que ela tem. Ela é uma pessoa de 72 anos de idade, veja bem, se ela passar mal aqui dentro, a responsabilidade é de quem a colocou aqui, não é do advogado que trouxe um remedinho para ela tomar, não, como estão dizendo por aí.

REPÓRTER: Valentina disse aos advogados que estaria sofrendo pressões dentro do presídio.

ARTHEMIO LEAL: Ela já nos narrou que houve o contato de duas pessoas que não poderia haver aqui dentro do Presídio de Marituba com ela. Uma pessoa se identificando como parente de uma pessoa da Justiça e que teria pressionado ela a dizer coisas que não aconteceram e uma outra pessoa, uma mulher, que teria também pressionado ela psicologicamente, inclusive ordenado a ela que se ajoelhasse para que confessasse fatos que não são verídicos e isso tem que ser devidamente averiguado.

Essas afirmações da defesa ainda teriam outros desdobramentos. E em 21 de setembro de 2003, um dia antes do júri, a equipe acabou recebendo um novo membro. Cláudio Dalledone Júnior, com 28 anos na época, é um advogado criminalista muito conhecido no estado do Paraná — e no Brasil. Por ocasião do caso Evandro, ainda era um advogado em início de carreira, e chegou a ser assistente de acusação contra alguns dos acusados.

Dalledone já defendeu diversos casos de grande repercussão, como Rafael Zanella, Rotam, goleiro Bruno, Renata Muggiati, Tatiane Spitzner, o da dubladora carioca Christiane Louise de Paula da Silva e muitos outros envolvendo conflitos de garimpeiros e abordagem policial. Ele é amplamente reconhecido em situações desafiadoras e bom em lidar com casos complicados; mesmo quando há evidências substanciais, como impressões digitais e DNA, não raramente Dalledone consegue absolver o acusado. Gostando ou não de sua visão de justiça, uma coisa é certa: sua entrada no caso de Altamira foi determinante para o rumo do júri. Ele me contou em entrevista:

> É uma lembrança muito viva a maneira com que eu entrei, que não foi uma maneira convencional. [...] Mas o fato é que em 2003 eu já tinha alguma experiência, eu já estava militando no júri desde 1994. [...] Então, eu estava muito novo, mas com um *score* bom de resultados bons, buscando casos bons, buscando fazer defesas consistentes, defesas que pudessem demonstrar questões periciais, trazendo peritos [...]
>
> Eis que em uma estada minha no Tribunal do Júri, eu encontro o meu professor Arnaldo Busato. E eu fui, assim, conversar com ele muito animado [...] e eu falei: "Mestre, olha o caso da Valentina, você está defendendo a Valentina. Ela está indo a júri". E eu senti que ele não estava, assim, emocionado com aquele caso, não estava. [...] E, naquele segundo que eu notei isso, eu falei: "Posso ir junto com você? Eu faço a defesa junto com você". [...] Aquilo ali definiu a minha vida. [...] Ele falou: "Você quer ir

para fazer essa defesa?". Eu disse: "Quero". "Você aguenta?" Eu disse: "Aguento". E dali no outro dia já estavam os argentinos lá no escritório. É uma coisa que me emociona muito. E as coisas foram acontecendo, e eu fui para o Pará. Eu não tinha a menor ideia da grandiosidade [...] eu não tinha ideia do que era aquele frenesi, aquela histeria que eu encontrei lá.

De acordo com os autos, Dalledone entrou na equipe de defesa de Valentina no dia 21 de setembro de 2003, um dia antes do júri. As histórias de bastidores de como a defesa se organizava são muito curiosas — chegam a ser até contraditórias. Segundo Wassef, que estava em São Paulo, mas sempre em contato com todos, sua ausência no Tribunal do Júri que defendia Valentina ocorreu devido ao fato de estar passando por um tratamento contra um câncer.

Busato, por sua vez, contou que, em 22 de setembro, já havia uma estratégia planejada. Ele designou Dalledone para executar o plano de gastar o máximo de tempo possível lendo peças ao longo do julgamento. Quando Américo Leal ingressou, o foco era evitar que Valentina ficasse presa até o julgamento e obter sua liberdade, por isso precisavam de um advogado com prestígio no Judiciário. Busato esclareceu que era ele quem faria o júri com exclusividade e que Dalledone só entrou porque ele não poderia acompanhar os primeiros atos do julgamento em plenário. Além disso, afirmou que eles não eram uma equipe formal, mas sim a execução de uma estratégia que ele mesmo havia concebido.

Assim, quando conversei com Busato, Dalledone e Wassef, e perguntei quem, afinal, comandava a defesa de Valentina, encontrei contradições. É como se cada um se colocasse como o principal responsável.[39]

Dalledone conta que, quando começou a trabalhar no caso, identificou a necessidade de fazer as juntadas de materiais que julgava importantes. Por exemplo: outros casos de meninos mortos e emasculados no Maranhão; o caso do garoto Michel Mendes,[40] de Goiás; e todo

---

39 Durante a produção do podcast, tentei diversas vezes contato com o dr. Américo Leal, pois também gostaria de ter registrado sua versão dessa história. Infelizmente, não conseguimos fazer a entrevista.

40 Menino de 4 anos morto na cidade de Goiânia em 1989. Assim como os casos de Altamira e de Guaratuba, o crime contra Michel também foi investigado a partir da suspeita de sacrifício humano em um ritual satânico. Os autos do caso estão anexados tanto aos processos de Evandro (Guaratuba) quanto aos dos meninos de Altamira, mas nunca foi comprovado que esses casos estivessem conectados. Ainda assim, sua menção genérica fortalecia a tese da acusação de que haveria células de uma seita satânica espalhadas pelo Brasil sacrificando crianças.

o caso Evandro e Leandro Bossi. Busato explica que sabia que a acusação usaria esses casos "heterogêneos e desvinculados" para gerar impacto e alarme, portanto, sua obrigação era juntá-los e mostrar que a relação não existia. Algo na linha de "se a acusação está dizendo que esses casos são iguais, eu peço que me apontem aqui nos autos que anexei onde estão as provas de que eles estão conectados".

O dr. Dalledone então começou a compilar documentos para o caso, uma tarefa bastante difícil. Enviou várias caixas de Curitiba para Belém, para onde viajou a fim de encontrar Américo Leal e estipularem os detalhes do júri. A ideia era conduzirem o júri juntos, pois era inadequado ter um advogado completamente fora da região. Dalledone conta que, no entanto, só conseguiu falar com Américo no domingo, véspera do julgamento. Ao chegar ao seu escritório, descobriu que os documentos não haviam sido organizados. Telefonou para Busato, informando que não poderia realizar o júri sem o material necessário e enfatizando a importância da preparação adequada. Houve um desencontro de ideias entre Busato, Wassef e Leal, e Dalledone então teria recebido a notícia de que conduziria o júri sozinho, com Busato participando pontualmente. Já o dr. Américo Leal em breve tomaria um rumo diferente.

Começa o júri

No dia do julgamento, estavam presentes integrantes argentinos da seita de Valentina e familiares das vítimas. Ambos, lado a lado, protestavam em frente ao Tribunal de Justiça.

Enquanto isso, houve manobras jurídicas da defesa para adiar o julgamento, e os advogados paraenses (Américo e Arthemio Leal) nomeados pela ré abandonaram a sessão, acusando o juiz Ronaldo Valle de pressionar Valentina. Arthemio Leal alegava que ela havia sofrido uma tentativa de coação por um parente do juiz.

Após a nomeação de Dalledone como novo advogado de Valentina no júri e esse conflito de Leal com o juiz, o escritório de Américo Leal saiu oficialmente da defesa. Dalledone então solicitou o adiamento do júri, alegando falta de comunicação com a ré e desigualdade de condições com a acusação. No início, o juiz negou o pedido, mencionando que os advogados de Valentina estariam armando para atrasar o julgamento.

A sessão durou menos de uma hora e foi marcada por tumultos. O juiz Ronaldo Valle anunciou a intenção de processar Américo Leal por declarações feitas na imprensa e remarcou o julgamento para a segunda-feira seguinte, alertando que, se o advogado não comparecesse, um defensor público seria nomeado para o caso.

Além disso, as fitas apresentadas pela Polícia Federal, que mostram Valentina dando ensinamentos da seita, seriam periciadas na quarta-feira seguinte, enquanto o Superior Tribunal Federal julgaria seu *habeas corpus* (que já havia sido negado na semana anterior). Era muita coisa acontecendo: a defesa queria mais tempo para se organizar em sua nova configuração e estratégia, enquanto a acusação queria poder utilizar os novos materiais enviados pela PF para expor seu caso.

Os conflitos com o juiz Ronaldo Valle se estenderam na imprensa por mais alguns dias. O juiz, por exemplo, afirmou ter recebido informações de fontes confiáveis de que alguém da equipe de Américo Leal estaria planejando dopar Valentina para ela parecer mais frágil durante seu júri. Nenhuma das acusações (do juiz e da defesa) resultou em algo efetivo.

Casos no Maranhão

Durante a década de 1990, as famílias das vítimas de Altamira souberam de casos similares que estariam ocorrendo no estado vizinho, o Maranhão: meninos mortos e emasculados em diversas cidades. Além desses casos, havia também meninos que desapareceram ou cujas ossadas foram encontradas muito tempo depois de terem desaparecido. Os casos teriam começado por volta de 1991 e até 1999 teriam sido em torno de dezoito garotos contabilizados entre mortos e desaparecidos — alguns com emasculações confirmadas.

Os acusados de Altamira foram presos entre 1992 e 1993, e os casos no Maranhão continuaram durante toda aquela década. Várias pessoas foram presas no estado, e por diversas vezes aventou-se que os casos dos dois estados poderiam estar ligados — talvez, como a acusação deixava a entender, poderiam ser atuações de células satânicas ligadas a Valentina de Andrade. Talvez fossem casos isolados. Era difícil precisar.

Fato é que os casos continuavam acontecendo por lá, e eram muito similares àqueles que ocorreram em Altamira entre 1989 e 1993. Entre agosto de 2000 e maio de 2003, pelo menos onze novas vítimas foram contabilizadas.

Em parte, isso explica todo o interesse da PF e de órgãos federais acompanhando os julgamentos de Belém. Se fossem os mesmos autores os responsáveis por esses casos,[41] isso exigiria uma ação nacional para que os crimes parassem e os membros da organização criminosa (satanistas ou não) fossem presos.

Se por um lado essa era a visão dos acusadores, os advogados de defesa de Valentina viam agora outra possibilidade: se os crimes no Maranhão eram tão parecidos, talvez fossem as pessoas de lá as responsáveis pelos crimes de Altamira. E já que Valentina nunca fora acusada de nada no Maranhão, isso seria um indício de sua inocência. Era uma estratégia trabalhosa, mas que valeria a pena tentar na avaliação dos advogados.

No caso dos emasculados do Maranhão, várias pessoas foram presas em momentos e casos diferentes. Uma delas foi Donato Brandão, que na época era noticiado pela imprensa como o fundador de um grupo denominado Seita Mundial, e a filosofia que eles seguiam levava o nome do fundador: Brandonismo. Pelo que pudemos apurar, alguns seguidores de Donato Brandão passavam por emasculações voluntárias como forma de comprometimento espiritual. Não havia prova de que eles matavam crianças e as emasculavam, mas a associação do ato parecia fazer sentido a muitas das autoridades do Maranhão.

O ponto principal aqui é que, independentemente de Donato Brandão ser ou não o responsável pelos casos de mortes de menores no Maranhão, a estratégia da defesa de Valentina girava em torno de

---

41 Inclua-se aqui também o caso do garoto Michel Mendes (1986), em Goiás, e os casos Leandro Bossi e Evandro Ramos Caetano (1992), no Paraná. Nessa época, os únicos dos sete réus do caso Evandro que haviam sido julgados eram Beatriz Abagge e Celina Abagge, em 1998, quando foram absolvidas. Porém, em 2003 seu júri foi anulado. Todos os sete seriam julgados em 2004, 2005 e 2011, resultando em quatro condenações, duas absolvições e uma acusada (Celina Abagge) dispensada por prescrição do crime por sua idade. Em 2023, todas as condenações foram retiradas pelo Tribunal de Justiça do Paraná num processo de revisão criminal feito com base nas fitas de tortura que encontrei e publiquei em meus trabalhos sobre o caso Evandro.

uma ideia: se por um lado a acusação dava a entender que ela seria a mentora intelectual de vários casos de mortes supostamente motivadas por rituais satânicos, e que esses casos estariam espalhados pelo Brasil, os advogados de Valentina pretendiam mostrar cada um desses casos no júri, com todos os seus processos, e demonstrar que ela nunca sequer chegou a ser suspeita neles. Em outras palavras, eles inverteriam a lógica da acusação. Algo do tipo: sim, existem todos esses casos horríveis acontecendo por todo o Brasil. E a minha cliente não tem nada a ver com eles. É só olhar os autos que anexamos.

Só que, naquele momento, na semana de 22 de setembro de 2003, com Valentina aguardando julgamento em um presídio masculino, Américo Leal saindo do caso e Dalledone recém-chegado, nenhum desses materiais ainda havia sido anexado. A defesa exigia a perícia nas novas fitas enviadas pela Polícia Federal e anexadas pelo Ministério Público, pois mal sabia o que havia nelas. E o novo júri estava marcado para a semana seguinte. Era uma corrida contra o tempo. Dalledone lembra:

> [...] As fichas começaram a cair para mim, de onde realmente eu estava entrando, a grandiosidade do caso. Estava chegando em Belém [...] Os argentinos estavam me aguardando no aeroporto e fomos direto a um presídio. Era numa cidade próxima, mas longe. E daí cheguei lá e disse: "Mas esse é um presídio masculino, devem estar enganados". "Não, não, [Valentina] está presa aí mesmo." Ela estava presa dentro de um presídio masculino, o que hoje constitui crime, Lei de Abuso de Autoridade. E eu fui entrando. Eles falaram: "Ah, é você que vai defender a bruxa? Vai lá". [...] E eu, na medida que ia entrando na galeria [do presídio], ia escutando "bruxa", e do bater daquelas grades, eu lembro até hoje. E eles urinavam na caneca, em lata, e jogavam nela. E ela estava que nem um animal acuado. Eu não consegui falar com ela. Ela tremia, ela tinha espasmos. "É notícia boa ou notícia ruim?". [...] Ela queria saber do Arnaldo. Não era o Arnaldo Busato que estava ali, era o Claudio Dalledone, que ela não conhecia. [...] Foi realmente uma dificuldade muito grande. E esse adiamento foi algo muito positivo para a defesa. Eu pude tomar pé do que estava acontecendo ali. Não bastava conhecer o processo, eu tinha que conhecer o contexto que envolvia tudo aquilo. E estava realmente ali estabelecido um dos maiores espetáculos de barbárie, com uma histeria coletiva e promovendo operadores do direito. E por que eu digo isso? Porque tinha a Rosana Cordovil, uma impiedosa promotora de Justiça, sem nenhum tipo de lhaneza com a defesa. Acusava a defesa de tudo, de todas as maneiras, não poupava

esforços. E tínhamos ali Clodomir Araújo e Clodomir Araújo Júnior, pai e filho. Clodomir Araújo, um procurador de Justiça aposentado, portanto, fora promotor de Justiça, procurador de Justiça, secretário de segurança e assistente de acusação, junto com o filho. E ele realmente dominava a imprensa, dominava os bastidores [...]. Um acusador versado, um sujeito bom de júri, muito bom de júri. Então, eu tinha que me defender. E existiam, assim, os bastidores muito severos de tudo isso.

21. As novas provas

Pouco antes de o primeiro júri começar, em agosto de 2003, a imprensa falava que havia dezenove vítimas em Altamira, mas que a polícia só tinha conseguido concluir o inquérito de cinco delas — e havia pressão e conversas de bastidores para abrir os outros catorze que não haviam sido investigados. A esses, somavam-se também os casos de outros estados, como os emasculados do Maranhão, e os casos de Evandro e Leandro, no Paraná. E, por causa da presença de Valentina na lista de réus, havia uma crença entre os observadores federais de que todos esses casos poderiam ter relação com o Lineamento Universal Superior.

Dois dias depois do adiamento do julgamento de Valentina, Nilmário Miranda, secretário de Direitos Humanos, lançou a resolução[42] que dava à Polícia Federal poder para investigar todos esses casos de crianças que poderiam ter relação com Valentina e o Lineamento Universal Superior.

Assim, o caso Leandro Bossi foi parar nas mãos da PF. Ele não teve avanço significativo, mas a autorização para que a PF também investigasse os casos do Maranhão e os outros catorze de Altamira teria grande relevância num futuro próximo.

Tentativa de fuga?

No dia 24 de setembro, Valentina completava vinte dias presa.

A prisão de Valentina aconteceu pouco antes de Dalledone juntar-se à sua defesa. Ainda assim, quando fiz essa entrevista com ele, quase vinte anos depois do julgamento, tinha esperança de que me revelasse se teria havido articulação dos outros advogados para fazê-la fugir do Brasil.

---

42 Resolução nº 43, de 24 de setembro de 2003.

Algo que Dalledone disse chamou minha atenção: que o outro advogado de defesa de Valentina — Arnaldo Busato, seu ex-professor — seria careta demais para sugerir algo como uma fuga. Todos com quem conversei e que conhecem Busato como profissional foram unânimes em dizer que ele é "certinho", "discreto" e "um CDF". Por muitos de seus pares, Busato é reconhecido como um dos maiores especialistas em direito penal no mundo.

Ao contrário da impressão que muitos têm daquela época (e do que foi divulgado na imprensa), Valentina não foi presa pela Polícia Federal. Ela foi ao júri de Anísio por livre e espontânea vontade acompanhada de seus advogados assim que chegou em Belém, e teve sua prisão decretada pelo juiz Ronaldo Valle naquele mesmo momento por conta das informações que o magistrado recebeu da Polícia Federal e que vinham, basicamente, de quatro documentos.

O primeiro é um memorando de um delegado da PF de Londrina (PR), cidade onde Valentina residia, com data de agosto de 2003, num provável erro de digitação — o contexto das informações que existem nele permite afirmar com certa segurança que era referente ao mês de setembro. Nele, o delegado afirma que foi até a casa de Valentina para verificar se ela estava realmente doente (motivo alegado pelos advogados para seu não comparecimento no início do júri de Anísio), mas não a encontrou. Percorreu também algumas clínicas, sem sucesso.

O segundo é um relatório de diligência, assinado por um agente da PF de São Paulo que trabalhava no aeroporto de Guarulhos. O agente explicava que, na manhã de 2 de setembro, eles suspeitaram de que Valentina, já bem conhecida pelas notícias da época, estaria tentando embarcar para Buenos Aires. Ela teria sido reconhecida no aeroporto de Guarulhos, acompanhada de dois argentinos — um homem e uma mulher. Segundo o agente, eles fugiram ao ser identificados, chegando inclusive a abandonar documentos na rapidez da fuga, e foram parar no apartamento da mãe de Frederick Wassef. Agentes da PF teriam chegado a essa conclusão por conta de terem seguido Valentina e seu grupo na saída do aeroporto, e também por informações que obtiveram no decorrer daquele dia sobre os lugares que o grupo frequentou.

O terceiro documento da PF é um memorando afirmando que a viram desembarcar em Belém em 3 de setembro, quarta-feira, e que ela teria sido recebida por advogados. Já o quarto é um ofício que resume os demais. Foi com base nisso que o juiz Ronaldo Valle determinou sua prisão, como forma de garantir que não fugiria.

Em 8 de setembro de 2003, quatro dias após Valentina ter sido presa, o advogado Américo Leal escreveu um pedido de *habeas corpus* afirmando que ela não havia tentado fugir e que se apresentara livremente perante o juiz antes do fim da sessão, conforme ele havia determinado.

De acordo com o bilhete anexado pela defesa, Valentina foi para a Argentina em 30 de agosto, um sábado, para buscar documentos que seriam utilizados em sua defesa. De fato, há nos autos uma série de documentos argentinos anexados pelos advogados. Na segunda-feira, 1º de setembro, ela saiu da Argentina com destino a Guarulhos. Chegou lá de madrugada e hospedou-se em um hotel próximo ao aeroporto para passar a noite. Na manhã seguinte, de acordo com a PF, teria tentado embarcar de novo para Buenos Aires.

Lendo tudo isso, só penso no seguinte: se ela queria fugir para Buenos Aires, não faria mais sentido ter ficado lá? Por que teria voltado para o Brasil e passado uma madrugada, para na manhã seguinte retornar à Argentina?

Ainda segundo a PF, do apartamento da mãe de Wassef, Valentina foi até o aeroporto de Congonhas a fim de pegar um voo para Belém. Esse voo fazia conexão em Brasília, onde ela de fato sentiu-se mal e teve que passar a noite naquela cidade, indo para Belém apenas no dia seguinte.

Pouco antes de embarcar no aeroporto de Congonhas, Valentina encontrou-se com Busato no hotel em que ele estava hospedado. Na entrevista que me concedeu, o dr. Busato contou que, durante essa reunião, Valentina perguntou o que de fato ele pensava sobre a possibilidade de ela fugir do julgamento. Ele então apresentou duas opções: fugir, o que poderia ser interpretado como confissão de culpa, resultando em um julgamento à revelia e uma condenação, ou se apresentar, enfrentar prisão temporária e lutar pela absolvição, com a possibilidade de apelar em liberdade. Valentina optou pela segunda.

O que me intriga nisso tudo é o fato de que eles foram para o aeroporto de Guarulhos e deixaram seus documentos lá. Por que fizeram isso? Teriam mudado de ideia e pensado em fugir nas poucas horas que ficaram no Brasil? Não tenho uma resposta definitiva — provavelmente nunca terei. Mas ouvi de mais de uma fonte que havia advogados na equipe de defesa de Valentina com medo de que ela estivesse sendo seguida, grampeada, vigiada pela PF, e que a qualquer momento pudesse ser presa no caminho para Belém. Queriam evitar isso a todo custo, pois atrapalharia sua defesa. Por causa disso, algum dos advogados teria sugerido que Valentina tentasse despistar a PF, indo para o aeroporto de Guarulhos e deixando os documentos no guichê do check-in, dando assim a impressão de que ela teria de fato a intenção de voltar para Buenos Aires poucas horas após ter saído de lá, mas que na verdade tudo seria uma tática para despistar a PF. Esse seria um exemplo do nível de paranoia que o entorno de Valentina estava vivendo em relação à Polícia Federal.

Se essa realmente era a intenção, foi um desastre. Mas é também uma boa ilustração do que Dalledone falou tantas vezes em sua entrevista para mim: a defesa estava toda bagunçada, havia muita confusão entre os advogados, cada um num canto do país.

Na longa entrevista que o dr. Busato me concedeu, demonstrou seu conhecimento enquanto me explicava as diferenças entre as estratégias de defesa dos outros réus condenados e a de Valentina:

> [...] Só que a Valentina tinha uma vantagem. Enquanto os outros moravam ali na região de Altamira, os médicos, o Amailton e aqueles PMs, a Valentina morava em Londrina e em Buenos Aires, milhares de quilômetros de distância. Não tinha vínculo nenhum com aqueles outros réus ali. Então, eu penso que a estratégia dos defensores não foi a mais adequada porque eles não souberam como desfazer aqueles indícios que surgiram lá no início do inquérito: eles não souberam como enfrentar todo aquele trabalho obscurantista, de fundamentalismo persecutório, de fanatismo religioso.

Nessa hora, Busato propõe uma interpretação do relato de Juarez, pai de Jaenes, sobre ter visto o caixão do filho sangrando e ter parado quando Anísio se retirou do velório:

> Você nota ali as digitais da influência do pessoal da Igreja Católica. Porque esse tipo de estratégia acusatória remonta à Alta Idade Média, o chamado *judicium feretri*, onde se colocava o cadáver perante os suspeitos e, se o cadáver emanasse sangue, isso seria considerado uma prova evidente da autoria do crime. Essa estratégia foi muito adotada até o século XVI, sempre foi um critério de obtenção de indícios para fins de tortura e sacrifício de pessoas envolvidas com os mais diversos crimes.
>
> [...]

Mas, veja, a partir do momento em que aquelas famílias todas passaram a contar com a orientação, com a proteção do bispado de Altamira, [...] é que a coisa começou a ganhar uma forte conotação religiosa, no sentido de se firmar a tese dos rituais satânicos. De início, não foi essa a primeira tese, mas, na sequência, essa tese se consolidou. E aí você observa claramente a influência da Igreja Católica ali. Essa menção de o sangue emanar do cadáver na presença do criminoso, isso não veio da mente do pai do Jaenes nem daquele outro parente. Alguém incutiu isso neles. Eles estavam buscando, àquela altura, indícios para incriminar o Anísio, que era um médico envolvido com política, dizia-se que estava envolvido com umbanda, era uma pessoa diferente, era do Maranhão.

[...]

Crimes cuja hediondez é tal e tamanha que você não encontra uma explicação racional. Você tem que buscar uma explicação no desconhecido, no demoníaco, uma explicação de cunho religioso, como os tribunais do Santo Ofício faziam. E, muito embora isso fosse coisa da Alta Idade Média, essas coisas calam fundo no imaginário coletivo. São arquétipos da mente humana. Quando você não encontra uma explicação racional para um fato, você busca uma explicação irracional, misteriosa, religiosa. E aí surge espaço para intervenção desse fundamentalismo religioso, que marcou muito o julgamento lá.

Tensões pré-julgamento

Enquanto esperavam o novo júri de Valentina, vários argentinos que a apoiavam estavam em Belém. Novamente a Polícia Federal entrou em ação — dessa vez, tentando expulsá-los do Brasil. De acordo com uma matéria da TV Liberal, a PF notificou os argentinos na Central de Imigração, concedendo um prazo de três dias para deixarem o Brasil, sob pena de deportação. O superintendente da PF no Pará mencionou que as manifestações violavam o Estatuto do Estrangeiro, que proíbe manifestações públicas de estrangeiros criticando assuntos de interesse nacional.

A tensão aumentava por conta de outro motivo que levou o julgamento a ser adiado: as fitas que a PF havia enviado ao Ministério Público, que seriam comprometedoras contra Valentina, estavam naquele momento sendo periciadas.

A defesa, dessa vez representada principalmente por Dalledone, exigiu que as perícias também fossem acompanhadas por dois peritos apontados por ela. Designaram os renomados assistentes técnicos Ari Ferreira Fontana (que trabalhou na defesa das Abagge, no júri do caso Evandro, em 1998) e Leocádio Casanova para o procedimento.

Fora isso, Dalledone questionou a fita juntada durante a madrugada, expressando suspeitas sobre sua origem. Ele destacou o direito da defesa de questionar a inclusão, argumentando que criava uma conotação sensacionalista às vésperas do julgamento e reiterando que a defesa trabalharia com as provas do processo, denunciando ao juiz qualquer fraude ou deslealdade.

Dias depois, as fitas continuavam na Superintendência da PF em Belém. Em uma entrevista que concedeu à TV Liberal, o perito Ari Ferreira explicou que eles estavam buscando verificar a autenticidade das fitas, incluindo a identificação dos participantes e a possível presença de edições, cortes ou inserções, destacando esses aspectos periciais como prioritários.

E então, quando o dia 29 de setembro se aproximava, data do julgamento de Valentina com sua nova equipe de defesa, veio uma informação sobre a perícia. Dalledone havia apresentado uma petição a Joaquim Araújo, diretor do Instituto de Criminalística do Pará, com nove questionamentos, inviabilizando a análise dos materiais em dois dias. Dalledone destacou que a análise não poderia ser executada em menos de dez ou quinze dias, dada a complexidade das fitas, o que foi reconhecido pelos peritos.

Em pouco mais de meia hora de reunião, a promotoria e a defesa chegaram a um acordo: seriam periciadas apenas duas fitas, para que não houvesse mais adiamento. Só que, mesmo assim, o julgamento de Valentina foi mais uma vez adiado. O juiz então determinou que, se não houvesse mais nenhum empecilho, o júri estaria marcado para o dia 19 de novembro.

Durante os quase dois meses até a data do novo julgamento, apesar dos esforços de seus advogados, Valentina permaneceu presa. E, assim, semanas se passavam. A perícia ia sendo desenvolvida. A defesa organizava suas estratégias — e, uma semana antes do júri, no dia 12, partiu para o ataque.

Nessa data, o processo dos meninos emasculados de Altamira já contava com dezesseis volumes, com milhares de páginas. Mas, então, a defesa de Valentina decidiu anexar tudo o que queria e que já citei anteriormente: casos de emasculações de garotos no Maranhão; o caso Evandro inteiro; uma série de documentos argentinos sobre o Lineamento Universal Superior; o caso de Umuarama (PR), especificamente o pedido de interceptação telefônica contra Valentina — em que não acharam nada; um processo do LUS contra o canal de TV a cabo argentino que produziu o documentário *Crimes e rituais*; e uma série de notícias sobre mortes e desaparecimentos de crianças no Brasil.

Nessa manobra, o processo passou de dezesseis volumes para sessenta. Em outras palavras, a uma semana do júri, a defesa anexou 44 volumes de material novo, milhares de folhas. Era impossível ler tudo em tão pouco tempo. Mas a defesa fazia uma promessa: eles iam querer ler cada folha nova no júri.

Além disso, também foi anexada uma série de vídeos caseiros do LUS. Alguns eram palestras sobre ufologia, mas a maioria eram atividades banais: jantares, danças, festas, jogos de vôlei. Horas e horas de materiais mundanos. Uma ou outra coisa poderia ser considerada meio esquisita, como uma dança que Valentina faz com uma mulher que usa um capuz, que seria uma representação da luta da luz contra as trevas — nada realmente assustador.

Uma das mais interessantes é um depoimento de Roberto Olivera, o ex-companheiro argentino de Valentina, que ela conheceu em Altamira, na década de 1970. É uma gravação com cerca de quarenta minutos, em que ele conta como os dois se conheceram no interior do Pará, enquanto ele trabalhava na Transamazônica, na época em que ela era casada com Duílio Nolasco. Ele também explica brevemente como foi que começaram a desenvolver as ideias que posteriormente serviriam para lançar as bases do LUS.

E, falando de materiais extensos, se a acusação havia anexado aos autos o livro *Deus, a grande farsa* na íntegra, a defesa exigia que ele fosse lido por completo para o júri. Em outras palavras: enquanto os júris dos homens condenados haviam durado três dias cada, para o de Valentina especulava-se que seriam semanas só com a leitura de peças, mais de 25 mil páginas — ou seja, podia terminar apenas no ano seguinte, 2004. De acordo com Dalledone, a estratégia de tornar o julgamento moroso e tedioso era proposital, justamente para mostrar todo o contexto, e não apenas trechos que convinham à narrativa da acusação.

A filósofa Socorro Patello, ex-professora da Universidade Federal do Pará, selecionada como testemunha de defesa, forneceu um parecer sobre o livro de Valentina em maio de 2001. Dalledone contou que Socorro, após ter lido a obra, afirmou que era de "péssimo gosto, mal escrito, mal posicionado, mas não tem ninguém matando ninguém". Busato propôs que, se o livro realmente contivesse elementos incriminadores, não seria considerado chato. Por isso, era importante que a defesa lesse todos os autos processuais para poder rebater possíveis insinuações contra a acusada, já que a acusação poderia explorar o tempo limitado dos debates em plenário para criar uma impressão negativa.

As fitas da acusação

No dia 14 de novembro, dois dias após a juntada de todo o material novo da defesa, o laudo pericial de duas das fitas juntadas pela acusação ficou pronto. Eu e minha equipe do podcast tentamos digitalizá-las; infelizmente, uma dessas fitas vhs estava com defeito. Mas há matérias de imprensa da época que falam sobre elas, além do laudo completo, que está anexado aos autos.

A primeira fita que funcionou é um encontro do lus no qual Valentina está presente. Está em preto e branco por conta da divergência dos sistemas de cores argentino e brasileiro nos antigos video-cassetes. No vídeo, vemos uma sala cheia de vários membros do Lineamento, Valentina à frente de todos, ao lado de seu então marido, José Teruggi, e de seu ex-companheiro, Roberto Olivera. Também na imagem, vemos a data em que a fita foi gravada: 13 de setembro de 1990.

É um vídeo longo, de quase três horas, que registra uma reunião do grupo com Valentina, e ele é dividido em algumas partes. O laudo da perícia afirma que havia seis cortes no decorrer do vídeo, mas vou dar uma descrição um pouco mais abrangente.

Na primeira parte, vemos Valentina conversando com pessoas no que parece ser um pequeno auditório. Ela anda de um lado para o outro e, às vezes, quando passa em frente a algumas pessoas, elas se curvam, como se a estivessem reverenciando. No fundo, um aviso adverte: "não fumar", enquanto ela segura um cigarro, acompanhada de várias pessoas, entre elas seu então marido, José Teruggi, que usa um bigode. Valentina abraça um homem, dança brevemente com outro. Em seguida, ela e outra mulher brincam com Teruggi, e os três riem. As pessoas ao redor aplaudem.

Ela então sai brevemente e retorna em seguida. É uma brincadeira que estão fazendo. Quando retorna, todos se curvam perante Valentina. E ela então fala para um homem que está ao lado de Teruggi: "Olá, papai. Finalmente te encontrei". Ela o abraça, depois eles abraçam Teruggi. Todos aplaudem. Todo mundo é amigo ali. Estão fazendo brincadeiras internas que não dá para explicar direito.

Mais adiante, Valentina vai para uma sala maior, onde há mais pessoas. É nessa hora que ela sobe num pequeno palco, tendo ao seu lado o marido e o ex-companheiro. Ela começa então a falar num microfone, de frente para o público. Fala de algumas de suas ideias, responde a perguntas, faz piadas. É um encontro bem casual, mas em que ela ostenta autoridade e admiração. A conversa parece girar inicialmente em torno de alguma votação que precisam fazer, e ela quer saber se todos já chegaram. Valentina é chamada por seus seguidores de "mama", ou seja, "mamãe".

Perto da segunda hora do vídeo, é o seu ex-companheiro, Roberto Olivera, que começa a falar. Assim como Valentina antes, fala sobre o que eles chamam de "Verdades", ensinamentos que as Individualidades Cósmicas lhes teriam revelado no decorrer das últimas décadas, boa parte deles sobre o comportamento de energias no universo e sobre amor, como ele seria algo fundamental para se ter uma boa vida etc.

Nenhum desses conceitos é muito aprofundado em nenhuma das obras e falas. Vendo esse vídeo e lendo os livros do casal, a impressão é de algo muito raso. Nada tão diferente de qualquer doutrina esotérica do movimento cultural conhecido como Nova Era, que surgiu a partir da década de 1960 e tinha essa tendência de misturar diversas religiões, ideias filosóficas, ufologia, física quântica, misticismos etc., sem muita definição.

Valentina e Roberto Olivera fazem piadas, o público ri. Em suas interações, o público também faz piadas. É bem descontraído. O áudio nem sempre é dos melhores, e por isso não dá para transcrever e traduzir tudo.

Por volta de uma hora e quarenta minutos do vídeo, tudo fica escuro, e é quando entramos numa terceira parte dessa reunião. No fundo, ouvimos que estão assistindo a algum vídeo. É provavelmente alguma gravação mostrando Valentina conversando com alguma das Individualidades Cósmicas que Teruggi incorpora. Ela e seus seguidores, a quem ela chama de "filhos", tinham o costume de gravar quando essas comunicações ocorriam.

Essa sessão toda dura cerca de uma hora. Por volta de duas horas e 37 minutos do vídeo, ouvimos aplausos. A exibição termina. As luzes se acendem. Vemos Valentina se levantando, abraçando e beijando o rosto e a testa do ex-companheiro, Roberto Olivera. Atrás dela, está Teruggi. Ela se vira, sorri, pega a mão dele e eles voltam para o palco. Ela volta ao microfone, com um cigarro entre os dedos — um dos vários que fuma durante o vídeo, assim como todos a seu redor —, e passa a falar novamente sobre amor, comunicação com Individualidades etc.

Para quem é de fora do Lineamento, certamente é um vídeo que intriga. Sempre que eu o assisto, me sinto deslocado, vendo algo que não compreendo. Como uma festa em que todos estão se divertindo e eu estou sem entender nada.

É inegável que, se você acreditar que está vendo uma reunião de um grupo satânico, o vídeo fica bastante assustador, sem que se saiba direito o motivo, pois não há nada nele que cause medo em si. Chega até a ser um vídeo chato.

Era na segunda fita que a acusação via seu grande trunfo. E foi justamente essa a fita que estava com defeito e a que não conseguimos assistir durante a produção. Mas tínhamos em mãos o laudo da perícia e matérias da época que saíram sobre o seu conteúdo, quando ela foi exibida em júri. É com base nesses materiais que podemos reconstruir o seu conteúdo.

De acordo com o laudo, a fita seria um compilado de vários momentos. Havia em torno de 46 cortes, e os trechos variavam entre si. Desses 46 trechos, há dois a que a acusação dava maior atenção. Eles foram exibidos no primeiro dia do julgamento de Valentina, conforme ouvimos na matéria do *Jornal da Globo* daquela semana:

> REPÓRTER: Os jurados assistiram às imagens inéditas de um encontro dos integrantes da seita de Valentina de Andrade na Argentina. Neste trecho, a emasculação é simulada. Um homem que parece ser médico simula

introduzir uma furadeira na barriga de uma pessoa deitada no chão. Em seguida, passa um spray na região genital e retira um objeto. Este rapaz que teve o órgão genital cortado é uma das vítimas da seita.
SOBREVIVENTE: Fazer isso com uma criança inocente, que eu era uma criança de 8 anos.
REPÓRTER: Segundo a promotoria, a seita usava os órgãos genitais extirpados das crianças em rituais de magia negra. Nove meninos foram castrados e seis, mortos. Nesta outra imagem, o marido de Valentina é presenteado com uma pistola nove milímetros.
TRADUTORA: Aí, Valentina diz: "As balas de prata são para matar os vampirinhos".
REPÓRTER: Segundo a promotoria, vampirinhos seriam uma referência às crianças vítimas da seita.

Na página 99 da edição original de *Deus, a grande farsa*, no final de um capítulo no qual Valentina fala sobre gestação e nascimento, ela explica que nascer é um ato violento e que a mulher grávida tem suas energias sugadas pelo bebê que se desenvolve em seu ventre. Ou seja, seria uma espécie de "vampiro". Isso, junto com a fita descrita pela reportagem, era para a acusação prova de que matavam crianças.

Em entrevista que concedeu na época para o *Jornal da Globo*, Valentina dava sua explicação para esse trecho: "Nós costumamos nos reunir para brincar. Tinha um morcego que andava sempre pra lá e pra cá e nós apelidamos ele de 'vampirinho'. Por isso. E brincando, eu falei 'Isso é pra matar vampirinho'".

Mas a parte da pistola com o comentário sobre vampirinhos era o menos impactante. A acusação realmente se apoiou no primeiro trecho, de uma peça teatral que, de acordo com a promotoria, seria uma simulação de uma emasculação e que chocou muitas pessoas na época e até hoje. Na mesma matéria que citamos, Valentina também explicava esse trecho:

REPÓRTER: D. Valentina, o que era aquela imagem que foi mostrada de uma pessoa sendo atendida no ginásio, uma furadeira na barriga, da retirada de uma linguiça da barriga dela. O que era aquilo?
VALENTINA: Aquilo é uma brincadeira, como tantas outras foram feitas. Porque lá na Argentina agora que está entrando o espiritismo, agora, recém, antes não existia. E esse vídeo, se não me engano, é de alguns anos atrás, né? Então, eles estavam brincando. Não é que pôs furadeira, é o que tinha lá, eles pegaram e estavam brincando como se fosse uma cura

espiritual. Inclusive, da Igreja, se não me engano, Adventista, tem o vídeo que mostra exatamente a mesma brincadeira. Vamos trazer os adventistas aqui para serem incriminados, então.

Oficialmente, nem sequer sabemos de onde essa fita veio, em que contexto foi gravada ou como a Polícia Federal a obteve. Então, no fim, ela foi anexada aos autos sem contexto. Por outro lado, a defesa também nunca desenvolveu muito esse lado, apenas reafirmava que tudo era uma encenação, uma peça de teatro sem importância, uma grande brincadeira. Nesses casos, é comum lembrar que o ônus da prova recai em quem acusa — ou seja, se alguém afirma que aquilo é uma simulação de uma emasculação, essa pessoa deveria trazer mais elementos para reforçar isso. Logo, se de fato a PF obteve aquela fita através de uma suposta investigação, o mínimo que se esperava seria um relatório em que se falasse como ela foi obtida e que tipos de informações conseguiram obter a partir dela. Por exemplo, quando foi gravada? Onde? Quem são as pessoas que aparecem ali? Elas são criminosas?

Até onde sabemos, nada disso jamais foi levantado. E era nesse ponto que a defesa se apoiava.

As testemunhas

As leituras de peças tomariam os primeiros dias do júri. Ao final delas, falariam as testemunhas de defesa e acusação. Aqui, as expectativas estavam realmente altas, pois a acusação tinha uma novidade: Edmilson Frazão, principal testemunha contra Valentina, havia finalmente sido localizado e falaria no júri, frente a frente com ela.

Do lado da defesa, havia uma surpresa ainda maior. Os advogados haviam convocado duas testemunhas em especial: o delegado Brivaldo Pinto Soares Filho e o agente da Polícia Federal José Carlos de Souza Machado, o chefe de missão de 1993 que chegou à conclusão de que havia uma seita operando em Altamira.

Dalledone explicou que, em suas defesas, é uma prática comum arrolar delegados de polícia, pois os considera as melhores testemunhas. Ao trazer um agente da Polícia Federal e um delegado da Polícia

Civil, ambos envolvidos na investigação, o propósito era conseguir evidenciar as contradições e convicções equivocadas presentes em suas narrativas.

Quando fiz minha entrevista com Dalledone, em 2022, sabia que o agente da PF José Carlos de Souza Machado havia sido uma das testemunhas arroladas pela defesa. Também sabia que ele era o autor dos relatórios da Polícia Federal que nunca foram anexados ao processo. Contudo, se eu estivesse em 2003, apenas com os autos do processo em mãos, nem saberia da existência desse homem, já que o seu nome mal aparece nos autos — e, quando aparece, é mais como coadjuvante do que como alguém com a importância que de fato teve. É como se ele tivesse sido propositalmente ocultado nos documentos oficiais. Dalledone explicou que chegaram ao nome de José Carlos por meio de um informante do Poder Judiciário que não estava convencido das acusações.

Não consegui descobrir quem foi o informante, mas, entrevistando os outros advogados de Valentina da época, descobri mais elementos que levaram a esse nome. Busato recordou que Wassef, juntamente com Marco Sadeck, aparentemente confrontou José Carlos, esteve presente fisicamente e discutiu sobre a intervenção da Polícia Federal. A participação de José Carlos não foi registrada nos documentos legais, provavelmente porque havia receio de questionamentos, já que a PF não tinha atribuição para atuar nesse contexto.

Isso foi um choque para mim. Como Wassef, advogado de Valentina à época da fase de instrução, ainda na década de 1990, já sabia da existência do agente José Carlos? E, não apenas isso, teria tido confrontos com ele?

Wassef me contou que José Carlos era o comandante da operação. Participava integralmente e ia com frequência a Altamira, ao Fórum e ao Tribunal de Justiça, ainda durante a década de 1990. De acordo com Wassef, José Carlos mostraria fotos e vídeos horripilantes das vítimas para causar comoção. Todos os advogados sabiam disso e interagiam com ele, pois José Carlos era considerado peça-chave. Para Wassef, sempre foi evidente que ele era o comandante de toda a operação — que considera a maior fraude da história criminal do Brasil.

Wassef ainda afirmou que José Carlos, sendo policial federal, sabia da verdade, mas divulgava mentiras para perseguir e prejudicar inocentes. Ele ponderou que a Polícia Federal não tinha competência para lidar com crimes comuns de homicídio e mencionou que o desaparecimento de documentos e relatórios, como o "Monstro de Altamira", sugeria manipulação e sumiço de provas contrárias à fraude.

A defesa esperava que, arrolando José Carlos e Brivaldo, poderia apontar contradições que existiam na acusação. Era uma tática arriscada, mas fazia sentido. Afinal, em suas investigações, Brivaldo havia concluído que apenas Amailton seria o assassino das crianças de Altamira, passando brevemente por uma suspeita acerca do dr. Anísio — mas nunca levantando o nome de Valentina, que sequer foi considerado pelo delegado civil. Em teoria, após os casos de mortes e emasculações continuarem, José Carlos teria continuado a investigação iniciada por Brivaldo, chegando à conclusão da atuação de uma seita comandada por Valentina. Aqueles júris só estavam acontecendo por causa da atuação desses dois personagens, mas era grande a chance de os dois discordarem sobre as autorias. Essa era a aposta da defesa de Valentina.

O palco estava montado. De um lado, a acusação com vídeos novos e a principal testemunha, Edmilson Frazão, finalmente localizada. Do outro, a defesa com milhares de páginas que seriam lidas, vídeos enfadonhos das atividades do Lineamento Universal e arrolando policiais que contribuíram para a montagem da acusação.

O julgamento de Valentina estava apenas começando.

22. O julgamento de Valentina de Andrade

No dia 19 de novembro de 2003, começava o último julgamento do caso da morte e emasculação de garotos em Altamira. Assim como nos outros julgamentos, os familiares das vítimas acompanhavam a sessão, como mencionado em uma matéria que foi ao ar no *Jornal Nacional*.

> REPÓRTER: Na sala do júri, as mães dos meninos vítimas das mutilações não suportaram assistir às imagens dos rituais da seita e precisaram sair.
> MARIA CAROLINA FARIAS [mãe de Maurício, desaparecido em 1992[43]]: Dói demais dentro da gente, principalmente eu que tenho um filho envolvido. Ele sumiu na época da chacina e nunca foi encontrado.

Além das famílias das vítimas, os observadores federais continuavam acompanhando o processo. O assessor do Ministério da Justiça, Douglas Martins, deu uma entrevista no primeiro dia do júri: "As imagens incriminam fortemente a ré e reforçam a convicção da responsabilidade de todos os envolvidos nesse processo".

Do outro lado, vários argentinos do Lineamento Universal Superior, que tinham conseguido garantir seu direito de permanecer no país para acompanhar o julgamento, além de pessoas próximas a Valentina, também estavam presentes. Se as famílias das vítimas contavam com a ajuda de entidades de caridade para se manterem em Belém, o grupo que apoiava Valentina demonstrava claramente ter uma estrutura mais robusta. "Simpatizantes da seita LUS, fundada por

---

[43] Maurício não era uma das vítimas oficiais do caso. Ainda assim, Maria Carolina Farias acompanhou todos os júris em apoio ao Comitê. De acordo com a pesquisadora Paula Lacerda, em sua pesquisa de doutorado, sua impressão é de que dona Maria acreditava que o caso de seu filho também estava sob julgamento — o que, ao menos oficialmente, não era verdade.

Valentina de Andrade, estão filmando todo o julgamento. Eles mantêm uma página na internet para divulgar informações do caso", dizia uma repórter ao *Jornal Nacional*.

Lembre-se: era 2003. A internet sem fio ainda não era popular por aqui, tampouco notebooks. Ainda assim, os argentinos usavam laptops conectados à internet e iam postando em uma página sobre o andamento do júri, de forma que todos que faziam parte do grupo de Valentina pudessem acompanhar o julgamento, tanto do Paraná quanto da Argentina.

Aqui vale explicar um conflito de narrativas. Em entrevistas posteriores ao júri, Dalledone disse que estranhou o fato de as famílias de Altamira, que eram pobres, terem tanta estrutura para se manterem lá. À noite, após as sessões do júri, não era incomum que ocorresse alguma atração cultural para entretê-las. A isso somava-se uma antiga narrativa: a de que o Estado do Pará e o próprio governo federal tinham interesse em dar apoio a elas, trazendo uma solução exemplar aos casos, pois a violência contra menores em Altamira no início da década de 1990 estaria ameaçando o envio de dinheiro ao Brasil por órgãos internacionais interessados na preservação de direitos indígenas e da Floresta Amazônica.

Não consigo acreditar que as famílias estivessem recebendo tanto dinheiro assim. É bem evidente que passavam por enormes dificuldades para se manter e que recebiam ajuda por solidariedade. Várias matérias da época falavam sobre como estava sendo difícil para eles se manterem em Belém por tantos dias — afinal, era para ser apenas um júri no fim de agosto de 2003. Agora, já era novembro, e o julgamento de Valentina era o quarto júri. Com o passar dos meses, o volumoso grupo que havia se deslocado já era bem menor do que o original, mas ainda grande e expressivo. De qualquer forma, é possível ver nesse conflito de narrativas uma questão mais profunda.

Em sua tese de doutorado centrada nas famílias e nos movimentos sociais em torno da causa dos emasculados de Altamira, Paula Lacerda explica que, do ponto de vista antropológico, a situação de antagonismo entre as vítimas e seus apoiadores, representados pelo assistente de acusação, Clodomir, e aqueles que defendiam ou estavam envolvidos com os réus, levou cada lado a acreditar que o outro era mais poderoso e rico do que realmente era. Do lado da acusação, o poder foi associado à posse de bens e tecnologias avançadas por parte dos argentinos.

Diferentes narrativas tentavam colar a mesma imagem, como Dalledone sendo associado ao Hotel Hilton, um dos melhores da cidade, e movimentos sociais sendo acusados de receber financiamento. Ou seja, boatos e estratégias para deslegitimar estavam em desacordo com a realidade material das pessoas envolvidas.

A defesa de Valentina tinha um acordo: Busato participaria da abertura da sessão. Nos dias seguintes, que seriam dedicados às milhares de folhas processuais juntadas pela defesa, Dalledone e seu colega, Caio Fortes de Matheus, cuidariam dos procedimentos.

O fato é que a estrutura do júri era tensa. Observadores federais, familiares de vítimas, argentinos, fitas de vídeo, milhares de folhas a serem lidas, computadores, câmeras de vídeo, caixas e caixas de materiais... E parte disso era estratégico. A defesa também tinha grande expectativa nos relatos das testemunhas arroladas, especialmente Brivaldo.

Incomunicáveis

Quando se inicia um júri, tanto os jurados quanto as testemunhas precisam permanecer incomunicáveis, para que não sejam influenciados por elementos externos. Todos ficam isolados em hotéis, pagos com dinheiro público.

Só que, como já era bem conhecido, a defesa pretendia estender o julgamento indefinidamente. Isso significava que tanto os jurados quanto as testemunhas estavam no escuro. Por quanto tempo precisariam ficar isolados, longe da família, dos amigos e afazeres diários? Isso, é claro, gerou receios. E o agente José Carlos foi um dos primeiros a se manifestar sobre isso, solicitando não depor.

Ele acabou comparecendo apenas no segundo dia. A promotoria temia que, se ele fosse ouvido e Valentina fosse condenada, a defesa entrasse com um recurso pedindo nulidade do júri, já que era uma irregularidade a testemunha não estar presente desde o primeiro dia.

Então, nesse segundo dia do julgamento, após tanto a defesa quanto os jurados reafirmarem que tinham interesse em ouvir o relato do agente José Carlos, foi feito um acordo entre defesa e acusação: ele foi autorizado a se retirar do plenário para cumprir suas obrigações, sem a necessidade de permanecer incomunicável, mas era crucial que prestasse depoimento em juízo, visto que fora arrolado como testemunha imprescindível, e, mesmo que não desejasse depor, deveria comparecer ao tribunal. Com isso, o agente deixava de ser "testemunha" e se tornava "informante". Ou seja: não teria que se manter isolado nem tinha compromisso em dizer apenas a verdade.

Outras testemunhas da defesa também tentaram manobras parecidas, sem sucesso, incluindo o delegado Brivaldo. Depois, porém, ele acabou ganhando o direito de também fazer seu depoimento como informante.

Voltando um pouco no tempo: poucos dias antes de começar o júri, a acusação pediu a substituição de duas testemunhas. Queria tirar o lavrador Agostinho — cujo relato não era muito significativo contra Valentina — e a conselheira tutelar Sueli Oliveira — cujo relato só era necessário no caso contra Carlos Alberto. Em seus lugares, pretendia arrolar Edmilson Frazão e um homem chamado Eli Pacheco de Queiroz, que nunca havia falado nos autos.

Ronaldo Valle permitiu que Sueli fosse substituída por Edmilson Frazão, mas não que Eli substituísse Agostinho.[44] Olhando matérias da época, descobrimos que Eli era um funcionário do hotel onde Valentina se hospedou em Altamira em 1987, quando passou por lá com um grupo de argentinos. Ele se apresentava na imprensa falando nas sombras, sem se identificar, como se tivesse um grande segredo a contar — mas, na realidade, não falava nada de impactante. No máximo, repetia informações que já haviam sido ditas pelo ex-marido de Valentina, Duílio Nolasco: sobre como Valentina parece ser uma figura excêntrica, sempre cercada de pessoas que pareciam reverenciá-la.

Acertadas essas questões sobre as testemunhas, começava no segundo dia de julgamento a interminável leitura de peças juntadas pela

---

44 Essa negativa certamente se dá pelo fato de Eli nunca ter prestado nenhum depoimento anterior — nem na fase de inquérito, nem na fase de juízo.

defesa — estratégia tratada pela imprensa como algo pensado para cansar os jurados e fazê-los esquecer as imagens das fitas da acusação. Reportou-se que Valentina passou mal, mas a presidente do Tribunal, Maria de Nazaré Brabo, chegou a dizer que falou com a médica e havia "um pouco de encenação" naquilo.

O júri de Valentina havia começado numa quarta-feira. No terceiro dia, as peças anexadas pela defesa ainda estavam sendo lidas, e já era avisado que a sessão se estenderia para o fim de semana. Enquanto isso, a imprensa seguia explorando a questão da seita.

> REPÓRTER: Hoje vai ser mostrada a entrevista concedida à nossa equipe de reportagem em setembro deste ano pelo então presidente da seita LUS, fundada por Valentina de Andrade. Ao falar sobre um trecho do livro *Deus, a grande farsa*, escrito pela ré, ele classificou as crianças como seres violentos. Por que se acautelar com as crianças?
> CARLOS CALVO: Porque a criança, volto a repetir, é violenta.

Essa entrevista do *Jornal Hoje* com Carlos Calvo, o fundador do Lineamento Universal Superior,[45] foi anexada aos autos do processo e o áudio está disponível na página do *Projeto Humanos*. A versão impressa saiu no jornal *O Liberal*, em setembro de 2003, quando Carlos estava para ser arrolado como testemunha de defesa de Valentina.

A reportagem dava a entender que Carlos estaria falando que as crianças são violentas e ponto. Mas o que ele fala é o seguinte:

> As crianças, vou explicar de novo, é violenta [sic]. Não são todas. Tem gente que é muito violenta. Também não estamos fazendo nada contra as crianças. Ela [Valentina] fala isso num contexto. Ou seja, está explicando os espíritos, como chegam, e fala isso. E como fazer para que a criança se torne melhor. Tem muita criança que é difícil de educar. Então, ela fala como fazer, com todo o amor.

---

[45] Apesar de Valentina ser uma figura central no LUS, como entidade jurídica na Argentina, ela não tinha nenhuma participação. Por conta disso, era comum que os advogados de Valentina falassem que ela não tinha relação alguma com o Lineamento, o que é um certo exagero. Afinal, a entidade foi estruturada e operava em torno de seus trabalhos e ideias, e ela era uma figura constante nos encontros do grupo, como era possível de se verificar nos próprios vídeos anexados pela defesa. De qualquer forma, o cargo oficial de "dono" do Lineamento era responsabilidade de Carlos Calvo, por isso essa entrevista que ele concede. Assim como outros membros reconhecidos e registrados no grupo, o sr. Carlos Calvo nunca foi alvo de nenhuma investigação relacionada aos meninos do Pará.

Esse era o tom do julgamento: a acusação mostrava trechos de vídeos e outros materiais que dariam a entender que o Lineamento era uma seita que odiava crianças e queria matá-las. A defesa, por sua vez, mostrava milhares de páginas indicando que era um grupo que, sim, acreditava em coisas meio incomuns, mas nada criminoso. Era uma guerra entre o pânico e o tédio.

Exaustão

No décimo dia de julgamento, uma testemunha pediu para ser dispensada alegando problemas de saúde. Era a professora Socorro Patello, que havia feito o parecer sobre o livro de Valentina. Ela chegou a ser internada num hospital enquanto esperava o dia de prestar depoimento.

As tentativas da defesa de Valentina de conseguir um *habeas corpus* no STJ não funcionaram. Durante todos aqueles dias, ela foi mantida presa. E, enquanto Busato estava em Curitiba, Dalledone mantinha em Belém a estratégia combinada de leitura de peças por quase duas semanas. E então, no 14º dia, as coisas mudaram de rumo: o advogado de defesa desistiu da leitura das 25 mil páginas para apressar o trabalho.

Das cinco testemunhas de acusação, quatro já haviam sido ouvidas nos júris anteriores: os dois sobreviventes, Lúcia da Cunha Chipaia e Juarez Gomes Pessoa. Nenhuma das quatro tinha nada a dizer sobre Valentina. No máximo, aconteciam diálogos como o que Dalledone me citou em entrevista, durante o depoimento do pai de Jaenes, que mostravam como havia sido relevante a leitura de todas aquelas folhas que a defesa juntou. Segundo Dalledone me contou, a conversa no tribunal se deu mais ou menos assim:

> JUAREZ: Os satanistas que chegaram lá...
> DALLEDONE: Mas quem são os satanistas?
> JUAREZ: Ah, aqueles satanistas lá.
> DALLEDONE: Mas contaram pro senhor que é?
> JUAREZ: É, me contaram.
> DALLEDONE: O senhor viu?
> JUAREZ: Não, não vi.

DALLEDONE: O senhor alguma vez ouviu de alguém próximo, alguém que o senhor possa dar o nome?
JUAREZ: Não, não ouvi.
DALLEDONE: Quem que falou?
JUAREZ: Ah, o pessoal que fala aí, da imprensa e tal.

Assim, a grande expectativa estava no depoimento de Edmilson Frazão. Ele foi o primeiro a dar seu relato, de quase quatro horas, no 15º dia do julgamento. Disse que reconhecia Valentina como a pessoa que teria visto na casa de Anísio praticando ritual de magia negra.

Dalledone destaca a importância do testemunho de Frazão e a técnica que usou para revertê-lo a favor da defesa. Ao conduzir o interrogatório, o advogado não confrontou o testemunho, mas sim o encorajou, percebendo-o como um estelionatário com uma notável capacidade de criar histórias. Ao dar espaço para a fabulação, Dalledone "ajudou" a testemunha a construir a suposta cena que teria visto na chácara de Anísio: uma sala escura, velas formando uma estrela, Valentina usando um capuz, um traje que coincidia com o que foi encontrado em sua residência. Dalledone perguntou: "Como era o cabelo de Valentina?", e Frazão respondeu que era curto. E então o advogado o questionou: "Mas como você viu o cabelo da Valentina se ela estava de capuz e a sala estava escura?".

Busato voltara para Belém quando os depoimentos das testemunhas começaram. Para ele, a entrada da PF no caso tinha sido o divisor de águas — e estava ligada ao depoimento de Edmilson.

> Até então, a investigação estava se restringindo ao Amailton, que andaria lá com uma Pampa, circulando nas imediações, era homossexual etc. Aí, aventou-se o envolvimento do médico Anísio, até por conta do sangue do cadáver etc. Mas a polícia estava muito perdida. Quando esses policiais federais ingressam, aí é que se consolida a teoria das seitas satânicas e onde começam a surgir essas testemunhas como o Edmilson Frazão, que era um alcaguete da polícia, um indivíduo de péssimos antecedentes que foi plantado ali para dizer que assistiu aos rituais. Eu fui citando detalhes do imaginário sobre coisas e ele ia confirmando tudo. Se eu dissesse que o próprio demônio apareceu naquele instante ali com a ponta do rabo, ele confirmaria, porque a coisa era nessa linha.

Contradições

Busato e Dalledone tinham motivos para acreditar que o relato era fabricado pela PF, como os dois testemunhos conflitantes que Edmilson havia prestado em 1995 diretamente ao Ministério Público, após a fase de instrução.[46] Além desse histórico, havia ainda o fato de que, em seu depoimento no júri, Frazão realmente não dava explicações convincentes.

Se compararmos os três depoimentos que ele prestou nos autos no início da década de 1990, no que se refere ao tal culto macabro que teria presenciado na chácara de Anísio, ele sempre citava cinco pessoas: Anísio, sua esposa, o contrabandista Antônio Paraná, Valentina e um rapaz que dizia não saber identificar. Chegava a dar a entender em algumas passagens que poderia haver mais pessoas, totalizando oito, mas, no geral, cita sempre essas cinco.

No segundo depoimento que prestou, ainda na fase de inquérito, ele também afirmava que, durante o culto, Anísio teria dito que estava faltando um homem, que seria Carlos Alberto.

No terceiro, já em juízo, em 14 de abril de 1994, foi-lhe perguntado se Césio Brandão estava nesse culto. Ele negou. Disse que o conhecia de vista, mas que não tinha nada a declarar contra ele. Já no júri, Frazão afirmou com todas as letras que Césio estava presente.

Fora isso, o relato do tal culto fica muito detalhado nesse depoimento ao júri. Nos anteriores, ele se restringia a dizer algo na seguinte linha: fui convidado, cheguei lá, entre as pessoas estavam Valentina e Anísio, todos vestiam robes pretos, havia velas pretas acesas, Valentina falava sobre como precisava de pessoas para fundar uma nova religião, começaram a louvar os deuses das trevas e eu fugi.

No julgamento, não apenas Frazão colocava Césio ali no meio como também dizia que "a sra. Valentina declarou que a reunião era especificamente acerca da emasculação de crianças" — algo que ele nunca

---

46 Conforme explicado no Capítulo 14, num período de poucos dias Edmilson Frazão prestou dois depoimentos ao Ministério Público em 1995: no primeiro, dizia que tudo o que tinha falado sobre o tal culto macabro na chácara de Anísio havia sido inventado pela PF, que o teria forçado a dar tal depoimento. Poucos dias depois, voltou novamente ao MP, dizendo que na verdade tudo o que havia dito sobre o culto era real, e que ele só tentou desmentir porque estaria sendo ameaçado por advogados dos acusados.

havia afirmado anteriormente. Em seguida, contava que Valentina explicara em detalhes como seria todo o trabalho macabro da seita.

> Ela pegou o Amailton como exemplo do que realmente estava acontecendo. O Amailton, então, seduzia as crianças, levava até o certo local, onde se encontravam os médicos. Ali, então, entregaria para os médicos fazer a castração, e o médico, então, entregava para esse PM, o A. Santos, para eliminar.

Se essas contradições não bastassem, a defesa ainda tinha outra carta na manga: pouco antes do depoimento de Frazão, eles tentaram juntar aos autos a ficha criminal dele. Obviamente, isso não seria possível, pois o prazo para juntada de novos materiais já havia se esgotado. Mas, naquele debate entre acusação e defesa, os jurados ficaram sabendo que Frazão tinha uma série de problemas com a Justiça, desde estelionato até estupro. Era uma das táticas para tentar desmoralizar a principal testemunha de acusação contra Valentina.

Anteriormente, mencionei os depoimentos escritos de duas mulheres que apareceram pouco antes do júri: Maria da Conceição da Silva e Francisca de Souza Oliveira. Os depoimentos delas e o de Frazão seriam os únicos indícios de que Valentina teria alguma relação com as mortes das crianças. O assistente de acusação, Clodomir Araújo, reconheceu as contradições, porém justificou alegando que as testemunhas estavam sendo ameaçadas.

No fim, um dos relatos mais importantes para fortalecer a ideia de um grupo de pessoas agindo para emascular os garotos partia de Wandicley. Ele afirmava que, no dia em que fora atacado, teria visto quatro pares de pernas através da venda que lhe foi colocada. Como já dito, seus depoimentos são marcados por profundas contradições. Mas, no júri de Valentina, a defesa não o enfrentou. No máximo, pediu a ele que confirmasse que, em 1992, chegou a reconhecer Rotílio Francisco do Rosário como o homem que o teria atacado. Afinal, ele não fazia nenhuma acusação direta contra Valentina.

Além disso, a defesa tinha álibis sólidos para cada alegação, indicando a presença de Valentina em diferentes locais nos momentos citados. A própria Polícia Federal nem havia se dado conta de que apresentara um vídeo que mostrava a ré em Buenos Aires, na data e no horário em que um dos meninos estava sendo morto. Havia também outra prova de que Valentina estava em Curitiba esperando para ser interrogada acerca dos casos de Guaratuba enquanto acontecia outro assassinato em Altamira.

Segundo Busato, quando a acusação não tinha mais como sustentar a argumentação, começou a dizer que Valentina não teria participado fisicamente dos crimes, mas seria uma mentora intelectual a distância. No entanto, essa segunda tese não encontrou respaldo. Na opinião do dr. Busato, os jurados reconheceram a fragilidade da argumentação, questionando como Valentina poderia comandar aquilo a distância, visto que não havia evidências de comunicação (telefonemas e interações) com os demais acusados. Isso deixou claro que a acusação estava totalmente desorientada.

Análise literária

A professora Socorro Patello, que havia sido internada durante o julgamento, saiu do hospital para testemunhar a pedido da defesa de Valentina. Segundo uma matéria do jornal *GloboNews*, a professora disse que o livro não ensina ninguém a emascular e que afirmar isso seria "a mesma coisa que destacar uma frase do Saramago e dizer que ele fundou uma seita satânica".

Após a professora, foi a vez de José Carlos depor, no dia 4 de dezembro de 2003. Era a primeira vez que um agente da PF seria ouvido no processo. Perdi a conta de quantas vezes li seu depoimento, que é a principal fonte de detalhes sobre a atuação da PF no caso, já que não há documentos oficiais. Rubens estava comigo nessa investigação e lembrou que, apesar de o agente ter afirmado que esteve em Altamira em 1993, 1994 e 1995, nesses dois últimos anos as investigações já haviam sido encerradas.

> Que não prestou depoimento na polícia e nem em juízo. Que, na reconstituição oficial em que a testemunha Agostinho mostrou o local onde viu o dr. Césio saindo do mato, não participou, porém, quando tiveram conhecimento da existência do sr. Agostinho, foi levado pelo mesmo até o local onde o dr. Césio saiu do mato e quando o sr. Agostinho passava com o carro de mão.

Que no local havia uma bola de mato, que quando Césio vinha saindo do mato com a bicicleta encontrou-se com o sr. Agostinho nessa bola de mato na Transamazônica. E a distância que ficou um do outro foi questão de metro. Que o informante faz questão de esclarecer que isso foi relato do sr. Agostinho, que não prenderam ninguém. Que, quando se convenceram de que tinham material fático pra fazer procedimento, foi contatado o governo do estado através da Secretaria de Segurança Pública, que disponibilizou os policiais pra fazer o procedimento, e forneceram o material que possuíam e conseguiram junto à justiça, mandando efetuar as prisões.

Do ponto de vista da acusação, a Polícia Federal fez um trabalho excelente, colhendo o material e encontrando os nomes dos acusados. Ele continuou, falando à promotoria:

Que esses materiais fáticos dizem respeito aos que já foram condenados e à acusada. Que havia provas indiciárias contra os acusados e que se enrobusteceram depois que foram efetuadas as prisões. [...] com relação à sra. Valentina, além do depoimento das pessoas que disseram que esteve em Altamira, o reconhecimento fotográfico feito não só por Edmilson, mas por uma senhora chamada Francis.[47] Que, durante o tempo em que esteve investigando, não ocorreram mortes. Que, durante as suas investigações, não ficou constatada a presença de argentinos ou de outras nacionalidades em Altamira, somente de turistas. Que, quando a sra. Valentina esteve no ano de 1987, se não lhe falha a memória em relação ao ano, estava acompanhada, segundo o que lhe foi dito. Que não sabe estabelecer com precisão o tempo que a sra. Valentina permaneceu na cidade, que onde a ré ficou hospedada não havia registros. Que, durante as investigações, teve conhecimento de que houve vários rituais na chácara do dr. Anísio. Que esclarece que tudo o que está falando foi obtido através de informações. Que tudo indica que o dr. Césio, Carlos Alberto, Anísio e a acusada participavam desses rituais. Que as pessoas tinham um manto preto e usavam capuz. Que no local havia pouca luminosidade. Que o ritual se assemelha à magia negra e era invocado uma espécie de satanás, Exu. Que Rotílio não teve participação. Que Rotílio veio a falecer na prisão, não sabendo como foi. Que, pelo que lhe foi dito, Amailton também teria participado do ritual na chácara do dr. Anísio.

---

47 Importante registrar que, nos autos, não há nenhuma Francis. O mais próximo disso é a testemunha Francisca de Souza Oliveira, citada neste capítulo, que apareceu pouco antes do júri de Valentina. Não sabemos se são a mesma pessoa.

Após a acusação, José Carlos foi questionado pela defesa de Valentina:

> Dada a palavra à defesa, esta perguntou e a testemunha respondeu que [...] há um ano e meio, se não está enganado, quando o dr. Ernane (Luiz Ernane Ribeiro Malato, juiz) ainda estava em Altamira e o informante não estava mais no caso, o informante comentou que um advogado nunca poderia dizer que a sra. Valentina estaria ou não envolvida fisicamente nas emasculações em Altamira. Que, quando disse o que afirmou pouco, não tinha elementos para afirmar que a sra. Valentina estava ou não presente quando as crianças foram emasculadas. Que não tem elementos para incluí-la ou excluí-la, mas, quanto ao fato da autoria intelectual, diria que sim. Que teria uma justa razão para afirmar o que diz. Que o fato dos crimes de emasculação de Altamira só terem começado a ocorrer após a visita que ela fez nos idos de 1987, quando lançou as bases da LUS dentro de Altamira, com a cooptação do dr. Anísio, do dr. Césio, Amailton e de todas as pessoas envolvidas que fizeram parte deste julgamento. [...] Que, por íntima convicção, a presença da ré nos rituais na chácara do dr. Anísio, que o fato de ela ter chegado como chegou em Altamira, cercada por um secto, tratada como uma rainha, passava as ordens e os desejos eram prontamente atendidos, a maneira como posteriormente houve os rituais na chácara do dr. Anísio no testemunho de Edmilson Frazão, como o testemunho da moça chamada Francis. Porque, pelo que Francis contou, a sra. Valentina não teria estado uma única vez em Altamira. Que acredita que, pela Polícia Civil, Francis não foi ouvida. Que Francis tem sobrenome, mas não se recorda. Que Francis, à época, tinha 28 a 30 anos, morava em São Paulo e a sua mãe em Altamira, de cor clara, que aparentemente o cabelo era de cor escura, não podendo afirmar. Que Francis esteve em Altamira visitando a mãe. Que, pelo que Francis contou, no final da tarde/início da noite, a sra. Valentina era conduzida até a periferia de Altamira e, quando chegava e se encontrava com Francis, esta lhe guiava até a chácara do dr. Anísio. Que tem para si que Francis foi indicada em relatório da Polícia Civil ou da PF. Que lhe parece que indicou Francis em seu relatório. Que não sabe informar se Francis foi ouvida em juízo, que o relatório foi enviado ao ministro da Justiça. Que receberam determinação através de portaria assinada pelo ministro da Justiça. Que o relatório foi entregue ao superintendente da Polícia Federal do Estado do Pará, e este enviou ao ministro da Justiça. Que o superintendente da PF, se não lhe falha a memória, era Geraldo de Araújo, e o ministro era Alexandre Dupeyrat.

Cheguei a conversar com Dupeyrat, e ele afirmou que jamais recebeu relatório referente ao caso dos emasculados de Altamira. Além disso, a Polícia Federal esteve pela primeira vez na cidade de abril a junho de 1993. Nessa época, o ministro era o antecessor de Dupeyrat, o já falecido Maurício Corrêa.

Hoje sabemos que a Polícia Federal foi outras vezes a Altamira, em 1994 e 1995, e que pelo menos a missão de 1995 teve um relatório próprio, redigido em 1996. Dupeyrat foi ministro em 1994, época da segunda ida da PF a Altamira. Logo, é possível que houvesse algum contato com ele naquele ano, mas é evidente que isso não gerou nenhuma lembrança profunda ao então ministro.

No áudio das gravações do júri feitas por Dalledone, há uma troca entre a defesa e José Carlos que ilustra bem como os advogados estavam interessados em saber o motivo do sumiço do relatório, e a todo momento questionavam sobre o documento. Além disso, Dalledone pergunta como a Polícia Federal registrou tudo o que o ex-agente afirmava ter ouvido de diferentes pessoas em Altamira, já que não há nos autos nenhum depoimento tomado pela Polícia Federal naquela cidade.

DALLEDONE: [...] Como se instrumentalizou o final disso? Relatório? Conversa em gabinete? Missão secreta com documento reservado?
JOSÉ CARLOS: A instrumentalização foi a entrega do relatório.
DALLEDONE: Onde está o relatório?
JOSÉ CARLOS: Não tenho conhecimento.
DALLEDONE: Onde está a Francis?
JOSÉ CARLOS: Também não tenho conhecimento. Hoje não tenho. Mas, se me derem alguns dias, eu direi onde está.

Dalledone também questionou José Carlos sobre o caso Evandro, buscando verificar como a Polícia Federal do Pará teve acesso aos materiais apreendidos pela Polícia Civil do Paraná em 1992.

Que não conhece e nunca ouviu falar em Luiz Carlos de Oliveira,[48] delegado de Polícia do Estado do Paraná. Que um colega esteve no Paraná e

---

48 Luiz Carlos de Oliveira era delegado da Polícia Civil do Paraná. Em julho de 1992, após as prisões dos sete suspeitos do caso Evandro, a polícia passou a investigar novamente o sumiço de Leandro Bossi, garoto que tinha desaparecido em fevereiro daquele ano, dois meses antes de Evandro. A crença era de que os supostos autores do assassinato de Evandro poderiam ser também os responsáveis pela provável morte de Leandro Bossi. O responsável pela investigação do caso Bossi foi o dr. Luiz Carlos de Oliveira, que foi o primeiro a olhar para a passagem de Valentina pela cidade de Guaratuba naquele período dos sumiços das crianças, tornando-a uma suspeita. O fato de o agente José Carlos dizer que nunca tinha ouvido falar do dr. Luiz Carlos de Oliveira seria uma demonstração de que ele não tinha domínio dos fatos históricos que poderiam levar à construção da suspeita em torno de Valentina.

voltou com material de lá, não se lembrando se no meio havia alguma fita pessoal. Que não sabe informar se na época o órgão de inteligência da PF se comunicava com a Superintendência da Polícia Civil e Polícia Militar. Que permaneceu na PF durante 24 anos, que não serviu no Paraná, que não conhece o delegado federal dr. Chueire.[49] Que não conhece o dr. Nelser,[50] que não sabe por que o dr. Nilmário pediu ao ministro da Justiça para a PF investigar os crimes de Altamira. Que não teve conhecimento do dossiê Operação Magia Negra.

A segunda coisa que Dalledone buscava com essas perguntas era parte da sua tática de defesa: em 1992, Valentina apareceu na imprensa como suspeita do caso de Guaratuba. Ele queria demonstrar que isso era um absurdo, visto que já havia pessoas que tinham sido presas, estavam sendo julgadas pelo caso Evandro e provavelmente teriam alguma culpa no caso Leandro Bossi.

Citar o caso Evandro, dentro do qual estava o caso Leandro Bossi, no qual Valentina foi suspeita, considerando que autoridades locais ainda acreditavam em sua culpa, poderia ser visto como arriscado para a defesa. E Dalledone reconhece o risco, inclusive mencionando que a imprensa tinha sido a principal instigadora desse ponto. Porém, a juntada de documentos fora justamente para apresentar as coincidências (Valentina passa em Guaratuba em 1991/1992, e é suspeita; no fim da década de 1980, ela passa em Altamira, e também é) e reforçar a falta de provas e a necessidade de absolvição.

José Carlos seguiu falando sobre outros crimes e a correlação que acreditava haver:

> Que a primeira emasculação que aparece, se não lhe falha a memória, ocorreu em 1988. Que determinou que fossem feitas coletas de dados dos crimes de emasculação ocorridos no Maranhão e em Goiás. Que não sabe se em Goiás houve crime de morte envolvendo emasculação de crianças. Que tudo indica que no estado do Paraná ocorreram mortes de crianças em magia negra, não sabendo de crimes de emasculação, mas sim magia negra.

---

49 Delegado da Polícia Federal que acompanhou o caso Evandro em Guaratuba, em 1992, auxiliando a Polícia Militar nas prisões dos acusados daquela época no mês de Julho.

50 Esse é o único momento em que esse personagem é citado no caso todo. Nessa ocasião, o dr. Dalledone perguntava a José Carlos se ele conhecia um delegado federal com este nome – ao que ele responde negativamente.

Em dezembro de 2003, o júri de 1998 em que as Abagge foram absolvidas pelo caso Evandro no Paraná acabou sendo anulado após recurso do Ministério Público daquele estado. Pelo contexto todo, não seria surpresa descobrir que os júris que ocorriam em Belém tiveram alguma influência na anulação do júri das Abagge.

Confronto de versões

Para o júri, a tática da defesa não era simplesmente dar voz ao ex-agente, mas confrontar seu relato com o da testemunha seguinte: o delegado Brivaldo, que investigara a morte de Jaenes em outubro de 1992 e chegara à conclusão de que Amailton estaria por trás dos assassinatos.

O objetivo era mostrar que as teses de investigação das polícias Civil e Federal eram diferentes. De acordo com a pesquisadora Paula Lacerda, que entrevistou Brivaldo em 2010, antes de este falecer, o delegado não acreditava na seita satânica, mas que os crimes haviam sido cometidos por um maníaco que talvez não atuasse sozinho.

Essa era a contradição principal que a defesa de Valentina queria expor. Se ela estava sendo acusada de ser líder de uma seita que emasculava e matava crianças, como era possível que o delegado, que, em teoria, teria feito a primeira prisão de um "membro da seita", não acreditasse em seita nenhuma?

Não apenas isso: Valentina entrara como suspeita após o relato de Edmilson Frazão, que afirmava tê-la visto na chácara de Anísio. Mas Anísio era um dos suspeitos investigados por Brivaldo que, no seu depoimento ao júri, afirmou que na época não havia provas contra o médico — nem contra Carlos Alberto, Césio ou Valentina. Toda a investigação dele era centrada em Amailton.

Seu depoimento é um pouco dúbio. Por um lado, Brivaldo nunca diz taxativamente que não acredita na tese de uma seita, mas que considerava a possibilidade de os órgãos genitais dos meninos serem utilizados em rituais de magia negra e que Amailton estava na Argentina pouco antes de ser preso — o que poderia ser interpretado como uma ligação com Valentina. Porém, o fato é que o delegado sempre acreditou mais em uma ideia de "gente poderosa cometendo crimes de perversão sexual" do que em "crimes ritualísticos". E, quando ele afirmou que não tinha encontrado nada contra Valentina e Anísio, isso serviu à defesa.

As outras duas testemunhas de defesa de Valentina eram dois seguidores dela — uma mulher brasileira e um homem argentino. Em seus relatos, atestavam que Valentina era idônea e que o Lineamento não tinha cunho algum de magia negra.

A brasileira chamava-se Mônica Barbel Walther e tinha sido citada em uma matéria da revista *Veja* de julho de 1992, em que seus pais dizem que ela teria desaparecido após ter tido contato com Valentina. A matéria dava a entender que Mônica poderia ter sofrido algum tipo de lavagem cerebral ao se filiar à seita.

Mas, em seu depoimento ao júri, em 4 de dezembro de 2003, Mônica desmente essa história por completo, afirmando que nunca foi dada como desaparecida pela família. Disse também que fazia parte do grupo que foi com Valentina para Altamira na década de 1980, que viajaram a turismo e nunca conheceram nenhum dos outros acusados.

O veredito

No dia 5 de dezembro, aconteceram os debates finais entre defesa e acusação. A imprensa esperava ansiosa o resultado do júri mais longo da história do Pará, fazendo transmissões ao vivo e mostrando a movimentação do lado de fora, que incluía o Batalhão de Choque para controlar a multidão.

Após os debates, chegava a hora dos votos. Cada um dos sete jurados, isoladamente, deveria votar em uma série de perguntas para determinar se acreditava que Valentina era ou não culpada. Após a contagem de votos, o juiz Ronaldo Valle fez a leitura de sua sentença, momento mostrado ao vivo por uma reportagem da TV Liberal. Nela, vemos o juiz lendo a sentença de Valentina, que está de frente para ele. Vemos apenas suas costas: ela usa um casaco rosa sobre os ombros, e há dois homens, um de cada lado, segurando-a.

[inaudível] sala da sessão do Tribunal do Júri, 5 de dezembro do ano 2003.

Valentina quase cai. Os homens a seguram. Há gritos por todo o tribunal.

Dissolvo o Conselho de Sentença.

Valentina cai completamente. Os homens impedem que ela vá ao chão.

JUIZ: Encerro a sessão...
REPÓRTER: O clima está tenso, tem muita gente saindo aqui do Tribunal do Júri.

Agora, Valentina desmaiou. Ela é carregada às pressas para fora do tribunal por três homens.

REPÓRTER: O que está acontecendo? Já deu a sentença? O juiz já deu a sentença?
MULHER NÃO IDENTIFICADA: Já. Foi absolvida.
REPÓRTER: [inaudível] absolvida nesse julgamento histórico.

A âncora do jornal reagiu dando uma bufada de ar. Depois de dezessete dias de julgamento, sendo o quarto júri numa sequência de três condenações em julgamentos curtos, Valentina havia sido absolvida por seis votos a um.

REPÓRTER: O clima está muito tenso aqui no Tribunal de Justiça do Estado. A ré Valentina de Andrade foi absolvida. Ela não foi condenada. A promotoria pediu a pena máxima, mas os jurados, que passaram uma hora na sala secreta, decidiram absolver a ré. Eu estou aqui com o padre Bruno, da CNBB. O senhor esperava essa absolvição?
PADRE BRUNO: Realmente, a gente tinha dúvidas. O que resta agora é respeitar a decisão dos jurados, evidente que foi uma decisão, para muitos, inesperada.
REPÓRTER: É isso mesmo. Muita gente saiu chorando do salão de júri, muitos familiares das vítimas. Então realmente o clima está muito tenso. [...]
ÂNCORA: [...] Você vê aí imagens de parentes da vidente que vieram nesse último momento do julgamento acompanhar a leitura da sentença. Valentina de Andrade desmaiou na hora da leitura da sentença e foi retirada imediatamente da sala do júri. Muita gente que acompanhava do lado de fora e dentro da sala do júri ficou revoltada com esse resultado. [...]

Dalledone recorda-se de que o plenário foi invadido e que temeu por sua vida.

Teve um momento ali que foi muito complicado. Eles invadem o plenário, aí entra o Choque. Eu falei com um major: "Cara, só tem você aqui. Se os caras quiserem linchar a gente, eles vão conseguir". Eu disse: "Eu vou brigar, eu vou lutar, eu vou me defender, eu vou fazer tudo o que eu precisar. Mas eu preciso da tua força". Ele falou: "Fica tranquilo". Daí chamou o Choque. Eles previam isso. E o Choque, numa cena muito marcante, entra batendo o escudo e faz, dentro do plenário, um cordão. Até me arrepia. Aquela multidão veio para cima da gente mesmo, sabe?

Uma mulher chegou a ser detida sob suspeita de apedrejar o carro dos advogados de Valentina, como relatou reportagem da TV Globo sobre a conclusão do julgamento:

> REPÓRTER: Fora do tribunal, mais protestos. Os manifestantes derramaram tinta vermelha nas escadarias do Fórum e espalharam flores. Esta mulher, acusada de apedrejar o carro onde estariam os advogados de Valentina, foi presa. A absolvição surpreendeu quem acompanhava o julgamento desde o início. A promotoria acreditava na condenação porque os outros quatro acusados de fazer parte da seita que ela comandaria foram condenados a penas que variaram de 35 a 77 anos de prisão. Mas os jurados entenderam que, além da falta de provas, a promotoria não conseguiu estabelecer a ligação entre os condenados e Valentina de Andrade.

Após todos os acusados anteriores terem sido condenados, o resultado de fato foi inesperado. A acusação afirmava que os jurados teriam sido induzidos ao erro, contrariando provas do processo. Na época, a promotora Rosana Cordovil deu declarações à TV Liberal que demonstravam como aquela sentença a afetou:

> ROSANA CORDOVIL: O último depoimento dele [Edmilson Frazão], que foi diante da promotora de Justiça, eu acho que tem que ser mais merecedor de crédito. Assim como o depoimento que ele prestou no plenário, diante de todos, ficou clara a convicção, a firmeza com que ele acusou a Valentina de Andrade. Eu acho que não há a menor dúvida. Eu confiei e continuo confiando nas palavras do Edmilson.
> REPÓRTER: Amanhã ela vai ingressar com recurso na Justiça pedindo a anulação do julgamento.
> ROSANA CORDOVIL: O recurso da Promotoria é devido à decisão dos jurados ter sido manifestamente contrária à prova dos autos. Ou seja, os jurados não consideraram todas as provas contundentes que existiam, né?

Principalmente aquela fita que foi apreendida pela Polícia Federal, em que integrantes da seita fizeram uma teatralização de uma emasculação.

REPÓRTER: Uma das juradas, que pediu para não ser identificada, aceitou falar por telefone para explicar a decisão que absolveu Valentina de Andrade. Ela disse que a Promotoria não apresentou provas suficientes sobre a participação de Valentina em três assassinatos e mutilações em outros dois meninos que sobreviveram em Altamira. A senhora acha que foi feita a justiça?

JURADA NÃO IDENTIFICADA: Tem tanta falha nesse inquérito que, se foi feita a justiça ou não, eu não sei. Mas eu acho que as coisas poderiam ou deveriam ter sido melhor apuradas.

REPÓRTER: O fato de aquela testemunha estar sendo processada por estupro também complicou um pouco?

JURADA NÃO IDENTIFICADA: Muita coisa. Muita mentira, sabe? É muita mentira. Uma hora você fala uma coisa, outra hora fala outra. Onde está a verdade?

REPÓRTER: Aquele vídeo não lhe pareceu surpreendente?

JURADA NÃO IDENTIFICADA: Parece, mas não foi apurado nada. Foi alguém lá na Argentina para ver onde que funciona a LUS? Foi alguém lá em Londrina para ver como que ela vive? Foi alguém lá em Guaratuba para ver, de perto, alguma reação, alguma coisa? Foi alguém lá em Altamira para ver? Não tem nada disso no processo.

REPÓRTER: A Valentina é inocente?

JURADA NÃO IDENTIFICADA: Não sei se ela é inocente ou se ela é culpada. Justamente por eu não ter certeza, eu não culpo.

REPÓRTER: A promotora disse que perdeu a confiança nos jurados. Ela afirmou que vai deixar de atuar no Tribunal do Júri, após oito anos e mais de trezentos julgamentos. Mas, no caso de Valentina de Andrade, Rosana Cordovil vai até o fim.

ROSANA CORDOVIL: Fazemos questão de, quando ela for ser novamente julgada, atuarmos também nesse julgamento. Foi o caso mais bárbaro, o crime mais hediondo, mais cruel que eu me deparei, né? E eu, confiando que havia justiça, consciente que as provas do processo eram suficientes, me deparo com uma decisão absurda dessa natureza. Eu acho que é caso, realmente, de sair do Tribunal do Júri.

No fim, a promotora revisaria sua decisão. Ela não desistiu de fazer júris e continuou atuando por muitos anos.

Perante a sensação de impunidade, mais de cinco mil pessoas foram às ruas de Altamira para protestar. Afinal, a violência contra menores lá continuava sendo uma realidade e tinha havido o assassinato de uma menina de 6 anos na semana anterior. Os casos de emasculação tinham parado havia anos, mas as crianças eram vulneráveis numa cidade bastante violenta.

Em Belém, a acusação preparava seu recurso para pedir a anulação do júri. O pedido ficou pronto no dia 11 de dezembro de 2003, seis dias após a absolvição de Valentina.

Em Brasília, os observadores federais que acompanharam todos os júris também se movimentavam, contando com a colaboração da Polícia Federal. Diziam desconfiar de quebra na incomunicabilidade dos jurados, ou seja, que eles teriam conversado com pessoas de fora do tribunal durante o julgamento.

Todos da acusação tinham certeza de que Valentina seria condenada. Como isso não aconteceu, muitos passaram a suspeitar de que algo estranho poderia ter ocorrido — e decidiram investigar.

23. A quebra

Uma das coisas que mais me chamavam a atenção no processo era uma suspeita de que os jurados de Valentina teriam sido subornados por membros do Lineamento Universal para inocentá-la. Para muitos que acompanharam o julgamento, e que tinham certeza da condenação, essa seria a única explicação plausível.

Inicialmente, essa não era a crença da promotora Rosana Cordovil, principal responsável pela acusação em todos os julgamentos de Belém. Em entrevista que concedeu na época, ela acreditava que os jurados haviam sido levados ao erro por táticas da defesa, e por isso afirmava que buscaria a anulação do julgamento com base no argumento de que a decisão do corpo de sentença teria sido contrária às provas nos autos. Com o passar do tempo, porém, ela passaria a suspeitar de que algo de ilegal teria ocorrido nos bastidores para absolver Valentina.

Valentina foi absolvida em 5 de dezembro de 2003. Na semana seguinte, três observadores federais que acompanhavam o júri enviaram uma carta à promotora Rosana Cordovil. Eram Maria Eliane Menezes de Farias, subprocuradora-geral da República; Douglas Martins, assessor do Ministério da Justiça; e Pedro Luis Rocha Montenegro, chefe da Ouvidoria-Geral da Cidadania da Secretaria Especial dos Direitos Humanos. Eles pediam que ela requeresse abertura de inquérito policial para investigar se tinha havido violação da incomunicabilidade dos jurados, pois isso levaria à anulação do julgamento. Para isso, solicitavam que a autoridade judicial quebrasse o sigilo telefônico e bancário de todos os jurados e oficiais de justiça — responsáveis por verificar se a regra estava sendo respeitada. O inquérito foi aberto em 15 de dezembro pela Polícia Civil do Pará, e a Polícia Federal também garantiu que investigaria. Em uma breve passagem do jornal *O Liberal* desse dia, consta: "A Polícia Federal já está trabalhando nas investigações dos sete jurados que absolveram Valentina de Andrade. A ação da PF é firme, embora não oficial". Para além da recusa do veredito por parte das autoridades, que buscavam uma explicação para sua absolvição, circulavam nos bastidores informações que davam a entender que tinha havido algum problema na incomunicabilidade dos jurados. Era necessário verificar.

Os oficiais de justiça negavam que os jurados tivessem tido acesso a telefones e televisores. Os oficiais Almiro Oliveira e José Antônio dos Santos, principais responsáveis por verificar que a incomunicabilidade estrava sendo mantida, relatavam que se revezavam no acompanhamento das testemunhas e dos jurados da seguinte forma: os oficiais ficavam em um hotel diferente do dos jurados, e, à noite, um deles ocupava um quarto no mesmo andar em que os jurados permaneceram durante os dezessete dias. Apenas nesse aposento do oficial de Justiça havia aparelho de TV e telefone. Ambos negavam que tivessem feito ou recebido chamadas de algum jurado ou visto qualquer pessoa suspeita. Enquanto eles descansavam, os policiais militares responsáveis pela segurança na recepção do hotel faziam rondas pelo corredor. Segundo informações iniciais levantadas nesse primeiro momento, durante esse período, nenhum acontecimento estranho teria sido registrado.

À medida que o inquérito avançava e os jurados, oficiais e funcionários do hotel davam entrevistas e prestavam depoimentos, a história foi ficando cada vez mais estranha. Por exemplo, segundo o promotor Ezedequias da Costa, responsável por acompanhar a investigação da quebra de incomunicabilidade, a Justiça paraense teria dado ordem para reinstalarem televisões e telefones nos quartos e um dos jurados teria feito 65 telefonemas. Foi ao terem ciência desse fato que o inquérito foi aberto.

Os membros do Conselho de Sentença foram ouvidos em depoimento, mas seis deles, orientados por um advogado que era marido de uma das juradas, não deram declarações inicialmente, fazendo-o apenas mais tarde, quando a investigação já estava mais avançada. Conforme relato da polícia, uma das juradas confirmou ter utilizado o telefone para se comunicar com a família. Para o delegado Waldir Freire, que coordenava as investigações pela Polícia Civil do Pará, independentemente do teor, a ligação em si já constituía quebra de incomunicabilidade.

Só que, para Dalledone, essas investigações eram ilegais. Ele diria em uma reportagem da TV Liberal:

> DALLEDONE: O delegado de polícia não tem competência constitucional, não tem autorização legal para se meter em questão de nulidade processual ou do julgamento. Quem fala se um julgamento vai ser anulado ou não, não é a polícia, são as Câmaras Criminais reunidas.
> REPÓRTER: Dalledone chegou a Belém na quinta-feira. Na sexta, deu entrada em um *habeas corpus* na Justiça pedindo a suspensão das investigações feitas pela Polícia Federal. O pedido não foi reconhecido.
> [...]
> REPÓRTER: Para a assistência da acusação, a Polícia Civil pode investigar os jurados.
> CLODOMIR ARAÚJO: Se existe um indício de que houve qualquer fraude no processo, quebra de incomunicabilidade, a Polícia Civil tem completa e legítima atribuição para proceder as investigações.

No fim, de fato se verificou que os jurados tiveram a incomunicabilidade violada. Todos estavam hospedados no mesmo hotel, o Regente, em Belém. E foi para lá que os olhos dos investigadores se voltaram.

Quem deu a ordem?

Em depoimento, o gerente do hotel afirmava que quem teria pedido a reinstalação de telefones e televisores nos quartos dos jurados foi Gilberto Nobre Pontes, chefe da Divisão de Serviços Gerais do Tribunal de Justiça. Ele era o responsável por fazer com que toda a logística do tribunal corresse normalmente.

No documento do pedido, o chefe da Divisão afirmava que fazia isso a pedido do juiz Ronaldo Valle. Este, no entanto, negava que isso tivesse ocorrido. Gilberto foi chamado para prestar depoimento, mas não compareceu no dia. Enquanto isso, a pressão aumentava sobre o juiz, e ele marcou uma coletiva de imprensa, veiculada na TV Liberal, para fazer uma declaração:

> RONALDO VALLE: Eu quero esclarecer, como já falei com a Presidente do Tribunal, que jamais eu fiz essa autorização. Em momento algum eu autorizei este funcionário a fazer este ofício, principalmente usando o meu

nome. Inclusive, eu já solicitei à Presidência do Tribunal abertura de sindicância contra esse funcionário. Solicitei também que ele prestasse depoimento na Polícia Federal para ele confirmar se em algum momento eu dei essa autorização para ele.

[...]

Razão pela qual ele veio até a minha presença, pediu desculpas e ainda disse mais: que ele passou mal e foi internado no Incor em razão de ele ter feito esse ofício indevidamente.

APRESENTADOR RONALDO PENNA: Mas ele disse para o senhor por que, afinal de contas, ele fez esse ofício, que vai de encontro à lei?

RONALDO VALLE: Não. O que ele esclareceu foi que o hotel pediu para que fosse feito um ofício para a reinstalação do telefone e ele, deliberadamente, fez esse ofício. Quando quem deveria fazer esse ofício seria o juiz. [...] Eu, como Presidente do Tribunal do Júri, sabendo da quebra da incomunicabilidade, jamais iria autorizar fazer um ofício dessa natureza.

Poucos dias depois, Gilberto enfim deu seu depoimento à polícia explicando o que teria ocorrido. Na mesma semana, foi à TV Liberal dar sua versão dos fatos:

GILBERTO PONTES: Nós recebemos, no dia 21, um telefonema, através do nosso celular, que partia da gerência do Hotel Regente. [...] Ela reportou que estava lá um oficial de Justiça, o sr. Almiro Carvalho [Oliveira], solicitando a reinstalação dos ramais telefônicos nas dependências, nos apartamentos dos jurados. E essa ordem partiria do presidente do julgamento, o sr. Ronaldo Valle.

APRESENTADORA: Ele disse, mas ele mostrou algum documento?

GILBERTO PONTES: Ele não apresentou. A gerente do hotel se comunicou com ele dizendo que só faria se tivesse uma comunicação por escrito. Razão pela qual emitimos, né? Nós somos da Divisão de Serviços Gerais, estávamos num apoio administrativo. Somos da área "meio". Não estamos afeitos à parte jurídica do julgamento. Apenas prestando apoio administrativo para o julgamento.

APRESENTADORA: Não lhe ocorreu que precisaria de também algum documento formal [...]?

GILBERTO PONTES: Veja bem. Na manhã seguinte, como já era final do expediente e os jurados estavam se hospedando, nós resolvemos aguardar a manhã, e tivemos uma conversa com o oficial, onde foi tocado no assunto e reportado a situação da negativa da gerente em reinstalar os ramais telefônicos. Em seguida, eu recebi uma solicitação para que o proprietário do Hotel Regente comparecesse ao local, e foi o que aconteceu. Nós levamos até a presença do dr. Ronaldo Valle o proprietário do Hotel Regente, o sr. Carlos Freire. E os dois ficaram conversando por algum tempo. Eu desconheço o teor da conversa. De posse dessa conversa, nós julgamos que a coisa tinha sido completamente resolvida.

APRESENTADORA: O senhor entendeu que, por conta dessa conversa do gerente do hotel com o juiz, já estava tudo "OK" e o senhor podia mandar instalar os telefones. Foi isso?

GILBERTO PONTES: Não. Veja bem. O presidente do julgamento é que define essa situação. Nós somos meros cumpridores de ordem.

APRESENTADORA: Ele realmente chegou com o senhor e lhe deu algum documento? [...]

GILBERTO PONTES: Não recebemos nenhum documento nesse sentido. Nenhum tipo de determinação.

APRESENTADORA: E por que então foi colocado no documento para o hotel que havia ordem do juiz?

GILBERTO PONTES: O oficial de Justiça trouxe a ordem, né? E mencionou o nome do juiz no momento em que ele solicitou a reinstalação dos ramais. O oficial tem fé pública. Ele representa o TJE naquele momento no hotel.

Ou seja, Gilberto Pontes teria pedido a reinstalação de telefones e TVs nos quartos dos jurados durante o júri, e fez isso com base no pedido do oficial de Justiça Almiro Carvalho. De acordo com Gilberto, Almiro estaria requisitando isso com base num pedido do juiz Ronaldo Valle. Tudo isso foi feito por telefone, numa conversa entre Gilberto e Almiro, sem apresentação de nenhum documento oficial. Porém, como vimos, o juiz Ronaldo Valle negava que teria dado essa ordem a qualquer pessoa. A questão agora era avaliar quem estaria mentindo: Gilberto Pontes ou Almiro Carvalho?

Depois de pouco tempo de iniciado esse inquérito, já em janeiro de 2004, as investigações do delegado Waldir Freire avançavam, com mais testemunhas sendo ouvidas. Ele afirmou a uma reportagem, entre outras coisas, que desconhecia a conversa do juiz com o gerente do hotel e explicou os depoimentos de Almiro.

A essa altura, Almiro já havia prestado três depoimentos: no dia 18 de dezembro de 2003 e no dia 8 de janeiro de 2004, e neste mesmo dia passou por uma acareação com Gilberto Pontes. Nas três ocasiões, o oficial de Justiça Almiro sempre negava que havia dado qualquer ordem para que os telefones e televisores dos jurados fossem religados, assim como também negava que tal ordem teria partido do juiz Ronaldo Valle. Assim, limitava-se a dizer apenas que fez seu trabalho de manter a incomunicabilidade do Conselho de Sentença e que não havia notado nada de anormal.

Já Gilberto Pontes havia dado dois depoimentos: o primeiro no dia 29 de dezembro de 2003, quando registrou a história da gerência do Hotel Regente ligando para ele por intermédio de Almiro, e a acareação feita com o próprio Almiro no dia 8 de janeiro de 2004. Suas versões claramente eram conflitantes e não chegavam a um ponto em comum.

O delegado Waldir também declarou que a polícia realizaria uma investigação detalhada para determinar a origem da decisão de Almiro e que já havia duas testemunhas, funcionários responsáveis pela recepção do hotel durante os plantões, que confirmavam que a ordem havia partido dele e sido dada na presença dos jurados. Cinco testemunhas confirmavam que Almiro determinara a reinstalação em nome do juiz.

Enquanto isso, em uma matéria da TV Liberal, Almiro se defendia: "Não tem prova nenhuma. Primeiro porque eu não falei nada. Eu tenho minha consciência limpa. O ônus da prova é para quem acusa, quem acusa tem que provar. Isso aí eu vou querer agora que o inquérito seja concluído, quero tomar também as providências cabíveis".

Na mesma reportagem, o delegado Waldir Freire afirmava: "Como ele requereu... Como ele próprio falou, o ônus da prova cabe a quem alega. Então, nesse caso, coube a mim e eu já tenho a prova de que foi ele. Porque a prova testemunhal das duas pessoas que prestaram depoimento perante o Ministério Público e a Polícia Civil. Então, o senhor Almiro, como requereu, já tenho a prova e o ônus da prova cabe à polícia e nesse momento já temos ela".

Gilberto acusava Almiro de ter dado uma ordem falsa, falando em nome do juiz Ronaldo Valle. Almiro, por sua vez, dizia que Gilberto precisaria provar o que estava afirmando. Já o delegado não tinha mais dúvidas: o responsável pela quebra era o oficial de Justiça Almiro Carvalho de Oliveira.

Frente a frente

No dia 14 de janeiro de 2004, seis dias depois da acareação entre Gilberto e Almiro, foi feita uma outra, entre o oficial de Justiça, três jurados e três funcionários do hotel. Lá, vários jurados afirmam que presenciaram Almiro dizendo que tinha fé pública e que poderia, sim, pedir a religação dos telefones. Essa situação toda teria se iniciado porque uma jurada, Suely, queria fazer uma ligação — Almiro afirmava não ter permitido. De alguma forma, as coisas avançaram até o ponto em que todos os jurados tiveram seus telefones religados.

De acordo com os autos, a jurada Suely Nunes Pereira compareceu à Polícia Civil do Pará para fornecer apenas um depoimento, no dia 22 de dezembro de 2003. Acompanhada do advogado Miguel Ângelo Silva de Cansanção Pereira, ela negou-se a responder a todas as perguntas: "Antecipadamente o advogado da declarante ingressou com petição que será juntada à declaração destacando que a declarante nada tem a declarar perante esta autoridade policial, valendo-se do princípio constitucional atinente". No decorrer do rito, Suely não respondeu a nenhuma das perguntas feitas pelo delegado Waldir.

Apesar disso, outros jurados não seguiram o mesmo caminho, respondendo às perguntas que eram feitas pela polícia, assim como funcionários do Hotel Regente. E todos contavam a história que corroborava a versão de Gilberto Pontes — que, no decorrer da investigação, já havia sido desligado da sua função de Chefe da Divisão de Serviços Gerais.

Em outras palavras: todos os depoimentos contradiziam Almiro. E era por isso que o delegado Waldir, que foi depois substituído por Neyvaldo Costa, suspeitava dele.

Infelizmente, o inquérito da quebra de incomunicabilidade não está completo nos autos de Altamira. Mas consta uma denúncia do Ministério Público contra Almiro Oliveira e outros dois oficiais de Justiça que trabalharam no júri de Valentina. Datada de 29 de março de 2004, mostra que os oficiais foram acusados de falsidade ideológica porque, ao término do julgamento, assinaram uma declaração afirmando que a incomunicabilidade dos jurados não havia sido quebrada. No fim, esse seria o maior problema de tudo: eles assinaram um termo legal afirmando algo que não tinham como verificar plenamente.

Dalledone afirmava que, se havia suspeita de quebra de incomunicabilidade, não seria tarefa da Polícia Civil, tampouco da Federal, fazer uma investigação. Para entender isso melhor, eu entrei em contato com Elisa Cruz, professora, pesquisadora e defensora pública, e também parceira de longa data quando preciso tirar qualquer dúvida sobre direito penal. De acordo com ela, polícia investiga crime, e quebra de incomunicabilidade não é crime. Logo, realmente não deveria ser assunto da polícia.

Apesar disso, olhando o contexto todo, fica evidente o motivo de o assunto ter virado investigação da Polícia Civil. Lembremos: tudo partiu da comunicação dos observadores federais — os mesmos que articularam para que a Polícia Federal tivesse autorização para investigar casos por todo o Brasil onde houvesse suspeitas de mortes de crianças em rituais de magia negra, e que poderiam ser atuações de células da seita LUS. Então, a suspeita que pairava não era apenas sobre mera quebra de incomunicabilidade. Era principalmente de que a seita poderia ter comprado, coagido ou até ameaçado os jurados.

Mas o fato é que, na denúncia do Ministério Público contra Almiro Oliveira e os outros dois oficiais, nenhum jurado foi processado. Pelo contrário: eles ajudaram a elucidar como ocorreu a quebra. Não foi encontrado nada que demonstrasse que teriam sido corrompidos e ninguém do Lineamento Universal Superior foi acusado de nada.

A sentença contra Almiro e os outros oficiais de Justiça saiu apenas em 2010. Todos foram condenados, mas não chegaram a ser presos, tendo a pena revertida em prestação de serviços. Almiro nem perdeu o cargo. Em 2015, porém, foi acusado de concussão, crime praticado por funcionário público contra a administração. Por essa acusação, ele foi demitido.

Olhando tudo isso, tendo a crer que não haja muito que sustente a suspeita de os jurados terem sido manipulados por membros do Lineamento. Se a polícia tivesse encontrado algo, seria um escândalo. E, como vimos, não faltava vontade para encontrar qualquer coisa contra Valentina e seus seguidores. Seria a prova definitiva do poder de manipulação do LUS, de que o dinheiro compra tudo.

Mesmo assim, em outubro de 2005, quase dois anos após o júri de Valentina, o Ministério Público do Pará, na figura de um novo promotor, Ricardo Albuquerque da Silva, fez um novo pedido de anulação de júri de Valentina, citando justamente a quebra de incomunicabilidade e anexando matérias dos jornais *O Liberal* e *O Diário do Pará*, com títulos como:

JURADA ABRAÇOU VALENTINA APÓS ABSOLVIÇÃO — PROMOTOR DIZ QUE ATO
PODE TER SIDO DE SOLIDARIEDADE E AINDA NÃO CONFIGURA CRIME

JÚRI VIU TV, TELEFONOU E RECEBEU VISITAS — ÚNICA JURADA QUE SE DISPÔS A FALAR AO DELEGADO CONFESSOU QUEBRA DE INCOMUNICABILIDADE

JURADA CONFIRMA ENCONTRO À BORDA DA PISCINA — ROSILENE FERREIRA DIZ QUE JURADOS DO CASO VALENTINA DE ANDRADE PODEM TER CONVERSADO SOBRE A VOTAÇÃO

JURADOS NÃO ESTAVAM INCOMUNICÁVEIS — PF TEM INDÍCIOS DE QUE JÚRI DO CASO VALENTINA ESTEVE ACESSÍVEL DURANTE JULGAMENTO

Independentemente de como tenha ocorrido, o fato é que o Tribunal de Justiça do Estado do Pará votou a favor da anulação. Com isso, Valentina deveria ser novamente julgada. Porém, por uma série de motivos técnicos e recursos utilizados, o crime acabou prescrevendo. É por causa disso que muitas famílias em Altamira (e muitos envolvidos na acusação contra Valentina) até hoje desconfiam que houve manipulação de "gente poderosa" nos bastidores para que ela não fosse condenada. É fato que os jurados não estavam incomunicáveis, mas também é importante deixar claro que, aparentemente, isso não necessariamente afetou a votação. Ao menos essa era a opinião do próprio juiz Ronaldo Valle, em entrevista à TV Liberal pouco após o inquérito da quebra de incomunicabilidade ter sido concluído:

> É difícil você passar dezessete dias sem se comunicar com um membro da sua família, com uma mulher, com um filho, para saber como está na sua casa. Então, o que os jurados fizeram, segundo consta: eles telefonaram para membros da sua família para saber como estava a família, como estava o filho, como estava a mulher. Isso, a meu ver, não é quebra de incomunicabilidade. A quebra de incomunicabilidade é caracterizada quando há um comentário sobre o processo. Nenhum jurado, nenhum oficial de Justiça, ninguém foi corrompido. Ninguém recebeu dinheiro.

Nas manifestações do Ministério Público e em algumas matérias da época, fica claro que muita gente acreditava que Valentina era culpada e só fora absolvida porque os jurados teriam sido comprados, e a prova seria a quebra da incomunicabilidade. Isso não se sustenta com o que existe nos documentos oficiais.

Pelo lado da defesa, existem até hoje boatos sobre esse episódio. Lembremos que o juiz Ronaldo Valle afirmou diversas vezes que nunca deu autorização para que os telefones fossem religados nos quartos dos jurados. Mas Dalledone afirma outra coisa:

> Não sabíamos que o juiz havia franqueado abertamente a situação dos jurados. Os jurados estavam se comunicando abertamente com tudo e com todos, estavam falando entre eles, com os familiares. Existiam reuniões dos jurados. Isso a gente veio saber depois. Porque o juiz disse: "Está liberado, desde que a defesa não fique sabendo disso". E o que eu tinha como arma? Eu falei umas duas ou três vezes de uma forma muito incisiva que se continuassem as arbitrariedades contra as minhas prerrogativas, se continuasse o juiz a insistir que iria apreender o meu material, eu ia abandonar o plenário. E eles não tinham interesse em que eu abandonasse o plenário. Um dia eu estou entrando, depois do júri, no hotel. Um funcionário me chama. Tinha uma caixa de presente, com um celular batendo dentro. Eu atendi o celular e ele falou assim: "É um anjo. Não abandone o plenário. Vocês vão inocentar a Valentina". E pediu para eu colocar o telefone ali dentro da caixa. Essa caixa lá ficou. Eu acho que isso foi uma mensagem de algum familiar de algum jurado, a pedido dos próprios jurados, para eu não abandonar. Porque eles já tinham decidido, sabe? Eu fiquei com muito medo disso na época. [...] Essa atitude do juiz de liberar os jurados fez com que se constituísse tal qual o júri norte-americano, em que eles fazem ali uma reunião e chegam a conclusões. Depois os jurados também foram acusados, como todos que absolveram a Valentina. Eu não absolvi a Valentina, quem absolveu foi o Conselho de Sentença. Eu não quebrei a incomunicabilidade, autorizando os jurados a se comunicarem. Quem fez isso foi o juiz de direito. [...] Os advogados da assistência de acusação também participaram disso, e a promotora sabia.

Não creio que de fato o próprio Ronaldo Valle, com conhecimento da acusação, tenha autorizado o acesso a telefone e televisão. Não há nenhuma testemunha que afirme isso com tanta convicção no inquérito, tampouco provas. Mas, para quem acredita nisso, a teoria seria a seguinte: o plano era condenar Valentina; se ela fosse absolvida, o julgamento teria que ser anulado. Para isso, seria necessária uma justificativa. A quebra de incomunicabilidade seria perfeita. Um plano B para o caso de tudo dar errado.

Nessa linha de raciocínio, imaginemos que Valentina tivesse sido condenada e os advogados de defesa entrassem com uma denúncia alegando quebra de incomunicabilidade. Será que toda essa mobilização com Polícia Civil, Federal, Ministério Público, imprensa etc. teria ocorrido? Eu tendo a acreditar que não.

Teatral

Antes de encerrar este capítulo, quero voltar à longa entrevista que o assistente de acusação Clodomir Araújo concedeu ao programa *Sem censura*, da TV Cultura do Pará, logo após o julgamento. A quebra da incomunicabilidade ainda não havia sido investigada, e a crença dele e da promotora Rosana Cordovil era de que os jurados teriam votado de forma contrária às provas. Clodomir questionava se os jurados haviam sido corrompidos ou convencidos pelo "teatro" de Valentina:

> Olha, eu ainda quero permanecer crente de que os jurados não foram corrompidos. Quanto à teatralização, ela bem demonstrou, não só no plenário como nas fitas de vídeos que nós apresentamos, não é isso? Uma das coisas que chamou atenção de muita gente é que, no momento dos debates, onde ela sofreria uma carga muito forte daquilo que iria se dizer da sua participação nos crimes, eu fiz um requerimento ao juiz, baseado no artigo 796 do Código Penal, para que advertisse que, se ela mantivesse qualquer comportamento diferente, a lei permite que ela fosse retirada do plenário naquela hora para que não teatralizasse nada. E ela prontamente concordou e se manteve como se nada estivesse acontecendo. Antes, por coisas mais simples possíveis, quando falavam no seu maridinho que morreu há três anos e que ela tanto amou, ela dava chiliques, queria desmaiar, enquanto apresenta nos autos uma certidão de casamento com aquele jovem rapaz de 34 anos de idade, ou seja, 40 anos mais novo do que ela. Quer dizer, essa teatralização dela pode também ser um alvo de comoção.

Antes de tudo, o tal "maridinho" a que Clodomir se refere é José Teruggi, que morreu num acidente de asa-delta por volta do ano 2000. Em 2003, Valentina estava casada com um outro argentino: Walter Muñoz. Ele realmente era muito mais novo do que ela — à época, Valentina tinha 72 anos, Walter tinha 34.

A fala de Clodomir chama a atenção porque, lembrem-se, Valentina estava sendo acusada basicamente de ser uma bruxa. Uma bruxa seria capaz de seduzir um homem muito mais novo. Olhando a história dela, percebemos que, se alguém quisesse seguir por esse lado caricato de "bruxa idosa perversa", o histórico de casamentos dela seria um alvo fácil.

Walter Muñoz já era seu quinto marido. Antes dele, veio José Teruggi — que era 23 anos mais novo do que ela. Antes, Roberto Olivera, o argentino que ela conheceu em Altamira na década de 1970. Este foi antecedido por Duílio, com quem se casou na década de 1950, no norte do Paraná. Seu primeiro marido chamava-se Marcos, e não tinha sido mencionado até agora porque é totalmente irrelevante nessa história.

Aquele grupo de argentinos a chamando de mamãe, os laptops, os vídeos, as falas incisivas, as ideias polêmicas, os maridos mais novos. É uma série de sinais que, juntos, ajudaram a aumentar as especulações e as lendas em torno de Valentina.

Desde que comecei a investigar o caso Evandro, senti que precisava entender mais sobre ela, conhecer sua história. Só passei a pesquisar o caso dos meninos de Altamira porque Valentina foi suspeita em Guaratuba. E, se eu queria respostas sobre o que havia acontecido nos casos Evandro e Leandro Bossi, eu precisava entendê-la melhor.

Só que Valentina não falava com jornalistas. No máximo, havia seu site pessoal, que até pouco tempo atrás era fácil de encontrar no Google, mas saiu do ar. Acessar a página nos transportava para os anos 1990: animações em Flash, GIFs, ícones de uma internet que não existe mais, além de textos espalhados de forma confusa e sem cronologia muito clara.

Li a maioria desses textos, todos que faziam parte da seção "Mêmore", que era uma espécie de autobiografia escrita em forma de blog. Mas o conteúdo e as datas eram confusos demais. Como ela mesma afirmava, nunca foi uma grande escritora.

Mas, um dia, recebi uma mensagem no Twitter. E a partir dali, meu entendimento sobre o caso ficou mais aprofundado.

Interlúdio
A profetisa

Minha saga correndo atrás de Valentina começou em 2018, ainda estava na pesquisa e produção do caso Evandro. A primeira tentativa foi procurar um dos advogados que a representaram no júri de Altamira, o dr. Arnaldo Busato.

Depois de várias conversas, consegui o contato de um dos "filhos" de Valentina, um argentino chamado Fabian. Aqui, vale lembrar que, assim como todo seguidor de Valentina a chamava de mamãe, ela o chamava de "filho". Conversei com Fabian, mas ele me explicou que Valentina não estava interessada em dar entrevista. Tinha receio da exposição, fora o fato de estar idosa e com alguns problemas de saúde.

No início da pandemia, em meados de 2020, tentei mais uma vez. Falei com Busato e com Fabian novamente, mas nada. Desisti.

Mas, então, em maio de 2021, depois da série do caso Evandro ir ao ar no Globoplay, recebi uma mensagem pelo Twitter de um homem chamado Alex Roberto: "Olá, Ivan, boa tarde. Sou filho da sra. Valentina de Andrade. Sei que o Fabian tem falado com você, mas minha mãe pediu para que eu entrasse em contato com você diretamente". Em seguida, ele me mandou um *print* de uma cena da série na qual Valentina aparece saindo de um aeroporto e logo atrás há um homem, circulado em vermelho na foto enviada. Alex explicou: "Sou eu quem aparece nessas imagens".

Roberto Alexandre — ou Alex Roberto, como ele prefere ser chamado — não é um seguidor de Valentina. É filho adotivo dela. Passei meu telefone e começamos a conversar. Toda vez que eu ligava para Valentina, ela estava acompanhada. Ora por seus "filhos", ora por Alex. Estavam lá para garantir que ela não tivesse nenhum incômodo e para ajudá-la com coisas simples — desde lembrar de alguma informação até pegar um copo de água.

Gravei mais de dez horas de conversas com ela e pessoas ligadas a ela. Não tive, porém, como verificar tudo o que me contaram. Há coisas muito íntimas, inclusive sobre pessoas que já faleceram. E mesmo que estivessem vivas, dificilmente seria possível confirmar a veracidade de cada detalhe. No alto de seus 90 anos, Valentina estava plenamente lúcida, mas detalhes sobre datas e eventos infelizmente não eram mais tão claros. Ainda assim, eu não podia perder a oportunidade de conhecer mais sobre ela, mesmo que fosse só para ouvir sua história contada por sua própria voz. Foi o que fiz.

A menina sem mãe

Valentina de Andrade Albuquerque nasceu em Carazinho, Rio Grande do Sul, em 28 de setembro de 1931, fruto de um caso rápido entre sua mãe e um homem casado e com filhos, de uma família de prestígio do estado. De acordo com ela, a mãe teria sido uma prostituta. Ela não foi planejada e, após nascer, também não se tornou um bebê desejado. "Eu nunca fui querida, minha mãe nunca me disse 'minha filha', nunca me chamou de Tininha..."

Valentina não teve irmãos. A única vez que viu o pai, de relance, foi aos 5 anos, quando morava com a mãe ainda em Carazinho. O pai parou à sua frente, deu uma olhada e seguiu sua vida. Como ele pertencia a uma família abastada, a mãe conseguiu algum recurso por meio de um processo.

> Eu tinha 5 anos, recordo que foi dado um envelope muito grosso e que ela ganhou o processo. E eu lembro que a senhora, naquele tempo eu não sabia que era advogada, entregou o envelope para ela e disse: "Esse é para os estudos da Valentina", mas eu não a condeno, porque ela pegou o dinheiro, me largou na casa de um parente e sumiu pro mundo. Gastou todo o dinheiro e a Valentina nunca pôde estudar.
>
> Quando nós morávamos no hotel, eu me lembro de ter acordado uma noite e ela não estava no quarto e eu fiquei assustada, levantei, saí chorando, correndo pelos corredores. Tinha uma escadaria para chegar à porta de saída, e lá tinha um concierge. Eu chorava na escada e ele falava: "Vá deitar, Valentininha. Sua mãe já volta". Ela devia estar nos quartos dos hóspedes fazendo a vida dela, e ela fez um esforço muito grande para me prostituir. E bateu de cara no chão, porque eu jamais me tornei uma prostituta. Sempre fui uma moça muito recatada, direita.

Com ela eu aprendi tudo o que não presta e coloquei de lado, sabendo por conta própria que aquilo não servia. E o que é bom eu reservei. Eu sou semianalfabeta, não tive estudo, sou autodidata e não tenho lembranças boas, salvo uma ou duas assim, na minha vida.

Valentina fazia questão de dizer que sempre foi uma mulher correta, uma boa dona de casa, que nunca traiu nenhum marido. Como se fizesse questão de deixar claro que era o oposto da mãe, a quem ela chamava de "mulher".

Aos 18 anos, casou-se pela primeira vez e, logo em seguida, teve sua única filha biológica. Por vários motivos, muito antes de todas as acusações que Valentina sofreu, sua filha mudou de estado e afastou-se. Por isso mal é citada nesta história. Aos 21 anos, por volta de 1952, Valentina mudou-se para Londrina, no norte do Paraná, com o marido Marcos e a filha. Marcos tinha conseguido trabalho como gerente no Hotel Monções e Valentina, uma vaga de telefonista. Sua mãe e o padrasto também estavam em Londrina, e isso a animou. Mas a expectativa de construir uma vida melhor durou pouco.

> Trabalhei muitos anos naquele hotel, e morávamos lá também. A minha filha ficava com a avó dela, e o Marcos era acostumado a ser gerente, e ele começou a roubar no hotel. E eu, como não gostei, avisei a ele que ia contar pro sr. Dorival [dono do hotel]. E ele continuou roubando, e eu peguei e contei. Aí o sr. Dorival o chamou, ele desceu com um bilhete, olhou feio para mim, falou que eu ia pagar o que eu tinha feito. Eu falei: "Não, eles nos tratam como hóspedes, e você está roubando ele? Não, para mim não serve, eu não sou casada com ladrão". E aí foi a nossa separação.

Nessa época, Valentina tinha ouvido falar que precisavam de uma cantora para a banda de um clube importante da cidade. Descobriu que o dinheiro era bom, fez um teste e foi aprovada.

> Os bailes eram muitos, e eram distribuídos convites com o nome dos associados. E o seu Gervásio [um conhecido dela] falou: "Lucila, o Duílio tá precisando de alguém que ajude". Naquela época, eu usava o nome de Lucila porque eu não gostava de Valentina, de jeito nenhum. Porque todo mundo perguntava: "Você é valente mesmo ou é só no nome?". Ai, que raiva que me dava! Eu era datilógrafa também. "Você não pode dar uma mão? Ele tá atrasadíssimo com os convites." Eu falei "Vou sim, seu Gervásio". [...] E então eu fui lá no grêmio, me apresentei. O Duílio estava lá com convite até pela cabeça.

Foi assim que Valentina conheceu seu segundo marido: Duílio Nolasco, com quem se uniu pouco depois, em 1953.

> Eu o amava muito e, quando amo, pareço carrapato: grudo. E procuro fazer tudo o que o meu marido quer para que ele seja feliz. Nunca pensei em ser feliz. Eu sempre pensei em fazer feliz. E aí então, um dia ele falou pra mim: "Se você voltar a cantar, eu não vou ficar mais aqui, vou embora".

Valentina conta que, trabalhando nos clubes, observava a vida das cantoras, indo de cidade em cidade a trabalho, sem criar vínculos, sentindo-se sozinhas. Ela não queria isso para si. O desejo de ter uma família prevaleceu. Valentina, a filha e Duílio foram morar juntos em Londrina, numa das típicas casas de madeira da época. Até que, certo dia, ela encontrou o marido olhando a enteada nua.

> Saí um pouquinho [para] levar um doce para a Mulher. Quando eu voltei, ele estava deitado no chão espiando a minha filha de 11 anos tomando banho. [...] Mas você não sabe o choque que eu levei, e eu falei: "O que você está fazendo aí?". Aí ele levantou vermelho e falou: "Não, eu estou procurando o botão da minha camisa". Eu olhei, assim, e falei: "Mas sua camisa tá impecável". [...] Não sabia o que fazer. Eu queria levar a minha filha, lógico, mas não tinha dinheiro suficiente para ir embora dali. E comecei a chorar, chorar, chorar. E, dali em diante, comecei a vigiá-lo.

Ela diz que Duílio chegou a ser internado um tempo depois — teria sido ela mesma quem o hospitalizara.

> Eu deduzi que ele é esquizofrênico, é desequilibrado. Porque ele passava horas no fundo do quintal, tinha uma área, e ele sentava lá no escuro e lá ele ficava. Pois um dia ele tentou me matar. Pegou uma faca e veio com ela erguida, e eu não me mexi. Falei: "Quer matar? Mata". Aí ele veio com os olhos faiscando de fogo e veio com a faca na minha direção e cravou a faca na caixa de som, que é justo onde eu estava. Sem eu ter feito nada. Nada, nada, nada. Eu nunca fui esposa de estar xeretando, perguntando "onde está isso? Por que você chegou tarde?". Nunca reclamei nada. Mas foi uma catástrofe a vida com o Duílio.

Foi durante esse casamento conturbado que Valentina teve sua primeira experiência com o mundo "místico". No começo dos anos 1960, viajou a Presidente Prudente, cidade do interior de São Paulo.

E conheci o Zezinho indo até lá por curiosidade. Estava sentada lá no meio do povo, era um salão grande, estava lotado, ele era muito conhecido. E, chegando lá, ele incorporou. [...] Ele apareceu naquele palco, havia uma mesa com a toalha branca e várias pessoas sentadas em volta. Em um determinado momento, ele aponta para o povo e diz "Você aí, moça". [...] Então, eu levantei e falei: "Eu?". Ele falou: "É, você mesma. Volte aqui daqui a quinze dias".

Valentina voltou. Zezinho deu a ela a missão de encontrar um lugar para ele trabalhar em Londrina. Ela custou a achar um espaço para esse propósito. De acordo com ela, ninguém acreditava que Zezinho, um sensitivo já popular na época, iria a Londrina — muito menos que Valentina seria intermediária para que isso acontecesse. Enfim, chegou o dia marcado para o trabalho. O local estava lotado. A primeira consulta que Zezinho fez impactou muito Valentina. O paciente era um homem com problema na visão.

O que meus olhos viram eu jamais na minha vida vou saber contar. [...] O dedo dele era meio gordinho, e ele enfiou, enterrou o dedo dentro dos olhos de um senhor, e começou a sangrar, sangrar, sangrar. Eu falei: "Pronto, vai vir a polícia, vamos tudo para a cadeia". Eu já estava me vendo na cadeia. E tirou o dedo, assim, aquele sangue que escorreu, tudo. O homem não disse "ai", nada, nada, nada. E assim foram ocorrendo os trabalhos. Todos começaram a ficar curados.

Valentina foi assistente ou, como às vezes ela dizia, "enfermeira" de Zezinho.

Ele curava mesmo, fosse o que fosse. [...] Eu anotava os remédios que ele dava, não era remédio de farmácia. Ele pegava os vidrinhos, incorporava, e os vidrinhos se enchiam de água, que não era só água. Tinham remédios ali dentro. Nossa, eu vi coisas espetaculares que eu nunca, jamais vou poder negar. Eu trabalhei sete anos com o Zezinho. E ia muita gente em casa pedir lugar, isso e aquilo, buscar remédio... E o Duílio com a cara emburrada.

Como assistente do médium popular, ela começou a chamar atenção na cidade, o que incomodava Duílio. Depois de ter exigido que Valentina parasse de cantar, agora ele não gostava também do novo trabalho da esposa. No começo dos anos 1970, Duílio perdeu a concessão de um bar que possuía. As coisas complicaram, os negócios não iam bem. Mas uma oportunidade apareceu no outro lado do país quando um primo de Duílio o chamou para a construção da Transamazônica.

Valentina escrevia para Duílio e muito raramente recebia resposta. Numa das cartas, descobriu que ele estava construindo um hotel em Altamira.

> Passou-se um ano, ele não voltava e não deixava eu ir. [...] Até que, mais de ano depois, ele conseguiu também a concessão de um posto de gasolina da Esso. Sem que eu soubesse, ele enriqueceu. Eu vivia de um mísero juros, que ele havia emprestado um dinheirinho antes de viajar, deixou numa padaria, e eu vivia com a minha filha daqueles juros, eu não podia comprar um pacotinho de bolacha a mais para ela porque o dinheiro era contadinho. Passaram-se meses e meses e ele não vinha, e eu escrevia e ele não vinha. Até que, um dia, apareceu de repente.

Quando Duílio chegou em Londrina, Valentina pediu para ir a Altamira, mas ele não permitiu. Alegava que o hotel não estava pronto. Dois anos depois de o marido ter ido ao Pará, ela fez as malas e voou para lá.

> Chego lá em Altamira, aí eu vejo o hotel que ele havia construído, estava muito bonitinho, era contíguo ao posto de gasolina. Eu fiquei no quarto número 7, nunca esqueço. Um dia escutei uma voz estranha, no corredor do hotel. Era um estrangeiro, falava em espanhol. Quando eu vejo, esse senhor sai do quarto dele, vem, passa, me olha, diz: *"Permiso, señora"*. Os argentinos são muito cavalheiros, muito educados.

O nome do argentino era Roberto Olivera, um engenheiro que trabalhava em uma das concessões de construções na Transamazônica. Aos fins de tarde, vendo Valentina sozinha, ele se sentava ao lado dela em frente ao hotel e passavam horas conversando. Até que um dia Roberto, sem mais nem menos, disse a Valentina que se casaria com ela. Furiosa, ela foi contar para o marido.

O marido de Valentina não deu muita bola. Ela passou a evitar Olivera, mas ele não desistiu. Valentina então pediu a Duílio que o expulsasse do hotel, e ele respondeu: "Não importa, ele traz muito dinheiro pro hotel". Na época, Olivera trabalhava para uma empresa em São Paulo que levava muitos hóspedes para o hotel.

Valentina voltou para Londrina e, na segunda vez que foi a Altamira, ficou sabendo do envolvimento de Duílio com a esposa de um dos funcionários dele. Confrontou o marido, que deu explicações nada convincentes. Já bastante desgastada, Valentina tomou a decisão de voltar para Londrina e comunicar a Olivera: se quisesse mesmo se casar com ela, que a encontrasse lá. Antes de ir embora, porém, deu um ultimato a Duílio: que fosse buscá-la até a segunda seguinte. Ele não foi e Valentina acabou ficando mesmo com Olivera.

Em 1973, Valentina passou a ter um relacionamento com Roberto Olivera, mas comenta: "Me senti como uma prostituta na hora que eu saí com ele. [...] Todas as vezes que me casei foi por desespero. Nenhuma por amor. Eu não conheci o amor assim, de namorar, de passear. Nunca conheci". Esse casamento, porém, marcaria o começo de uma grande virada na vida de Valentina. Ela ainda não desconfiava.

As Verdades

Ao voltar para Londrina, Valentina montou um comércio de compra e venda de móveis chamado Mosquito Loko. Olivera, além de ajudar no Mosquito Loko, tocava uma ortopédica em Londrina.

Depois de mais ou menos uns sete anos de casados, Valentina foi surpreendida. O evento que mudou tudo aconteceu em 27 de maio de 1981:

> Eu rezava, né? Pensava que tinha que rezar. Não conhecia as Verdades ainda, então, rezando... E aí ele [Olivera] incorpora, repentinamente, e falou: "Para de rezar", e eu arregalei os olhos, se eu me lembro bem, levei um susto. Falei: "Pronto, é um exu", e parei de rezar, de susto. Eu me assustei realmente, aí que eu rezava mais ainda em pensamento.
> Eu rezava como cristã. Ave Maria, o Pai Deles. Que não é meu.
> Naquela época, eu era católica. Por isso que eu dizia, eu rezava e me deram um berro, mandaram eu calar a boca.

A voz que ouvira teria sido de uma entidade — ou melhor, Individualidade, nos termos de Valentina — que incorporara em Olivera. E, assim que ele incorporou a primeira vez, as "Individualidades" que ocupavam seu corpo pediram algo a Valentina.

Fizeram algumas peripécias, as Individualidades com o Olivera, antes de ele incorporar. Por exemplo, falaram que tinha que entrar numa piscina até o peito. E cadê a piscina? [...] Aí fomos nas águas termais, aqui no Paraná mesmo. E um dia, então, depois de algumas peripécias, ele incorpora e começa a falar a primeira frase, eu tenho escrito isso. Primeira frase que falaram foi: [...] "Por fim, as Verdades chegarão", e desincorporou. Só falou isso. E eu fiquei pensando: "Que Verdade?". Eu não sabia nada e não achei a resposta. E, depois de alguns treinos, alguns desincorpora, incorpora, abacate que cai, abacate que não cai, água de piscina, que isso, que aquilo... As Individualidades foram preparando ele bem preparado pra que ele se manifestasse realmente.

Uma Individualidade é uma energia, como eu tenho, você tem, todos temos. Somos mantidos por ela, sem ela não estaríamos materializados. É uma energia que transitou pelo cosmo, passando por todos os planetas, todas as galáxias, até chegar a se conhecer. Ou seja, eu existo, até elas saberem quem são, que não são simples energias. Já estão num caminho bastante adiantado, mas, para essa evolução, é necessário que elas passem por muitos planetas para conhecerem tudo e dizerem "eu sou", porque já passaram, já foram flores, já foram cachorros, eu também já fui um cachorro. Você também foi. Todos nós fomos.

Porque o universo é uma potência. São milhões e milhões de espaços, milhões de seres transitam por ali, cada qual, cada energia com "e" maiúsculo, que são as almas, os espíritos. Cada um tem seu mentor, que vai instruindo as energias, ainda não individualidades, que têm que passar uma série de planetas, uma série de coisas para chegarem a ser uma individualidade. Então, essas Individualidades, elas incorporavam no Olivera e me contavam tudo sobre o universo, quem eles são, o que eles fazem.

A partir de 27 de maio de 1981, todas as noites, Olivera recebia uma "Individualidade" e contava um pouco sobre as Verdades; ou, como Valentina chama, os "conhecimentos universais". Ela anotava tudo, e algumas dessas sessões eram gravadas.

O casal foi juntando todas essas informações, montando um quebra-cabeça sobre os mistérios da origem da vida, sobre a humanidade e o propósito de tudo. Pouco depois, em uma das incorporações de Olivera, Valentina conversou com uma Individualidade expondo seu desejo de compartilhar as "Verdades Universais" com mais pessoas. Não queria que todas aquelas informações importantes ficassem só em poder deles. A individualidade não se opôs.

Foi nesse contexto que Roberto Olivera publicou, em 1982, o primeiro livro com as ideias que o casal recebia das Individualidades,

O universo de Zuita. Segundo Valentina, Zuita seria o verdadeiro pai da humanidade.

O livro mistura história, filosofia, ufologia, física quântica, enfim, todos os ingredientes de uma típica filosofia de religião da Nova Era. Os conceitos são apresentados de forma mais organizada e concisa do que em *Deus, a grande farsa*, que Valentina lançaria anos depois.

Como Olivera era um homem culto, é notável quanto seus estudos determinaram boa parte das bases que fundamentam o que viria depois a ser o Lineamento Universal Superior. Ele era o cérebro por trás das ideias. Valentina contribuía com a experiência que teve no tempo que auxiliou o médium Zezinho. Ela entendia o mecanismo de interação entre um médium incorporado e uma auxiliar. Mas logo descobriria que precisava ser a protagonista.

Em 1983, o casal se mudou para a Argentina com seu filho adotivo, Roberto Alexandre, que tinha então cerca de 4 anos. Sua filha biológica, nesse ponto, já era adulta e tinha suas próprias filhas, mas se mudara para Cuiabá. Valentina adotara Roberto Alexandre quando trabalhava no Moskito Loko e uma moça apareceu com o neném nos braços.

Na Argentina, Olivera começou a fazer palestras com o conteúdo acumulado das mensagens. O número de ouvintes aumentava a cada reunião. Eram curiosos, ufólogos, pessoas que procuravam respostas. Havia convites para entrevistas em jornais, rádios, aparições em programas de TV.

Em 1985, o grupo que frequentava palestras e, agora, cursos que Olivera ministrava já era maior. Havia pessoas que auxiliavam o casal durante as aulas. Muitas delas tornaram-se amigas. Foi nesse momento que Valentina decidiu voltar ao Brasil.

No mesmo ano, ela lançou *Deus, a grande farsa*. Ela me explicou o conceito por trás do título:

> Trevas são as Energias, com "e" maiúsculo, ou seja, as almas, os espíritos que traíram a luz verdadeira, porque Deus não é a luz. Deus é uma Individualidade cósmica que traiu a luz querendo o poder que ela possui. E então ele mudou de lado, se tornou trevas. Essa é a verdade. Mas ele não é Deus [...] Ele se tornou comandante deste planeta. Então ele só manda doença, trevas, briga... tudo o que padecemos nesse planeta é a mando dele. A Bíblia é um best-seller de mentiras, sanguinária. Você vê lá que Deus mandou matar as crianças, mandou matar o filho não sei de quem.

> Imagina, a Luz não faz isso. A Luz só manda amor, felicidade, não faz ninguém se ajoelhar.

Ideias desse tipo eram relativamente populares em círculos místicos da década de 1970 e 1980. Então, é muito provável que Roberto Olivera as tenha conhecido. Valentina, por sua vez, sempre me afirmou que não tinha contato com esse tipo de literatura. Mas é notável que, em seu livro, ela faça fortes críticas ao cristianismo.

> Jesus realmente existiu. É uma Energia tríplice, de altíssimo valor. Nada tem a ver com esse tal de Deus e menos ainda é filho dele. [...] As Individualidades me disseram que [...] "quem usar os seus poderes em favor próprio estará cavando a própria tumba". Acontece que Jesus usou os poderes dele, quando ele percebeu que tinha poderes. Transformava crianças que brigavam com ele, qualquer coisa, e era molecote. E ele usava os poderes para petrificar os moleques e usava para que caíssem num buraco que eles estavam brincando e não sabiam que tinha aquele buraco. E ele ria. Ele nunca deveria usar os poderes dele em favor próprio. Todas as Energias sabiam que quem fizesse isso em próprio favor se perderá. E Jesus se perdeu. Eu tenho poderes, mas não me atrevo a usar em meu favor. Eu uso muitas vezes em favor de terceiros, isso sim eu posso.

Deus, a grande farsa projetou ainda mais Valentina. De volta ao Brasil, ela ganhou um programa numa TV e numa rádio de Londrina. Neles, falava mais das "revelações" que teve e dos conhecimentos universais sobre os quais escreveu no livro.

Valentina e Olivera se revezavam nas palestras, passando a atrair mais gente. Se antes eram trezentos ouvintes, agora havia reuniões com até 1,5 mil. Valentina estava feliz. Tinha achado seu propósito. E, para entender o que ela interpretava como a sua missão, é preciso voltar um pouco e explicar um conceito importante para ela: "programação".

> IVAN: Todos nós temos uma programação desse suposto deus e a gente tem que sair dela?
> VALENTINA: Exatamente. Todos nós. Eu tenho uma programação também dada por deus, porque é ele que comanda esse planeta. Ele é o tal do anjo caído, ele deu as costas para a verdadeira luz. Chama-se Luz Amor Verdade, VAL de trás pra frente, que é Valentina, então eu estou programada por ele para sofrer tudo o que eu já sofri. Para ir para uma cadeia, para estar

no meio de assassinos, de lésbicas, de tudo quanto é coisa, mas saí ilesa. Porque eu não agredi, eu nunca matei ninguém.
IVAN: Sua missão seria alertar as pessoas sobre a programação que esse deus coloca nelas?
VALENTINA: Exatamente. As programações são ele que impõe e a energia tem que obedecer, porque senão ele chicoteia muito a energia, quem sofre é a matéria.

Então, compartilhar os tais conhecimentos universais com o mundo todo e alertar a humanidade sobre esse Deus falso e suas "programações" seria a missão de Valentina. Mas por que ela foi escolhida?

Eles não me chamam de Valentina, nada, eles dizem "minha amiga" e me chamam de fonte. Eles diziam: "Você é a fonte. Nós vivemos em torno de você porque procuramos a Verdade". O que é a Verdade que incansavelmente eles buscam? Eles diziam: "Só quando você deixar a matéria é que iremos saber. Se você contar, nós saberemos de onde você surgiu". A Verdade é essa: de onde eu vim, como me materializei, para que surgi...

Em 1985, essa missão estava indo muito bem. O número de seguidores crescia, a procura por palestras e cursos aumentava, os convites para entrevistas e programas de TV chegavam diariamente. Mas Valentina começou a notar algo no marido.

Eu estava morando na Argentina com ele, que começou com um comportamento meio estranho, sabe. Ele estava se passando, assim, seduzindo, não traindo, seduzindo. Ele adorava seduzir as moças que iam escutar as palavras dele. Ele era um homem de uma cultura inacreditável mesmo. Era um argentino bonito, corado. As mulheres começaram a se jogar para o lado dele e ele esqueceu a verdade e começou a fazer coisas que papai do céu diz que é pecado. Você vê uma moça bonitinha e tal e coisa, você fala: "Hum, essa aqui acho que eu vou dar um jeito de pegar". E aí você pega mesmo, e depois vai para a rua cantando e assobiando. Aí eu vi que o comportamento dele não ia de acordo com o que tinha que ser e deixei dele. Mas não como inimigos. Ele ficou na Argentina e eu vim embora para Londrina.

Em 1987, Valentina separou-se de Olivera, voltou para o Brasil e casou-se novamente — dessa vez, com o homem que aparece na fita VHS que integrou as evidências no caso Evandro e em Altamira: José Teruggi.

Com a separação, porém, o grupo de seguidores também sofreu uma cisão, e a maioria decidiu seguir com Valentina. Na Argentina, dois desses seguidores passaram a trabalhar com afinco na divulgação dos conhecimentos, inclusive ministrando cursos por lá, já que Valentina estava no Brasil. Eram os irmãos Carlos e Rubens José Calvo. Eles atuavam de maneira organizada para criar um grupo mais sistematizado, unificando as frentes.

Há um pouco de confusão sobre quem fundou o Lineamento Universal. Em diversos documentos, vemos o protagonismo dos irmãos Calvo. Mas Arnaldo Busato, advogado de Valentina, diz que a ideia veio antes deles, que seria na verdade um antigo desejo de Roberto Olivera. Independentemente de quem tenha sido a mente por trás, foi nesse momento que o grupo passou a ter um nome: LUS — Lineamento Universal Superior. Segundo o site oficial do grupo, "L.U.S. é uma associação dirigida a mentes abertas e dispostas a conhecer fatos e informações sobre o Universo que ultrapassam as convencionais".

Seria essa associação uma seita? Pela definição, a palavra seita vem do termo *secto*, relativo a separação, que significaria um grupo que professa uma doutrina, ideologia, sistema filosófico, religioso ou político divergente da doutrina ou sistema dominantes.

O cristianismo, em seu início, poderia ser considerado a seita mais famosa do mundo. Um grupo minoritário de judeus acreditava que o messias já teria vindo e, por isso, se separou dos outros. Portanto, os cristãos eram uma seita durante o Império Romano.

Se o sistema dominante de crença religiosa no Brasil é o cristão, e o LUS é um grupo que professa uma doutrina fora desse sistema dominante, em termos muito genéricos e abrangentes, até poderia ser definido como seita. O problema é que o uso da palavra, no senso comum, assumiu uma carga negativa, sendo que, na definição pura, seria apenas um grupo que pensa diferente da maioria. Existem, sim, cultos e seitas que privam pessoas de suas liberdades, impedindo-as de ver familiares e forçando-as a viver somente em torno de suas crenças. Alguns desses grupos são bem famosos. E, para tentar verificar se esse seria o caso do LUS, tive a oportunidade de conversar com alguns de seus membros. Um deles era Marcelo Suarez — um argentino e também um dos "filhos" de Valentina que morava em Londrina, visitando-a com frequência.

MARCELO SUAREZ: O povo entende seita como coisa ruim. Então, tem que estar bem explicado, bem diferenciado. Não somos fanáticos, não somos religiosos fechados. A imprensa, como o povo, mistura essa ideia. Então, não posso falar que somos seita, não somos.

IVAN: Mas são um grupo com ideias próprias de cunho religioso místico...

MARCELO SUAREZ: Não, não é misticismo.

IVAN: Com cunho religioso então?

MARCELO SUAREZ: É que o termo religião, eles todos se baseiam em endeusar uma deidade. Nosso caso não é assim. Nós, como eu te falei, tratamos [Valentina] como "mamãe" para que seja algo familiar. Então, não pode ser algo religioso místico porque estamos falando de algo que não é.

IVAN: Mas Zuita não seria essa entidade?

MARCELO SUAREZ: Zuita é a entidade, é uma Individualidade cósmica e o nosso Pai, mas não tratamos ele como algo místico e religioso. Não é assim. Não é adorada. Porque adoração, na humanidade, tem que fazer rituais, tem que entregar coisas. É outra coisa, muito distinta.

Valentina tinha acesso às Verdades Universais através de Olivera, que incorporava as individualidades. Separada dele, como continuaria recebendo as revelações? A resposta veio com seu marido seguinte, José Teruggi. Valentina conta:

Ele passou a ser frequentador. Numa das reuniões, quando eu já não estava mais com o Olivera, eu vi ele sentado no meio dos outros, apontei e falei: "Olha, você. Venha na próxima reunião". Ele me respondeu: "Ah, desculpe, senhora, mas eu não vou poder vir. E eu tenho uma mediunidade que não é comum, sabe? Consigo ver muita coisa do futuro". Então, eu olhei pra ele e falei: "Você vai poder sim". E, quando chegou no dia da outra reunião, realmente ele veio. E assim começou o nosso conhecimento. Aí eu vim pra cá, e o Teruggi se enganchou atrás. [...] E, aí, tive um impulso de experimentar se ele poderia incorporar. Intuí que o experimento daria certo. E assim foi. Ele foi para o meu quarto, falei: "Deita" e ele deitou direitinho. Só segurei na mão dele e o corpo dele começou a voar e "bum", caía na cama outra vez e fazia assim e gritava. Não sei como ele não quebrou minha cama italiana.

Logo, Teruggi assumiu o papel de Olivera, tornando-se o veículo para que Valentina voltasse a receber as mensagens das Individualidades. Ou seja, se no início Olivera tinha o protagonismo, agora, Valentina buscava demonstrar que ela é quem era importante, e seus maridos-médiuns seriam apenas um canal para as entidades se comunicarem

Depois de Teruggi, veio Walter Muñoz, que não era médium. E, então, Christian, seu último marido — e que, nas palavras de Valentina, era um grande sensitivo.

Interrupção

Foi com Teruggi que Valentina entrou na fase mais difícil da sua jornada espiritual: as acusações de assassinatos, rituais; em resumo, a ideia de que Valentina seria líder de uma seita satânica.

No caso de Guaratuba, ela foi mencionada durante a investigação e levada da Argentina ao Brasil para depor. Após avaliar com cuidado toda a situação, a juíza Anésia Kowalski dispensou Valentina como suspeita no caso Leandro Bossi. Entre vários fatores, havia um que se destacava: as descrições que se tinha a respeito da suposta mulher "gringa" que teria oferecido dinheiro para Osvaldo e Davi raptarem crianças não batiam.

As confissões que tinham levado a ela eram falsas e haviam sido feitas sob tortura. Além do mais, Valentina não era gringa. Era brasileira.

Olhando pela perspectiva de Valentina, à medida que nossas conversas iam avançando cronologicamente, teríamos que falar mais sobre Guaratuba, depois Altamira e, enfim, o que havia acontecido nos últimos anos. Ao longo de dois meses, tivemos encontros semanais de uma a duas horas, que era o que ela aguentava nos seus mais de 90 anos de idade. Mas os encontros começaram a ficar mais irregulares. Não raramente, ela desmarcava alguma entrevista. Comecei a notar seu incômodo. E, repetidas vezes, um nome aparecia: Christian, seu último marido.

A questão era que seus problemas não terminaram após ela ter sido absolvida do júri no Pará. Pesquisando-a no Google, encontram-se matérias de 2016 sobre uma nova investigação da Polícia Federal por lavagem de dinheiro e ocultação de patrimônio. Eram denúncias que teriam vindo de integrantes da LUS, mas que, conforme Busato afirmou, na verdade teriam vindo de Christian — o advogado acusou-o na televisão de ter feito as denúncias porque era ele que havia lesado o grupo e, além de tudo, controlava a vida financeira dela.

Ele foi um sensitivo espetacular. Ele sabia que eu tinha uma quantia muito grande de dinheiro, que foi levada daqui por um delegado, que você deve saber que foi comprado pelo Christian. Eu vi que ele estava no caminho errado, então, mandei ele embora. As Individualidades praticamente me obrigaram a deixá-lo, e eu não sabia por quê. Foi uma fase dificílima, até hoje não descobri se eu amei o Christian ou se eu fui agradecida a ele. Porque ele me cuidou muito, ele realmente me amou da maneira que eu realmente queria ser amada. Até que ele se desviou do caminho. Ele viu onde eu tinha guardado uma soma muito grande, meio milhão eu tinha guardado aqui em casa. E as Individualidades começaram a dizer para mim que deixasse ele.

A investigação contra ela nesse caso não resultou em nada. Mas a questão toda envolvendo Christian e o dinheiro que Valentina tinha toca em outro ponto sempre muito especulado sobre ela: de onde ela tiraria tanto dinheiro? Há quem acredite, por exemplo, que ela recebe enormes quantias mensais de membros do Lineamento. Mas nada jamais foi provado e, ao que tudo indica, não há nenhuma pessoa rica que faça parte do Lineamento. Teruggi, no entanto, tinha muitas posses. Quando ele morreu, num acidente de paraglider,[51] ficou tudo para Valentina.

Em nossas conversas, ficava claro que a morte de Teruggi tinha sido muito traumática para Valentina. O término do relacionamento com Christian também. Mas, além da questão afetiva, havia outro problema: Teruggi teria sido um dos últimos sensitivos que poderiam lhe ajudar nas comunicações com as Individualidades. Depois dele, apenas Christian teria essa habilidade.

IVAN: As individualidades sempre conversavam com você a partir dos sensitivos com quem você estava casada. Hoje você não está casada, como elas conversam com você?
VALENTINA: Através do meu filho, Roberto Alexandre. Ele não chega a ser um sensitivo, mas, de vez em quando, eu peço para ele incorporar. Agora, eu tenho também um outro nas mesmas condições, que mora na Argentina, que eu chamo de Guiguinho. O nome dele é Pablo Rodrigues. Ele também é igual meu filho. Quando a saudade aperta demais meu coração, aí eu peço: "Meu filho, incorpora aí para a mamãe", e incorpora na hora. Mas

---

51 Nas entrevistas que me concedeu, ora Valentina falava que Teruggi havia morrido num acidente de asa-delta, ora de paraglider.

é diferente dos reais sensitivos. Eles não me trazem informações, é muito rápida a incorporação deles, porque eles não são já de berço preparados para serem sensitivos, como foram o Christian, o Olivera, o Teruggi. Eles são quebra-galho.

Eu já tinha quase dez horas de material gravado quando chegou o dia D. Chegava o momento de falar sobre Altamira. Mas então...

Eu não queria continuar a entrevista nossa porque está mexendo muito com o meu emocional. Eu tenho pesadelos à noite, não consigo dormir direito porque aquilo fica rondando na minha cabeça. Eu prefiro parar com a entrevista porque, olha, estou com 90 anos. Agora em setembro eu faço 91, estou bem de saúde, não posso reclamar, felizmente. As Individualidades me cuidam, eu sei, elas sempre estão presentes. Então, eu preferia que nós interrompêssemos.

Tentei conversar com ela, negociar.

IVAN: O meu foco aqui, além de conhecer sua história, é que você possa falar sobre o que estava acontecendo com você nas épocas de Guaratuba e de Altamira.
VALENTINA: Mas é justamente o ponto que me dói muito. Relembrar as injustiças, tudo o que eu passei, que não sai da minha memória. Eu estou, assim, dolorida demais ao recordar fatos, então isso está me atacando mesmo. Muitas noites, eu passo chorando, fico muito emocionada ao lembrar de coisas... de Altamira, então... me faz tudo muito mal, sabe, Ivanzinho? Não está me fazendo bem. Fico muito sobressaltada, às vezes eu acordo aos gritos.

Apesar de os problemas legais de Valentina terem se encerrado, estava claro para mim que ela não queria mais ter que se explicar. Quem tinha ficado ao seu lado durante todos os momentos era o filho adotivo — que também era de Olivera.

ALEX: Eu sou Roberto Alexandre Andrade Olivera. Tenho 42 anos e sou filho da Valentina de Andrade. Não falo para ninguém [...]. É uma coisa que eu não comento. Por isso que eu não uso tanto meu nome socialmente, eu falo: "Meu nome é Alex", pra não ter muita associação, porque é um fantasma na minha vida. Realmente eu tenho muito medo, e sim, já fui muito julgado, pessoas pararam de falar comigo. É um estigma.

Olha, a verdade é que nós [ele e Olivera] convivemos muito pouco porque a minha mãe se separou dele quando eu tinha uns 8 anos, e ele nunca foi um pai muito presente, nem quando estava casado com a minha mãe. [...]

E, se a relação com o pai não era boa, a situação também não melhorou quando Valentina se casou com Teruggi:

ALEX: O Teruggi era uma pessoa muito retrógrada, sabe? Tinha uma mentalidade muito conservadora, era bastante homofóbico, machista, racista... uma pessoa bem difícil nessas questões sociais e tal. Então, para mim, foi bem difícil. Ele me perseguiu bastante com essa questão da sexualidade também. Isso acabou causando um atrito entre mim e a minha mãe. Ele enchia a cabeça da mãe, como se ser gay fosse errado, que eu estava indo pra um caminho errado. Coisas desse tipo, sabe? Então, para mim foi bastante difícil até eu me assumir mesmo.

IVAN: Eu lembro de uma matéria que saiu na revista *Manchete* sobre Guaratuba e que falava que Valentina andava com um "menino afeminado". Você tinha 13 anos naquela época? Era a você que o texto se referia?

ALEX: Era eu. E você veja como naquela época, no comecinho dos anos 1990, também existia toda uma questão social de como a homossexualidade era malvista. Eles colocavam isso na matéria como se fosse uma coisa pejorativa, como dizendo: "Nossa, ainda por cima ela tinha um filho afeminado". Eu me lembro bem dessa matéria. Para mim foi muito difícil, muito pesado. [...] Ver a minha mãe, com a cara dela estampada nos jornais, na televisão, como se ela fosse uma assassina, uma líder de seita satânica, enfim. Eu era praticamente uma criança. Hoje uma criança de 13 anos já está um pouco mais avançada, tem tecnologia, celular, internet, acesso a muita informação. Na minha época, não tinha nada disso. Era só o que saía nos jornais mesmo e pronto. Então, tudo tinha um peso muito grande pra mim.

IVAN: A Valentina faz alguns comentários sobre homossexuais no livro dela que não são dos mais carinhosos. Como você lida com isso?

ALEX: Olha, eu lido bem, precisamos entender o contexto histórico das coisas. A mãe já está com 90 anos. Ela foi criada numa época muito diferente da nossa. Então, assim, não justificando certas coisas, mas eu acho que a gente tem que entender que eram outros tempos, era uma outra criação. Hoje em dia, as pessoas mais jovens acham que você já tem que estar antenado, desconstruído... não é bem assim. [...] Eu fui explicando para ela muitas coisas. Então, hoje, ela entende coisas que antigamente não entendia. Ela é totalmente pró-gays. Em 2002, por aí, um pouco antes do julgamento em Belém, tinha uma boate aqui em Londrina que foi a primeira boate, dizia-se, GLS na época. A minha mãe falou um dia: "Você não me leva lá para eu conhecer?". Eu falei: "Levo". Ela se produziu toda, se arrumou e foi comigo na boate.

Em uma das minhas conversas com Valentina, ela havia me revelado algo sobre Alex que me deixou curioso.

IVAN: Ela me falou que você não segue nada do Lineamento. Isso é certo?
ALEX: Sim, sim.
IVAN: [...] Eu vejo sua mãe falando com verdadeira paixão e devoção sobre tudo que ela diz ter recebido das Individualidades cósmicas. E daí, eu vejo o filho dela que não segue. Ela te culpa, já teve briga por causa disso? Qual é tua visão sobre o Lineamento?
ALEX: Acho que existe uma diferença entre mim e os integrantes do Lineamento porque, de uma certa forma, eles escolheram. Eu não tive essa escolha, porque eu já nasci no Lineamento. Eu já nasci com as Verdades existindo, com tudo isso acontecendo. [...]

Li o livro da minha mãe, participei das reuniões do Lineamento, ainda participo, de uma certa forma, porque eu estou sempre em contato com a minha mãe. Mas eu não participo diretamente dos ensinamentos. Até porque, depois que estourou todo o negócio de Guaratuba, depois veio a questão do Pará etc., eu fiquei muito incrédulo. Todas essas questões, as Individualidades que eles incorporavam nos faziam crer que estávamos protegidos de tudo. Então, de repente, eu vejo todo um pandemônio acontecendo, o nome da minha mãe para lá e para cá, enfim, tantas coisas nós sofremos e passamos, que eu falei: "Poxa, mas nós não estávamos superprotegidos por esses seres, por essas pessoas, enfim, essas Individualidades? O que está acontecendo aqui?". Essas eu acho que foram as primeiras coisas que começaram a me fazer desacreditar dessa questão das verdades.

Em meio a tudo isso, a filha biológica de Valentina ficou 25 anos sem falar com ela. Alex, no entanto, ficou ao lado da mãe o tempo todo. Durante as acusações, as ameaças, os piores momentos. E, em minha conversa com ele, fiz um questionamento, algo que não saía da minha cabeça:

IVAN: Você acredita que ela realmente fala com Individualidades Cósmicas?
ALEX: Olha, Ivan [...] eu não acredito piamente, totalmente, nessa questão das Verdades e tal, mas eu também não duvido. [...] Eu não acredito que a minha mãe seja uma pessoa mentirosa, entende? Eu não tô falando isso nem pra ficar bem com ela, eu realmente não acredito que a minha mãe minta. Eu acho que ela acredita muito em tudo aquilo que lhe foi passado, ensinado, isso se tornou a vida dela, né. Isso se tornou a vida dela em todos os sentidos. Na forma de sentir, de agir, de falar, enfim.
IVAN: Eu vou ser mais explícito ainda. O que eu quero saber é se Alex Roberto acredita que existem Individualidades Cósmicas que se

comunicam com Valentina através de médiuns, que eram o Olivera, depois Teruggi, depois Christian, que são poderosos. E que essas pessoas sempre serviram como veículos pra que essas Individualidades conversassem, e hoje em dia elas não têm mais nada pra falar, e elas revelaram grandes Verdades pra sua mãe.

ALEX: Não, não acredito.

[...]

Eu acho que a minha mãe, ela foi... Vamos usar a palavra "enganada". [...] O Teruggi, por exemplo, era uma pessoa muito controladora. O Teruggi fazia absolutamente tudo pra poder controlar a minha mãe. E quando surgiram as questões dos processos, as questões de Guaratuba, do Pará etc., ele usou muito tudo isso pra assustá-la. Então, por exemplo, como geralmente era ele que tratava com os advogados e tal, quando ele percebia que a minha mãe começava a dar uma relaxada, a se sentir um pouquinho mais segura e tal, ele chegava e falava "Alex, tem muita coisa que você não sabe". Ele controlava as informações. O controle de informação é poder, compreende? Então, eu acho que ele exercia esse poder em cima da minha mãe controlando as informações e foi deixando ela muito, muito, muito assustada. Ela já estava assustada porque obviamente era pra estar assustada, como todos nós ficamos com todo o ocorrido... Mas eu acho que emocionalmente ele fez um controle emocional nela muito pesado [...] Fugiu a palavra agora, mas ele continuou no mesmo *modus operandi*, sabe? De ir controlando a mãe.

VAN: Você sabe... eu tinha uma avó, ela faleceu faz uns três, quatro anos já. Ela era viúva, ela se separou do meu avô na década de 1960, daí ela casou de novo com um militar que morreu na década de 1990 e ela ficou com uma aposentadoria, uma pensão gigantesca. Então ela era a famosa "velha, viúva, rica", sabe? [...] A minha avó era uma figuraça. Ela dormia até 4 horas da tarde e varava a madrugada indo em cassino ilegal. [...] E ela perdeu muito, muito dinheiro, dando casa pra menininho jovem, que a morar na casa dela. [...] Em resumo, assim, ela perdeu todo o dinheiro dela. Ela morreu com uma dívida gigantesca. A pensão dela que, em valores de hoje, devia ser algo como 40 mil reais que ela ganhava. O dinheiro dela entrava e ia tudo para pagar empréstimo de dívida que ela tinha. De uma vida de luxo ela foi pra merda muito rápido por conta de gente aproveitadora. Eu ouço a Valentina falando do Christian e de outros caras que passam, eu vejo aqueles vídeos do Lineamento cheio de gente em volta da sua mãe, uma velhinha naquela casa maravilhosa em Londrina... Eu não consigo parar de pensar na minha vó.

ALEX: Sim.

Nesse momento, Alex começa a chorar

ALEX: Desculpa... É exatamente assim que eu vejo. [...] Eu posso ter tido N problemas de convivência com ela, de desentendimentos e tal... Mas a minha mãe tem esse lado bastante inocentona, assim, sabe, Ivan? [...] Eu não conheci a mãe dela, a minha vó ou a "mulher", como ela chama, mas eu obviamente sei por ela que elas tiveram uma relação muito difícil. E eu imagino que a minha mãe se tornou uma pessoa extremamente carente por causa disso, sabe? Minha mãe sempre falou "Ah, porque eu não tive pai, porque eu não tive mãe. A minha relação com a mãe foi muito difícil". [...] Então, eu acho que ela é uma pessoa muito, muito, muito carente de afeto, de atenção, de família, né. E a mãe é muito assim: se chegar qualquer pessoa agora, nem tô falando de Christian, de Lineamento, de ex-maridos... Se chegar alguém agora na porta da casa dela e falar "Olha, dona Valentina... Assim, assim, assado" e levar ela na lábia, fazer um papinho bonitinho e ela se sentir acolhida, ah, pronto. Ela já tá adorando essa pessoa, já tá achando que a pessoa tá gostando dela de verdade... Não tô dizendo que a mãe é burra, obviamente não. Mas a mãe é inocente, Ivan. Nesse sentido, ela é muito, muito inocente, muito carente. Eu vejo isso há muito tempo.

E eu te digo mais: além de tudo isso, imagina, vêm essas entidades, vamos dizer assim, as Individualidades Cósmicas e tal... E alguns começam a se apresentar pra ela, ou ela começa a nomeá-los assim, mas, indiferente de como tenha sido, um é o pai, o outro é o avôzinho, o outro é o padrinho, o outro é não sei o quê. Ou seja, ela começa a formar essa família cósmica universal, esses seres tão evoluídos... Então, imagina, além de tudo isso, ela se sente superacolhida por aquilo que ela não teve na vida, né, se sente superacolhida e especial. Ou seja, além de ela ser a profetisa, a salvadora etc., ainda tem esses seres que tão falando "Olha, você é a minha filha, você é a minha neta, você é a minha sobrinha".

IVAN: Você é a Maria Madalena...[52]

ALEX: Você é Maria Madalena... Então, claro, imagina. Cara, a pessoa se sente extremamente especial, acolhida... Como você não vai acreditar? Tô dizendo assim, tentando olhar pela visão dela, né. Depois de ter se sentido tão rejeitada por mãe, por família, por marido, por pessoas... E de repente descobrir que ela é o centro do centro do Universo e que ela tem uma família com quem ela pode contar, a qual ela não tem aqui nesse plano. Então, é isso. É difícil, né?

Eu só queria dizer que... Acho que não teve muito tempo aqui de falar algumas coisas, mas aqueles clichês de mãe: "Se eu for aí e achar...". Todos aqueles clichês de mãe, sabe? A mãe também tem. Então, a mãe também não é essa profetisa, nanana, não sei o quê, o tempo todo. Dentro de casa, ela é uma dona de casa normal, que cozinha [...].

---

[52] Em entrevista para mim, e também no seu livro *Deus, a grande farsa*, Valentina afirmava ser a reencarnação de Maria Madalena.

Quando Valentina quis interromper as entrevistas, me disse que sentia estar se aproximando do momento da sua morte. Ou melhor, estava indo "para outro sistema vibracional". Nesse tempo em que tive contato com Valentina e seus filhos, pude finalmente ver os lados que não havia visto. A filha sem mãe, a mãe com muitos filhos. A mulher que acreditava ter recebido os maiores segredos do universo e pagado um preço alto por isso. Uma profetisa frustrada.

Na madrugada de 31 de dezembro de 2022, pouco mais de 48 horas após o lançamento do 25º episódio do podcast — cuja adaptação você leu aqui neste capítulo —, Valentina faleceu aos 91 anos, em decorrência de uma série de problemas de saúde. De alguma forma, é como se ela sentisse que poderia finalmente descansar.

Ela não teve a oportunidade de ouvir o episódio, não houve tempo. Mas Roberto Alexandre ouviu assim que foi publicado, e em uma mensagem emocionada, antes de ela falecer, agradeceu por finalmente terem tido um espaço para contar as próprias histórias, pela primeira vez.

Poucos dias depois, eu tentava consolá-lo numa mensagem, falando que havia recebido a notícia do falecimento dela. Ele respondeu numa mensagem de áudio, chorando e agradecendo. Era o dia de seu aniversário.

FIM DO INTERLÚDIO

24. Os meninos do Maranhão

Em 6 de dezembro de 2003, um dia depois da absolvição de Valentina, Jonnathan Silva Vieira, 15 anos, morador do Bairro Jardim Tropical, na periferia de São Luís, Maranhão, saiu de casa por volta das 7h30 da manhã para apanhar juçara, um fruto comum nas regiões Norte e Nordeste do Brasil. No fim da tarde, ainda não tinha retornado. Sua irmã, Regiane, começou a se preocupar. Em circunstâncias normais, talvez pensasse que Jonnathan estivesse com algum amigo ou perdera a noção da hora e poderia estar pela vizinhança. Mas ela sabia que os últimos tempos não tinham nada de normais.

Entre 17 de setembro de 1991 e aquele dia de 2003, 29 garotos com o perfil de Jonnathan — menores de idade, do sexo masculino — haviam desaparecido na região. A história era sempre similar: saíam de casa em plena luz do dia, para jogar bola, soltar papagaio ou apanhar fruta, e nunca mais eram vistos com vida.

Os corpos de quatro desses jovens nunca foram encontrados. Outros dez foram descobertos semanas ou meses depois, já em estado de decomposição avançada ou restando apenas a ossada, sendo difícil afirmar o que exatamente tinha acontecido com eles. Mas quinze foram encontrados pouco tempo depois de terem sumido. E todos, sem exceção, tinham sido mortos e emasculados.

Os crimes, por suas características, assemelhavam-se aos de Altamira. Mas haveria conexão entre as mortes do Maranhão e as do Pará?[53] E quem seria o responsável pelos crimes nos arredores da

---

[53] Como vimos anteriormente, a defesa de Valentina já havia levantado essa suspeita durante seu trabalho no júri de Belém no fim de 2003. Porém, a intenção deles não era apontar um verdadeiro culpado — até porque não havia nenhum suspeito dos casos do Maranhão que havia sido investigado também em Altamira. Assim, o que eles pretendiam demonstrar é que, nos casos do Maranhão, que eram muito similares, Valentina nunca foi suspeita. Logo, provavelmente ela não seria a responsável pelos casos de Altamira. Em outras palavras, era uma tática de defesa, e não de acusação contra terceiros.

capital maranhense? Regiane, irmã de Jonnathan, tinha uma pista que abriria caminhos para elucidar um mistério de duas décadas que envolvia a morte e emasculação de mais de quarenta jovens em dois estados.

Quando comecei a mergulhar nos crimes do Maranhão e percebi que a similaridade com os de Altamira se dava até nos menores detalhes, me questionei por que os dois casos não foram conectados judicialmente. Descobri que a resposta não era simples: as mortes nos dois estados estavam e não estavam conectadas. Claro, eu não era o primeiro a me questionar sobre isso. Então, para minha sorte, pude me apoiar em uma série de trabalhos de investigação desenvolvidos nas últimas décadas sobre o tema.

Em Altamira, os casos dos meninos emasculados ocorreram entre 1989 e 1993. No Maranhão, os primeiros casos de morte e emasculação ocorreram entre setembro e novembro de 1991 — nesse período, nenhum menino foi morto e/ou emasculado em Altamira. As datas das mortes em um estado e outro não se sobrepõem. Após novembro de 1991, as mortes no Maranhão subitamente pararam e voltaram a acontecer em Altamira. Mais precisamente, no primeiro dia de 1992, com a morte de Judirley, seguida das de Jaenes, Klebson, Maurício e Flávio.

Apenas em 1994, quando os assassinatos e desaparecimentos de meninos pararam em Altamira, é que voltaram a ocorrer no Maranhão. Pelas datas intercaladas, que nunca se sobrepõem, os assassinatos poderiam ter sido cometidos pela mesma pessoa. E essas conexões até chegaram a ser feitas em alguns momentos.

As ligações entre Maranhão e Altamira

Sabemos que, no Pará, os pais se organizavam em grupos para pedir justiça. No Maranhão, não era diferente. Havia um contato estabelecido entre os pais das vítimas de ambos os estados e uma conexão direta entre dois centros sociais ligados a padres italianos da Teologia da Libertação, que davam amparo jurídico para os casos. No Pará, esse apoio se dava por meio do Cedeca–Emaús, fruto do trabalho das lideranças locais e do padre Bruno Sechi. No Maranhão, por meio do Instituto Marcos Passerini, ligado ao padre homônimo.

Nos autos do processo de Altamira, há uma ata de uma audiência pública realizada pelo Cedeca em Altamira, em 13 de agosto de 1999, por conta dos dez anos de impunidade dos crimes. Nela, há uma carta de Rogenir Almeida Santos, coordenador do Instituto Marcos Passerini, no Maranhão, datada de um dia antes, expressando solidariedade e conhecimento da situação no estado vizinho.

Ainda que haja comprovação de que esses familiares estavam em contato, não temos conhecimento do tamanho dessa conexão. Até onde sabemos, nunca houve iniciativa para pedir que os crimes fossem oficialmente analisados como conectados.

Assim como os crimes de Altamira ganharam repercussão nacional, os casos do Maranhão também foram noticiados na TV aberta, em horário nobre, ao longo dos anos, como se pode notar em uma matéria do *Jornal Nacional*.

> ÂNCORA: As famílias dos meninos mortos no Maranhão pedem a ajuda da Polícia Federal para desvendar os crimes. Doze meninos entre 9 e 15 anos foram violentados, castrados e assassinados. Desde o primeiro crime, já se passaram sete anos, como mostrou ontem o *Jornal Nacional*.
> REPÓRTER: Um maníaco? Magia negra? Em sete anos de investigação, a polícia do Maranhão tem muitas hipóteses. Três suspeitos foram presos e depois soltos por falta de provas. Os inquéritos de três casos desapareceram.[54] A polícia de São Luís acredita que cinco crianças mortas entre novembro de 1991 e fevereiro deste ano tenham sido sacrificadas em rituais de magia negra. Os meninos, com idade entre 10 e 13 anos, foram encontrados nus em matagais, deitados de bruços, com os braços esticados para trás, e sem os órgãos genitais. São crimes que, para a polícia, estão diretamente ligados à morte do menino Evandro Caetano, assassinado num ritual satânico, no Paraná. A polícia está convencida que um grupo de estrangeiros, integrantes de uma seita ainda desconhecida, esteve em São Luís quando os crimes aconteceram. A suspeita ganhou força com o depoimento de uma moça que foi obrigada a participar de um ritual de magia negra.

Altamira e Maranhão apareciam na mídia ora separados, ora conectados, permeados por Guaratuba. Sempre que os casos eram

---

[54] Quando a imprensa ou familiares falam de "inquéritos desaparecidos", é comum pensar-se primeiramente que isso seja intencional, fruto de ações de "pessoas poderosas". Porém, como pude constatar diversas vezes em casos e estados diferentes, na grande maioria das vezes isso ocorre por pura displicência, falta de organização e pouco apreço por documentação em instituições públicas. É um problema endêmico que ultrapassa fronteiras estatais.

conectados, era pelo viés da magia negra e, com frequência, colocados na conta do LUS, sem aprofundamento algum.

No jornal paraense *O Liberal*, de 8 de agosto 1993, o jornalista Océlio Morais traça a similaridade nos crimes do Maranhão e Pará, usando a nomenclatura *serial murderer*, que define como "crimes idênticos e praticados em série". Na sequência, diz que os crimes foram praticados para rituais de magia negra ou de "macumba". A tese de um único assassino em série é logo descartada e voltamos à velha narrativa de um grupo criminoso atuando. Ainda assim, é o mais próximo que existe, em uma matéria da época, de se aventar a possibilidade de um crime serial. Isso mostra que a ideia de serial killer, hoje tão conhecida, entre outros motivos, por causa de séries e filmes americanos, ainda não era bem compreendida pelo público em geral no Brasil — e muito menos por autoridades.

E quanto à Polícia Federal, que deveria operar com um rigor metodológico e livre de preconcepções? Em algum momento chegou a pensar na ideia de crimes serializados? O fato de a instituição, no início dos anos 1990, comprar a crença de que havia uma seita satânica que agia em território nacional e era comandada por Valentina impediu que os crimes fossem analisados em suas particularidades e nas similitudes de *modus operandi*.

Se a polícia tivesse mergulhado tecnicamente nos casos, talvez entendesse que o mesmo assassino poderia ser responsável pelas mortes no Maranhão e em Altamira — mas não pela de Evandro. E, quem sabe, teria feito uma investigação geograficamente focada, tentando traçar conexões entre Altamira e São Luís e seus arredores. Assim, poderia ter chegado à resposta dos crimes à época, impedindo que dezenas de crianças fossem mortas no Norte ao longo dos anos seguintes.

Mas a PF não foi a única instância a ignorar as semelhanças entre os casos. A Polícia Civil de ambos os estados também as ignoraram. E, até onde sabemos, a do Maranhão jamais se comunicou com a de Altamira. Tampouco o Poder Executivo dos dois estados, ou o Judiciário. Ao menos não há qualquer registro dessa natureza em nenhum dos 71 volumes dos autos de processo dos meninos de Altamira.

Como resultado, juridicamente, os casos do Maranhão e de Altamira caminharam de forma autônoma. Os crimes do Maranhão tiveram os próprios inquéritos, conduzidos de forma individual. Cada criança teve um processo próprio, aberto e conduzido pela Polícia Civil do estado. Assim, qualquer padrão entre os casos deixou de ser traçado, e o foco recaiu sobre suspeitos individuais para cada morte. Como a de Jailson Alves Viana, que desapareceu em 25 de dezembro de 1996, aos 15 anos. Pelo crime, foram presos três homens, cujos sobrenomes vou omitir: Genésio, Francisco e Elrismar. Mas os crimes não pararam após suas prisões.

Em 1998, seria preso outro homem, Robério. Era o padrasto de Júlio Cesar Pereira Melo, um menino de 11 anos que desapareceu e foi encontrado morto em 1998, no município maranhense de São José de Ribamar. Robério foi condenado sem nenhuma prova, apenas pela proximidade com a criança. Realmente, não é incomum que episódios de crimes contra crianças sejam cometidos por homens próximos a elas — mas não era o caso. Como esclarecido posteriormente, Robério "confessou" sob tortura um crime que não tinha cometido.

Como esperado, a prisão de Robério também não fez com que os crimes no estado parassem. Por consequência, os familiares do Maranhão, com o apoio do Centro Padre Marcos Passerini, seguiram pedindo justiça e fizeram barulho e pressão em diversas entidades. Quando um caso de violação de direitos humanos não é resolvido por um dos países-membros da Organização dos Estados Americanos (OEA) — caso do Brasil —, pode-se abrir um pleito na Comissão Interamericana de Direitos Humanos (CIDH). Foi o que aconteceu no Maranhão: o grito de dor das famílias foi escutado, e esse pleito foi aberto em 27 de julho de 2001, com a ajuda de uma ONG chamada Justiça Global.

> Em 27 de julho de 2001, as organizações não governamentais Centro de Defesa dos Direitos da Criança e do Adolescente Padre Marcos Passerini e o Centro de Justiça Global (CJG) apresentaram uma petição à Comissão Interamericana de Direitos Humanos contra a República Federativa do Brasil, na qual denunciaram o homicídio da criança Raniê Silva Cruz em setembro de 1991, no município de Paço do Lumiar, estado do Maranhão. Em 31 de outubro de 2001, as peticionárias apresentaram uma segunda petição denunciando o homicídio das crianças Eduardo Rocha da Silva e Raimundo Nonato da Conceição Filho, em junho de 1997, novamente em Paço do Lumiar, Maranhão.
>
> Com base nos fatos denunciados, as peticionárias alegaram que o Brasil violou os artigos I (Direito à Vida), VI (Direito à Constituição e Proteção à Família), VII (Direito de Proteção à Maternidade e à Infância) e XVIII

(Direito à Justiça), da Declaração Americana sobre Direitos e Obrigações do Homem, e os artigos 4 (Direito à Vida), 8 (Garantias Judiciais), 19 (Direito à Proteção da Criança) e 25 (Direito à Proteção Judicial) da Convenção Americana sobre Direitos Humanos.

A própria República Federativa do Brasil virou ré. Com isso, a PF foi acionada e começou a agir no Maranhão. O estado foi pressionado. Mas, ainda assim, as mortes continuavam a acontecer. Depois da morte de Júlio César e da prisão de Robério, outros doze meninos desapareceriam. O décimo terceiro era Jonnathan.

A pista

Em 6 de dezembro de 2003, Robério seguia preso, assim como Genésio, Francisco e Elrismar, entre outros, de inquéritos que corriam separados. No Pará, Césio, Anísio, Amailton e Carlos Alberto também seguiam encarcerados pela morte dos meninos em Altamira.

Foi em 10 de dezembro de 2003 que um evento mudou o rumo de nossa história: tinha sido decretada a prisão preventiva de um homem chamado Francisco das Chagas.

A dra. Edilúcia Trindade era delegada da Polícia Civil do Maranhão, à época integrante da Delegacia de Homicídios, e foi quem escutou pela primeira vez as suspeitas relativas a Chagas. "A linha de investigação não me dava margens que não o Chagas. Por quê? Porque, felizmente, Jonnathan disse para Regiane, a irmã, que iria sair com o Chagas para pegar juçara", afirmou a delegada em entrevista que me concedeu. O encontro seria na "oficina do Beto", na rua de trás da casa de Jonnathan.

Regiane contou em depoimento:

> Há uma semana, aproximadamente, seu irmão Jonnathan Silva Vieira, comunicava que iria buscar juçara com um amigo chamado Chagas: Jonnathan não informou o local onde pegariam a juçara; que, no último sábado, dia 6 de dezembro de 2003, por volta das 7 horas da manhã, Jonnathan saiu de casa sozinho, de bicicleta, dizendo que iria ao encontro de Chagas, certificar-se de que este iria buscar juçara conforme combinado, caso positivo retornaria para comunicar a depoente; que Jonnathan não retornou; que ele mesmo não comunicou sua saída a nenhum familiar, apenas

à depoente; que ninguém da família conhece Chagas, mas diariamente Jonnathan saía dizendo que iria a uma oficina, onde Chagas trabalha, consertar sua bicicleta; que a depoente já havia passado na frente da referida oficina algumas vezes, no entanto, nunca teve curiosidade de saber quem era o mecânico Chagas; que ninguém da família questionou, até a ocorrência do fato, a amizade entre Jonnathan e Chagas: que, mesmo antes da ocorrência deste fato, a depoente observou que a oficina de Chagas era muito frequentada por adolescentes da idade de Jonnathan.

Jonnathan frequentava a oficina quando precisava consertar sua bicicleta. E foi a bordo de sua bicicleta azul que ele saiu para seu último passeio. Alguns dos garotos mortos em Altamira também estavam de bicicleta.

Regiane passou a tarde preocupada com o irmão, conversando com vizinhos e perguntando por Chagas:

> Que, no dia do desaparecimento de Jonnathan, por volta das 6 horas da tarde, Chagas bate à porta da casa da depoente acompanhado de um sobrinho e um vizinho de sua irmã e pergunta que história era aquele que a depoente dizer que ele tinha saído com Jonnathan; que a depoente afirmou para ele que Jonnathan disse que sairia com ele para tirar juçara e que ia acionar a polícia; que Chagas ficou rindo e disse que não conhecia o irmão da depoente, perguntando qual seria seu nome (o nome da vítima).

Às 19h30, preocupada por seu irmão não ter retornado, Regiane saiu de casa e, com a ajuda de familiares e amigos, começou a busca pelo menino.

Nem a polícia, nem os vizinhos pareciam estar seguros de que Chagas fosse realmente o responsável pelo desaparecimento de Jonnathan. Segundo Rita, a mãe do garoto, em depoimento, quando buscaram as autoridades, a polícia teria mandado a família ir embora e retornar após 48 horas, caso o menino seguisse desaparecido. "Todo mundo, à exceção da família, se surpreendeu. Porque o Chagas era um exemplo para a comunidade. Inclusive, ele foi um dos que participaram da comitiva para pregar cartazes nas portas e tudo. Participava como se nada tivesse acontecido", contou a delegada Edilúcia.

Seguindo as instruções, às 7h21 da manhã do dia 8 de dezembro, exatas 48 horas após o sumiço de Jonnathan, a mãe e a irmã foram até a delegacia registrar formalmente o desaparecimento e apontar o nome de Francisco das Chagas como envolvido no caso. E, segundo Edilúcia, a presença e a pressão da família junto à mídia foi essencial.

No mesmo dia, Chagas foi interrogado pela polícia e negou ter se encontrado com Jonnathan na data de seu desaparecimento:

> Que não conhece esse adolescente, tendo-o visto algumas vezes na oficina de propriedade de Beto, onde o interrogado trabalha; que nunca conversou com tal adolescente; que, no sábado, dia 6 de dezembro de 2003, o interrogado acordou por volta das 6 horas da manhã e foi até a oficina, ao encontro de Beto, pois ambos iriam até ao bairro São Raimundo "assentar" uns portões de ferro.

A prisão

Chagas forneceu à polícia uma sequência detalhada do que tinha feito no dia do desaparecimento de Jonnathan. Como não havia provas contra ele, foi logo liberado. Dois dias depois do seu primeiro depoimento, porém, em 10 de dezembro de 2003, o relato de um garoto o incriminou. Matheus era um menino de 8 anos que foi até a delegacia acompanhado da mãe, Maria Silvana Coelho, madrinha de Jonnathan. Ele se tornaria uma testemunha-chave, voltando à delegacia e prestando depoimento outras vezes. Em um dos depoimentos, a mãe afirmava que havia feito um pedido ao filho no dia em que Jonnathan desapareceu:

> Por volta das 10h30, que comprasse uma barra e uma caixa de sabão, dizendo, ainda, a Matheus que, se encontrasse Jonnathan Silva Vieira, que era para o mesmo ir à casa da depoente; Matheus foi rapidamente para o comércio, sendo que, quando o mesmo chegou no portão do fundo da casa, Matheus olhou Jonnathan na "oficina do Beto", retornou para o interior da casa e disse à depoente: "Mamãe, ele tá lá na oficina do Beto", que a depoente pediu para Matheus chamar Jonnathan, sendo que aquele voltou com a resposta de que este iria à casa da depoente entre 10h30 e 11h; que Matheus disse, ainda, que "Jonnathan iria sair com Chagas", sendo perguntado pela depoente quem era Chagas, sendo respondido, por Matheus que "era aquele que vivia na padaria com o cabelo arrupiado".

A dra. Edilúcia relatou que ela mesma elaborou o termo de reconhecimento, incluindo quatro pessoas, e que Chagas foi prontamente reconhecido como a pessoa que estava com Jonnathan naquele momento. Destacou que, apesar de a testemunha ser uma criança, a informação foi corroborada pela mãe.

Em 11 de dezembro, dia seguinte a esse depoimento de Matheus, Francisco das Chagas de fato foi preso. No dia 15, a dra. Edilúcia fez uma solicitação formal para realização de perícia psiquiátrica e psicológica.

Ao conversar com o psicólogo Carlos Leal, responsável em realizar tal procedimento, a delegada mencionou que não poderia fornecer muitas informações, pois o laudo precisava ser imparcial, mas destacou a existência de casos similares no Pará, informação incluída na representação enviada ao juiz. A delegada tinha essa suspeita por três motivos: primeiramente, por conta da cobertura dos júris de Belém, os casos de Altamira estavam em evidência na mídia nos últimos meses, tornando difícil para ela não pensar nas similaridades dos casos nos dois estados. Segundo, para além da cobertura midiática, ela também já conhecia os casos dos meninos de Altamira e do Maranhão por conta de congressos de investigação dos quais participava, em que tais casos eram mencionados. Por fim, é bem provável que, desde o dia em que o teve como suspeito, a dra. Edilúcia já ficou sabendo de uma informação vital e que seria formalizada no dia seguinte em interrogatório: antes de se estabelecer no Maranhão, Chagas havia morado em Altamira.

No dia 16 de dezembro, ainda preso, Chagas foi interrogado sobre sua vida pregressa. A delegada conta que, como já havia estudado os casos de Altamira e o *modus operandi* envolvido, no interrogatório, ela adotou uma técnica diferente, buscando construir uma relação de confiança com Chagas. Nesse processo, ele revelou que morava no Maranhão desde 1994 e que, entre 1977 e 1994, residira no Pará.

Foi apenas em dezembro de 2003, logo após o júri de Valentina, que, pela primeira vez em décadas, alguém preferiu investigar a hipótese de um único assassino serial nos dois estados em vez de uma seita satânica.

Mais testemunhos contra Chagas

Logo, outras testemunhas aumentariam as suspeitas. Beto, o amigo citado por ele, desmentiu que o teria encontrado para "assentar portões", derrubando assim seu principal álibi. Ele era o próprio dono da oficina mecânica onde Chagas trabalhava, e chamava-se Carlos Alberto. Nesse mesmo depoimento, afirmou que Jonnathan havia visitado o local na semana anterior e que havia sido atendido por Chagas, corroborando o depoimento de Regiane. Nailson Cruz, um menino de 15 anos, também residente do Jardim Tropical, prestou depoimento dizendo que "três ou quatro dias" antes de Jonnathan desaparecer, teria sido convidado por Chagas para catar juçara e, quando negou o passeio, o mecânico teria ficado bravo e insistido.

Ainda que a Polícia Civil tivesse conseguido autorização para prender Chagas provisoriamente, seria difícil mantê-lo ali por muito tempo sem encontrar o corpo de Jonnathan. Mas, em 19 de dezembro, a bicicleta do garoto foi apreendida pela polícia em posse de um menino chamado Ruan Victor. Em depoimento no mesmo dia, Ruan afirmou ter encontrado a bicicleta "escondida no mato".

Maria Lucia, mãe de Ruan, que o acompanhou até a delegacia, disse que seu filho lhe confessou que "no dia 6, assistiu [a] um homem transando com um menino, mas o menino não estava mais com vida, e que o mesmo estava usando camisinha". Na ocasião, teria visto a bicicleta azul do menino, pegado e a retirado do local.

A polícia começou a procurar pelo corpo nas matas que circundam a região descrita por Ruan, com autorização para manter Chagas preso nesse ínterim. Em 16 de janeiro de 2004, cerca de quarenta dias após Jonnathan desaparecer, uma ossada humana entre 14 e 15 anos, com traumatismo craniano como *causa mortis*, foi encontrada em um matagal, próximo a uma pedreira, a 4 quilômetros de distância da casa de Chagas.

No dia 18 de janeiro, encontraram uma camisa, uma bermuda e um chinelo em um buraco a cerca de 5 metros do local onde havia sido achada a ossada. A família de Jonnathan identificou como pertencentes ao menino e, assim, sua morte foi oficialmente declarada.

Em 26 de janeiro, Chagas foi indiciado por homicídio e ocultação de cadáver. Durante todo esse período, continuava negando a autoria do crime.

Laudos de análise da ossada apontaram para fraturas no ânus que corroboram a tese de violação sexual, amparando o testemunho prestado pela mãe de Ruan. Além disso, na data da prisão de Chagas, foi feito um exame no acusado, onde "lesões encontradas na glande, no sulco bálamo-prepucial e no freio do pênis do acusado são compatíveis com trauma local, sugerindo a prática de coito anal".

Nova liderança nas investigações

Em janeiro de 2004, outro delegado da Polícia Civil do Maranhão assumiu o caso de Jonnathan. Seu nome é João Carlos Amorim Diniz e, desde abril de 2003, ele já coordenava uma equipe que investigava os outros casos dos meninos emasculados do Maranhão.

Em uma audiência de que participou na Comissão de Direitos Humanos, no Congresso Nacional, em novembro de 2004, Diniz explicou que a equipe incluía membros do Grupo Estadual de Combate às Organizações Criminosas, do Ministério Público, da Polícia Civil, da Polícia Militar e da Polícia Federal. Disse também que já conhecia os dados de Altamira e os incluiu numa tabela junto com os do Maranhão, vendo que as datas não coincidiam.

> Até abril de 2003, nós tínhamos em São Luís catorze vítimas mortas e efetivamente emasculadas; cinco ossadas — não tinha como saber se foram emasculadas; e tínhamos um caso em Codó. Dentro da ilha de São Luís, naquela área de 4,5 por 12 quilômetros, foi onde ocorreram os crimes. Por que só ocorreu dentro dessa área? Isso quer dizer que alguém, ou as pessoas que cometeram esses crimes, tinham aquilo ali como seu território. Minha primeira constatação. Codó, 300 quilômetros de São Luís, um crime isolado.
>
> Tudo isso [...] foi antes de sabermos da existência do Chagas. Aqui são duas vítimas: o Edvan, em 15 de fevereiro de 2002; e o Welson Frazão, em 7 de outubro de 2001. A forma como foram encontrados esses cadáveres: o Edvan estava coberto por tijolos e o Welson, com aquelas palhas, todas cobrindo-o. Uma das coincidências mais fortes: houve a retirada do dedo médio das mãos das duas vítimas. E a distância, o local da cidade, foi próximo à estrada da Maioba, a uma distância de 1,3 quilômetro exatamente, na beira da pista. Outras duas vítimas: Josemar, no dia 9 de outubro de 1997; e Rafael, no dia 25 de outubro de 1997.
>
> O que nós começamos a constatar? Às vezes, em pares de vítimas. No Welson Frazão e Edvan, constatamos semelhança na forma como foram ocultados, nas lesões sofridas, o espaço de tempo, cinco meses, e o espaço geográfico. A mesma coisa constatamos aqui nesses dois: retirada de

mamilo, emasculação, retirada de dedo e retirada de uma orelha de um para o outro.

Carlos Wagner, em 20 de novembro de 1991; Bernardo, em 3 de março de 1992; e Nerivaldo, em 21 de março de 1996. As lesões: emasculação e ferida no pescoço, do mesmo lado.

Após esse estudo das lesões e dos locais, não sabíamos mais o que fazer. Nós tínhamos vários inquéritos e já tínhamos feito esses estudos. Nós suspeitávamos de que poderia ser uma pessoa só para esses crimes, ou algumas pessoas trabalhando junto. E achamos o seguinte, bem, vamos fazer um levantamento das crianças que tinham desaparecido, de preferência dentro daquela área demarcada. Começamos a fazer isso a partir de maio.

[...]

Até que, no dia 6 de dezembro, Jonnathan desapareceu bem dentro dessa área. Fomos logo investigar. [...] No depoimento, Chagas contou que morou em Altamira até 1991; que em 1991, nos meados do mês de agosto, teria vindo a São Luís trazer a cunhada para tratamento médico e retornado para passar o Natal e o Ano-Novo em Altamira. Em janeiro, retornou novamente com a cunhada para São Luís e, lá pelo mês de maio, junho e julho, havia retornado novamente com ela para Altamira. Esse depoimento dele, quando nós jogamos naquela tabela que eu tinha, coincidiram datas dele em Altamira e em São Luís.

Aí minha equipe entrou para encontrar o corpo do Jonnathan, então a gente foi para a rua direto e encontrou o corpo dele no Santana, aquela área, a 500 metros de onde foi encontrado o corpo de Josemar. [...]

A forma como foi encontrado o corpo: próximo de pés de tucum, coberto por palha, nu. Não sabíamos se tinha sido emasculado porque estava só a ossada. Conseguimos provar que ele matou Jonnathan em razão de testemunhas que viram ele com o garoto. Mas daí a investigá-lo pelos emasculados é uma outra história. Que foi em cima desse depoimento dele e da forma como foi encontrado o corpo do Jonnathan, que é semelhante à forma como foram encontrados os demais meninos emasculados. A partir daí nós investigamos ele.

Em 2004, ainda não existiam smartphones nem Google Maps. Mas o delegado Diniz tinha em sua equipe o perito Wilton Carlos Rego, engenheiro civil de formação, que tinha um equipamento caríssimo na época: um GPS. Com o auxílio dele, passou a demarcar num grande mapa todos os casos dos meninos emasculados. Quando Chagas apareceu, o delegado marcou também todos os locais onde ele morou e trabalhou nos anos em que os casos aconteciam — e notou que havia algumas proximidades.

Busca e apreensão

Naquele início do ano de 2004, Chagas era mantido preso preventivamente porque várias testemunhas confirmaram que o tinham visto com o garoto logo antes de ele desaparecer. Quando o corpo do menino foi encontrado, ele se tornou ainda mais suspeito. Ele, porém, seguia negando tudo. Até que, no dia 26 de março de 2004, mais de três meses após ele ter sido preso, foi feita uma busca e apreensão em sua casa.

Nela, foi encontrada uma baladeira ou estilingue. Um garoto de apelido Siba, cujo nome era Sebastião Ribeiro Borges, havia desaparecido no dia 17 de agosto de 2000, depois de ter saído de casa com sua baladeira para caçar passarinhos. No dia 18 de setembro de 2000, seu corpo seria encontrado em um matagal a aproximadamente 300 metros da casa de Chagas.

> DINIZ: Essa baladeira foi encontrada na casa de Chagas. Nos estudos dos nossos inquéritos, constavam vítimas que desapareceram quando estavam passarinhando com baladeira. Fomos atrás dos pais. O Sebastião, pai de uma criança que foi morta em 2000, cujo corpo foi encontrado em um matagal a 305 metros da casa do Chagas, reconheceu a baladeira pelo couro, dizendo que ele tinha tirado de uma chuteira velha e dado para o garoto. E, realmente, na perícia consta que o couro era de um calçado. Posteriormente, um garoto chamado Rodolfo, que morava na mesma rua do Chagas e cujo irmão (Alexandre Lemos Pereira, de 8 anos) também desapareceu, em 2002, falou que a casa fedia a cachorro podre. Eu perguntei se ele já tinha visto a baladeira na casa do Chagas, ele disse que sim porque ele sabia que aquela baladeira era do Siba. "E como é que você sabe?" "Porque foi a gente que fez, tinha dois riscos que a gente botou porque, se alguém levasse, a gente saberia que era a nossa." E eu não tinha visto isso.

Dessa vez, os policiais analisaram o solo, buscando pontos em que a terra tivesse sido removida, um indício de que poderia haver corpos lá enterrados. Foi nesse dia que encontraram sob o solo uma cartilagem ressecada, que depois seria verificado que se tratava de uma traqueia. E, depois de dois dias de escavações, encontraram duas ossadas.

A partir desse momento, a pressão em cima de Chagas aumentou. No mesmo dia em que as ossadas foram encontradas, ele confessou ter cometido três crimes no Maranhão. No relatório feito pela Polícia Civil, lê-se:

Interrogado no mesmo dia em que foram encontradas as ossadas humanas, Chagas confessou ter assassinado e enterrado no interior da sua residência a criança Daniel Ribeiro Ferreira, de 4 anos, sobrinho de Silvandira, sua ex-companheira, a qual estava desaparecida desde 10 de fevereiro de 2003, e o adolescente Diego, o qual seria, segundo Chagas, um "menino de rua".

Confessou, ainda, que estava em companhia do adolescente Jonnathan Silva Vieira no dia 6 de dezembro de 2003, em um juçaral [bosque de juçaras] na localidade Santana, quando teria ocorrido um acidente e o referido adolescente caiu de uma juçareira, bateu a cabeça e morreu, tendo Chagas, com medo de que o mesmo fosse encontrado, ocultado o corpo em um matagal.

Exames de DNA feitos pela Universidade de Alagoas corroboraram as confissões de Chagas e identificaram as ossadas como pertencentes a Daniel Ribeiro Ferreira, 4 anos, e Emanoel Diego de Jesus Silva, 14.

Daniel foi a vítima mais jovem e mais próxima de Chagas. A criança estava sob o cuidado do pai, Domingos, que, bêbado, dormia ao seu lado na cama, quando desapareceu, no meio da madrugada. Em um relatório da Polícia Civil do Maranhão, verificamos que Chagas era vizinho, parente e muito próximo da família, frequentando a casa "quase que diariamente", onde "às vezes almoçava, jantava, tomava café e brincava com os filhos do casal". Segundo uma matéria do jornal *O Estado de S. Paulo*, publicada em 25 de abril de 2004:

> No desespero que se seguiu, por mais de um ano, Chagas foi de exemplar solidariedade. Deu ombro para Domingos e Mônica, os pais de Daniel. Comandou buscas, deu entrevistas para rádios e televisões clamando por providências das autoridades. Tão solidário foi que a polícia de Cutrim o convidou, nada mais, nada menos, para participar da reconstituição do crime.

Confissões e condenação

A partir daquele fim de março de 2004, após terem sido encontradas as ossadas e os objetos de garotos em sua casa, Chagas começou a falar. Suas primeiras confissões datam do fim de março de 2004, nas quais ele confirmava ter matado ao menos três garotos: Jonnathan,

Daniel e Diego. À medida que os meses foram passando, com base nas investigações do dr. Diniz e sua equipe, Chagas confessou o assassinato de 29 meninos só no estado do Maranhão, entre 1991 e 2003.

> Ele só foi ouvido por mim depois que encontrei as ossadas. Então ele não confessou nada, ele teve que admitir com as provas que foram colocadas. Ele não confessou trinta crimes,[55] confessou alguns, de livre e espontânea vontade, como a terceira ossada que foi encontrada no terreno ao lado da casa dele. Outros crimes ele teve que admitir porque nós já tínhamos as provas.

Em outubro de 2006, Rita, mãe de Jonnathan, deu um depoimento no tribunal do júri que condenou Chagas pelo assassinato do menino por unanimidade. Nos anos subsequentes, Chagas foi condenado no Maranhão pela morte de diversos outros garotos.

Vinte e nove garotos. Vinte e nove vidas tiradas por Chagas. O número assusta na mesma medida que massifica. É difícil dar conta da dimensão humana e individual da tragédia. A morte de cada um desses garotos é um futuro tirado de uma comunidade. Os anos que a polícia demorou para resolver os casos fizeram as famílias pararem no tempo, tirando também seu futuro. Um crime é uma tragédia coletiva e, também, individual. Não serei capaz, neste livro, de dar conta da individualidade de cada um dos vinte e nove casos do Maranhão.

Então, como narrar essas vidas que foram tiradas?

Nos autos de processo do Maranhão, há dezenas de páginas das confissões de Chagas, descrevendo nos mínimos detalhes como encontrou e matou cada uma das crianças. Por um lado, essas informações são preciosas por escancarar as semelhanças de *modus operandi* com os casos Altamira; por outro, há uma dor imensa contida nessas páginas. Nos capítulos que se seguem, falarei pontualmente sobre alguns detalhes importantes para compreender questões das mortes de Altamira.

---

55 Diniz aqui está provavelmente arredondando os números, mas há uma questão: em seu relatório, Diniz cita uma vítima morta e emasculada que foi encontrada no dia 16 de outubro de 2001. Seu nome era Ruan Diego da Silva Portela, e morava no município de Codó-MA — cidade em que Chagas fez várias vítimas. Chagas nunca confessou esse caso, mas pela semelhança do crime é difícil não suspeitar de que o garoto possa ter sido uma de suas vítimas. Se ele for considerado uma potencial vítima de Chagas, o número chega realmente a trinta.

Como se pode perceber, Chagas agia sempre da mesma forma. Atraía meninos pobres e moradores das comunidades em que vivia, convencendo-os a fazer alguma atividade corriqueira e atrativa, como catar juçara, manga, pegar passarinhos. Atraía-os para um local ermo, com mato nos arredores. Lá, os matava e emasculava.

Chagas jamais confessou ter cometido violência sexual contra os garotos. Mas, como já vimos, a análise do corpo de Jonnathan aponta para o contrário — ainda que não possamos afirmar com segurança que isso sempre acontecia.

Por conta da portaria do secretário Nilmário Miranda, aberta durante os júris de Belém, a Polícia Federal já estava encarregada de investigar outros casos de crianças desaparecidas, mortas e emasculadas que poderiam ter relação entre si.[56] Inicialmente, a suspeita era da atuação de uma seita satânica operando em vários estados do território nacional, mas a prisão e confissão de Chagas mudou todo o cenário. Por causa disso, no dia 1º de abril de 2004, a delegada Daniele Gossenheimer Rodrigues, encarregada naquele momento das investigações, foi interrogar Chagas no Maranhão pela primeira vez.

Nessa ocasião, a dra. Daniele tinha apenas um interesse: entender sua história de vida em Altamira. Lá, ele deu detalhes sobre sua infância, criação, pessoas com quem tinha se relacionado. A princípio, ele negava ter cometido assassinatos em Altamira, mas o trecho todo em que ele fala isso é fundamental para entender Francisco das Chagas. Lembrem-se de que, a essa altura, após terem encontrado corpos e objetos em sua casa, Chagas já havia começado a confessar alguns assassinatos que havia cometido no Maranhão.

> QUE a respeito dos fatos de que é acusado no Maranhão, ou seja, o homicídio de meninos, afirma que tem esquecimentos temporários que o impedem de descrever exatamente como foi a violência praticada, recordando-se, normalmente, apenas do momento em que iniciou sua agressão contra os meninos, ou destes contra o declarante, e de quando já se encontrava sozinho em outro lugar, logo depois; QUE, sobre os surtos de esquecimento, relata que iniciaram quando ainda estava em Altamira, depois de uma febre forte causada pela malária que pegou na primeira vez

---

56 Conforme explicado no Capítulo 20, isso se dava por conta da Resolução nº 43, de 24 de setembro de 2003, assinada pelo então secretário de Direitos Humanos, dr. Nilmário Miranda.

em que foi para o garimpo da Ressaca, em 1982; QUE não se recorda de ter praticado crimes semelhantes no Estado do Pará, achando que não o fez; QUE, porém, concorda em ser levado a Altamira a fim de que, no local, possa se lembrar se praticou tais atos e da forma de execução; QUE, em princípio também não lembrava de ter praticado os crimes de São Luís, mas aos poucos foi recordando dos locais onde havia estado com os meninos e de seus atos.

Essa passagem é importante de se ter em mente quando se pensa nas confissões de Francisco das Chagas, e vou aprofundar isso no devido momento. Mas o ponto é que suas confissões não são simplesmente na linha de "OK, vocês me pegaram, agora vou falar tudo". Ele sempre começava falando que não se lembrava de nada, que tinha apagões de memória. E daí, à medida que as conversas avançavam, ele ia dando detalhes. Como se entrasse em um fluxo de pensamento que o fizesse lembrar alguma coisa. É por isso que, a partir do momento que Chagas passou a confessar seus crimes, no fim de março de 2004, suas confissões foram incluindo outros casos. Ele começou confessando três assassinatos: o de Jonnathan e dos dois meninos cujas ossadas foram encontradas em sua casa. No decorrer dos depoimentos seguintes, ele chegou ao total de 29 vítimas no Maranhão. Logo, era de se esperar que, muito provavelmente, o mesmo processo de memória poderia ocorrer nos seus casos em Altamira.

E assim, no fim de abril de 2004, cerca de um mês após ter confessado os assassinatos no Maranhão, Chagas começou a admitir seus primeiros crimes — e eles haviam ocorrido em Altamira. Não encontramos nos autos essas confissões oficiais (elas viriam a aparecer um pouco mais tarde), mas é nesse período que Chagas passa a aparecer na imprensa como alguém que está assumindo a autoria de tais crimes. Dentre as confissões, estão alguns nomes que conhecemos bem, como mostra uma reportagem do *Jornal Nacional*:

> ÂNCORA: A Polícia Federal vai acompanhar as investigações sobre mais de quarenta assassinatos de garotos no Pará e no Maranhão. O homem que confessou os crimes pode estar envolvido no caso dos meninos de Altamira, mortos e mutilados nas décadas de 1980 e 1990.
> REPÓRTER: A polícia já gravou dezoito horas de depoimento do mecânico Francisco das Chagas. Depois de confessar 29 assassinatos no Maranhão, ele disse ter matado doze meninos no Pará, na época em que morava em Altamira, a 500 quilômetros de Belém.

[...]

REPÓRTER: As vítimas tinham o mesmo perfil. Eram meninos pobres. Quinze dos mortos foram mutilados. Ao assumir a autoria de doze mortes[57] no Pará, Francisco das Chagas pode desencadear novas investigações sobre o caso dos meninos de Altamira. Foram dezenove mortos entre 1989 e 1993. Quatro pessoas foram condenadas pelo assassinato de três garotos e mutilação de outros dois em supostos rituais de magia negra. Valentina Andrade, acusada de comandar os crimes, foi inocentada.

A polícia do Maranhão pretende fazer a reconstituição de pelo menos três assassinatos. Oito pessoas estão presas acusadas de terem cometido crimes confessados pelo mecânico.[58] A investigação vai contar com a participação da Polícia Federal do Pará.

JOSÉ SALLES [superintendente da PF-PA]: Não sabemos por que mata. É apenas um matador, um serial killer ou está agindo ou agiu a mando, por influência de terceiros?

Apesar de em abril de 2004 Chagas passar a confessar os crimes que teria cometido em Altamira antes de se mudar para o Maranhão, era necessária a obtenção de provas que corroborassem suas falas. Pelo tempo que havia se passado, era esperado que pouca coisa tivesse restado daquela época. Porém, na busca e apreensão que foi realizada na casa de Chagas no dia 26 de março de 2004, a polícia encontrou um extrato PIS que levava seu nome, datado de 30 de junho de 1990. No seu verso, havia um nome e uma data: "Adaílson, 5 de maio de 1991".

Em Altamira, não houve nenhuma vítima chamada Adaílson. Porém, nessa data exata, 5 de maio de 1991, sumiu naquela cidade o garoto Ailton — aquele cuja ossada só foi encontrada 46 dias depois e identificada porque estava com os pertences do menino. Essa é a ossada que posteriormente foi para Belém e se perdeu, impedindo os pais de enterrar o próprio filho.

Em fala para a Câmara dos Deputados, o delegado Diniz explicava sobre esse papel em específico:

> Este é o extrato de PIS em nome de Francisco das Chagas. Encontramos em uma das buscas que fizemos na sua residência. Esse extrato é de 30 de

---

57 Assim como apontamos no início do livro, o número exato de vítimas no Pará é sempre difícil de estabelecer com precisão — às vezes por dificuldade das famílias em reportar, muitas vezes por displicência das autoridades encarregadas.

58 Esses presos são referentes aos casos dos meninos do Maranhão. Após as confissões de Chagas, todos foram liberados, e o Estado do Maranhão reconheceu o erro que havia cometido.

junho de 1990, é bem antigo. Constam aqueles dados: Adaílson, 5 de maio de 1991; Bernardo, 5 de março de 1992. Bernardo é uma das vítimas de São Luís. Ele foi morto no dia 3 de março de 1992, mas o corpo foi encontrado no dia 5. Chagas estava no Maranhão. E constatamos que não existe Adaílson em Altamira, mas existe Ailton, e a data foi 5 de maio de 1991.

Mais na frente, já no final da história, Chagas disse que não sabia o nome das vítimas; quando era noticiado pela televisão, ele anotava o nome e a data em que ocorreu o crime. Ele alega que não se lembra se era esse o nome ou não. O exame grafotécnico deste documento deu positivo para a caligrafia de Chagas, que também confessou ter anotações, em caderno, de todas essas vítimas, mas na iminência de ser preso as jogou fora. Jonnathan desapareceu no sábado. Chagas foi ouvido na madrugada de sábado para domingo; foi ouvido novamente na segunda-feira, um feriado; e só foi preso na quinta-feira. Ele foi ouvido e retornou para casa. E, na segunda-feira, ele foi de livre e espontânea vontade prestar depoimento e voltou para casa.

O que o dr. Diniz não menciona aqui em sua fala é que Chagas era vizinho de Ailton. Essa informação consta nas investigações realizadas pela Polícia Federal, mas também foi confirmada pela irmã de Ailton, a dona Irene, que foi entrevistada por mim e por Rubens durante nossa passagem por Altamira no fim de 2021.

RUBENS: A senhora, durante todos esses anos morando aqui em Altamira, ouviu falar no Francisco das Chagas aqui? Que era um mecânico de bicicletas aqui? Também conhecido como "Neguinho"? Já tinha ouvido falar nele ou ouviu falar nele só pela televisão?
IRENE: Depois que aconteceu isso, foi que eu ouvi falar nele. Só que eu não cheguei a conhecer ele pessoalmente. Mas o pessoal disse que ele morava bem vizinho de nós.
[…] RUBENS: Sim. Ele morava aí. […] Ele trabalhava numa oficina de bicicletas. Ele trabalhou em vários lugares, mas um dos lugares que ele trabalhou era uma oficina de bicicletas. […] De todas essas notícias que viu na televisão sobre o Francisco das Chagas, chegou a saber que ele confessou que assassinou o seu irmão?
IRENE: Eu ouvi falar no jornal que ele confessou que tinha matado muita criança aqui no Pará. No jornal… Parece que foi no *Jornal Nacional*. Uma vez eu assisti, eu vi ele confessando.
RUBENS: É. Foi realizada uma investigação e ele confessou vários meninos dizendo onde pegou, inclusive o do Água Azul, que seria, no caso, o seu finado irmão. Diante disso, eu sei que a minha pergunta é meramente no mundo do achismo porque a gente não sabe de nada. Mas a senhora

acha que o Chagas pode ter tido alguma coisa a ver com o desaparecimento do seu irmão?

IRENE: Eu acho que sim. Porque praticamente ele confessou que matou muitas crianças tanto aqui quanto no Maranhão, né. Eu acho que ele deve ter algum envolvimento. Ninguém pode julgar ninguém, mas eu acho que deve ter sim. Não sei, né.

Em julho de 2004, Chagas já passava a confessar com maior exatidão e memória os crimes que teria cometido em Altamira. Em depoimento para a Polícia Federal, ele confessava ter atacado 14 garotos — sendo três sobreviventes e onze mortos.

Participação da Polícia Federal

Em setembro de 2003, como contei, ainda durante os júris em Belém, a Polícia Federal havia ganhado poderes para investigar todos os casos de crianças mortas no Pará e em outros estados. E agora, com Chagas e suas confissões em abril de 2004, o foco voltou-se para ele. Entrava uma nova equipe de policiais federais, diferentes daqueles que investigaram o caso na década de 1990. E o método de geografia do crime também foi utilizado por essa nova equipe, sempre com trocas de informações com a Polícia Civil e o Ministério Público do Maranhão.

DINIZ: A partir do momento que a equipe entendeu que poderia ser um autor ou alguns autores juntos, em todos os crimes, tivemos que buscar subsídios. No Brasil não tem, então fomos atrás da literatura estrangeira a respeito de serial killer, como eles agem, como é que a polícia americana investigou, o que ela utilizou como prova. Tudo isso nós tentamos adaptar ao nosso trabalho. Existe o que eles chamam de território do criminoso, ele só mata onde ele conhece. Então nós fizemos esse estudo. Aqui é a estrada do Santana, em São Luís, onde ocorreram todos esses crimes. Ali, a Transamazônica, onde ocorreram vários crimes ao longo da estrada. O Chagas morava bem pertinho do início da estrada do Santana e bem pertinho da Transamazônica.

Chagas era um dos moradores dessas comunidades. Um homem comum, que trabalhou em garimpos, em mercados, fez bicos, consertava bicicletas. Era quieto, mas considerado prestativo e um bom vizinho. Nunca chamava atenção, se perdia no meio da massa.

Por isso mesmo, por anos foi o mais cruel dos assassinos sem nunca levantar suspeitas. Era um deles. Um de nós. Morava na casa ao lado das famílias que sofriam o luto de seus filhos. Ajudava nas buscas pelas crianças.

Mas Chagas deixava rastros. Não era um assassino que cometia crimes perfeitos. Sequestrava à luz do dia, não se escondia depois dos crimes, continuava a morar ao lado dos vitimados. Como, então, demorou tanto para a polícia seguir esses rastros e chegar a ele? Talvez porque as crianças que morreram também fossem invisíveis para o Estado.

Foi preciso que os familiares se unissem e, virando uma massa forte o suficiente para gritar em coro e ser escutada, chegassem até o alto escalão da Justiça, para que a polícia fosse forçada a olhar para eles. E foi por conta da irmã de Jonnathan — que, aos 18 anos, se fez ser escutada em um momento de pressão institucional — que Chagas foi preso. As famílias do Maranhão tiveram resposta e puderam descansar, e deixar seus mortos também descansarem.

E os condenados de Altamira?

Mas, em Altamira, as famílias seguiam esperando uma resposta: depois de anos acreditando que a justiça havia sido feita com a prisão da maioria dos acusados, seria mesmo possível acreditar que Chagas, sozinho, fosse o assassino? Afinal, quais eram as mortes confessadas por Chagas no Pará?

O fato de esse serial killer que matava e emasculava crianças sozinho ter morado em Altamira exatamente na época em que os garotos de lá foram atacados confrontava tudo o que as famílias haviam ouvido por mais de uma década.

Valentina foi absolvida no dia 5 de dezembro de 2003. Jonnathan desapareceu no dia seguinte. Poucos dias depois, Chagas foi preso. Para muita gente no Pará, isso não era mera coincidência. Quase um ano após Chagas ter sido preso, ainda se discutia em Altamira se ele era um laranja que estaria assumindo os crimes para tirar da prisão os homens que haviam sido condenados nos júris de Belém em 2003. Ou, talvez, Chagas fosse membro da seita satânica.

Tendo isso em mente, o delegado Diniz falou o seguinte na audiência da comissão de Direitos Humanos, em novembro de 2004:

> Como foi feita essa investigação? Perguntar para ele se ele matou os meninos? Não. Ele foi passear e lá ele ficou até o dia 26 de março, quando nós encontramos a ossada na casa dele. Não houve nenhum contato com Chagas. Inclusive, houve comentários de que advogados de réus presos no Pará teriam ido conversar com Chagas. Foi o doutor, eu não me lembro o nome dele, mas ele está sentado bem ali [APONTA PARA DALLEDONE], ele foi lá na delegacia em razão de entrevista do então superintendente da Polícia Civil da capital na época que o Chagas seria suspeito dos crimes. Ele conversou comigo na minha sala, pediu para conhecer o Chagas. Eu o levei à carceragem, onde, se nós passamos três minutos, foi muito. Ele perguntou o nome do Chagas, onde morou, onde trabalhou, se ele conhecia algum dr. Anísio ou, se não me engano, foi alguma dessas pessoas que estão presas lá. Ele disse que não, disse que ele conhecia alguém de nome. Depois disso foi, se não me engano, o dr. Dalledone, que só falou comigo e foi embora. Aí, o que nós fizemos? O mesmo trabalho que fizemos com as vítimas. Inclusive, foi mandado expediente para a Polícia Federal do Pará, para investigá-lo em Altamira. Foi mandado pelo Ministério Público do Maranhão documentos para o Ministério Público do Pará, em Altamira, para pegar informações sobre Francisco das Chagas, saber se ele havia respondido a algum processo, alguma coisa dele lá, que nós precisávamos. Até hoje não recebi nada.

Quem havia mobilizado essa audiência na Comissão de Direitos Humanos, voltada aos casos de Altamira, foi parte da bancada evangélica do Congresso, que queria lutar pela inocência de Césio (cujo pastor tinha contatos em Brasília). Estavam presentes familiares de vários dos acusados presos. Eles usavam camisetas com dizeres como "Amailton é inocente", "Dr. Anísio é inocente", "Césio é inocente".

Mas essa audiência de novembro de 2004 ocorreu meses depois de uma nova equipe da Polícia Federal ir a Altamira para investigar Chagas lá. Apoiando-se na portaria de setembro de 2003, eles tentavam responder a uma pergunta: teria sido Chagas o autor de todos os casos de Altamira, especialmente os que não foram solucionados?

25. A nova investigação

Maria Carolina Farias é mãe de Maurício Farias de Souza, que desapareceu em Altamira em dezembro em 1992, quando Amailton já estava preso.[59] Rubens e eu a entrevistamos quando estivemos lá, em novembro de 2021:

> Em 27 de dezembro de 1992, ele saiu de casa às 7 horas da manhã porque foi receber um dinheiro. Na época, ele trabalhava para uma senhora entregando salgado. Ele se levantou de manhã, aí falou "Mamãe, faz uma canjica pra nós". Aí eu falei: "Meu filho, eu tenho canjica e tenho coco, só não tenho açúcar". Aí ele falou: "Mamãe, eu vou lá receber o dinheiro na casa da dona Emília pra comprar o açúcar". Antes de ele sair, contou que sonhou com um cachorro pegando ele. Disse que o cachorro corria atrás dele e ele subia numa árvore. Ele disse: "Mamãe, eu gritava tanto, mamãe. Eu gritava tanto por socorro, e a senhora não me socorria". Aí eu falei para ele: "Meu filho, cuidado na rua, quando parar algum carro perto de você, você corre". As crianças viviam todas assombradas, porque na época sumiu muita criança. Aí ele saiu para buscar o dinheiro, mas não chegou a ir lá. Aí já me bateu... A gente que é mãe sente.

Durante todo aquele dia, Maria Carolina procurou Maurício com a ajuda de parentes e amigos. Procuraram a dona Emília, que disse que não o tinha visto naquele dia. Procuraram seu Antônio, um homem que vendia salgados. Nada. Foram atrás de amigos, conhecidos. Nenhuma pista.

Passaram a noite acordados. No dia seguinte, fizeram o boletim de ocorrência na delegacia. A polícia sugeriu que fossem procurar na casa de conhecidos em cidades vizinhas. Não encontraram nada e

---

59 O caso de Maurício foi citado no Capítulo 7. No Capítulo 22, sua mãe foi mencionada por estar presente durante o júri de Valentina, em Belém.

voltaram à delegacia para fazer o BO. Apesar do registro do boletim de ocorrência, não há inquérito aberto em Altamira para a investigação do desaparecimento de Maurício.

Sua mãe até hoje busca respostas sobre o que aconteceu. Ela participava do Comitê em Defesa da Vida das Crianças Altamirenses e foi bastante atuante nos júris de Belém. Nos anos 1990, chegou a participar de reuniões com a Polícia Federal.

São reabertos os catorze casos de Altamira sem desfecho

No estado do Maranhão, desde abril de 2003, o delegado Diniz, da Polícia Civil, era responsável por uma equipe que investigava todos os casos de meninos emasculados e desaparecidos a partir de 1991. Visto que havia casos em que supostamente haviam prendido e julgado outros suspeitos, o foco principal eram os que ainda estavam abertos. Quando Chagas foi preso, as peças passaram a se encaixar.

Na época dos júris, a notícia que corria era de que dezenove meninos em Altamira teriam sido vitimados pela seita,[60] mas que apenas cinco casos haviam sido solucionados (dois sobreviventes e três mortos), com o julgamento dos réus Césio, Anísio, Amailton, Carlos Alberto e Valentina. Com isso, faltavam ainda catorze casos sem desfecho.

Desde o fim de setembro de 2003, a Polícia Federal no Pará já estava autorizada a investigar os catorze casos. Para isso, era necessário também levantar novamente os outros cinco que haviam sido investigados, pois eles poderiam ter alguma ligação.

---

60 Novamente, é difícil entender exatamente como se chegou a esse número, visto que uma publicação de 1996 do Comitê em Defesa da Vida das Crianças Altamirenses falava em 26 vítimas, sendo: quatro sobreviventes (um nunca identificado, sua existência era apenas comentada); oito assassinados; cinco desaparecidos; e nove que teriam sofrido tentativa de sequestro. Este último grupo é o mais difícil de se ter certeza de que teria alguma ligação com os casos dos emasculados, visto que menores sofriam violências diversas naquela região. Em conversas de bastidores que tive com investigadores que trabalharam nos casos após as confissões de Chagas, ouvi repetidas vezes que havia uma enorme dificuldade em conseguir detalhes sobre supostas vítimas entre 1989 e 1993, visto que a documentação era muito escassa e as famílias sempre foram negligenciadas. É bem provável que, com o passar dos anos, o número de vítimas tenha sido revisto e revisado pelo próprio Comitê, diminuindo daqueles 26 contabilizados em 1996 por diversos motivos: talvez por maior precisão das investigações próprias, talvez a pedido das famílias que foram citadas originalmente. São especulações minhas que certamente não dão conta da complexidade desse fenômeno e cujos dados mais fiéis não são mais verificáveis.

Chagas é reconhecido como serial killer

Como citado há pouco, em 1º de abril de 2004, a PF foi interrogar Chagas em São Luís. Nesse momento, a investigação estava nas mãos de uma jovem delegada chamada Daniele Gossenheimer Rodrigues — Zé Carlos, que chefiara as operações da Polícia Federal em Altamira na década de 1990, já estava aposentado.

Foram necessários muitos interrogatórios para que Chagas fornecesse todas as informações necessárias. Raramente lembrava-se dos nomes das vítimas, descrevendo-as dentro de contextos, como "o menino do suquinho", "o menino da bicicleta" etc. Os policiais comparavam esses detalhes com os relatos das famílias e, assim, conseguiam identificar cada um.

A Polícia Civil do Maranhão não se baseava apenas nas confissões. As provas materiais encontradas em sua casa e todo o estudo do método de geografia do crime foram fundamentais para a resolução dos casos naquele estado. Além disso, Chagas descrevia locais, roupas que as vítimas usavam, conversas.

O agressor tinha um método: sempre agia dentro de um território delimitado que ele conhecia bem. Esse é um tipo de perfil de serial killer. Mas, em 2004, não havia especialistas em assassinos seriais no Brasil. Por isso, Diniz teve que procurar ajuda, e entrou em contato com a escritora brasileira Ilana Casoy, que, em 2002, lançara um dos poucos livros sobre o tema no país. Ela deu a ele materiais para estudar, incluindo literatura investigativa do FBI.

Algo que também ajudava eram as avaliações psicológicas. Como vimos, logo após ser preso, Chagas foi avaliado por um psicólogo, Carlos Leal, a pedido da delegada Edilúcia. No primeiro laudo, de 18 de dezembro de 2003, Leal afirmava que Chagas sofria de "forte insensibilidade afetiva" e de:

> Impossibilidade de promover vinculação e manutenção de relacionamentos interpessoais e afetivo-sexuais saudáveis, já que seu nível de realização se encontra num plano primário, narcísico e egocêntrico, com necessidade e fixação nas realizações imediatas, abruptas, agressivas e emocionalmente excitável, devido à não estruturação de mecanismos reativos e inibitórios dos desejos mórbidos e destrutivos.

Devido à não estruturação dos mecanismos reativos e inibitórios, vive em constante tentativa de repressão dos desejos primários, em autovigília permanente e persecutoriedade, visando à preservação interna e externa, negação da sexualidade e não afirmação social, que se apresenta em forma de falsa brandura, tranquilidade e ponderação, utilizadas como forma de distanciamento do grande mal que, em seu mundo psíquico, é sua identidade sexual não aceita.

É ainda portador de um acentuado desejo de domínio, presunção, onipotência e superestima, com concomitante rebaixado senso de autocrítica, autopunição e culpa; por isso, o infantil, o submisso, imaturo e indefeso o atrai muito, pois não o ameaça e o satisfaz nas suas perspectivas de dominância, agressividade, hostilidade e homoerotismo.

O laudo conclui com um diagnóstico: "Personalidade psicopática, com homoerotismo fixado no infantil e psicose equizoparanoide latente".

Mas, após as confissões, Diniz entrou em contato ainda com outros psicólogos: Maria Adelaide de Freitas Caires e Antônio de Pádua Serafim, ambos de São Paulo.

Tainá Muhringer, que trabalhou comigo na pesquisa, entrevistou Serafim sobre suas sessões com Chagas. O especialista começou explicando que serial killer não é um diagnóstico, e sim uma tipologia criminal, um tipo de comportamento — mas que há, sim, características psicológicas em comum, por exemplo, a necessidade de um ritual. Então, ele explicou como foi a avaliação de Chagas:

> Eu fiquei uma semana com ele lá, quando ele tinha sido preso no Maranhão, para avaliar. Conversava com ele uma média de dez horas por dia. Do ponto de vista psicológico, o Chagas tem uma característica mais obsessiva que é muito peculiar em alguns criminosos em série. Por quê? Você só ritualiza quando é mais metódico. Não estamos falando de Transtorno Obsessivo-Compulsivo, que as pessoas sempre confundem. O Chagas tem um traço obsessivo, uma linha de pensamento que você não consegue quebrar. Eu fazia uma pergunta, quando ele me respondia já me gerava uma nova pergunta, aí eu falava: "Ah tá, você falou isso, então... Como é que fica isso?". E ele: "Calma, eu ainda não terminei aquele pensamento". [...]
>
> Ele me contou que com 15, 16 anos, foi trabalhar no garimpo. Fez amizade com os capatazes e era o olheiro deles. Ficava de olho porque tinha muito garimpeiro que encontrava uma pepita, escondia. Ele trazia muita história de violência que via, muita gente morrendo. Quando você fica

muito exposto a essas questões, isso vai se consolidando com uma certa normalidade, é um fator ambiental que pode ser muito negativo dependendo das características da pessoa. Tinha as histórias da rigidez da vó, da mãe, com violência.

Ele também tinha essa questão da insensibilidade, era uma pessoa muito autocentrada, uma dificuldade muito grande de ver o mal que causava ao outro. Quando a gente começou a falar dos crimes, das crianças que ele matou, principalmente no Maranhão, ele falava assim: "Eu ia com as crianças, mas nunca peguei à força". Demonstrava uma ausência de sensibilidade, assumia a autoria, mas não a responsabilidade. É quase assim: as crianças iam porque queriam. Em nenhum momento ele conseguiu expressar qualquer sinal de sofrimento por aquelas vítimas. E eu lembro que indagava sobre a questão do porquê do corte do pênis das crianças. É uma explicação meio mágica, não consegui adentrar muito nisso, mas ele dizia: "Criança, quando a gente corta o pênis, ele chega lá no céu e vira anjo, porque sobe sem sexo".

A gente nunca conseguiu tirar dele o que ele fazia com os órgãos, seja o dedo que ele cortava, seja o pênis. A literatura nos traz que indivíduos com essas características que chegam nesse nível, [...] com essa coisa de mutilar, a literatura traz muito que várias dessas pessoas chegam a desenvolver antropofagia, chegam a comer partes do corpo. A gente sempre ficou na dúvida se ele já estava nesse estágio. Ele disse que não, que enterrava.

Tinha a questão dos abusos sexuais dos meninos. No primeiro contato que eu tive com ele, eu me apresentei, ele falou: "Você é psicólogo?". Aí eu disse: "Sou". Ele falou: "Mas você não veio aqui para dizer que eu sou gay não, né?". A preocupação dele naquele momento era se eu ia tirar a conclusão de que ele era gay.

O laudo de Serafim e Caires só ficou pronto no dia 7 de outubro de 2004, apesar de as entrevistas terem sido realizadas entre 14 e 17 de maio. Nessa época, ainda preso no Maranhão, Chagas já havia começado a confessar os crimes que cometera em Altamira.

Monstro de Altamira

Depois das primeiras três operações da Polícia Federal em Altamira, nos anos 1993, 1994 e 1995, estávamos agora no que se chamou da quarta fase. A dra. Daniele Gossenheimer Rodrigues, que iniciara a investigação, logo teve um problema de saúde e foi substituída por outra jovem delegada, Virgínia Vieira Rodrigues.

Essa fase envolveu um grande acordo de cooperação entre vários órgãos: Ministério Público do Pará e do Maranhão, Superintendências de Polícias Federais, Polícia Civil do Maranhão e do Pará. Em matéria do jornal *Diário do Pará*, de 27 de abril de 2004, era noticiado que Chagas havia confessado doze assassinatos em Altamira.[61] Alguns desses casos foram investigados também pela Polícia Civil do Pará, na figura do delegado Neyvaldo Costa — um dos que investigaram a quebra de incomunicabilidade após o júri de Valentina.

A partir do momento que Chagas passou a confessar esses crimes no Pará, o dr. Neyvaldo adiantou parte de sua investigação, conversando com familiares de vítimas, especialmente daquelas que nunca tiveram inquérito aberto na época dos fatos. Também passou a tentar identificar pessoas que conheciam Chagas em Altamira na época que ele morou lá.

E, após todos os trâmites burocráticos, chegou a hora mais aguardada. Era necessário levar Chagas para Altamira, para que ele apontasse os locais dos crimes — especialmente das vítimas que eram dadas como desaparecidas, cujos corpos nunca foram encontrados. Isso ocorreu no dia 28 de junho de 2004. Apesar de a imprensa afirmar que Chagas teria confessado doze crimes em Altamira, o delegado apurou que seriam catorze.

Em resumo, havia basicamente três hipóteses que circulavam em torno de Chagas no Pará:

- Ele seria o verdadeiro assassino das crianças, o que significaria que Anísio, Carlos Alberto, Césio e Amailton, que estavam presos após terem sido condenados nos júris de Belém, seriam inocentes.
- Chagas poderia ter alguma relação com o Lineamento Universal. Ou seja, ele teria cometido os crimes em conjunto com outras pessoas — provavelmente os condenados.

---

61 Nessa época, a imprensa noticiava que Chagas estava confessando uma série de crimes em Altamira. Essas confissões provavelmente se deram em caráter privado a alguns agentes que depois serviam de fontes a jornalistas, já que não há confissão alguma com esse número exato nos documentos a que tivemos acesso. Caso existam, é provável que tenham ocorrido em um dos 29 inquéritos dos casos confessados por Chagas no Maranhão. Fato é que a confissão mais completa de Chagas sobre os casos de Altamira é uma que ele dá à PF em julho de 2004, na qual confessa ter feito catorze vítimas naquela cidade entre os anos de 1989 e 1993.

- Chagas na verdade seria um laranja que estaria recebendo alguma coisa para assumir os crimes de Altamira. Ele estaria sendo instruído por pessoas a fazer suas confissões, e essas pessoas poderiam ser membros do LUS ou estarem sendo pagas pela seita.

Algumas matérias insinuavam que o dr. Dalledone estaria combinando com Chagas para que ele confessasse os crimes.[62] O fato de o assassino ter aparecido logo após a investigação sobre a quebra de incomunicabilidade e o pedido de anulação do júri de Valentina, soava, para alguns, como uma grande armação.

Acontece que Jonnathan havia de fato desaparecido no dia 6 de dezembro de 2003, mesmo dia em que o júri de Valentina estava se encerrando. Chagas fora preso em 10 de dezembro e negara os crimes por meses, até que os corpos foram encontrados em sua casa no fim de março do ano seguinte. Mesmo após ter confessado o assassinato das crianças no Maranhão, foram vários interrogatórios até ele chegar na lista final de 29 vítimas naquele estado. E só em abril de 2004 ele começou a confessar os crimes de Altamira.

Nunca houve prova de nenhuma armação. Eram só suposições e suspeitas que foram veiculadas na imprensa, demonstrando a desconfiança na época por parte de alguns familiares de vítimas de Altamira e que permeiam toda a passagem de Chagas por aquela cidade.

No dia seguinte à sua chegada, 29 de junho de 2004, uma terça-feira, ele foi levado a todos os locais onde afirmava ter cometido os crimes, acompanhado de quinze policiais federais, um defensor público e o perito Wilton Carlos Rego, que fez todo o trabalho de localização geográfica no estado do Maranhão.

---

62 Dalledone era alvo dessas especulações pelo fato de ter ido verificar a situação de Chagas no Maranhão por volta de janeiro de 2004, após a imprensa passar a especular que ele seria o verdadeiro assassino dos emasculados daquele estado. Tendo em vista que o advogado já usava os casos do Maranhão como forma de demonstrar a inocência de Valentina, ao saber da prisão de Chagas, ele tratou de verificar mais de perto a possível resolução dos casos lá — afinal, era sabido que o Ministério Público preparava um recurso para anular o júri de sua cliente. Para aqueles que acreditavam que Chagas poderia ser um "laranja", o dr. Dalledone seria o intermediário das negociações para fazê-lo assumir os casos de Altamira. Nada disso jamais foi comprovado e, de acordo com o próprio delegado Diniz, em sua fala na Câmara dos Deputados em 2004: "[Dalledone] Conversou comigo, na minha sala; quis conhecer Chagas; eu o levei à carceragem; e, se passamos três minutos lá, foi muito. Ele perguntou o nome do preso, onde morou, onde trabalhou, se conhecia o dr. Anísio, uma dessas pessoas que estão presas. Ele disse que não, que conhecia alguém de nome. Depois de três minutos saímos da carceragem".

No dia seguinte, uma matéria do *Diário do Pará* falava sobre a chegada de mais uma pessoa que pretendia acompanhar as reconstituições: a promotora Rosana Cordovil. À imprensa, ela afirmou não acreditar que Chagas tivesse atuado sozinho nos assassinatos e que eram necessárias mais provas. Rosana seguia crendo na culpa dos quatro condenados.

Durante o tempo em que permaneceu em Altamira, Chagas ficou detido no 51 BIS, quartel do Exército na cidade. Em 6 de julho, foi interrogado por Virgínia, a delegada federal que acompanhava a investigação naquela cidade. Esse interrogatório é o mais completo sobre os casos dos meninos de Altamira. Chagas confessa em detalhes cada um dos crimes que cometeu na cidade. E cita catorze vítimas, número que havia sido levantado pelo delegado Neyvaldo Costa.

Voltamos, então, ao velho problema: quantas vítimas havia em Altamira?

As vítimas

Para entender a matemática de Altamira, tive de voltar à publicação do Comitê em Defesa da Vida das Crianças Altamirenses de 1996 (que você pode ler na seção Anexos), que enumerava todos os casos que conseguiram levantar. Lá, afirmava-se haver quatro sobreviventes, sendo que um nunca foi identificado pelo Comitê, não sendo possível sequer ter certeza de que ele realmente existiu. Apenas três foram identificados: José Sidney, SS e Wandicley. Além desses, oito crianças tiveram seus corpos ou ossadas encontradas. Haveria ainda cinco crianças desaparecidas. No total, dezesseis casos.

Esse é o número que as Polícias Federal e Civil do Pará investigaram. Para cada um, foi aberto um novo inquérito.

Na tabela de vítimas de Chagas, montada em conjunto pela Polícia Civil do Maranhão e pela Polícia Federal (disponível também na seção Anexos), vemos um total de vinte crianças de Altamira listadas, apesar de ele haver confessado catorze. As duas que Chagas não confessou não entraram na lista de seus crimes, consideradas assim prováveis vítimas de outras situações. As outras quatro são crianças que sofreram tentativas de sequestro na época dos crimes. Chagas nunca falou nada sobre elas, e não foi aberto nenhum inquérito para investigar o que teria ocorrido.

A confissão na qual Chagas enumera as catorze vítimas de Altamira é um dos textos mais difíceis que já li. Não consegui fazê-lo de uma vez só, porque sentia náuseas com as descrições do que ele fazia com as crianças. Além disso, ele não cita muitos nomes e raramente menciona datas. Detalhes que poderiam elucidar melhor os crimes são raros, o que é um grande problema.

Lendo o interrogatório, a impressão que dá é que Chagas nem ao menos confessou os crimes na ordem correta. Tendo em vista que os policiais sempre asseguraram que ele tinha ótima memória, essa falta de coerência muitas vezes pode dar a entender que ele estava inventando ou sendo direcionado por alguém.

Chagas volta ao Maranhão, mas as buscas continuam em Altamira

Pouco depois desse interrogatório, Chagas voltou a São Luís do Maranhão, mas as buscas nos locais apontados por ele continuavam por Altamira, começando por onde fora localizada a primeira ossada. Chagas apontou, em 29 de junho de 2004, os locais em que teria cometido os crimes. Desde então, a Polícia Federal fazia buscas neles para encontrar qualquer vestígio das crianças que desapareceram. Houve uma matéria sobre o assunto no *Diário do Pará* de 8 de julho:

> A precisão com que Francisco das Chagas tem apontado os locais onde teria escondido os corpos das crianças desaparecidas, após terem sido emasculadas e mortas em Altamira, possibilitou que a Polícia Federal encontrasse outros vestígios ontem, 7 de julho: pedaços de vestimentas e ossos que somente a perícia poderá afirmar se são ou não humanos, segundo declarou o delegado federal Mário Sérgio, que acompanha os trabalhos.
>
> A área onde foram encontrados os ossos na manhã de ontem fica a cerca de meio quilômetro de onde aconteceu a escavação da última segunda-feira. Lá, teria sido escondido o corpo de Tito Mendes Vieira, um garoto que desapareceu próximo de sua residência, na rodovia Transamazônica, e foi visto pela última vez às proximidades de sua casa, no igarapé Três Pontes, no dia 20 de janeiro de 1991.

As buscas prosseguem hoje e ainda faltam três locais apontados por Chagas à PF para serem escavados. Os vestígios estão sendo lacrados e embalados para serem submetidos a análise.

Ou seja, nos dias 6 e 7 de julho de 2004, de acordo com a imprensa da época, a equipe de perícia da Polícia Federal encontrou ossos e roupas em dois lugares apontados por Chagas, que seriam provavelmente de duas vítimas: Tito, desaparecido em janeiro de 1991, e Maurício, desaparecido em dezembro de 1992. As buscas feitas posteriormente não encontraram nada.

O material recolhido passaria por perícia. Paralelamente, aumentava o coro dos que acreditavam que ele seria um bode expiatório do Lineamento. Nessa época, ainda estava em andamento a investigação da quebra de incomunicabilidade do julgamento de Valentina, assim como as tentativas do Ministério Público para anular seu júri.

Como se isso não fosse combustível suficiente para a fogueira, Amailton, Césio e Anísio, que haviam sido condenados, buscavam agora ser liberados da prisão — como ocorreu com outros condenados no estado do Maranhão pelos casos de lá.

Em setembro de 2004, Césio contratou um novo advogado para auxiliá-lo no esforço: Dalledone, que, nessa época, já não compunha mais a equipe de defesa de Valentina — apenas Busato continuava acompanhando todo o processo de tentativa de anulação do júri.

Entrevista concedida por Chagas à *Carta Capital*

Foi também nesse setembro que a revista *Carta Capital* publicou uma longa entrevista com Francisco das Chagas, escrita pelo jornalista Sérgio Lírio. A matéria tornou-se uma peça importante para os advogados que buscavam comprovar a inocência dos condenados nos júris de Belém. Na entrevista de seis páginas, Chagas tenta explicar a lógica por trás dos assassinatos.

Sérgio Lírio me cedeu sua gravação da entrevista, com cerca de uma hora de duração.

LÍRIO: Eu queria que você me contasse um pouco quantas crianças você matou.

CHAGAS: Aqui no Maranhão é trinta. E onze em Altamira. Porque tem três sobreviventes lá [...] São catorze. Não sei, assim, como que aconteceu. Eu sempre tinha, assim, uma coisa que... falava assim na minha memória, na minha cabeça, sei lá.

LÍRIO: Falava o quê?

CHAGAS: É... Ficava, é... Para fazer aquilo, ficava incentivando... Uma coisa ficava me dizendo... Que, até mesmo depois que... que surgiu tudo isso aí... ele ficava perguntando pra mim por que que isso aí tinha acontecido. Coisa absurda. Inclusive eles até me mostraram várias... Várias fotos aí, uma coisa absurda mesmo. Depois que acontecia isso, eu... ficava, assim, uma pessoa normal. E aquele negócio fugia da minha memória também.

LÍRIO: Quando o senhor viu as fotos, você se lembrava? O que você sentiu quando viu as fotos?

CHAGAS: Até mesmo no começo, eu não estava me lembrando de nada. Quando eles começaram a mexer no caso, eu não lembrava de nada porque... Eu dei até autorização, eu assinei aqui para eles poderem fazer uma vistoria na minha casa. Porque se eu soubesse de alguma coisa, veja bem, eu não teria dado autorização para eles fazerem a revisão lá em casa. Não, eu assinei. Disse "pode ir", "vocês têm direito de fazer. Pode ir". E eles foram fazer a revisão lá. E aí acharam aquilo lá, uma coisa que até hoje eu nunca consegui entender direito como é que um negócio daquele podia estar lá dentro de casa.

LÍRIO: Você não se lembra?

CHAGAS: Não lembro. Não é isso que eu estou lhe dizendo? Se eu lembrasse, eu não tinha assinado a autorização para eles irem revistar. E aí depois que... aí aconteceu aquele, lá dentro de casa... Aí aquele negócio foi clareando... Não é toque dizer que eles estavam me torturando, me ameaçando, não. Isso aí... nunca aconteceu isso comigo. Estou torcendo para estar aqui como manda a lei. Aí eu falei para eles que o que dependesse de mim, eu não ia dificultar em nada, eu ia ajudar. O que eu ia lembrando, eu ia falando.

Como ele já tinha alegado no interrogatório das confissões, Chagas afirma que não se lembra e que uma voz que ele ouvia o mandava fazer tudo. Depois que essa voz ia embora, ele ficava normal.

Só que, à medida que a conversa avança, Chagas parece que começa a lembrar aos poucos:

CHAGAS: Eu não conhecia as vítimas. Eu nunca cheguei para vítima nenhuma [...]. Sempre eles vinham procurar conversar, puxar alguma coisa. É uma coisa incrível que até hoje eu não consigo entender.

LÍRIO: As vítimas iam até você?

CHAGAS: Vinha. Podia me conhecer, podia não me conhecer, mas vinha. Vinha puxar conversa, me convidar para algum canto.

LÍRIO: É nessa hora que você...

CHAGAS: E aí... Às vezes, eu... Eu ia. Mas só que, durante a hora que eu ia, eu não ia com intenção de nada. Eu tinha a intenção de fazer aquilo que a gente ia fazer. E... às vezes, quando a gente chegava num local... que é sempre assim, esse negócio era mais quando tinha, assim, contato com o mato verde, principalmente se o mato não fosse muito mexido. Aquele negócio vinha mais forte. E vinha assim de repente. Era de uma hora para outra, eu mudava o pensamento. Era isso.

LÍRIO: Por que você cortava o pênis das crianças?

CHAGAS: Senhor, eu não sei... Eu não sei lhe dizer por quê. Eu só sei lhe dizer... Porque... Sempre, só acontecia essas coisas num lugar onde tinha, assim, pé de tucum. É tipo, assim, uma palha que é cheia de espinho. Sempre é mais onde tinha essas coisas. Era feito e lá mesmo ficava. Era cavado um buraco, uma vala, assim, e lá mesmo era botado. E, quando não era botado no pé do tucunzeiro... no meu sentido, aquilo era para jogar na água.

LÍRIO: Por quê?

CHAGAS: Porque às vezes, no meu sentido, dava que era para mim [sic] jogar na água. Toda vez que eu jogava na água, que eu chegava na beira da praia, a maré tava vazando.

LÍRIO: Desculpe repetir. Quem convidava eram as vítimas? O senhor nunca convidou?

CHAGAS: Nunca convidei. Parecia que aqueles meninos que encostavam perto de mim... Parecia que aqueles meninos ali eram... os escolhidos. E eu tinha uma lista.

LÍRIO: Lista? Como é que era essa lista?

CHAGAS: Eu tinha uma lista. Era, tipo assim, uma folha de papel. Só que, nessa folha de papel, existiam vários números, vários nomes nessa folha. E eu não sabia. Eu só sei lhe dizer que tinha vários nomes, você tá entendendo? Toda pessoa que era vítima, eu caçava, na lista tava. Agora, eu não tenho, assim, a lembrança de eu escrever essa lista. Eu só sei dizer que tinha uma lista. E essa lista, na véspera de acontecer tudo isso aí, essa revelação, essa lista desapareceu. Me perguntaram se eu botei em algum canto. Eu acho que essa lista foi jogada na água, alguma coisa. Mas tinha.

De fato, em diversas das suas confissões, Chagas falava que possuía uma lista com todos os nomes de suas vítimas e datas em que as matou. Mas aqui, assim como nos seus interrogatórios, afirmava que essa lista havia sumido.

Cheguei a conversar com o perito Wilton, que fez o trabalho de georreferenciamento no Maranhão. Ele lembrou que Jonnathan desapareceu em 6 de dezembro, Chagas foi interrogado como suspeito dois dias depois, e seu mandado de prisão foi expedido três dias depois, em 11 de dezembro. A suspeita do perito é que, nesses três dias em que esteve solto, ele tenha se livrado de provas que o incriminassem — como a lista, caso tenha existido.

LÍRIO: Por que sobreviveram alguns? O que aconteceu?
CHAGAS: Senhor, aqui no Maranhão não chegou a sobreviver nenhum. Mas, em Altamira, conseguiu sobreviver três. Aquilo no meu pensamento... Aquele negócio me dizia que, esses que sobreviveram, eles iam ficar livre do contato com o pecado. Era isso. Eu tenho, assim, uma lembrança, assim... Essas vítimas, elas nunca foram feitas essas coisas com eles vivos. E, sempre quando era destacado para levar, para botar em algum canto, era sempre levado embrulhado em uma coisa verde. Tipo, numa folha verde. Às vezes era embrulhado num pedaço da camisa. Mas só que tinha que ir com uma coisa verde. Tinha que ter no meio. Era isso.
LÍRIO: Como é que você matava? Usava o que pra matar?
CHAGAS: Senhor, era só as mãos mesmo. Uma coisa que eu mesmo fico pensando, porque existia vítima até de força, com 15, 16 anos. E, na hora, ele não reagia. Parecia, assim, uma coisa tomava as forças deles e ele não conseguia reagir.
LÍRIO: E para cortar, você sempre levava um canivete?
CHAGAS: Eu tinha um chaveiro que tinha um canivete. E esse chaveiro, antes de acontecer isso, eu nem tava pensando em... Na hora que seria revelado isso. Esse chaveiro eu perdi na praia. Surgiu [sic] muitas histórias no começo, até mesmo a imprensa daqui, que eu demorei muito a falar com eles só porque eles ficavam divulgando coisas que não era verdade. Dizia que eu comia gente, fazia churrasco de gente... que eu era um canibal, que eu era um psicopata. Eu não sei a resposta. Mas uma coisa me diz que, quando essa resposta vir [sic], vai ser totalmente diferente do que vocês tão dizendo.
LÍRIO: E quando a resposta veio?
CHAGAS: Quando essa resposta veio, eu tava em Altamira, porque tudo lá foi que começou. Lá também abriu um pouco a minha memória. Lá foi que eu lembrei dessas coisas que eu tô falando para você aqui.
LÍRIO: Você abusava das crianças?
CHAGAS: Não, não, nunca. Outra coisa que eu queria até... Você fez uma pergunta até boa. Olha, surgiu história que disse que a perícia que fazia exame diz que as vítimas eram abusadas. Só que nada disso. Nada disso. Agora, uma coisa sempre me dizia que eles iam achar isso. Eles iam achar que as pessoas eram abusadas, mas não tem nada disso.
LÍRIO: Por que você achava que iam pensar isso?

CHAGAS: Assim, uma coisa me dizia, era o meu pensamento naquela hora. Me dizia que eles iam achar que as pessoas eram abusadas, mas nunca aconteceu. Até mesmo porque não sou para isso, negócio de ficar tendo contato com outro macho, seja lá o que for. Não.

LÍRIO: Quando começou, a primeira vítima, já foi logo quando começou esse... essa vontade ou não? Ou você segurou isso?

CHAGAS: A primeira vítima foi em Altamira. Em Altamira, começou essa confusão na minha cabeça. Foi em 1989.

LÍRIO: Foi nesse período que começou a confusão? Até então, nunca...

CHAGAS: Não. Sempre eu era uma pessoa normal, como qualquer outra pessoa. Isso foi em 1989. A primeira vítima. Na hora do acontecimento lá, uma coisa me dizia que não era para matar, que era para ficar vivo. Esse foi o primeiro. E esse também, ele... parece que teve só um sinal de... só um... Foi isso.

LÍRIO: Você tem religião, você acredita em Deus?

CHAGAS: Senhor, eu sempre fui católico, mas eu nunca critiquei religião de ninguém. Sempre acreditei em Deus, eu sei que existe um Criador, você tá entendendo? E só Deus sabe por que que isso aconteceu comigo. Porque Ele sabe que eu era uma pessoa que não tinha maldade com ninguém. Nunca. Eu nunca pisei numa delegacia nem para dar parte em ninguém. Com essa idade que eu tenho, 39 anos.

LÍRIO: Você se arrepende hoje?

CHAGAS: Senhor... Muito. Muito. Eu sou muito arrependido porque eu sou um cara novo ainda. E que tinha muita coisa pela frente.

LÍRIO: Sobre as vítimas, o que você pensa hoje?

CHAGAS: Sobre as vítimas? [Pausa] Senhor, eu... para lhe dizer a verdade, no meu sentido, essas vítimas tavam em um bom lugar, você tá entendendo? Porque dava no meu sentido naquela hora que eles tavam em um bom lugar. Mas eu... depois que eu nunca mais tive perturbação, de um certo tempo para cá, até mesmo eu já fiquei com muita pena dessas vítimas. Essas pessoas que foram vítimas disso, das famílias. Mas só que às vezes o povo não entende. Às vezes eles querem fazer o mal. Eles querem vencer o mal com o mesmo mal. Mas só que o mal não se vence com o mesmo mal. Se vence o mal com o bem.

Ouvindo essa fita, fiquei me lembrando do que Serafim falara sobre as sessões com Chagas e como era difícil conversar com ele, entender seu raciocínio. Chagas divaga diversas vezes. As novas informações que ele passa parecem interessantes, mas ele vai avançando e a história só vai ficando confusa.

LÍRIO: Você acha que, se não tivesse sido pego, você ia continuar... matando?

CHAGAS: Não, senhor, não. Eu acho que até mesmo isso aí, tinha vezes que acontecia pausa até de um ano.

LÍRIO: Por quê?

CHAGAS: Eu não sei. Porque às vezes isso aí tudo era talvez um... assim, um aviso de... disso aí tudo separado, né? Às vezes tinha pausa de um ano, tinha ano que não tinha. Até mesmo isso aí podia ser um... que tava chegando perto de não acontecer mais isso, ser revelada alguma coisa... Eu só sei lhe dizer que... não... que isso tudo, igual a mulher me fez a pergunta, se eu tinha relação de quantos eu iria fazer isso que aconteceu, eu não tinha.

LÍRIO: Mas você tinha uma lista.

CHAGAS: Tinha uma lista, mas só dos nomes, mas não sabia de tudo que poderia acontecer, tudo isso. Eu não sabia não. A única coisa que, na hora daquela perturbação que eu tinha no meu pensamento, é que quando fosse para não acontecer mais, era porque ia ser tudo revelado. O povo ia ficar sabendo. E que, para o povo ficar sabendo de tudo... Porque, hoje em dia, tá uma coisa muito mudada. O povo tá tudo... como é que se diz... rebelde, aquela revolução do povo. Então essas coisas, assim, para poder chamar a atenção do povo. Para o povo poder procurar o caminho certo.

LÍRIO: E qual seria o caminho certo?

CHAGAS: O caminho certo é o caminho da paz, né? O caminho da paz. É por isso que, às vezes, uma coisa me diz que, do jeito que eu começo numa jogada dessas, da mesma forma eu vou sair. Porque às vezes eu fico procurando por mim mesmo, mas, rapaz... Eu nunca pensei num dia da minha vida eu estar numa situação dessa, passando medo... Uma situação dessa que eu tô passando.

LÍRIO: Você tem medo de quê?

CHAGAS: A minha mulher disse assim: "Você tem medo de morrer, Chagas?", me fizeram essa pergunta ali. Eu tenho. Todas as pessoas viventes têm medo de morrer sim.

LÍRIO: Você acha que o que você fez, no fundo, seria algum tipo de missão?

CHAGAS: Senhor, eu acho que... uma coisa que vem no meu pensamento que isso aí era, tipo assim, uma missão que eu tinha que fazer. Mas aí, na mesma hora eu fico caçando uma missão desse jeito? Eu queria fazer uma missão, mas uma missão diferente. Não uma missão desse jeito. Só que essa missão veio para chamar a atenção do povo. O povo hoje em dia tá muito rebelde, filho não respeita mais pai, pai não respeita filho... tá aquela revolução. E aí, o caso é esse. Então, uma coisa para chamar a atenção do povo para o povo poder seguir aquilo que eu me cerco. Quer dizer, procurar a igreja, procurar... Eu já sonhei até com Cristo vindo.

LÍRIO: Como é que é isso?

CHAGAS: A segunda pessoa que eu tô falando... um sonho, tipo, acordado, eu sonhei com o Cristo vindo numa nuvem branquinha, cheio de anjo ao redor. E na mesma forma que eu fui pra Altamira, eu vi uma nuvem branquinha. Foi passando perto dessa nuvem, você acredita, que o avião desceu assim uns trezentos metros sobre... Eu pensei, e aí eu lembrei... Eu sonhei.

LÍRIO: E o Cristo falava alguma coisa para o senhor?

CHAGAS: Não. Eu via o Cristo vindo, da mesma forma. Aí eu li a revista ali, ali tá dizendo que da mesma forma que ele foi, ele vai voltar. E eu não sei se era para mim contar isso, mas eu já contei. A segunda pessoa que eu falo. Falei para vocês? Não, né? Que eu sonhei uma vez com o Cristo voltando. Não, né? Aí eu sonhei. E é por isso que eu lhe digo, que às vezes, a gente não vence o mal com o mesmo mal. Sempre vence o mal é com o bem.

Ligação de Chagas com os já condenados em Altamira

Nessa matéria da *Carta Capital*, após a entrevista com Chagas, Lírio ainda ouviu várias pessoas envolvidas nos casos de Altamira e do Maranhão. Entre elas, Rosa Pessoa, mãe de Jaenes:

> Para nós, o Chagas, que não existia até a condenação dos acusados, é mais um deles. Eles o entregaram para que ele assuma tudo e venha dizer que os outros são inocentes. Não acreditamos que o Chagas tenha feito tudo sozinho.
>
> Não tem como. Os casos aqui têm indícios muito fortes da presença de outros acusados. As investigações, as testemunhas, apontam para a participação dos que estão presos. Ele não tinha carro, ele não é médico. Tenho a impressão de que ele era um dos que conduziam os meninos. Seduzia, levava com os outros.
>
> Não queremos inocentes na cadeia, mas não tenho dúvidas. Somente a Deus compete julgar, mas tenho certeza de que eles tiveram participação. A polícia não ia ser tão irresponsável a ponto de colocar inocentes na cadeia. As testemunhas existem, há fatos que realmente levam a todos. Por que a Valentina foi solta? Por que aparece o Chagas? São várias perguntas que ficam. O Pará todo chorou, revoltado com a liberdade de Valentina. De repente, aparece o Chagas. Para nós, é mais uma farsa que aparece.

Na entrevista, porém, Chagas comentava sobre essa suspeita:

LÍRIO: O senhor sabe que tem pessoas, por exemplo, em Altamira, pessoas presas, que podem ter sido acusadas pelos mesmos crimes. O senhor conhecia essas pessoas? Conhecia a Valentina, o Anísio... O senhor fez parte de alguma seita?

CHAGAS: Até mesmo pela cidade lá ser pequena, e eu morei lá dezessete anos, mas eu não conheço nenhuma dessas pessoas. Nenhuma. O que eu quero lhe dizer é o seguinte: por mais que eles mexam com coisa errada, por esse lado que você terminou de falar, mas esses casos que aconteceram lá em Altamira e aqui não têm nada a ver com esse caso desse pessoal. Se esse pessoal tá preso lá por causa disso aqui, eles tão presos em vão. Eles tão presos inocentes. Porque eu já fui lá, falei, mostrei os locais. A maioria das datas quando aconteceu... Eu fiz a minha parte, fui lá e falei. Agora, só tá dependendo deles lá, né? Parece que até o trabalho deles lá é diferente do daqui. Não tão querendo bem voltar atrás para soltar o pessoal não. Muita gente me perguntou lá em Altamira, inclusive eu fui muito também pressionado pelo pessoal lá, porque eles não tavam acreditando que eu poderia ter feito isso lá também. Tavam dizendo que eu era um laranja. Tavam uns casos daqui, e talvez alguém tinha me oferecido dinheiro para mim assumir o de lá. Só que uma coisa eu digo: se tivesse alguém, jamais que eu ia estar numa bronca dessas sozinho. Já tinha dito era mesmo. Dizia mesmo.

Em vários interrogatórios a que respondeu, tanto para a Polícia Civil quanto para a Federal, Chagas foi questionado se conhecia algum dos acusados. Os policiais também tentavam verificar qualquer vínculo possível que existisse entre eles. O mesmo foi feito nos depoimentos prestados em juízo, no estado do Maranhão. Nada jamais foi encontrado. A cada novo passo das investigações, tanto no Pará quanto no Maranhão, a conclusão parecia ser apenas uma: Chagas agia sozinho, e seus ataques às crianças eram derivados de algum tipo de delírio que ele tinha.

Mas as pessoas em Altamira ouviram por anos o contrário: que os crimes só poderiam ter sido executados por um grupo de pessoas; que havia relatos de meninos que quase foram sequestrados por vários homens, usando carros. E, principalmente, que os cortes nas vítimas seriam cirúrgicos — algo que, como falei tantas vezes, não tem qualquer sustentação nas provas existentes nos autos.

26. As provas?

Chagas foi condenado a vinte anos e oito meses de prisão, acusado de matar 29 meninos no Maranhão. Em Altamira, ele havia confessado ter atacado catorze crianças, sendo três sobreviventes e onze mortos. No total, 43 crianças teriam sido vítimas suas.[63] Ele foi preso no Maranhão em dezembro de 2003 e confessou os crimes entre março e abril de 2004, mas isso ainda deixou uma grande sensação de impunidade em todas as famílias de vítimas de Altamira.

Em setembro, Dalledone virava advogado do médico Césio Brandão, e a entrevista de Chagas à revista *Carta Capital* era publicada. No meio disso tudo, o Ministério Público do Pará tentava anular o júri de Valentina, enquanto também ocorriam as investigações da quebra da incomunicabilidade daquele julgamento.

Foi nesse contexto que ocorreu em Brasília, em novembro de 2004, a audiência na Comissão de Direitos Humanos, com a presença do delegado João Carlos Amorim Diniz, do perito Wilton Carlos Rego, de duas promotoras do Maranhão, do secretário de Segurança Pública do Maranhão e dos advogados Dalledone e Jânio Siqueira. Todos estavam lá para explicar como chegaram à conclusão de que Francisco das Chagas seria o verdadeiro assassino no Maranhão e em Altamira. Acompanhando-os, estavam os familiares de Anísio, Césio e Amailton.

Na audiência, deputados do Partido dos Trabalhadores que, historicamente, sempre estiveram ao lado das famílias em Altamira, questionaram a culpa de Chagas. Em um trecho, vemos o deputado Zé Geraldo, do PT do Pará, indagando ao delegado Diniz: se o culpado era o mecânico, quem seriam os mandantes?

---

63 A imprensa da época falava em 42 vítimas, mas olhando a tabela produzida pela Polícia Civil do Maranhão, e utilizada também pela Polícia Federal, seriam catorze em Altamira e 29 no Maranhão. Na mesma tabela, vemos também seis crianças em Altamira e uma no Maranhão em que Chagas foi suspeito — mas que nunca confessou, e que sua autoria não pôde ser confirmada.

zé geraldo: [...] Ou será que o mecânico passaria dez, quinze anos matando crianças por iniciativa própria, por sua capacidade? As crianças mortas em Altamira, emasculadas, castradas, não o foram por meio de canivete, de facão e deixada para lá. Não foi um ato praticado por um mecânico qualquer que sabia só consertar motor de carro, mas por pessoas que faziam bem-feito, tanto que algumas não morreram, senão teriam morrido todas. [...] A informação que tenho até agora é que o mecânico não encontrou ossada de nenhuma vítima que ele fez em Altamira. Encontrou ou não encontrou?

diniz: Uma pergunta sobre se Chagas tinha algum assessor para praticar os crimes, eu coloquei todo o nosso trabalho na apresentação que fiz aqui. Fica difícil responder a essa pergunta. Foram encontradas em Altamira duas ossadas indicadas por Chagas, mas não se está dizendo que essas ossadas são humanas. O resultado desse exame... Ele indicou o local, dizendo: "Aqui, nesta área, mais ou menos, desta árvore para aquela outra, foi onde eu matei um menino".

[...]

A equipe investigadora no Maranhão acompanhou o Chagas até Altamira, onde a Polícia Federal, no estado do Pará, repetiu um dos procedimentos que nós fizemos em São Luís, que é o que nós chamamos de levantamento de local do crime e recognição visual gráfica, onde o investigado leva a equipe investigadora, dizendo: "Dobra à direita, dobra à esquerda, sobe a ladeira, desce a ladeira, entra naquele caminho ali. Foi bem aqui que eu deixei um cadáver". Isso ele fez no Maranhão. E esse procedimento foi repetido no Pará. Certo? Ele levou a catorze lugares. Se nesses locais aonde ele levou foi realmente onde foi encontrado algumas dessas vítimas, ou não, só a Polícia Federal do Pará pode dizer.

Em outro momento, o deputado Luiz Couto, do PT da Paraíba, fez uma pergunta ao delegado com base em um relatório que apresentava quatro linhas de investigação: a primeira, que indica que as emasculações ocorriam em rituais da seita lus; a segunda, que sugere o envolvimento de outras seitas e religiões; a terceira, que é uma combinação das duas primeiras; e a quarta, que aponta que os crimes eram cometidos por um assassino em série. O deputado questiona Diniz se ele havia direcionado sua atenção para essa última linha.

Não foi isso que aconteceu não. Nossas quatro linhas de investigações iniciais eram qualquer tipo de ritual satânico. Depois, cada crime com seu autor. Isso era o que a polícia tinha quando eu peguei os casos. Depois, a linha do serial killer. Essas eram as linhas que nós tínhamos na época.

Não podíamos investigar o serial killer sem primeiro investigar as vítimas, saber se aqueles crimes tinham semelhanças. E nós constatamos isso. Agora, para efetivamente investigar o serial killer, tinha que ter um suspeito, e nós não tínhamos. Como investigar um suspeito se não tinha nada que ligasse um caso a outro? A primeira coisa que fiz foi relacionar os casos de emasculados e estudá-los. Tinha pouca coisa a respeito dos crimes em Altamira. Só que eram casos de emasculados. Então, deixa eu botar as datas deles. Cruzei, nenhum caiu no mesmo dia. E eu fiquei com essa minha tabelinha lá.

[...]

Nós provamos que, quando Chagas estava em São Luís, ocorreu crime em São Luís; quando ele estava no Pará, ocorreu crime no Pará. Isso não está dizendo que foi ele. São dados. Confirmamos que a semelhança das lesões e a forma de ocultação dos corpos eram semelhantes tanto em Altamira como em São Luís. Os corpos eram encontrados nus, no mato, cobertos por palha. E emasculados. São semelhanças, são dados. Então, em cima desses indícios de como os corpos foram encontrados, em cima do estudo de local e espaço onde o Chagas se encontrava na época dos crimes, após ele já ter confessado a maioria dos crimes em São Luís, foi apresentado a ele uma reportagem da Record sobre os crimes de Altamira, especificamente em cima da seita LUS. "Tu estava tal dia em Altamira?". "Estava." "Tal dia tu estava?" "Estava". "Lá também ocorreram crimes, os meninos foram mortos do mesmo jeito dos meninos daqui. Tu tem alguma explicação para me dar?" "Não." Tudo bem. Três dias depois, ele me chamou na cela e disse que tinha alguma coisa para me contar, mas antes queria ver as filhas. Trouxemos as filhas dele. Ele olhou e disse: "Não, realmente, quantos crimes o senhor disse que ocorreram no Pará?". "Tantos." Ele disse: "Não foi isso, não. Foi tantos". "Como é que foi? Conta aí, conta a tua história." Ele que disse local, ele que me disse aspectos físicos das crianças, o que as crianças usavam, o que conversavam com ele, o que carregavam na mão, o local em que encontrou os meninos, o local em que ele deixou. Eu não disse nada para ele, nem o nome das vítimas, porque eu não sabia, pois na lista só tem as iniciais. Isso tudo foi gravado no início, todos os depoimentos dele.

Um dos motivos que levaram Chagas a confessar os crimes em Altamira, além das suspeitas após saberem que ele havia morado lá, teria sido uma matéria a que Chagas assistiu já preso, na Rede Record, sobre os casos de crianças emasculadas no Maranhão e no Pará, comentando que havia pessoas presas e condenadas no Pará. Chagas então teria chamado os policiais e dito algo do tipo "se há pessoas presas por esses casos de Altamira, eles são inocentes. Eu fiz tudo isso"

— exatamente a mesma coisa que ele falou para o jornalista Sérgio Lírio, da revista *Carta Capital*.

Para além disso tudo, Diniz também apontava a confusão entre Polícia Federal e Civil no Pará para definir exatamente quem iria investigar Chagas nos casos de Altamira.

No fim, a Polícia Federal fez algumas investigações, a Polícia Civil fez outras em Altamira. Enquanto isso, no Maranhão, os processos avançavam. Nas fases de instrução judicial, Chagas confessava cada um dos assassinatos que tinha cometido perante juízes, sempre acompanhado de um defensor público.

Habeas corpus e novas prisões

Mas, no Pará, tudo parecia travar no Ministério Público. Após a conclusão das investigações das polícias Federal e Civil, os promotores de Altamira deveriam receber os relatórios e oferecer denúncias contra Chagas. Dessa forma, assim como no Maranhão, teria início a fase de instrução judicial, e Chagas poderia ser interrogado perante um juiz. Só que pessoas já haviam sido condenadas e presas por alguns daqueles casos. E tudo isso gerava um impasse no Judiciário do Pará.

Do lado dos acusados, os advogados de defesa, entre eles, Dalledone, buscavam *habeas corpus* para os condenados, alegando que as confissões de Chagas mudavam todo o cenário. As respostas para esses esforços vieram em dezembro de 2004, um ano após a prisão de Chagas, com a soltura de Césio. O ministro Marco Aurélio Mello, do Supremo Tribunal Federal, concedeu-lhe uma liminar para aguardar recurso em liberdade. Amailton e Anísio também conseguiram *habeas corpus*, já que tinham residência fixa e não apresentavam antecedentes criminais. O tribunal paraense, naquele momento, debatia a possibilidade de um novo julgamento. Em abril de 2005, todos os três tiveram a prisão decretada novamente em suas apelações. Ainda assim, puderam responder em liberdade até o esgotamento dos recursos, o que aconteceu em maio de 2009, quando Anísio e Césio voltaram à cadeia.

Ao contrário dos médicos, Amailton não se apresentou novamente para ser preso e nunca mais foi encontrado. É até hoje considerado foragido pela Justiça, com um mandado de prisão em aberto, válido até 2025. De acordo com sua família, ele está morto há muitos anos e enterrado em algum cemitério na cidade de São Paulo. Após ter saído da prisão, teria se envolvido com drogas, passado a viver na rua como indigente e não queria mais ter laço com ninguém.

Muita gente em Altamira acredita que isso seja mentira da família Gomes, que estaria tentando encobrir seu verdadeiro paradeiro. De minha parte, após conversar com membros da família, posso apenas dizer que acredito neles.

De todos os condenados nos júris de Belém, o único que nunca foi solto após a prisão de Chagas foi o ex-PM Carlos Alberto. Os motivos exatos para isso são difíceis de se precisar, mas é seguro especular que isso se deu pelo fato de ele não ter condições de contratar advogados com maiores recursos, e também por conta de ele ter outras condenações por outros crimes. Assim, em 24 de outubro de 2010, Carlos Alberto faleceu em decorrência de um câncer. Quando a metástase já estava instalada, ele pôde passar seus últimos dias de vida em casa. Não temos muitos detalhes sobre com quem ele estava em seus momentos finais, tampouco quem era exatamente sua família neste ponto.

Mas, enquanto isso, o que teria acontecido com os inquéritos policiais que afirmavam que Chagas era o verdadeiro assassino de Altamira? E os ossos encontrados nos locais que Chagas apontou em Altamira? Quais foram os resultados de suas análises? E por que as prisões dos condenados nos júris nunca tiveram suas sentenças revistas? Essas eram as dúvidas das famílias de Amailton, Anísio e Césio.

Nova audiência na Comissão de Direitos Humanos em 2013

Em 2009, os médicos Césio e Anísio voltaram à prisão. Amailton passou a ser um foragido e Carlos Alberto morreria pouco depois, em 2010.

A partir desse ponto, as famílias de Césio e Anísio passam a ter maior protagonismo político em busca de justiça. Em seus esforços, tentavam fazer o Estado do Pará reconhecer que Chagas seria o verdadeiro assassino de Altamira, e que as condenações contra os médicos fossem derrubadas. Mas a impressão é que todo o trabalho da Polícia

Federal em 2004, no Pará, em torno da figura de Chagas estava sendo ignorado propositalmente pelas autoridades jurídicas daquele estado — uma situação muito diferente da que ocorrera no Maranhão, em que acusados anteriores dos crimes cometidos por Chagas foram soltos.

Oriundo do estado do Espírito Santo, Césio sempre foi evangélico presbiteriano e, desde a década de 1990, vinha tentando alguma articulação política com o apoio de membros da igreja que frequentava.[64] Aliado ao esforços das famílias de todos os acusados, a audiência na comissão de Direitos Humanos de outubro de 2004, em Brasília, foi realizada. E então, em novembro de 2013, passados quase dez anos da prisão de Francisco das Chagas, e sem perspectivas de que os médicos fossem liberados, as famílias novamente se organizaram para serem ouvidas na capital federal. Para isso acontecer, contaram novamente com o apoio da bancada evangélica, que dessa vez presidia a Comissão de Direitos Humanos na figura do deputado federal Marco Feliciano. Da reunião anterior, de 2004, apenas o delegado Diniz estava presente. Além dele, em 2013 participaram parentes dos acusados: Lucimar, esposa de Anísio; Selene e Cláudia, irmãs de Césio.

Por fim, foi convocada também a escritora e criminóloga Ilana Casoy, falando de como havia auxiliado na consultoria das investigações da Polícia Civil do Maranhão contra Francisco das Chagas. Ali, revelou algo importante: além de ter dado consultoria às investigações,[65] ela própria havia entrevistado Chagas:

> Na casa do Chagas, foram encontrados três corpos enterrados, três ossadas e mais camisetas que ele recortava. É uma autoria bastante fundamentada. E eu mesma conversei com o Chagas mais de sessenta horas para o meu trabalho de pesquisa. Ele me contou cada crime, não só no Maranhão, cada crime de Altamira. Vocês podem ver pelo meu tamanho que, nem que eu quisesse, eu poderia ter forçado o Chagas a nada. É um homem bem forte.

---

64 Em 1999, Césio teve a oportunidade de ser ouvido na Comissão de Direitos Humanos em Brasília. De acordo com a ata da sessão, ocorrida em 19 de novembro daquele ano, sua fala atendia a uma solicitação pessoal de Césio feita após as famílias das vítimas de Altamira terem sido ouvidas em 1996. Em seu discurso, Césio afirmava sua inocência e explicava, pela sua perspectiva, toda a injustiça que teria sofrido desde 1993, quando foi acusado.

65 Como citado no Capítulo 25, em 2004, o delegado Diniz entrou em contato com Ilana Casoy pelo fato de ela ser uma das poucas (se não a única) autoras com uma publicação sobre o tema serial killers naquela época no Brasil.

O deputado Marco Feliciano perguntou quantos casos Chagas havia confessado para ela:

> Para mim? Quarenta e cinco: três sobreviventes e 42 assassinatos.[66] Dois meninos que ele confessa no Maranhão não foram identificados. Mas ele conta. Eu tenho 28 nomes de vítimas do Maranhão. Ele pode não lembrar o nome, mas ele lembra exatamente não só a história de cada criança — como ele encontrou e o que ele falou —, como ele tem uma memória impressionante da roupa que a criança vestia quando ele a abordou, o que ela fazia. Os de Altamira são os primeiros crimes dele, tecnicamente, são a base de todo o processo criminoso dele, a base psicológica. E ele tem uma memória bastante nítida. [...] E, no Pará, em Altamira, ele mostra para a polícia todas as localizações onde ele matou essas crianças, os doze meninos. O erro dele, médio, é de cinquenta centímetros para o GPS da polícia. Então, ele não erra, sabe exatamente onde deixou.

Outra figura relevante que apareceu nessa audiência como membro da bancada evangélica foi a pastora Damares Alves, que na época trabalhava em Brasília como assessora parlamentar do deputado Arolde de Oliveira (DEM-RJ). Anos antes, Damares já fazia parte de um movimento dentro da bancada evangélica em Brasília para aproximar-se da pauta de Direitos Humanos.[67] Na sequência da audiência, ela faz uma crítica sobre a atuação da comissão dos Direitos Humanos nesse tempo:

> Eu conheço a história e o caso desde 1999, quando o dr. Césio veio depor pela primeira vez nesta comissão e trouxe provas de sua inocência, e nada foi feito por esta comissão. Depois, em 2004, eu, assessorando parlamentares nesta comissão, acompanhei também as audiências públicas em que o dr. João Diniz e um outro grupo de autoridades do Maranhão

---

66 Novamente, entramos no problema recorrente desse caso sobre a quantidade exata de vítimas, que é de difícil precisão. Tudo o que podemos afirmar, com base nos documentos oficiais produzidos pela Polícia Federal e pela Polícia Civil do Maranhão, é que Chagas teria confessado 29 crimes no Maranhão e 14 em Altamira. Ainda de acordo com essas fontes, desses 29 assassinatos no Maranhão, há a vítima de número 18 que Chagas confessa ter matado em agosto de 1999, mas que nunca foi localizada. Pode ser que Chagas tenha se confundido, pode ser que tenha inventado, pode ser que a vítima realmente tenha existido, mas que os familiares nunca tenham feito registro do seu desaparecimento – ou ainda que a polícia da época não tenha feito o registro do fato. Não há como explicar com certeza.

67 Não à toa, entre 2019 e 2022, durante a presidência de Jair Messias Bolsonaro, Damares Alves foi chefe do Ministério da Mulher, da Família e dos Direitos Humanos. Nas eleições de 2022, foi eleita senadora pelo Distrito Federal.

[mostraram], com provas documentais, a autoria dos crimes de Francisco das Chagas. E novamente esta comissão se omitiu. E a gente tinha, em 2004, as autoridades do Maranhão dizendo que havia erros no Pará. As autoridades do Pará não vieram à audiência, como não vieram hoje de novo. Eu lamento. Entendo que é muito difícil para autoridades do Pará admitirem que erraram, e erraram feio. Mas aí a própria autoridade que não veio, a gente vê na monografia da dra. Ilana, há relatórios, a autoridade do Pará admitindo que erraram e que Francisco das Chagas é o culpado.

Lamento que, 2004, de novo, esta comissão se silenciou, sabendo que havia quatro pessoas inocentes condenadas, uma muito doente, um menino, o mais jovem dos que foram condenados. [Amailton] Foi acusado porque, acredito, na época, tinha trejeitos. Ali havia uma questão de homofobia, e esta comissão sabia disso. Esse menino sofreu grandemente na cadeia. Nós temos o relato do pai dele, que não está aqui, de que esse menino, inclusive, em uma das sessões de tortura — nós não podemos nos esquecer de que essas pessoas foram torturadas —, teve uma pilha introduzida no ânus e, com a mão amarrada, ficou por dois dias com a pilha introduzida no ânus. E essa pilha estourou no estômago dele, e esse menino quase morreu. E depois contraiu aids, e morreu, por aids, foragido.[68] A família chora a morte desse menino. Um jovem que tinha um futuro brilhante morreu, inocente, acusado, foragido, e os pais não se conformam. E depois a gente viu esta comissão se omitir diante desse fato.

A dra. Ilana disse que o Francisco das Chagas não falou apenas para os policiais. Tem a confissão dele no Judiciário, na polícia, na CPI da Pedofilia, para a imprensa. E a gente não entende o porquê de tanta omissão. Numa audiência, dr. Diniz, aqui, as autoridades do Maranhão disseram que foram trazidas para o Ministério da Justiça, numa certa época, para aprender a investigar esses casos. Naquele momento, levantou-se uma questão séria, que até hoje não foi esclarecida, que havia ONGs por trás dessa história toda, ONGs querendo que se mantivessem condenadas as pessoas no Pará. Isso é uma denúncia que eu trago. Que ONGs eram essas?

A politização do caso é evidente ao longo de todas as suas fases. Aqui, do lado das famílias das vítimas estavam setores progressistas, historicamente identificados com a esquerda, que acreditavam que Chagas seria uma invenção de poderosos envolvidos com uma seita que sacrificava crianças. Do outro lado estavam os setores

---

68 Não foi possível verificar essas informações que Damares traz (sobre a pilha ter estourado em seu estômago e de que Amailton teria morrido em decorrência da aids). Porém, logo após sua prisão, Amailton afirmou à imprensa que teria sido espancado e torturado, e há menções sobre uma pilha introduzida em seu ânus. Já sobre sua morte, como mencionado anteriormente, a família afirma que ele morreu como indigente em São Paulo após anos de abuso de drogas.

conservadores, historicamente identificados com a direita, falando que os acusados de serem satanistas matadores de crianças eram na verdade inocentes, que tinham sido vítimas de homofobia e perseguição religiosa.

Considerando todas as hipóteses que poderiam ter levado a essa condenação, Casoy e Diniz apresentaram uma referente a Agostinho, o lavrador que afirmava ter visto Césio saindo da mata com um facão sujo de sangue.

> ILANA CASOY: Tem a foto também do Césio, juntamente com a do Chagas. É claro que o Chagas está bem mais gordo que o Césio aqui, mas eles são muito parecidos de qualquer forma. E os dois têm mais ou menos a mesma idade inclusive. A gente se deu conta casualmente.
>
> DINIZ: No julgamento do Césio, houve uma testemunha, um senhor idoso, que o reconheceu como sendo uma pessoa que saiu do mato, próximo ao local onde foi encontrada uma vítima, com uma faca na mão. Esse senhor deveria ter, na época, mais de 80 anos. Posteriormente, com a investigação do Chagas, a gente percebeu que, com quase a mesma idade e o mesmo porte físico, eles são muito semelhantes.

Aqui, vale lembrar: essa audiência ocorreu quase dez anos após a prisão de Chagas. De acordo com Damares, Amailton já estava morto. Anísio e Césio permaneciam presos. Nessa época, Césio já estava com outro recurso pedindo revisão criminal, dessa vez, com um novo advogado, Roberto Lauria.

> ILANA CASOY: Hoje, no Pará, a gente tem o trabalho *pro bono* do dr. Roberto Lauria, advogado, que também auxilia na revisão criminal do Césio, que poderá ser estendida ao Anísio. Isso está no Tribunal do Pará. Está parado. Eu acabei de ler que o Ministério Público do Pará diz que não concorda. Porque o dr. Roberto Lauria não só pede que ou sejam absolvidos, diante das provas que já temos do Chagas, ou, em última hipótese, que se leve Césio e Anísio a uma oportunidade de novo júri, porque os jurados que os condenaram não sabiam do Chagas. Então, o mínimo de justiça é que eles pudessem novamente ser julgados, desta vez por jurados que conheçam que existe um assassino que foi preso posteriormente à condenação deles. A revisão criminal do dr. Roberto Lauria é datada de 18 de dezembro de 2012.

Em março de 2014, o Tribunal de Justiça do Pará não reconheceu o pedido de revisão criminal de Césio. Em maio, o *Fantástico* produziu uma longa matéria sobre a situação dos médicos, incluindo a opinião de investigadores que não acreditavam em sua culpa, e a de Rosana Cordovil, a promotora responsável pela acusação nos júris de 2003, que ainda insistia haver provas contra eles. E, para a surpresa de muitos que acompanharam a prisão e as confissões de Chagas, essa reportagem trazia uma informação nova: Chagas havia passado a negar os assassinatos. O que teria acontecido nesses dez anos desde sua prisão?

As negações

Depois de passar o ano de 2004 sendo interrogado, confessando, apontando locais, chegou uma hora que Chagas parou de colaborar. Passou a dizer que estava sendo torturado, que estava sendo coagido, que não tinha nada a ver com nada. Atualmente, ele está preso em Pedrinhas, São Luís do Maranhão e, até onde sei, não confessa mais os crimes.

De acordo com Ilana Casoy, essa mudança de postura teria ocorrido pouco antes do seu primeiro júri no Maranhão, do caso de Jonnathan.

> É um arrependimento. Às vezes, você é bom e causa um mau resultado. No primeiro júri, que foi do caso Jonnathan, a irmã do Chagas veio. Ela pede para ver o irmão dela antes do júri. E aí que muda. Porque, quando ela encontra o Chagas, ela conta para ele todo o massacre que ela vem sofrendo, de quase linchamento, de agressões. Ela teve que mudar de casa. Inclusive o depoimento dela foi com o rosto escondido por uma balaclava para ela não ser reconhecida. E ela pede para ele não falar. "A nossa família tá em Altamira, não fala de Altamira." E nesse momento, ali no júri, para a surpresa de todo mundo, ele fala: "Altamira? Onde fica mesmo? Não sei do que vocês estão falando". É dali que ele passa a negar Altamira. E acho que também tem uma questão da mídia, né? Teve uma desastrosa entrevista com ele, de um canal de televisão que mandou o seu decano repórter, acuando o Chagas, que é o jeito errado de fazer o Chagas falar. Ele tem um "piti" e fala: "Não vou mais falar".

O que Ilana diz faz sentido com o material que eu mesmo consegui obter de confissões gravadas do Chagas, várias horas de vídeos que estavam anexados aos autos do Maranhão, todos produzidos pela Polícia

Civil de lá. A Polícia Federal também gravou muitas horas de confissões dele; fora isso, há as gravações do jornalista Sérgio Lírio e as que a própria Ilana possui em seu acervo. Todo esse material data de 2004. Somado às confissões para delegados e em juízo, é muita coisa.

Chagas simplesmente cansou de falar. Isso ficou bem evidente quando obtive os autos do processo de uma de suas vítimas do Maranhão, o garoto Antônio Reis Silva, que tinha o apelido de "Carrapato". Neles, há a gravação do júri, que ocorreu em 2009. Na hora do seu interrogatório, após a exibição de um DVD com algumas de suas confissões, o juiz começava a falar com Chagas:

> JUIZ: [...] O senhor está sendo acusado aqui por ter cometido um crime contra o menor Antônio Reis Silva. Eu quero saber se o senhor quer contar a sua versão sobre esses fatos ou se quer ficar calado. É um direito seu.
> CHAGAS: Eu queria dizer, primeiramente, que, se alguma coisa que está aí que eles gravaram, que tem aí sobre eu falando... Eu quero dizer que, se eu falei alguma besteira, é porque eu tava sendo pressionado a falar. E outra coisa...
> JUIZ: Inicialmente, se o senhor resolver relatar os fatos, eu tenho umas perguntas iniciais. Mas, se o senhor quiser ficar calado, não precisa nem contar nada.
> CHAGAS: É porque, mesmo as minhas palavras, não adiantam mesmo nada, né? De todo jeito a Justiça quer...
> JUIZ: Não, não, eu não estou dizendo isso, não.
> CHAGAS: ... demonstrar para a sociedade a resposta.
> JUIZ: Olha, na audiência aqui do dia 11 de março de 2005, você exerceu seu direito ao silêncio. Está aqui, está bem aqui. Lá o senhor não contou nada, ficou calado, preferiu como a lei lhe se assegura. Isso é o que eu estou lhe perguntando. O senhor ouviu aqui as testemunhas. O senhor está sendo acusado por este crime. Isso é que eu estou lhe perguntando, o senhor quer relatar, contar a sua versão sobre os fatos ou se quer ficar calado.
> CHAGAS: O que eu queria lhe dizer aqui é que eles resolveram pegar esse caso e jogar tudo para cima de mim. Como deveria pegar os casos do país todo e jogar tudo para mim.
> JUIZ: Mas então, conte, isso é que eu estou lhe perguntando. Conte a sua versão.
> CHAGAS: Eu já disse mais de mil vezes que eu já estive aqui em 1991 quando aconteceu esse fato. Cheguei aqui no dia 5 de fevereiro de 1991.
> ROBERTO CHARLES DIAS [defensor]: Se o senhor permitir que eu explique para ele. Chagas, só um minutinho, espera um pouquinho. Primeiro, você vai falar a respeito dos fatos, né? Ele vai falar a respeito dos fatos, doutor.

Agora ele vai. Mas antes ele vai responder às perguntas que o senhor quer fazer.

JUIZ: Certo. As perguntas iniciais. Está entendendo, Chagas? Aí depois conta a versão dos fatos. Certo? Primeiramente eu gostaria de saber seu nome.

CHAGAS: Meu nome, cansei.

JUIZ: Não, não, o senhor tem que me responder.

CHAGAS: Eu não vou responder meu nome para você não.

JUIZ: Então, dr. Charles, vai ficar difícil.

CHARLES: Chagas, se você assume essa postura, eu também vou ter dificuldade de fazer sua defesa.

CHAGAS: Não, porque meu nome tá escrito aí.

CHARLES: Chagas, primeiro você precisa respeitar o juiz. Você precisa respeitar os dois promotores que estão lá sentados. Você precisa respeitar essa audiência toda aqui. Precisa respeitar o seu advogado. E, sobretudo, você precisa respeitar as pessoas que vão lhe julgar, que são aqueles sete jurados que estão lá que não têm esse papel aí.

CHAGAS: Eu vou permanecer calado, eu não vou falar mais nada não.

CHARLES: A gente entende a sua indignação, a sua revolta, mas você precisa falar.

CHAGAS: Eu sou revoltado com a Justiça, sabe por quê? Porque a Justiça do Maranhão, o que estão fazendo comigo é coisa de máfia, de corrupção. Estão fazendo comigo.

JUIZ: O senhor prefere ficar calado?

CHAGAS: Não vou falar mais nada não.

JUIZ: OK. É um direito seu.

CHAGAS: São as coisas mais perigosas que existem: a democracia e a justiça, são tudo mafiosos. É a máfia mais perigosa que tem, que nós temos.

No decorrer do interrogatório, Chagas nega tudo. O promotor então começou a perguntar sobre sua avaliação psicológica:

PROMOTOR: Senhor Chagas, você se lembra de ter sido ouvido por psiquiatras, psicólogos durante um exame que foi procedido em sua pessoa, isso ainda em 2005?

CHAGAS: Lembro. Eu estive com a psiquiatra Adelaide. E teve outro senhor que veio de Brasília também, não estou lembrado do nome dele.[69]

PROMOTOR: Você conversou com esses profissionais?

CHAGAS: Conversei.

PROMOTOR: Você entrou em detalhes a respeito desses crimes que são atribuídos a você?

---

[69] Chagas se refere a Maria Adelaide de Freitas Caires e a Antonio Serafim.

CHAGAS: Não.
PROMOTOR: No laudo referente a essa perícia que está nos autos do processo, há várias passagens onde constam relatos como sendo seus, que esses profissionais fizeram aqui, de que você teria dito como é que aconteceu o crime, especificamente esse crime do Antônio Reis. Então, tem aqui, no laudo psiquiátrico, um trecho onde os profissionais relatam o que você contou para eles a respeito do crime, de como você o cometeu. Então, o que você pode nos informar a respeito disso?
CHAGAS: Quero dizer que é a minha palavra contra as deles, que eu não falei isso para eles. Eu não falei.
PROMOTOR: Tudo bem. Satisfeito.
CHARLES: Chagas, durante esses episódios de crimes que o pessoal te imputa, tem algumas crianças, que dizem que você atacou, que estão vivas? Tem alguém que está vivo?
CHAGAS: Tem.
CHARLES: Quantas?
CHAGAS: Tem duas vítimas em Altamira que eles me acusaram aqui e me levaram para lá, dizendo que eu tinha culpa. E levaram minha foto e mostraram para essas vítimas lá. Na época eles tinham 15 anos e hoje eles já estão com 29 anos. E essas vítimas disseram "Não, o homem não é esse", não reconheceram minha foto.
CHARLES: Foi preso alguém lá no Pará por conta desses crimes?
CHAGAS: Tem cinco preso [sic] lá.
CHARLES: A polícia do Pará soltou esse povo ou eles continuam presos?
CHAGAS: Eles soltaram e, com a minha ida lá, que eu falei que eu não tinha nada a ver com esses casos, que eles andavam comigo no local e diziam que eu tava saindo mostrando... Depois da minha volta para cá, resolveram prender todo mundo.

A estratégia da defesa era a seguinte: Chagas teria sido torturado e forçado a confessar crimes que não cometeu. Teria sofrido pressões de policiais, promotores e até de políticos do Maranhão. Para fundamentar isso, Charles citava que já haviam prendido pessoas no Pará pelos mesmos crimes e que em Altamira ninguém o considerava culpado.

Essa tática não funcionou, e Chagas foi condenado nesse júri. Eram muitas as provas contra ele, que não explicou, por exemplo, os objetos encontrados em sua casa, tampouco os corpos lá enterrados. Nos longos vídeos de confissão para a Polícia Civil, é bem evidente que ele está calmo, falando livremente, dando todos os detalhes dos assassinatos. Ele passou quase dois anos sendo interrogado, sendo avaliado por profissionais de saúde, dando entrevistas e, mesmo quando estava acompanhado de advogado, continuava confessando. No Maranhão, há confissões dele feitas em juízo, perante juízes, até o fim de 2005, dizendo que queria colaborar para esclarecer tudo. São quase dois anos confessando de todas as formas possíveis, com riqueza de detalhes e provas contundentes.

No Maranhão, Chagas foi condenado por 20 dos 29 crimes que confessou. Os outros nove, pelo que deu para verificar, ainda não foram julgados — e talvez nunca sejam, pois há corpos que não foram encontrados. Um exemplo é o do jovem Jondelvanes Macedo Escórcio, desaparecido em setembro de 1991. Supostamente, foi sua primeira vítima naquele estado.

A Polícia Civil do Maranhão, com base nas confissões de Chagas, em análise de depoimentos e estudos geográficos, chegou à conclusão de que ele foi o responsável pelo desaparecimento e morte do garoto. Mas, tendo em vista que seu corpo nunca foi encontrado, não há materialidade do crime comprovada. Logo, Chagas nunca foi a júri por isso.

Somando todas as penas, ele teve quase seiscentos anos de prisão decretados. Chagas foi preso em dezembro de 2003 e, nessa época, a pena máxima era de trinta anos. Logo, em princípio, seria solto em dezembro de 2033. Mas, consultando seu atestado de pena do Maranhão, vemos que a previsão para o término da sua pena é 28 de março de 2041, embora eu não tenha conseguido verificar o motivo exato.

Ele chegou a tentar passar por um exame de insanidade mental, mas os examinadores chegaram à conclusão de que Chagas era capaz de entender a gravidade de seus atos. Por isso, sua alegação de insanidade não avançou.

Mas, no júri de 2009, Chagas tinha um argumento válido. Ele realmente nunca fora acusado no Pará. O Ministério Público local poderia ter tentado esclarecer isso melhor, fazendo denúncias para os casos que ele confessou e realizando novas diligências para averiguar, mas não foi isso que aconteceu. Os casos foram arquivados, e Chagas nunca foi responsabilizado por nada em Altamira.

Essa é a questão que pouca gente conseguia entender. E era também a resposta que eu buscava nas minhas pesquisas.

O fim das investigações

Em resumo, pelo que pudemos constatar,[70] todos os inquéritos que consideravam Chagas o assassino no Pará foram arquivados. Nenhum avançou. O Ministério Público nunca ofereceu denúncia. Com isso, os casos prescreveram e foram arquivados. Por meio de algumas fontes, obtive a maior parte dos inquéritos em que Chagas foi investigado em Altamira — alguns da Polícia Civil, outros da Federal. Em nenhum havia menção aos ossos.

Porém, nos autos do processo original dos meninos emasculados, especialmente na parte referente aos pedidos de revisão criminal de Césio, há menções de que esses ossos teriam sido analisados e que a imprensa da época publicou o resultado: aqueles ossos seriam na verdade de animais. Porém, é importante constatar: não há nenhum laudo oficial nos inquéritos que comprove essa afirmação. Busquei obter alguma confirmação disso nos órgãos oficiais, mas a resposta era sempre a mesma: não havia nenhum registro. Isso pode ser em decorrência do tempo que passou (antes da digitalização total dos serviços, sendo boa parte dos trabalhos feitos em papel que podem ter se perdido em arquivos) ou pode ser também uma confusão entre os próprios órgãos responsáveis. De qualquer forma, esses laudos deveriam constar nos inquéritos, e por algum motivo desconhecido não estão lá.

Decidi dar uma olhada com cuidado nos inquéritos da Polícia Federal e encontrei um nome. Na equipe da delegada Danielle Gossenheimer Rodrigues havia uma agente chamada Iracema Maria Soares de Jesus — e esse nome é importante porque, analisando também as entrelinhas do processo original dos emasculados, descobrimos que ela era uma agente da PF que esteve nas primeiras missões da Operação Monstro de Altamira, fazendo assim parte da equipe de José Carlos de Souza Machado na década de 1990. Assim como o nome dele, o dela é sempre citado por famílias de vítimas de Altamira como uma pessoa que esteve muito próxima durante os anos das investigações.

---

[70] A maior parte dessa pesquisa foi feita pelo pesquisador Rubens Pena Júnior, que foi incansável em suas buscas para entender o que houve com as acusações contra Chagas.

Tentei entrevistar as dras. Danielle e Virgínia, que foram as delegadas federais responsáveis pela investigação de Chagas em Altamira. Nenhuma delas pôde me dar entrevista. Apesar disso, em seus trabalhos, afirmavam sem sombra de dúvida que Chagas era o verdadeiro responsável pelos casos dos meninos emasculados. Essa era a mesma opinião do dr. Neyvaldo Costa, delegado da Polícia Civil do Pará, que também conduziu investigações acerca de Chagas no ano de 2004 em Altamira. Consegui contatar Neyvaldo e tentamos uma entrevista, mas não conseguimos por questão de agenda. Em outubro de 2022, ele faleceu aos 60 anos, em decorrência de um câncer que combatia havia muitos anos.

A agente Iracema, hoje aposentada, se recusou a me dar entrevista, assim como todos os agentes da Polícia Federal que trabalharam nas investigações da década de 1990. Mas consegui falar com Benilton Ferreira da Silva, hoje agente aposentado da Polícia Federal. Em 2003, ele foi designado pelo Ministério da Justiça como representante da Polícia Federal na investigação de Chagas, na equipe do delegado Diniz no Maranhão.[71] Seu ingresso naqueles trabalhos eram parte de uma força-tarefa em conjunto da Polícia Federal e da Polícia Civil do Maranhão, e que depois acabou se estendendo para o Pará quando Chagas passou a ser investigado lá.

Ele acompanhou os júris de Altamira e chegou a ver ao menos um presencialmente, contando com todo o apoio de agentes da PF do Pará e da promotora Rosana Cordovil. Afinal, até aquele momento, o pessoal no Maranhão não descartava a possibilidade de uma seita ser a responsável pelas mortes nos dois estados.

Só que a força-tarefa comandada por Diniz não encontrava nenhuma relação entre os acusados do Pará e os crimes do Maranhão, apesar de investigarem a fundo.

BENILTON: Entramos em parafuso. Rapaz, não tem nada a ver aqui. Será possível? Nós estávamos crédulos de que o pessoal do Pará tinha elucidado o caso, entendeu?
IVAN: Sim. Estavam em julgamento, né?

---

71 Chagas foi preso em dezembro de 2003. Meses antes, Diniz já havia sido apontado como o delegado encarregado da Polícia Civil do Maranhão para investigar os casos dos emasculados daquele estado. Quando a dra. Edilúcia o prendeu, Diniz já estava com seu trabalho de investigação bastante avançado — Chagas era a peça que faltava.

BENILTON: Sim, sim. Já em júri, exatamente. E a Polícia Federal ajudando lá o caso. Aí, meu amigo, vimos que estava tudo errado. Que não tinha nada a ver. Eu fiquei logo *persona non grata* dos colegas lá da Polícia Federal do Pará. Porque aí eu fui questionar e foi uma confusão. E, lá no Maranhão, o Diniz ficou *persona non grata* com os delegados antigos, dos outros inquéritos. Então, nós criamos muita animosidade. A dra. Rosana, quando nós voltamos lá já com o Chagas aparecido, não nos recebeu. Disse coisas horríveis a nosso respeito. E uma vez eu disse: "Por que a senhora não vem ver o nosso inquérito?". Ela bate no peito até hoje dizendo que conhece o inquérito de lá. Claro, ela conhece o de lá, mas não conhece o de cá. Não quis conhecer. Ou, se já conhece, se já procurou ver alguma coisa, não deu o braço a torcer, não voltou atrás, e o pessoal está lá inocente até hoje condenado, entendeu?

[...]

A Iracema [...] foi quem mais me hostilizou. Foi montado um escritório lá com a dra. Daniele e a dra. Virgínia. Mas quem tomou conta lá foi a dra. Virgínia. Uma tia de um dos mortos, da família Chipaia, estava trabalhando no escritório. Ela fazia comida, fazia as coisas lá. Eu chamei a dra. Virgínia e disse: "Olha, essa pessoa é parente direta do menino que está lá no inquérito. É totalmente contraproducente. Isso não existe. Está contaminando aqui a investigação. Ela tem que sair daqui". Aí ela disse que [a mulher] foi colocada pela Iracema, que a Iracema era amicíssima da família, ia nos cultos de orações deles lá, chorava junto com a família, essa coisa toda. E aí quando eu mandei tirar, ela tirou a menina, e a animosidade aumentou contra mim, né? E essa Iracema, muito bem-intencionada, mas erraram e não quiseram voltar lá atrás para ver onde erraram.

Ela [Iracema], conversando comigo, disse: "Benilton, esse cara, eu acredito, tá? Vocês são competentes, vocês trabalharam... Ele é da seita LUS". Ela acreditava, como a Rosana Cordovil, como eles lá. Só que o Chagas não conhecia a Valentina, não conhecia os médicos, não conhecia ninguém desse povo, mas conhecia muito bem os meninos que matou. As duas delegadas, novinhas, mas competentes, tanto elas viram que a gente estava certo, que começaram já a ouvir o pessoal e instauraram os inquéritos. Foram sete inquéritos para a dra. Daniele e sete para a dra. Virgínia. Elas dividiram.

Essa situação, por exemplo, da Iracema. De ela dizer que o Chagas era da seita. Eu disse: "Mas qual é a prova que você tem? Tem o nome dele aí? Porque ele não conhece ninguém. Ele diz que não conhece". "É mentira dele. Ele era um que andava com a Brasília aqui". Eu disse: "O Chagas não sabe dirigir. Você está totalmente enganada, Iracema. Não tem nada a ver". "Não, nós também sabemos investigar." Eu disse: "Eu sei que você sabe investigar. Mas como é que a líder da seita é absolvida? Me diga. E o segundo escalão dela, todo mundo é condenado, e ela é absolvida. Como isso? Então que seita é essa?".

Sendo assim, de acordo com o agente Benilton, Iracema era uma agente da Polícia Federal que desde a década de 1990 passou a se aproximar das famílias de vítimas dos emasculados de Altamira. Ela, assim como a equipe comandada pelo agente José Carlos, acreditava na história da seita satânica, e passara a investigar no sentido de validar aquilo que as famílias já acreditavam — que poderosos locais estariam sacrificando as crianças da cidade em rituais macabros. Quando Chagas apareceu, Iracema até teria acreditado que ele seria o responsável pelas mortes no Maranhão, mas não aceitava que ele seria o autor dos casos de Altamira. No máximo, acreditaria que ele seria membro do Lineamento Universal Superior. Para ela, não haveria a menor possibilidade de que tivessem investigado, acusado e prendido as pessoas erradas.

Mais adiante em minha entrevista, questionei o agente Benilton sobre o destino dos ossos supostamente encontrados em Altamira. Afinal, se fossem os ossos das crianças desaparecidas, isso seria prova cabal de que Chagas era o assassino. Contudo, ele afirmou que não teve acesso a essa informação, embora tenha participado das escavações, levando Chagas aos locais, ou acredita que não tenham entrado como prova nos inquéritos.

A bicicleta vermelha

Nos relatos dos três sobreviventes, havia um elemento em comum: todos falavam que seu sequestrador possuía uma bicicleta vermelha.

Em quase todos os inquéritos abertos em Altamira contra Chagas, há o depoimento de um homem chamado Nelson Monteiro de Sousa, que era amigo dele na época e chegou a morar com ele. Em seu depoimento, Nelson fala o seguinte: "Que Chagas gostava muito de bicicletas, sendo muito cuidadoso com as mesmas, sendo um xodó para ele; que Chagas gostava muito de bicicletas vermelhas".

Há ainda este relato de Maria Carolina, mãe de menino Maurício, na entrevista que me concedeu e que repetiu em depoimentos prestados na época:

> Eu voltei com o delegado para registrar o B.O. Ele registrou o B.O. e botou na televisão. Começou aquele alvoroço, o pessoal começou a ir lá para casa. Aí apareceu uma menina, ela morava ali em cima, disse: "Dona Carolina,

sábado eu vi o Maurício entre 9h40 e 10 horas". Eu falei: "Onde você viu o Maurício?". Ela disse: "Eu vi o Maurício subindo o rumo do Quatro. Ele estava do lado de um homem. O homem estava empurrando uma bicicleta vermelha. O homem estava vestido com uma bermuda jeans e uma camisa branca, empurrando uma bicicleta vermelha. O homem ia de um lado da estrada e ele do outro lado. Mas eles iam subindo na mesma direção". Eu disse: "Como que era esse homem?". Aí ela disse: "Ele é moreno, 1,60 metro, 1,65 metro, mais ou menos, de altura".

O inquérito de Maurício, a cuja cópia tive acesso, foi feito pela Polícia Civil, sob comando do delegado Neyvaldo Costa da Silva. Nele, há uma confissão de Chagas específica sobre esse caso. É bom lembrar: de acordo com Maria Carolina, Maurício havia saído de casa para pegar um dinheiro a fim de comprar açúcar, pois queria que a mãe fizesse canjica.

> Que, chegando na rua Alacid Nunes, em frente à revendedora de carro denominada Altavel, encontrou um rapaz empurrando um carro de geladinho, chegando a comprar um geladinho, ali permanecendo por alguns minutos; que, naquele momento, surgiu um garoto, com as seguintes características: moreno, magro, cabelo preto, liso, aparentando ter entre 11 e 12 anos de idade, que ficou observando o interrogado, momento em que ofereceu para aquele garoto um geladinho, o que foi aceito pelo menor, mas antes comentou com aquele vendedor que estava com a intenção de apanhar milho; que, em seguida, o interrogado afirmou para aquele vendedor que estava com vontade de apanhar milho e, naquele momento, o referido garoto se prontificou em acompanhar o interrogado até a estrada do Quatro, local onde apanharia o milho em uma propriedade que pertencia a um rapaz, cujo nome não recorda; que o interrogado respondeu para aquele garoto que este poderia subir no varão da bicicleta do interrogado, tomando como trajeto a avenida em frente ao posto de venda de combustível, denominado Serra Dourada, onde pararam, passando o interrogado a empurrar sua bicicleta com o menor em sua companhia, ambos a pé, em direção à estrada do Quatro, e a partir da descida da ladeira, o interrogado montou em sua bicicleta, com o menino sentado no varão, dobrando à direita, na rodovia Transamazônica, percorrendo cerca de 1 quilômetro, subindo uma barreira à esquerda [...]; que, naquela ocasião, o interrogado comentou com aquele garoto que ambos deveriam aguardar a possível chegada de um conhecido seu que poderia estar por perto, permanecendo ambos em cima da barreira, por volta das 12h30; que, a partir de então, não se recorda do que aconteceu, que quando deu por si já estava pedalando sua bicicleta e acredita ter retornado pelo mesmo caminho que percorrera anteriormente, indo almoçar, deste feito, no mercado; que, neste

dia do fato, o interrogado trajava bermuda jeans, camisa de meia branca, enquanto que o garoto estava trajando uma bermuda de cor azul, de pano fino, e vestia uma camiseta branca. Que o interrogado em nenhum momento teve a intenção de matar aquele garoto, pois queria somente apanhar o milho; que, posteriormente, o interrogado veio a tomar conhecimento por meio de reportagem na televisão local acerca do desaparecimento do referido menor, mas não deu atenção a tais noticiários, mas naquela época não se recordava de ter praticado tal ato.

Se nos basearmos nessa questão da bicicleta vermelha, então parece que haveria fortes indícios contra Chagas. Mas ainda existiam algumas dificuldades.

Os problemas na incriminação de Chagas no Pará

Oficialmente, Chagas nunca foi reconhecido por nenhum sobrevivente em Altamira. Por exemplo, no inquérito do primeiro sobrevivente, José Sidney, foi mostrada uma foto de Chagas, mas o jovem não o reconheceu como o homem que o atacou. No entanto, ele foi atacado em 1989, quando tinha 8 anos, e a foto de Chagas só lhe foi apresentada em 2004, ou seja, quinze anos depois.

E, como me relatou Benilton, havia uma grande resistência das famílias locais em colocar os policiais federais de 2004 em contato com os sobreviventes:

> Na época que a gente foi, eu lutava para que fosse feito o reconhecimento com o Chagas, eles não fizeram. Botaram o pé lá que não. Não forçaram, não fizeram o reconhecimento com os meninos. Um deles lá era tipo uma celebridade, parecia intocável, né? Todo protegido lá pela dra. Rosana, pelo Ministério Público de lá, pela Justiça do Pará. Então, mal a gente conseguia falar com esses meninos para ouvi-los, entendeu? O que foi mais fácil de a gente conversar foi o Sidney, que foi o primeiro sobrevivente, o primeiro atacado. Mas, assim, pelo tempo, era quase impossível ele reconhecer fisicamente o Chagas. Isso realmente atrapalhou muito.
>
> E não forçamos a barra justamente por quê? Porque a gente tinha tudo na mão. Não sei se você é estudioso dos serial killers. Quando são confrontados, se seguram, mas, quando veem que a polícia tem informações que os surpreendem, eles começam a querer surpreender a polícia, aí passam na frente, começam a se gabar dos casos, a falar as coisas, entendeu? O Chagas agia com a gente como se fosse um membro da equipe.

Fora isso, a questão mais complicada, a meu ver, é que, oficialmente, nenhum corpo foi descoberto nos locais que Chagas apontou. Das onze mortes que ele confessou em Altamira, cinco corpos estavam desaparecidos. Se qualquer um deles tivesse sido encontrado, é muito provável que a história fosse outra. Para tornar tudo mais complicado, em alguns locais que Chagas apontou simplesmente não foi possível fazer qualquer escavação.

É o caso do menino José Chagas, conhecido por Pinduquinha, cujos restos mortais jamais haviam sido encontrados, um dos relatos mais frágeis de todo o processo em termos de informações. O pai de Pinduquinha se chamava Francisco das Chagas da Silva, em uma infeliz coincidência com o nome e sobrenome do possível assassino. Em seu depoimento de 9 de maio de 2004, ele afirmou que o menino teria desaparecido no "município de Altamira, onde morava, em mês que não sabe precisar, sendo talvez entre abril e maio, provavelmente no ano de 1992, porque era ano de eleição". Francisco teria levado o filho para vender frutas; o menino, então, foi na direção da caixa d'água sozinho. Foi a última vez que Pinduquinha foi visto. Não é possível afirmar o que teria acontecido com ele na sequência, e mesmo o local que o pai aponta pode ser impreciso, uma vez que esse é seu único depoimento oficial, prestado cerca de uma década após o sumiço do filho. Francisco das Chagas, o suspeito, disse ter encontrado o menino quando "estava indo para a Betania [...] perto do cruzamento das estradas que vai para a Cachoeirinha e para o Cupiuba".

Em 8 de julho de 2004, foram iniciadas as buscas pelos restos mortais de José Chagas no local indicado por seu pai e marcado com GPS. Mas, segundo o documento assinado pelo perito Gustavo Ota Ueno, da Polícia Federal, o exame estava prejudicado por um formigueiro ativo — portanto, "não foi possível encontrar qualquer vestígio material que corroborasse a confissão de Francisco". Ou seja: a área não foi vastamente analisada pela polícia, de forma que não podemos afirmar com 100% de certeza que não havia um corpo lá.

Para tornar a situação ainda mais difícil, Chagas apontou erradamente os locais em que teria deixado algumas de suas vítimas, cujos corpos foram encontrados. Enquanto no Maranhão seus direcionamentos foram de uma precisão realmente impressionante, em Altamira o caso era diferente. Esses erros ajudaram a reforçar a crença de algumas pessoas, entre elas a promotora Rosana Cordovil, de que Chagas estaria sendo instruído a assumir todos os casos.

Já os agentes envolvidos na investigação contra Chagas afirmavam que Altamira havia mudado muito desde que o mecânico saíra de lá. A cidade cresceu bastante, muita coisa foi construída, e muita vegetação local mudou. Chagas voltava dez anos depois de ter cometido os crimes. Seria difícil acertar tudo com exatidão.

Em um dos inquéritos abertos pela PF, a conclusão do perito Gustavo Ota Ueno era a seguinte:

> Considerando o tempo decorrido do desaparecimento de Klebson (mais de onze anos e meio), o aspecto do local na época do desaparecimento e na atualidade, a ação da natureza (crescimento da vegetação), o erro embutido nas leituras de GPS e o possível erro e esquecimento de Francisco ao apontar o local, pode-se afirmar que o local apontado pessoalmente por Francisco é relativamente próximo ao local onde o corpo foi encontrado, segundo a Polícia Civil. Porém, há uma discrepância nos terrenos apontados, já que aquele apontado por Francisco e pelo parente da vítima está no lado oposto da rodovia Transamazônica em relação ao informado pela Polícia Civil.

E o que aconteceu com os encarcerados de Altamira?

Em 2015, a ação do advogado Roberto Lauria por uma revisão criminal para Césio foi negada nas instâncias superiores. Assim, ele permaneceu preso no Pará até 2018, quando conseguiu uma transferência para o estado do Espírito Santo, de forma que pôde ficar mais próximo da família. Durante a pandemia, esteve no regime semiaberto em uma colônia agrícola. Em 4 de abril de 2022, foi concedido o alvará de soltura para Césio cumprir o regime aberto com seus familiares. Ele mora hoje no Espírito Santo com a esposa e se dedica a cuidar dos dois netos.

Já Anísio teve três AVCs enquanto esteve preso. Com a saúde muito debilitada, diabetes e pressão alta, seu quadro geral ficou bastante agravado. Em maio de 2020, no auge da pandemia, foi internado em estado grave no Hospital da Ordem Terceira, em Belém. A família informou que, mesmo com necrose das feridas causadas pela tornozeleira, a Justiça não permitia a retirada do equipamento de monitoramento, o que só aconteceu após um pedido escrito do médico à Secretaria de Administração Penitenciária. Anísio morreu em casa em 2020.

É o mesmo caso da família de Amailton Madeira Gomes. Em Altamira, as pessoas que o viam como um assassino acreditam que ele ainda está vivo, morando no exterior ou na própria cidade. Mas sua família garante que ele está morto e enterrado com outro nome, em outro estado.

Compensação para as famílias

Pelo lado das vítimas de Altamira, hoje as famílias recebem uma compensação do Estado pelo que suas crianças sofreram. Quem explicou isso foi Paula Lacerda, destacando que, de maneira significativa, no dia 21 de maio de 2008, a Assembleia Legislativa do Estado do Pará concedeu pensões aos familiares das vítimas do caso dos meninos emasculados e a algumas vítimas de Eldorado dos Carajás. Ela reconheceu a natureza simbólica da reparação, destacando que a política é predominantemente simbólica, que é o valor de um salário mínimo, uma pensão vitalícia: "Eu diria que esse é um acordo um pouco *sui generis*. Mas contou com o acordo dos familiares das vítimas".

Uma frase comum entre as famílias de vítimas em Altamira é: "Nós nunca culpamos ninguém. Quem fez foi a polícia. Nós só queríamos justiça".

> IVAN: Sonha com o Maurício ainda?
> MARIA CAROLINA: Eu só sonhava com ele do mesmo tamanhinho que ele saiu de casa. Daí eu fiz a prova com Deus. Eu digo: "Eu quero ver, Deus, como o meu filho foi morto. Se ele foi morto, eu quero ver como ele foi morto. E, se ele estiver vivo, eu quero que o senhor me mostre o tamanho que ele está". Deus me mostrou ele vivo. Você já pensou se eu tivesse apontado: "Foi fulano que matou meu filho"? Então, e se de repente ele chega no portão? Eu não vou passar o restinho dos meus dias na cadeia? Vou. Faço não, meu amigo, eu não falo. Eu não aponto ninguém se eu não tiver certeza. Porque é um perigo você apontar uma pessoa, né? Igual eu te falei: se eu nunca apontei ninguém como culpado, eu também não posso inocentar ninguém. [...] Não fui eu que botei eles na cadeia. Foi a justiça, foram as provas.

Ao mesmo tempo, nenhum familiar acredita na culpa de Chagas — ou, se considera a possibilidade de ele ser o culpado, não acredita que fez tudo sozinho. E tudo isso está envolto no que já apontei antes: quem acolheu as famílias foi a equipe da Polícia Federal da década de 1990, a equipe do agente José Carlos, que nunca deixou claro o que fez de investigações e cujos relatórios nunca foram anexados. Quanto tempo foi gasto nisso tudo? Quanto dinheiro público? Quantas famílias foram destruídas? Quantas famílias de vítimas foram enganadas por confiar nas autoridades federais?

Para quem acredita que Chagas é o verdadeiro culpado, como é o meu caso, o dano é incalculável e irreparável. As famílias de Altamira foram alimentadas por anos por sandices das autoridades. Sofreram o que ninguém deveria sofrer e foram enganadas por um péssimo trabalho policial. Não há solução. O dano está feito.

Meu objetivo ao pesquisar e investigar o caso dos meninos de Altamira era bem específico: eu queria saber se havia realmente alguma coisa contra Valentina de Andrade. Afinal, eu queria saber se ela poderia ser uma potencial suspeita nos casos que comecei investigando — Evandro Ramos Caetano e Leandro Bossi, em Guaratuba, Paraná, no ano de 1992.

Após conhecer toda a história de Francisco das Chagas e como foi sua investigação (ou melhor, investigações — dezenas delas), eu já não tinha mais dúvidas: Valentina era inocente. Ao que tudo me indicava, os casos de Guaratuba pareciam ter influenciado de alguma forma os rumos das investigações de Altamira, que foram contaminadas pela ideia de que uma seita de poderosos poderia estar por trás das mortes dos garotos do Pará. Valentina era o elo que fecharia a ideia de seita.

Foi então que decidi rever meus passos e tentar entender: afinal, qual o momento exato em que Valentina aparece como suspeita?

Eu sabia que em abril de 1993, após a morte do menino Flávio, e por conta de uma série de articulações políticas que as famílias de Altamira conseguiram em Brasília, um agente da Polícia Federal foi a Altamira fazer uma primeira verificação.

Esse agente provavelmente era José Carlos de Souza Machado, que logo em seguida seria o chefe de uma equipe de investigadores federais que ficaram em Altamira durante os meses de maio e junho de 1993.

No início de julho de 1993, o delegado civil Éder Mauro assume as investigações na cidade e age rápido com prisões, tomadas de depoimentos e interrogatórios. Essa rapidez (além de detalhes que existem nos autos) é um dos indícios de que ele estava formalizando tudo o que a Polícia Federal havia levantado durante suas investigações.

A primeira menção a Valentina de Andrade nos autos é certamente a maior prova de que esse foi o caso. Seu nome aparece no primeiro interrogatório do dr. Césio Flávio Caldas Brandão, em 12 de julho de 1993, quando o delegado perguntou-lhe se ele a conhecia. Até então não havia nada no inquérito que apontasse para Valentina — nenhuma matéria de jornal, nenhum relatório, nenhum depoimento. Ela simplesmente aparece lá.

E então, quatro dias depois desse interrogatório, uma nova testemunha surge: Edmilson Frazão, o "ex-bate-pau" — ou seja, um ex-policial informal. No dia 16 de julho de 1993, ele presta um longo depoimento falando sobre alguns problemas que teve com outros policiais que o queriam morto. E, no fim desse relato, menciona que certa vez teria sido convidado para participar de um culto na chácara de Anísio, e que neste culto estariam várias pessoas — entre elas, "uma mulher de naturalidade paranaense".

Doze dias depois, Frazão foi chamado para prestar novo depoimento. Nessa ocasião, em 28 de julho de 1993, e tendo o delegado Éder Mauro à sua frente,[72] concentrou-se em falar apenas dessa ocasião do suposto culto para o qual teria sido convidado a participar na casa de Anísio. Foi dessa vez que ele falou que a tal mulher paranaense seria Valentina de Andrade — que tinha reconhecido na foto da capa de uma edição da revista *Veja* em que ela aparecia como suspeita do caso Evandro. Dessa forma, é principalmente a partir de seu relato que a tese da "seita satânica" se concretizou oficialmente na investigação, sendo Valentina a suposta líder.

No decorrer dos anos, Edmilson chegou a voltar atrás, dizendo que teria sido forçado a dar aquele depoimento. Depois, voltou atrás de novo, dizendo que era tudo verdade e que estava sendo ameaçado pela família Gomes e seus aliados. No júri de Valentina, não convenceu os jurados, e trouxe detalhes à história que, além de não estarem em

---

[72] O primeiro depoimento foi perante o delegado titular de Altamira na época, o dr. Jefferson José Gualberto Neves.

seus primeiros depoimentos, eram contraditórios. Ainda assim, após a absolvição de Valentina, a promotora Rosana Cordovil deu entrevistas dizendo que acreditava nas palavras de Frazão.

De alguma maneira, eu sentia que a história de Edmilson seria uma chave para entender o que teria ocorrido de verdade naquela investigação, especialmente na misteriosa atuação da Polícia Federal. Esse era o mesmo sentimento do pesquisador Rubens, meu colega nessas investigações. E por causa disso, ele foi atrás de Edmilson.

Certo dia, Rubens me manda uma mensagem. Ele havia localizado Edmilson.

27. O ex-bate-pau e o jornalista

Rubens foi o primeiro a falar com Edmilson. Descobriu que naquela época, 2021, Frazão não estava mais em Altamira. Havia tido uma série de problemas lá e, por isso, precisou se mudar. Ainda assim, dizia que queria colaborar com Rubens, que contaria toda a sua história.

Nessas primeiras conversas (feitas por videochamada, para que Rubens tivesse certeza de que estava realmente falando com a pessoa certa), Frazão continuava dizendo que era tudo verdade, mas fazia isso enquanto aumentava de maneira considerável a história. Citava nomes de pessoas que nunca foram cogitadas como suspeitas. Pessoas que, supostamente, seriam poderosas. Haveria uma rede de sequestro e sacrifício de crianças muito maior do que se imaginava, e que nunca teria deixado de existir.

Rubens me passava essas informações e eu tentava verificar. As peças não se encaixavam, nada fazia sentido. Entre nossas conversas, sentíamos que Frazão estava enrolando, talvez preparando alguma coisa. Não demorou muito, Frazão disse que precisava de dinheiro, e que poderia nos ajudar inclusive obtendo o tal relatório da Polícia Federal. Pois, de acordo com suas palavras, ele era informante da PF e teria contatos lá dentro. Chegou a dizer que já estava com o relatório em mãos, pronto para ser enviado, mas que precisava de dinheiro.

Rubens não pagou nada. A todo pedido de prova que fazia ("mande apenas uma página para a gente verificar se é verdade então"), Frazão enrolava. Nunca ia direto ao assunto.

Foi então que Rubens se cansou e disse a ele que parasse de enrolar — que as histórias que contava não faziam sentido com as próprias coisas que ele havia dito em depoimentos antigos, que não pagaria nada, e que se fosse para continuar naquele rumo era melhor parar tudo. Se Rubens não conhecesse o caso, ele poderia ter acreditado em tudo o que Frazão dizia. Seria tentador aumentar essa história. Graças a seu preparo e estudo, soube contornar toda a situação.

A partir de então, Edmilson mudou. Admitiu que estava inventando todas essas histórias novas, pois era o que queriam ouvir dele quando ele falava desse caso.

Esse processo levou meses. Eventualmente, Edmilson passou a confiar em Rubens. As conversas passaram a fazer sentido — inclusive iluminando pontos esquisitos do processo, coisa que somente quem o tinha vivido poderia explicar. Frazão certamente não tinha acesso aos autos e não se lembrava nem do que havia dito exatamente nos depoimentos (vide a quantidade de incoerências que existem quando comparamos todas as suas falas ao longo dos anos — incluindo essas de 2021).

Foi a partir desse ponto que entrei em contato com o ex-bate-pau. E eu também conhecia bem o processo para não ser enrolado. Eu sabia exatamente o que queria esclarecer.

Edmilson Frazão concedeu-me entrevista em 2022, por telefone. A princípio, eu queria saber a história dos depoimentos que ele dera durante todo o processo. Afinal, uma coisa me chamava a atenção: o seu primeiro relato à polícia é muito, muito longo — dez páginas.[73] E, dessas dez páginas, sete são dedicadas a histórias de problemas que Edmilson teria tido na época em que trabalhava como informante para a Polícia Civil. No meio dessas falas, ele costurava uma outra situação que teria lhe causado estranhamento e suspeita em torno dos casos dos meninos emasculados, mas nada definitivo.

O relato sobre o suposto convite para um culto na chácara de Anísio — que é sempre o ponto mais importante levantado pela acusação — aparece apenas na página oito, e mesmo assim é pouquíssimo aprofundado nesse primeiro relato. Em outras palavras, é como se o objetivo de Edmilson em ir à Polícia dar um depoimento fosse outro — ou seja, falar sobre problemas que estava tendo com outros policiais, talvez tentar dizer que eles poderiam ter alguma relação com os casos

---

[73] Para se ter uma perspectiva de quão longo isso é, a grande maioria dos depoimentos no caso de Altamira tem entre duas e quatro páginas. O primeiro interrogatório de Césio tem seis. São poucos os relatos tão extensos assim.

dos meninos emasculados.[74] E, lá pelas tantas, é como se ele tivesse decidido começar a falar nomes de pessoas que já estavam presas por um caso que havia chocado toda a população. Essa era, ao menos, a minha suspeita inicial. Eu queria agora ouvir a versão dele.

Em nossa conversa, ele me contou que seu envolvimento com a história teria começado em 1990 com um delegado da Polícia Civil de Altamira de nome Edyr Silva, na época em que ele ainda era "bate-pau" na cidade. Edmilson teria informações de crimes cometidos por outros bate-paus e policiais, que temiam ser delatados. Seriam crimes de corrupção, contrabando, coisas desse tipo. Edmilson dizia que tinha medo "por saber demais". Teve então que fugir da cidade e acabou sendo perseguido no caminho por alguns desses policiais corruptos. As informações que ele detinha não possuíam qualquer relação com os casos dos meninos emasculados.

Edmilson tinha ainda pequenos problemas com muitos moradores de Altamira que chegavam até a polícia. Ele conta que trabalhava com confecção de móveis junto com a família e, às vezes, quando havia demora na entrega de um produto, o cliente se queixava na delegacia e ele era chamado. Inclusive tinha sido ameaçado com prisão preventiva pelo delegado Edyr.

Em 1991, um policial chamado Divino teria avisado Edmilson que sua vida corria perigo, então ele deixou a cidade novamente e só retornou em 1992. Edyr Silva já não era mais o delegado, mas, sim, segundo Edmilson, um advogado com escritório em Altamira. É quando seus caminhos voltaram a se cruzar. Tentei contato com o dr. Edyr para pedir uma entrevista, porque queria ouvir também sua versão da história, mas ele não me retornou. Vamos então acompanhar os relatos de Edmilson, que em nossa conversa ia e voltava no tempo e às vezes se mostrava um pouco confuso, mas tentarei destrinchar as informações e organizá-las aqui mais ou menos em ordem cronológica.

Edmilson contou que, certo dia, estava passando na rua próximo ao escritório de Edyr e foi chamado para conversar. Já não o temia mais porque o dr. Edyr não estava mais à frente da delegacia ou sequer na polícia. Boa parte daqueles policiais com quem ele tinha problemas já tinha saído de Altamira também. Em outro momento,

---

74 Muitos nomes e supostos suspeitos que ele cita no primeiro depoimento nunca foram interrogados. Nem mesmo pessoas próximas a eles foram verificadas.

Frazão me disse que o ex-delegado foi até sua casa e trouxe a narrativa do culto macabro na chácara. Não fica claro em que ponto exatamente o assunto veio à tona pela primeira vez, mas teria sido nessa época, em 1993, após a volta de Edmilson a Altamira.

> O dr. Edyr chegou e disse: "Você vai criar uma situação aí, eu tenho alguns nomes aqui, tá? Eu tenho alguns nomes aqui e você vai criar uma situação aí. Você viu esse cara, você conhece esse cara". Quer dizer, ele apontou uma pessoa que praticamente até então eu nunca tinha visto, o Amailton. Ele que chegou a falar: "Esse cara aqui é o Amailton, fulano de tal". E a família do Amadeu, em Altamira, tinha na época uma reputação de pessoas bravas, pessoas temidas. Era uma das pessoas poderosas do lugar, muito falada. E ele [dr. Edyr], não sei se tinha alguma rixa, alguma coisa contra esse povo, e citou alguns nomes. Citou o A. Santos, que é o Carlos Alberto. E o A. Santos, a princípio, há um tempo parece que tinha aprontado uma com ele também na época que era PM. E aí citou o dr. Anísio, justamente pelo fato de ele querer algo lá da clínica gratuitamente e o dr. Anísio não ceder. Ele se achava no poder de... se era delegado... Que nem ele chegava na feira lá, não distorcendo, mas ele pegava batata, tomate, essas coisas. Tudo ele botava dentro de uma sacola e saía, não dava nem "muito obrigado". O pessoal ficava olhando para a cara dele. Então, ele usava o poder dele pra usufruir desse tipo de coisa. Ele tinha alguma coisa contra o dr. Anísio. O dr. Césio eu não sei. Mas foram nomes que apareceram para mim e situações que foram criadas. Justamente depois foi que veio a PF.

Em breve, vamos nos aprofundar no que Edmilson tem a dizer sobre o envolvimento da Polícia Federal, mas, antes, é importante compreender melhor as prováveis motivações do dr. Edyr e de Edmilson em toda essa trama. De acordo com o ex-bate-pau, Edyr queria entregar algo para a Polícia Federal após seu mau desempenho na investigação do caso enquanto era delegado, e por isso teria recorrido a um falso depoimento sobre um episódio na chácara de Anísio que nunca aconteceu.

> IVAN: Você sai de Altamira porque tem medo de que o dr. Edyr esteja mandando gente te matar, correto?
> EDMILSON: Sim. Perfeitamente.
> IVAN: Daí volta pra Altamira em 1992, e em 1993 encontra o sr. Edyr na rua. E daí o dr. Edyr o chama para conversar e diz que você tem que inventar uma história que viu um culto na chácara do Anísio?
> EDMILSON: Isso. Tudo isso aí foi praticamente uma criação dele. Até porque a PF ia para cima dele de qualquer jeito.

IVAN: Por que ia para cima dele?
EDMILSON: Porque ele era o delegado da época. E as coisas aconteciam, e ele, se sabia de alguma coisa ou não... Mas ele não tinha informações para dar e muito menos fazia nada. Outra questão: a Polícia Federal teria que ir para cima dele por quê? Porque ele estava pegando pessoas que não tinham nada a ver e encostando pau. Eles chegaram a matar um cidadão lá. O cidadão morreu de tanto apanhar e não tinha nada a ver com a história, entende?

Ele está falando aqui de Rotílio, que foi preso e morto em janeiro de 1992, suspeito de ser o assassino de Judirley Chipaia. Isso, porém, aconteceu durante a gestão do delegado Carlos Augusto Mota Lima.

Você já imaginou o que é você pegar um cidadão na rua, o cara pegar, levar pra cadeia e bater no cara pro cara confessar um crime que nunca cometeu? Ele morreu. Ele foi a óbito. Então, ele [o dr. Edyr] sabia que estava numa estreita. Ele estava na mira do pessoal e precisava de álibi, precisava de testemunha, precisava de pessoas que chegassem e criassem uma situação para ele poder ser respaldado por aquilo ali, entende? É quando ele fala pra mim: "O pessoal tá vindo aí, eles vão te procurar. Essa pessoa é essa mulher aqui. Esse cara é esse aqui". E, mais ou menos, se for parar para analisar, 90% de toda essa situação aí foi criada por ele.

E por que o dr. Edyr colocou o dr. Anísio no centro de sua narrativa? Além de já haver suspeitas sobre o envolvimento de um médico devido à ideia de "cortes cirúrgicos" e de Anísio não ser muito bem-visto na cidade por alguns, conforme já citado, existiria uma inimizade entre os dois porque o médico não cedia aos caprichos do então delegado. Segundo Edmilson, Edyr se achava no direito de ter regalias, inclusive acesso a produtos e serviços de graça, aonde quer que chegasse, por causa de seu cargo. Ele conta uma história que teria presenciado por volta dos 17 anos, junto com seu irmão mais velho, na clínica particular do dr. Anísio. Edyr chegou ao estabelecimento com outra pessoa e queria fazer um exame de forma gratuita, mas Anísio não aceitou e os dois acabaram discutindo. Além disso, Edmilson aponta também a amizade de Anísio com Antônio Paraná,[75] que seria

---

[75] Antônio Paraná é muito citado no primeiro depoimento de Edmilson, dando a entender que seria uma pessoa próxima de Anísio e participante da suposta seita macabra. Nunca foi investigado — o que me faz crer que aquele relato de Edmilson parecia ser esquisito demais.

contrabandista e outro desafeto de Edyr. Ele diz que os dois, inclusive, se recusavam a pagar propina conforme o delegado exigia. Assim, não faltavam conflitos entre os drs. Edyr e Anísio.

Procurei também entender por que Edmilson aceitou colaborar com Edyr. Se alguém, por mais autoridade que tenha, chega para mim e me manda mentir em depoimento, inventar uma história, eu não o faria, assim como, acredito, a maioria das pessoas. O que ele me disse foi que os tempos eram outros e ele não sabia de seus direitos, e que qualquer um em sua posição faria o mesmo. Que ele tinha pendências na delegacia por seus problemas com clientes no negócio de móveis e que até já havia passado um fim de semana preso. Que o novo delegado era muito amigo do dr. Edyr. Que houve pressão psicológica. Que ele era jovem (tinha 20 anos), semianalfabeto, e tinha esposa e um filho de oito meses. Que não queria voltar a ter problemas com a Justiça. E que achava que a afirmação de Edyr de que a Polícia Federal estava chegando para investigar o caso dos emasculados era blefe.

Mas não era. Em maio de 1993, uma equipe de agentes da Polícia Federal liderada por José Carlos de Souza Machado chega a Altamira e se instala no Palace Hotel. Edmilson morava em uma pequena vila lá perto. Certa noite, os policiais o procuraram e o levaram para a cobertura do hotel, alegando que tinham conhecimento por uma "fonte segura" de uma história que ele sabia, conta o ex-bate-pau, que afirma que a PF chegou até ele por meio do dr. Edyr. Estavam no local vários policiais, entre eles um casal, que provavelmente eram os agentes Iracema e Emanuel. Edmilson diz que quem mais fazia perguntas e o pressionava eram eles.

> Eles criaram uma situação falando para mim: "Olha, você já teve um problema aí com o pessoal da Civil, mas a gente está aqui pra limpar a tua barra, nada pode acontecer com você. A gente dá imunidade se alguma coisa futuramente vier a acontecer com você, mas a gente veio aqui para levar resultados. A gente veio para resolver o problema, a gente quer levar soluções. Então você vai nos contar... Essa história aqui é a história que você vai prestar [falar] em depoimento ao delegado fulano de tal". E aí citou o delegado que tinha substituído o dr. Edyr.

Segundo Edmilson, a Polícia Federal não pegou oficialmente seu depoimento, não o registrou em papel, apenas gravou sua fala. Isso ficaria a cargo da Polícia Civil. Ele diz que os agentes ofereceram a ele proteção e uma vida melhor, talvez até fora dali, e também que ficou com medo ao se ver rodeado de homens armados, então cedeu.

Edmilson conta que chegou a conversar com o delegado da época, Jefferson Gualberto Neves, antes mesmo disso, contando toda a história instruída pelo dr. Edyr, e que o dr. Jefferson pediu que ele retornasse para colher seu depoimento, mas ele ficou com medo e não foi no dia marcado. "Só voltei à delegacia para prestar o meu depoimento depois que eu levei a primeira prensa" da Polícia Federal, afirma. O primeiro depoimento de Edmilson nos autos, em que ele relata a história da chácara que incrimina alguns dos acusados, é de 16 de julho de 1993, para o delegado Jefferson.

É aí que Valentina entrou na história. Ele teria sido pressionado pela Polícia Federal para incluí-la ao lado de Anísio. Em nossa conversa, Edmilson lembra do ex-marido de Valentina de Altamira, Duílio Nolasco, mas diz que não sabe como o dr. Edyr a conhecia e que ele não falou muito sobre a mulher. Que a PF chegou até ele já "sabendo sobre a Valentina por outras pessoas". Os agentes teriam se referido a ela como "dona de uma seita" e mostrado uma foto sua em preto e branco. Edmilson afirma que a Polícia Federal mandou que ele citasse Valentina ao depor para a Civil, explicando em detalhes como seria a narrativa do culto.

> [A PF] chegou e criou a situação. Toda aquela situação dos triângulos, as velas, as posições. Tudo aquilo foi lá em cima onde a gente estava, no hotel, numa cobertura, uma mesa grande que tinha na época lá. E eles montaram uma maquete. "Olha, isso aqui, esse aqui... Tá disposto a nos ajudar? Tá com a gente nessa? A gente tá aqui, tá junto." Aquele negócio todo. Eu disse "Não, tudo bem". Eu tinha que concordar com os caras. "Então, vamos fazer assim: você vai prestar o teu depoimento lá na delegacia da Polícia Civil." Aí eu pensei: se eles foram para colher o meu depoimento, não colheram. Se eu estava como uma testemunha, alguma coisa, se eu fui para ser ouvido, como é que eu vou prestar depoimento para um delegado da Polícia Civil? Por que eles fizeram isso? Para tirar o deles da reta, como quem diz: "Não, ele não contou pra gente, contou pro cara lá, nós não sabemos de nada".

Outro detalhe interessante sobre a composição da cena do culto na chácara é que, segundo Edmilson, ao ser instruído pelo dr. Edyr, ele foi levado até o local para conhecer e saber melhor como e onde era a propriedade. Os dois, além de três outros homens — Divino, Santana e Gilberto —, teriam ido de viatura até a chácara, na ausência do dr. Anísio, que estava trabalhando em sua clínica.

Cerca de dois anos após as instruções do ex-delegado Edyr Silva, as pressões e os acréscimos da Polícia Federal e o depoimento à Polícia Civil, Edmilson depõe em juízo pela primeira vez, em 17 de maio de 1994. Ele fala ao juiz de Altamira na presença dos advogados de Valentina na época — os drs. Marco Sadeck e Frederick Wassef. De acordo com Edmilson, ele confirmou tudo que havia dito anteriormente porque ficou com medo e se sentiu obrigado, além de não saber que poderia mudar sua versão naquele momento. Ele conta uma intimidação que teria sofrido pouco antes: "Uma semana antes, eu saí da igreja e um pessoal me seguiu num carro branco e me deu uns pipocos atrás. Então, o meu medo era sair e ser morto logo na porta, do lado de fora", diz. Assim, o juiz repassava todo o depoimento dado à Polícia Civil ponto a ponto e ele ia confirmando.

No entanto, logo em seguida, o então advogado de Amailton, Hercílio de Carvalho, procurou Edmilson para convencê-lo a voltar atrás em seu depoimento e desmentir tudo. Ele lembra que o advogado lhe disse que os acusados eram inocentes e não podiam ser presos à toa, que eles precisavam dar um jeito de evitar isso e que sabia que havia mais pessoas em situação semelhante, que foram pressionadas para contar a mesma história inventada. Edmilson aceitou colaborar e, em 24 de março de 1995, foi com o dr. Hercílio até o Ministério Público, onde contou tudo que havia passado, que havia sido pressionado pela Polícia Federal, e desmentiu seus relatos anteriores sobre os rituais na chácara.

Além disso, no mesmo sentido de desfazer a mentira, Edmilson se dispôs a conceder uma entrevista à imprensa em São Paulo, que havia sido arranjada por Frederick Wassef, advogado de Valentina. Estava tudo marcado, com passagens compradas, mas as notícias vazaram, tanto sobre o MP quanto a entrevista, e Edmilson foi ameaçado e coagido a voltar atrás mais uma vez, afirma ele. Quando me concedeu entrevista, Wassef contou a mesma história. "Começaram as perseguições de pessoas atrás de mim. As pessoas chegavam na minha porta, queriam saber, aliás, no vizinho, perguntavam onde eu morava", diz Edmilson.

Um bate-pau da época do dr. Edyr, Santana, foi até sua casa e disse a ele que deveria voltar ao MP e dizer que havia sido pressionado para desfazer seu depoimento, caso contrário, "a coisa pode ficar difícil pro teu lado". "Olha, se acontecer um negócio desse aí, tu tá ferrado. Vai prejudicar muita gente, algumas pessoas que te deram cobertura aqui dentro... Tu pode até ser preso. Se eu fosse você, ficava quieto, não ia pra São Paulo, tá entendendo? Porque, se você for lá, o teu filme vai queimar. Se eu fosse você, voltava lá onde você prestou o teu depoimento e desfazia tudo aquilo que tu falou antes de ir pra mesa do juiz", teria dito Santana. Edmilson então não teve dúvidas, e quatro dias depois estava de volta ao MP, acompanhado do pai, fazendo novas declarações. Afirmou que havia sofrido pressões e que mudou seu depoimento para não morrer, pois queriam matá-lo em sua própria rua.

Depois de toda essa confusão, Edmilson saiu da cidade repentinamente e passou quase dez anos "desaparecido", sendo localizado apenas a tempo do júri de Valentina, que foi realizado em dezembro de 2003. As tentativas de encontrá-lo para depor nos julgamentos anteriores foram frustradas. Ele diz que realmente não dava seu endereço, pois tinha medo de que "um pistoleiro, que alguém ficasse sabendo" e fosse atrás dele. Temia a família de Amailton e Amadeu, que viviam uma tragédia e eram consideradas poderosas e de alto poder aquisitivo. Temia também o entorno de Valentina, que, embora morasse distante, teria contatos em Altamira. "Como todo mundo, eu tinha 100% de certeza de que as pessoas que estavam presas não tinham cometido esses delitos. Mas como eu tinha afirmado isso aí, mesmo sendo pressionado, eu sabia que tinha pessoas que queriam saber onde eu estava pra me queimar", me disse Edmilson.

Por fim, porém, ele resolveu entrar em contato com dona Rosa, mãe da vítima Jaenes e uma das principais lideranças do Comitê em Defesa das Crianças Altamirenses, que já o havia procurado antes. Edmilson conta que ela disse que precisava muito de seu depoimento e ele revelou a cidade onde estava morando: Goianésia, no estado do Pará. A Polícia Federal foi então buscá-lo e o levou primeiro para a capital Belém e depois para a cidade litorânea de Salinas, onde ele ficou instalado sob proteção da PF durante todo o júri de Valentina. Na época, a equipe era comandada pela delegada Daniele, que estava lotada no Pará e acompanhava os julgamentos. Ela não estava em Salinas e acompanhava a equipe a distância. Meses depois, ela seria a responsável por investigar Chagas no Pará.

De acordo com Edmilson, enquanto ele estava em Salinas, os policiais federais que haviam estado com ele em Altamira em 1993 ficaram sabendo que ele estava sob proteção da Polícia Federal, então quiseram ir até lá conversar com ele, mas foram proibidos pela equipe que o acompanhava naquele momento. "Quem é que quer morrer? Eu tive que manter meu depoimento. Se eles não tivessem culpa no cartório, você acha que eles queriam [iriam querer] ir lá em Salinas falar o quê? Sair de Belém, 200 quilômetros para ir pra Salinas, conversar comigo o quê, né? Então, é porque tem rabo preso", afirmou o ex-bate-pau. Ele enfatiza que não podia voltar atrás novamente, pois seguia temendo aqueles que o instruíram e o pressionaram para dar aquele depoimento e "o próprio juízo se levantaria" contra ele, então sua situação ficaria difícil.

No júri de Valentina, portanto, Edmilson chega e não apenas confirma o que já havia dito como também adiciona novas informações. O ponto principal dessa alteração é que, nos depoimentos que prestara anteriormente, ele negava que Césio estivesse no culto macabro da chácara, porém, no julgamento de Valentina, disse que Césio participava dos rituais. Eu queria entender essa mudança. O que ele me relatou foi que novas instruções dos agentes federais da equipe de 1993 chegaram até ele enquanto estava sob proteção do outro grupo da Polícia Federal em Salinas. Segundo Edmilson, apresentado como uma testemunha-chave que corria perigo, as medidas para sua segurança não eram tão rígidas, assim como ele não ficava isolado de comunicações como deveria. Ele diz que um bilhete chegou até suas mãos antes de sua vez de depor no júri.

> IVAN: Me conte a história desse bilhete.
> EDMILSON: Eu vou lhe contar, mas preste bem atenção. Você é um policial federal, está protegendo uma testemunha junto com a família dela. A qualquer momento, essa testemunha pode ser alvejada por um disparo de longa distância, digamos. Um cara aí, um atirador de elite, alguma coisa. Você vai pegar a família desse pessoal, todo mundo e vai levar pra praia? Para a praia, em Salinas? A gente ia pra praia tomar banho. Outra: os policiais que estavam com a gente lá não estavam sós. E eles nos deixaram abandonados numa casa de um policial federal, eu acho que era até de um delegado, não sei, dentro de Salinas e moraram numa outra casa, foram para uma outra casa. A única pessoa que ficou dormindo com a gente num quarto

ao lado era o Aurélio, que só vivia chapado de uísque. Eles deixaram uma porta aberta dentro do quarto com metralhadora, arma, munição, distintivo, tudo lá dentro de um quarto, enquanto eles estavam na praia curtindo com umas garotas que tinham ido de Belém pra lá. Tá entendendo? Aí de repente o Maciel chega comigo e diz assim: "Seu Edmilson, vem cá. Tem um negócio aqui, deixa eu ler pra ti?". Eu digo: "Beleza". E outra, era para eu estar incomunicável em relação às informações do julgamento. Nós tínhamos uma TV lá, passava toda hora o plantão, de manhã, meio-dia, de tarde, sobre o julgamento de Valentina. Quer dizer... Aí o que acontece? Chegou um bilhete: "Isso aqui, isso aqui, isso aqui, isso vem lá do pessoal que queria vir aqui falar com você".

IVAN: Calma, o que dizia esse bilhete exatamente? O que você lembra?

EDMILSON: Justamente para eu falar tudo o que está nos autos, que eu falei depois lá em juízo. Foi o que eu acrescentei, né? Que era para ter dito antes e não foi falado.

IVAN: Você consegue ser específico?

EDMILSON: Não, já tem muito tempo. Alguns detalhes sobre posições. Como estavam as velas, as formas que eles estavam vestidos, o que tinha, como começou, quantas pessoas tinham...

IVAN: Deixa ver se eu entendi direito. Você está me dizendo que, enquanto estava em Salinas sob proteção da Polícia Federal, se preparando para o júri da Valentina, o agente Maciel chegou com um bilhete que teria vindo de policiais federais lá de Belém.

EDMILSON: Da equipe que estava doida pra ir lá em Salinas comigo.

Sem conseguir acesso a Edmilson presencialmente, esses policiais federais teriam enviado a ele por escrito o que tinham a dizer, a fim de garantir que ele contasse exatamente a história de que precisavam. Foi o que Edmilson fez quando chegou a hora de depor perante o juiz no julgamento de Valentina.

Na conversa que tivemos, ele afirmou que se arrependia de tudo. Que, se naquela época tivesse o conhecimento que tem hoje, faria diferente. Em sua defesa, destaca que tinha "rabo preso" com o dr. Edyr por seus problemas com clientes do negócio de móveis que viraram caso de polícia e chegaram a afetar seu pai. Que já tinha sido detido e espancado por essas questões. "Os nossos direitos eram violados porque, além de não conhecermos os nossos direitos, as pessoas abusavam do poder que tinham", disse. "Hoje, eu me arrependo muito. Se pudesse chegar com cada pessoa, cada família, cada parente, pedir perdão para cada um, de joelhos, eu faria isso", afirmou para mim Edmilson.

Ele também ressaltou que não criou essa situação, que um cara de 20 anos de idade, sem conhecer chácara, sem conhecer médico, sem conhecer direito, jamais criaria uma situação dessas se não tivesse um mentor por trás, "por mais maluco que o cara fosse". Edmilson disse que gravaria um vídeo para me enviar por WhatsApp contando mais detalhes, pedindo perdão para as famílias e apontando os mentores dessa história. Reconheceu que, além de sua vida, muitas outras foram destruídas, mas fez a ressalva: "Foram cinco pessoas [...] que foram jogadas na cadeia [...] quer dizer, o meu depoimento não segurou eles lá, só o meu não segurou. Teve mais, teve inúmeras pessoas [...] que também prestaram depoimento". Dessas supostas testemunhas, disse ele, algumas depois fugiram da cidade, outras pegaram propina para não falar, outras sumiram e algumas morreram.

Edmilson nunca me enviou o vídeo prometido. Nos meses que se seguiram a essa entrevista, mantive contato ocasionalmente com ele. O que posso dizer é que, de tudo o que ele me falou, a maior parte parece fazer sentido. Ele afirma com todas as letras: o assassino foi Chagas, e ele foi pressionado pela Polícia Federal para contar uma história.

Sobre o depoimento de Edmilson, parte da estratégia da defesa de Valentina era desmenti-lo, mostrando que ele tinha de fato vários problemas com a Justiça naquela época, especialmente de estelionato e golpes que aplicava. Ao que tudo indica, Edmilson não parou naquela época. Em dezembro de 2022, muita gente me marcou numa matéria em que ele aparecia. O link era da página do Facebook da rede SBT Altamira e seu título era "Falso pastor é preso por aplicar golpes em Altamira". A reportagem conta que Edmilson havia sido detido por estelionato, após investigações mostrarem que ele, se passando por pastor, vendia bens que pegava emprestado das pessoas.

Quando entrevistei Edmilson, ele não estava em Altamira. Em nossos contatos ocasionais, fiquei sabendo que ele havia voltado para a cidade. A notícia da sua prisão ocorreu pouco tempo depois. Desde então, nunca mais tive notícias dele.

Até onde sei, ele ainda está preso na cidade. Por causa disso, preciso dizer que não tenho como confirmar tudo o que ele me relatou na entrevista que me concedeu. Com certeza, há coisas de que duvidar. Eu não consegui entrar em contato com nenhuma das pessoas que ele citou para confirmar partes de sua história. E, mesmo que conseguisse, dificilmente elas confirmariam. Mas uma coisa é inegável: a história que ele me contou é muito parecida com o depoimento que prestou em março de 1995, quando tentou desmentir toda a história ao Ministério Público. E o relato que o dr. Wassef me passou sobre essa época também bate com o que Edmilson desenhou.

Na entrevista que me concedeu, Wassef dizia que recebeu uma ligação do dr. Hercílio (advogado de Amailton) dizendo que Edmilson Frazão queria desmentir seu depoimento. Wassef então teria recomendado que o advogado de Altamira levasse Frazão para fora do Pará a fim de dar entrevista à imprensa, pois aquele estado já estava todo contaminado com a história e ele não seria ouvido lá. Ou seja, duas fontes independentes (Wassef e Frazão), que não têm contato entre si, me contaram uma história muito parecida, sobre um detalhe bastante específico, muitos anos depois de ela ter ocorrido, especialmente na parte de "sair de Altamira para dar entrevista a jornalistas". Tendo em vista que Edmilson não foi capaz de repetir seu depoimento original no júri de Valentina, acho pouco provável que ele se lembrasse desse detalhe sobre os jornalistas para me contar uma mentira. Esses eram os detalhes que eu procurava em sua fala para saber se estava sendo verdadeiro ou não, se fazia sentido ou não.

Isso também explicaria o fato de Edmilson ter incluído Césio na história da chácara de Anísio, durante o júri de Valentina. Com os anos que se passaram, ele já não se lembrava exatamente do que havia dito nos depoimentos anteriores. Porque era tudo mentira. Por isso, contou algumas coisas de que se lembrava, e acrescentou outras que lhe pareciam fazer sentido.

E, se Edmilson tiver me falado a verdade, ou pelo menos uma parte significativa dela, a pergunta que me faço é: será que o lavrador Agostinho pode também ter passado por situação parecida? Teria ele sido pressionado pela Polícia Federal a identificar Césio? Ou teria realmente confundido Chagas com Césio, seguindo aquela linha de que os dois seriam parecidos na época? Agostinho já é falecido, então não temos como tentar verificar essa possibilidade.

O jornalista

Aliás, sobre Césio, sempre me pergunto como ele foi entrar nisso tudo. Anísio eu entendo: tinha problemas com muitas pessoas e era visto como um médico estranho, sofria preconceito pelo fato de ser espírita. O ex-policial militar Carlos Alberto eu também entendo, pois não duvido de que ele tenha falado muitas coisas esquisitas e pesadas para a conselheira tutelar Sueli, no Amapá — e ele, afinal, havia trabalhado como segurança para Zaila Gomes, mãe de Amailton, por um breve período de tempo.

As suspeitas contra Amailton e Amadeu eu também consigo entender: família poderosa, num local em que os poderosos mandam e desmandam. Ainda mais com toda a homofobia que marca esse caso. O envolvimento de Valentina então é bem compreensivo naquele clima de pânico satânico. Já suspeita nos casos de Guaratuba, de repente descobrem que ela esteve em Altamira anos antes de os casos acontecerem. Isso caía como uma luva para os policiais que queriam prender adoradores do demônio.

Mas e Césio? Como ele entra nisso tudo? Será que o fato de ser diretor do hospital passaria a impressão de se tratar de um poderoso e que, no meio de toda a crença em cortes cirúrgicos, ele teria virado alvo? Eu não tenho uma resposta definitiva para isso. O mais perto que cheguei foi por meio de um jornalista chamado Luiz Antônio da Cunha — conhecido em Altamira como "Pé na Cova".

Em 2022, quando me concedeu uma entrevista por telefone, Luiz Antônio já tinha 69 anos. O apelido "Pé na Cova" surgiu devido a seu trabalho jornalístico, no qual fazia muitas denúncias. Antigamente, não havia outros jornalistas que se dedicavam a isso, e, após criar uma entidade de defesa do meio ambiente e desenvolvimento da região, além do Comitê em Defesa da Vida das Crianças Altamirenses, Luiz Antônio começou a receber ameaças de pessoas envolvidas com desmatamento e, de acordo com ele, com emasculação de crianças. Conforme me relatou, já teria sofrido mais de doze agressões, teve um carro incendiado e foi ameaçado de morte diversas vezes. Luiz Antônio conta que certa vez foi agredido por um comandante da PM após denunciar um general e um comandante do Exército em Altamira envolvidos em roubo de madeira dentro de uma reserva indígena. Em outras palavras, era uma pessoa corajosa e que literalmente arriscava a própria vida na defesa dos que não têm voz em um cenário tão perigoso.

Luiz Antônio é um homem sério. Envolveu-se em histórias muito perigosas de serem reportadas em Altamira. Ele não aparece nos autos em lugar algum. Não deu nenhum depoimento. Mas acompanhou de perto todo o caso dos emasculados e foi muito atuante em auxiliar o Comitê. Era alguém próximo das famílias. Sim, ele acredita que os acusados são culpados e tem histórias próprias sobre isso. De certa forma, seu relato é um bom retrato sobre as narrativas que circulam em Altamira até hoje.

Começo perguntando para ele se havia alguma relação entre a denúncia de madeireiras e grilagens de grandes fazendeiros com o caso dos meninos emasculados. Ele diz que sim, porque muitos fazendeiros trabalham ilegalmente na exploração de madeira. Na época em que começaram a acontecer os crimes dos emasculados, ele foi colher informações. "Havia empresários e fazendeiros, grandes fazendeiros que até hoje estão lá. Eles tinham participação nessas e em outras irregularidades. E um deles, um tal de Amadeu, também coincidentemente tem o nome de Amadeu, Amadeu Gomes. Eu comecei a investigar os casos e encontrei um filho dele envolvido", afirmou o jornalista.

De acordo com Luiz Antônio, ele mesmo teria auxiliado nas investigações sobre os casos dos meninos emasculados. E teria chegado à conclusão de que Amailton, filho de Amadeu, poderia estar envolvido. Não tive como confirmar se ele chegou a conversar com o delegado Brivaldo na época das investigações.

Depois de Jaenes, que foi morto em outubro de 1992, morreu Klebson, em novembro. E é aqui que, aparentemente, consegui uma possível resposta para como é que Césio entrou na lista de suspeitos.

> Nesse caso último, quando foi localizado o corpo, eu estive no hospital para fotografar. O diretor do hospital, eu já o conhecia e ele não me deixou fotografar. [O corpo] Estava no necrotério, e ele disse que só com a autorização da juíza e que a juíza iria lá às quatro horas da tarde. Se ela autorizasse, eu poderia fotografar. Quando eu cheguei no hospital às quatro horas, o corpo não estava mais lá, já tinham mandado sepultar. Aí eu perguntei a um funcionário do hospital e ele me disse "Eu vi a hora que

o médico falou contigo, falou com a juíza também. Ele marcou com a juíza às duas horas, às duas horas eles estiveram aqui e levaram o corpo". Então [...] eu achei que ele não queria que eu tivesse contato. Eu relatei isso à Polícia Federal, pois a Polícia Federal esteve lá e foi na casa dele. E lá parece que a polícia encontrou, no forro da casa dele, do diretor do hospital, bisturi, instrumento cirúrgico... Por que ele esconderia? Então, mais um suspeito.

Só para esclarecer: no auto de busca e apreensão na casa de Césio, não é especificado que os materiais médicos que ele tinha em casa estariam escondidos. Em trecho algum dos autos isso é citado. Também é possível que Luiz Antônio tenha confundido a vítima. Tanto Jaenes quanto Klebson tiveram laudos necroscópicos feitos. Mas as famílias sempre falaram que eles eram incompletos, e de fato poderiam ser melhores.

Luiz Antônio me contou que começou a desconfiar também da então juíza de Altamira, dr. Vera, e seu marido, Vantuil, que teria começado a ameaçá-lo. O jornalista já havia feito uma denúncia contra ele envolvendo o roubo e o desmanche de carros que levou à prisão de um suposto cúmplice de Vantuil. Segundo Luiz Antônio, o nome da juíza era colocado nos documentos dos carros roubados e eles eram revendidos em uma concessionária do marido na cidade paraense de Capanema. Vantuil chegou a ser considerado suspeito de fazer parte da seita, mas não foram encontrados indícios fortes. Vários empresários, diz Luiz Antônio, estariam envolvidos no caso dos emasculados, embora apenas o filho de Amadeu, Amailton, tenha sido preso e condenado.

Pé na Cova afirmou que repassava todas as informações que levantava para a polícia, especialmente a Federal. Então, se isso realmente era verdade, seria esse o movimento inicial: ele foi impedido de tirar fotos do corpo de uma das vítimas, isso teria chamado sua atenção para desconfiar de Césio, que era o diretor do hospital que não teria dado a autorização. Meses depois, com a chegada de José Carlos e sua equipe, o jornalista teria repassado essa sua desconfiança para a PF, que começou a monitorar o médico. É uma possibilidade.

Em seguida, Luiz Antônio também me falou que tinha conseguido levantar outras coisas:

O Anísio, quando eu estive lá com ele, tinha um livro na estante. Eu vi o livro, escrito lá: *Deus, a grande farsa*. Aí eu fiquei curioso. "Não, vou te emprestar depois, depois eu te empresto o livro pra ler". Eu estive na casa dele e ele disse que era um jornalista espírita. Então, procurei me informar, e eles eram ligados a essa seita do Lineamento Universal, daquela mulher [Valentina de Andrade], lá de Curitiba.

Ela tinha cometido, já tinha envolvimento no crime lá. Retiraram o coração de um garoto. Aí eu procurei me informar, havia um empresário lá, já faleceu também agora. Duílio Nolasco, que pertencia à maçonaria. Essa Valentina morou com ele. Foi mulher dele durante um tempo aí em Altamira. E ela tinha essa seita, onde [sic] participavam vários empresários nas reuniões.

Eu tinha grande curiosidade de entender como e quando as pessoas souberam que Duílio era casado com Valentina. Mais do que isso, queria entender quando alguém pensou pela primeira vez "será que essa Valentina do Paraná pode estar por trás dos casos de meninos emasculados daqui?". Eu queria tentar ver esse movimento de alguém procurando vestígios da Valentina em Altamira, e o choque que deve ter sido ter descoberto que Valentina esteve naquela cidade anos antes de os casos ocorrem — novamente, pouco importando que as investigações no Paraná não tivessem avançado, ou que sua estadia em Altamira não coincidisse com o período dos casos. É fácil ver as peças mentais supostamente se encaixando com essa descoberta. Mas, para isso acontecer, uma coisa teria que existir: alguém que conhecesse Valentina e soubesse que, por um período no ano de 1992, ela tinha sido suspeita de pelo menos um caso envolvendo a morte de uma criança de forma brutal no Paraná.

Foi então que Luiz Antônio me confirmou o que eu já imaginava: ele sabia da existência de Valentina pela imprensa, durante a cobertura dos casos de Guaratuba. Conforme me relatou, por ser jornalista, ele tinha assinatura das principais revistas nacionais. É muito provável que ele tenha lido exatamente a mesma edição da revista *Veja* que foi apresentada a Edmilson Frazão em seu segundo depoimento, quando ele "confirma" que a "mulher de sotaque paranaense que estava no culto macabro na chácara de Anísio" era Valentina.

O jornalista me contou que havia um ex-vereador, hoje já falecido, chamado Ademar Teixeira — "envolvido também com sedução de menores". De acordo com o que teria levantado na época, Ademar teria uma casa atrás de um ferro-velho no bairro Brasília, no qual haveria encontros da seita que seria liderada por Valentina, tudo isso por volta de 1991, 1992, 1993. As reuniões contariam com "empresários da cidade, até o vice-prefeito na época, fazendeiros", diz ele. Quando questionei se Valentina ia com frequência a Altamira no início da década de 1990, Luiz Antônio não soube dizer, afirmando apenas que a viu uma única vez, nessa época:

> Foi numa reunião que esse vereador Ademar Teixeira, o nome dele. Ademar Teixeira. Ele era uma pessoa que prestava ajuda aos pobres, ele dava caixão para as pessoas, ele tinha esse local lá atrás, na rua Fausto Pereira. Então, eu fui lá. Eu fui deixar ele lá. Ele chegou, estava lá o Duílio, conversou com o Duílio, que estava com a mulher. Depois que eu vi pela foto que ela era a Valentina. Quando eu cheguei a publicar no jornal a foto dela, como sendo a idealizadora intelectual da seita, e que essas pessoas que foram presas eram ligadas à seita. O advogado dela [Frederick Wassef] me ligou. Tivemos que abrir um processo, peguei e tirei a foto dela, mas a matéria ficou. Hoje ele é advogado do Bolsonaro. Ele esteve lá em Altamira. Na época, ele que defendia ela. Eu a vi lá. Eu a vi e depois liguei com a matéria lá de Curitiba.

Essa história de receber Valentina na década de 1990 em Altamira não consta em nenhum dos depoimentos que Duílio Nolasco prestou no processo. De qualquer forma, da maneira como me disse, Luiz Antônio parecia querer dizer que o próprio Duílio (testemunha fundamental na formação da tese de acusação, ao afirmar que Valentina esteve em Altamira uma única vez durante a década de 1980) fazia parte da suposta seita.

Nessa hora, perguntei para Luiz Antônio se, quando foi publicada a matéria sobre o envolvimento de Valentina no caso Evandro, alguém em Altamira a reconheceu de cara:

> Não. Fui eu que liguei os fatos e comecei a montar. Aí que eu fui saber que ela era namorada do Duílio Nolasco. Ainda perguntei à filha dele. [Ela respondeu:] "[Duílio] Teve um caso [com Valentina], mas já largou". Eu acho que foi isso. Eu não vi o depoimento dele na Polícia Federal.
>
> Eu comentei com o delegado que esteve lá comigo. Ele foi pegar informações, pegar depoimentos. Eu comentei com o delegado da Polícia

Federal, Zé Carlos,[76] eu não me recordo o nome dele, se era Zé Carlos. Mas ele esteve comigo lá na Associação Comercial.

Quando perguntei se foi ele então quem contou para a Polícia Federal que havia visto uma cópia do livro *Deus, a grande farsa* na casa de Anísio e quem havia dado outras pistas que também levaram os policiais até Césio e Valentina, ele confirmou. Disse que indicou que Anísio estava em um garimpo, fazendo contato por rádio e encaminhando a PF. Voltou a falar do livro de Valentina que teria visto várias vezes na estante do médico. Contou que ficou sabendo depois que ela havia sido namorada de Duílio.

Sempre achei estranho o fato de, nos autos do processo, mencionarem o livro de Valentina e a seita em Altamira, mas nunca encontraram uma cópia do livro. E agora Luiz Antônio afirma que teria existido um exemplar com Anísio, mas isso nem chegou a ser apreendido e anexado aos autos. Particularmente, acho muito difícil que dr. Anísio tivesse uma cópia desse livro em casa. Num caso em que estavam usando contra ele até um cartão-postal em que apareciam crianças de uma escola, creio ser pouco provável que um livro intitulado *Deus, a grande farsa* tivesse passado batido aos olhos dos investigadores que procuravam uma suposta seita satânica.

Segundo Luiz Antônio, o problema era que "não tinha ninguém para investigar", era "falta de interesse". Ele diz que foi graças às mobilizações do Comitê em Defesa da Vida das Crianças Altamirenses que, apesar de "ter muita gente contra, muitos empresários contra", o ministro da Justiça foi acionado e enviou a Polícia Federal para Altamira.

Pergunto para Luiz Antônio se, enquanto a Polícia Federal não chegava, ele estava fazendo investigações por conta própria:

> Estava. Muita coisa a gente publicava porque o jornal era mensal, o jornal da Associação Comercial era mensal. Depois, eu fiz uma revista. Mas, na revista, pouca coisa. Já tinha passado muito tempo, né? Aí quando nós fizemos o livro, ali foi feito um resumo. Eu queria colocar algumas fotos, mas na época já tinha o Estatuto da Criança. O pessoal achou melhor não colocar foto.

---

76 O agente José Carlos não era delegado, mas era reconhecido como o chefe da equipe de investigação da PF que foi a Altamira em 1993. Logo, é compreensível que Luiz Antônio se refira a ele como "delegado".

Eu falei "Poxa, só podia um caminho", ou era a questão do espiritismo, umbanda, quimbanda, candomblé, que lá tinha isso, e depois eu vi que o dr. Anísio foi lá, e ele dizendo que era jornalista espírita. Eu achei "isso aqui está ligado a essa seita". E eu levei ao conhecimento da Polícia Federal. A suspeita de que era tráfico de órgãos era porque havia uma coincidência: alguns crimes aconteceram entre terça e sexta, que eram os dias de voo da Vasp. Mas foi apenas coincidência, creio eu. Era essa questão de bruxaria dessa seita mesmo.

Eu verifiquei as datas das vítimas principais, e essa informação não procede. O sobrevivente Wandicley, por exemplo, foi atacado num domingo, assim como Ailton. Já Flávio, o garoto morto em março de 1993, foi assassinado num sábado.

> IVAN: Então, você descobre a seita quando a Polícia Federal já está lá e vocês estão trocando informação?
> LUIZ Antônio: Isso.
> IVAN: Não foi antes?
> LUIZ ANTÔNIO: Não, porque começou a ligar [quando] eu fui investigar esse caso de Curitiba, entendeu? Lá naquela reportagem falava o nome dessa seita, Lineamento Universal. E [foi] lá também nessa reportagem que eu vi que ela morou em Altamira, casada com o Duílio.[77]
> IVAN: É daquelas matérias da revista *Manchete*, por acaso? Lembra?
> LUIZ ANTÔNIO: Eu acho que foi, sim. Acho que foi.
> [...]
> IVAN: É. Tinha a revista *Manchete* e a revista *Veja* que fizeram matérias aqui sobre o Paraná na época. Então, o senhor começa a achar a questão da seita, vai percebendo que a Valentina estava aí, a Polícia Federal chega, o senhor passa tudo pra eles. Fala do Césio... OK.
> LUIZ ANTÔNIO: Todas as informações que eu tinha... Não só pelo crime em si, mas também para a polícia... tentar impedir.

Sendo envolvido com o Comitê, e sabendo melhor agora como a equipe do agente José Carlos trabalhava, me parece muito provável que Luiz Antônio tivesse realmente colhido algumas informações e as repassado para a Polícia Federal, como a suspeita de que Césio havia retirado o corpo de uma das vítimas do hospital, a passagem de Valentina por Altamira e o poder da família Gomes.

---

77 Em nenhuma das reportagens a que tive acesso sobre Valentina ser suspeita dos casos do Paraná era mencionado que ela havia sido casada com Duílio Nolasco, tampouco que tinha estado em Altamira em algum momento da sua vida.

Se ele falou à Polícia Federal que suspeitava de Césio, e a polícia localizou Agostinho, este pode ter sido induzido pela corporação a dizer que viu um médico saindo do mato. Afinal, eles procuravam alguém que, supostamente, teria feito cortes cirúrgicos, que só poderia ser um médico, e por aí vai. Se foi isso mesmo, não sabemos. Mas se partirmos do princípio de que Chagas é o verdadeiro assassino, que as ações exatas da PF em suas investigações são um mistério para nós (e até mesmo nos autos), essas hipóteses parecem formar um quadro lógico sobre como a ideia da "seita satânica" formou-se em Altamira.

O que eu não consigo acreditar é na história de que Luiz Antônio teria visto o livro de Valentina com Anísio. Se isso fosse real, teria sido uma bomba para a acusação. Seria um vínculo evidente dessas duas pessoas. Mas nada foi encontrado. Só pegaram alguns livros de Anísio que, para a polícia, seriam suspeitos. Alguns livros espíritas, coisas assim. Nunca foi comprovado qualquer vínculo de comunicação entre Valentina e algum dos outros acusados. Nada de cartas, telefonemas, bilhetes, nada. Se eu tivesse que apostar, diria que o jornalista Luiz Antônio se confundiu com outro livro que viu e, com o passar dos anos, passou a acreditar que tinha visto o livro de Valentina lá.

Mas isso é fácil de dizer, mais de trinta anos depois, analisando tudo com cuidado, distanciamento, e sabendo de detalhes da existência de Chagas. Se eu tivesse vivido o pânico que Altamira experimentava naquele período entre 1989 e 1993, não sei o que pensaria hoje. Sobre isso, Paulo Tamer, chefe da Polícia Civil na época, tem suas conclusões. Eu o entrevistei em 2022, após ter lido uma série de matérias da década de 1990 nas quais ele, por um lado, elogiava as prisões dos acusados e, por outro, criticava as confusões que ocorreram durante todas as investigações.

Dr. Paulo Tamer dirigia a Polícia Civil do Pará na época em que ocorreram os casos, portanto tinha uma visão privilegiada de tudo — inclusive sobre como tinha sido a atuação da PF. E com o passar dos anos, mudou muito seu entendimento sobre o caso como um todo.

> Mas foi o Chagas. Isso sem sombra de dúvidas. Foi o Chagas. Agora, a Polícia Civil inicialmente se atrapalhou porque mandaram para lá os chamados [Bate-Pau]... os antigos da polícia, que sabiam investigar tudo, se atrapalharam todos. Aí para a gente tentar resgatar tudo, trabalhamos

junto com a Polícia Federal, e foi pior a emenda do que o soneto. Essa é a verdade. Porque a realidade é essa. Na época da morte desses meninos de Altamira, o Francisco das Chagas morava lá.

O agente José Carlos não quis me conceder entrevista. Mas troquei algumas palavras com ele por telefone. Na ocasião, ele afirmou que tinha certeza de que Valentina, Amailton, os médicos, enfim, todos os acusados seriam os verdadeiros culpados. E que Chagas, para ele, nunca nem esteve em Altamira, que ele é uma invenção de alguém. É nisso que José Carlos, que é muito respeitado pelas famílias das vítimas em Altamira, acredita até hoje. Pelo menos foi o que ele me falou. Ideia essa que Tamer repudia:

> Não, não. Veja bem, eu não vou nem concluir porque ele [José Carlos] se acha o top de linha que sabe investigar. A história mostra o que acontece com as investigações deles, não é? Mas realmente foi o Francisco das Chagas. E o que eu posso dizer é que, num primeiro momento, a Polícia Civil se atrapalhou; num segundo momento, ela foi induzida a erro por esse relatório da Polícia Federal.

Nas matérias sobre o caso dos meninos de Altamira produzidas durante o período dos júris de Belém, em 2003, ou até mesmo em textos na internet que resumem o caso, a narrativa é sempre a mesma: quem investigou o caso foi o delegado Éder Mauro, da Polícia Civil, em 1993. Mas, como percebemos, quem fez a investigação de fato foi a Polícia Federal. Essa informação aparece sempre de forma muito tímida e pouco detalhada, tanto na imprensa quanto nos próprios autos. Rubens foi o primeiro a me fazer olhar para a Polícia Federal, especificamente para o agente José Carlos.

Quando eu estava com as pesquisas mais avançadas, já era capaz de entender exatamente o que havia nos autos sobre como Valentina se tornara uma suspeita. Mas o que teria acontecido nos bastidores? O que haveria nos relatórios da Polícia Federal a que nunca tivemos acesso? Será que o que consta nos autos é realmente o que aconteceu? Haveria mais coisas escondidas? Por que nunca ninguém havia se aprofundado devidamente nessa questão da atuação da Polícia Federal? Afinal, era público o notório sentimento de gratidão que as famílias das vítimas tinham pelos Federais.⁷⁸ Por que então ao olhar público ainda se creditava à Polícia Civil, na figura do delegado Éder Mauro, a resolução do caso?

Após minhas conversas com Edmilson Frazão e com o jornalista Luiz Antônio, eu sentia que começava a ter uma visão mais clara sobre o que pode ter ocorrido. Ao mesmo tempo, também sei que não posso confiar plenamente nas palavras de nenhum dos dois. E não estou nem dizendo que poderiam estar deliberadamente mentindo para mim. O fato é que já se passou muito tempo, e a memória pode ser traiçoeira. Não há como verificar com exatidão tudo o que me afirmaram.

Para um entendimento mais completo, eu precisava de peças mais importantes. Peças que, talvez, estivessem no primeiro relatório da Polícia Federal. O mesmo relatório que o dr. Paulo Tamer hoje afirma que induziu a Polícia Civil ao erro. O que teria acontecido com esse documento? Por que não consta nos autos? Novamente: por que parece haver um esforço tão grande em ocultar a atuação da Polícia Federal nesse caso? Isso é o que mais me intrigava. Não deveria ser assim, não fazia sentido.

Todas essas dúvidas giravam em torno de uma figura principal: José Carlos de Souza Machado, o agente da Polícia Federal que liderou as investigações em Altamira no início dos anos 1990 — o autor do relatório.

A situação em torno de sua figura fica ainda mais complexa quando lembramos que durante toda a década de 1990 e início dos anos 2000, a posição oficial da Polícia Federal era de que os acusados originais seriam os verdadeiros culpados. Após as investigações sobre Chagas, esse posicionamento mudou. Agora, Chagas era o assassino real, e ele agira sozinho. José Carlos já estava aposentado, mas muitas pessoas da sua equipe ainda estavam na PF. De acordo com o agente Benilton (e outras fontes com quem conversei em particular, ligadas à PF), isso gerava uma série de desconfortos e conflitos internos. Havia uma resistência em se apontar para Chagas, já que isso invalidaria o trabalho de José Carlos e sua equipe — da qual alguns membros

---

78 A tese de doutorado de Paula Lacerda é o material mais aprofundado nesse sentido. No trabalho de Lacerda, fica bem evidente que a Polícia Civil sequer era considerada como digna de agradecimentos pelas famílias, depois de todo o descaso que sofreram nos anos em que os assassinatos ocorreram.

chegaram a se tornar íntimos de familiares de vítimas. Como pude apurar, durante as investigações de Chagas, parte desses agentes mais antigos tentaram de muitas formas vincular Chagas a Valentina de Andrade, como se ele fosse supostamente um membro do Lineamento Universal Superior. Nenhuma prova que comprovasse esse suposto vínculo jamais foi encontrada. A conclusão de que Chagas agira sozinho em seus crimes simplesmente não era aceita pelos agentes que trabalharam com José Carlos.

Assim, parecia óbvio que, se eu quisesse entender o caso dos meninos de Altamira de forma mais aprofundada, teria que pensar não mais em termos de "o que aconteceu", mas sim "quem falou o quê". Mais especificamente, "quem era José Carlos" e "o que ele teria dito". No que ele acreditava? Como ele exercia sua influência? Qual era sua visão sobre o caso? Como ele chegou às suas conclusões? Como ele verificava as informações que recebia?

Eu queria esclarecer o que exatamente a Policia Federal havia feito nas investigações. Eu precisava ao menos tentar descobrir, já que essa parte da história nunca tinha sido explicada de maneira clara ao público.

E eu tive sorte.

28. Revelando o oculto

Recapitulando

Para começar minha investigação sobre a Polícia Federal no caso dos meninos de Altamira, eu precisava primeiro estabelecer uma linha do tempo com tudo o que sabíamos sobre a atuação deles. E o que sabíamos era que, naquela época, a equipe da PF de José Carlos foi para Altamira no mínimo três vezes:

1. Em 1993, na primeira fase da Operação Monstro de Altamira, quando levantou as informações que depois foram repassadas ao delegado Éder Mauro, da Polícia Civil, para a realização das prisões de Anísio, Césio, Carlos Alberto, e os indiciamentos de Amadeu Gomes, Valentina de Andrade e o ex-policial militar Aldenor. Amailton já estava preso pelo delegado Brivaldo desde o fim de 1992.
2. A segunda fase da operação ocorreu no ano seguinte, em 1994, e nessa etapa a menina Eudilene, de 13 anos, disse ter sido abusada pelo dr. Césio e falava de coisas horríveis que aconteciam em uma chácara, onde via meninos presos e mortos em jaulas, e que quem a levava para lá era a esposa de um tio. Essa mulher teria relações com o pessoal da seita em Altamira e tinha um livro intitulado *Magia negra*.
3. A terceira fase foi em 1995, e é marcada pela história de uma mulher chamada Valdete, que estaria sendo ameaçada por um pistoleiro chamado Maurício. E ele estaria ameaçando Valdete por conta de uma situação que ela teria relatado a policiais federais: que em 1988 teria visto seu namorado da

época, Isaías, andando num carro junto com Amailton, e, nesse carro, haveria um menino morto.
4. Houve também uma quarta fase da Operação Monstro de Altamira a partir de 2004, após a prisão de Chagas. Realizada após o agente José Carlos ter se aposentado, essa foi a investigação que mudou todo o entendimento da Polícia Federal sobre a autoria dos casos.

As histórias de Eudilene e Valdete não tiveram nenhum desdobramento no processo dos meninos de Altamira. Nada de novo foi descoberto a partir de seus relatos. Nos autos, há apenas seus depoimentos, que inclusive foram lidos nos júris como prova contra os acusados, mas não há uma investigação mais aprofundada.

Sabendo da existência de Chagas, tudo isso soa ainda mais absurdo. A equipe da Polícia Federal que tinha feito essas investigações na década de 1990 sempre esteve muito próxima das famílias das vítimas e nunca aceitou a possibilidade de Chagas ser o verdadeiro assassino. No máximo, seria parte da seita que atuava em Altamira, mas nada foi comprovado. Havia sempre a crença do envolvimento de poderosos.

A primeira pergunta que precisa ser feita sobre a Polícia Federal em Altamira é uma das mais básicas: quem autorizou a ida deles para lá? Afinal, a responsável por investigar crimes no estado é a Polícia Civil. Para a PF se envolver, em teoria, seria necessário o encaminhamento de algum órgão federal. Mas nos autos não há nenhuma portaria autorizando a ida da PF para Altamira em 1993, na primeira fase da operação.

É pelos relatos das famílias que sabemos que ela esteve lá entre abril e junho de 1993. E em uma matéria do jornal *O Globo*, de 10 de junho de 1993, sabemos que a Polícia Federal já estava em Altamira. Mas, curiosamente, a matéria também diz que havia deputados do Pará pedindo ao ministro da Justiça da época, o dr. Maurício Corrêa, que a PF conseguisse terminar as investigações.

Pelos relatos das famílias, também descobrimos que o envolvimento da Polícia Federal teria vindo por pedido do Conselho Nacional dos Direitos da Criança e do Adolescente, o Conanda, que teria ido até Altamira e avaliado a gravidade da situação. Mas nas atas do

Conanda e nos Diários Oficiais do Ministério da Justiça dessa época não havia nada que justificasse a ida da PF em 1993. As atas do Conanda que falam sobre o caso são posteriores às prisões dos acusados, em julho de 1993, o que poderia explicar as idas da PF em 1994 e 1995, mas não em 1993.

Há apenas duas exceções. A primeira é uma ata de 13 de abril de 1993, na qual o Conanda se propõe a discutir o caso dos emasculados de Altamira e montar uma comissão temática de combate à violência. Ou seja, eles começariam a acompanhar o caso mais de perto, e essa decisão teria sido motivada pelo trabalho de um de seus conselheiros, o dr. Augustino Pedro Veit, que fora a Altamira e fizera um relatório preliminar.

Nesse relatório de 12 de abril de 1993, citado pelo relato das famílias, mas que não encontramos, Veit teria sugerido ao Conanda que iniciasse mobilização para que a Polícia Federal e a Procuradoria-Geral da União entrassem no caso devido ao desamparo das famílias e à ineficiência da polícia local. Nessa época, Chagas já havia feito seis vítimas no Maranhão e a possível conexão entre os crimes em dois estados diferentes poderia justificar a entrada da PF no caso. Mas, em entrevista que realizei, o dr. Veit não se lembrou de ter feito essa sugestão em seu relatório.

A segunda menção que existe em atas do Conanda antes das prisões de julho de 1993 é de 8 de junho de 1993: "O conselheiro Roberto de Mello Ramos informou que a Comissão de Violência voltará a Altamira na semana que vem, pois a Polícia Federal já teve autorização para fazer a investigação sobre a emasculação de crianças e o inquérito já está praticamente concluso".

Foi então que encontrei uma matéria do jornal *O Liberal* de 2 de agosto de 1993 em que consta uma entrevista com o coordenador-geral da Polícia Civil do Pará da época, Paulo Tamer — o mesmo que, no capítulo anterior, me confirmou que Chagas havia sido o verdadeiro autor dos crimes e menciona que o agente José Carlos produzira um relatório que induziu a Polícia Civil ao erro nos anos 1990. Diferentemente do que se dizia na imprensa da época, ou seja, que a Polícia Federal teria ido para Altamira por ordem do Ministério da Justiça, temos, por meio do dr. Paulo Tamer, outra versão publicada na imprensa já naquela época.

JORNAL O LIBERAL – 2 DE AGOSTO DE 1993
TAMER ADMITE ERROS EM ALTAMIRA

O coordenador-geral de Polícia Civil refuta as afirmativas prestadas ao *Liberal* pela diretora da Secretaria Geral do Ministério Público, procuradora de Justiça Edith Marília Maria Crespo, dando conta de que a Polícia Federal entrara no caso por manifestação do Ministério Público em nível federal, junto ao ministro da Justiça Maurício Corrêa. Paulo Tamer afirma que tais afirmações não procedem. O que de fato ocorreu, diz, foi a tomada de consciência coletiva da gravidade da situação por parte dos órgãos responsáveis. Essa tomada de consciência efetivou-se em esforço conjunto do qual participaram a Secretaria de Segurança, através da Divisão de Ordem Política e Social — a DOPS —, o Tribunal de Justiça do Estado, o Ministério Público Estadual e a Superintendência da Polícia Federal. Da soma de esforços entre os diversos órgãos, ocorreram providências na esfera de cada um. A Secretaria de Estado de Segurança Pública marcou presença com a entrada da DOPS no caso, a Polícia Federal recebeu autorização para investigar os crimes, o Poder Judiciário nomeou uma juíza específica para atuar na esfera judicial e o Ministério Público designou promotor específico para acompanhamento das investigações.

Essa matéria do *Liberal* chama a atenção porque é a primeira vez que aparece uma autoridade da época dizendo que a Polícia Federal não foi para lá por ordem do Ministério da Justiça, mas, sim, que teria sido uma soma de esforços. Na entrevista que me concedeu, o Dr. Paulo Tamer forneceu mais detalhes:

TAMER: Bom, não se chegava a nenhuma conclusão. Levaram inclusive o Amailton, levaram pra São Paulo pra fazer vários exames em psicólogos, psiquiatras. Mas não chegavam a um denominador comum, entendeu? E havia uma cobrança muito, muito forte da população lá de Altamira porque já estava perto, parece, não sei, de onze ou doze meninos ao longo de alguns anos. Bom, quando eu assumi a Delegacia Geral, o secretário me chamou e disse: "Olha, nós temos que adotar uma providência séria com relação a isso, e eu acho que a Polícia Civil está muito queimada. Não conseguiu levar esse assunto adiante. Eu preciso de uma saída. O governador está cobrando". Eu disse: "Olha, nós podemos fazer um convênio com a Polícia Federal. Faz um convênio com a Polícia Federal, eles jogam lá o pessoal deles, e a gente oferece toda a logística. Todo o apoio logístico que eles necessitam". Foi uma equipe da Polícia Federal para lá, depois de fechado o convênio, convênio expresso, e algum tempo depois, se não me falha a memória, uns quinze dias depois, eles trouxeram um relatório e, em cima desse relatório, aí sim nós designamos a equipe do delegado Éder Mauro para ouvir as pessoas e pedir as prisões de quem deveria pedir. Foi mais ou menos isso.

IVAN: Então, por exemplo, as famílias das vítimas falam sempre que a PF teria entrado por determinação do Ministério da Justiça. O que o doutor está me falando é que não houve isso?

TAMER: Não houve isso. Não houve isso. Foi um convênio assinado entre a Secretaria de Estado de Segurança Pública do Pará com a Superintendência Regional da Polícia Federal. Não houve Ministério da Justiça no caso não [...].

IVAN: E a gente consegue encontrar algum documento que ateste esse convênio? Só para gente poder dizer "foi isso aqui que aconteceu".

TAMER: Dentro dos autos do processo.

IVAN: Nos autos não tem, doutor. Eu tenho os autos inteiros aqui, eu estou estudando faz dois anos e não tem nada que formalize.

TAMER: Eu acho estranho porque eles foram para os autos do processo, entendeu? Eu estou achando estranha essa tua informação porque [foi] em cima desse relatório apresentado pela Polícia Federal que embasou todas as operações, inclusive mandados de prisão [...]. Eu acho estranho. Para mim é surpresa.

IVAN: Doutor, o seu espanto é o que a gente está faz dois anos tentando entender também. Porque a gente não tem nenhum documento que explique como que a Polícia Federal entra. Esse relatório a que o doutor está se referindo imagino que é aquele O Monstro de Altamira, assinado pelo agente de missão, o José Carlos de Souza Machado.

TAMER: Exatamente. O Zé Carlos. [...]

IVAN: E, veja, doutor, quando eu peguei os autos do processo, eu disse assim: "Eu vou ler para entender o que aconteceu". Pelos autos do processo, a narrativa que aparece é: quem resolveu o caso foi o Éder Mauro. Nem cita a Polícia Federal. A gente sabe de Polícia Federal pela imprensa da época. [...] Mas não aparece nome de agente, não aparece inquérito. Não aparece termo de colaboração, de convênio. Não tem nada. Inclusive, uma outra coisa que eu sinto falta é: o Éder Mauro chegou a fazer um relatório dele também? Porque não tem.

TAMER: [...] Veja bem, tem. Quais os documentos que devem ser de abertura desse inquérito? O convênio e o relatório da Polícia Federal, daí pra frente, Éder Mauro. Quando chegasse no fim do inquérito, o Éder Mauro teria que fazer o relatório dele, fazendo os indiciamentos. [...] Obrigatório dentro dos autos de um inquérito. Para mim é surpresa. Acho que teve mais bagunça do que eu imaginava.

IVAN: E também não tem relatório do Éder Mauro.

Apesar de nessa época da minha conversa com o dr. Tamer eu já ter feito uma análise da numeração das folhas do processo, decidi, por sugestão dele, dar uma olhada mais atenta. Minha intenção era tentar encontrar nas numerações (que foram refeitas várias vezes, à mão) qualquer vestígio de que algum material poderia ter sido subtraído sem explicações[79]. E há de fato uma subtração de folhas que não é muito clara. Pelos meus cálculos, haveria cerca de 27 folhas faltando.

Só que aqui há um problema: como é um processo físico, muitas vezes documentos entravam e saíam por determinação da juíza responsável, e isso exigia que o escrivão refizesse toda a numeração das folhas à mão. E foram vários os escrivães que passaram nesse processo. Ou seja, essa diferença de folhas pode ser um erro na hora de renumerar, o que é bastante comum em processos antigos. Ou pode ser outra coisa.

TAMER: Não havia por que se sonegar a questão desse convênio e do relatório da Polícia Federal. Foi público [...]. A imprensa divulgou na época.
IVAN: Sim. É por isso que a gente sabe da Polícia Federal se envolvendo. Porque pelos autos não. Assim, olhando hoje o caso, trinta anos depois, não tendo vivido a época, para mim foi até espantoso a hora que eu disse "Nossa, teve Polícia Federal no meio". Porque, até então, era Éder Mauro que tinha feito essa parte toda.
TAMER: Não, não, não. O trabalho todo do Éder Mauro — é até bom que tu estejas gravando — o trabalho do Éder Mauro foi todo baseado no relatório apresentado pelos agentes da Polícia Federal, sob o comando do agente Zé Carlos. E o Zé Carlos, inclusive, acompanhou todas as diligências que a equipe do Éder Mauro fez posterior ao relatório dele.

Então, em princípio, aqui temos algumas dúvidas solucionadas: o dr. Paulo Tamer confirma uma das hipóteses que sempre foram muito fortes para nós, de que o delegado Éder Mauro na verdade se baseou nas informações colhidas pela Polícia Federal para fazer suas diligências em julho de 1993. Em entrevistas que concedeu sobre o caso,

---

79 Existem passagens conhecidas desse processo em que houve subtração de páginas, como no caso do primeiro laudo psiquiátrico de Amailton, feito pelo dr. Guido Palomba. No caso, esse documento foi retirado dos autos por determinação da juíza a pedido da defesa do réu, visto que o pedido para tal avaliação não partiu da magistrada, mas foi feito por determinação pessoal do delegado da época, o dr. Brivaldo. Essa questão foi explicada no Capítulo 5.

ele sempre se colocou como o responsável pela suposta resolução do caso, nunca mencionando a determinante participação da PF.

Além disso, a Polícia Federal teria ido para Altamira por um acordo entre Secretaria de Segurança do Estado do Pará, Polícia Civil e Superintendência Regional da Polícia Federal do Estado do Pará. Pelas matérias de imprensa da época, deputados estaduais e federais do Pará estavam fazendo pressão no Ministério da Justiça em Brasília para que a PF tivesse mais autonomia nas investigações e encerrasse o inquérito ela mesma, mas isso nunca aconteceu. No fim, foi Éder Mauro, da Polícia Civil, que formalizou todo o trabalho da PF. Mas, estranhamente, toda essa cooperação foi retirada dos autos.

Uma coisa que chama a atenção nesse caso é como parece que a Polícia Federal quis emular a situação de Guaratuba, do caso Evandro, ocorrida em 1992. Lá, foram sete pessoas presas. Em Altamira, foram sete pessoas suspeitas[80]. Na época, ao falar sobre o caso de Guaratuba, as autoridades do Paraná afirmavam à imprensa que seriam necessárias sete pessoas para realizar os rituais de sacrifício de crianças — uma bobagem sem qualquer fundamento, a não ser nas confissões inventadas sob tortura dos acusados do Paraná.

Após as prisões dos supostos membros da seita, em julho de 1993, em Altamira, a sensação que as famílias das vítimas tinham — e que a própria Polícia Federal também tinha — era de que poderia haver mais gente envolvida na tal seita[81]. E, em setembro de 1993, mais um garoto desapareceu em Altamira: Rosinaldo Farias da Silva.

Em suas confissões, Chagas admitiu ter sido o responsável pelo desaparecimento e morte do garoto, que nunca teve o corpo encontrado. Mas, na época, as famílias das vítimas em Altamira acreditavam que Rosinaldo teria sido vítima de outro suposto membro da seita: o fazendeiro Vantuil, marido da juíza Vera[82].

Em outras palavras, crianças continuavam desaparecendo em Altamira depois das prisões dos supostos membros da seita. Mas mesmo com toda aquela gente presa e meninos ainda desaparecendo, a

---

80 Amailton, seu pai Amadeu, o ex-PM Carlos Alberto, o ex-PM Aldenor (que nunca foi encontrado), os médicos Anísio e Césio e, por fim, Valentina de Andrade.

81 Curiosamente, essa suspeita também foi levantada no caso de Guaratuba.

82 Conforme explicado em detalhes no Capítulo 13.

Polícia Federal e as famílias das vítimas não acreditavam que haviam prendido as pessoas erradas. Para eles, a seita satânica teria mais membros, que estariam ainda soltos e tentando confundir o processo ou continuar com seus rituais macabros. Foi baseado nessa crença que em 1994 ocorreria a segunda fase da operação Monstro de Altamira.

Nos autos do processo, há anexada uma matéria em vídeo sobre o caso dos emasculados de Altamira. Essa matéria é provavelmente de 1994 ou 1995, e é de um programa da rede Bandeirantes, na época apresentado por Marília Gabriela. Nele, um repórter mostra uma cópia que obteve do relatório da Polícia Federal da primeira fase. Vemos que o documento data de 24 de setembro de 1993 e é assinado pelo agente José Carlos de Souza Machado, que depôs no júri de Valentina. Ou seja, na época que o relatório da primeira fase foi concluído, os principais acusados já estavam presos.

Apesar da ordem para que a Polícia Federal investigasse os casos de Altamira não ter partido do Ministério da Justiça, o ministério acompanhava de perto de alguma forma. Um indício disso é uma resolução de 13 de outubro de 1993, publicada no *Diário Oficial*:

> O Ministro da Justiça e Presidente do Conselho de Defesa dos Direitos da Pessoa Humana, no uso de suas atribuições legais e *ad referendum* do Colegiado, resolve:
> Instaurar inquérito para investigar as graves denúncias de violações de direitos humanos em Altamira, no Estado do Pará, onde pelo menos desde 1989 há registros de violências praticadas contra crianças: sevícias, violações, emasculações e assassinatos.

Como vemos, essa resolução partia do Conselho de Defesa dos Direitos da Pessoa Humana, o CDDPH, órgão que estava dentro do Ministério da Justiça e na época era o conselho responsável por avaliar denúncias de violações de direitos humanos no Brasil. E o Ministério da Justiça tem poder de acionar a Polícia Federal.

O Conselho de Defesa dos Direitos da Pessoa Humana (CDDPH)

O CDDPH, criado em 1964, era então um órgão responsável por avaliar denúncias de violações de direitos humanos e, espantosamente, teve sua origem na época da ditadura militar. Para entender melhor sobre o tema, conversei com Leonardo Fetter da Silva, mestre e doutorando em História pela PUC do Rio Grande do Sul, que pesquisa direitos humanos no Brasil, especialmente durante a época da ditadura.

> LEONARDO: Desde 1948 a gente tem a Declaração Universal dos Direitos Humanos e aí os estados nacionais pelo mundo vão pensar em mecanismos de proteção aos direitos humanos, sejam eles nacionais ou mecanismos internacionais. A primeira proposta de um mecanismo que tratasse sobre os direitos humanos foi feita em 1956 ao Congresso Nacional, que era a proposta de criação do Conselho de Defesa dos Direitos da Pessoa Humana, o CDDPH. E esse projeto fica oito anos em tramitação no Congresso e, no início de 1964, é aprovado. E em 16 de março de 1964 ele é aprovado pelo então presidente João Goulart. E o João Goulart, quinze dias depois, sofre um golpe civil-militar e é destituído. E justamente a instalação do Conselho, desse Conselho de Defesa dos Direitos da Pessoa Humana é escanteada, ao mesmo tempo que se instala uma ditadura civil-militar no Brasil. O que é interessante. [...]
> Não está na mira da ditadura, pelo menos durante os quatro primeiros anos, instalar o Conselho, tendo em vista que o objetivo da ditadura não era promover os direitos humanos. E bem pelo contrário, não é? [...] E aí o mais interessante é que em 1968 isso muda um pouco. A ditadura instala o Conselho de Defesa dos Direitos da Pessoa Humana em uma cerimônia oficial que vai contar com uma série de representantes, representantes nacionais, mas também internacionais [...]
> O objetivo da ditadura com o CDDPH durante esse período era justamente o objetivo de legitimação da ditadura. Legitimação enquanto não violadora dos direitos humanos, enquanto constitucional e enquanto democrática. [...] Ou seja, a instalação do Conselho naquele momento foi uma forma de demonstrar, [...] para a comunidade internacional e nacional, que no Brasil se respeitava os direitos humanos. [...] em 1979, quando o Conselho é reativado depois de ficar quatro, cinco anos sem se reunir. Também esses objetivos voltam. Porque em 1979 a gente vai ter uma série de movimentos sociais de direitos humanos denunciando a ditadura com muito mais força.

Então, de acordo com o professor e pesquisador Leonardo Fetter da Silva, o CDDPH acabou virando um órgão mais dedicado a abafar denúncias de violações de Direitos Humanos. Já em 1993, o cenário era bem diferente. Não havia mais ditadura instalada, e os membros do conselho eram todos da sociedade civil, realmente interessada em avaliar denúncias de violações de direitos humanos. Só que, por ser um órgão que já nasceu com problemas, acabou tendo que ser totalmente reestruturado para que as denúncias fossem de fato investigadas.

Portanto, na história da luta pelos Direitos Humanos no Brasil, temos essa situação curiosa: o órgão responsável por avaliar as denúncias era o CDDPH, que foi instituído durante a ditadura militar e foi feito de uma forma que não conseguia efetivamente grandes avanços. Após a redemocratização, o CDDPH ainda enfrentava problemas. Mas era o que existia. E estava dentro do Ministério da Justiça, que tinha poder sobre a Polícia Federal.

Logo, a partir do momento que as denúncias passam a ser realmente investigadas, seria de se esperar que o Ministério da Justiça envolvesse a Polícia Federal.

> IVAN: O Ministério da Justiça precisa que alguém vá averiguar uma informação que acabaram de receber. O primeiro órgão que vai ser acionado será a Polícia Federal. É mais ou menos assim?
> LEONARDO: Isso. É o que me parece. [...] E durante o período da ditadura, a Polícia Federal esteve envolvida em uma série de ações repressivas, e aí a própria Comissão Nacional da Verdade apontou que a DPF também foi, também violou os direitos humanos no Brasil, fez parte da estrutura do governo na ditadura. [...] É importante observar que em 1979 a gente vai ter uma lei de anistia, que vai anistiar os opositores políticos, mas também vai promover um indulto pra esses agentes repressivos, não é? [...] No final da ditadura, esses agentes vão continuar no Estado. Em 1985, quando a ditadura acaba, esses agentes não vão ser expurgados do Estado, eles vão ser direcionados para outros órgãos, outras repartições públicas. A PF é uma das únicas instituições que participaram da repressão e que sobrevivem à passagem para a democracia. Então, pode ter havido que muitos desses agentes que faziam parte de outros órgãos tenham sido incorporados dentro do corpo da PF, não é?
> IVAN: E daí eles têm os seus métodos, eles têm as suas investigações, nunca foram responsabilizados por isso. Acreditam que estão fazendo ainda um bom trabalho, não é? [...] e o Ministério da Justiça se utiliza da PF, então se em 1993, você está acionando agentes da PF para fazer investigações, está falando com pessoas que tiveram a sua formação na época da ditadura.

A meu ver, essa é uma das questões-chave: a formação dos agentes da Polícia Federal que foram para Altamira na década de 1990, em uma missão de investigação de violação de direitos humanos. E tudo isso em torno de um órgão, o CDDPH, que fora projetado para não ter grande força.

Isso é especialmente curioso para mim nesse contexto todo porque encontrei no Arquivo Nacional dois relatórios sobre um dos agentes: justamente José Carlos de Souza Machado, o chefe da missão nas três primeiras fases da Operação Monstro de Altamira, na década de 1990. E esses relatórios me ajudaram a entender um pouco sobre os métodos de investigação do agente José Carlos.

Os métodos de trabalho do chefe da Polícia Federal no caso

Os dois relatórios são de 1977, sobre assuntos diferentes, mas relacionados. O primeiro é da Divisão de Segurança de Informações, do Ministério do Interior. É o resultado de uma investigação feita por um delegado narrando um conflito contra garimpeiros no estado do Amapá, em 1976. Na primeira página, lemos: "Segundo a autoridade processante, a autoria dos crimes de homicídios e lesões corporais graves cabiam a um servidor da FUNAI e ao agente da Polícia Federal JOSÉ CARLOS DE SOUZA MACHADO".

Segundo as investigações, a história seria a seguinte: garimpeiros aparentemente tinham invadido terras indígenas. Estes então foram reclamar na FUNAI, que acionou a Polícia Federal, que enviou José Carlos. O relatório indica que ele teria agido com truculência, mandando todas as pessoas que estavam com ele — no caso, indígenas e os servidores da FUNAI — atirar contra os garimpeiros. Além disso, teria também mandado amarrá-los, espancá-los, botá-los de joelhos em pedregulhos, entre outras coisas. Nisso, um garimpeiro morreu, e outros saíram bastante feridos. E toda essa violência aconteceu após as armas que estariam com os garimpeiros já terem sido apreendidas.

O conflito ocorreu em setembro e o relatório é de dezembro do mesmo ano, assinado por um delegado de nome José Alves de Oliveira. De acordo com a cópia do documento que consta no Arquivo Nacional, até maio do ano seguinte, 1977, não havia denúncia contra ninguém. E não há mais informações. Não sabemos se isso virou uma ação contra José Carlos, que naquela época era ainda um jovem policial federal.

No entanto, sabemos que houve repercussões que desagradaram o agente.

É aqui que entra então o segundo relatório. É uma sindicância da Polícia Federal, de junho de 1977, sobre um jornal de Macapá que estaria fazendo denúncias contra policiais federais — entre eles, José Carlos. O *Jornal do Povo* publicou uma série de reportagens denunciando supostos abusos do agente, especificamente de conflitos em garimpo. E é nesse relatório que descobrimos que naquela época, no estado do Amapá, o agente José Carlos era chefe do Serviço de Censura.

A situação foi mais ou menos a seguinte: certa vez, José Carlos teria apreendido todas as edições do *Jornal do Povo*, sob a justificativa de que estaria sem expediente. Para quem não sabe, expediente é basicamente a lista de todos os jornalistas que escrevem e trabalham no veículo, além de informações de seus contatos e endereços. Em seguida, o próprio delegado da Polícia Federal interveio, afirmando que havia sido um engano de seu agente, já que o expediente não estava na capa, mas na página 3.

Anexado ao relatório de sindicância, há matérias do jornal *O Estado do Pará* de maio de 1977 narrando toda essa truculência do agente José Carlos e de como ele estaria incomodado com as matérias que o *Jornal do Povo* fazia sobre sua atuação nos garimpos. "José Carlos, bêbado, já estivera no *Jornal do Povo*, querendo censurar a redação, no que foi impedido pelos diretores do periódico, que o convidaram a sair. Depois da notícia, era intenção do agente prejudicar de qualquer maneira o matutino", diz um trecho.

O relatório conclui que o ato de apreensão dos jornais por José Carlos foi de fato um erro, mas que ele tinha autorização do delegado para tal e que só estava agindo de acordo com seu ofício. Em outro trecho, lemos o seguinte sobre o agente: "Em torno de sua pessoa, buscou-se colher impressões, principalmente junto a pessoas relacionadas com o Serviço de Censura, do qual é Chefe, e todas foram unânimes na opinião de que é cioso de suas obrigações, intransigente no trato com a coisa pública, talvez um tanto severo na aplicação da lei pertinente a suas atribuições".

Assim como no caso do conflito contra garimpeiros, não sei dizer qual foi o desfecho desse episódio. Mas pelo teor de sua conclusão, parece claro que a Polícia Federal não tomou nenhuma medida punitiva contra José Carlos. Mas aqui temos algo de novo: ele era bastante ativo em órgãos de repressão durante a ditadura militar e, mesmo naquele contexto, foi suspeito de atos excessivos contra civis.

Fora isso, outra informação que obtive sobre ele é que, em maio de 1993, foi eleito presidente do Sindicato dos Policiais Federais no estado do Pará. Segundo o site do sindicato, a eleição teve três chapas e a de José Carlos venceu, mais tarde dirigindo a maior greve da história da Polícia Federal. Essa eleição ocorreu na mesma época em que ele estava em Altamira na primeira fase da Operação Monstro de Altamira.

Então, pelo que pudemos levantar, José Carlos foi um policial formado na ditadura militar, ativo em atos de repressão, e com algum prestígio na corporação na época em que foi designado a ir para Altamira.

Entre abril e junho de 1993, segundo o delegado Paulo Tamer, teria ido com sua equipe para Altamira através de um acordo de cooperação com a Secretaria de Segurança Pública do Pará. Os resultados obtidos foram por ele repassados ao delegado Éder Mauro, que efetuou as prisões em julho de 1993. Em outubro de 1993, o CDDPH, do Ministério da Justiça, pedia a abertura de inquérito para investigar o caso dos meninos emasculados de Altamira.

E então, em abril de 1994, ocorreu uma nova reunião do Conanda. Na ata do encontro, os membros pediam que fossem cobradas as providências para o caso de Altamira. Isso se dava num contexto específico: foi bem na época de finalização da CPI que investigava violências contra menores no país. Os pais de vítimas de Altamira foram ouvidos em novembro de 1993.

Abril de 1994, além da reunião do CONANDA, também foi a época em que o então promotor de Altamira, dr. Roberto Pereira Pinho, recomendou a impronúncia de todos os acusados, por considerar que não havia provas suficientes contra eles. Mas o juiz Arrifano acabou contrariando a recomendação do promotor, pronunciando todos os acusados. Ou seja, essa reunião do CONANDA tinha o seguinte clima: os poderosos estão agindo para saírem impunes novamente. Precisamos fazer alguma coisa.

Pouco mais de um mês depois, em 31 de maio de 1994, houve uma grande reunião em Altamira. Sabemos disso pelo jornal *Liberal* de 1º de junho:

POLÍCIA FEDERAL VAI VOLTAR

A Polícia Federal deve voltar a investigar os assassinatos, emasculações, sequestros e desaparecimento de meninos em Altamira. Essa foi a principal reivindicação dos parentes das vítimas, representantes de entidades empenhadas na elucidação dos crimes e do povo altamirense, feita durante a audiência pública realizada, na tarde de ontem, na cidade.

O coronel Euro Barbosa de Barros, diretor do Departamento de Assuntos de Segurança Pública, órgão vinculado ao Departamento da Polícia Federal, que estava presente, vai entregar ao ministro da Justiça, Alexandre Dupeyrat, um relatório sugerindo a medida. "Tudo o que eu vi e ouvi leva ao convencimento de se prosseguir com as investigações através da Polícia Federal", disse o coronel, que tentou acompanhar de forma discreta a audiência, mas acabou falando ao público presente no salão de convenções Papa João XXIII sobre o assunto.

Esse nome é importante aqui. Coronel Euro Barbosa de Barros. Um militar que, de acordo com a matéria, era diretor do Departamento de Assuntos de Segurança Pública, órgão vinculado ao Departamento da Polícia Federal. Em entrevista que me concedeu, o dr. Dupeyrat (ministro da Justiça em 1994) afirmava que o início da década de 1990 foi marcado por uma tensão dentro da Polícia Federal, com militares querendo estar à frente da instituição, enquanto havia uma demanda para que ela fosse chefiada por um delegado de carreira. Em 1994, o diretor-geral da PF era Wilson Brandi Romão, um militar.

Para entender melhor essa questão, tive a oportunidade de conversar diversas vezes com o dr. Dupeyrat, tentando entender exatamente como a Polícia Federal foi parar em Altamira naquele período, e como era essa questão dos militares dentro da PF logo após o fim da ditadura. E tinha um especial interesse em conversar com o dr. Dupeyrat por outro motivo: nessa matéria do *Liberal* que acabei de citar, o coronel Euro Barbosa dizia que falaria com ele. Como se isso não fosse o bastante, no júri de Valentina, o agente José Carlos disse que o relatório tinha sido entregue ao superintendente da PF da época, e que este teria falado com o dr. Dupeyrat também.

Ainda de acordo com a matéria do *Liberal*, além do agente José Carlos e do coronel Euro Barbosa, estavam também presentes na reunião com as famílias membros do CDDPH, como havia sido exigido pelo Conanda. Todos se reportavam em alguma medida ao ministro da Justiça. Dupeyrat foi ministro entre abril de 1994 e janeiro de 1995, ou seja, no fim do governo Itamar Franco e na época da fase dois da Operação Monstro de Altamira.

Eu enviei para o ex-ministro alguns documentos, entre eles matérias de jornal, diários oficiais e o depoimento do agente José Carlos. E, após algumas conversas, ele comentou alguns fatos que lhe chamaram a atenção sobre Euro Barbosa:

> Deixa eu te dizer uma coisa só para talvez te ajudar a não seguir pistas erradas ou pelo menos te alertar para um fato que talvez eu já tenha mencionado no nosso primeiro diálogo, mas talvez não tenha dado a devida ênfase. É o seguinte: eu te disse que, naquela época, quando eu assumi o ministério, eu senti... a nomeação para a Polícia Federal não tenha sido minha, e eu já encontrei uma situação consolidada e era uma pessoa tida de confiança do presidente, e também o relacionamento era bom, não havia problema nenhum, então, não havia motivo para mexer em nada, mas eu te disse, eu senti por parte da corporação que havia um clima grande de tensão. [...] nós estamos falando da década de 1990. E a década de 1990 foi uma década de transição. Você sabe que a Polícia Federal teve origem no DOPS, era uma polícia originariamente... Nasce de uma polícia política, antes de ter até esse nome. E foram incorporados quadros. E ela veio com essa, digamos assim, com essa feição, com essa moldura. Posteriormente, ao longo do tempo, foram sendo feitos concursos, e os quadros da Polícia Federal passaram a ser majoritariamente, já na década de 1990, majoritariamente de concursados para a carreira. E aí essa estrutura antiga. Havia um grande mal-estar, entendeu? Os novos se julgavam profissionais especializados, com curso, e eles não tinham nem um pouco de boa relação com os mais antigos e que formavam essa cúpula que tinha vindo dessa história. Muito bem. Então, era difícil administrar aquilo ali.

Dupeyrat apontou que o coronel Euro Barbosa, que teria sido "levado" para a Polícia Federal pelo diretor-geral Romão, ocupava o cargo de titular do Departamento de Assuntos de Segurança Pública, vinculado à Polícia Federal, que era "absolutamente apagado" e se limitava a "chancelar pedidos de renovação de licença, de compras de material, isso e aquilo". Portanto, o então ministro se surpreendeu ao ver o envolvimento de Barbosa no caso de Altamira. "Essa pessoa se meteu, jornalisticamente, a palpitar sobre esse assunto sem ter absolutamente nenhum conhecimento", disse.

Tanto Wilson Brandi Romão quanto Euro Barbosa são citados na Comissão Nacional da Verdade, que foi um grande esforço do Estado brasileiro para tentar elucidar crimes políticos ocorridos na época da ditadura militar.

Então, vamos parar um pouco aqui para avaliar a situação toda: na época da segunda fase da Operação Monstro de Altamira, em 1994, temos um diretor-geral da Polícia Federal e um diretor de um departamento interno citados na Comissão Nacional da Verdade como envolvidos em torturas e violações de direitos humanos na época da ditadura. E o agente que comandou as operações em Altamira era um agente formado nessa época, com histórico de ser truculento. E todos estão trabalhando no caso dos meninos emasculados de Altamira, supostamente por ser um caso de violações de direitos humanos, após terem sido acionados pelo CDDPH.

Em outras palavras, o que eu quero deixar claro é que, como resquício da anistia que ocorreu após a ditadura militar, todos esses setores estavam "contaminados". E o resultado disso foi uma situação contraditória: agentes públicos acusados de violações de Direitos Humanos investigando denúncias de abusos contra Direitos Humanos. A situação se torna mais complexa ainda quando lembramos que Altamira é um local com históricas disputas entre militares e a população, especialmente na época da construção da Transamazônica. Não à toa, esses conflitos levaram a Igreja Católica na região a se posicionar politicamente a favor dos mais pobres. Só que, no caso dos meninos emasculados, os mesmos agentes que a Igreja combatia, de repente viraram aliados. E, até onde eu sei, essa contradição nunca foi exposta.

Em nossa conversa, o dr. Dupeyrat pareceu bastante intrigado com as motivações de Euro Barbosa para fazer aquela declaração à imprensa sobre o caso. "Eles não se meteram nisso para defender direitos humanos. [...] Não fazia parte do perfil deles", afirmou o ex--ministro em referência a Barbosa e Romão. Para ele, toda a história não bate e provavelmente havia mais alguma coisa por trás, que não "razão de investigação policial".

> Isso talvez explique esse envolvimento da Polícia Federal, sabe? Esse negócio todo de supostamente ter havido inquérito, averiguação. Uma averiguação que não aparece em lugar nenhum, nada de concreto [...]. Isso

daí talvez tenha como origem essa mentalidade anterior que se julgava no direito de entrar em tudo. Não havia limite. Era uma outra mentalidade. Década de 1970, 1980, a polícia se julgava sem fronteiras para nada e aí ia embora, ia em frente. [...] Não há rastro de nada assinado e nem deveria ter porque, se tivesse, teria que ter sido encaminhado à autoridade superior e teria rastro de alguma coisa. A gente não some com papel. Vai para o arquivo. Isso pode ser uma linha de explicação dessa misteriosa intervenção — não explicada, não fundamentada juridicamente — da PF neste problema. O que se teve [no caso de Altamira] foi homicídio, práticas violentas, abusivas e tudo mais, mas restritas à alçada da segurança pública estadual. Não havia nada que justificasse a intervenção federal, salvo aquele episódio que eu cheguei a convocar aquele professor universitário que embarcou nisso. Mas, chamado às falas, primeiro não compareceu e depois, quando compareceu, não teve nada de concreto.

Essa história do professor universitário que Dupeyrat relata é a seguinte: em algum momento, em algum jornal internacional de que ele não se recordava, saiu uma matéria com um professor universitário brasileiro (cujo nome exato ele também não se recordava) falando que os meninos estavam sendo mortos em Altamira para tráfico internacional de órgãos. O professor foi chamado e ouvido em Brasília, mas não entregou nenhuma prova concreta. Se houvesse, Dupeyrat teria pedido abertura de inquérito para investigar. E por ser um crime supostamente internacional, haveria possibilidade de investigação da Polícia Federal. Isso nunca aconteceu.

Se você chegou até aqui, há duas possibilidades principais: ou você ainda acredita que os verdadeiros culpados são os médicos e os outros acusados, que Chagas foi um grande laranja, e que tudo era parte de uma grande organização criminosa maligna. Ou você acredita que há uma grande possibilidade de Chagas ser o único e verdadeiro assassino e de todo esse caso ter sido uma grande alucinação coletiva.

Se você está no primeiro grupo, não creio que qualquer prova ou informação possa mudar sua convicção. Porém, se você se encaixa neste último grupo, algo precisa ficar bem claro aqui: a Polícia Federal estava atirando para todos os lados. Nem os familiares das vítimas eram descartados como potenciais cúmplices. Podia ser ritual de magia negra, tráfico de órgãos, sadismo de gente poderosa que se sente acima da lei... É um roteiro de filme de terror ruim, mas que teve consequências muito graves na vida de centenas de pessoas. Em outras palavras, é um péssimo trabalho policial, que nunca foi revisado. Pelo contrário, só foi piorando.

Então, pelo menos de posse das informações que eu obtive até este ponto, a primeira fase da Operação Monstro de Altamira de 1993 teria sido feita com base nesse acordo de cooperação entre Polícia Federal e Estado do Pará. Já a segunda e terceira fases de 1994 e 1995 teriam ocorrido a pedido do CDDPH, ligado ao Ministério da Justiça, que tinha poderes sobre a Polícia Federal. E tudo isso intermediado pelo coronel Euro Barbosa, que na época dirigia o Departamento de Assuntos de Segurança Pública da PF.

Foi então que encontramos no *Diário Oficial* uma publicação em que esse departamento comandado por Euro Barbosa aparece novamente. É a Portaria 717, de 13 de setembro de 1994. É uma portaria peculiar que determina a criação de um grupo armado para investigar violações de direitos humanos, e esse grupo estaria dentro do departamento comandado por ele.

Eu não sei como foi na escola de vocês, mas, quando eu aprendi sobre a ditadura militar no Brasil, a impressão que eu tinha era que, depois da Constituição de 1988, e depois das eleições diretas de 1989, os militares teriam saído da cena política. Claramente eu estava (ou aprendi) errado.

A nova velha Polícia Federal

Mas o que esse caso de Altamira revela é algo que, nos últimos anos, parece ter ficado cada vez mais claro. Os militares que trabalhavam nos anos de repressão continuaram atuando dentro do governo. E daí chegamos a essa situação absurda: um coronel apontado na Comissão Nacional da Verdade por crimes de violações de direitos humanos estava, em 1994, criando um grupo armado, dentro da Polícia Federal, com autonomia para investigar casos de denúncias de violações de direitos humanos. E o caso dos meninos de Altamira, aparentemente, tem alguma relação com tudo isso.

Em outra portaria do Ministério, há mais informações sobre esse grupo criado pela Portaria 717. Nela, consta a aprovação da credencial de seus membros e, logo abaixo, a assinatura do então ministro da

Justiça, o dr. Dupeyrat. Eu mostrei esse documento para ele em uma de nossas entrevistas, e sua reação foi uma surpresa para mim:

> Aí você me manda uma portaria que à primeira vista eu achei essa portaria muito estranha. O ministro da Justiça não assina carteira funcional de ninguém. Não existe isso em lugar nenhum do mundo. Uma portaria, eu mesmo assinar uma portaria. E pior: dando porte de arma, poderes de requisição... que negócio é esse? [...] Aí você examina a portaria e você vai ver o seguinte: "Gabinete do ministro. Portaria de 16 de novembro de 1994". Cadê o número? Portaria tem número. Não há portaria sem número. Embaixo de toda e qualquer portaria, ao pé da portaria, embaixo, quando termina a portaria, tem o nome da autoridade que assina. É claro que é um titular do ministério, tem que ser. A lei, a sanção, o veto, o decreto... Embaixo vem o autógrafo, o nome das pessoas que assinaram, não é? [...] E, terceiro e mais estranho ainda, e isso pode escapar a uma pessoa que não teve trato com a área: todo ato administrativo que é publicado no *Diário Oficial* contém, ao pé, abaixo da assinatura, à esquerda, entre parênteses: o.s. Número tal de tal data. É o ofício que foi encaminhado à imprensa nacional. Este não tem.

Na época em que tive essa conversa com o dr. Dupeyrat, eu não tinha conseguido a Portaria 717, que vocês leram há pouco, pois havia procurado apenas no site do Ministério da Justiça, e ela não estava lá. Eu só tinha acesso àquela portaria que falava sobre a credencial do grupo. Depois, segui a dica do dr. Dupeyrat, e a consegui pelo *Diário Oficial*. O ex-ministro explicou melhor o contexto de tudo isso, pelo menos de acordo com o que se lembrava:

> Isso ocorreu no contexto mais ou menos o seguinte: o Álvaro Ribeiro da Costa, que era o subprocurador da República e responsável por essa área de direitos humanos. Eu me lembro, assim, vagamente, porque isso é uma coisa de quarenta anos atrás, trinta anos atrás. Mas eu me lembro vagamente que isso chamou a atenção. Esse evento lá de Altamira chamou a atenção ao Álvaro e chamou a atenção ao Batochio[83] também. [...] mas o Álvaro [...] disse: "Alexandre, o problema do conselho é que nós temos

---

[83] José Roberto Batochio: membro do Conselho de Defesa dos Direitos da Pessoa Humana (CDDPH), do Ministério da Justiça, na década de 1990. Representante da Ordem dos Advogados do Brasil (OAB), ele foi designado para compor a comissão de inquérito do Conselho responsável por investigar as denúncias em Altamira. Os outros dois indicados foram Álvaro Augusto Ribeiro Costa (representante do Ministério Público Federal, citado por Dupeyrat) e Francisco Clóvis de Souza (representando a Associação Brasileira de Imprensa – ABI).

um colegiado, mas não temos estrutura. Quando chega alguma coisa assim mais... enfim, que a gente tem que fazer diligência, ou nós vamos nos deslocar fisicamente por aí afora ou a gente vai dar ordem a quem para fazer coleta? [...] Tendo em vista a importância de direitos humanos *in genere*, não este caso, mas *in genere*, seria conveniente que nós tivéssemos o apoio de uma estrutura para poder trabalhar diligências, diligências informativas". Então, esta portaria 717 veio nesse contexto. Ela institucionalizou, digamos assim, um mecanismo para que fosse possível ao conselho, havendo necessidade, dispor: "faz isso, faz aquilo, vai lá, coleta isso, coleta dados e tal", uma espécie de apoio administrativo.

Para tentarmos desfazer esse nó que foi o envolvimento da PF, o dr. Dupeyrat me explicou um pouco da estrutura do Ministério da Justiça naquele época: havia uma Secretaria de Polícia Federal e, dentro dela, o Departamento de Polícia Federal e o Departamento Nacional de Trânsito, sob o qual estava a Polícia Rodoviária Federal. E tinha um terceiro, que era o Departamento de Assuntos de Segurança Pública, que era onde estava lotado o coronel Euro Barbora, como mencionado antes.

Durante a gestão anterior à de Dupeyrat, do ministro Maurício Corrêa, o delegado-geral da Polícia Federal Wilson Romão foi designado para, interinamente, comandar a Secretaria de Polícia Federal, porém, segundo Dupeyrat, ele "nunca nem apareceu por lá, estava lá na Polícia Federal". Romão então acumulava duas funções: "ele estava sob ele mesmo. Era o diretor-geral da Polícia Federal e o secretário de Assuntos da Polícia Federal".

> Aí começa essa confusão, e eu comecei a entender essa história de Polícia Federal. O problema é o seguinte: por alguma razão, houve interesse desse Euro e talvez de outras pessoas. Ele começou a veicular que era negócio da Polícia Federal, que a PF estava se metendo nisso. Não era. Não era. Não era bem vinculado [o Departamento de Assuntos de Segurança Pública e a Polícia Federal] porque a Polícia Federal é um departamento autônomo. Ele tinha *status* de departamento autônomo. Essa secretaria tratava disso que eu estou te dizendo. Ou seja, de chancelar pedidos dessa... Chancelar, fiscalizar e tal, essas empresas de segurança privada. É isso aí.

O que o dr. Dupeyrat está dizendo é que, apesar de José Carlos e sua equipe serem agentes da Polícia Federal, o que os levou para

Altamira em 1994 e 1995 provavelmente não teria sido a instituição Polícia Federal em si. Mas sim esse departamento sem grande importância comandando pelo coronel Euro Barbosa. É uma confusão típica de um país que passava por um período de transição à luz de uma nova constituição, mas que ainda preservava muitos agentes e instituições que havia pouco estavam sob um regime de ditadura militar.

Essa foi a primeira revelação sobre a Polícia Federal que tínhamos para fazer, que tudo ocorreu num contexto histórico muito confuso. E como sempre é comum nesses casos, era um cenário extremamente contraditório — especialmente quando tratamos de um período de transição. E se é complicado para entendermos hoje, em 2024, com acesso a tanta tecnologia e documentação, imagine em Altamira, em plena década de 1990, no meio de tanto pânico.

Os fatos então são: a Polícia Federal se envolveu nas investigações de Altamira e ficou muito próxima das famílias das vítimas. Foram para lá ao menos em três ocasiões: 1993, 1994 e 1995. Em 1993, de acordo com o dr. Paulo Tamer, a PF teria ido por convênio com a Secretaria de Segurança Pública do Pará. Já em 1994 e 1995, teria ido pelo órgão de Euro Barbosa — que supostamente tentava investigar violações de direitos humanos.

Dessas missões, foram produzidos ao menos dois relatórios: um em 1993, da primeira fase, e outro em 1996, sobre a terceira fase. Até aqui, eu me perguntava se haveria um relatório referente à segunda fase, de 1994, mas nunca encontrei nenhum indício sobre isso — o que me chamou a atenção.

Buscando mais informações e trechos desses documentos, encontrei menções e trechos do mesmo em uma matéria do jornal *O Globo* (de 10 de novembro de 1998) e também em um artigo científico da Revista do Instituto Interamericano de Direitos Humanos (de 2004). Esse texto trazia uma citação direta de um trecho dele. Por fim, também encontrei algumas falas de promotores e procuradores do Pará que atenderam a uma audiência na Comissão de Direitos Humanos em Brasília, no ano de 1996.

É transcrito abaixo um trecho de uma fala do procurador-geral da Justiça do estado do Pará na época, Manoel Santino Nascimento Júnior, feita naquela audiência:

Imaginem os senhores que um relatório feito pela Polícia Federal, relatório de que tínhamos conhecimento apenas por noticiário ou quando o Promotor de Justiça nos dava conhecimento, demorou mais de ano para ser encaminhado ao Ministério Público do Estado.

Ora, se a Polícia Federal estava apenas colaborando nas investigações, mas o Estado do Pará não vive sob intervenção federal, não poderia a Polícia Federal agir de modo próprio, carreando prova para os autos. Teria que ter um intercâmbio com o Ministério Público do Estado, o único capaz de levar essas provas e produzi-las no curso da instrução processual para buscar a punição dos culpados.

O procurador falava isso porque a terceira fase da operação Monstro de Altamira havia ocorrido em 1995, e o relatório era datado de 1996. Sabemos disso pela matéria do jornal *O Globo*, que indica a data de 18 de abril de 1996 e a assinatura do agente José Carlos de Souza Machado. De certa forma, isso demonstra como nem mesmo os agentes públicos que acompanhavam o caso entendiam direito o motivo de a Polícia Federal se envolver nessa história.

Além disso, a matéria do jornal *O Globo* também afirmava que o relatório tinha 88 páginas, e mencionava uma série de informações do documento. Inicialmente, o jornalista Amaury Ribeiro Jr. revelava que havia tido acesso ao relatório, e com base nisso escreveu sua reportagem. Eu entrei em contato com Amaury, na esperança de que ele ainda guardasse uma cópia. Fiz o mesmo com Valteno de Oliveira, repórter que tinha produzido a matéria para a emissora Band no programa de Marília Gabriela, em que o primeiro relatório era mostrado. Também fiz isso com a pesquisadora Márcia Canario, autora do artigo científico que localizei citando o relatório da terceira missão. Em todos os casos, nenhuma cópia havia sido guardada.

Mas eu não pretendia desistir tão fácil. E, após muita insistência, encontrei um relatório.

Os relatórios da Polícia Federal

Durante esses anos, tive a oportunidade de conversar com pessoas que tiveram acesso a um dos relatórios da Polícia Federal — muito provavelmente o de 1996, referente à terceira fase. Essas pessoas não quiserem ser gravadas, tampouco citadas em meu trabalho, então eu respeitei o desejo delas. Mas me apontavam algumas direções, e isso me ajudaria a verificar, no futuro, se qualquer documento que caísse em minhas mãos era realmente verdadeiro. Juntando algumas peças, eu conseguia alguns detalhes sobre como ele seria:

- O relatório de 1996 seria muito focado em uma mulher, que teria sido de grande auxílio nas investigações de José Carlos e sua equipe.
- Também falava sobre como a seita de Altamira teria relações com pessoas dos Estados Unidos.
- Por fim, que o relatório usava muitos pseudônimos, e que suas páginas finais eram um anexo, nos quais os pseudônimos eram explicados.

Eu consegui o relatório de 1996 por uma fonte que não quis ser revelada. Não consegui, no entanto, o de 1993, e precisava muito dele porque, de cara, uma coisa que chama muito a atenção nesse segundo relatório, de 1996, é o fato de Valentina mal ser citada. Ela só é mencionada quando o documento fala da expedição de mandados de prisão para ela e para o ex-policial militar Aldenor Ferreira Cardoso, que nunca foi encontrado. Mas na matéria do programa de TV de Marília Gabriela, quando o primeiro relatório da Polícia Federal aparece com a assinatura do agente José Carlos e datado de setembro de 1993, há uma página em que Valentina era citada. Nesse relatório de 1996, ela mal aparecia. grande parte do meu desejo de entender como foi construída a convicção sobre o envolvimento de Valentina nos assassinatos nunca pôde ser completamente atendida. De qualquer forma, boa parte desse mistério finalmente aparece.

Todos os pedaços de informação que eu tinha sobre o relatório de 1996 foram confirmados quando eu o analisei, atestando a autenticidade da cópia que obtive. Trata-se de um documento de 87 páginas, sendo que as últimas seis são um anexo com os nomes relacionados aos pseudônimos. Isso confirma a informação que tínhamos de um agente federal da época. Por sua vez, a matéria do jornal *O Globo* citava 88 páginas. Pode ser que alguma tenha se perdido, ou que houvesse uma capa. Mas é um número muito próximo.

Antes de entrar no conteúdo do relatório em si, preciso confessar que, sob a luz de tudo o que sabemos hoje sobre Francisco das Chagas, é difícil não encarar esse relatório como mais de oitenta páginas de puro delírio. É uma leitura difícil, fantasiosa, possível de ser entendida apenas por alguém que conhecesse muito bem a história do caso. Para minha sorte, quando o recebi, eu estava preparado.

O relatório abre falando sobre a operação de 1993. É citado um número de processo que estaria no Ministério da Justiça, mas não conseguimos confirmar sua existência. Com isso, é provável que a versão do dr. Paulo Tamer seja apenas parte da realidade. Ou seja, poderia haver um termo de cooperação entre Polícia Federal e Estado do Pará, mas também é possível que houvesse autorização do Ministério da Justiça. Atualmente, essa é minha aposta. E é uma aposta, porque eu não consegui obter a documentação que comprove tudo isso.

Por conta de matérias da época e outras fontes, sabíamos que existiam dois relatórios: um de 1993 e outro de 1996, referente à terceira fase da operação realizada em 1995. Como falei anteriormente, eu sempre tive curiosidade em saber se haveria um relatório sobre a segunda fase da operação, ocorrida em 1994, referente ao caso da menina Eudilene. No relatório de 1996 temos uma resposta:

> Cumpre aqui esclarecer uma situação. Informar o porquê não foi entregue o Relatório de 1994. Aquele não foi entregue em virtude de que o Relatório elaborado pela equipe em 1993, foi mostrado ao chefe da equipe e na ocasião Presidente do Sindicato dos Policiais Federais do Estado do Pará — SINPEF/PA, na sede do próprio Sindicato, por repórter da TV Bandeirantes/Brasília, que diante das inúmeras respostas de "não sei nada sobre isto" a perguntas formuladas pertinentes ao assunto, retirou de uma pasta o Relatório, grafado com o carimbo de *Confidencial* (este documento nunca foi emitido com tal carimbo), colocou-o em cima da mesa e perguntou ao APF [Agente da Polícia Federal] José Carlos, em tom de deboche, se o mesmo o havia assinado, culminando com o relatório sendo mostrado ao vivo e em cores, inclusive com a assinatura do signatário, num programa de domingo da apresentadora Marília Gabriela, quando esta ainda trabalhava para a TV Bandeirantes. Tal fato chocou-nos por duas razões: primeiro porque não emitimos nenhum relatório "confidencial" (daí considerarmos estranho que alguém estivesse querendo dar um cunho de subterfúgio a algo que não existe); segundo, porque ao revelar fontes e dar conhecimento a terceiros de algo que não lhes dizia respeito, quebrou um relacionamento de confiança existente entre informantes,

testemunhas e nós, e esta condição nos foi assegurada e asseverada pelo ex-Superintendente desta casa, dr. Fábio Caetano, quando determinou a realização da Missão, em maio/1993. Assim, para que tal fato não se repetisse, houvemos por bem não entregar o relatório da Operação Monstro de Altamira II.

Ou seja, aquela matéria da Band que eu já citei foi o motivo para a segunda fase da operação não ter produzido um relatório. E o mais espantoso é que, nesse trecho que transcrevi, o agente José Carlos afirma que o superintendente da Polícia Federal do Pará na época, dr. Fábio Caetano, quando determinou a missão em maio de 1993, teria prometido sigilo de tudo o que a PF produziria sobre o caso. Isso, certamente, seria uma forma de conseguir as falas de pessoas que tinham medo de abrir a boca para a polícia. Por outro lado, também significa que, ao que parece, esse relatório nunca foi feito para ser anexado aos autos mesmo. Ao menos, pelo que interpretamos desse trecho, essa teria sido uma promessa do superintendente a seus agentes. Era para tudo ficar escondido. Esse era o combinado.

O documento então continua afirmando que, apesar de não terem produzido nenhum relatório daquela fase da operação, eles não perderam nenhuma das informações que obtiveram. Por isso, esse relatório da terceira fase na verdade fala também sobre a fase anterior, de 1994. E então descobrimos que, naquele ano, a Polícia Federal foi para Altamira em duas ocasiões: primeiro em setembro e depois em dezembro. Essas idas foram as respostas dadas às famílias de vítimas em Altamira que sempre pediram o retorno da PF à cidade e todo o envolvimento do CDDPH e do Conanda, conforme explicamos anteriormente neste capítulo.

Da primeira vez, em setembro, foram para levantar informações sobre possíveis outros envolvidos na seita. Essa crença da existência de outros membros se dava principalmente pelo desaparecimento de Rosinaldo, em setembro de 1993, quando os acusados já estavam presos. De acordo com a família do menino, o principal suspeito seria o fazendeiro Vantuil, marido da juíza Vera.

A maior parte desse relatório é focado em Vantuil. A PF acreditava que ele seria membro da seita e que teria uma grande rede de colaboradores. Todos seriam parte dessa organização criminosa. Haveria policiais civis e militares, soldados do exército, políticos, advogados, médicos, além de pessoas de menor destaque social. Pelas minhas contas, são levantados quase quarenta suspeitos.

Agora, para além desses absurdos, há algumas questões interessantes, especialmente sobre Amailton. Ao que tudo indica, tudo isso foi levantado na segunda e terceira fases da operação.

Vamos recapitular: quando Brivaldo investigou a morte do garoto Jaenes, em outubro de 1992, começou a suspeitar de Amailton por alguns motivos. Primeiro, a história de que ele teria pintado o cabelo de loiro na época da morte do menino indígena Judirley Chipaia, no início de 1992. E isso teria relação com o relato de uma testemunha chamada Josivaldo Aranha, que dizia ter sido ameaçado por três homens, um deles loiro, perto do mesmo local e no mesmo dia em que o corpo de Judirley tinha sido encontrado.

Segundo, a tese de que Amailton sempre viajava depois das mortes de crianças. Citava nisso os casos de Judirley, quando Amailton foi para o Ceará; e a morte de Jaenes, quando teria ido para o Sul. Só que, na época da sua investigação, enquanto tinha Amailton como suspeito, Brivaldo acreditava que ele poderia estar perto de Altamira e teria matado também Klebson, em novembro de 1992, na tentativa de atrapalhar as investigações. Ou, pelo menos, que teria mandado alguém fazer isso.

Terceiro, que Amailton dirigia uma Pampa cor de vinho, e que essa Pampa teria sido vista perto do local onde Judirley desapareceu, na mesma época. Em seu julgamento em 2003, Amailton foi condenado pela morte de Judirley, entre outros garotos. Ou seja, para o processo, haveria provas de que ele seria o responsável pela sua morte.

Mas nesse relatório descobrimos que José Carlos não acreditava nisso. Pelo contrário: dizia acreditar nas testemunhas de defesa de Amailton, que afirmavam que ele estava numa festa ali perto, e que não tinha saído de lá na hora que o garoto desaparecera. Ainda assim, a Polícia Federal acreditava que ele tinha relações com as mortes de outros garotos.

A camisa azul suja de sangue

Lembram da história da empregada Fátima? Recapitulando: parte da suspeita do delegado Brivaldo na época era uma história que ele teria ouvido de um homem sobre Amailton, que teria chegado em casa com a camisa suja de sangue após a morte de Judirley, e que essa Fátima teria visto a cena. Ninguém nunca conseguiu confirmar sequer a existência de Fátima.

Pois bem, de acordo com as investigações da Polícia Federal, Fátima provavelmente não existia mesmo. Essa história da roupa suja de sangue surgiu em outubro de 1992. Só que, quase dois anos depois, já ganhava outra versão: após anos de boataria rolando solta em Altamira, a PF agora ouvia que, na verdade, essa cena da camisa suja de sangue teria ocorrido após a morte de Jaenes, e não da de Judirley.

Jaenes foi morto em outubro de 1992, e o delegado Brivaldo foi para Altamira a fim de investigar esse caso específico. Não há depoimento algum citado na época mencionando que fale que essa história seria referente a Jaenes. Mas, em 1994, já havia mais uma versão. Agora, a empregada não era mais Fátima, e sim Rosa Coelho. Ela era a mulher encontrada morta em outubro de 1992, que foi dada como morta por afogamento, mas que a população sempre acreditou que teria sido assassinada.

Segundo o relatório, a equipe de José Carlos recebeu boa parte dessas informações suspeitas por volta de outubro de 1995, durante a terceira fase da operação. O inquérito de investigação da morte de Rosa foi aberto pela Polícia Civil no mês seguinte, em novembro, três anos após sua morte. Ou seja, tudo indica que foi o levantamento da Polícia Federal que motivou a abertura desse inquérito.

O relatório cita que Jaciara, uma das pessoas que conheciam Rosa, teria afirmado que Rosa trabalhava para a família Gomes e que teria visto Amailton chegar com a roupa suja de sangue. Só que Jaciara deu dois depoimentos no inquérito de Rosa Coelho dizendo exatamente o contrário: que Rosa nunca trabalhara para Amadeu Gomes. E não falou nada sobre camisa suja de sangue.

Tudo parece um telefone sem fio. O relatório se baseia numa mensagem que a Polícia Federal recebeu por fax de uma pessoa identificada como Irmã Vanilda, que morava em Roma, e afirmava ter ouvido essa história da própria Jaciara. E a narrativa da empregada só se complica.

Perto do encerramento da missão da Polícia Federal, em 1995, temos ainda mais uma versão para quem seria Fátima: uma mulher chamada Olinda Mora Silva, que, de acordo com esse relatório, teria narrado aos investigadores a história da camisa azul.

Mas, novamente, nada disso condiz com os autos. A impressão que dá é que tentaram adaptar esse boato, surgido nos autos a partir do depoimento de José Luiz Sobrinho em outubro de 1992, aos fatos apurados — como o álibi de Amailton no caso de Judirley. Algo do tipo "todo mundo fala sobre essa história de empregada que viu camisa suja de sangue. Mas não pode ter sido no caso de Judirley, então deve ter sido em outro".

Para ilustrar o encerramento dessa questão, há no relatório um trecho bastante revelador:

> Outro caso que não podemos desvincular desses monstruosos crimes é o assassinato de Rosa Souza Coelho ocorrido em 07.10.92, em circunstâncias até hoje obscuras. **É fato e voz corrente, ainda não provado**, que Rosa teria sido a empregada da casa de Amadeu que teria visto Amailton quando retornou, provavelmente do assassinato de Jaenes, com a roupa suja de sangue e disse que "tinha deixado seu priminho assim, assim". Rosa foi encontrada morta, segundo o laudo do dr. Aragão, afogada no igarapé Ambé, localidade conhecida por Três Pontes.

"**É fato e voz corrente, ainda não provado.**" Ou é fato provado ou não é. Isso foi escrito por um agente da Polícia Federal à frente de uma investigação importante, que apavorava a população havia anos sem respostas claras. Ser "voz corrente" não torna algo verdadeiro. Pelo menos não deveria. Os policiais deveriam ter sido mais criteriosos, mas não foram.

Fátima pode ser uma pessoa que nunca foi encontrada, pode ter sido Rosa, pode ter sido Olinda, pode ser uma mulher chamada Madalena, que aparece no inquérito de Rosa... E pode ter relação com o caso de Judirley, ou com o de Jaenes, ou os dois. É isso o que toda investigação da Polícia Federal levantou nesse assunto. Nada com coisa alguma.

E no fim, como sabemos, não era nada disso. Mas o relatório piora.

Bate-paus depõem contra Amailton e desaparecem

Quando falávamos da investigação do delegado Brivaldo, citei um policial civil que serviu como testemunha contra Amailton na época do inquérito de Jaenes. O nome dele era Adijael Silva Feitosa, de 22 anos, ouvido em 13 de novembro de 1992. Ele contou para Brivaldo que servia no 51º Batalhão de Infantaria da Selva quando deu carona para um rapaz que dizia se chamar Marcos. Esse indivíduo teria praticado sexo oral nele e o ameaçado de morte caso contasse a alguém. Ainda de acordo com Adijael, outros soldados do quartel também relatavam ter passado pela mesma situação.

Após ter sido dispensado do Exército, Adijael passou a trabalhar como policial civil em Altamira. Certa vez, foi ao posto dos Gomes e viu Marcos, mas não falou com ele. Ao perguntar para outras pessoas quem seria aquele homem, soube que na verdade ele se chamava Amailton.

O relato de Adijael serviu para formar a imagem que o delegado Brivaldo montou de Amailton: um homossexual violento que abusaria de pessoas — e, portanto, seria um forte suspeito de emascular e matar os meninos de Altamira.

Pois bem. Adijael é citado no relatório da Polícia Federal. Ele é descrito como um bate-pau, aqueles homens que trabalhavam informalmente para a Polícia Civil de Altamira.

Na época em que era delegado-geral, Tamer falava abertamente na imprensa que boa parte dos problemas que ocorriam nas investigações de Altamira seria por causa desse tipo de "agente". Um bate-pau bastante importante nessa história toda é Edmilson Frazão, o homem que dizia que tinha sido convidado para um culto macabro na chácara do dr. Anísio.

E agora, pelo relatório da Polícia Federal, descobrimos que o policial Adijael também seria um bate-pau. Mas, se na investigação de Brivaldo ele aparecia como um personagem importante para a suposta elucidação do caso, aqui, no texto do agente José Carlos, é retratado de forma bem diferente. O seguinte trecho do relatório é referente ao assassinato do menino Klebson, morto em novembro de 1992, enquanto Amailton ainda estava foragido:

> Na emasculação de Klébson surge claramente a participação de Policiais Militares e bates-pau [sic] da Polícia Civil como executantes dos crimes. Aí é que se encaixa com perfeição o depoimento dado por A. Santos para a Conselheira Sueli do Conselho Tutelar do Amapá, oportunidade em que lhe contou como eram executados os crimes.
>
> Na madrugada seguinte ao dia da morte de Klébson, um bate-pau que havia chegado em casa com a camisa suja de sangue sumiu de Altamira

para nunca mais voltar. Dias depois, outro ex-bate-pau, ligado à família do Amadeu, seguiria o mesmo caminho. A estória do primeiro bate-pau tomamos conhecimento através de sua avó, pessoa hoje já falecida, mas que revelou os fatos para vizinhos.

O texto em si não menciona nomes de quem seriam esses policiais e bate-paus. Mas olhando o apêndice do relatório, encontramos a seguinte informação: "ADIJAEL DA SILVA FEITOSA — segundo os informes, participou da morte de Klébson, junto com ÉDER GOMES COELHO. Ambos são ex-bate-paus e desapareceram da cidade após o homicídio seguido de emasculação de Klébson".

O que chama a atenção é que o depoimento que Adijael prestou para o delegado Brivaldo é bastante incriminador contra Amailton, e foi feito no mesmo dia em que Klebson foi assassinado. Como então é possível que José Carlos pudesse minimamente suspeitar de que ele teria participado dessa morte? Não faz sentido.

Já o nome do outro bate-pau citado, Éder Gomes Coelho, aparece brevemente em alguns depoimentos. Um deles é o de Luiz Kapiche Neto, em novembro de 1993. Kapiche era próximo da família Gomes, e afirma que havia um investigador de polícia chamado Éder que teria feito de tudo para tentar incriminá-lo no passado. Possivelmente seria esse Éder Gomes Coelho (não confundir com o delegado Éder Mauro). E, se for, é difícil acreditar que ele teria sido um aliado de Amailton.

E, como você deve imaginar, de acordo com esse relatório da Polícia Federal, Kapiche também seria um membro da seita. Ele era um dos suspeitos na época da morte de Judirley, e o motivo disso seria a caminhonete Pampa de cor vinho: suspeitava-se de que ele seria o dono do veículo. Depois, como vimos, a suspeita recaiu em Amailton.

Mas, no relatório, a Polícia Federal afirma que não era nem um, nem outro. Na verdade, a caminhonete era de outra cor: "café com leite". E o dono dela seria um tal de José Carlos Bergamim, que seria ligado ao fazendeiro Vantuil. Para a PF, ele seria um dos principais suspeitos da morte de Judirley.

A caminhonete cor de vinho se torna café com leite e gravações desaparecem

Sobre a história da testemunha Josivaldo Aranha, que teria sido ameaçado por três homens em local e data próximos ao aparecimento do corpo de Judirley, levantando suspeitas sobre Amailton, a Polícia Federal tinha outra versão. Josivaldo na verdade teria visto outras pessoas, afinal, a PF havia confirmado que o álibi de Amailton para aquele dia era sólido. O que eles dizem é que os homens que ameaçaram Josivaldo seriam na verdade militares e fariam parte da seita.

O relato de Josivaldo, a suspeita do envolvimento de militares e o avistamento da caminhonete Pampa são todos fatos relacionados a uma única pessoa. Aquela que, nesse relatório, o agente José Carlos considerava sua testemunha mais importante: Valdete, a mulher que conhecemos nos autos como alvo de ameaças de um pistoleiro de nome Maurício em 1995. Grande parte desse relatório é baseado em coisas que ela falou para os agentes da Polícia Federal — confirmando assim a informação de uma de minhas fontes anônimas, de que o relatório de 1996 seria muito focado em uma mulher em específico. Vamos esclarecer essa história então.

Em diversos trechos do documento, José Carlos fala sobre como possuía uma rede de informantes em Altamira. Em determinada passagem, chega a dar a entender que alguns desses informantes receberiam algum pagamento em troca.

Também pelo relatório dá-se a entender que havia muito, muito material coletado pela Polícia Federal que nunca foi revelado ao público. Por exemplo, uma pasta sobre Césio e possivelmente outras sobre os envolvidos, e gravações em vídeo de Amadeu Gomes e outras feitas em Altamira. Onde essas pastas e fitas foram parar? Por que nunca apareceram? Nada disso é esclarecido.

O que sabemos é que todo esse material coletado era uma enciclopédia de boatos e histórias mal contadas. A coisa toda se torna tão absurda que, no relatório da PF, é contada a história de um suposto enfermeiro que seria amante do dr. Césio. Mesmo que essa história fosse verdadeira — o que não é —, seria mais um indício de uma visão constante desse caso: os suspeitos de cometerem os crimes devem ser todos homossexuais.

Uma investigação baseada em boatos: a testemunha Valdete

O que pretendo mostrar é que o critério usado pelo agente José Carlos para filtrar as informações que prestariam de fato para a elucidação do caso era muito ruim. É uma investigação repleta de boatos que não parecem se sustentar em nada.

E, sabendo dessa deficiência investigativa, temos uma explicação para Valdete. No relatório, ela é chamada de Silvia, mas vou adaptar o texto e chamá-la por seu nome verdadeiro. Além dela, é citado seu companheiro da época, que é nomeado apenas pelas iniciais A.M.A.

O seguinte trecho descreve como o agente José Carlos e sua equipe conheceram Valdete e A.M.A. Esse contato teria começado por volta de outubro de 1994, durante a segunda fase da Operação Monstro de Altamira:

> Certa ocasião dois integrantes da Equipe encontraram-se com Valdete que estava acompanhada de seu companheiro A. M. A. [...] No dia seguinte a este episódio recebemos a mensagem de que Valdete precisava falar com a Equipe, e que, para sua segurança, iria estar em local e horário determinados por ela. Foi com grande surpresa que a encontramos muito nervosa, chorando e pedindo a nossa proteção. [...] Passados alguns momentos, Valdete narrou que seu companheiro, após o encontro com os dois colegas no dia anterior, havia lhe perguntado quem eram aquelas pessoas, sendo-lhe respondido por ela que eram amigos da Polícia Federal, ficando A. furioso e proferindo as seguintes palavras: "Deixe de andar com esse pessoal, você ainda é muito moça para morrer".
>
> Valdete ficou intrigada com aquelas palavras e passou a observar melhor o companheiro que teve o seu comportamento totalmente alterado nas horas seguintes, inclusive, durante a madrugada tentou esganá-la. Tentamos acalmá-la procurando entender o comportamento de A., pedindo que retornasse a sua residência e procurasse nos manter informados dos acontecimentos seguintes. Três dias depois desta conversa, Valdete informou-nos que A. teria sumido [...].
>
> Em dezembro de 1994, parte da Equipe retornou a Altamira em cumprimento de outra Missão. Contatamos novamente a mesma que solicitou um encontro reservado, oportunidade que pretendia narrar fatos de seu conhecimento. Entretanto não o fez, mostrando-se dissimulada, vaga, imprecisa apesar do esforço da Equipe policial, não falando coisa com coisa, dando a impressão de estar propositadamente tentando nos passar uma

falsa imagem sobre sua pessoa. O importante é que no local onde foi realizada esta reunião, Valdete nada nos revelou, vindo a nos revelar fatos sucintos numa segunda reunião [...].

Os vários testemunhos de Valdete, cujo valor como prova pode parecer para alguns fraco quando em juízo, para a Equipe é de um valor incalculável, pois diante daquilo que se procura para alicerçar a tese da Culpabilidade dos Acusados, seus testemunhos não só vieram confirmar dados que já eram de nosso conhecimento, como também trouxeram à tona outros dados cuja espontaneidade, em suas declarações, sem qualquer tipo de pressão, tanto física quanto psicológica, nos serão de grande valia, pois, depois de totalmente confirmados, colocarão não só esses acusados, mais também os outros, se Deus quiser, definitivamente atrás das grades.

Quando lemos o depoimento de Valdete nos autos do processo, a história que temos é que, no fim da década de 1980, ela tinha um namorado chamado Isaías. Certa vez, teria visto Isaías num carro com Amailton. No carro, no porta-malas, ela viu que tinha um garoto morto. Isaías então a ameaçou, mandando-a ficar quieta.

Pula para 1994, com a Polícia Federal em Altamira. Valdete conversou com os policiais e, depois disso, em 1995, passou a ser ameaçada pelo pistoleiro Maurício. Maurício foi preso pela PF em 1995, e descobriu-se que ele era cobrador de dívidas. Uma das notas promissórias que ele tinha era de um membro da família Gomes.

Então, o que os autos nos dizem sobre Valdete? Ela estaria sendo ameaçada pela família Gomes porque teria contado à Polícia Federal a história do menino morto no porta-malas. Essa é a interpretação que fazemos quando lemos seu depoimento no processo dos meninos emasculados de Altamira. E, como já mencionei quando contei a história de Valdete, sempre achei estranho como esse evento não teve nenhum desdobramento, dada a gravidade e a aparente materialidade que teria.

Foi lendo esse relatório que entendi o motivo de isso nunca ter ido adiante. De acordo com o documento assinado por José Carlos, Valdete na verdade estaria sendo ameaçada pelo fazendeiro Vantuil. Foi ele quem teria enviado Maurício para ameaçá-la.

O relatório conta que Valdete tinha um bar que era frequentado por "membros da seita". Lá, falavam sobre tarefas estranhas que, em sua interpretação, seriam relacionadas às mortes e emasculações de crianças. Uma dessas pessoas seria José Carlos Bergamim, dono de uma caminhonete café com leite e ligado a Vantuil.

Certa vez, Vantuil teria ido a seu bar com Maurício e apontado para ela. As ameaças teriam começado a partir daí. Mas por que Vantuil teria ido ameaçá-la? Seu companheiro A.M.A. teria sido empregado do fazendeiro por quatro anos e teria conhecimento de vários crimes cometidos pelo patrão, incluindo o desmanche de carros roubados e o uso de trabalho infantil. Valdete então teria virado alvo porque saberia coisas que seu companheiro teria lhe relatado.

Agora, falando da vida amorosa de Valdete, ela parecia ter um azar inacreditável. De acordo com o relatório, entre 1988 e 1994 ela teve três relacionamentos: Isaías, que estava com Amailton naquela história do carro; Josivaldo, um ex-bate-pau da polícia; e A.M.A., que trabalharia para Vantuil. Todos teriam algum envolvimento com a seita.

Sobre Isaías, Valdete afirmava à Polícia Federal que ele teria sido motorista de Anísio. Ela mesma teria chegado a trabalhar na clínica do médico, quando era adolescente, e dizia que ele a teria violentado. Além disso, Isaías seria amigo de Amailton, e ela então frequentara a casa dos Gomes no fim dos anos 1980. O relato de Valdete parece amarrar uma série de pontas, sendo quase perfeito demais para quem acreditava na existência da seita — como claramente era o caso de José Carlos e sua equipe. No relatório, lemos:

> Durante o namoro, geralmente, os encontros eram marcados na esquina do Banco do Brasil, no horário entre dezessete e dezoito horas, em dias alternados. ISAIAS, que andava sempre arrumado, saía para lhe encontrar da residência de AMAILTON MADEIRA GOMES, provavelmente, onde o mesmo trabalhava. Enquanto aguardava o namorado, presenciou certa vez o dr. Anísio sair da casa de Amailton com vários sacos de sangue nos braços e colocar no banco traseiro de sua Brasília. Em mais de uma vez, não se recordando quantas vezes, presenciou LUIZ CAPICHE NETO [sic] sair da casa de Amailton, com uma caixa de isopor, igual à dos vendedores de picolés, não sabendo precisar o seu conteúdo, vindo a saber anos depois, através de seu companheiro de nome A., que seriam órgãos genitais humanos. Freqüentavam [sic] também a casa de Amailton, nos mesmos dias e horários em que a mesma se encontrava à espera de seu namorado Isaías, um médico que trabalhava no hospital São José, o qual tinha os cabelos grisalhos, não se recordando do nome do mesmo; viu também uma mulher magra, alta, caneluda, cabelos lisos curtos, cortados reto, morena escura,

aparentando uns trinta anos, que não conhecia; GENILSON e esposa, ambos mexem com compra e venda de madeiras, e têm fazenda no KM 180; VANTUIL, chegava sempre em uma pampinha vermelha acompanhado de um homem moreno forte, aparentando ser mais velho que Vantuil e que pela semelhança poderia ser seu irmão; um médico moreno, 1,70 metro aproximadamente, compleição física média, cabelos lisos grossos, penteados para trás, de roupa branca e uma malinha quadrada preta.

No dia 15 de setembro de 1995, quando repassávamos com Valdete a história narrada, esta revelou o nome do médico que visitava a residência de Amailton e portava uma malinha preta quadrada: era o dr. Césio Brandão.

Enfim, a lista de coisas que Valdete fala é interminável. Claramente, esse relatório inteiro foi feito para montar uma acusação contra Vantuil e outras pessoas de Altamira, transformando Valdete na grande testemunha de acusação do caso todo, mais poderosa do que Agostinho e Edmilson Frazão. Afinal, suas histórias mirabolantes também envolviam Amailton, Césio e Anísio, entre outros. É de seus relatos que vem a maior parte dos nomes de suspeitos que o relatório levanta.

A testemunha Eudilene, a "menina doida"

Outra resposta que encontramos no relatório é referente à menina Eudilene, citada anteriormente no Capítulo 13. Nos autos, temos um depoimento dela datado de dezembro de 1994, que falava sobre como a esposa de um tio seu, Socorro, teria levado a garota para ser abusada pelo dr. Césio num posto de saúde e para uma chácara, onde viu Césio, Amailton e outros homens trancando meninos em jaulas e matando-os. Seu depoimento foi lido no júri de Césio e, pelos relatos que levantei, foi bastante chocante para os jurados.

No documento da Polícia Federal, Eudilene é chamada de Samara, mas adaptarei o texto para seu nome real. Os eventos narrados aqui não constam em seu depoimento que está anexado aos autos, e nos dão mais detalhes sobre como ela entrou em cena. Os trechos em destaque são grifos meus.

Através das dras. Angélica Nancy Barbosa Araújo, médica psiquiatra da SESPA, e Simone Aldenora dos Anjos, assistente social, membros da Comissão Especial de Altamira designada pelo Governo do Estado do

Pará, tomamos conhecimento da estória da menina Eudilene que perambulava pelas ruas de Altamira em companhia de outros meninos, aparentando não ter eira nem beira, sendo por isso recolhida pelo pessoal do Conselho Tutelar [...]

Antes de Eudilene ser analisada pela dra. Angélica, a mesma foi conduzida pela presidente do Conselho Tutelar de Altamira, sra. Antônia Melo, à presença da psicóloga Shirley do Socorro Machado Góes, que a considerou como "doida" e disse que por causa disto, não levava a sério as suas denúncias. **Shirley, entretanto, é alvo de nossas investigações, por possível envolvimento com pessoas ligadas às emasculações.**

Segundo a análise da psiquiatra Angélica, apesar do pouco tempo de contato, não se tratava de um quadro psicótico, pois a mesma esteve no sítio e acreditou que a estória de Eudilene tem muita lógica, não achando, em princípio, tratar-se de uma fantasia arquitetada pela mente da menina.

Que certa vez, Socorro, a esposa de seu tio, a levou para uma praia, que não sabe dizer o nome, juntamente com outras pessoas e que lá havia um bebezinho, o qual foi morto pela Socorro e foi-lhe tirado uma seringa de sangue e injetado em Eudilene e que esta se sentiu muito estranha, e que **passou a incorporar um espírito chamado esqueletóide**, e que o corpo do bebê foi enterrado embaixo de um coqueiro na praia.

Eudilene quando estava na Pastoral, ficou folheando uma galeria de recortes de jornal, onde lá constavam fotos de Amailton, Anísio, Césio, A. Santos e outros. Vendo a foto de Amailton, apontou-a como sendo PEDRO FIM, um dos homens que estavam na chácara onde foi levada, e reconheceu o dr. Césio, porém ignorava a foto do dr. Anísio, como se nunca o tivesse visto.

Porém, em uma de nossas saídas pela cidade, Eudilene conversava distraidamente quando em uma rua, parou de falar e em seguida disse: "Já vim aqui nesta rua" e, em seguida, o policial que dirigia o carro retornou, trafegando em sentido inverso, ocasião que ela apontou para uma casa e disse: "Foi aqui que eu vim, mas esta casa não era assim".

Em seguida lhe foi perguntado o que tinha ido fazer lá, recebendo os policiais como resposta que uma mulher naquela casa tinha recebido espírito antes do tempo, e que ela [Eudilene], Socorro, e outras pessoas que não lembrava os nomes, teriam ido buscar essa dita mulher, em um carro grande, vermelho, e a levaram para o terreiro da Mãezinha, **onde ia haver uma comemoração e lhe tirariam o espírito**.

A rua era a Isaac Benaroc e a casa que ela apontou era a de Anísio, que havia sofrido uma reforma, estando a frente mudada. Em razão disso, os policiais levaram Eudilene até as imediações de sua chácara, sem que ela desse algum sinal de que conhecia aquela área. Porém, ao se chegar próximo ao cercado da mesma, **Eudilene começou a ter uma reação diferente, pedindo para sair daquele local, pois, segundo ela, se ali permanecessem, o que aconteceria não seria bom para ela nem para os policiais.**

Quando apresentei anteriormente o depoimento de Eudilene, já havia apontado que ele parecia fantasioso demais. Minha convicção só aumenta. Cheguei a entrar em contato com os citados nesse trecho, mas ninguém quis me dar entrevista. Através de outras fontes, consegui a informação de que um laudo psiquiátrico de Eudilene foi produzido e enviado ao Ministério Público do Pará. Mas o documento não consta nos autos. De qualquer forma, no que diz respeito ao relato de Eudilene (e a ausência de investigações e consequências a um relato tão horrível como o que ela forneceu), uma coisa ficou clara para mim: era uma menina de 13 anos que certamente necessitava de ajuda. De acordo com o próprio relatório, ela foi encontrada perambulando pelas ruas, sem dizer coisa com coisa. É difícil até de imaginar o tipo de vida (ou abusos) que pode ter sofrido. Isso já seria grave o suficiente.

Mas não consigo deixar de pensar que os agentes preferiram acreditar em seus delírios (a ponto de seu depoimento ter sido anexado aos autos) em vez de se investigar a origem da sua condição precária e ajudá-la devidamente. E isso fica evidente no próprio trecho do relatório que reproduzi há pouco: quando uma psicóloga a avaliou e disse que não seria prudente levar a sério suas denúncias, os agentes da Polícia Federal preferiram suspeitar que a psicóloga poderia ter envolvimento com a seita.

Enfim

Eu considerei a possibilidade de o relatório entregue a mim pela fonte ser uma fabricação, e é importante deixar claro que fiz as devidas verificações. O relatório é real, pois:

- confirma todas as informações que me foram dadas anteriormente por fontes que tiveram acesso a ele. Até mesmo no detalhe de que o relatório deixava a entender que a seita teria relações com os Estados Unidos — uma informante lá mencionava que via o dr. Anísio falando em inglês ao telefone, e outra afirmava que o médico enviava órgãos de crianças para um médico que residia nos Estados Unidos;

- consta nesse relatório o trecho citado no artigo científico da revista do Instituto Interamericano de Direitos Humanos, de 2004, assinado pela pesquisadora Márcia Canário;
- bate com as informações que foram citadas na audiência da Comissão de Direitos Humanos em Brasília, assim como na matéria do jornal *O Globo*, de 1998.

Eu poderia passar horas comentando todas as inconsistências desse relatório. E meio que fiz isso: no podcast, o episódio que dediquei a fazer essa revelação teve 3h21min de duração.[84] Ainda assim, não foi suficiente. E não satisfeito em não passar essa história totalmente a limpo, fiz uma versão comentada do relatório, narrando trecho a trecho em notas de rodapé. Esse esforço resultou em um documento de 124 páginas, que está disponível na enciclopédia on-line do caso que montei como material de suporte ao podcast.[85]

Mas, em resumo, o relatório é isso. Para além dos exemplos citados que mostram o nível de delírio na acusação fabricada pela Polícia Federal, o mais relevante é que ele foi finalizado em abril de 1996, mais de um ano após Eudilene ter prestado depoimento, e meses depois do depoimento de Valdete. O que aconteceu com essas pessoas? O agente José Carlos certamente sabia. Por que ele não incluiu nada no relatório? Pelos autos, a impressão que se tem é que não deu em nada. E provavelmente não tenha dado mesmo. Tudo parece ser um amontoado de boatos, sem comprovação alguma. Mas serviu para alimentar a imaginação da mídia e da população — considerando o fato de o depoimento de Eudilene ter sido lido no júri de Césio.

Não parece ter sido à toa então que, em dezembro de 1996, oito meses após a conclusão do relatório, o juiz Paulo Roberto Ferreira Vieira tenha decidido impronunciar todos os acusados. Em sua decisão, afirmou: "As provas manifestam-se por demais frágeis. São um amontoado de depoimentos sem nexo, sem ligação entre si, sem um mínimo de certeza, que leve ao julgador a segurança necessária para pronunciar o réu".

---

84 Episódio 29 de "Altamira", a quinta temporada do podcast *Projeto Humanos*.

85 Disponível em: www.projetohumanos.com.br/wiki/altamira/

Também não parece mais surpreendente a fala da promotora Elaine Nuayed na audiência realizada pela Comissão de Direitos Humanos da Câmara dos Deputados em Brasília, em 15 de outubro de 1996: "Depois de ler [o relatório da PF produzido em abril de 1996], entendi por bem que não deve ser apensado aos autos, porque o relatório da Polícia Federal, para mim, não sei se para os senhores que já leram, é uma peça que coloca mais em dúvida a autoria ou as autorias do processo".

Nenhum promotor em sã consciência, querendo construir um caso sólido de acusação, colocaria uma peça dessas nos autos. Mais do que qualquer coisa, esse relatório nos conta quão insólita foi a investigação da Polícia Federal.

Mas as dúvidas permanecem: o que teria acontecido com Maurício, Valdete e Eudilene? O que houve nos bastidores? O que mais não sabemos dessa história, ou melhor, dessa fantasia? Que fim levou o primeiro relatório da Polícia Federal, da missão de 1993? Será que era tão fantasioso quanto este? E por que Valentina nem ao menos é citada nesse relatório?

Para mim, essa ausência de Valentina comprova uma suspeita minha: inicialmente, ela não era o foco. Tornou-se o foco apenas nos júris de 2003. Antes disso, era uma mera coadjuvante que ajudou a amarrar uma história sem muito fundamento sobre a existência de uma seita maligna em Altamira, com laços em Guaratuba — quiçá no Brasil inteiro e na América Latina.

Tudo isso se soma ao que ouvimos do ex-bate-pau Edmilson da Silva Frazão, a principal testemunha contra Valentina, em entrevista abordada em capítulo anterior, que revelou as origens da narrativa de seu depoimento sobre um ritual macabro na chácara de Anísio com a presença de vários dos suspeitos. As fortes pressões e as instruções que recebera de agentes da Polícia Federal ao longo de anos.

E como já falei outras vezes, à luz do que sabemos de Francisco das Chagas, tudo isso se torna ainda mais surreal. Quanto tempo foi gasto nisso tudo? Quanto dinheiro público? Quantas famílias foram destruídas? Quantas famílias de vítimas foram enganadas por terem confiado nas autoridades federais?

Para quem acredita que Chagas é o verdadeiro culpado, como é o meu caso, o dano é incalculável e irreparável. As famílias de Altamira não acreditam na culpa de Chagas. Foram alimentadas durante anos por essas sandices das autoridades. Sofreram o que ninguém deveria sofrer e foram enganadas por um péssimo trabalho policial. Não há solução. O dano está feito.

E, só de dizer isso, serei acusado por alguns de fazer parte da seita. Recebo esse tipo de acusação desde a época do caso Evandro, então, paciência. Tudo o que posso fazer é mostrar os erros do passado e torcer para que não se repitam no futuro. É o que espero.

Originalmente, essas revelações seriam o fim da minha investigação. Mas, então, um dia Rubens me ligou com uma novidade — algo que mudaria todo o meu planejamento. Sempre acreditamos que o Ministério Público do Pará havia arquivado todas as investigações contra Chagas em Altamira. Só que Rubens descobriu que houve um caso em Altamira em que o Ministério Público tinha feito uma denúncia. Uma denúncia contra Chagas.

29. O sobrevivente

Tendo em mente tudo o que se acredita e sabe sobre Altamira, até muito pouco tempo atrás, o consenso era que Chagas não havia sido sequer denunciado pelo Ministério Público na cidade. Começamos nossas pesquisas sobre o caso dos emasculados de Altamira em 2019, e passamos a trabalhar exclusivamente nele a partir do início de 2021. Foi então que, no meio de nossas apurações, Rubens fez uma descoberta que mudaria toda a história como a conhecemos: dos catorze inquéritos que a Polícia Federal e a Civil fizeram em 2004 e 2005 sobre os crimes confessados por Chagas em Altamira, dois deles geraram, sim, denúncias do Ministério Público.

Uma delas era sobre o garoto Tito Mendes Vieira, desaparecido em 20 de janeiro de 1991. Nesse caso, o MP fez a denúncia contra Chagas em 14 de julho de 2011. Já haviam se passado mais de vinte anos, ou seja, o crime já prescrevera. A Defensoria Pública, representando Chagas, alegou justamente isso e fez ocorrer a extinção da punibilidade do acusado para esse caso em específico. Até hoje, a família de Tito não tem respostas sobre o que aconteceu.

Mas havia outra denúncia do Ministério Público em Altamira contra Chagas. Feita em 2005, a vítima em questão era o terceiro sobrevivente, Wandicley Oliveira Pinheiro, atacado em 1990. Quando uma denúncia é feita, o tempo para prescrição começa a partir da data do aceite, e não da data de ocorrência do crime. Ou seja, esse crime não estava prescrito.[86] Era uma denúncia ainda em aberto — só que, por algum motivo, o Ministério Público em Altamira não avançava com ela havia mais de quinze anos. Era uma chance única: talvez, por meio da nossa descoberta, poderíamos tentar fazer o Ministério Público se mexer, fazendo com que Chagas fosse finalmente levado a júri em Altamira.

---

86 A prescrição de crimes desse tipo no Brasil ocorre após vinte anos da ocorrência se não houver denúncia contra ninguém. Caso haja uma denúncia do Ministério Público, o crime prescreve vinte anos após a denúncia.

Denúncia contra Chagas pelo caso Wandicley

Perguntei para Rubens como foi que ele descobriu isso. Ele conta que, até meados do trabalho com o *Projeto Humanos*, todas as informações indicavam que não existiam processos contra Francisco das Chagas no estado do Pará, que é o que se diz em teses de doutorado e notícias veiculadas em jornais e revistas. Mas, para sua surpresa, fazendo uma pesquisa na internet, Rubens se deparou com algo diferente no site do Tribunal de Justiça. Havia ali um único processo, cuja numeração estava diferente do que era na época — até porque não existia o Processo Judicial Eletrônico. Foi quando descobriu que se tratava de uma acusação de homicídio na forma tentada contra Francisco das Chagas. Só constavam as iniciais da vítima.

Então, ele fez uma pesquisa para identificar quem já tinha tido acesso a esse documento, descobrindo que Stefany, filha de Césio, já tinha conhecimento sobre o processo,[87] tendo solicitado cópias dos autos. A concessão não abrangeu o processo na íntegra, sendo disponibilizadas apenas algumas peças. O motivo para essa limitação não foi esclarecido, mas há a suposição de que ocorreu durante o período em que o pai dela buscava revisão criminal. Durante essa revisão, de fato constam nos autos algumas partes do processo de Wandicley — uma delas é o relatório da Polícia Federal referente à missão de investigar Chagas em Altamira.[88]

Contudo, os relatórios dos outros inquéritos não são públicos,[89] e o que posso dizer sobre eles é que todos trazem basicamente as mesmas informações gerais sobre como a Polícia Federal em 2004 e 2005 chegou à conclusão de que Chagas era o verdadeiro culpado dos crimes em Altamira entre os anos de 1989 e 1993.

Para ver esse processo inteiro, referente ao caso do sobrevivente Wandicley, Rubens foi a Altamira.

---

[87] Stefany é formada em direito, e na matéria do *Fantástico* de 2014 ela aparece dizendo que vai lutar para tirar o pai da prisão. Ela não conseguiu, mas no processo está registrado que a defesa de Césio teve acesso a ele, e inclusive utilizou algumas partes no pedido de revisão criminal que foi encabeçado pelo dr. Roberto Lauria entre 2013 e 2015.

[88] Nesse relatório, consta a conclusão da Polícia Federal de que teria sido Chagas quem atacou Wandicley em 1990.

[89] Eu tive acesso a eles através de uma fonte, e optei por mantê-la em sigilo.

Descobertas em Altamira

Rubens ficou sabendo que, entre os anos de 1989 e 1993, ocorreram dezesseis casos de emasculação de meninos em Altamira, incluindo sobreviventes, mortos e desaparecidos. As investigações indicaram cinco pessoas como responsáveis por esses atos. No início do processo judicial em 1992, apenas cinco vítimas dos dezesseis casos foram mencionadas.

Recapitulando: Chagas foi preso em dezembro de 2003, logo após o julgamento de Valentina. Em março de 2004, enquanto ele ainda estava sob custódia, uma busca na casa de Chagas resultou na descoberta de corpos e troféus relacionados a outras vítimas. Nesse ponto, o foco principal era no Maranhão.

Durante os julgamentos, a repercussão, os movimentos sociais e as denúncias na Corte Interamericana de Direitos Humanos motivaram o Conselho de Defesa dos Direitos da Pessoa Humana, representado pelo secretário Nilmário Miranda, a iniciar investigações sobre os casos não abordados no julgamento. A Resolução nº 43, de 24 de setembro de 2003, determinou a abertura de investigações pela Polícia Federal em todos os estados onde havia indícios de morte e emasculação de meninos no contexto do ritual pela seita Lineamento Universal Superior. Essa resolução foi identificada na folha 18. Ou seja, desde setembro de 2003, uma resolução assinada por Nilmário autorizava a Polícia Federal a conduzir investigações independentes.

No mês de novembro de 2003, anterior ao início do julgamento de Valentina, uma cópia da resolução foi encaminhada ao Departamento de Polícia Federal pelo chefe do gabinete do secretário especial dos Direitos Humanos. A corregedora-geral de polícia, Neide Alves Almeida Alvarenga, por meio de um despacho presente nas folhas 11 a 15, estabeleceu a competência da Polícia Federal do Brasil para conduzir as investigações. Esse despacho, nº 1234 de 2003, da Corregedoria da Polícia Federal, Superintendência do Estado do Pará, datado de 2 de dezembro de 2003, determinou que a delegada Daniele Gossenheimer Rodrigues seria responsável pelas investigações.

Em dezembro de 2003, no mesmo mês da emissão desse despacho, registrou-se o desaparecimento do adolescente Jonathan Vieira. Nesse contexto, Francisco das Chagas foi detido no estado do Maranhão.

Meses depois, admitiu a responsabilidade pela morte do adolescente, embora tenha demorado a confessar a prática de emasculação. Inicialmente, Chagas confessou um homicídio culposo, mas depois essa confissão foi tida como dolosa. Vale ressaltar que, durante o processo que investigava o desaparecimento de Jonnathan, Chagas já mencionava ter residido em Altamira por boa parte de sua vida. No início de abril de 2004, Chagas foi interrogado pela primeira vez pela Polícia Federal, na figura da dra. Daniele Gossenheimer Rodrigues. Após meses de confissões e buscas e apreensões, Chagas passou a admitir sua participação nos crimes em Altamira.

Por motivos de saúde, a dra. Daniele precisou se afastar das investigações. Assumiu então a dra. Virgínia Vieira Rodrigues, que solicitou ao juiz encarregado do processo de Jonnathan que Chagas prestasse depoimento para ela. A autorização foi concedida, dando início a algumas audiências. O inquérito policial federal relacionado a esse processo, descoberto por Rubens, é o número 107/2004, um arquivo bastante volumoso, que contém diversas informações interessantes sobre uma tentativa de homicídio confessada por Chagas.

Em resumo, para ficar mais claro: de todos aqueles meninos que foram emasculados em Altamira, esse inquérito específico, de número 107, trata de um dos sobreviventes. Segundo Rubens, a denúncia apresentada era curta e confusa, e faltavam elementos necessários de acordo com o Código de Processo Penal, que exige indícios de autoria e materialidade do fato. Existe um novo inquérito policial federal de 2004, conduzido pela Polícia Federal em uma investigação sigilosa autorizada pelo Ministério da Justiça, e, paralelamente, há uma denúncia estadual na qual os indícios de autoria derivavam do processo principal de 1992, conduzido pela Polícia Civil.

Se compararmos o relatório da Polícia Federal, anexado na revisão criminal de Césio em abril de 2005 (um ano após as confissões de Chagas), feito pelas delegadas Daniele e Virgínia, podemos observar que a investigação levou muito mais tempo e o documento é muito maior, com 61 páginas, sendo focado principalmente em Wandicley. Há uma grande diferença entre esse relatório detalhado e a denúncia do Ministério Público, que é notavelmente curta, com apenas quatro páginas, feita pelo promotor Afonso Jofrei Macedo Ferro e assinada no dia 30 de maio de 2005.

Para entender o motivo disso, contatei dr. Ferro, que hoje está aposentado e atua como advogado. Ele me falou brevemente que, na época que fez a denúncia, teria ouvido aquelas histórias de que Chagas poderia ser um laranja. Pretendia então chegar à fase de instrução criminal para poder investigar isso melhor, além de outros procedimentos que seriam necessários nessa etapa. Porém, logo após fazer a denúncia, foi removido do caso e não acompanhou mais seu desfecho.

Tudo isso contraria as informações divulgadas de que Chagas nunca fora denunciado por crimes em Altamira. Rubens não só tentou verificar processos de outras vítimas como também descobriu os números de todos eles. Ele encontrou doze números de processos tombados no Tribunal de Justiça, tendo acesso a apenas alguns deles.[90] A Polícia Federal havia feito investigações para cada vítima, mas não pôde afirmar quantos foram denunciados ou arquivados em Altamira. Quando um crime é prescrito, não tem como denunciá-lo. E todos esses casos foram arquivados devido à prescrição, exceto um, o de Wandicley, que nunca ninguém soube que existia publicamente.

Discrepâncias e coincidências

Segundo Rubens, uma observação relevante é a aparente falha na memória de Chagas. Ele aponta inconsistências, como a idade que tinha quando perdeu a mãe, mencionando diferentes idades em depoimentos. Chagas também apresenta dificuldades em recordar datas e períodos de emprego, o que é evidenciado nas análises psiquiátricas. Rubens destaca um fenômeno chamado "divagação de tempo e espaço". Nos processos do Maranhão, especialmente no caso de Jonnathan, Chagas mostra ter dificuldade de manter uma linha de raciocínio linear. Essa observação contradiz a afirmação frequentemente feita por policiais federais de que Chagas tinha uma memória perfeita e recordava tudo com precisão.

---

90 Em Altamira, Chagas foi investigado por dezesseis casos de crianças desaparecidas ou mortas. Desses dezesseis, confessou catorze – ainda assim, foi investigado por dois que nunca admitiu. Nas pesquisas de Rubens e das minhas fontes, desses dezesseis inquéritos, conseguimos localizar a existência de onze. Faltaram quatro que ele confessou e um que nunca confessou.

Ao ler o inquérito, Rubens notou uma tendência por parte das delegadas em conduzir, de certa forma, o acusado durante o processo. Não se sabe se isso é uma prática padrão, mas parece uma característica comum na abordagem policial, envolvendo a orientação do interrogatório, mesmo que de forma não intencional.

Rubens chama atenção para o segundo termo de declaração, datado de junho de 2004, em que Chagas fala de Wandicley: "Que próximo ao final do ano, que não se recorda, sem sinais de chuva, ainda no verão, pegou um menino perto do muro do estádio de futebol". Nesse contexto, Chagas está se referindo a Altamira, indicando que estava na cidade durante esse período. O relato continua:

> Que não se recorda se esse foi o primeiro menino [Wandicley] que o declarante pegou. Que na época estava trabalhando como ajudante de pedreiro com um senhor de nome Raimundo na construção civil localizada depois do estádio, na rua que passa em frente ao portão da entrada do estádio. Que saiu do serviço em direção à sua casa por volta das 15h30 da tarde. Que estava em sua bicicleta vermelha de garupa. Que parou em frente ao estádio e ficou olhando o pessoal batendo bola dentro do local. Que, enquanto estava assistindo ao jogo, observou três meninos que estavam brincando em frente ao portão do estádio e conversando sobre papagaio, porque passou uma pessoa com um papagaio. Que um dos meninos falou que para o rumo do igarapé dos panelas ele achava que tinha papagaio, porque ouvia os bichos gritarem para o rumo de lá. Que um outro meninho moreninho disse que era longe, que não dava para irem a pé. Que um dos meninos pediu a bicicleta do declarante para irem até lá. Que, como o declarante não emprestou a bicicleta, o menino moreninho o chamou para ir com ele. Que o menino moreninho montou na frente no varal da bicicleta e o outro também queria ir, mas o pneu estava baixo. Que o menino moreninho tinha cerca de 10 anos, cabelos lisos pretos e usava apenas um short e uma sandália havaiana. Que seguiu com o menino no rumo do aeroporto novo. Que andou cerca de 4 quilômetros do estádio até o igarapé dos panelas depois da ponte. Que, ao chegarem nesse local, entraram à esquerda e não tinha papagaio nenhum gritando. Que entrou com o menino para o lado por ele indicado, beirando o igarapé. Que ficou sentado na beira da barreira com o menino para esperarem o retorno dos papagaios. Que acredita que saiu do local por volta das 17h30, mas tem certeza de que estava só e não se lembra se fez algum mal para o menino. Que saiu do mato vestido. Que saiu do mato e foi direto para casa. Que tinha umas pessoas pescando no igarapé quando passou com o menino. Mas, quando retornou, não tinha mais ninguém no local. Que acredita que os fatos se

deram num dia de semana porque estava trabalhando. Que acredita que o menino morava próximo ao local onde foi encontrado pelo declarante. Que na época dos fatos morava na Deoclides com a sua mãe. Que não sabe informar se alguém foi preso por causa do ocorrido.

Esse relato inicial de Chagas, mencionando que na época trabalhava como ajudante de pedreiro em Altamira, coincide com a data em que Wandicley foi vítima de emasculação. Esse é um ponto que, segundo o pesquisador, faz sentido e não apresenta incongruências.

Agora vêm as aparentes contradições: Rubens apontou, por exemplo, que Chagas afirmou ter percorrido cerca de 4 quilômetros do estádio até o igarapé, que é a distância exata, conhecida por quem mora em Altamira. Essa precisão levantou questionamentos: como ele sabia exatamente a distância? E não só isso. Por que parece uma informação plantada ali? Só que Wandicley, na verdade, teria sido emasculado muito antes do igarapé. O relatório da Polícia Federal continha marcações de tempo indicando onde o menino foi encontrado, além de pontos mostrados por Chagas. Essas discrepâncias, presentes também em outras vítimas, geraram desconfiança em muitas famílias de Altamira, dando a entender que Chagas estaria sendo induzido durante as investigações.

Rubens visitou o local onde Wandicley foi atacado e de fato constatou que não correspondia com o indicado por Chagas no mapa. Naquela época, o lugar era mais distante e caracterizado por uma área urbana. Além disso, ao entrar no mato pela lateral esquerda do estádio, havia um terreno alagado com árvores de tucum, o que não condizia com a proximidade do igarapé mencionado por Chagas.

Assim como no caso de Klebson,[91] Chagas sabia de vários detalhes, porém apontou o lugar errado. De acordo com Rubens, apesar das mudanças ocorridas em Altamira entre 1989 e 1993, a cidade não havia mudado tanto geograficamente. O local onde Wandicley foi morto, por exemplo, até hoje se encontra intacto. Apesar disso, é preciso lembrar que Chagas está dando essas informações em 2004, depois de ter atacado mais de quarenta crianças. A meu ver, a chance de ele se confundir em detalhes, ainda mais que sua memória não é tão precisa quanto a polícia queria dizer que fosse, não seria algo absurdo.

---

91 Garoto morto e emasculado em novembro de 1992, cujo inquérito nunca foi aberto pela Polícia Civil do Pará.

Dado o contexto, segundo Rubens, provavelmente Chagas não teria condições de oferecer detalhes específicos, como a quilometragem mencionada. Mas a condução do depoimento era evidente, pois, em junho, quando foi registrado, a polícia já estava realizando perícias e tinha informações sobre os locais relevantes. Essa situação levantou mais questionamentos sobre a veracidade do depoimento, uma vez que não havia registro claro das circunstâncias em que Chagas prestara suas declarações.

Rubens afirmou que tinha certeza sobre o local onde o crime tinha ocorrido com base em duas observações. Primeiro, de acordo com o relatório do levantamento de local de crime da Polícia Federal, Chagas não indicou o local exato do incidente. Segundo, Wandicley não teria condições de sobreviver ao ataque e percorrer 4 quilômetros, já que ele foi socorrido próximo ao estádio.

Quando analisamos as entrevistas com Chagas e a quantidade de depoimentos dados a diversas autoridades, porém, percebemos uma consistência nos detalhes. E é esse o problema. Embora Chagas cometa erros com datas e locais, podendo confundir as informações, parece que ele consegue ter um fluxo de pensamento melhor conforme a conversa se desenrola.

Lembro-me das várias conversas que tive com policiais sobre o que torna uma confissão precisa. Eles destacaram que o ideal seria a pessoa fornecer detalhes específicos, como data, horário, vestimenta e descrição dos eventos. Porém, reconheciam que a memória humana não funciona de maneira tão certeira e não permite essa exatidão. Por isso, eles se concentram em buscar uma sequência de eventos e fatos que podem ajudar a esclarecer um delito.

E lendo os depoimentos de Chagas, com toda a sua consistência e tantos detalhes por muito tempo, fica difícil acreditar que ele esteja recebendo um ditado ou que teve que decorar.[92] Essa hipótese parece pouco plausível. O que parece é que ele falha em muitas ocasiões ao tentar fornecer detalhes mais específicos.

---

92 Conforme dito anteriormente, a investigação de Chagas em Altamira foi sempre permeada por diversas teorias conspiratórias, como a de que ele seria um membro do Lineamento Universal Superior, ou ainda de que estaria recebendo algum dinheiro para assumir os crimes de Altamira, atuando como um "laranja". Não há nada que indique nenhuma dessas possibilidades em qualquer um dos inquéritos e materiais que analisamos.

O Ministério Público, na figura da promotora Rosana Cordovil e do assistente de acusação Clodomir Araújo Júnior, que atuou nos júris de Belém, declarava à imprensa que Chagas também poderia fazer parte da seita. Rubens, antes, considerava essa ideia uma teoria da conspiração e acreditava que a acusação só não queria admitir o erro. Porém, hoje, percebe que tudo isso era devido ao entendimento de que, se determinadas pessoas agiam de maneira semelhante no Maranhão e no Pará, isso indicava que pertenciam ao mesmo grupo e eram ensinadas da mesma forma. Mas, na investigação da Polícia Federal, as delegadas Daniele e Virgínia demonstraram preocupação em verificar se havia algum vínculo entre Chagas, Césio, Anísio, Valentina e Amailton. Chagas sempre negou. Nenhum indício foi encontrado.

É fato que a polícia poderia ter realizado um trabalho melhor. Só que, em comparação com as investigações originais da década de 1990, conduzida pela Polícia Civil e pela própria Polícia Federal, aquela nova investigação era muito mais robusta. Na opinião de Rubens, há vários fatores que dificultam a exatidão desse caso, mas, se nos colocarmos no lugar de Chagas, que, após ter atacado mais de quarenta meninos e ter tido que dar muitos depoimentos sob pressão, não teríamos preocupação alguma em contribuir com a polícia.

Andamento do processo em aberto

Chagas confessou 14 crimes em Altamira, dos quais a Polícia Federal o identificou como autor, além dos 29 no Maranhão, totalizando 43 casos. Em Altamira, os inquéritos foram encerrados pela PF e enviados ao Ministério Público do Pará. Porém, a maioria deles permaneceu sem ação, resultando em prescrição e arquivamento.

Como a prescrição no Brasil é de vinte anos a partir da denúncia, o tempo estava se esgotando.[93] Seria uma oportunidade para o estado do Pará reconhecer Chagas como o assassino. Então, Rubens explicou que, inicialmente, precisou analisar a situação processual e os eventos ocorridos. Ao ter um inquérito policial concluído, que apontou Francisco das Chagas como o autor da tentativa de assassinato

---

93 A denúncia do Ministério Público do Pará contra Chagas no caso Wandicley foi feita no dia 30 de maio de 2005. Logo, prescreveria no dia 30 de maio de 2025.

de Wandicley, o caso foi levado ao Ministério Público, que, em seguida, fez uma denúncia em 2005.

Quando o processo chegou às mãos de um juiz em Altamira, ele viu que havia um caso já sendo julgado em Belém e solicitou as cópias do processo para saber como proceder. Mas levou dez anos para receber esses documentos. Durante esse tempo, o juiz não convocou ninguém para depor — até houve uma audiência, mas com poucas testemunhas de acusação.

A mãe de Wandicley, Leonília, e o próprio Wandicley seriam ouvidos na condição de informantes, mas foram dispensados pelo Ministério Público sem maiores explicações. Além disso, uma pessoa que era amiga de Chagas e havia morado com ele na época em Altamira depôs, afirmando que ele não teria capacidade para cometer o crime.

O processo estava em tramitação, e, ao longo de dezesseis anos, ocorreu uma instrução processual, que envolveu o depoimento de testemunhas, escuta do denunciado, apresentação de provas, audiência de instrução e julgamento. Na avaliação de Rubens, foi uma péssima instrução.

Em 2021, faltando quatro anos para a prescrição, eu e Rubens começamos a discutir o que ainda era possível ser feito. Ele me contou que, quando estava em Altamira mexendo no processo, foi zombado por um servidor do Tribunal, que riu dele como se estivesse subestimando a capacidade de alguém de solucionar esse caso. A verdade é que ninguém queria mexer nesse vespeiro. Parecia haver um receio de tocar em um tema tão controverso, considerando o julgamento ocorrido em Belém, a intensa pressão e como o caso havia afetado a cidade. A hesitação em reabrir a ação judicial, especialmente envolvendo pessoas já condenadas, era compreensível, dada a possibilidade de se questionar a culpabilidade dos acusados.

O objetivo de Rubens era pegar o processo e buscar uma forma de fazê-lo avançar, para que a decisão judicial não fosse apenas uma sentença de extinção de punibilidade por prescrição. Sendo assim, após ter descoberto tudo isso, e ter percebido que o Ministério Público em Altamira não tinha feito nada por tanto tempo, Rubens passou a estudar se haveria alguma forma de fazer esse processo andar. Foi então que ele, que também é advogado, pensou em uma possibilidade: entrar como assistente de acusação no caso. Mas só poderia fazer isso de uma forma: se o próprio Wandicley o aceitasse como seu representante legal.

Advogado de Wandicley

Pedi a Rubens que contasse como fora a saga de encontrar Wandicley, e ele me respondeu que era delicado falar sobre isso, pois o menino — que hoje já é um homem — não desejava ser encontrado, e isso era uma de suas condições. A autorização que temos para mencionar seu nome por si só já é um passo significativo, considerando sua resistência em ser identificado. Por exemplo, inicialmente, Rubens não conseguiu se comunicar diretamente com a vítima, sendo necessário falar com outras pessoas próximas a ele. O rapaz não tinha número de celular nem comprovante de residência, pois fazia questão de não ser localizado — com toda a razão.

Por isso, Rubens preservou os detalhes de como conseguiu chegar até ele. Mas contou que, em seu primeiro contato, Wandicley estava muito assustado. Ele não tinha conhecimento do processo em andamento que o incluía como uma das supostas vítimas de Chagas. Quando soube disso, ficou chateado, justamente por saber que estava sendo vítima novamente de um processo desconhecido por ele, e mais ainda, porque havia outra pessoa sendo acusada que não estava entre aquelas que foram julgadas e condenadas no Tribunal do Júri. Wandicley é uma pessoa simples que deseja apenas viver sua vida após um trauma significativo e que talvez não compreenda totalmente a burocracia em torno da violência que sofreu.

Rubens relata que esse processo levou bastante tempo, envolvendo uma série de conversas para estabelecer confiança, apresentar-se e provar suas boas intenções. Durante as conversas, Rubens expressou suas opiniões e a forma como poderia ajudar Wandicley, às vezes extrapolando os limites de sua pesquisa acadêmica e se envolvendo mais profundamente no caso. Foi por meio dessa abordagem que surgiu a oportunidade de impulsionar o processo. Hoje, Rubens é advogado de Wandicley e atua como assistente de acusação no caso.

E foi assim que consegui que Wandicley, então já com 40 anos, me concedesse uma entrevista. Para garantir sua segurança e tranquilidade, combinamos que Rubens o acompanharia, sendo seu advogado. Após meses de negociações e idas e vindas, um dia Rubens foi a Altamira. Foi então que o terceiro sobrevivente me deu uma entrevista por Skype. Eu tinha muitas perguntas, afinal, como mostrei, se pegarmos todos os relatos que ele deu durante todo o processo, há muitas contradições. Não apenas isso, é através de seu testemunho que aparece a crença de que os ataques eram feitos por mais de uma pessoa: ele é o sobrevivente que dizia ter visto quatro atuantes no dia que foi atacado.

O dia do ataque de Wandicley

IVAN: Eu queria saber, se você puder me relatar nas suas palavras, o que você se lembra daquele dia em que foi atacado?

WANDICLEY: O que eu lembro... Foi o dia que ele me abordou e me levou para o mato e fez o que fez, né?

IVAN: Você lembra onde você estava? Com quem você estava?

WANDICLEY: Eu estava perto do estádio, estava eu e o meu primo. Ele chegou lá, me abordou, perguntou se eu queria tirar ninho de papagaio com ele. Eu falei que sim. Eu fui com ele. Meu primo falou que não era para eu ir, mas eu fui. E, chegando lá no local, ele mandou eu continuar na frente dele. E eu perguntei: "Onde que é?". Ele falou: "É bem aqui perto". E, de repente, ele botou um pano, não sei o que era, no meu rosto, com um cheiro bem forte, e daí eu desmaiei.

IVAN: Você não lembra de nada? Você apagou?

WANDICLEY: Apaguei.

IVAN: E o que aconteceu quando você acordou? Você tem noção de quanto tempo se passou?

WANDICLEY: O tempo que eu passei lá eu não tenho noção. Sei que eu acordei e continuei andando lá para a pista. Eu ouvi o barulho dos carros passando e identifiquei: "É para cá a pista". Aí eu segui andando e cheguei num certo lugar onde tinha uma mulher estendendo roupa no varal. Eu parei lá para pedir ajuda, para me levarem para o hospital.

IVAN: Você tinha quantos anos?

WANDICLEY: Nove.

IVAN: E você já trabalhava? Como era a sua vida quando você tinha 9 anos?

WANDICLEY: Eu trabalhava na roça com os meus avós.

IVAN: Fazia o que lá?

WANDICLEY: Mandioca, fazendo farinha.

IVAN: Nesse dia você estava trabalhando? Você estava de folga?

WANDICLEY: Não, eu estava andando mesmo, passeando com o meu primo.

IVAN: Como era o seu dia a dia quando você tinha 9 anos?

WANDICLEY: Colégio, ia para a roça... Era assim a rotina.

IVAN: Mas era todo dia ou você tinha dias de folga?

WANDICLEY: De segunda a sexta eu estudava, né? Aí na folga eu ia trabalhar na roça com o meu avô.

[...]

IVAN: E esse dia que você foi atacado foi um dia de semana?

WANDICLEY: Foi um dia de semana.

IVAN: E você já tinha saído da escola, então. Foi pela manhã que você foi atacado, né?

WANDICLEY: Eu acho que foi pela manhã.

Possíveis fraudes nos depoimentos

IVAN: Nos depoimentos que você prestou ainda criança, você cita que tinha quatro pessoas. Que tinha uma pessoa e mais três depois. Você pode explicar isso para mim?

WANDICLEY: Olha, eu não tenho certeza, não. Porque, quando aconteceu isso, eu estava... assim, dopado, bem dizer, né? E, sinceramente, eu não tenho certeza, não.

IVAN: Nos seus depoimentos durante esses anos aparecia sempre a seguinte história: de que teve um homem que levou você para o mato, lá você encontrou mais outras três pessoas que você via por debaixo de uma venda dos olhos. Você diz agora, então, que não se lembra disso, de ser assim?

WANDICLEY: Não, não foi assim, não.

IVAN: Você tem uma explicação de por que nos seus depoimentos tem essa história?

WANDICLEY: Não.

IVAN: Você era criança. Tinha gente te acompanhando durante esses depoimentos, correto? Acho que o seu pai te acompanhava.

WANDICLEY: É, o meu pai.

IVAN: Seu pai falava por você o que acontecia?

WANDICLEY: Eu lembro que o meu pai falava, assim, com raiva, revoltado, né? Mas isso é normal.

IVAN: Mas durante todos esses anos, então, você sempre falava no seu depoimento, com a sua assinatura, mesmo criança, dizendo que tinha mais gente lá. Você não sabe explicar por que isso aconteceu?

WANDICLEY: Não, não sei, não.

IVAN: E nos júris você já era adulto, nos júris que aconteceram, você deu quatro depoimentos em júri, e em todos você também falava sobre mais pessoas lá no dia que você foi atacado. O que aconteceu nos júris?

WANDICLEY: Uma coisa que eu falei, que eu falei no júri lá, eu falei que eu não tinha certeza. Até porque eu estava dopado lá no mato, eu não tinha certeza mesmo.

IVAN: Você tem alguma explicação de como é possível que as pessoas colocassem no seu depoimento escrito que você falou que tinha mais pessoas?

WANDICLEY: Não, não tenho nenhuma. Não sei por que mesmo.

IVAN: Você cita também nos júris que você reconheceu o Carlos Alberto como sendo uma das pessoas que teriam te atacado. Você realmente reconheceu o Carlos Alberto?

WANDICLEY: Na verdade, quando eu olhei ele, eu não tinha bem certeza, não, mas ele parece muito com aquele outro, bastante mesmo.

IVAN: A questão é que o Carlos Alberto já é a terceira pessoa que você reconhece, pelos autos do processo. O primeiro foi o Rotílio, aquele morador de rua que morreu no início de 1992...

WANDICLEY: Vou falar a verdade. Aquele Rotílio eu nem cheguei a ver ele. Na verdade, eu não morava nem aqui, eu morava em Belém quando aconteceu isso comigo. Eu nem cheguei a ver, eu só vi o comentário lá em Belém disso aí. Eu nunca cheguei a ver esse rapaz, nunca fiquei cara a cara com ele, nunca nem vi ele.

IVAN: Certo. A gente tem aqui um depoimento de um auto de reconhecimento seu, do dia 8 de janeiro de 1992. Acredito que o Rubens já deve ter te mostrado esse documento que tem a sua assinatura ali, dizendo que reconhece o Rotílio. O que você está me dizendo agora é que isso não aconteceu?

RUBENS: O Wandicley, meu cliente, não estava em Belém no ato da prisão do Rotílio. Esse depoimento que consta nos autos nunca foi assinado por ele, porque ele nunca esteve presente em Altamira nessa época. Ele passou a residir em Belém logo após o crime e ficou por lá. Nunca retornou a Altamira.

IVAN: Desculpa. Repete para mim essa questão da data?

RUBENS: Depois que o crime contra o Wandicley aconteceu, ele se mudou de vez pra Belém, passando a residir na capital do estado do Pará. Então, quando o Rotílio foi preso em 1992, ele nunca esteve em reconhecimento algum em Altamira.

IVAN: Então, dia 8 de janeiro de 1992, esse auto de reconhecimento aqui com o Wandicley não aconteceu?

RUBENS: Não aconteceu.

IVAN: E a assinatura dele? E dessas outras pessoas? Temos explicação para isso?

RUBENS: Absolutamente. Muito provavelmente tudo foi forjado porque ele não tinha como estar em Altamira e em Belém ao mesmo tempo.

IVAN: Temos como comprovar que o Wandicley estava em Belém nesse período?

RUBENS: Sim. Ele tinha residência fixa lá, junto com o pai. Ele estava em tratamento médico.

IVAN: De que ano até que ano o Wandicley morou em Belém?

WANDICLEY: Desde o acontecido. Dos 9 até uns 30 e poucos anos, por aí.

IVAN: Você só voltou pra Altamira depois de adulto, então?

WANDICLEY: Depois de adulto já. Até tinha casado já. Aí o meu pai adoeceu, na verdade, e ficou morando só eu em Belém. Meu pai adoeceu e falou que queria morrer aqui na cidade de Altamira. Aí veio para cá, e eu também não quis ficar lá só e também vim pra Altamira, onde eu fiquei.

IVAN: Existe um outro reconhecimento também que daí é datado do dia 30 de junho de 1993, em que o Wandicley, de acordo pelo menos com os autos, reconhece em Belém, através de fotos, reconhece a figura de um homem chamado Aldenor Cardoso Pedroso. Eu queria saber se você se lembra dessas fotos sendo apresentadas pelo delegado Éder Mauro.

WANDICLEY: Não lembro, não.

IVAN: Nesse reconhecimento, nesse documento, tem o nome... diz que está presente o seu pai, e daí são apresentadas várias fotos que aparentam ser de policiais militares ou militares, enfim, e é reconhecido esse homem, Aldenor Ferreira Cardoso, que vira um dos acusados, por conta do reconhecimento feito por foto. Esse é o único momento que o Aldenor aparece. Você, nessa época, também é uma criança. Você não se lembra desse reconhecimento?

WANDICLEY: Não lembro disso aí, não.

Então, de acordo com o próprio Wandicley, em entrevista que me concedeu em 2022, nenhum dos reconhecimentos feitos por ele, que constam nos autos, teriam ocorrido. Porém, existem alguns indícios em outros documentos que podem dar a entender que Wandicley teria passado o início do ano de 1992 em Altamira, e não em Belém. Talvez estivesse visitando parentes lá para a virada do ano, e hoje em dia nem ele nem sua família se lembrem disso. Ainda assim, esse caso tem um histórico de forjar depoimentos. Há o caso de Edmilson Frazão e das testemunhas Jeferson Cícero dos Santos e Maria de Nazaré, por exemplo. No decorrer da minha pesquisa, pude ouvir outras histórias de outras testemunhas nesse sentido. Uma delas chegou a me falar explicitamente que nunca deu o depoimento que está nos autos.

O que aconteceu após o ataque

IVAN: Daí a gente tem o depoimento dos júris. Eu quero voltar para lá. Nesse depoimento dos júris, aparece pela primeira vez uma informação: você falando tanto que reconhece o Carlos Alberto, que você explicou aqui agora que se parecia com ele. Também existe ali a informação de você dizendo que você não sentia as pernas quando estava andando. Essa é a primeira vez que isso aparece num depoimento. Antes você dizia, inclusive, em outros depoimentos, que estava sentindo muita dor, que você conseguia sentir dor. E aqui aparece que você não sente as suas pernas. Você pode me explicar como isso aqui aparece no júri?

WANDICLEY: Aí eu não sei. Só sei falar a verdade, que as minhas pernas realmente eu não sentia nada. Até porque o meu pé estava cheio de espinho, tudo furado, e eu não sentia nada. Nada. Nada.

IVAN: Mas será que isso não podia ser por causa do medo, do choque?

WANDICLEY: Não, não.

IVAN: De você perder tanto sangue? Não?

WANDICLEY: Não. Eu realmente não estava sentindo nada nas pernas mesmo.

IVAN: Eu pergunto isso, Wandicley, porque é o seguinte: eu já tive que passar por cirurgia que colocava essa anestesia que estavam citando aqui no júri, que os médicos teriam anestesiado você, e essa anestesia é muito dolorida, inclusive. Você fica com uma dor nas costas muito grande porque ela dá na base da sua espinha. E a gente não consegue andar por algumas horas. Você diz que conseguia andar. Você não tinha problema para andar, você só não estava sentindo os seus pés, você dizia, né?

WANDICLEY: Isso.

IVAN: Mas você estava sentindo dor nas costas também?

WANDICLEY: Não, nas costas não.

IVAN: Então, você estava andando, você não sentia os seus pés. Eu imagino que você estava muito assustado, né? Como criança. Daí você começou a pedir ajuda, e ninguém te ajudou num primeiro momento.

WANDICLEY: Ninguém me ajudou. Aí eu encontrei uma mulher estendendo roupa, né? Ela me ajudou e pediu a ajuda de um homem para ir até o hospital de carro, e me levou. Cheguei lá no hospital, eu cheguei lá, apaguei. Aí não vi mais nada. Acordei em Belém já.

IVAN: Isso foi no caminho. Você começou a andar pela estrada no caminho do aeroporto novo para a cidade, né?

WANDICLEY: Isso.

IVAN: Então, você conseguiu ajuda. Em algum momento, apagou, acordou de novo só em Belém.

WANDICLEY: Acordei só em Belém.

O tratamento médico

IVAN: Você ficou internado por quanto tempo depois que foi atacado?

WANDICLEY: Ah, não lembro, não, porque eu praticamente morava no hospital, né?

IVAN: Lá com o Lourival Barbalho, né? Era o dr. Barbalho que estava te atendendo?

WANDICLEY: Era o Barbalho. O outro senhor... Esqueci o nome dele.

IVAN: O dr. Carlos? Carlos Vinagre?

WANDICLEY: Não, não, não.

IVAN: Tudo bem. Você morava no hospital praticamente. Vocês não tinham uma casa própria em Belém. Demorou para ter.

WANDICLEY: Demorou bastante.

IVAN: Bastante quanto?

WANDICLEY: Muito tempo. Praticamente quando estava quase acabando o meu tratamento já.

IVAN: Quanto tempo durou o seu tratamento? Quantos anos?

WANDICLEY: Não lembro, não.

IVAN: Você lembra se você estava indo para a escola já? Quanto tempo demorou para voltar?

WANDICLEY: Na verdade, eu nem estudava mais.

IVAN: Você largou a escola depois disso, então?

WANDICLEY: Foi. Não tinha como nem estudar mais.

IVAN: Por que não tinha mais como estudar? Por causa dos tratamentos?

WANDICLEY: É porque, se começava a estudar, mal começava a estudar, aí ia de novo o tratamento. Era assim.

IVAN: Demoravam muito esses tratamentos.

WANDICLEY: Demorava bastante.

IVAN: Imagino que não tinha só a parte cirúrgica, né? Devia ter parte de medicamento...

WANDICLEY: É.

IVAN: Era muito pesado o medicamento que você tomava?

WANDICLEY: Bastante.

IVAN: Como é que você lembra, assim, o que o medicamento fazia com você?

WANDICLEY: Qual medicamento você fala, assim?

IVAN: O tratamento médico que você fez em geral, se você sentia náuseas, coceira, sei lá, reações que medicamentos dão...

WANDICLEY: Não, não. Veio mais sofrimento agora, depois de adulto já, que eu tenho que tomar um hormônio, né?

IVAN: Você tem que tomar hormônio pelo resto da sua vida, então?

WANDICLEY: Isso. Aí é uma coisa que eu encontro muita dificuldade para comprar, conseguir receita... Isso que é difícil. Daí, quando eu não tomo, me dá muito sono, eu emagreço bastante, não dá vontade de fazer nada. É falta de hormônio, né?

IVAN: E você trabalha com o que hoje?

WANDICLEY: Eu trabalho em fazenda, mexendo com cerca, essas coisas.

IVAN: Ou seja, precisa de força, precisa de disposição, e a falta de hormônio te atrapalha até no seu trabalho.

WANDICLEY: Isso.

IVAN: Então você vai para Belém logo depois que é atacado, praticamente mora no hospital, e lá no hospital você não se lembra de pessoal vindo perguntar para você o que aconteceu, fofocando, especulando... Você não se lembra de nada disso?

WANDICLEY: Não. Faziam as perguntas deles, mas era com eles mesmos lá. Mas, comigo mesmo, não.

IVAN: Indo direto ao ponto: você não lembra de em algum momento alguém chegar para você e falar: "Eu acho que o dr. Anísio está atrás disso, o dr. Césio, ou os Gomes". Você não se lembra das pessoas especulando isso?

WANDICLEY: Não, não. Só depois de muitos anos mesmo que passaram a comentar em Altamira. Mas também falavam, mas não sabiam que eu era a vítima, né? Ficavam comentando assim...

IVAN: Sabe se o seu pai tinha muito contato ainda com o pessoal de Altamira, tentando entender mais coisas?

WANDICLEY: Eu não sei.

IVAN: Eu te pergunto isso porque tem um depoimento que o seu pai dá, isso em outubro de 1992, em Belém. Você está em tratamento. E ele dá um depoimento. Você dá um [depoimento] no dia seguinte, inclusive. E, nesse depoimento, ele fala sobre um retrato falado que teria sido feito com base no seu depoimento e que ele diz que um irmão seu correu atrás para descobrir alguém que poderia se parecer com aquele retrato falado. Daí ele chega na figura do Luiz Kapiche, que era um radialista lá de Altamira e que era próximo da família Gomes. O seu pai nunca comentou isso com você?

WANDICLEY: Não.

IVAN: O seu irmão... nunca ninguém conversou sobre isso com você?

WANDICLEY: Não.

IVAN: Então o que você sabe é: que você foi atacado, você se lembra de ser atacado por uma pessoa. Você não sabe dizer de onde veio essa história de mais pessoas, de que te amarraram...

WANDICLEY: Não.

IVAN: Eu sei que o assunto é muito delicado, fique à vontade para não responder, mas você se lembra de ter sido abusado por essa pessoa?

WANDICLEY: Não, não. Não lembro, não.

E, então, a conversa chegou ao ponto que eu mais esperava. Era hora de perguntar sobre Francisco das Chagas.

Wandicley fala sobre Francisco das Chagas

IVAN: Você deve saber, né? O Rubens já deve ter te falado que, bom, vocês dão depoimento nos júris em 2003. Logo no final do ano de 2003, tem uma pessoa que é presa no Maranhão por ter matado e emasculado crianças lá.

E em 2004 também confessa que matou e atacou em Altamira. E era o mesmo jeito de atacar as crianças lá no Maranhão e em Altamira. E essa pessoa morou em Altamira nesse período. O nome dele é Francisco das Chagas. Você sabia que existia um processo correndo em que você é a vítima e que o Francisco das Chagas é o réu?

WANDICLEY: Não, não sabia, não.

IVAN: Nunca te falaram sobre essa investigação?

WANDICLEY: Nunca.

IVAN: Você sabia quem era o Chagas? Alguém te falou?

WANDICLEY: Sabia, sim. Via falar na televisão, cheguei a ver na televisão ele mesmo, mas não sabia, não.

IVAN: Você sabia, então, que prenderam um cara, esse cara estava falando coisas, mas nunca te procuraram...

WANDICLEY: Nunca me procuraram, não.

IVAN: Para dar depoimento, para fazer reconhecimento...

WANDICLEY: Nunca.

IVAN: Nunca comentaram nada. Como é que isso faz você se sentir? Um processo em que você é vítima e que você nem sabe que existe?

WANDICLEY: Me sinto enganado, né?

IVAN: Se sente enganado por quem?

WANDICLEY: Com esse processo que tem aí do Francisco das Chagas, que eu nunca vi, não me comunicaram, não tive conhecimento, nada disso. Eles esconderam, né?

IVAN: A Polícia Federal nunca te procurou para falar sobre isso?

RUBENS: Licença, Ivan.

IVAN: Sim.

RUBENS: O meu cliente prestou um depoimento à Polícia Federal em 2005 ainda dentro das investigações do inquérito número 107/2004, que originou o processo do Chagas. Então, ele foi procurado pela delegada Virgínia em 2005, 21 de março de 2005.

IVAN: Certo. Você se lembra desse depoimento, Wandicley?

WANDICLEY: Não lembro, não.

IVAN: Em 2005, você não se lembra de dar esse depoimento para ela?

WANDICLEY: Não. Não lembro, não.

IVAN: Você acha que esse depoimento não aconteceu ou você só não está lembrado?

WANDICLEY: Eu não estou lembrado.

IVAN: O Rubens chegou a te mostrar esse depoimento? As suas assinaturas você reconheceu?

WANDICLEY: Sim.

IVAN: Mas você não se lembra dos detalhes do que você falou nele.

WANDICLEY: Não, não. Tem tanta coisa na minha cabeça que tem horas que dá um branco.

[...]

IVAN: Nesse processo, então, do próprio Chagas, você chegou a ver alguma foto dele? Sabe dizer se ele parece de repente a pessoa que te atacou?

WANDICLEY: Sim.

IVAN: Você olhou a foto dele...

WANDICLEY: Parece bastante.

IVAN: Parece bastante. Então você olhou a foto dele e você acredita que pode ter sido ele?

WANDICLEY: Sim. Absoluto.

As orientações a Wandicley

IVAN: Quando você ainda era criança, 1993, perto da época da prisão de todas aquelas pessoas em julho de 1993, você se lembra de agentes da Polícia Federal irem tentar falar com você?

WANDICLEY: Não lembro, não.

IVAN: Você se lembra de policiais indo conversar com você?

WANDICLEY: Foram tantos que eu nem lembro.

IVAN: Você não lembra, então, exatamente?

WANDICLEY: Não.

IVAN: Wandicley, o que você acha que aconteceu que tem tanta coisa estranha? De reconhecimento que você diz que não fez, depoimento que você diz que teve mais gente e não tinha... O que você acha que aconteceu em todos esses anos para explicar tanta coisa assim? Eu tenho um monte de depoimento seu falando coisas que hoje você está me dizendo que não aconteceram. O que aconteceu nesses depoimentos? Você tem alguma explicação?

WANDICLEY: Não.

IVAN: Ninguém te falou "fale isso"? E daí hoje dá essa confusão?

WANDICLEY: Sim.

IVAN: Quem que teria falado para você falar certas coisas?

[silêncio]

IVAN: Teve alguém que mandou você falar alguma coisa, Wandicley, nesses anos todos?

WANDICLEY: Tem.

IVAN: Quem?

WANDICLEY: Foi o... esqueci o nome do advogado. Como é o nome dele? Eu não estou lembrado o nome dele... É o Clodomir.

IVAN: Clodomir?

WANDICLEY: Isso.

IVAN: Dr. Clodomir Araújo?

WANDICLEY: Isso.

Era o assistente de acusação nos júris de Belém em 2003, atuando ao lado da promotora Rosana Cordovil. Eu pedi a ele que me desse uma entrevista, mas ele recusou meu convite.

IVAN: O que ele falava para você?
WANDICLEY: Ele sempre mandava falar: "Olha, tu sempre fala isso, só essa palavra aqui, pra ti não falar outra. Só fala isso", me orientando. Nós fomos no apartamento dele em Belém lá e ele ia orientando. Foi tipo um treinamento. Dizia assim, antes de começar o julgamento, o que era para falar lá no tribunal.
IVAN: E o que ele falou? O que ele falou para você falar no júri?
WANDICLEY: Um monte de coisa. Nem lembro quase, um monte de coisa aí...
IVAN: Sobre o Carlos Alberto, por exemplo. Ele mandou você falar do Carlos Alberto?
WANDICLEY: Do Carlos Alberto eu lembro mesmo. Ele falou uma coisa que era para confirmar que era ele.
[...]
IVAN: Isso é até curioso porque daí você tem no mesmo processo você reconhecendo aquele PM, o Aldenor, quando criança. Daí chega no júri, você já adulto e diz: "Não, quem eu reconheço na verdade é o Carlos Alberto". E agora você está me dizendo que quem te falou para falar isso foi o dr. Clodomir.
WANDICLEY: Isso.
IVAN: O filho dele também te ajudou nisso? O Clodomir Araújo Júnior?
WANDICLEY: Aham, estavam os dois lá.
[...]
IVAN: Eles também falaram para falar sobre essa questão da sedação? Falaram para você: "Olha, diga que você não sentia os seus pés"?
WANDICLEY: Não, não. Isso aí aconteceu porque eu não sentia mesmo, não.
[...]
IVAN: Por que ele falou para você reconhecer o Carlos Alberto?
WANDICLEY: Eu não sei.
[...]
IVAN: No depoimento do júri do Césio, um dos médicos, você até faz uma menção sobre outras pessoas que estariam ali naquele momento. Só que dessa vez é diferente. Você fala assim: que uma pessoa te levou para o mato, te atacou, você apagou. Daí quando você acordou, você lembra que viu outras pessoas. Será que é nesse momento que, quando você é criança, também teve uma pressão para dizer que teve mais pessoas te atacando?
WANDICLEY: Não, não. Isso aí não teve pressão nenhuma, não. O que eu lembro que eu falei, que essa pessoa que me levou mesmo lá, que aconteceu lá. E eu não vi mais pessoas lá. Se eu falei, eu não lembro, não, porque

eu estava dopado. Só se foi no primeiro dia que me levaram para o hospital que falaram isso, porque eu não lembro de falar isso.
IVAN: Você não se lembra, de repente, de quando você acordou, ter visto mais pessoas?
WANDICLEY: Não, não.
IVAN: Não lembra disso.
WANDICLEY: Não.
IVAN: Então, a gente não sabe dizer de onde veio essa história de que tinha mais pessoas?
WANDICLEY: Eu não sei de onde surgiu isso daí.

Rubens, porém, esclareceu que essa ideia veio a partir do caso de outros meninos emasculados: Tito Vieira e Ailton Fonseca. Havia ainda matérias de jornal afirmando que Wandicley tinha sido levado por duas pessoas. Portanto, os responsáveis pelas primeiras investigações já estavam indo nessa linha, algo que foi ganhando mais forma ao longo do tempo.

O desejo de levar o processo de Chagas, à época, fevereiro de 2022, em tramitação pela Segunda Vara Criminal de Altamira, a tribunal do júri, não era só do advogado e pesquisador. Era algo importante também para Wandicley.

WANDICLEY: Na verdade, o que eu queria falar mesmo. Eu mesmo gostaria de ficar frente a frente com o Francisco das Chagas.
IVAN: Você acha que conseguiria reconhecer ele melhor frente a frente?
WANDICLEY: Com certeza.
IVAN: Então, você tem interesse que o Francisco das Chagas seja julgado no Pará?
WANDICLEY: Sim.

Dado o tempo que se passou, o processo já havia avançado para a fase de alegações finais. Ou seja, chegava o momento de a acusação montar seus argumentos sobre por que acreditavam que Chagas tinha que ir a júri no Pará. E a defesa de Chagas, por sua vez, precisava argumentar contrário a isso. Um juiz então decidiria se havia indícios suficientes no processo para que Chagas fosse levado a júri.

Movimentando o processo

Como o processo estava avançado para a pronúncia, era necessário que o juiz ouvisse as alegações finais do Ministério Público e da assistência da acusação. Assim, Rubens conseguiu uma extensão de prazo para permitir a manifestação da assistência de acusação. Ele contou com a colaboração do advogado Jader Marques, de Porto Alegre, Rio Grande do Sul, que ajudou na elaboração das alegações finais e memoriais do processo. Rubens se concentrou mais na parte de conhecimento dos fatos, enquanto o dr. Jader contribuiu com sua experiência jurídica, especialmente em casos polêmicos.

Juntos, realizaram despachos com o juiz à época para garantir que Chagas fosse pronunciado, ou seja, levado a julgamento. Muitas pessoas acham que a intenção com isso era livrar Césio (Anísio já estava falecido) da prisão. Mas, em conversa comigo, Rubens reforçou: "Eu queria muito que o Chagas fosse levado a júri porque ele precisa ser levado a júri. Existem indícios suficientes de autoria e materialidade para que ele seja julgado". Em seu entendimento como operador do direito, isso é um dever do Estado e um pedido dos familiares das vítimas, que sempre quiseram justiça e ao mesmo tempo, contraditoriamente, nunca acreditaram na culpa de Chagas. Esse é talvez o grande dilema dessa história toda: levar Chagas a júri em Altamira seria finalmente atender ao desejo que eles sempre declararam — mesmo não acreditando que ele era o verdadeiro culpado.

Só que, segundo o dr. Jader, apesar de o juiz à época ser bastante comprometido, já não havia o que fazer depois de quase duas décadas de processo parado, sem nem o mínimo — por exemplo, convocação de testemunhas. "Juridicamente, é preciso ter um mínimo de indícios de autoria. E o processo, ao longo de todos esses anos, sequer foi capaz de produzir na fase da instrução processual o mínimo para que fosse adiante."

A defensoria pública foi intimada para elaborar a defesa de Francisco das Chagas, realizando os procedimentos necessários. Eles também apresentaram memoriais e, depois, aguardaram a decisão. O resultado, por fim, foi a impronúncia. Ou seja, após ter lido as alegações da defesa e da acusação, o juiz de Altamira decidiu que Chagas não iria a júri. Como é possível um serial killer, que tem uma condenação significativa, de séculos, no Maranhão, por vários casos que ele confessou, ser impronunciado?

Rubens explica que o juiz reconheceu a comprovação da materialidade por meio de depoimentos testemunhais e registros médicos. Porém, ao invocar o princípio *in dubio pro reo*, que determina que, em caso de dúvida, a decisão judicial deve ser a favor do acusado, optou por impronunciar Chagas, já que a autoria do crime não foi comprovada, carecendo de indícios mínimos.

Para finalizar, Rubens chama a atenção para um detalhe. Há um termo de declarações prestadas por Chagas em 9 de junho de 2004 às delegadas Daniele e Virgínia, que é coerente com o relato de Wandicley:

> Que parecia uma coisa falando para mim. Vinha um negócio dizendo para eu fazer. Aí eu pegava, cortava ali, e essa pessoa engoliu, comeu. Botou na boca dele. Esse negócio foi aumentando. Quando eu via, ficava uma coisa me usando. Aí eu ia e matava a vítima enforcando. Sempre eu tinha uma ordem para matar primeiro. Depois, eu ia, cortava, procurava um pé de tucum e fazia uma vala funda no chão em forma de cruz. Colhia um pouco de sangue e colocava na vala. Conforme o corpo ficava, demorava para acontecer outro fato. Se ficasse de lado, dava uns três meses. Se ficasse de bruços, uns seis meses. Todos os meninos de Altamira foram mortos enforcados. Ela disse para deixar alguns vivos. Era a ordem dela que eu tinha.

A delegada pergunta quem é essa pessoa, e Chagas responde:

> É uma coisa que vem, que não via o rosto. Essa pessoa não pisava no chão, ficava flutuando. Só desaparecia quando eu matava a vítima. Foi o menino do panelas. Na época desse menino, eu estava trabalhando... Passando um pouco o estádio. A gente estava fazendo a casa de uma mulher. Nesse dia a gente saiu cedo, na faixa de três e meia da tarde. Só que, quando eu passei em frente ao estádio, estava o pessoal jogando bola. Aí eu parei para ver. Quando eu olhei para o lado, tinha três meninos brincando, falando um negócio de papagaio, essas coisas. Um disse assim: "Vamos pedir a bicicleta para esse homem?". Um outro disse assim: "Ei, moço, me empresta a bicicleta para a gente ver papagaio ali?". Aí ele pegou e voltou. Só que eu fiquei assistindo ao jogo de novo. Quando ele voltou, ele voltou com o moreninho, que disse que era longe porque era na estrada do aeroporto e só dava para ir de bicicleta. Aí montou um na frente e o outro atrás. Só que um deles já tinha sido escolhido. Aí eu pedi para que o da garupa descesse porque o pneu estava baixo. Quando eu chego na faixa de uns 350 metros depois da ponte, a gente entra. Depois daquela olaria, onde o pessoal está

fazendo tijolo e onde só tem pé de aruana, parece pé de buriti. Aí eu entrei com ele nesse lugar, só que, quando chegou nesse lugar, o negócio falava que era para eu enforcar ele. Aí quem era dizia assim: "Solta". Aí eu o pegava de novo e quem era dizia: "Solta". Desse, eu tenho a lembrança que foi cortado tudo. Quem era disse que não era para matar. Aí eu peguei o dedo melado e fui passando atrás da cabeça dele. Eu peguei esse e fiz uma vala cruzada. O pé de aruana tem espinho também. Foi feita uma vala cruzada. Foi botado lá o pouco do sangue tirado do local. Ele não foi amarrado. Desses casos, não tinha nada de amarrar. Aí eu peguei e coloquei o sangue lá naquela vala. E coloquei o negócio lá na vala e cobri. Só que, quando eu cobri, o negócio sumiu da minha frente e eu dei fé do menino. Estava como quem estava dormindo. Só quando eu dei fé, eu estava ainda perturbado. Aí eu peguei a bicicleta e fui embora.

Wandicley não quis ouvir essa declaração de Chagas, por motivos óbvios, mas havia relatado para Rubens que se lembrava de ter acordado em uma vala — que acreditamos ser a mesma que Chagas descreve ter cavado.

V OU W

Durante a preparação do episódio do podcast que formou a base deste capítulo, no tempo em que Rubens buscou se aproximar de Wandicley, eu notava que Rubens sempre se referia a ele como Vandicley — usando V no lugar de W.

Durante o processo, a grafia de seu nome aparecia de variadas formas: Wandecley, Vandicley, Wandiclei, até que, em algum momento, estabeleceu-se como Wandicley.

Eu, então, questionei Rubens sobre escrever o nome dele com V. Foi então que Rubens me explicou que, de acordo com o próprio, sua grafia correta seria com V — Vandicley.

Isso virou um problema para mim. Tanto no podcast quanto no livro, decidi manter a grafia que se consolidou no processo, como forma de manter coerência com minha fonte principal, que são os autos do processo.

Porém, de certa forma, esse meu incômodo com a grafia correta do nome era a ponta de algo muito maior: a impressão que eu tinha é que nem mesmo o seu nome correto foi respeitado. Fala-se sobre seu trauma, mas não se respeita sua identidade. Eu queria ter feito mais. Mas não sei mais o que poderia fazer.

Vandicley é maior do que isso. Todas as vítimas e suas famílias são maiores do que esses traumas. Elas sabem disso.

Eu queria que essa história tivesse um desfecho mais justo. Mas apesar de eu a estar contando, não a controlo. Os verdadeiros protagonistas são aqueles que vão ditar seus rumos futuros. E eles tomam decisões que vão além do meu controle.

30. O fim

Após a impronúncia de Chagas, dr. Jader acabou saindo do caso. Rubens continuou um tempo e, em suas palavras, "não ficou parado". Ou seja, poderia estar tentando preparar um recurso para ver se conseguia levar Chagas a júri. Em outras oportunidades que tive de conversar com Wandicley, notava uma coisa dolorosa também. Se por um lado ele acreditava que Chagas era o homem que o atacou, por outro também dizia que não queria ter nada a ver com qualquer esforço de tentar inocentar aqueles que foram condenados. Eu sinceramente o compreendo.

Essa aparente confusão, que fica tão transparente nas contradições de seus inúmeros depoimentos ao longo dos anos, é o resultado de um trauma feito em uma criança que teve sua infância roubada e que nunca recebeu a assistência necessária. O pouco que recebeu foi por causa de muita luta de sua família e das outras famílias das vítimas em Altamira. Uma luta marcada por dores que ninguém deveria ter que sofrer. Esse foi o resultado de um Estado que não cuidou dessas famílias, e de um assassino serial que pôde agir livremente por catorze anos, em dois estados, sem qualquer medo de ser pego. E, se num primeiro momento Wandicley demonstrava estar disposto a tentar levar Chagas ao tribunal do júri no Pará, à medida que o tempo foi passando, esse cenário mudou. Reviver tudo é doloroso demais. As coisas tomaram outro rumo, e eu tive que respeitar.

Nos quase três anos que trabalhei com Rubens na pesquisa para este projeto, notei que ele tinha um hábito: sempre que precisava falar algo que exigia atenção, escrevia um texto. Foram várias as vezes em nossas conversas que ele me dizia: "Ivan, eu escrevi um texto aqui sobre isso. Posso ler?".

No encerramento desta jornada, esse hábito não seria diferente. Ele escreveu um texto explicando tudo o que ocorreu nesses últimos meses. Suas palavras me tocaram profundamente, e eu mesmo não teria como me expressar melhor sobre tudo o que fizemos e descobrimos. Os sentimentos de Rubens são exatamente os meus. Aqui está o último texto que Rubens me escreveu:

> O caso dos meninos emasculados de Altamira do meu ponto de vista é uma construção social que envolve inúmeros aspectos, impossíveis de serem compreendidos apenas por um único viés, seja ele científico ou jornalístico. Infelizmente, esse constructo surgiu em meio a muito sofrimento, sangue e dor da perda de familiares de pessoas. Atribuir responsabilidades pelo que ocorreu ou mesmo procurar encontrar verdadeiro(s) culpado(s) nunca foi o meu objetivo enquanto pesquisador. Eu já pesquisava o caso muito antes de me tornar advogado, e a profissão só me fez ainda mais cético com relação à possibilidade de obter respostas para questões não respondidas. Mas procurarei aqui deixar alguma singela mensagem sobre o resultado da pesquisa (que ainda vai demorar um pouco para ser publicada) e sobre a conclusão do Projeto Humanos Altamira.
>
> No tempo em que pesquisei sobre Altamira, tive altos e baixos. Momentos em que fui confrontado com minhas certezas, momentos em que precisei acreditar naquilo que era impossível acreditar, momentos em que o Direito confrontava a Antropologia e vice-versa. Esse exercício me fez chegar à compreensão de que deveríamos (Ivan e eu no podcast e apenas eu na pesquisa) fazer um trabalho sério, que proporcionasse às pessoas (que se dispusessem a ouvir/ler) a possibilidade de conhecer a fundo o que estava contido nos autos do processo e, posteriormente com o trabalho de campo em Altamira, que permitisse às pessoas conhecer um pouquinho a realidade do caso na pele, ou melhor, pelos ouvidos.
>
> Nesses longos anos de pesquisa, perdi algumas amizades, talvez (quase certeza) pelo meu envolvimento com o caso, sempre não dando ouvidos às pessoas que diziam para não me envolver tanto. Ao fim, acredito que são ossos do ofício, talvez essas amizades perdidas quisessem mesmo que eu concordasse com o que diziam e fizesse o que queriam, e eu, desde que comecei a mergulhar fundo no caso, condicionei-me a encontrar a minha própria maneira de examinar a situação.
>
> Ouvi os dois lados. Estive com familiares de vítimas inúmeras vezes. Compartilhei suas dores, suas lágrimas, algumas vezes sua indignação comigo por estar tratando de assunto tão delicado e pessoal. Estive também com os familiares dos acusados, que compartilharam também suas dores, lágrimas e principalmente indignação. Todos esses lados, para mim, formam o polo passivo dos fatos. Ninguém teve seus direitos resguardados, e todos sofreram arbitrariedades por parte daqueles que, de uma forma ou de outra, se envolveram com a situação. Aqui assumo: minhas arbitrariedades também. Pois muitas vezes precisei tocar na ferida, e não tinha remédio possível para apaziguar a dor.

[...]

Um dos encontros mais importantes dessa trajetória foi com uma das vítimas, de quem quero falar agora e concluir essas palavras. Vandicley (meu amigo e constituinte) hoje já não é mais uma criança, um adolescente, um jovem. O terceiro sobrevivente é um homem, com família. Que também tem suas perguntas não respondidas, e pessoalmente acredito que nunca serão respondidas.

Nesse caminho, tentamos levar Francisco das Chagas ao Tribunal do Júri em Altamira, pelos crimes contra Vandicley, mas o Estado-juiz entendeu que não havia provas suficientes para pronunciá-lo ao Tribunal do Júri, e o processo foi arquivado definitivamente.

Vandicley tem certeza absoluta de que quem o atacou foi o maranhense Francisco das Chagas, mas em nenhuma oportunidade falou que acredita serem inocentes as pessoas que foram condenadas. Com exceção de A. Santos (Carlos Alberto Santos de Lima), que disse ser muito parecido com Chagas na época do júri, mas não havia sido ele (Carlos Alberto) que o levara para o mato. Quando Vandicley olha as fotos de Chagas, ele não tem dúvida, e até hoje anseia se encontrar com o mesmo para fazer uma pergunta que não quis me dizer qual seria.

Um dia, estávamos almoçando na beira do rio Xingu em Altamira, e Vandicley me olhou e disse: "O dia que eu me encontrar com o Francisco das Chagas, que fez isso comigo, eu tenho uma pergunta para fazer para ele". Eu perguntei qual seria. Vandicley respondeu: "Essa pergunta só pode ser feita para ele".

Tentei recorrer da sentença de impronúncia do Francisco das Chagas, mas não o fiz. Nos momentos finais do prazo, meu cliente Vandicley, que hoje não se sente mais capaz de suportar tudo de novo, pediu-me que não o fizesse. Que já não acreditava mais na justiça dos homens. Juiz, promotor, policiais, júri. Sua vida inteira foi isso, há quase quarenta anos e talvez, com o ressurgimento do caso, mais quarenta anos de sofrimento.

Mas o sofrimento nunca há de acabar...

Dona Irene (irmã de Ailton) continua sem saber o que aconteceu com a ossada do irmão que foi trazida para Belém e nunca foi devolvida. Provavelmente ela nunca terá a oportunidade de sepultar os restos mortais do irmão. Dona Carolina nunca teve oportunidade de ao menos saber o que houve com Maurício, ou mesmo de sepultar sua ossada, muito provavelmente encontrada pelos agentes estatais durante as investigações de 2004. Dona Esther não teve o direito de ter julgado o assassino do irmão. E, assim, muitos outros familiares de meninos vítimas em Altamira convivem no fim de suas vidas com dores e incertezas.

Por outro lado...

A mãe de Amailton, dona Zaila, tem sua sala cheia de fotos do filho falecido, as irmãs choram ao se lembrar da alegria do irmão, mas relatam continuar com o nó na garganta da injustiça e da dor. Zaila me mostrou uma caixa onde guarda todas as cartas de Amailton enquanto esteve preso, álbuns de fotografias, poemas que ele escrevia. O sr. Amadeu, pai de Amailton, tem na sua sala um cantil militar que era do filho e um cachimbo que também era do filho, que ornamentam sua sala de estar. Não há fotos expostas, não gosta de lembrar. Mas tem guardada a camisa rasgada de Amailton de quando foi preso e espancado pelos policiais que o prenderam.

Dona Lucimar (esposa de Anísio) vive com os filhos e com a dor de lembrar o calvário pelo qual Anísio passou. Vive entre o Maranhão e o Pará, procura viver feliz apesar de tudo, acredita que, com a morte, o sofrimento do marido se encerrou. A família de Césio também procura esquecer o período sombrio da prisão. Hoje, ele é pai-avô de dois netinhos e se dedica, com a esposa, Alda, a cuidar dos netos e superar dores mais recentes de perdas de familiares importantes. Por onde se vê no dia a dia, Césio está a brincar com as crianças.

Então, com a prescrição de todos os crimes dos meninos emasculados de Altamira. A omissão do Poder Judiciário frente a todas as provas que poderiam levar a respostas. A morte de Amailton Madeira Gomes, a morte de Carlos Alberto Santos de Lima, a morte de Anísio Ferreira de Souza e de Valentina de Andrade. A progressão para o regime aberto de Césio Flávio Caldas Brandão e a decisão de Vandicley, do primeiro e do segundo sobreviventes de não tocarem mais nesse assunto. Concluo o meu trabalho com o caso dos meninos emasculados de Altamira.

Tenho esperanças de que o registro feito pelo Projeto Humanos Altamira sirva para a observância de nossas ações pessoais no cumprimento de nossos deveres enquanto cidadãos, o cuidado e a responsabilidade implicada nas acusações e nas defesas seja em qualquer situação que enfrentemos da nossa vida.

Belém do Pará, 24 de janeiro de 2023.

Rubens José Garcia Pena Junior

O que eu acredito sobre o caso de Altamira

Comecei a pesquisar e investigar o caso dos meninos emasculados de Altamira com uma única coisa em mente: ver se haveria alguma resposta sobre o que tinha acontecido com Evandro Ramos Caetano e Leandro Bossi, os meninos assassinados em Guaratuba, no litoral do Paraná, no ano de 1992.

A história que eu ouvia sempre era aquela: Valentina foi suspeita em Guaratuba, mas não acharam nada contra ela e, pouco tempo depois, ela foi acusada de estar envolvida na morte de crianças no Norte do país.

Descobri algumas respostas, mas não as que eu procurava. Estou convencido de que Valentina não teve nada a ver com as mortes das crianças no Pará, tampouco no Paraná, muito menos no Maranhão. Também estou convencido de que ela só foi acusada no Pará por causa da repercussão do caso Evandro por todo o país e que Chagas é o verdadeiro assassino de Altamira.

Essas são as respostas que tenho.

Faço das palavras de Rubens as minhas: acredito que meu trabalho sobre Altamira está encerrado. Confesso que ainda tenho esperanças de um dia encontrar o relatório da Polícia Federal de 1993, que creio ser a grande peça que falta nesse quebra-cabeça todo. Se um dia isso acontecer, farei questão de anunciar.

Quando comecei minha pesquisa sobre Altamira, eu já sabia de Francisco de Chagas. Tenho certeza de que muitos de vocês, leitores que chegaram até aqui, também já o conheciam. Mas, assim como eu, talvez não soubessem exatamente os motivos de o Estado do Pará nunca o ter reconhecido como o verdadeiro assassino, tampouco exatamente o que havia sido descoberto sobre ele em Altamira. Meu trabalho foi tentar esclarecer os detalhes para o público geral, de uma vez por todas. Se a justiça formal nunca o reconheceu como o verdadeiro assassino no Pará, tenho esperança de que este trabalho enciclopédico sirva como referência e exemplo de que, muitas vezes, a justiça não está interessada na verdade real dos fatos. Temos um longo caminho pela frente para mudar esse cenário. Esta história é minha pequena contribuição.

Tenho centenas de horas de áudios que não utilizei no podcast, de pessoas que sequer foram citadas aqui. Tentei focar sempre o que era mais importante para a elucidação da história, tentando responder a esta única dúvida: se Chagas é o assassino de Altamira, por que nunca foi julgado no Pará? A resposta é frustrante, dolorosa, mas é uma resposta. E, se serve de algum consolo, mínimo que seja, Francisco das Chagas está cumprindo pena. Ele não saiu impune. E mais nenhuma criança morreu nas suas mãos.

A meu ver, o caso dos meninos emasculados de Altamira tem uma solução real. Mas tem outra solução que é formal, e outras soluções nos imaginários. Elas se cruzam em alguns pontos, mas são totalmente diferentes entre si. Se existe uma coisa em comum em todas elas é que todos os envolvidos querem descansar. Por mais que as famílias das vítimas queiram que nunca se esqueçam de suas dores, e que as famílias dos acusados desejem seus nomes limpos para o grande público, ninguém mais está disposto a enfrentar os dolorosos caminhos de uma suposta justiça.

Então, aqui, agradeço e me despeço de Altamira, torcendo para que suas crianças tenham algum descanso.

Epílogo

No dia 10 de junho de 2022, eu havia acabado de publicar o episódio 10 da temporada "Altamira" — que se encerrou com 32 capítulos. Aquele episódio abordava Edmilson Frazão, e a primeira vez que Valentina de Andrade entrava de fato no caso como suspeita.

Foi também nesse dia que recebi uma mensagem. Era alguém me avisando que a Secretaria de Segurança Pública do Paraná estava marcando uma coletiva de imprensa para o fim da tarde daquele dia. O motivo seria algo relacionado ao caso Leandro Bossi. Nessa coletiva foi revelada uma reviravolta no caso: após um novo exame de DNA, constataram que uma ossada encontrada em Guaratuba em 1993, e que na época acreditava-se ser de uma menina, era na verdade a ossada de Leandro Bossi.

Terminei o caso dos emasculados de Altamira esclarecendo minhas dúvidas sobre Valentina de Andrade. Pude, com tranquilidade, cortá-la da minha lista de suspeitos em Guaratuba.

E sei que, muito provavelmente, quem matou Evandro em abril de 1992 também matou Leandro Bossi em fevereiro de 1992. Uma história complementa a outra. E essa informação da identificação de sua ossada era uma nova pista que surgia trinta anos depois. Eu não podia ignorá-la.

Desde então, entrei em contato com a família Bossi. Perguntei se eles me autorizavam a olhar a história de Leandro e transformá-la na minha pesquisa. Eles aceitaram.

E então decidi que era hora de voltar para Guaratuba. O que mais eu poderia encontrar?

Personagens

A. Soares: PM que teria apresentado Carlos Alberto a Zaila Gomes.

Adijael Silva Feitosa: testemunha que relata ter sido abusada por Amailton Madeira Gomes.

Afonso Jofrei Macedo Ferro: promotor de Altamira responsável pela denúncia contra Chagas em 2005.

Agostinho José da Costa: testemunha-chave que liga Césio e Amailton ao crime contra Jaenes.

Aida Maria: deputada estadual do PT no Pará na época dos crimes.

Ailton Fonseca do Nascimento: criança desaparecida em maio de 1991, em Altamira.

Aldenor Ferreira Cardoso: ex-PM reconhecido por Wandicley como seu sequestrador.

Aldir Viana: deputado estadual do PSDB no Pará na época dos crimes.

Alexandrina Silva dos Santos: testemunha que denuncia más práticas médicas de Anísio.

Almiro Oliveira: oficial de Justiça que atuou no júri de Valentina.

Amadeu (AABB): pai do Segundo Sobrevivente.

Amailton Madeira Gomes: filho de Amadeu Gomes, é um dos acusados no caso dos emasculados.

Amaury Ribeiro Jr.: jornalista que escreveu matéria sobre o relatório da PF em 1998.

Américo Leal: advogado de defesa de Amailton e Valentina.

Ana Celina Bentes Hamoy: advogada da assistência de acusação e ativista dos direitos humanos.

Ana Paula: ex-funcionária de Anísio que teria visto um órgão de menino na clínica dele.

Anésia Edith Kowalski: juíza responsável pelo caso Evandro em 1992.

Angelita Pinheiro de Farias: mãe de Rosinaldo Farias da Silva.

Anísio Ferreira de Souza: médico acusado e condenado no caso dos meninos emasculados.

Antônia Melo: ativista fundadora de organizações sociais em Altamira.

Antônio Afonso da Silva Barros: testemunha no inquérito da morte de Rosa Coelho.

Antônio César de Brito Ferreira: advogado contratado pela família de Jaenes que fez parte da assistência de acusação em 1996.

Antônio de Pádua Serafim: psicólogo que realizou o segundo exame em Chagas, em 2004.
Antônio Delmiro: cabo do Exército que acompanhou Agostinho nas buscas por Jaenes.
Antônio Gonçalves de Oliveira: testemunha de defesa de Amailton.
Antônio Paraná: suposto contrabandista e traficante conhecido em Altamira.
Antônio Reis Silva: menino de 12 anos que foi morto e emasculado no Maranhão em 1991.
Araquém Gomes: irmão de José Amadeu Gomes.
Ari Ferreira Fontana: advogado que atuou na defesa de Valentina na época do júri, em 2003.
Armando Aragão: medico-legista que atuou em Altamira.
Arnaldo Faivro Busato Filho: advogado de Valentina na época do caso Leandro Bossi.
Arnaldo Gomes: irmão de José Amadeu Gomes.
Aroldo Rodrigues Alves: médico que assina um breve laudo cadavérico de Jaenes.
Arthemio Medeiros Lins Leal: advogado de defesa de Valentina.
Augustino Pedro Veit: conselheiro do Conanda na época dos crimes.
Beatriz Abagge: acusada no caso Evandro.
Benedito Roberto de Oliveira: testemunha que revela a história da empregada Fátima.
Benilton Ferreira da Silva: agente da PM que participou da força-tarefa responsável por investigar os casos no Maranhão.
Bertolino Neto: delegado civil de Belém responsável pela prisão de Rotílio.
Brivaldo Pinto Soares Filho: delegado responsável pelo inquérito de Jaenes em outubro de 1992.
Bruno Sechi: forte liderança religiosa em Belém do Pará na época dos crimes.
Caio Fortes de Matheus: advogado que auxiliou a defesa de Valentina durante o júri.
Carlos Alberto dos Santos Lima: policial militar acusado no caso dos meninos.
Carlos Calvo: fundador e presidente do LUS na Argentina.
Carlos Freire: dono do hotel onde os jurados se hospedaram durante o júri de Valentina.
Carlos Leal: psicólogo que realizou o primeiro exame em Chagas.
Carlota Martins Ribeiro: testemunha de defesa de Anísio no júri.
Celina Abagge: acusada no caso Evandro.
Césio Flávio Caldas Brandão: médico reconhecido por Agostinho como suspeito na morte de Jaenes; condenado no tribunal do júri.
Cezário Loiola Pinheiro: pai de Wandicley, sobrevivente emasculado.

Cláudio Dalledone Júnior: advogado de defesa que atuou no júri de Valentina de Andrade.

Cláudio Lopes Ferreira: morador que assina carta denunciando poderosos de Altamira.

Clodomir Araújo: assistente de acusação nos júris em 2003.

Clodomir Araújo Júnior: atuou junto com o pai, Clodomir Araújo, na assistência de acusação dos júris.

Damares Alves: senadora e ex-ministra da Mulher, da Família e dos Direitos Humanos, participou em 2004 de audiência sobre os emasculados.

Damião da Silva Frazão: irmão mais velho da testemunha Edmilson da Silva Frazão.

Daniel Barros: psiquiatra forense consultado para o podcast.

Daniel Ribeiro Ferreira: menino de 4 anos morto em fevereiro de 2003 no Maranhão.

Daniele Gossenheimer Rodrigues: delegada da Polícia Federal responsável por investigar Chagas em Altamira.

Dino Raul Cavet: advogado de defesa de Césio em 1993.

Domingos de Moraes: testemunha que presta depoimento desfavorável a Anísio.

Domingos Juvenil: deputado e amigo de Anísio.

Domingos Oliveira: pai de Daniel, menino de 4 anos morto em 2003 no Maranhão.

Donato Brandão: homem condenado por emascular jovens na década de 1990 no Maranhão.

Douglas Martins: assessor do Ministério da Justiça na época dos júris.

Duílio Nolasco Pereira: marido de Valentina entre 1953 e 1973.

Éder Mauro: delegado civil designado para o caso dos meninos em 1993.

Edilúcia Chaves Trindade: delegada civil do Maranhão responsável pela prisão de Chagas.

Edmilson Barbosa Leray: promotor de Altamira que ouviu novas testemunhas na época dos júris.

Edmilson da Silva Frazão: testemunha que diz ter participado de uma "missa negra" na chácara de Anísio.

Elaine de Souza Nuayed: promotora que participou da terceira fase de juízo do caso dos emasculados.

Eli Pacheco de Queiroz: funcionário do hotel que hospedou Valentina em Altamira em 1987.

Eliete de Almeida de Souza: promotora que solicitou perícia na clínica do doutor Anísio.

Elisabete Pereira de Lima: juíza designada para atuar em Altamira em julho de 1993.

Elizabeth Maria Pereira Ferreira: psiquiatra que assinou o segundo laudo de Amailton.
Ely da Silva Frazão: irmão de Edmilson da Silva Frazão.
Emanoel Diego de Jesus Silva: adolescente de 14 anos morto em maio de 2003 no Maranhão.
Emanuel Villaça: jornalista que trabalhava para a TV Liberal na época dos crimes.
Estanislau Juscelino Nunes Leão: testemunha que conhecia Josivaldo Aranha da Silva desde a infância.
Eudilene Pereira da Costa: adolescente que se diz testemunha de uma série de crimes contra meninos.
Evando Guimarães Martins: delegado de Altamira na época do caso de Flávio Lopes da Silva.
Evandro Ramos Caetano: criança desaparecida e encontrada morta em abril de 1992 em Guaratuba.
Ezedequias da Costa: promotor que acompanhou o caso da quebra de incomunicabilidade.
Fábio Caetano: superintendente da Polícia Federal no Pará na década de 1990.
Fátima: empregada que teria visto Amailton com uma camisa suja de sangue.
Flávio Lopes da Silva: menino de 10 anos morto em março de 1993 em Altamira.
Francinelia de Paula: testemunha que confirma álibi de Césio.
Francisca de Souza Oliveira: empregada que teria visto Valentina em uma casa de freiras em Altamira em 1993.
Francisco Barbosa de Oliveira: procurador de Justiça do Pará que pediu a pronúncia dos réus em 1997.
Francisco das Chagas: mecânico preso no Maranhão por envolvimento em casos de violência contra crianças.
Francisco das Chagas da Silva: pai de José Chagas, menino que sumiu em Altamira no ano de 1992.
Francisco Edyr Silva: delegado que teria convidado Edmilson Frazão para ajudar nas investigações.
Frederick Wassef: advogado que atuou na defesa de Valentina.
Frederico Antônio Lima de Oliveira: promotor que assina o aditamento à denúncia do Ministério Público.
Geraldo Gomes: irmão de José Amadeu Gomes.
Gessinaldo A. Santana: promotor de Altamira que tomou o depoimento de Valdete.
Gilberto Denis da Costa: uma das principais testemunhas contra Amailton Madeira Gomes.
Gilberto Nobre Pontes: chefe da Divisão de Serviços Gerais do TJPA na época do júri de Valentina.

Gracinda Lima Magalhães: testemunha que confirma álibi de Césio.

Guido Palomba: psiquiatra forense que examinou Amailton em 1993.

Gustavo Ota Ueno: perito que fez a análise geográfica dos crimes em Altamira em 2004.

Hélio Bicudo: deputado que presidiu a Comissão de Direitos Humanos da Câmara em 1996.

Hercílio Pinto de Carvalho: advogado que representou Amailton, Carlos Alberto, Aldenor e Valentina.

Hildebrando Souza Reis: irmão da testemunha Ivan Souza Reis.

Ilana Casoy: criminóloga e escritora, auxiliou a polícia a investigar Chagas em 2004.

Iracema Soares de Jesus: agente da PF que trabalhou na Operação Monstro de Altamira.

Irene Nascimento: irmã de Ailton Fonseca do Nascimento.

Irene Oliveira Pereira: funcionária de sorveteria que teria ouvido a história da empregada Fátima.

Ivan Souza Reis: testemunha de defesa de Anísio que não compareceu ao júri.

Jaciara Silva Barros: testemunha no inquérito da morte de Rosa Coelho.

Jader Barbalho: governador do Pará entre 1991 e 1994.

Jader Marques: advogado que trabalhou no processo aberto contra Chagas em 2005 no Pará.

Jaenes da Silva Pessoa: criança emasculada e morta em outubro de 1992 em Altamira.

Jailson Alves Viana: adolescente de 15 anos que desapareceu em 1996 no Maranhão.

Jailson Oliveira Pinheiro: primo de Wandicley Oliveira Pinheiro.

Jânio Siqueira: advogado de defesa de Césio Flávio Caldas Brandão.

Jeanes da Silva: garoto de 13 anos que ficou internado na clínica de Anísio em 1992.

Jeferson Cícero dos Santos: policial de Vitória do Xingu, município próximo a Altamira.

Jefferson José Gualberto Neves: delegado que tomou o primeiro depoimento oficial de Edmilson Frazão.

João Carlos Amorim Diniz: delegado civil conhecido por ligar Chagas a diversos crimes no Maranhão.

João Matogrosso: candidato a vereador em Altamira que venceu as eleições de 1992.

Jondelvanes Macedo Escórcio: menino de 10 anos que desapareceu em 1991 no Maranhão.

Jonnathan Silva Vieira: adolescente de 15 anos que desapareceu em 2003 no Maranhão.

Josadarc da Silva Frazão: irmão de Edmilson da Silva Frazão.

José Alfredo Teruggi: marido de Valentina de Andrade em 1992.
José Amadeu Gomes: rico fazendeiro de Altamira, pai de Amailton Gomes.
José Antônio dos Santos: oficial de Justiça que atuou no júri de Valentina.
José Augusto Torres Potiguar: procurador da República do Estado do Pará em 1996.
José Carlos Bergamim: apontado no relatório da PF de 1996 como suspeito na morte de Judirley.
José Carlos Bezerra Gomes: criança desaparecida em agosto de 1991 e jamais encontrada.
José Carlos de Souza Machado: policial federal que chefiou as investigações em Altamira.
José Carlos Melém: advogado de defesa de Anísio.
José Chagas da Silva: menino que desapareceu em 1992 em Altamira e nunca mais foi localizado.
José da Silva: pai de Jeanes da Silva, que ficou internado na clínica de Anísio em 1992.
José Luiz Sobrinho: testemunha que traz à tona elementos contra Amailton Madeira Gomes.
José Marialves: pai de Judirley da Cunha Chipaia.
José Orlando de Paula Arrifano: magistrado que ouve testemunhas durante a fase em juízo.
José Sidney: primeiro sobrevivente do caso dos emasculados de Altamira.
Josivaldo Aranha da Silva: testemunha ameaçada no dia em que Judirley foi morto.
Juarez Gomes Pessoa: pai de Jaenes da Silva Pessoa.
Judirley da Cunha Chipaia: criança emasculada e morta em janeiro de 1992 em Altamira.
Júlio César de Moraes: administrador regional da Funai em 1992.
Júlio César Pereira Melo: menino de 11 anos morto no Maranhão em junho de 1998.
Klebson Ferreira Caldas: menino que desapareceu em Altamira em novembro de 1992.
Leandro Bossi: criança desaparecida em 15 de fevereiro de 1992 em Guaratuba.
Leocádio Casanova: perito escolhido pela defesa de Valentina na análise das fitas do LUS.
Leonardo de Mello Silva: menino de 3 anos que desapareceu em Umuarama em 2001.
Liliane Tabosa Arraes: médica e testemunha de defesa de Césio.
Lizandra da Cunha Chipaia: irmã de Judirley da Cunha Chipaia.
Loidenne Sabino de Jesus: adolescente de 16 anos que trabalhou como doméstica para Anísio em 1992.
Lourival Barbalho: cirurgião que fez o tratamento de dois sobreviventes.

Lúcia da Cunha Chipaia: irmã de Judirley da Cunha Chipaia.
Luciel Caxiado: advogado de defesa de Amailton.
Lucilene da Cunha Chipaia: irmã de Judirley da Cunha Chipaia.
Lucimar Ferreira Lima de Souza: esposa de Anísio Ferreira de Souza.
Luiz Antônio Teixeira: médico apontado por Eudilene como suspeito no caso dos emasculados.
Luiz Arcanjo de Morais: vigia que encontrou o corpo de Flávio em março de 1993.
Luiz Carlos de Oliveira: delegado responsável pelo caso Leandro Bossi.
Luiz Couto: deputado do PT que participou em 2004 da audiência sobre os emasculados.
Luiz Ernane Ribeiro Malato: quinto juiz da Comarca de Altamira a conduzir o caso dos meninos.
Luiz Kapiche Neto: radialista e advogado em Altamira ligado aos Gomes.
Luiz Loureiro: legista que assinou o laudo de exame do corpo de Flávio.
Madalena da Silva Brito: empregada doméstica da família Gomes na época dos crimes.
Mãezinha: conhecida mãe de santo em Altamira na década de 1990.
Manoel Santino Nascimento Júnior: procurador-geral da Justiça do Pará em 1996.
Márcio Madeira Gomes: irmão de Amailton Madeira Gomes.
Marco Antônio Sadeck: advogado de defesa de Valentina.
Marco Aurélio Mello: ministro do STF que concedeu *habeas corpus* aos acusados.
Marco Feliciano: presidente da Comissão de Direitos Humanos da Câmara em 2013.
Margarida Bezerra: testemunha no inquérito da morte de Rosa Coelho.
Maria Adelaide de Freitas Caires: psicóloga que realizou o segundo exame em Chagas, em 2004.
Maria Carolina Farias: mãe de Maurício, que desapareceu em Altamira em 1992.
Maria da Conceição da Silva: empregada que diz ter visto Anísio e Valentina juntos na década de 1990.
Maria de Nazaré Vieira da Costa: dona de restaurante em Vitória do Xingu, cidade próxima a Altamira.
Maria dos Passos Reis: testemunha de defesa de Anísio no júri.
Maria Edith da Mota Chaves: testemunha de acusação que liga a família Gomes ao médico Césio.
Maria Eliane Menezes: procuradora federal dos Direitos do Cidadão na época dos júris.

Maria Esther Ferreira Queiroz: irmã de Klebson, morto em novembro de 1992 em Altamira.
Maria Ferreira Caldas Sobrinho: mãe de Klebson, morto em novembro de 1992 em Altamira.
Maria Filomena Buarque Camacho: juíza da Comarca de Altamira.
Maria Ivonete Coutinho da Silva: professora e ativista.
Maria Lucia Tavares: mãe de Ruan Victor, testemunha que incriminou Chagas no caso Jonnathan.
Maria Luiza Lopes da Silva: mãe de Flávio, menino morto em março de 1993 em Altamira.
Maria Silvana Coelho: madrinha de Jonnathan, adolescente morto em 2003 no Maranhão.
Maria Suany Silva de Souza: testemunha que confirma álibi de Césio.
Marilda Cantal: defensora pública que representou Carlos Alberto durante o júri.
Maurício Corrêa: ministro da Justiça entre 3 de outubro de 1992 e 5 de abril de 1994.
Maurício Farias de Souza: menino de 13 anos que desapareceu em dezembro de 1992 em Altamira.
Moacir Silva: pai de Flávio, menino morto em 1993 em Altamira.
Mônica Barbel Walther: testemunha de defesa de Valentina no júri.
Néder Duarte: superintendente da Polícia Federal na época dos júris em 2003.
Nelson Monteiro de Souza: amigo de Chagas da época em que ele morou em Altamira.
Neyvaldo Costa: delegado que atuou no inquérito da quebra de incomunicabilidade.
Nilma Nazaré de Almeida Alves: delegada que auxiliou nas investigações de Brivaldo em 1992.
Nilmário Miranda: secretário de Direitos Humanos do primeiro governo Lula.
Ociralva de Souza Farias Tabosa: promotora de Justiça de Altamira.
Olinda Mora Silva: testemunha citada no relatório da PF de 1996, é uma das possíveis identidades da "empregada Fátima".
Orion Klautau: delegado da Polícia Civil de Altamira em 1992.
Orlandina Silva de Souza: testemunha que traz à tona a história de Ana Paula.
Osvaldo Serrão: advogado de defesa do dr. Anísio.
Otávio Torres Filho: delegado de Vitória do Xingu, cidade próxima a Altamira.
Paula Mendes Lacerda: antropóloga e pesquisadora do caso dos emasculados.
Paulina Bossi: mãe de Leandro Bossi.
Paulo Eduardo Feitosa Pereira: testemunha que confirma álibi de Césio.

Paulo Roberto Ferreira Vieira: juiz de Altamira designado para o caso após decisão do STF.

Pedro Fim: rapaz apontado por Eudilene como suspeito no caso dos emasculados.

Perilo Gomes: irmão de José Amadeu Gomes.

Porfírio Frazão Filho: pai de Edmilson da Silva Frazão.

Raimunda Coelho Adriano: testemunha no inquérito da morte de Rosa Coelho.

Raimunda Gomes da Silva: testemunha que presta depoimento desfavorável ao médico Anísio.

Raimundo Benassuly Maués Júnior: delegado que conduziu o inquérito da morte de Rosa Coelho.

Raimundo Brígido Silveira Neto: testemunha de defesa de Amailton.

Raimundo Moreira Silva: pai de Rosinaldo Farias da Silva.

Raimundo Nonato Silva Pinto: perito que assinou a reconstituição do relato de Agostinho.

Raimundo Pereira da Costa: tio de Eudilene Pereira da Costa.

Raul Thadeu: jornalista chamado pela defesa de Valentina para depor no júri.

Regiane Silva Vieira: irmã de Jonnathan, adolescente morto em dezembro de 2003 no Maranhão.

Renan Santos de Souza: menino de 8 anos que desapareceu em janeiro de 1993 em Altamira.

Ricardo Albuquerque da Silva: promotor que assinou documento sobre a anulação do júri de Valentina.

Rita Evangelina Anchieta Pereira: testemunha que confirma álibi de Césio.

Rita Gomes da Silva: mãe de Jonnathan, adolescente morto em dezembro de 2003 no Maranhão.

Roberto Carlos Macedo Lima: delegado que trabalhou no caso Jaenes da Silva Pessoa.

Roberto Gonçalves de Moura: juiz que determinou busca e apreensão em endereços citados por Eudilene.

Roberto Lauria: advogado que solicitou em 2012 a revisão criminal do processo contra Césio.

Roberto Olivera: marido de Valentina entre 1970 e 1980.

Roberto Pereira Pinho: promotor que pede a impronúncia dos réus em 1994, com exceção de Valentina.

Rogenir Almeida Santos: coordenador do Instituto Marcos Passerini nos anos 1990.

Ronaldo Valle: juiz que presidiu o júri dos acusados em 2003.

Rosa de Fátima de Souza Corrêa: advogada que fez parte da assistência de acusação em 1996.

Rosa Maria Pessoa: mãe de Jaenes da Silva Pessoa.

Rosa Souza Coelho: mulher encontrada morta em um igarapé em outubro de 1992.
Rosana Cordovil: promotora que atuou no júri dos acusados em 2003.
Rosinaldo Farias da Silva: menino de 11 anos que desapareceu em setembro de 1993 em Altamira.
Rotílio Francisco do Rosário: morador de rua preso em 1992 como suspeito no caso dos emasculados.
Ruan Victor: testemunha que ajudou a incriminar Chagas no caso Jonnathan.
Rubens Pena Júnior: advogado e antropólogo.
Samuel Gueiros Pessoa Júnior: psiquiatra que assinou o segundo laudo de Amailton.
Sávio Corinaldesi: padre e coordenador da Pastoral de Altamira em 1992.
Sebastião Ribeiro Borges: menino que desapareceu em agosto de 2000 no Maranhão.
Segundo Sobrevivente: criança que sobreviveu após ser emasculada em 1989.
Sérgio Tibúrcio dos Santos Silva: promotor designado para atuar em Altamira em junho de 1993.
Socorro Patello: professora que produziu uma análise do livro *Deus, a grande farsa*.
Sueli de Oliveira Matos: conselheira tutelar que escreveu carta sobre o policial A. Santos.
Synval de Castro: promotor de Justiça de Altamira.
Terezinha Martins Cavalheri: testemunha de defesa de Amailton.
Tito Mendes Vieira: menino de 12 anos que desapareceu em janeiro de 1991 em Altamira.
Ubelina Bezerra: testemunha no inquérito da morte de Rosa Coelho.
Valdete Rodrigues Barroso: testemunha que desapareceu após ter passado informações para a Polícia Federal.
Valentina de Andrade: líder do Lineamento Universal Superior, acusada e inocentada no caso dos meninos de Altamira.
Vanda Lúcia de Silva Melo: esposa de Antônio Paraná na época dos crimes.
Vandivaldo Oliveira Pinheiro: irmão mais novo de Wandicley.
Vantuil Estevão de Souza: fazendeiro de Altamira e marido da juíza Vera Araújo.
Vera Araújo de Souza: juíza da Comarca de Altamira.
Virgínia Vieira Rodrigues: delegada da Polícia Federal que auxiliou nas investigações sobre Chagas em Altamira.
Waldir Freire: delegado responsável pelo inquérito da quebra de incomunicabilidade.
Walter Muñoz: marido de Valentina na época dos júris em 2003.
Wanderley Gomes Costa: testemunha de defesa de Amailton.

Wandicley Oliveira Pinheiro: terceiro sobrevivente do caso dos emasculados de Altamira.

Wilton Carlos Rego: perito que ajudou a ligar Chagas a diversos crimes no Maranhão.

Zaila Madeira Gomes: mãe de Amailton Madeira Gomes.

Zamo: cabo eleitoral de Anísio nas eleições de 1992.

Zuilda Mendes Vieira: mãe de Tito Mendes Vieira.

Agradecimentos

O *Projeto Humanos*, que deu origem a este livro, é um podcast em formato *storytelling* criado e produzido por mim, Ivan Mizanzuk. Ele foi financiado pela Campside Media, distribuído pelo Globoplay e contou com a colaboração de várias pessoas.

Tainá Muhringer e Isabela Cabral me auxiliam nas pesquisas e escrita dos roteiros. Tainá foi essencial para me ajudar a entender toda a história de Chagas. Durante as pesquisas, Isabela foi uma verdadeira detetive em achar pessoas e informações. Ela também me deu uma mão fundamental neste livro, e é uma das jornalistas mais talentosas (e impiedosas) que conheço.

Ludmila Naves é uma roteirista incrível que trabalhou comigo na série do Globoplay sobre o caso Evandro. Na temporada "Altamira", ela foi a responsável por ouvir todas as incontáveis horas de conversa que eu tinha com Valentina e pessoas do seu entorno e transformar aquilo tudo numa narrativa coesa.

Na parte de áudio, pude contar com os talentos de edição de Bia Guimarães (Laboratório 37), Luan Alencar (Maremoto Podcasts) e a trilha magnífica composta por Felipe Ayres.

Marina Sequinel foi responsável pelas decupagens, transcrições e produção da enciclopédia sobre o caso. A enciclopédia só é incrível e rica daquele jeito por causa do seu trabalho brilhante.

Os jornalistas Maria Cecília Zarpelon, Sofia Magagnin e Mateus Stogmuller também ajudaram com decupagens e transcrições de entrevistas e matérias de TV. A Sofia em especial nos acompanhou também na revisão de alguns materiais da enciclopédia, e ela é de uma organização invejável.

Agradecimentos especiais aos pesquisadores Paula Mendes Lacerda, Kátia Melo, Katiane Silva, Leonardo Barros e Antonio Umbuzeiro. Sou um verdadeiro privilegiado por poder aprender com vocês.

E não há palavras que deem conta do quanto sou grato por ter contado com o trabalho de Rubens Pena Junior durante toda a minha pesquisa e produção do podcast. Foram quase três anos juntos, conversando com certa frequência. Tivemos nossos altos e baixos. Tivemos nossos momentos bem baixos, na verdade. Mas, no geral, quero acreditar que o saldo foi muito, muito positivo. Rubens é um jovem advogado e pesquisador brilhante, e eu não tenho dúvidas de que no futuro ainda ouviremos muito sobre ele.

Falando em pesquisa, Isabela Mota foi a responsável por varrer os acervos do Brasil inteiro atrás de matérias de imprensa da época e depois organizar e catalogar tudo com perfeição. Ela contou com a assistência de Karina Paes, na pesquisa local em Belém, e com a ajuda de Socorro Baia, da Coordenadoria da Biblioteca Pública Arthur Vianna. Foi o material delas que fez toda esta história ser tão bem fundamentada.

O advogado Iggor Gomes Rocha e a equipe dos escritórios Mendes & Lacerda Advogados e Vilela & Gomes Rocha, de São Luís, no Maranhão, nos auxiliaram na obtenção de arquivos. E foram eles que conseguiram muitos materiais sobre os processos que Chagas enfrentou no Maranhão. Obrigado por tudo, gente!

A professora e pesquisadora Elisa Cruz, que também é defensora pública no Rio de Janeiro, foi a responsável por catalogar os autos do processo e nos ajudar a navegar por eles com tranquilidade. Aliás, ela e o professor Guilherme Madeira foram minhas fontes recorrentes toda vez que eu tinha alguma dúvida sobre direito penal. Considero um privilégio poder contar com pessoas tão incríveis ao meu redor. Muito obrigado por me aguentarem.

A arte da temporada do podcast foi produzida por Saulo Mileti.

Também no podcast, Cecília Flesh foi a jornalista que deu voz a muitas matérias impressas da época, que usamos em vários episódios. Ela sempre respondia a meus pedidos com enorme simpatia e agilidade, e eu sou eternamente grato a ela.

Anielle Casagrande é minha companheira e fez um trabalho tão incrível no site do *Projeto Humanos* que os pepinos nunca mais aconteceram. Foi uma temporada tranquila nesse departamento, graças ao fantástico trabalho dela.

E não menos importante, agradeço aos milhares de ouvintes e leitores que me acompanham. Esse trabalho colossal só existe por causa do seu interesse. Muito obrigado e até a próxima.

Anexos

Anexo 1

Emasculados sobreviventes	Assassinados	Desaparecidos	Tentativa de Sequestro
JS☒	Ossada 1989	TMV	ACOS
☒☒	Everilton	JCBG	RFS
WOP	Ailton	MFS	Anônimo SUDAM
Anônimo "Anapu"	Judirley	RSS	WAAS
	Ednaldo	RFS	DFPO
	Jaenes		AKGS
	Klebson		SFS
	Flávio		GS
			GFL

Relação de vítimas emasculadas publicada pelo Comitê em Defesa da Vida das Crianças Altamirenses em 1996. A publicação do Comitê enumerou dezesseis ocorrências: três sobreviventes, oito mortos e cinco desaparecidos. São estes eventos que a Polícia Federal e Civil do Pará investigaram em 2004.

Anexo 2

Data	Local	Sobre as vítimas	Confessado por Francisco das Chagas	Nome	Ordem
8/2/1989	PA - Altamira	Emasculado, sobrevivente	Sim	José Sidney (SOBRENOME RISCADO)	1º
9/26/1989	PA - Altamira	Sem informação de emasculação, morto	Sim	Ieverilton Rocha dos Santos	2º
11/16/1989	PA - Altamira	Emasculado, sobrevivente	Sim	ANÔNIMO	3º
9/23/1990	PA - Altamira	Emasculado, sobrevivente	Sim	Wandeclei Oliveira Pinheiro	4º
1/20/1991	PA - Altamira	Desaparecido	Sim	Tito Mendes Vieira	5º
5/5/1991	PA - Altamira	Ossada	Sim	Ailton Fonseca de Nascimento	6º
5/13/1991	PA - Altamira	Não emasculado, sequestrado	Não	Antônio Carlos de Oliveira da Silva	
8/21/1991	PA - Altamira	Desaparecido	Sim	José Carlos Bezerra Gomes	7º
9/7/1991	MA	Emasculado	Sim	Jodelvanes de Macedo Escócio	1º
9/17/1991	MA	Emasculado	Sim	Ranier Silva Cruz	2º
10/8/1991	MA	Emasculado	Sim	Antônio Reis Silva	3º
11/7/1991	MA	Emasculado	Sim	Ivanildo Póvoas Ferreira	4º
11/20/1991	MA	Emasculado	Sim	Carlos Wagner dos Santos Sousa	5º
1/1/1992	PA - Altamira	Emasculado	Sim	Judirley da Cunha Chipaia	8º
?/?/1992	PA - Altamira	Emasculado	Sim	José Chagas da Silva	9º
3/3/1992	MA	Emasculado	Sim	Bernardo Rodrigues Costa	6º
4/11/1992	PA - Altamira	Não emasculado, morto	Não	Ednaldo de Sousa Teixeira	
10/1/1992	PA - Altamira	Emasculado	Sim	Jaenes da Silva Pessoa	10º
11/13/1992	PA - Altamira	Emasculado	Sim	Klebson Ferreira Caldas	11º
11/24/1992	PA - Altamira	Não emasculado, sequestrado	Não	Sandoval Francisco da Silva	
12/27/1992	PA - Altamira	Desaparecido	Sim	Maurício Farias de Sousa	12º
1/24/1993	PA - Altamira	Desaparecido	Não	Renan Santos de Sousa	
3/27/1993	PA - Altamira	Ferimento dos órgãos	Sim	Flávio Lopes da Silva	
8/14/1993	PA - Altamira	Não emasculado	Não	George dos Santos Ferreira	13º
9/9/1993	PA - Altamira	Desaparecido	Sim	Rosinaldo Farias da Silva	14º
9/27/1993	PA - Altamira	Não emasculado, sobrevivente	Não	Gilberto Leite Ferreira	

Data	Local	Sobre as vítimas	Confessado por Francisco das Chagas	Nome	Ordem
8/20/1994	MA	Desaparecido	Sim	Alexandre dos Santos Gonçalves "Beijola"	7º
3/21/1996	MA	Emasculado	Sim	Nerivaldo dos Santos Ferreira	8º
7/25/1996	MA	Ossada	Sim	Bernardo da Silva Modesto	9º
12/25/1996	MA	Ossada	Sim	Jailson Alves Viana	10º
6/7/1997	MA	Emasculado	Sim	Eduardo Rocha da Silva	11º
6/7/1997	MA	Emasculado	Sim	Raimundo Nonato da Conceição Filho	12º
9/10/1997	MA	Ossada	Sim	Evanilson Catanhede Costa	13º
10/9/1997	MA	Emasculado	Sim	Josemar de Jesus dos Santos Batista	14º
10/25/1997	MA	Emasculado	Sim	Rafael Carvalho Carneiro	15º
6/18/1998	MA	Ossada	Sim	Julio César Pereira Melo	16º
6/28/1998	MA	Ossada	Sim	Nonato Alves da Silva	17º
?/08/1999	MA	Vítima não localizada	Sim	Não identificada	18º
8/17/2000	MA	Ossada	Sim	Sebastião Ribeiro Borges	19º
9/3/2000	MA	Emasculados	Sim	Hermógenes Colares dos Santos	20º
9/3/2000	MA	Emasculados	Sim	Raimundo Luis Sousa Cordeira	21º
3/5/2001	MA	Ossada	Sim	Diego Gomes de Araújo	22º
5/5/2001	MA	Desaparecido	Sim	Laércio Silva Martins	23º
10/7/2001	MA	Emasculado	Sim	Welson Frazão Serra	24º
10/16/2001	MA	Emasculado	Não	Ruan Diego da Silva Portela	
2/15/2002	MA	Emasculado	Sim	Edivan Pinto Lobato	25º
?/08/2002	MA	Desaparecido	Sim	Alexandre de Lemos Pereira	26º
2/10/2003	NA	Ossada	Sim	Daniel Ferreira Ribeira	27º
5/4/2003	MA	Ossada	Sim	Emanoel Diego de Jesus Silva	28º
12/6/2003	MA	Ossada	Sim	Jonnathan Silva Vieira	29º

Cruzamento de datas dos crimes de Francisco das Chagas. Informações obtidas na tabela montada pela Polícia Civil do Maranhão e pela Polícia Federal em conjunto.

Anexo 3

Trechos do depoimento de Francisco das Chagas à Polícia Federal, realizado em 6 de julho de 2004

"Parecia uma coisa falando para mim, no primeiro caso do aeroporto, vinha um negócio dizendo para eu fazer. Aí eu pegava, cortava ali e essa pessoa engoliu, comeu, botou na boca dele. Esse negócio foi aumentando. Quando eu via, ficava uma coisa me usando, aí eu ia e matava a vítima enforcando. Sempre eu tinha uma ordem para matar primeiro. Depois eu ia cortava, procura um pé de tucum e fazia uma vala funda no chão em forma de cruz. Colhia um pouco de sangue e colocava na vala. Conforme o corpo ficava demorava para acontecer outro fato. Se ficasse de lado, dava uns três meses. Se ficasse de bruços, uns seis meses. Todos os meninos de Altamira foram mortos enforcados. Ela disse para deixar alguns vivos. Era a ordem que eu tinha. Quem é a pessoa? É uma coisa que vem, que não via o rosto. Essa pessoa não pisava no chão, ficava flutuando. Só desaparecia quando matava a vítima. Quando terminava, eu ficava doidinho da cabeça Até mesmo o menino do Cupiuba, esse menino estava com um short verde quando de repente surgiu o negócio na minha frente e eu peguei e enforquei ele da mesma forma. Só o último foi, diferente. Quando o crânio pega vento, ele racha. Quando eu recebia a ordem para eu botar no pé da moita de Tucum. Quando recebia a ordem para levar para água, eu jogava na água, na correnteza. Mandava pegar o dedo, melava no sangue e colocava atrás da orelha. Tudo foi assim. A pessoa só desaparecia depois que eu matava a vítima. Através desse negócio é que atraia a vítima. Ela lançava alguma coisa sobre a minha pessoa que a vítima vinha para meus pés. No aeroporto, não tinha negócio de gaiola O menino veio de repente. Parecia uma coisa me levando. Até mesmo a Iracema perguntou que jeito ele deixou, mas ele não quis falar no caso enquanto não chegasse no momento certo. É totalmente diferente. Não existe negócio de seita, nunca andei com ninguém, sempre andei só. Essa coisa quando vinha, não permitia que eu andasse com ninguém. Tinha um caso do Maranhão que eu conhecia o pai da pessoa, conhecia ele, só que o negócio já tinha atraído, aí eu sentei e não vi mais nada. Era quatro horas da tarde e só consegui sair cinco da manhã sem acontecer nada comigo. Não era minha vontade. O negócio é que descia. Esses casos desses meninos, tinha caso que não tinha caso de manga. Essa é a primeira história que veio. Nos casos todinhos, a vítima era atraída. A pessoa ia, não reclamava de nada. Quando era pessoa que era escolhida, muitas vezes montavam dois na bicicleta e um era mandado descer, a coisa mandava. No primeiro caso, o negócio mandou eu colocar na boca dele para ele engolir. Aparecia sempre uma coisa no local, uma faca, alguma coisa, eu não levava nada. A coisa dizia para eu colocar no pé do Tucunzeiro, aí eu fazia uma cruz funda. Aí eu colhia um pouco de sangue e botava na vala e cobria. Mandava passar o dedo de sangue atrás da orelha. Aí essa pessoa sumia e eu saía doidinho. Só ia começar a ficar normal depois que passava a perturbação. Essa pessoa dizia pra mim que só ia ser revelado no último caso. Só no último caso ia ser revelado. Enquanto isso, ninguém ia suspeitar de nada, ver nada. Eu me pergunto por que eu já que eu não tinha maldade. Tinha um segredo no meu nascimento que a minha mãe morreu e não me quis. Eu tentava me aproximar para saber e mudavam de conversa. Sou uma pessoa normal como qualquer outra pessoa. Já namorei muito, mas só que acontecia esse tipo de coisa. Só que essas pessoas acham que a vítima era abusada. Só que essa pessoa que aparecia para mim, ele fazia isso para as pessoas acharem que a vítima era abusada. Nunca tive atração por homossexual, sempre fui louco por mulher. Essa pessoa, não consegui ver o rosto dele. Se tinha algum barulho no mato, nesse momento o mato ficava calado, nenhum um passarinho dava nem um pio. Onde a pessoa ficava, ficava um listra no chão, fazia tipo uma valinha rasa, aí botava o sangue e cobria de terra, era onde a pessoa ficava [...].

PRIMEIRO MENINO: Foi em 89. Eu acho que já foi para o meio do ano, porque era verão. Eu vinha vindo da firma, por volta de meio dia, eu encontrei esse menino e ele atravessou a pista e ele veio no meu rumo. Aí senti uma coisa que parecia que não estava mais pisando no chão. Aí eu disse para ele que eu sabia onde tinha um ninho de juriti.

Esse menino tava sozinho, não tinha ninguém com ele. No local, uma coisa me disse para eu pegar ele e enforcar ele. Depois, o negócio falou para eu soltar, que era para eu pegar a pontinha da pintinha de e botar para ele comer. Aí o negócio me disse para eu enforcar ele de novo, aí disse de novo solta. Aí eu fiquei assustado e saí dali e ele ficou tipo assim dormindo. Eu saí perturbadinho da cabeça. Quando a perturbação passou aí eu esqueci [...].

SEGUNDO MENINO: Parece que foi no mesmo ano também, mesmo ano do menino do aeroporto. Era o menino que vinha com um quilo de arroz. Fui ver o negócio de um rapaz que queira fazer um poço. Já era nove horas da manhã. Aí eu peguei bem perto da caixa d'água da COSANPA. A corrente da corrente achou de cair. Aí o menino aparece, parou e ficou conversando comigo. Me veio na idéia de chamar ele para olhar o ninho de papagaio. Aí a gente pegou e saiu. Só que, quando a gente chegou na roça, o cara já estava me esperando. A coisa. Era homem. Quem era tinha uma roupona assim comprida. Só que eu nunca consegui ver o rosto. Só sabia que era homem pela estatura, fisionomia. Quem era tava olhando na direção de onde eu ia. Aí eu entrei com o menino, quando chegou no mato, o negócio disse que era para eu pegar e enforcar ele. Não era eu que estava me movimentando, era uma coisa. Aí eu pegava e enforcava. Depois que enforquei esse menino, foi cavado uma vala cruzada e foi botado. Cortei lá o negócio do menino e botei. Botei o sangue primeiro. O sangue foi do local onde tirado, cortado o menino. O menino ficou de banda. Até mesmo quando esses meninos ficavam assim era porque era poucos dias logo para acontecer outro fato [...].

TERCEIRO MENINO: Esse menino ficou vivo. Esse menino que fica vivo, ele era botado um pingo de sangue de cada lado. Só que quem era me dizia que não era para matar. Parecia que quem tava fazendo aquilo não era eu também. Esse menino da AABB, a gente tava lá sentado e quem é apareceu na minha frente e dizia o que eu tinha que fazer. Aí eu peguei o menino e enforquei ele. Aí quem era dizia agora solte. Aí eu capei ele e só fiz o sinal da vala cruzada na direção do tucunzeiro. Não tirei sangue desse menino que sobreviveu. Ele foi enforcado assim de um lado para o outro, mais ou menos desse jeito. Esse menino eu recebi a ordem que era para procurar água, aí eu joguei ele na ponte, na água corrente. Eu trouxe não sei nem dizer. Parece que eu trouxe enrolado numa folha verde. Aquelas folhas que parece bajaú. Quando chegou na primeira ponte de lá para cá, eu joguei. Nessa hora que minha cabeça sentou no lugar de novo [...].

QUARTO MENINO: Foi no ano de 1991, época de verão, não era mês de chuva. Esse é o da Exposição: A gente foi no sentido da Exposição, mas quem era me disse para a gente mudar o sentido. A gente pegou e entramos no mato. Quando a gente chegou no mato, a gente topamos com um bando de macacos quando, de repente, aquele negócio aparece para mim. O mato ficou silêncio. Quem era me dizia para eu pegar o menino e enforcar ele. Foi o que eu fiz. Eu peguei, enforquei ele. Quem era disse depois para eu tirar a mão esquerda dele e colocar para cima do lado esquerdo do sentido que ele tava. Ele ficou perto de uma árvore, uns pau assim meio alto, não sei se tenho lembrança de uma árvore meio grossa. Foi colhido o sangue dele e foi botado no pé o tucum e só que foi feito uma cruz e foi botado lá. Esse menino foi capado também e foi colocado bem no pé do tucum e aí foi coberto. Ele foi pegado e ele foi no sentido dele, foi tirado o olho esquerdo e foi botado do lado esquerdo dele, na direção esquerda e ele ficou de bruço [...].

QUINTO MENINO: Foi no dia 05 de maio de 1991. É o menino da água azul. Eu sempre gostei de estilingue mesmo depois de grande. Quando eu chego na bueira, esse menino apareceu e aí disse assim: Chaguinha deixa eu ir contigo. Aí eu disse que ia só mesmo. Deixa eu ir contigo, rapaz. Eu tava passarinhando. Eu gostava de matar o passarinho para comer mesmo. Deixa eu ir, vai. Aí eu deixei. Chegamos no mutirão, tinha um campo. Era uma faixa das quatro e meia da tarde, o horário. O pessoal tava jogando bola. A gente entrou para a esquerda. Até nessa hora, eu não tinha intenção nenhuma. Aí eu peguei e entrei e depois entrei para o lado da direita. Ele vinha trazendo o saco de pedra. Quando entrei para o lado da direita e suspendi a cabeça, eu vi a coisa que mandou eu enforcar o menino. Aí não era eu mais. Peguei e enforquei ele. Depois capei ele e coloquei no pé do tucunzeiro. O menino ficou numa distância de uns três metros e ficou debruço. Tava até com um calçãozinho amarelo. Saí ruim da cabeça de dentro do mato [...].

SEXTO MENINO: Final de 1991, virada do ano. É o menino da estrada do Cupiuba. Eu sai para buscar cacau. Não conheço o dono. Todo mundo apanhava cacau nesse sítio. Quando eu passei, esse menino estava na ponte. Passei de bicicleta. O menino veio correndo e me acompanhou. O menino disse você vai para onde? Vou apanhar uns cacaus e ele disse que ia comigo. A gente desceu de bicicleta. Chegamos no sítio. A gente entrou. Não percebi se o sítio tinha porteira. Quando eu estava com ele lá, colhendo o cacau, senti já uma diferença, mas continuei pegando os cacau, saímos andando, caçando o cacau que estava maduro. Quando eu chego lá na frente, vi aquele negócio. Só eu que via, a vítima não via. Alguma coisa me dizia para eu enforcar ele. Aí eu fiz o que o negócio me dizia. Peguei ele e saí com a mão no pescoço dele, enforcando ele. O negócio só saia quando o serviço era finalizado. O menino estava com um short verde. Aí eu procurei um pé de tucum. Sempre tinha que ter um pé de tucum. Aí eu peguei, fui no pé de tucum, fiz a vala cruzada, fui lá e cortei, peguei umas duas folhadas de sangue e botei naquela vala. Depois, eu peguei o negócio e botei lá e cobri. Esse menino ficou de bruços. Sai de entro do sítio, peguei a bicicleta. Eu ia perturbadinho da cabeça [...].

SÉTIMO MENINO: Foi mais pro meio do ano de 1992. Já era verão aqui, não estava chovendo mais. Esse é o menino da ladeira do Frizan. Esse menino vinha num rumo, mesmo rumo que eu ia. Ele disse: me dá uma carona aí moço. Na ladeira eu não posso. Eu desci e fui empurrando a bicicleta. Eu ia buscar uma manga na Betânia. Tem muito pé de manga beirando a estrada. O menino disse: ah, então eu vou também. Quando a gente chegou depois da ladeira. Olho e vi um pé de castanheira. Me deu na cabeça de ir olhar o pé de castanheira. Ele disse que tava com medo de ficar só. Tirei a bicicleta da estrada e a gente foi olhar a castanheira. Quando a gente ia voltando, ouvi o negócio falando no meu ouvido. O negócio apareceu na minha frente e dizia que eu tinha que pegar ele e enforcar ele. Aí, ele não reagiu. O que eu fico encabulado é que sempre existia um pé de tucum. Eu ia e fazia aquela vala cruzada. Pegava a folha e fazia o funil. Colhi o sangue dele pela mão direita e coloquei na vala. Depois eu fui lá, cortei e coloquei junto. A coisa desaparecia [...].

OITAVO MENINO: Foi na faixa de 1992. Nessa época, eu tava morando com MEIRE. Fui tira palha de tucum para ela. Ela fazia aqueles artesanatos. Esse menino ficou entre Liberdade e o caminho do quatro. O mato não era mato fechado. O local era assim daquele jeito, tinhas uns espinhos. Tinha uma parte que tinha capim também. Eu saí para ir tirar essas palhas. Quando eu cheguei no local, eu entrei à esquerda e fui tirar esses olhos de tucum para ela. Tirei uns e fui botar no pé da estrada. No meio do mato, tinha um caminho que cortava o pasto. Aí eu topei com esse menino. Ele ia de boné, calça jeans. Ele me perguntou se eu tinha visto um boi e eu disse que não. Ele passou mais de uma hora para lá. Quando ele veio, eu tinha me furado com algum espinho e estava meio zangado. Ele perguntou se vi alguma vaca assim assado e eu disse que não sou fazendeiro. O negócio me tirou de onde eu tava trepado. Aí o negócio já começou a falar no meu ouvido. A partir daquela hora. O menino, pelo tamanho dele, tinha força, só que ele não reagiu. O negócio era assim: a pessoa não reagia, não lutava, não falava nada. Lá na frente tinha um pé de tucum. Aí eu colhi o sangue dele de onde foi cortado. Foi tirado tudo. Aí eu peguei a folha, colhi e botei na vala. Colhi e botei no pé de Tucum. O negócio pediu para eu tirar ele de lá do caminho. Aí eu puxei e tirei ele uns cinco metros do caminho [...].

NONO MENINO: é o menino da Sudam, chamado KLÉBER. De manhã, eu tive na oficina onde ele trabalhava. A gente tava falando de manga. Eu tava falando que ia no sábado, só que ele entendeu que era no mesmo dia. Se eu não tivesse ido, eu não ia dizer. Fui para casa. Quando deu mais ou menos uma hora, ele chegou lá em casa. Ele já me conhecia, ele já sabia meu nome. Ele chegou lá em casa e disse vamos Chagas. Eu disse que só ia no sábado, mas eu peguei e fui. A gente pegou e saiu no sentido das três pontes, sentido da Exposição. Aí subimos. Ele numa bicicleta e eu noutra. Uma coisa me falou para eu mudar o roteiro para onde a gente ia. Quando esse negócio falou no meu ouvido, eu disse a ele que a gente ia entrar aqui e não disse mais nada. Ele me acompanhou. Quando chegou no local, aí o negócio me dizia que era para eu fazer a mesma coisa dos outros. Aí eu enforquei ele no mesmo sentido dos outros. Só que lá onde a gente tava eu esqueci de olhar o local exato, porque tinha um pé de tucum. Aí depois eu peguei, fui no pé de tucum e fiz a vala cruzada. Foi cortado só a pinta do menino. Enquanto eu tava fazendo esse negócio, eu via o negócio na minha frente. Depois que eu fazia, o negócio desaparecia [...].

DÉCIMO MENINO: [...] Esse menino ele é de 91. Na véspera da viagem de São Luís, eu tava lá no mercado municipal conversando com um rapaz lá. Só que se você me perguntar quem é eu não sei dizer.

Quando esse menino chegou, ele parou e ficou ali mesmo. O homem falou: ta ouvindo conversa de mais velho, rapaz. Quando eu terminei de conversar com o homem, esse menino me acompanhou e aí veio umas coisas na minha cabeça e ele me acompanhou. Eu falei para a gente ir para a estrada do quatro. Eu chamei e disse que no caminho talvez ele vendesse. Pegamos a estrada do quatro, quase vizinho do bairro da liberdade. Falei que eu iria pegar abóbora. Não encontrei ninguém conhecido. Esse foi o percurso maior. Ele não reclamava. A coisa só aparecia quando eu estava despreocupado, de cabeça fria. Às vezes eu sinto aquele vento, como que alguém passa perto. O que o negócio me diz que do jeito que eu fui colocado aqui, da mesma forma eu vou sair. Aí a gente pegou na direção do quatro, beirando o bairro da liberdade. Só que, quando chegou nas proximidades da barreira, a gente ficamos caçando abóbora. Só que a rama de abóbora seguia o rumo do mato. A gente seguia a rama de abóbora. Quando chegou dentro do mato, eu comecei a seguir diferença. Quando eu senti, eu tava querendo voltar, mas uma coisa tava me levando. Aí eu fui e, quando chegou mais dentro do mato, a coisa aparece na minha frente e eu não me controlei mais. Peguei ele e enforquei. Esse menino tinha faixa de uns oito anos [...].

DÉCIMO PRIMEIRO MENINO: Quando a gente saiu do Alvorada, tava cheio de gente lá e ninguém deu falta dele. Os irmãos estavam todos lá e ninguém deu definição de nada se o menino saiu só. A gente saiu por volta das dez horas. A gente saiu na direção do quatro. Na minha mente era uma quarta-feira. Como eu iria olhar a madeira da serraria, a gente saiu para fazer isso. No caminho, a coisa mandou eu mudar o roteiro. A gente pegou entramos no local, sentido da estrada. Não tinha negócio de horta. A coisa mandava eu dizer qualquer coisa para ele. Eu me lembro que tinha pé de banana. Ali ta mais limpo do que tudinho. É mais fácil de encontrar alguma coisa. Ali tem que ser roçado para ver se acha alguma coisa. Eu entrei com esse menino nesse mato, só que, quando chegou lá dentro do mato, ele não procurou nem saber o que a gente ia fazer. Aí, quando a gente entrou no mato, eu já entrei totalmente diferente, com a cabeça totalmente perturbada. Quando chegou lá naquele determinado local, aquele negócio fala no meu ouvido pra mim fazer a mesma coisa, pegar ele, enforcar ele, tudo no mesmo sentido [...].

DÉCIMO SEGUNDO MENINO: [...] Quando eu chego na frente da revendedora de carro, vinha um rapaz que vende picolé. De repente, apareceu esse garoto. Aí eu tava conversando com o rapaz e o menino perguntou moço que horas tem aí. No meu pensar ele estava querendo um picolé, só que não era, era que a coisa já tinha escolhido ele. Aí a gente saiu no sentido do quatro. Aí eu falei que ia buscar um milho e ele disse que não tava fazendo nada e disse que ia comigo. Quando chegou no local, a bicicleta ficou embaixo mesmo, só que ele já tinha sido escolhido, porque nós já tinha andando bastante e ele não tinha reclamado de nada. Quando eu subi a coisa me disse que aquele menino tinha sido escolhido também e que era para fazer a mesma coisa dos outros. Aí eu fui mais para frente pra olhar e ele me acompanhou também. Aí eu enxergo aquele negócio me dizendo para fazer, só que eu não queria fazer. Aí eu peguei ele do jeito dos outros e enforquei ele do mesmo jeito dos outros. Aí eu peguei no sentido do pé de tucum e fiz a vala cruzada e depois eu fui e botei umas duas folhadas de sangue. Aí eu fui e tirei, quer dizer que eu cortei primeiro. Desse eu não cortei dedo, não cortei nada. Eu só tirava o que o negócio dizia. Capei ele e botei o negócio lá na vala e ele ficou de bruços [...].

DÉCIMO TERCEIRO MENINO: foi o menino das panelas. Na época desse menino eu tava trabalhando depois do estádio, a gente tava fazendo a casa de uma mulher. Nesse dia, a gente saiu cedo, na faixa de três e meia da tarde. Só que, quando passei em frente ao estádio, tava o pessoal jogando bola. Aí eu parei para ver. Quando eu olhei para o lado, tinha três meninos brincando. Falando negócio de papagaio, essas coisas. Um disse assim: vamo pedir a bicicleta pra esse homem. Um disse assim: ei moço, me empresta a bicicleta para a gnte ver papagaio ali. Aí ele pegou e voltou. Só que eu fiquei assistindo o jogo de novo. Quando ele voltou, ele voltou com um moreninho que disse que era longe porque era na estrada do aeroporto e só dava de dir de bicicleta. Aí, montou um na frente e outro atrás. Só que um daqueles já tinha sido escolhido. Aí pedi para que o da garupa descesse porque o pneu tava baixo. Quando chegou, faixa de 350 metros depois da ponte, a gente entrou. Depois daquela oleria, onde o pessoal ta fazendo tijolo. É onde tem só pé de uruanã, parece pé de buriti. Aí eu entrei com ele nesse lugar. Só que, quando chegou nesse lugar, eu não me lembro se ele falou de papagaio. Eu lembro que tinha muito pé de uruanã. Quando a gente entrou no mato, parecia que não era eu, já no caminho do aeroporto. A gente entrou na faixa de 150 metros na estrada e, quando chegou no certo lugar, o negócio falava que era para eu enforcar ele. Aí quem era dizia assim: solta. Aí eu pegava de novo e quem era dizia solta. Desse eu tenho a lembrança de que foi cortado tudo. Quem era disse que não era para matar. Aí eu peguei o dedo melado e foi passado atrás da cabeça dele. Eu peguei esse e fiz uma vala cruzada. O pé de uruanã tem espinho também. Foi feito uma vala cruzada [...].

DÉCIMO QUARTO MENINO: Quando retornou do Maranhão em 1992, Bernarda já foi morar no conjunto com a mãe dele e eu ia visitar. Quando foi um dia se aproximando do natal, eu ia visitar ela, só que uma coisa já me dizia que eu tinha que fazer alguma coisa nesse dia. Quando eu chego em frente ao Colégio Dom Clemente, vi o menino e ele pediu uma carona. A partir daí eu não sabia nem mais para onde eu ia. A coisa me dizia para eu falar alguma coisa para ele para ele me acompanhar. Quando cheguei em determinada rua, que dá acesso ao Açougue Jarbas Passarinho, eu disse a ele para ele me acompanhar até a casa da minha cunhada para eu não ir só e ele me acompanhou. Na terceira rua descendo, a gente dobrou. A partir daí já não era eu que ia. Aí a gente parou e o negócio fala no meu ouvido que eu tinha que fazer a mesma coisa que eu fazia com os outros pra trás e o garotinho falou assim: o que foi? Aí a gente parou e eu fiquei na beira da estrada. Uma coisa estranha é que na hora não passou ninguém na estrada. Aí, quem era me dizia para entrar mais pra dentro. Aí eu entrei com esse menino e aí eu peguei onde esse menino tava só aqueles espinhos de uma árvore até que cheira quando a gente ta cortando. Lá no pé desse espinho, foi feito uma vala cruzada para enterrar o que foi capado [...].

Jamais passava pela minha cabeça que era eu quem fazia aquelas coisas. Passava como um sonho, mas eu não podia reagir. Quem era vestia uma roupa viva do que essa cor de cima (apontou o branco da parede) e comprida. Eu não conseguia ver o rosto. Toda vez que eu via, não tinha como eu não fazer nada. Eu comecei a sentir diferente. Da primeira vez que eu senti isso diferente, eu sentei para ver se não ia'. A primeira vez eu passei a noite todinha no mato cheio de cascavel e não me aconteceu nada, sai sem nenhum arranhão. Aconteceu lá e ficou o estrago. Alguns não tinham tanta violência porque não era cortado tudo, assim. Aí ia ficando mais forte, cada vez mais forte. Lá foi mais violento (falando do Maranhão). Fico caçando por que eu. Sou uma pessoa sem maldade. Nunca fui pessoa de andar brigando, procurando conversa com alguém. E por uma coisa sempre me dizia que eu sempre fui revoltado com político. O no mundo é cheio de corrupção, cheio de guerra e uma coisa me dizia que iria vir uma coisa que iria chamar atenção, só que eu não sabia que mistério era esse. Uma coisa me diz sempre que vai um mal na frente mas depois vem o bem. Vai o mal na frente para chamar atenção do povo. O povo tem que procurar o rumo certo. Eu disse que sempre alguma coisa me dizia que vinha uma coisa chocante para chamar atenção do planeta. Para o povo parar para refletir, parar para uma força maior. Vem uma coisa forte para o povo parar para observar aquilo [...]."

Este livro foi impresso pela Vozes, em 2024, para a HarperCollins Brasil.
O papel do miolo é avena 70g/m² e o da capa é cartão 250g/m².